一切皆有法　一切皆有度

刑法的私塾（之三）上

张明楷 编著

说　　明

《刑法的私塾(之二)》的"说明",大体上也适用于《刑法的私塾(之三)》,但编著者不可能在《刑法的私塾(之三)》的"说明"中仅交代一句"参见《刑法的私塾(之二)》的说明"。否则,既有严重不负责任之嫌,也有强制他人阅读《刑法的私塾(之二)》之疑。即使不可能涉嫌玩忽职守罪与强制罪,也不是编著者应有的态度。由此看来,在特殊情形下,不得已的重复确实可以免责。

周末和学生们一起讨论各种疑难案例的"私塾"已经持续了二十余年。疑难案件大多是棘手的案件。有一个古老的法律格言说,"棘手的案件制造恶法"。这一格言的意思是,案件越是让人同情,人们就越容易为了一个特定结果而给予救济,法律便因此遭到破坏。刑法是普遍适用的规范,刑法学并非在考察个别案件所有具体情况的基础上提出最好的解决方法,而是在一般化的可能解决方案中寻找最好的解决方法。诚然,一般化的解决方案,也必须能够经受特殊的棘手案件的检验,不能妥当处理棘手案件的一般化方案不是好方案。但是,既不能因为一个案件的特殊性而曲解刑法,也不能认为基于特殊性得出的结论就是一般化的解决方案。只有对此一直保持高度的警醒,我们才能使棘手的案件不制造恶法,才能使普通性通过特殊性表现出来,进而形成具有创新性的一般化解决方案。持之以恒地与学生们讨论棘手案件,就是为了使学生具有提出创新性的一般化解决方案的能力。

《刑法的私塾(之三)》的讨论内容分别由相关公司的速记人员和参加讨论的学生转换成文字,然后由我直接整理。所谓的整理,主要是删除部分重复和没有意义的文字,以及修改过于口语化的表述。语言很奥妙,虽然很多内容听录音时很顺耳,但将录音原封不动地变成文字时却很不顺眼。当然,这或许不是语言的缘故,而是因为耳朵与眼睛的机能不同。

《刑法的私塾(之三)》中既有近几年讨论的案例,也有若干年前讨论的、因为篇幅等原因没有收录于《刑法的私塾》《刑法的私塾(之二)》的案例。整理内容没有特意挑选,事后发现大多数是财产犯罪案例,其中最多的是诈骗罪案例,或许缘于诈骗罪是社会的一面镜子。整理内容没有按讨论时间编排,而是按刑法学的体系安排。为了方便读者查找和阅读案例,《刑法的私塾(之三)》对每个案例都归纳出一个相对具体的核心内容作为目录。当然,归纳也许既不准确、也不全面。

与以前一样,大多数的讨论都是由我简述案情、提出问题,然后就案例的焦点问题展开讨论。案例并没有提前告诉参加讨论的学生,学生和我的发言都没有任何准备。大家时而争先恐后地发言,时而慢条斯理地表达,时而低头不语地沉默;有时候确有真知灼见,有时候确能一语中的,有时候确实废话连篇。虽然在整理时删除了许多废话,但展现在读者面前的仍然是缺乏逻辑性、体系性的讨论纪实,不可能没有缺憾,不可能没有重复,更不可能没有矛盾。恳请读者批评和指正,也请读者理解和原谅!

参加周末讨论的成员主要是我指导的在校硕士研究生(包括公诉人班的公诉人)与博士研究生,有时也有已经毕业的博士生(王钢副教授参加了其中的部分讨论)。在此,对参加讨论和整理录音以及校对书稿的各位同学表示衷心的感谢!

张明楷
2022年1月8日于清华园

| 第十三堂 妨害社会管理秩序罪 801 | 第十四堂 贪污贿赂罪 855 |

| 第十二堂 侵犯财产罪 369 |

| 第十一堂 侵犯公民人身权利罪 307 |

| 第十堂 破坏社会主义市场经济秩序罪 261 |

| 第九堂 危害公共安全罪 243 | 第八堂 刑罚论 207 |

目 录

第一堂
刑法的基础观念
001

第二堂
构成要件符合性
017

第三堂
违法阻却事由
109

第四堂
有责性
147

第五堂
故意犯罪形态
165

第六堂
正犯与共犯
175

第七堂
罪数
195

详　目

第一堂　刑法的基础观念

案例1　行为主义（没有行为就没有犯罪）　/ 002

案例2　罪刑法定原则（择一认定）　/ 005

案例3　犯罪概念（《刑法》第13条但书的适用）　/ 012

第二堂　构成要件符合性

案例4　构成要件行为（一连行为）　/ 018

案例5　不作为（作为义务的确定）　/ 032

案例6　不作为（先前行为产生的作为义务）　/ 043

案例7　不作为犯罪（作为义务与结果归属的判断）　/ 053

案例8　不作为犯（作为可能性与结果归属的判断）　/ 063

案例9　持有的性质与判断（非法持有宣扬恐怖主义、极端主义物品罪）　/ 071

案例10　结果加重犯（直接性关联的判断）　/ 078

案例 11　因果关系与结果归属

　　（介入第三者行为的判断）　／ 085

案例 12　因果关系与结果归属

　　（介入被害人行为的判断）　／ 091

案例 13　因果关系与结果归属

　　（介入被害人行为的判断）　／ 095

案例 14　因果关系与客观归责

　　（介入被害人行为的判断）　／ 098

案例 15　因果关系与结果归属

　　（介入被害人行为与疾病的情形）　／ 103

第三堂　违法阻却事由

案例 16　正当防卫（与聚众斗殴的区别）　／ 110

案例 17　正当防卫（与紧急避险的关系）　／ 117

案例 18　正当防卫（假想防卫）　／ 124

案例 19　正当防卫（偶然防卫）　／ 131

案例 20　紧急避险（成立条件）　／ 135

案例 21　紧急避险（成立条件）　／ 139

第四堂　有责性

案例 22　事实认识错误（错误论与故意论的关系）　／ 148

第五堂　故意犯罪形态

案例 23　犯罪未遂（与犯罪既遂的区分）　　/ 166

案例 24　犯罪中止（与犯罪未遂的区分）　　/ 168

案例 25　犯罪中止（与犯罪未遂的区别）　　/ 171

第六堂　正犯与共犯

案例 26　共同犯罪（共犯与共同正犯的认定）　　/ 176

案例 27　共同犯罪（正犯的判断、共犯与身份）　　/ 182

案例 28　共犯的责任范围（绑架杀人）　　/ 187

第七堂　罪　　数

案例 29　罪数（包括的一罪的判断）　　/ 196

案例 30　罪数（牵连犯的判断）　　/ 201

第八堂　刑罚论

案例 31　累犯（成立要件）　　/ 208

案例 32　自首与立功（成立条件）　　/ 213

案例 33　数罪并罚（《刑法》第 70 条的适用）　　/ 216

案例 34　数罪并罚（《刑法》第 70 条的适用）　/ 220

案例 35　追诉时效（起算时间的确定）　/ 225

案例 36　追诉时效（起算时间的确定）　/ 230

案例 37　追诉时效（起算时间的确定）　/ 236

第九堂　危害公共安全罪

案例 38　放火罪与失火罪（《刑法》第 114 条与第 115 条的关系）　/ 244

案例 39　失火罪（财产损失与情节较轻的认定）　/ 249

案例 40　过失以危险方法危害公共安全罪（构成要件符合性的判断）　/ 252

案例 41　非法携带危险物品危及公共安全罪（危险的判断）　/ 256

第十堂　破坏社会主义市场经济秩序罪

案例 42　生产、销售伪劣产品罪（构成要件符合性的判断）　/ 262

案例 43　生产、销售伪劣产品罪（与其他犯罪的关系）　/ 268

案例 44　信用卡诈骗罪（与盗窃罪的区别）　/ 272

案例 45　信用卡诈骗罪（与盗窃罪的关系）　/ 280

案例 46　信用卡诈骗罪（恶意透支的持卡人判断）　/ 283

案例 47　保险诈骗罪（数额与罪数的认定）　/ 288

案例 48　非法购买增值税专用发票罪

　　　　（与相关犯罪的关系）　/ 293

案例 49　合同诈骗罪（行为对象的判断）　/ 300

第十一堂　侵犯公民人身权利罪

案例 50　故意伤害罪（未遂犯的认定）　/ 308

案例 51　强奸罪（间接正犯的认定）　/ 313

案例 52　强奸罪（与强迫卖淫罪的关系）　/ 317

案例 53　强奸罪（与强迫卖淫罪的关系）　/ 321

案例 54　强奸罪（结果加重犯与罪数的认定）　/ 326

案例 55　强奸罪（未遂与中止的区分）　/ 333

案例 56　强奸罪（在公共场所当众强奸的认定）　/ 336

案例 57　强制猥亵罪（猥亵行为的判断）　/ 345

案例 58　非法拘禁罪（结果加重犯的认定与

　　　　拟制规定的适用）　/ 350

案例 59　绑架罪（构成要件行为与

　　　　主观超过要素的判断）　/ 356

案例 60　刑讯逼供罪（行为主体的认定）　/ 360

第十二堂　侵犯财产罪

案例 61　侵犯财产罪（行为对象的判断）　/ 370

案例62 抢劫罪（抢劫行为与因果关系的判断） / 379
案例63 抢劫罪（基于其他动机压制反抗后
　　　　　 取得财物的行为） / 384
案例64 抢劫罪（事后抢劫的判断） / 391
案例65 抢劫罪（入户抢劫的判断） / 399
案例66 抢劫罪（非法占有目的的认定） / 404
案例67 抢劫罪（罪数的判断） / 413
案例68 盗窃罪（违反被害人意志的判断） / 419
案例69 盗窃罪（占有的判断） / 423
案例70 盗窃罪（占有的判断） / 427
案例71 盗窃罪（调包案件的判断） / 436
案例72 盗窃罪（与诈骗罪的区别） / 439
案例73 盗窃罪（与诈骗罪的区别） / 450
案例74 盗窃罪（与诈骗罪的区别） / 458
案例75 盗窃罪（与诈骗罪的区别） / 465
案例76 盗窃罪（与信用卡诈骗罪的区别） / 470
案例77 盗窃罪（与诈骗罪的罪数关系） / 477
案例78 盗窃罪（与诈骗罪、侵占罪的区别） / 480
案例79 盗窃罪（与侵占等罪的关系） / 484
案例80 盗窃罪（与职务侵占罪的区别） / 497
案例81 盗窃罪（入户盗窃） / 502
案例82 盗窃罪（入户盗窃与犯罪形态的判断） / 505
案例83 盗窃罪（"携带"凶器盗窃的认定） / 512

案例 84　盗窃罪（携带"凶器"盗窃的判断）　/ 518

案例 85　盗窃罪（犯罪形态的判断）　/ 523

案例 86　盗窃罪（既遂与未遂的区分）　/ 525

案例 87　盗窃罪（犯罪形态与罪数判断）　/ 530

案例 88　盗窃罪（数额减半规定的适用）　/ 534

案例 89　诈骗罪（构成要件符合性的判断）　/ 540

案例 90　诈骗罪（财产性利益与罪数的认定）　/ 548

案例 91　诈骗罪（欺骗行为的判断）　/ 553

案例 92　诈骗罪（不作为欺骗行为的认定）　/ 556

案例 93　诈骗罪（处分意识的判断）　/ 562

案例 94　诈骗罪（双重诈骗的认定）　/ 570

案例 95　诈骗罪（欺骗程度的判断）　/ 581

案例 96　诈骗罪（与盗窃罪的区别）　/ 588

案例 97　诈骗罪（与盗窃罪的区别）　/ 593

案例 98　诈骗罪（与盗窃罪的区别）　/ 596

案例 99　诈骗罪（与盗窃等罪的区别）　/ 614

案例 100　诈骗罪（与盗窃罪的区别）　/ 623

案例 101　诈骗罪（与盗窃罪的区别）　/ 628

案例 102　诈骗罪（与盗窃罪的区别）　/ 632

案例 103　诈骗罪（与盗窃罪的区别）　/ 634

案例 104　诈骗罪（与盗窃罪的区别）　/ 641

案例 105　诈骗罪（与盗窃罪、侵占罪的区别）　/ 649

案例 106　诈骗罪（与盗窃罪、侵占罪的区别）　/ 654

案例 107　诈骗罪（与侵占罪的区别）　/ 662

案例 108　诈骗罪（与职务侵占罪的区别）　/ 669

案例 109　诈骗罪（与职务侵占罪的关系）　/ 676

案例 110　诈骗罪（与贪污罪的区别）　/ 680

案例 111　诈骗罪（与骗取贷款罪的关系）　/ 682

案例 112　诈骗罪（与计算机犯罪的关系）　/ 685

案例 113　诈骗罪（与计算机犯罪的关系）　/ 692

案例 114　诈骗罪（权利行使与非法占有目的的判断）　/ 696

案例 115　诈骗罪（非法占有目的的认定）　/ 704

案例 116　诈骗罪（数额的认定）　/ 710

案例 117　诈骗罪（数额与犯罪形态的认定）　/ 719

案例 118　诈骗罪（数额与犯罪形态的认定）　/ 727

案例 119　诈骗罪（既遂与未遂的判断）　/ 733

案例 120　诈骗罪（三角诈骗的犯罪形态判断）　/ 745

案例 121　抢夺罪（行为内容与对象的判断）　/ 750

案例 122　侵占罪（与盗窃罪的区别）　/ 759

案例 123　职务侵占罪（与挪用资金罪的关系）　/ 761

案例 124　敲诈勒索罪（构成要件符合性的判断）　/ 763

案例 125　敲诈勒索罪（与强迫交易的关系）　/ 768

案例 126　敲诈勒索（数额的判断）　/ 771

案例 127　敲诈勒索罪（犯罪形态的判断）　/ 781

案例 128　故意毁坏财物罪（构成要件符合性的判断）　/ 786

案例 129　破坏生产经营罪

　　（与故意毁坏财物罪的关系）　／ 791

案例 130　破坏生产经营罪（构成要件符合性的判断）／ 796

第十三堂　妨害社会管理秩序罪

案例 131　伪证罪（与诬告陷害罪、包庇罪的关系）　／ 802

案例 132　虚假诉讼罪（构成要件符合性的判断）　／ 806

案例 133　掩饰、隐瞒犯罪所得罪

　　（构成要件符合性的判断）　／ 812

案例 134　非法占用农用地罪（构成要件行为的判断）／ 818

案例 135　贩卖毒品罪（加重处罚情节的认定）　／ 830

案例 136　非法持有毒品罪（共同持有的判断）　／ 836

案例 137　容留卖淫罪（构成要件行为的判断）　／ 844

案例 138　组织淫秽表演罪（构成要件符合性的判断）／ 850

第十四堂　贪污贿赂罪

案例 139　贪污罪（行为主体的判断）　／ 856

案例 140　贪污罪（行为对象的判断）　／ 860

案例 141　贪污罪（与其他犯罪的关系）　／ 862

案例 142　贪污罪与挪用公款罪（构成要件符合性与

　　有责性的判断）　／ 866

案例143　贪污罪（与受贿罪的关系）　/ 875

案例144　挪用公款罪（超过3个月未还的时间判断）　/ 884

案例145　受贿罪（贿赂的判断）　/ 887

案例146　受贿罪（不法与责任的判断）　/ 894

案例147　受贿罪（不能犯与未遂犯的区分）　/ 902

案例148　受贿罪（与贪污之间的认识错误）　/ 907

案例149　受贿罪（与贪污罪的竞合）　/ 914

案例150　受贿罪（受贿行为与数额的判断）　/ 917

案例151　受贿罪（普通受贿与斡旋受贿的区分）　/ 923

案例152　受贿罪（斡旋受贿的判断）　/ 929

案例153　受贿罪（斡旋受贿的判断）　/ 937

案例154　受贿罪（斡旋受贿的判断）　/ 943

案例155　受贿罪（斡旋受贿的判断）　/ 958

案例156　受贿罪（共犯的认定）　/ 964

案例157　受贿罪（共犯与数额的认定）　/ 969

第一堂
刑法的基础观念

案例1　行为主义（没有行为就没有犯罪）

被告人甲在火车站过安检时，看到前面有乙、丙两位女士分别过安检。乙女士将包搁在安检传送带之后忘了取包，就去了候车室。于是，其后面的丙女士就将此包拿走了。甲看到丙把包拿走之后，就一直跟着丙，确定了丙乘坐的车厢和座位。甲将自己的行李放好之后，就找到了丙。甲对丙说："平板电脑归你，剩下的钱归我。"丙回答说："这是我拿的包，凭什么给你？"甲见丙不给自己，于是就报警了。

张明楷：丙的行为构成盗窃罪没有疑问，甲的行为构成犯罪吗？

学生：应该可以定敲诈勒索罪的未遂犯。

张明楷：可是，甲没有实施恐吓行为，只是单纯地要丙给他钱，没有说如果不给就报警。

学生：从具体场景来看，有没有可能认定有恐吓行为？

张明楷：从案情看不出来。事实上丙也没有产生恐惧心理，还说"凭什么给你"，也没有将部分财物分给甲，这表明不存在恐吓行为。所以，不可能认定为敲诈勒索罪。

学生：在实践中经常遇到这样的案件：行为人并没有对被害人实施任何恐吓行为，但被害人就是觉得很害怕，于是主动给行为人一些财物。司法实践中确实有认定为敲诈勒索罪的，理由就是被害人产生了恐惧心理。

张明楷：我也见过这样的判决。对敲诈勒索罪的构成要件要素，要按顺序逐一判断，不能跳跃。首先要判断行为人是否实施了恐吓行为，如果得出肯定结论，就再判断被害人是否基于行为人的恐吓行为而产生了恐惧心理。不能一开始就判断被害人是否产生了恐惧心理，也不能因为被害人有恐惧心理就直接得出被告人实施了恐吓行为的结论。

学生：刚才这个案件，假如丙将部分盗窃所得给甲了，能说她是基于恐惧心理交付的吗？

张明楷：甲只说了一句"平板电脑归你，剩下的钱归我"，还不足以评价为恐吓行为。所以，即使丙是因为自己害怕如果不给甲，甲就会报警，也只是丙基于生活经验作出的一种判断，不是甲的恐吓行为造成的，因为甲根本没有实施恐吓行为。

学生：在办案过程中，有的被害人常常这样表述：我觉得被告人是在威胁我，所以，我就答应了他的要求。于是，就认定被告人的行为构成敲诈勒索罪。

张明楷：仅凭被害人的感觉就认定被告人实施了恐吓或者

威胁行为，肯定不妥当。被害人感觉的形成可能有各种各样的原因，不能将被害人的感觉直接归属于被告人的行为。而且，即使被害人确实因为行为人的某句话产生了害怕的感觉，但如果这句话不能评价为恐吓与威胁，就表明被告人没有实施构成要件行为；既然没有实施构成要件行为，就不可能构成犯罪。也就是说，被害人产生恐惧心理，其实是敲诈勒索行为的一个中间结果，这个中间结果是由恐吓行为造成的。如果被告人没有实施恐吓行为，被害人害怕就不是敲诈勒索行为的中间结果。

学生：在我们讨论的这个案件中，一般人都会说，甲就是想敲一笔钱。

张明楷：想敲一笔，不等于实施了敲诈勒索行为。另外，一般人所说的想敲一笔，也不一定是刑法上的敲诈勒索犯罪。不能因为一般人有这样的表述，就直接认定甲的行为构成敲诈勒索罪。当然，恐吓的判断在许多案件中取决于场景，但像本案这样的场景，无论如何也不可能将甲的行为评价为恐吓。

学生：如果因为甲的一句话，丙将所窃取的钱给了甲，甲有没有可能构成掩饰、隐瞒犯罪所得罪？

张明楷：这倒是完全可能。因为赃物转移后，就会妨害司法。

学生：那能不能认定甲的掩饰、隐瞒犯罪所得行为已经着手了？

学生：那还没有着手吧。

张明楷：只有当丙将所盗财物递给甲时，甲才着手了吧！这个案件还不能认定为掩饰、隐瞒犯罪所得罪的着手与未遂。而且，我国的司法实践也不会处罚掩饰、隐瞒犯罪所得罪的未遂。

学生：这样的话，甲就不成立任何犯罪了。

张明楷：甲的行为不成立任何犯罪很正常呀，为什么觉得要认定甲的行为构成犯罪呢？

学生：总觉得甲心术不正，希望他受到制裁。

张明楷：这可能是基于道德所作出的判断，他没有实施构成要件行为，就不要想制裁他了。如果将不符合伦理道德的性格或意图认定为敲诈勒索罪，就违反了行为主义，也违反了罪刑法定原则。况且，他还报警了，让警察抓获了丙，客观上做了一件好事。

案例2　罪刑法定原则（择一认定）

张某的妻子在自己家里发现有人入室翻箱倒柜，就大呼抓贼，行为人跳窗逃走。张某父子以及附近的村民随即追赶，将手提红色袋子的洛某抓获，袋子里面有一台平板电脑，价值8000多元，是另外一个村民林某所有。但洛某始终不承认他盗窃了林某的电脑，也不承认自己进入张某家实施了盗窃行为，事后不能查明洛某侵入张某家盗窃，也不能查明洛某盗窃了林某的平板电脑，洛某声称平板电脑是捡的。

张明楷：这个案件是事实认定问题还是择一认定问题？

学生：张某家人想追贼，结果追到的是另一个贼。

张明楷：能认定洛某是侵入张某家翻箱倒柜的盗窃犯吗？

学生：不能，完全没有证据证明。有可能是侵入张某家的盗窃犯跑掉了，张某家人偶遇了洛某。

张明楷：能认定洛某盗窃了林某的平板电脑吗？

学生：同样不能，因为没有证据证明。

张明楷：那么，能否认定洛某的行为构成掩饰、隐瞒犯罪所得罪呢？

学生：那也要认定洛某明知平板电脑是犯罪所得赃物。

张明楷：如果发现地上有一个平板电脑而捡回家，即使明知是犯罪所得赃物，也要认定为掩饰、隐瞒犯罪所得罪吗？

学生：不能吧！掩饰、隐瞒犯罪所得一般是为正犯掩饰、隐瞒犯罪所得，捡一个平板电脑，谈不上为正犯掩饰、隐瞒犯罪所得吧！

张明楷：我们以前讨论过这个问题，关键是行为是否妨害司法。

学生：我在电视上看到一个新闻，行为人所骑的三轮车上有一辆没有电瓶的电瓶车，警察发现后就问行为人"电瓶车是哪来的"，行为人就回答说"是偷来的"。随后，警察就将行为人带到派出所，但派出所找不到被害人。一种观点认为，电瓶车就是行为人偷的，否则为什么回答是偷来的？也就是说，如果不是偷来的，行为人为什么回答说是偷来的？

张明楷：在这种情况下，警察不能认定行为人盗窃了电瓶车。行为人随时可能说是开玩笑的，或者翻供，你没有其他任何证据证明是行为人盗窃的，按照刑事诉讼法的规定，就不能凭口供定罪。

学生：警察会说，不只是凭口供，行为人的三轮车上确实有电瓶车呢。

张明楷：这一证据只能表明行为人占有了这辆电瓶车，行为人可能是捡来的，可能是买来的，甚至可能说是从车主那里买来的，况且电瓶车上原本就没有电瓶。所以，不可能认定行为人盗窃了电瓶车。

学生：我也觉得不能认定为盗窃。

张明楷：今天我们要讨论的是，如果洛某对平板电脑不是盗窃就是掩饰、隐瞒犯罪所得，能否进行择一认定？也就是说，我们假定洛某的行为只有这两个可能，排除了其他可能性，能否进行择一认定？

学生：如果只有这两种可能，就可以认定为其中的一个轻罪。

张明楷：但这个问题在刑法理论上一直有争议。比如，否定可以进行择一认定的学者认为，构成要件都是具体的，既不能确定洛某的行为符合盗窃罪的构成要件，也不能确定洛某的行为符合掩饰、隐瞒犯罪所得罪的构成要件，凭什么认定其中一个轻罪呢？因为司法机关根本不能证明洛某的行为符合轻罪的构成要件。

学生：否定说确实有道理，但如果只有这两种可能，认定一个轻罪实际上是有利于被告人的。

张明楷：这就是肯定说的理由，因为在只有两种可能性的前提下，完全可以选择其中一种轻罪来认定。

学生：问题是有没有无罪的可能性。

张明楷：当然要排除无罪的可能性，如果有三种可能性，即重罪、轻罪与无罪，就只能宣告无罪。择一认定既涉及实体法，也涉及证据法，但我国刑事诉讼法学界好像没有讨论这个问题。当然，如果说只有两种可能性，更主要的还是如何理解构成要件符合性与有责性的判断问题。

学生：其实，在国家工作人员非法占有了公款时，如果不能查明行为人是否具有非法占有目的，不能确定是贪污还是挪用公款时，也是认定为挪用公款罪的。

张明楷：这个不一样。在这种情形下，即使行为人的行为构成贪污罪，也同样符合挪用公款罪的构成要件，因为挪用公款罪的成立不以具有非法占有目的为必要，也不以没有非法占有目的为必要，所以，没有什么疑问。再比如，行为人的行为致人死亡，但不能查明行为人是否具有杀人故意，认定为故意伤害致死也是没有疑问的，因为即使只有伤害故意，致人死亡的行为也会符合故意伤害致死的成立条件。但在我们今天讨论的案件中，盗窃行为不必然符合掩饰、隐瞒犯罪所得罪的构成要件，掩饰、隐瞒犯罪所得行为也不必然符合盗窃罪的构成要件。也就是说，如果存在竞合关系，尤其是法条竞合关系，疑罪从轻是没有争议的。但盗窃罪与掩饰、隐瞒犯罪所得罪没有法条竞合关系，在我们讨论的案件中也不可能有想象竞合关系。

学生：真正需要择一认定的情形还是很少见的。

张明楷：是很少见，但还是存在的，我的《刑法学》教材上所举的就是一个许多年前的真实案件。

学生：就是那个交通肇事罪与帮助毁灭证据罪的择一认定的案件吗？

张明楷：是的。可以肯定的是，行为人要么犯了交通肇事罪，要么犯了帮助毁灭证据罪。这个案件经请示后没有作为犯罪处理，我记得是以证据不足为由不作为犯罪处理的。但我认为，如果对择一认定采取肯定说，就可以认定为帮助毁灭证据罪。

学生：核心的问题还是在于如何理解和认定构成要件的符合性。

张明楷：是的。如果说必须确定被告人的行为符合哪一个具体犯罪的构成要件，就只能否定择一认定了。

学生：但如果是这样的话，就难以处理财产犯罪与赃物犯罪了。比如，被告人家里有下水道井盖，但拒不说明来源。可以肯定的是，这不是盗窃犯罪就是赃物犯罪，没有其他可能。如果不处罚，就明显不合适。

张明楷：我由此想到了日本的一些判例。比如，行为人在玩老虎机时，将合法赢得与盗窃所得的弹珠混为一体去兑换现金，日本裁判所全部认定为盗窃所得。再比如，公务员既利用职务为公司谋利益，又利用业余时间为公司提供技术服务，公司给公务员100万日元，这100万日元包括了对上述两个行为的感谢时，日本裁判所全部认定为贿赂。之所以这样处理，就是出于刑事政策的考虑，防止行为人利用这一点实施犯罪并且逃避刑事责任。如果说在上述两种情况下不能认定为犯罪，就会鼓励行为人将合法所得与犯罪所得混为一体，从而逃避刑事制裁。既然将合法所得与非法所得混为一体时，可以全部认定为犯罪所得，那么，在行为必然成立轻罪或者重罪的情形下，仅认定为轻罪，就没有不合适的了。

学生：日本的这两个判例给人的感觉是事实存疑时不利于被告人，而择一认定是事实存疑时有利于被告人。

张明楷：我在一次讲座中提到日本的这两个判例时，中国有学者就认为日本的做法是违反事实存疑时有利于被告人的原则的，但日本没有学者这么认为，问题出在哪里呢？是我们机械地理解事实存疑时有利于被告人的原则，还是没有将刑事政策贯彻到刑法学中？抑或日本裁判所的做法确实不当？

学生：可能主要是没有将刑事政策贯彻到刑法学中吧。

张明楷：不仅如此，日本最高裁判所还有更让我们难以理解的判例。被害人欠行为人3万日元，行为人采取胁迫手段要求被害人还款6万日元，日本最高裁判所将6万日元全额认定为敲诈勒索罪的数额。

学生：这个我们不能接受，我国的司法实践中肯定要扣除3万日元，仅认定敲诈勒索3万日元。

张明楷：是的，我也觉得可以扣除，因为这种情形与前面的两个判例明显不同。前面的两个判例可以说是行为人将合法所得与犯罪所得混在一起，而敲诈勒索的这个案件并非如此。

学生：会不会因为一个行为不可能既合法又非法，所以出现这样的判决？

张明楷：问题不在这里。关于敲诈勒索的判例，学界都是从敲诈勒索罪的保护法益的角度来讲的，或者说是从权利行使的角度来解释的。因为即使享有权利，也不能采用胁迫方法行使权利，只能采取向法院起诉等合法路径。你们可以看看日本的教科书。当然，学界也有争论。至于一个行为既有合法部分也有非法部分，这种情形是完全可能的。比如，行为人的银行卡里本来就有1万元，后来他人错误汇款2万元，一共3万元，行为人一次从银行自动取款机取出3万元据为己有的，其中就1万元而言是合法的，就2万元来说就是非法的。这样的情形并不奇怪。因为在这个场合虽然只有一个行为，但一个行为完全可能针对两个以上的不同对象来实施，针对的对象不同，行为性质就可能不同。比如，上面说的日本的那个敲诈勒索罪的判例，在我国就会认为部分合法部分非法。

学生：择一认定不存在部分合法部分非法的问题，只要按事实存疑时有利于被告人的原则处理就可以。

张明楷： 我们现在经常提"存疑从无"，这个提法在部分场合是正确的，但在部分场合是不正确的，不能一概说存疑从无。我国台湾地区学者一般说"罪疑惟轻"，因为"轻"中实际上包含了"无"。在有罪与无罪之间存在疑问时，可以说存疑从无，但在重罪与轻罪之间存在疑问时，不可能是疑罪从无，只能是疑罪从轻。按照日本最高裁判所的判例，还可能存在疑罪从重。当然，我国的刑法学者与刑事诉讼法学者不可能接受"疑罪从重"这个提法，我也不想提出这个表述，否则就会导致一些司法人员滥用这个提法。

案例3　犯罪概念（《刑法》第13条但书的适用）

刘某驾车与一个朋友在餐馆吃饭，二人共喝了四瓶啤酒。吃完饭之后，刘某叫妻子去驾车，妻子驾车先把朋友送回家，然后就回自己的家。妻子开车水平有限，快到家时，与一辆出租车发生了刮蹭，于是妻子就把车停下，在交警平台接受处理。妻子停车的时候，因为技术不佳，挡住了小区的出车道，交警催促挪车让道。妻子上车后准备挪车时，刘某担心妻子停不好车，就下车与妻子交换位置。刘某在缓慢挪车过程中，又与从小区开出的一辆车发生轻微的刮蹭。警察过来发现刘某喝了酒，经鉴定，刘某血液的酒精含量达到了 149 mg/100 ml。

张明楷：刘某就挪了一下车，要不要定危险驾驶罪？

学生：感觉可以不定罪。

张明楷：刘某确定是醉酒后在道路上驾驶汽车了，如果不定罪的话，理由是什么？

学生：挪了一下车就危害公共安全吗？

张明楷：危险驾驶罪是抽象危险犯，不需要具体判断是否存在危险，而且刘某挪车时还和他人的汽车刮蹭了，似乎构成了危险驾驶罪。我也觉得可以不定罪，问题是以什么理由给刘某出罪？

学生：我看有学者写文章说，在这种场合可以认定为情节显著轻微危害不大，适用《刑法》第13条但书宣告无罪。

张明楷：很多人都这样认为。但我一直持反对意见，我不主张直接引用《刑法》第13条但书宣告无罪。持上述观点的人至少存在一个逻辑上的悖论，他们认为犯罪构成是犯罪概念的具体化，承认犯罪构成是根据犯罪概念确定的。既然如此，那么，在行为符合犯罪构成之后，怎么可能又根据犯罪概念说明行为无罪呢？我的意思是，既然是根据犯罪概念确定的犯罪构成，那么，符合犯罪构成的行为一定也符合犯罪概念的特征。如果可以根据犯罪概念宣告无罪，就表明前面的犯罪构成不是以犯罪概念为根据确定的。

学生：确实存在这个问题。主要因为缺乏其他的出罪路径，所以只好找《刑法》第13条。

张明楷：撰写案例分析的作者说，刘某的行为属于情节轻微，可以作不起诉处理，意思是刘某的行为构成危险驾驶罪。如果不考虑其他因素，我觉得这样处理也是可行的。问题是，作不起诉处理的法律根据是什么？这是我们以前讨论过的问题。如果说《刑法》第37条是法律根据的话，就存在逻辑上的缺陷。

学生：现在许多司法机关都是直接根据《刑法》第37条作不起诉处理。

张明楷：我知道。但我认为这是有疑问的，因为不管从体系上说还是从逻辑上说，在缺乏具体免除处罚的情节的情况下，直接适用《刑法》第37条都是不合适的。当然，这里讲的不是实质的理由，而是法律根据的问题，除非类推适用某个免除处罚的法律规定。

学生：可不可以说丈夫是紧急避险？由于妻子停不了，他为了防止自己的车停在那里妨害其他交通工具的通行，不得不自己停车。

张明楷：你所说的不得不自己停车，根本不是紧急避险意义的不得已行为。我觉得，如果想不定罪，最好还是说哪个构成要件要素或者责任要素不具备或者不符合。例如说，没有期待可能性，因为妻子停车不内行，警察又要他们把车挪开，丈夫只能自己去挪车。这样说，可能更容易被人接受一点。当然，这个原理可能与紧急避险相同，但是，不能说这个行为符合阻却违法的紧急避险的条件，不如直接用缺乏期待可能性来说明。尽管稍微勉强一点，但在出罪问题上，稍微勉强一点也问题不大。

学生：这样说可能行得通。因为说缺乏期待行为可能性，只是表明行为人没有责任，而不是说他的行为并不违法。如果说丈夫的行为是紧急避险，就可以认为他的行为是合法的。但这个结论并不妥当。

张明楷：有个地方曾经发生过这样一起案件：一排小商店门口有一些停车位，但店门前的小路和大马路之间有像隔离带一样的树、草等，商店到头就没有路了，人们从路口把车开进去之后还得再倒出来。店员即被告人早晨将车开进去之后停在店门口，他中午喝了酒继续上班，后来顾客的一辆车倒不出来，就让被告人把自己的车挪一挪，被告人把车从停车位挪到路口（大约行驶30米）时，与另一辆车刮蹭。报警后，警察发现被告人喝醉酒了，然后检察院以危险驾驶罪起诉到法院。商店前的停车位还不是道路，但路口是道路，就是刚刚到道路上时与另一车刮蹭。也就是说，车原本不在道路上，但事故的地点在道路上。而且，被告人原本不需要挪那么远，只要在商店前挪一挪就行，但一不小心就挪到路口去了。

学生：老师，这个案件算不算紧急避险？

张明楷：也不符合紧急避险的条件，你的车完全可以让别人帮忙挪一下，所以也不符合不得已的条件。我觉得这个案件可以从行为人没有在道路上醉酒驾驶的故意来出罪。因为他原本只是要在商店前挪一挪，这表明他没有认识到自己"在道路上"驾驶，只是不小心才一下挪到了路口。也就是说，他原本没有挪到路口的故意，只是过失才挪到了路口。但醉酒驾驶罪是故意犯罪而不是过失犯罪，所以，可以从这个角度说被告人不构成犯罪。

学生：老师的意思是，行为人不小心将车倒到道路上去了，而不是故意在道路上驾驶。

张明楷：我觉得完全可以这样归纳案件事实。总的来说，我还是觉得最好从构成要件要素、责任要素或者违法阻却事由、责任阻却事由的角度寻找出罪的理由。直接根据《刑法》第13条但书出罪，不仅存在前面我所说的矛盾，而且肯定会存在争议，这个争议是没法通过讲道理解决的。辩护人说情节显著轻微危害不大，检察官会说情节虽然轻微但并不是显著轻微。比如前一个案件，检察官会说，血液的酒精含量都达到了149mg/100ml，怎么可能还属于情节显著轻微呢？辩护律师也未必好反驳。因为"显著""轻微""危害""不大"，都不是基本的事实判断，而是价值判断。或者说，这都不是记述的要素，而是规范的要素。所以，直接根据第13条但书出罪，必然遭到部分人的反对。如果直接否认某个构成要件或者责任要素，则容易达成共识。

第二堂
构成要件符合性

案例4　构成要件行为（一连行为）

夫妻两人一起在家里自杀，丈夫一开始想的是先把妻子捅死，然后自己自杀，就拿刀往妻子身上捅了很多刀，结果妻子没死，丈夫转念想想，觉得捅死挺惨，就打算一起开瓦斯制造爆炸自杀。于是，丈夫跑到厨房把刀放下把瓦斯打开，妻子趁这个空当，往阳台上跑，想通过阳台翻到邻居家去，丈夫看到后就去拽妻子，以为妻子自己要跳下去，想把妻子拽回来。在拉拽过程中，妻子从阳台上摔下去摔死了。

张明楷：这个案例是日本近年来比较热闹的一个课题，留日归来的同学曾文科介绍一下吧。

曾文科：日本最高裁判所出了好多一连行为的判例，但其中涉及各个不同的问题，有的是关于因果关系认定的，有的是关于防卫过当的，有的是关于原因自由行为的，但在判决书上都用到"一连""一体"这样的字样。有学者脑洞大开，开始想一连、一体到底是什么东西，是不是一个很有变革性意义的提法，然后开始研究，从行为论开始在各个领域探讨所谓一连行为到底是什么，以及诉讼法上怎么对待一连行为，产生了很多争论。关于一连行为论，最典型的是以前大家碰到的原因自由行为，其中就有这样的问题。一开始行为人有责任能力，醉酒之后没有责任能力，行为人把被害人给杀了。对原因自由行为的处理要坚持行为与责任同时存在的原则。如果把自然意义上在普通人看来属于复数行为的情形看作一个行为的话，就可以说，行为人在这一个行为开始时就有责任能力了，以这个方法解决这个问题。

张明楷：这是处理原因自由行为的一种方式，相当于把原因行为与结果行为一体化。

曾文科：在刚才讨论的案件中，行为人计划里至少有三个行为：第一个行为是拿刀捅刺妻子的行为，第二个行为是拉拽妻子的行为，第三个是预想当中还没有实现的要和妻子一起制造瓦斯爆炸的行为。日本最高裁判所认为，行为人的行为构成故意杀人的既遂。如果单独评价这三个行为，最后一个行为由于没有发生，最多说是杀人预备；第一个行为没把人捅死最多是杀人未遂；至于拉拽妻子的行为，行为人本意并不是想把妻子推下阳台，而是想拉回来，甚至否定了杀人故意，最多是过失致人死亡。过失致人死亡和杀人预备、杀人未遂再怎么并罚也达不到杀人既遂的程度。于是，日本最高裁判所认为通过考虑犯罪人的行为计划，这几个行为是时间性、场所性连接在一起的行为，而且拉拽妻子的行为是为了实现后面瓦斯爆炸行为必要不可欠缺的行为。行为人实施第一个行为，拿刀捅刺的时候已经有杀人的故意。于是，把行为人这一整串的行为看作是一个行为。行为人在实施这个行为期间有杀人故意，所以，最后整个行为认定为故意杀人罪的既遂。

张明楷：其实是通过一连行为的概念，淡化行为与责任同时存在原则的贯彻。

曾文科：日本讨论比较多的还有另一个案件：妻子给丈夫买了生命保险，想造成丈夫意外开车坠海的事故，以此骗得保险金。妻子雇凶，让凶手开车撞上丈夫的车，然后用迷药把丈夫迷倒，他们开着丈夫的车到海边，把丈夫放到驾驶座，把车推下去，造成交通事故的假象。实际上，凶手把她的丈夫迷倒后，由于迷药用得太多，判断不了丈夫是吸入迷药后已经死亡了，还是被推到海里后死的。根据事实存疑时有利于被告的原则，假定是吸入迷药就死了，前面的行为就变成了构成要件的提前实现，就是错误论里的一个问题。这样的话，构成要件的提前实现可能就是过失致人死亡，前面是杀人预备行为。日本最高裁判所认为这样处理的话可能处罚轻了。因为这跟通常讲的，妻子准备好毒药后放在书架上，等过几个小时丈夫回来后给丈夫喝的案子有所差别。日本最近的判例比较看重犯罪人的行为计划。有学者讨论行为计划在犯罪认定当中起到什么作用，根据行为计划和现实发生的行为是否紧密连接在一起发生而得出结论。根据犯罪计划，把丈夫迷倒是实现后面把他推入海中不可缺少的行为，必不可少的行为就有实质性作用。而且把丈夫迷倒之后，就可以顺理成章地造成死亡结果，并不存在什么意外情况。基于这些理由，日本最高裁判所认为这个案件的实行行为，在开车把丈夫撞伤、把他迷倒的时候就已经存在，开始实施实行行为时又有故意，于是认定为构成故意杀人既遂。

张明楷：这样认定的一个原因是，对构成要件的提前实现的处理存在争议。日本最高裁判所的判决用一连行为理论回避了这样的争议。

曾文科：这一类是关于构成要件当中实行行为或者因果关系认定的。另一类是关于量的防卫过当的。日本将防卫过当分为质的过当和量的过当。质的过当相当于我们理解的防卫过当。A殴打B，本来B可以以伤害A的方式进行防卫，但却要选择一枪把A杀死的方法进行防卫，这叫质的防卫过当。量的防卫过当基本上相当于不符合我们国家正当防卫的时间性要件的情况，也就是对方的不法侵害已经停止了，防卫人仍然在防卫。A殴打B，B通过把A的手腕掰断制止了A的不法侵害，然后又朝着他脸上猛打了几拳，把他鼻梁骨打断了。将手腕掰断，一般评价是在时间条件之内构成正当防卫，后面把鼻梁骨打断的行为是在已经把不法侵害人制服之后。这个行为在我国属于防卫不适时，可能单独构成犯罪。但日本觉得这时候考虑到人在惊慌或者恐惧之下很难控制住这样的行为，责任上有所减轻，所以他们对紧接着前面的防卫行为而实施的后续时间条件之外的行为认定为防卫过当，而且叫作量的防卫过当。这个时候就出现问题了，如果你不把后面的行为看作是连着前面行为的话，很难说明它和一般的伤害行为的区别。量的防卫过当意味着不符合正当防卫的时间要件，但后面的行为必须和前面的行为紧密连接在一起。在这种场合，并不是说只有后面的行为成立防卫过当，而是说从前面掰断被害人的手腕开始至后来把被害人的鼻梁骨打断，整个行为成立防卫过当。这种评价是先于构成要件的评价，甚至在行为论上就是一个行为。

张明楷：其实我也一直认可量的防卫过当。

曾文科：日本最近之所以讨论量的过当，是因为平成二十一年（公元2009年）发生了一个案子，这个案子是在看守所里发生的。两个犯人关在一起，犯人A与B发生口角，把房间里的小桌子往B身上推，B就把桌子给摁住了，桌子没有砸到自己身上，并且顺势把桌子往回推，有挑衅性质，结果把A撞倒在地。之后，B又过去打了他几拳，最后造成A脚踝骨折，在日本构成伤害了。这个案件里面有两个暴力行为，一个是B把桌子往回推，另一个是自己上去打几拳，但只有一个伤害的结果，即脚踝扭断。但是，法院不能确定脚踝的扭断是B第一次把桌子推回去时碰上了被害人的脚给扭断了，还是第二次实施暴行时在扭打过程中把他脚踝扭断了。于是，裁判所认为这个案件不是量的过当，而是一个质的过当。其中两个自然意义上的行为都在防卫时间范围之内，但两个自然意义的行为是一个防卫行为，既然是一个行为，对于侵害来说造成伤害的结果就超过了必要限度，认定构成一个伤害罪，但成立防卫过当。被告人的辩护律师在上告最高裁判所时提出了辩护意见。第一个辩护理由是这是正当防卫；假如不是一个正当防卫，那么B的行为可以分成两部分，第一部分即B把桌子推过去的行为是一个很自然的正当防卫行为，没有制服被害人。在日本根据判例和多数学说的观点，判断防卫过当时采用行为基准说而不是结果基准说，只要在当时这个场合下，被告人实施这个行为符合相当性就行,而不是从最后的结果上考虑。既然 B 的第一个行为,在行为基准说看来是相当的,造成扭伤结果也是正当防卫,就应当作为正当防卫来处理。现在法院通过鉴定也无法查明这个伤害是第一个行为造成的,还是第二个行为造成的,根据事实存疑时有利于被告人的原则,法官就应该认定是第一个行为造成的。那么,被告人 B 对于伤害结果就不应当承担刑事责任,最多只对第二个行为承担暴行罪的责任。律师的第二个辩护理由是,由于 B 的第一个行为成立了正当防卫,而一个正当防卫和一个犯罪不可能构成一连行为,所以律师认为就给 B 定一个普通的暴行罪就行了。日本最高裁判所没有采纳这个观点,但是律师的这个观点在学界得到了很多人的支持,包括山口厚教授在内的大部分学者基本上都支持律师这种见解。虽然在普通的防卫案件当中,大家很自然地会想定为一个过当的案件,但是在自然意义上考察其中一个行为可以符合正当防卫条件的话,不能把一个非犯罪的行为和一个犯罪行为合成一个行为认定为防卫过当,这也是违反防卫过当的宗旨的,因为对防卫过当的处罚本身是要有利于被告人的,但结局是以一连行为为由认为防卫人成立伤害罪的防卫过当,处刑会更重。实务中出现了这样的情况,所以有人讨论在这类案件中要不要承认一连行为,如果不承认就不能说明后面的行为为什么构成防卫过当,或者说如果在构成要件阶段承认是一连行为,但在违法性阶段再把它分开评价,这样的话有第三种选择,就是对第二个行为认定构成暴行罪的防卫过当,这样对被告人来说处刑更加轻了。但这样的理论构成面临的问题是,在构成要件甚至行为阶段先评价为一个行为,但在违法性的判断中又要进行分段评价,这样的评价合不合理?或者在传统的犯罪构成体系中，是不是在行为阶段评价为一个行为的，一直到最后永远是一个行为？还是说我们在每一个阶段都有每个阶段所具有的任务，我们应该根据每个阶段的任务去判断到了这个阶段的事实案件当中有几个行为，需要分别判断还是整体判断？这是量的过当中一连行为的问题。此外，罪数论里的一连行为就不用说了。

张明楷：关于前面讲的杀妻案件，从结论上讲，为了实现杀人计划，在整个过程中有一个环节看上去是个过失致人死亡的行为，而这个过失行为实际上又是为了实现故意杀人计划。对于这样的案例，是用一连行为还是用别的什么理论去解释？如果套用通常理论定一个故意杀人既遂就有问题，尤其是用德国的客观归责理论去处理的话，会发现前面用刀致人死亡的危险没有现实化，后面用瓦斯爆炸的危险也没实现，实现结果的是一个拉拽行为，而行为人对这个行为本身没有故意。这个案件挺有意思，学者们都赞成最高裁判所的结论吗？

曾文科：我看到的资料中基本上没有否定的，区别只是在于大家说理过程当中用不用"一连行为"这个概念，对于结论大部分是赞成的。

张明楷：如果看成一个行为整体的话，就不需要去分别考虑行为人对每一个行为是故意还是过失。现在大家可以畅所欲言了。

学生：一开始就是有故意的，而且行为计划就是要实现一个故意犯罪。

学生：在某种意义上说，我觉得有点类似概括的故意，也就是说结果在被告人的计划范围之内。

张明楷：这个案件拿到德国，估计结论很可能不同。

学生：应该是不同的。

张明楷：这个案件是整体上判断还是分开判断，结论明显不同。

学生：在日本，前面制造风险的行为和后面实现结果的行为，在评价过程中要找到一个可以共同概括的东西，在这个风险和实现的结果之间形成融合的平台。

张明楷：我们国家司法实践中什么时候发生过构成要件提前实现或者推迟实现的案件？一些司法人员会说，不管什么时候死的，就是故意杀人既遂，估计就这么定了。

学生：包括前面说的为了骗保险金把丈夫给迷倒的行为，其中有一个很重要的理论转换是，以前这种问题是作为错误论的问题，现在在日本基本上把这种问题放到未遂那一章去讲，有的学者放在实行行为那一章讲。首先这是不是可以当作一个行为，如果是一个行为就没有所谓的认识错误问题。即便是像德国那样讲客观归责理论，不强调实行行为，但至少行为概念还是要有，比如所谓的风险是指哪个行为的风险。如果一开始把三个行为都当作计划当中的行为进而合并成一个行为，可以说这个行为制造了风险又实现了结果，这就没问题了。

张明楷：把被告人所计划的所有行为当成一个行为？

学生：对。

张明楷：目的行为论可能容易将被告人所计划的所有行为评价为一个行为。如果在构成要件阶段是一个行为，在违法性判断的时候说是两个行为，从理论上讲有什么问题？是不是还涉及责任的问题？比如在构成要件阶段作为一个行为去判断时，你就觉得这个行为符合某个犯罪的构成要件，而在违法性阶段分成两个行为的话，怎么解决故意与过失等责任要素的问题？会不会导致行为人在构成要件的故意与对正当化事由的认识之间产生矛盾和冲突？

学生：但还没说到责任那一步，通常理解构成要件的对象跟违法性评价对象是一致的，这就是传统的观点。所以，现在提出这两个评价对象可不可以一开始就是不一致的，构成要件阶段是一连行为，但违法性评价阶段分成两个行为，这两个评价对象不一致。

张明楷：不一致的话还涉及构成要件和违法性的关系，但我觉得障碍最大的部分还是责任领域。

学生：比如量的过当案件中，行为人实施追击行为，由于特别兴奋，陷入限制责任能力状态时，要不要到责任阶段把在违法阶段分开评价的两个行为又合成一个行为进行评价，对于后面陷入很兴奋的状态造成人的死亡结果的，成立量的防卫过当，但行为人依然成立犯罪，而不是完全免责。就是说，在构成要件阶段是一连行为，但是违法阶段是分开的，到了责任阶段又可以连接上，这样是不是太过于技巧性了？很多裁判官不太接受这样的说法，也可能觉得太过于复杂了。违法判断对象肯定是符合构成要件的行为，在构成要件阶段行为就判断完了，如果某个行为违法，就对这个行为进行判断。

张明楷：刚才讲的监狱里发生的那个案件，我觉得在日本认定为防卫过当不合适。既然说前面把桌子推过去导致脚踝伤了，这个没过当，凭什么后面的行为就造成过当了？这可能与日本刑法规定了暴行罪有关。

学生：把它看成一连行为的时候，会觉得造成这样的伤害是过当的。其实，主要是在实务当中，有时候两个行为发生在一瞬间，查不清到底是哪个行为造成的结果。这时候为了不纵容犯罪就要这样做，即看成一连的行为。有时候设想的有好几个行为，中间打了好几拳，每一拳拿出来都不构成伤害，但这个人身上就是有一处伤，这处伤到底是哪一拳打出来的，不好说，这个时候就必须把这么多拳都看成是一次性的伤害。

学生：那么多拳打出来的不能放到一连行为里吧？

学生：对，所以是一连行为才能看成一个行为，刚刚举的监狱里的案件就是应该把它分开。我觉得可以理解为，就算每一拳分开，每一拳也都是自然的行为，分开了也没有什么不可以。比如 B 打到第五拳之后又打第六拳时，在前面已经造成伤害的情况下，再打第六拳时开始构成防卫过当，前面五拳都算是正当防卫其实没有什么问题。

学生：一拳一拳地打造成累积的伤害，如同吃饼一样，第一个肯定吃不饱，第二个第三个才吃饱。行为人的第一拳只是轻微的伤害，第二拳、第三拳逐渐加重，也是持续的伤害。

学生：对，所以这个时候对每一拳都不能单独地评价，所以在过当的案例中要将所有行为合并在一起评价。

张明楷：这样的案件在我们国家涉及另外一个问题，比如说在不法侵害人有能力继续实施不法侵害的时候，把他打伤了，这肯定是在防卫限度之内。现在是出现了另外一种情形，不法侵害者在实施不法侵害过程中，防卫人殴打他了，但没有打成轻伤时，不法侵害者已经丧失反抗能力，之后防卫人又来两拳把他打成轻伤，这样的行为在我们国家要不要认定为防卫过当？假设我们承认量的过当，是否能够适用刑法关于防卫过当的规定？就是说如果前面不法侵害正在进行时，防卫人造成轻伤，就没有过当。但是现在既然已经把不法侵害者制服了，制服之后再造成一个轻伤，就有可能被认为是量的过当。如果是在这种场合，我觉得还是要分清不同情形的。不过，我觉得在我们国家，如果量的过当造成的是轻伤，也不要认定为防卫过当。

学生：这种场合可能查不清楚。

张明楷：查不清楚的话，就有可能是前面的行为造成的，既然前面的行为不过当，为什么要定罪？

学生：日本学者们都支持这种观点，所以这时候应该分开来看。但是，传统量的过当的理论是看成一连行为的。

张明楷：这样的案件不用一连的行为理论，用事实存疑时有利于被告的原则就可以处理了。

学生：因为日本的判例已经判了这样的结果，学者们为了解释这个案例，为了自圆其说。

学生：这种案件当中，您觉得造成什么样的伤害程度，才能说是足以制止不法侵害？可能前面的行为不一定足以制止不法侵害，如果是这样的话，继续实施后面的行为就没有问题。

张明楷：这是另外一个问题，我们现在设定的是前面没有造成伤害的行为已经制止了不法侵害，在制止了之后，防卫人还继续去攻击对方。我们以前是叫防卫不适时的，但定防卫不适时以故意犯罪论处有点不近人情。

学生：如果要将行为分开考察，实务当中都比较难以查清到底是前面的行为造成伤害还是后面的行为造成伤害。如果分开的话，很多案件都可以不用定防卫过当了，都可以按正当防卫处理。一个行为大体上都可以分为两部分、三部分、四部分、五部分，甚至如果从自然行为的角度来讲，即使是打了十拳，伤害结果也不一定是累积的，有可能第一拳最重，就造成了伤害。如果是这样，没有办法量化到哪一拳是处于正当防卫的阶段，哪一拳是处于防卫过当的阶段。如果把这个理论推到极致分开看，会导致在当时的情景当中，所有结果都是在正当防卫过程中造成的，防卫人后面的行为就是没有造成伤害。

张明楷：是，问题是这有什么不可以，这有什么不好？

学生：刚才说的查不明结果，是形成一连行为观点的一个理由。还有一个理由是，日本是考虑到防卫人精神上处于极度的兴奋或者是恐惧的状态而造成防卫过当的才减轻处罚。但是如果不承认量的过当，后面的行为就是防卫不适时。

张明楷：防卫不适时就构成普通的故意犯罪了，不能减轻处罚。

学生：我觉得日本法官很多情况下想把整个行为减轻处罚，就对整个行为适用防卫过当的规定，以防卫人精神上的高度恐惧或者紧张为根据来减轻处罚。所以，认定防卫过当有一个要求是，后面的那个行为跟前面的那个行为连得很紧，因而可以认为防卫人处于精神上的高度恐惧或者紧张状态。

张明楷：还是因为日本有个暴行罪，即使认定前面的行为造成了一个伤害结果属于正当防卫，但这个伤害结果发生之后，后面再打人就成了一个暴行罪。如果认定为一个防卫过当，就算定一个伤害罪，然后再减免处罚，这可能比定一个暴行罪要轻。我国没有暴行罪，应当没有这个问题。

学生：对于这样的问题，能不能根据超法规的责任减轻或者阻却事由，认为在那种情况下期待可能性低或者控制能力低而减轻处罚？

张明楷：应该也可以。

学生：在日本，因为法官一直这么判，法官肯定有固定思维，所以这时候要看做一连行为。还有一个量的过当，如果从责任减少上来说完全没有问题，不把前后行为连起来，这时候也可以认定为防卫过当。日本在防卫过当减免处罚的根据问题上，采取的是违法·责任减少说，就是既有违法减少，又有责任减少。问题是违法减少的那一部分表现在什么地方？比如有学者只承认违法减少说，因而完全不承认量的过当的理论。但要说明违法减少的话，现在比较新潮的词是京都大学安田拓人教授提出的"防卫现象性"。就是说，防卫人的行为之所以能够在量的过当时减免处罚，并不单纯是因为责任减轻了。因为事前防卫时也存在责任减轻，防卫人也很恐慌。比如，得知有人要杀我，我很害怕，与其被人杀，不如先把他杀了。为什么事前防卫不能成立的过当，只有事后防卫成立防卫过当呢？是因为事后防卫具有所谓的防卫现象性。既然如此，就不得不考虑到因为前面处于正当防卫状态下，紧接着的行为也按正当防卫来处理。所以，一开始这种所谓的一连性评价是因为他们要说明量的过当中违法的减少这部分。如果理论上纯粹只是责任减少说，在这个问题上不支持一连行为论也没有任何问题。现在日本学界关于这个问题的讨论，是因为裁判所甚至包括学界都已经接受量的过当，但现在出现一个新的案件，发现重大结果可能是前面的正当防卫行为造成时，处刑反而变重了怎么办？有人开始反思这个问题，就说一连行为在不同犯罪成立阶段有不同的评价视角。

张明楷：你刚才讲的律师辩护意见中，在日本如果是按一连行为即按防卫过当处罚，比单个暴行罪处罚要重吗？

学生：要重，刚刚说的那个案子判出来就是更重。

张明楷：就是说如果只定后面暴行罪的话还不至于那么重？

学生：对，那个案子最后判了实刑，行为人算不上累犯，也不具有其他加重情节，但也可能是因为发生的场所比较特殊所以判了实刑。

张明楷：在日本算是判得重了一点。要是跟一个暴行罪判得差不多也就无所谓了，大家也就不争论了。不过，前面那个杀妻的案例，确实有讨论的价值。应该以什么理由或者标准将一连行为中的任何行为都合并成一个行为？

学生：所以他们要研究标准，一个标准是行为的集积性，另一个是意思的一贯性。倒不是说故意或者过失就不能有一贯性了，而是要考虑中途有没有大的意思改变。杀妻的案例，法官可能考虑到意思的一贯性，没有大的分歧。

张明楷：很多案件，整体看和分开看结论大不一样。什么时候整体看、什么时候分开看，还是所有的案件都整体看或者所有的案件都分开看，的确成为问题。如果没有一个规则的话就很麻烦。单纯从目的出发，在不同阶层时肯定想的不一样。各位暂且把问题装在脑里，遇到类似问题时一并思考。

案例5　不作为（作为义务的确定）

被告人李某开一个小饭店，饭店里有一位卖淫女赵某。某日早晨6点左右，被害人在李某经营的饭店找卖淫女赵某，被害人和赵某在饭店地下室房间将要发生性关系时，被害人口吐鲜血，陷入了昏迷状态。赵某见状立即告诉李某，让她去看一看，还说赶快报警或者拨打120急救。但李某不同意，拒绝报警也拒绝救助。一个小时之后（早晨7点），李某又到地下室去看，发现被害人左手大拇指有轻微的颤动，便告诉赵某，说被害人还活着，赵某又提出要报警，李某又拒绝。9点至10点间，李某下去看时，被害人还有气息。赵某再次提出报警，李某再次拒绝。赵某与李某上午11点下去看时，被害人已经死亡。次日凌晨2点钟左右，李某安排人把尸体抬出去扔到偏僻地方了。事后鉴定，被害人是突发心脑血管疾病猝死。

张明楷：我们不讨论李某容留赵某卖淫这一行为，只是讨论对于被害人的死亡，李某是否构成不作为犯罪。从案情描述来看，当时只要有人打急救电话，是可以挽救生命的。因为从早晨6点到10点之间，被害人一直是活着的，如果早一点报警或者拨打120急救，是可以挽救被害人生命的。

学生：他们构成不作为的故意杀人罪。因为被害人处于他们支配的空间，他们有义务救助而没有救助，而且具有救助的可能性。

张明楷：你说的"他们"是指谁？谁有救助义务？赵某与李某都有救助义务吗？

学生：赵某应当没有作为义务，因为她并没有支配什么空间，被害人的心脑血管疾病的发作虽然与她有一定关系，但不是她的行为制造的危险。

张明楷：我也认为赵某没有作为义务。这个场所是李某支配的场所，赵某不直接报警，是因为如果报警后警察会查明真相，李某容留他人卖淫构成犯罪，她会受到李某的责怪。赵某可以直接报警只是具有作为可能性，但作为可能性并不产生作为义务。

学生：许多人认为李某也没有救助义务。

张明楷：是的。但是，我还是认为李某对自己独自支配领域内的法益危险的现实化具有阻止义务。所有的作为义务，其实都是法益保护义务，但是，这种义务来源必须比较确定或者相对确定，否则会导致国民因为运气不好就构成不作为犯罪。所谓要相对确定，就是指要使国民相对确定地知道自己在什么样的场合具有作为义务，我能想到的无非是三种情形：一是对法益制造了危险的人，二是与法益主体之间具有保护与被保护关系的人，三是脆弱的法益主体处于自己独自支配领域内的人。虽然第三种也可以归入第二种，但第三种有其特殊性。

学生：对老师说的第三种义务有这样的反对观点：如甲到乙家实施不法侵害，乙对甲进行正当防卫，使甲受重伤，但一直让甲躺在自己家里，后来甲死亡了。乙是否构成不作为犯罪？

张明楷：一般人不会让别人死在自己家里吧！不过，这是事实问题。按照我的观点，在这种情况下，只需要判断乙的行为是否构成防卫过当，如果造成死亡属于防卫过当，也就是说，在防卫行为有过当危险时，防卫人就有义务防止防卫过当结果的发生，不需要用对自己支配领域的危险现实化的阻止义务来解决。

学生：如果被害人原本因为没有吃的而饿得不行了，就潜入被告人家里盗窃食物，但到处都没有找到，反而晕倒在被告人家里了。被告人回家后发现了但不救助的，怎么处理？

张明楷：这种情况下就需要用独立的支配领域来说明被告人

有作为义务。

学生：如果说有作为义务，认定为故意杀人罪就会导致处罚过重。

张明楷：有没有作为义务，与是否构成故意杀人罪是两个问题。也就是说，肯定有作为义务，不等于直接肯定故意杀人罪的成立。或者说，肯定有作为义务时，也可能仅成立遗弃罪或者过失致人死亡罪。况且，即使肯定成立故意杀人罪，也可能认定为情节较轻，处三年有期徒刑进而判处缓刑。

学生：老师，比如说，有人病倒在我家里的，我的作为义务是不是必须送他到医院？

张明楷：这个不一定啊。取决于具体情形，要考虑危险程度、作为可能性等因素，不一定要求必须送到医院。其实，报警或者拨打120急救电话就可以了。

学生：比如我们讨论的这个案例，发现被害人不省人事后，立即从饭店的地下室抬到马路边等其他人有可能看到的地方，是不是就可以了？

张明楷：我感觉就可以了。

学生：因为地下室毕竟是封闭的场所，其他人不可能参与求助。

张明楷：对！因为是封闭的场合，如果李某不救助，就没有其他人能救助。如果其他人都能看见、能进入场所的话，救助可能性就大了。

学生：一旦认定李某有救助义务，感觉还是要去救才行，抬到马路上还不算救吧？

张明楷：抬到有人看到的地方了，也是一种救助。我们以前讨论过这样的案件，具有作为义务的人把被害人送到医院门口后，自己就跑了。被害人很快被人发现，得到了救治，这还是要认定行为人履行了作为义务，而不能认定行为人构成未遂犯。

学生：这个非常微妙。

张明楷：行为人有没有作为义务与作为义务的内容是什么，是密切关联的问题，作为义务与作为可能性也密切关系。什么时候要送到医院、什么时候只需要让其他人发现就可以了，的确是需要具体判断的。

学生：本案认定李某构成故意杀人罪没问题吧？

张明楷：要判断有没有救助的可能性，如果立即打急救电话也不能挽救生命，就不成立犯罪了。

学生：从案情描述来看，是有救助可能性的。

张明楷：我觉得应当是有的，因为被害人在地下室发病几个小时后还是活着的。

学生：有救助的可能性就成立故意杀人吗？

张明楷：从罪刑相当性的角度等方面考虑，认定为遗弃罪可能更好一点。

学生：许多人会认为只有家庭成员之间才成立遗弃罪，不会赞成这样的结论。

张明楷：是的，但在当今社会，在从遗弃罪的体系地位与法条表述都看不出要求本罪发生在家庭成员之间的立法例之下，这种看法可能不合适。

学生：是的。

张明楷：我们顺便讨论一下货拉拉案件吧。谁把案情讲一下？

学生：报道是这样的：法院经审理查明，被告人周某系深圳依时货拉拉科技有限公司签约司机。2021年2月6日下午，周某通过平台接到被害人车某某的搬家订单后，于当日20时38分驾车到达约定地点。因车某某拒绝其付费搬运建议，且等候装车时间长、订单赚钱少，周某心生不满。21时14分，周某搭载车某某出发，但未提醒坐在副驾驶位的车某某系好安全带。途中，周某又向车某某提出可提供付费卸车搬运服务，再遭拒绝，更生不满。为节省时间，周某未按平台推荐路线行驶，而是自行选择了一条相对省时但较为偏僻的路线。车某某发现周某偏离导航路线并驶入偏僻路段，多次提示偏航，周某或不理会或态度恶劣。车某某心生恐惧，把头伸出窗外要求停车，周某仍未理会。后周某发现车某某用双手抓住货车右侧窗户下沿，且上身探出了车外，周某已经意识到车某某可能坠车的现实危险，但未制止或采取制动措施。随后，车某某从车窗坠落。周某遂停车，并拨打120急救电话和110报警电话。2月10日，车某某经抢救无效死亡。经鉴定，车某某系头部与地面碰撞致重度颅脑损伤死亡。法院审理认为，被告人周某作为货拉拉平台的签约司机，因等候装车时间长且两次提议收费搬运服务被拒后心生不满。其违背平台安全规则，既未提醒车某某系好安全带，又无视车某某反对偏航的意见，行车至较为偏僻路段，导致车某某心生恐惧而离开座位并探身出车窗。周某发现了车某某的危险举动后已经预见到车某某可能坠车，但轻信可以避免，未及时采取有效措施以致发生车某某坠亡的危害结果。周某的过失行为与车某某的死亡结果之间具有刑法上的因果关系，其行为已构成过失致人死亡罪，公诉机关指控的罪名成立。周某有自首情节、自愿认罪认罚、积极对被害人施救，法院采纳公诉机关的量刑建议，判处有期徒刑一年，缓刑一年。

张明楷：这一判决虽然使用了"坠落"一词，但以前报道说的都是被害人主动跳下车的。根据事实存疑时有利于被告人的原则，只能认定为被害人主动跳下车的。

学生：是的。

张明楷：这一判决究竟是说周某的行为是作为还是不作为？

学生：不可能认定为作为的过失致人死亡罪，因为周某没有实施任何可以致人死亡的作为行为。

张明楷：理由是什么？

学生：因为被害人跳下车是她的自主决定，周某前面的行为虽然有不当之处，但介入的是被害人的自主决定行为，所以，不可能将前面的作为认定为过失致人死亡罪。

张明楷：也就是说，周某前面的行为虽然与被害人跳车之间具有条件关系，但不能将跳车身亡的结果归属于周某前面的作为。

学生：是的。

张明楷：我也认为周某前面的作为不可能构成过失致人死亡罪。一方面，周某前面的作为并没有致人死亡的危险，不可能成为过失致人死亡罪的实行行为。另一方面，相对于周某前面的作为而言，被害人的介入要么异常，要么出于被害人的自主决定，所以，也不可能将结果归属于前面的作为行为。所以，只能考虑是否成立不作为的过失致人死亡罪。

学生：这一点是否取决于一般人当时是否会形成自己将受侵害的误解和恐惧感？如果会，就不能说被害人的介入异常或让被害人自我答责。

张明楷：从二人争吵的原因来看，一般人也不至于产生自己将受侵害的误解和恐惧感吧。我还是觉得被害人的介入异常。否则，一个偏离导航的驾驶行为就成为过失致人死亡罪的构成要件行为，我觉得难以接受。

学生：其实，也不能认定为不作为的过失致人死亡罪。

张明楷：为什么？

学生：因为根本没有作为可能性，被害人没有吭声就突然跳下去了。

张明楷：可是，判决认定的事实是，"周某发现车某某用双手抓住货车右侧窗户下沿，且上身探出了车外，周某已经意识到车某某可能坠车的现实危险，但未制止或采取制动措施"。如果是这样的话，周某还是有作为可能性的。

学生：关键还是有没有作为义务。

张明楷：对！作为义务来源于什么？

学生：按照老师的观点，是可以说明作为义务的。也就是作为义务第三种来源，行为人基于对法益的危险发生领域的排他性支配产生的阻止义务。

张明楷：既然被害人在行为人驾驶的车上，行为人就有义务保障被害人的生命、身体安全。当被害人可能跳车时，行为人就有阻止义务，包括采取停车或者让被害人下车等措施。

学生：问题是乘客自己要自主跳车时，行为人有没有义务阻止？

张明楷：我觉得疑问不大。司机必须保障车内乘客的生命安全，不能因为乘客要跳车就不阻止。

学生：按老师的观点有可能认定周某的行为成立不作为的过失致人死亡罪。

学生：有学者认为，老师提出的作为义务的第三种来源虽然结论可能是正当的，但没有根据。

张明楷：为什么说没有根据？

学生：因为不能从"是"推导出"应当"？

张明楷：那么，应当从什么地方推导出"应当"呢？

学生：是啊，我也不知道。

张明楷："是"能否推导出"应当"，其实在哲学上是有争议的。我的想法是，刑法的任务是保护法益，当一个法益在特定领域产生了危险，只有支配这个特定领域的人可以阻止这种危险时，就只能要求这个支配者保护法益。我是根据"需要"推导出"应当"的。当然，"需要"也只是事实。一些国家的见危不救罪，其实也是从"需要"出发要求行为人救助的。

学生：见危不救与不作为犯的作为义务是有区别的。

张明楷：在规定了见危不救罪的国家当然是有区别的，在没有规定见危不救罪的国家也是有区别的，但在没有规定见危不救罪的国家，作为义务的来源就可以适当宽一些。正是因为我国刑法没有规定见危不救罪，所以，不真正不作为犯的作为义务的来源可以适当宽一点。

学生：问题是，一旦认定有作为义务，常常导致按故意杀人罪处理，量刑太重。

张明楷：我前面说了，有作为义务与行为构成什么罪是两个不同的问题。即使不作为导致他人死亡，也可能仅成立遗弃罪或者过失致人死亡罪，而不是必然成立故意杀人罪。

学生：可不可以说，在导致他人死亡的场合，老师提出的作为义务第三种来源的情形，通常只成立遗弃罪？

张明楷：也可以这样说，但不是绝对的。我1998年就写过一篇论文，主要讨论不作为的故意杀人罪与遗弃罪的区别，其中提出，在区分二者时，要考虑法益所面临的危险程度，行为人履行义务的难易程度，以及行为人与法益主体之间的关系。而我提出的作为义务第三种来源的情形，都是指行为人与法益主体之间没有密切关系的情形。比如，父母见年幼子女面临生命危险而不予救助，很容易认定为不作为的故意杀人。这就是因为行为人与法益主体的关系密切。

学生：行为人与法益主体的关系想表述的是什么实质内容呢？

张明楷：想表述的是作为义务的强弱。平野龙一老师曾经指出，一个行为是成立不作为的故意杀人罪还是成立保护责任者遗弃罪，不是取决于行为人对死亡有没有预见，而是取决于作为义务的程度。成立不作为的故意杀人罪，需要作为义务的程度较高或较强；反之，成立保护责任者遗弃罪则只需要程度较低或者相对较弱的作为义务。

学生：但货拉拉的案件不可能认定为遗弃罪，因为行为人没有遗弃的故意，只有过失。

张明楷：如果承认行为人基于对法益的危险发生领域的支配产生的阻止义务，而且货拉拉案件中的周某具有作为可能性，主观上确实有过失，一审判决也可以接受。但如果被害人心生恐惧而离开座位并探身出车窗接着跳下去的时间很短暂，就难以肯定作为可能性。另外，如果周某没有预见可能性，也不能认定为过失致人死亡罪。但总的来说，我觉得这个案件认定为过失致人死亡罪，是比较勉强的。

案例6　不作为（先前行为产生的作为义务）

甲、乙两家经营同类旅店业务，甲家在门口马路立了一个很大的广告牌，生意就好起来了，乙家就开始嫉妒了，于是在某天凌晨四点多把广告牌弄倒，正好倒在马路接近中间的位置。由于广告牌很高，乙知道肯定会有人撞上广告牌，但看到天快亮了，怕自己的行为败露就离开了。刚一离开，一个骑摩托车上早班的人就撞上了，并因此死亡。

学生：当地的公安机关是以故意毁坏财物罪移送到检察院，法院也按故意毁坏财物罪判了。但公安机关的人员说，乙的行为其实还触犯一个罪，就是以危险方法危害公共安全致人死亡，但未敢以这个罪移送检察机关。

张明楷：故意毁坏财物罪当然是成立的，如果不考虑别的罪名，其实有两个故意毁坏财物罪。

学生：怎么会有两个呢？

张明楷：你们想一想。

学生：一个是对广告牌的毁坏，另一个是对道路的毁坏。

张明楷：是的，德国曾有一个判例，认定行为人将树枝堆放在道路的行为构成故意毁坏财物罪。如果这个案件发生在日本，将高大的广告牌弄倒在道路上的行为，则成立妨害交通罪，妨害交通罪也有结果加重犯。也就是说，损坏或者堵塞道路，以致妨害交通的，成立妨害交通罪，因而致人伤亡的，成立结果加重犯。

学生：如果乙的行为发生在日本，就是成立故意毁坏财物罪与妨害交通致死罪。

张明楷：对！不过，在日本应当认定为想象竞合，因为只有一个行为。我们国家没有妨害交通致死罪，故意毁坏财物罪也没有致人伤亡的结果加重犯，所以，要考虑其他犯罪。

学生：所以，公安机关认为还成立以危险方法危害公共安全罪。

张明楷：没有必要认定为这个罪。我先问一下：乙致人死亡的行为是作为还是不作为？

学生：是作为，因为是作为行为导致广告牌倒在道路上。

学生：是不作为吧，因为是故意毁坏财物这一先前行为使其产生了将广告牌移出道路的作为义务，但乙没有履行这一义务。

张明楷：如果是作为的话，行为人是故意还是过失？

学生：如果是作为的话，感觉评价为过失合适一些。因为行为人弄倒甲家的广告牌时，没有预见到可能致人死亡，没有致人死亡的故意，所以，不能认定为故意犯罪。

张明楷：如果认定为不作为呢？

学生：如果认定为不作为的话，就可以说行为人对死亡结果具有故意？

张明楷：对啦！这么说的话，将乙后面的行为评价为由故意犯罪产生了一个作为义务，但因为没有履行作为义务而成立不作为犯罪可能更好一些。

学生：这是不是作为与不作为的竞合？

张明楷：感觉不是的，因为前面是一个明显的作为，后面则是明显的不作为。

学生：也不是作为与不作为的结合。

张明楷：也不是结合，就是先前的作为犯罪产生的作为义务，形成另一个不作为。关键是后面的行为成立什么犯罪？

学生：后面的不作为可能涉嫌故意杀人罪、交通肇事罪、破坏交通设施罪。

张明楷：我是可以接受破坏交通设施罪的，但很多学者不会接受，因为他们认为交通设施没有被毁坏，拿走了广告牌道路还是完好的。

学生：但是，交通设施的功能被破坏了。

张明楷：人家会说功能破坏是暂时的，只有长久的功能破坏才可能构成破坏交通设施罪。

学生：法律没有要求长久的功能破坏。

张明楷：关键不在于短暂还是长久，而是导致发生交通事故的危险性的大小。比如，即使短暂地破坏高铁信号灯的功能，也不能否认破坏交通设施罪的成立，因为这种行为制造的交通危险太大了。

学生：是的。会不会有人认为，破坏只能是作为而不能是不作为？

张明楷：破坏行为既可以是作为，也可以是不作为，这一点应当没有疑问吧。

学生：这么说，将本案后面的行为认定为破坏交通设施罪就是合适的。

张明楷：可能还有需要考虑的因素，就是乙的行为导致发生交通事故的危险性的大小。如果道路上的车辆特别多，评价为破坏交通设施罪是可以的。如果道路上的车辆少，乙对发生事故持放任态度，而且第一个事故发生后，基本上不可能再发生事故，仅认定为间接故意杀人或者过失致人死亡，也是可能的。

学生：对后面的不作为认定为交通肇事罪就可以了吧？

学生：乙对发生事故并不是过失，至少有间接故意，不能认定交通肇事罪。

学生：有没有可能是只有过失？他当时过于自信，相信开车的人会小心的。

张明楷：当然需要具体判断，就是我刚才说的，是什么样的道路，车辆的多少，广告牌倒在道路上的具体状态，广告牌与道路本身颜色是不是明显不同，天是不是很亮了，如此等等，综合判断行为人对死亡结果是故意还是过失。

学生：如果认定为破坏交通设施罪，行为人对死亡结果只有过失，也会处10年以上有期徒刑、无期徒刑或者死刑，是不是太重了？

张明楷：即使认定为破坏交通设施罪，也不可能判处无期徒刑或者死刑吧！

学生：如果不认定为破坏交通设施罪，认定为过失致人死亡罪或者交通肇事罪也是可能的。

张明楷：确实可能。因为案情对不作为部分交代得并不清楚，不好判断。但我认为，如果确实是有许多机动车行驶的道路，构成破坏交通设施罪是没有疑问的。

学生：如果认定为破坏交通设施罪，与前面的故意毁坏财物罪是什么关系呢？

张明楷：我正好要问这个问题。

学生：认定为想象竞合好一些。

张明楷：怎么竞合？只有一个行为吗？或者说，作为与不作为是重合的吗？

学生：感觉只有一个行为，就是使广告牌倒在道路上。

张明楷：这是一个作为，问题是后面的不作为是不是与前面的作为仍然是一个行为？

学生：能不能说存在例外的情况？就是在结果加重犯的场合，先前行为以及导致加重结果发生的不作为与结果之间的因果关系是重合的，而且因果关系的重合只限定在这种竞合的时候，在其他的场合则不适用。无论是今天讨论的案例，还是以前老师说的盗伐林木时，林木倒下来致人死亡的案例，大家朴素的感觉都是觉得要数罪并罚，不是想象竞合，但导致处罚过重。

张明楷：如果盗伐林木时，林木倒下来直接造成了他人死亡，当然只有一个行为。问题是，如果林木倒下来砸着人，但有救助可能性，行为人可以救助却不救助的，恐怕不能说是想象竞合，因为明显存在作为与不作为两个行为，而且侵害的是两个不同的法益。

学生：问题还是在于，作为与不作为的罪数判断。

张明楷：作为与不作为的罪数判断在哪里都会有争议。比如，故意致人重伤后有救助义务，但没有救助导致被害人死亡的，是一个不作为的故意杀人，还是一个故意伤害致死，抑或是故意伤害罪与不作为故意杀人罪的包括的一罪或者想象竞合？

学生：老师教材上说的是包括的一罪。

张明楷：之所以是包括的一罪，是因为生命法益包括了身体法益，或者最终侵害的是一个重大法益。但我们今天讨论的案件就不同，前后行为侵害的是不同法益。

学生：不作为内部也是可能竞合的吧？

学生：可以的，比如，父母见两个幼子都掉到水里面去了，一个都不救，就是想象竞合。因为侵害的是个人专属法益，构成两个不作为的杀人，但仅按一个重罪处罚。

张明楷：是的！一个作为与一个不作为的想象竞合情形并不多见，倒是有可能成立包括的一罪。只有在行为人应当履行作为义务时没有履行作为义务，而是实施作为犯罪时，才可能被认为是想象竞合。

学生：比如说，行为人看见自己的孩子掉到水里，本来应该立即去救孩子，结果他没有去救孩子，而是拿这个时间去杀了另外一个被害人。

张明楷：对。

学生：这就是标准的作为和不作为的竞合。

张明楷：国外理论上有一种观点就是按作为与不作为的时间是否重合来判断是不是构成想象竞合的，因为不可能讲行为本身是不是重合。当然，也有学者不赞成这种观点。

学生：但我们今天讨论的这个案件，在时间上也没有重合的地方，只是时间上具有连续性。

张明楷：我感觉，当行为人的作为既构成犯罪同时又是不作为的义务来源的时候，最好不要并罚。在这种情形下，虽然不是一个行为，难以用想象竞合的原理，可能需要发展一种新的罪数类型，或者说需要创制一个新的概念来表述这种现象，使之成为科刑的一罪。

学生：这是不是牵连犯呢？

张明楷：可以说有一般意义上的牵连，但不符合现在通行的牵连犯的成立条件。或许也可以发展牵连犯的概念，将这种情形包括在内。

学生：我举一个例子，比如说行为人 A 指使 B 去强奸自己的女儿 C，在 B 强奸过程中，A 自己站在旁边看，B 过失导致女儿生命处于危险状态后扬长而去，A 没有救助，导致女儿死亡。

张明楷：怎么编出这么令人发指的案例？

学生：强奸犯 B 也有义务救助。

张明楷：这种场合，A 也是强奸罪的共同正犯，好像认定为强奸致人死亡就可以了吧。

学生：我设定的是，如果 A 救助女儿，女儿就不会死亡。

张明楷：如果这样的话，就存在一个不作为的故意杀人了。而且，这个不作为的故意杀人的作为义务，不只是源于先前行为，而且同时源于亲属关系的保护义务，与单纯因为先前的作为犯罪产生作为义务还不完全一样。

学生：实质是一样的。A 的行为触犯强奸致人死亡和不作为杀人，是数罪并罚还是想象竞合？

学生：想象竞合。

张明楷：如果说自然意义上的一个行为包含这种情形，也可以说是想象竞合。

学生：但从规范的角度来说，我们前面讨论的弄倒广告牌的案件，的确是一个作为与另一个不作为。

张明楷：如果说承认自然意义上的一个行为构成想象竞合，就不能以规范意义上是两个行为为由否认想象竞合了。这个案件在德国会认定为想象竞合，但在我国似乎不符合想象竞合的成立条件。

学生：在行为人实施基本犯的场合，都有义务防止加重结果的发生。

张明楷：可以这么说。也正是因为如此，才能认定为结果加重犯的成立。所以，可以说，很少有单纯的作为犯，行为人实施任何作为的时候同时都有一个不作为。不过，尽管如此，通常还是只定一个作为犯，在这个意义上来讲不作为只是一个补充而已。但只认定为作为犯，一般是指没有侵害新的法益的情形。

学生：我们今天讨论的弄倒广告牌的案件，明显有作为与不作为两个行为，感觉不是想象竞合。

张明楷：这就是我前面讲的，如果承认先前的作为犯罪产生了作为义务后，没有履行作为义务的，倘若没有发展出一个新的科刑一罪类型，就只能数罪并罚。如果发展出一个新的科刑一罪的类型，就可以作为科刑的一罪处理。

学生：我就感觉有些案例只评价先前行为即可，没有必要再评价基于先前行为产生的不作为犯罪，否则会重复评价。

张明楷：你说的无非是类似于故意伤害致死的时候，可以不评价后面的不作为。但是，如果甲把被害人打成重伤后，发现有生命危险时准备送往医院，过路人乙就教唆甲不要救，让被害人死了算了，甲就没有救。你说这个案件怎么办？

学生：这个是很明显的例子，需要认定甲有救助义务。

张明楷：如果你否认甲有救助义务，甲就仅成立故意伤害致死，乙也不成立故意杀人罪的教唆犯。

学生：有些案例前后的区分没有那么明显，我觉得某些先前行为在某些情况下涉及作为和不作为区分的问题，有些时候先前行为并不产生一个作为义务。如果整体地从规范的层次来看，他的作为其实就是一个创设风险的行为，他的不作为是没有去消除既有风险的行为，可以把他的整个行为连起来评价为一个作为。

张明楷：你这个说法有道理，尤其是前后都故意的场合，也不会产生明显的问题。但是，如果先前行为不是故意，甚至过失都没有，后来故意不消除危险的怎么办？

学生：这个就不一样了。

学生：可能还有一个作为可能性的问题在里面。如果行为人的先前行为导致的风险，没有救助可能性的话，当然是一个单纯的作为。如果因果关系发展进程的时间较长，具有作为的可能性，还是要承认后面的行为可能成立不作为。

张明楷：是的。

学生：老师，我刚想到一个案例，比如，父亲发现小孩掉到水里了，不仅不救助，反而还朝他开了一枪。

张明楷：要看小孩是淹死的还是被枪打死的。

学生：他害怕被枪打到，躲到水里呛死了。

张明楷：回答得很巧妙啊！

学生：前面是不作为，后面是作为。

张明楷：如果是枪打死的，就可以只评价一个作为。如果说小孩是害怕被枪打到，躲到水里呛死了，也可说是作为，只是因果关系的错误而已。你这种编的案例，肯定还有其他多种可能性，不排除作为与不作为的竞合。比如，作为的杀人未遂与不作为的杀人既遂的竞合，作为的杀人既遂与不作为的杀人未遂的竞合，等等。

学生：为什么是竞合呢？不就是一个故意杀人的既遂吗？

张明楷：作为与不作为发生在同一时间，即作为与不作为本身的竞合，因为没有侵犯数个法益，所以不是想象竞合意义上的竞合，肯定只认定为一个故意杀人既遂。

案例7 不作为犯罪（作为义务与结果归属的判断）

被告人王某驾驶一小渔船在河道里用电捞网捕鱼，捕完鱼后没关电源，把电捞网扔在船头准备回家，被害人李某穿着防护服（正常情况下可以防电），看到王某后说王某欠钱不还，从河的另一边涉水过来拖住王某的渔船不让走，把王某拖到水下后打王某，要求王某还钱，两人扭打过程中形成的水花把电捞网浸湿，形成电流回路，王某感觉自己被电了一下，马上从船尾爬上船，李某在船头喊"救命",王某想"今天不是你死就是我亡",王某没救李某,一分钟后李某不动了,王某便离开。经鉴定,李某是被电击而死,他的防护服有破洞,没有起到防护作用。

张明楷:这个案件主要是结果归属的问题。李某的死亡结果能否归属于王某的行为?

学生:形成电流回路是李某的行为造成的。因为李某将王某拖下了水,二人扭打过程中形成的水花浸湿了电捞网,进而形成电流回路,电流回路是导致李某死亡的原因。所以,不能将结果归属于王某的行为。

张明楷:也就是说,王某先前没有关电源只是李某死亡的条件,但不能因此将结果归属于王某的行为。这是就前面没有关掉电源的行为而言的。那么,在李某喊救命的情况下,王某是否具有救助义务呢?也就是说,能不能将李某死亡的结果归属于王某后来的不作为呢?

学生:在当时的情况下,王某有救助的可能性吗?

张明楷:这个不确定,案情也没有交代。李某扒着船头,船头电捞网已经通电,有救助的可能性吗?

学生:王某没办法拉李某吧。

张明楷:不可能要求王某手拉李某,否则王某也会触电吧。如果说只要关掉电源李某就有救助可能性,王某也能够关掉电源，就是具有救助可能性。如果认定王某可以关掉电源，并且关掉电源李某就不会死亡，王某的行为成立不作为犯罪吗？

学生：作为义务的来源是什么呢？

学生：先前行为吗？什么先前行为呢？是不是可以认为是对危险源的监管义务？

张明楷：问题是李某过来打王某才进入危险源的危险范围的，如果船上还有别人，王某作为负责人，由于管理不善将船上的人电死或电伤，王某可能构成不作为犯罪，但是李某是自己游过来的，他原本并不在危险源的危险范围之内。这一点怎么看？

学生：如果用电捞网捕鱼不合法，是不是可以认定为是危险源？

张明楷：合不合法跟这个问题可能没有直接关系吧。因为王某已经捕完鱼了，电捞网放在自己船上，电捞网产生电流回路是李某扭打王某导致的。本案中王某虽然忘记关电源，但与那种在院子周围、马路边设置电网忘了关电源是不一样的吧。院子、马路是别人随时可能去的地方，但船是王某一个人使用的，是相对独立的，别人一般也上不去。

学生：在自己屋子里设置防卫装置，小偷进来偷东西被电死，仍然可以认定为是防卫过当，定过失致人死亡罪。问题是能不能算被害人自我答责呢？如果李某认识到了死亡危险，可以说自我答责。但李某不知道电捞网是没关电源的，他也没想到自己的行为会有这样的危险性。所以，不能说是自我答责。

张明楷：如果李某能预见到没有关掉电源呢？如果李某也是用电捞网捞鱼的，对于电捞网的危险有认识，能认定李某自我答责吗？

学生：认定自我答责要求被害人已经认识到危险，而不是可能认识到危险，所以，不能认定为自我答责吧。

张明楷：否认了自我答责，不意味着死亡结果当然归属于王某的行为。我们前面认为，不能将李某的死亡结果归属于王某先前没有关掉电源的行为，刚才讨论的是，王某后来不关掉电源的行为是不是成立不作为犯罪，如果成立不作为犯罪，王某的行为就可能构成故意杀人罪。

学生：认定为故意杀人罪不合适吧，即使要认定为犯罪，也只能认定为过失致人死亡罪。

张明楷：还不能直接下结论说王某的行为构成过失致人死亡罪。

学生：从不作为的角度看就不是过失，而是故意了。比如在自己的房间里设置防卫装置，小偷来偷东西被电倒，行为人回家后发现小偷被电晕，本来可以救助但没救助，小偷死了。这跟我们讨论的案件是不是类似？

张明楷：重点在前面王某没关掉电源的行为，还是后来李某被电到后王某不关电源的行为？从前面未关电源的角度来看充其量是过失的不作为，甚至谈不上有过失，而且不能将李某的死亡结果归属于前面不关掉电源的行为；但从后面不关掉电源的行为来说，就是故意的不作为。

学生：从过失的不作为转化为故意的不作为，是犯意转化吗？

张明楷：从理论上讲是完全可能的。美国曾发生过这么一个案件，一名妇女牵着一条狗，狗咬了被害人，这位妇女发现后没管，狗把被害人咬死了。在这个案子中被害人没有一点过错，定牵狗的妇女构成故意不作为犯罪一点问题都没有。

学生：王某后面的故意的不作为是不是也得有一个作为义务，作为义务的来源是什么呢？

张明楷：当然要有作为义务的来源。能不能说后面关掉电源的作为义务来源于先前没有关掉电源的不作为呢？

学生：如果与老师讲的美国的这个案件相比，可以说是这样的。可是，如果得出故意杀人罪的结论，总是难以被接受。

张明楷：其实，与美国的案件相比，也未必能说王某基于先前的不作为产生了作为义务。因为美国的那个案件中，被害人没有引起任何危险，所有的危险都是养狗的妇女制造的。在本案中，王某虽然先前没有关掉电源，但如果李某不过来将王某拖到水中，这个危险就并不存在，所以，本案与美国那个案件还是不同的。

学生：如果这样讲的话，王某也不是基于先前的不作为而产生了作为义务。

张明楷：是的。

学生：王某就不构成犯罪了，更不可能构成故意杀人罪。

张明楷：我们现在假定王某有作为义务，而且后来是故意不履行作为义务，就要认定为故意杀人罪。如果是这样的话，能不能有其他理由否认王某的行为成立故意杀人罪呢？比如说，王某心想今天不是你死就是我亡，这是否意味着如果王某关掉电源，李某会立即对王某实施不法侵害呢？

学生：这个完全可能。

学生：可是，前面的不法侵害已经结束了，后来的不法侵害还没有开始。

学生：但李某就在船边，而且当时肯定特别气愤，如果李某摆脱了危险，肯定会对王某实施不法侵害，所以，如果王某关掉电源就会直接面临不法侵害。

张明楷：按常情常理去判断，也许是这样的。但不了解的是，李某被电到后，身体状态会怎么样，能立即对王某实施不法侵害吗？

学生：不清楚。

张明楷：如果这个案件能够肯定李某的死亡应当归属于王某的行为，也能够肯定如果王某关掉电源后李某会对王某实施不法侵害，王某是否存在正当防卫、防卫过当的问题？

学生：李某把王某拉下去有溺死的可能吗？

学生：这个可能性当然是有的，但王某到船上后就没有溺死的可能性了。

学生：我觉得可以认定为防卫过当。

学生：我觉得王某是防卫不适时。

张明楷：我觉得，要是李某上了船后会立即攻击王某，感觉可以认定为防卫过当。但这个案件因为交代不清楚，会有几种可能性。比如，第一种情形是，立即关掉电源后被害人还是会死亡，如果是这样就没有结果回避可能性了。第二种情形是，李某没被电死，只是半死不活，被告人有没有义务将被害人拖上船呢？第三种情形是，李某没被电死，上了船后又对王某实施不法侵害。王某可能想到了第三种情形。三种情形都是有可能的，我们现在是按第三种情形讨论。

学生：王某也有可能是假想防卫吧？

张明楷：这种可能性也是有的。如果王某以为李某还会继续殴打自己，而李某事实上不可能继续进行不法侵害，王某不救助李某的行为，也可以说是假想防卫。当然，可以认为即使是假想防卫，也是假想防卫过当。另外，被害人是溺死的还是电死的呢？案情介绍说，一分钟后等李某不动了，王某就将小船划走了。一分钟后不动的时候李某一定死亡了吗？小船划走后，被害人是不是不可能继续站在水里？这一点案情也没有交代清楚。

学生：有的事情可能查不清楚了。李某是电死的还是溺死的，应当是可以查明的；但王某划走小船时，李某是否已经死亡，肯定是查不清楚了。

张明楷：撰写案例分析的作者称，对本案存在王某不构成犯罪和构成故意杀人罪两种意见。

学生：如果只存在这两种可能，我主张不构成犯罪。

张明楷：认为王某构成故意杀人罪，显然是以王某后来的不作为为前提的。但这里存在不少疑问。比如：第一，如果王某后来及时关掉电源，是不是有结果回避可能性？这一点必须查明，如果不能查明，就只能按事实存疑时有利于被告人的原则归纳案件事实，就要得出王某不构成犯罪的结论。第二，更重要的是需要判断王某有没有作为义务，而王某有没有作为义务，又取决于能否认为王某先前没有关掉电源的不作为制造了紧迫的危险，我觉得不能得出这个结论。因为如果李某不将王某拉下船进而扭打，不可能产生紧迫的危险。在这个意义上说，紧迫的危险是李某自己制造的。既然如此，王某就不能对这个危险的现实化负有防止义务。第三，即使退一步认为王某后来有关掉电源的作为义务，但王某确实以为关掉电源后李某会立即上船攻击或者杀害自己时，能否要求他关掉电源？恐怕也不能这样要求。这些都是需要研究的问题，但由于事实并不是很清楚，所以，我们讨论时只能作一些假设。

学生：关于王某后来关掉电源的作为义务，我们否认了王某基于先前的不作为产生的作为义务，还有没有其他的作为义务来源呢？

张明楷：那你们可以按我教材上讲的三个方面的作为义务来分析，从容易得出结论的作为义务来分析。

学生：王某与李某没有特别关系，不能认为王某基于与脆弱状态法益的特殊关系产生保护义务。因为保护义务是说，只有当法规范、制度或者体制、自愿接受而使法益保护具体地依赖于特定的人时，该特定人才具有作为义务。

学生：但在本案中，李某的生命确实只依赖于王某了。

学生：但这并不产生作为义务，如果刑法中有见危不救罪，倒是可以认为王某成立见危不救罪。

张明楷：虽然说我国刑法没有规定见危不救罪可能导致我们对作为义务的判断宽于德国的刑法理论与判例，但不能对见危不救的情形直接得出不救助者具有作为义务的结论。所以，难以认为王某负有保护义务。

学生：也不能认为王某基于对法益的危险发生领域的排他性支配产生了阻止结果发生的义务，因为船只本身是王某支配的领域，如果船上有人触电，王某具有阻止结果发生的义务，但李某并不在船上。所以，王某也不能据此产生作为义务。

学生：能不能扩大解释王某对危险发生领域的支配范围呢？就是说，在本案中，王某对危险发生领域的支配范围不只是船上，而是包括电流回路的领域，而李某处于这个领域内。

学生：好像有可能。

张明楷：这样扩大对危险发生领域的支配范围可能不合适吧。其实这回到了前面讨论的危险源的监督义务那里去了。

学生：是的，只能从危险源的监督义务的角度来说明，可是，这个危险源原本是有限的，是李某的行为导致危险源扩大了范围，还是不能认为王某有作为义务。

张明楷：我觉得就是这样的。

学生：但是，在中国这样的案件不定罪是不可能的，因为有人死了，要定罪最多也只能定过失致人死亡罪。能不能简化一点，不区分前面的不作为与后面的不作为，将王某前面没有关掉电源最终导致李某死亡这一事实，进行一体化的判断，进而认定王某的行为构成过失致人死亡罪呢？

张明楷：你说的一体化判断，也不是将前后两次没有关掉电源的行为作为构成要件行为，其实只是将前面没有关掉电源的行为作为过失犯的构成要件行为。前面没有关掉电源可以说没有履行注意义务，可是，前面没有关掉电源只会导致王某本人的生命产生危险，为什么这一危险成了李某死亡的原因呢？

学生：确实经不起仔细推敲。

学生：能不能说李某来到王某船边时，王某就有关掉电源的作为义务呢？由于他没有及时关掉电源，所以，导致李某死亡。

张明楷：这也有疑问。李某来到王某船边，不等于就有危险，李某当时穿着防护服。而且，如果不是李某将王某拉下船进而打斗，也不可能产生危险。所以，认定王某构成过失致人死亡罪，也存在不少障碍。总之，如果没有其他进一步的事实，很难认定王某的行为构成犯罪。

案例8 不作为犯（作为可能性与结果归属的判断）

甲（司机）开着卡车停下来时，乙女未经甲同意上了车，甲要求乙下车，乙下车后又偷偷上了车，坐在卡车的连接杆上（卡车的车头和车厢连接处），甲不知道。甲开车后乙掉下去死亡。

张明楷：就这个真实案件而言，甲的行为肯定是不成立犯罪的。因为甲不可能知道乙坐在连接杆上，不可能有过失。问题是，像这样的案件是不是要先讨论乙的死亡结果归属于谁的行为？

学生：这肯定是被害人自我答责。

张明楷：就这个案件来说，认定被害人乙要自我答责是没有疑问的。我们现在改编一下案情，司机知道乙坐在连接杆上还继续按通常速度往前开，乙掉下去死亡，结果能否归属于司机的行为？

学生：如果是这样的话，至少会是交通肇事吧？

学生：这个案件与特别认知案件有点类似，感觉知道了就是犯罪，不知道就不是犯罪。

张明楷：司机知道乙坐在连接杆上就是犯罪，不知道就不是犯罪。这是客观归责问题还是主观归责问题？

学生：如果说是特别认知的问题，那就是客观归责的问题。

张明楷：我们首先讨论一下司机的行为内容是什么，是作为还是不作为？司机看到乙坐在连接杆上还继续往前开车，这应当是作为。比如，警察在射击场练习射击时，突然发现有人站在前方的靶位处，警察不可能以前方的人自主陷入危险境地为由而继续射击。如果继续射击导致前面的人死亡，肯定会认定为故意杀人罪吧。

学生：这没有疑问。在本案中，司机知道了乙坐在连接杆上时，就有义务把乙女赶下去吧？

学生：肯定有义务，来源于对危险源的监管义务，危险源就是卡车。

张明楷：可是，乙不是被司机撞死的，能不能说是对危险源的监督义务？

学生：司机在开车之前有没有检查义务？

学生：检查义务肯定是有的，但乙是在司机进入驾驶室后才坐在连接杆上的吧？

张明楷：案情没有交代，估计是这样的。在我们假定的案件中，司机与乙没有特别关系，所以，不存在对乙的保护义务。如果可以用监督义务来说明，当然要用监督义务来说明；如果不能用监督义务来说明，就可以用基于对法益的危险发生领域的排他性支配产生的阻止义务来说明。

学生：卡车的确是司机支配的领域，危险也发生在这个领域，所以，用阻止义务来说明也是可以的。

张明楷：我觉得用阻止义务来说明更合适一些。也就是说，司机首先产生了作为义务，就是让乙不要坐在连接杆上。那么，如果司机不知道乙坐在连接杆上时，是没有作为义务，还是没有作为可能性，抑或没有过失？

学生：应当是没有作为可能性了。

张明楷：也就是说，司机在任何情况下都有义务阻止第三人坐在卡车的连接杆上，只是由于不知道乙坐在上面时，他就没有作为可能性吗？

学生：是这样的。

张明楷：可是，司机要将乙赶下去是很容易的事情，怎么就没有作为可能性呢？

学生：因为司机不知道乙在连接杆上，所以不可能将她赶下去。

张明楷：可是，知道与否不是故意与过失的问题吗？而作为可能性是客观构成要件的问题，怎么能用是否知道来决定司机有无作为可能性呢？

学生：从事实上说，如果司机不知道乙在连接杆上，他确实不可能履行义务。

张明楷：如果司机应当知道乙在连接杆上，他是不是也确实不可能履行义务呢？

学生：那还是有作为可能性的，否则就没有过失的不作为犯了。

张明楷：也就是说，只要肯定过失的不作为犯，就应当认为，司机有没有作为可能性不以他是否认识到乙在连接杆上为前提。这是因为，既然司机有作为义务，就要求他履行义务，既不能因为他没有认识到乙在连接杆上，就否认他有作为义务，也不能因为他没有认识到而否认他有作为可能性。所以，司机是否认识到乙在连接杆上，既不影响作为义务的判断，也不影响作为可能性的判断。否则，就像你们刚才所说的那样，就不存在过失的不作为犯了。

学生：司机认识或者应当认识到乙坐在连接杆上，是对什么的认识？

张明楷：对作为义务的认识吧！行为人认识到自己有作为义务而不履行义务的，就是故意；没有认识到自己有作为义务但应当认识到自己有作为义务而没有履行义务的，就是过失。作为义务是不作为的构成要件要素，所以，对作为义务的认识属于对事实的认识，只不过一般属于对规范的构成要件要素的认识。

学生：作为义务与作为可能性并不以行为人已经认识到为前提。

学生：司机知不知道有作为义务，有两个层面的意思：第一个层面是，作为汽车驾驶者一般都会知道出现这种情况有救助义务。第二个层面是，具体到本案的当时，因为司机不知道有人，所以就不知道要履行义务。

张明楷：这样说也没有问题。

学生：作为可能性是从结果上来说的，看能不能避免结果。但是如果司机根本没有认识到连接杆上坐着乙，司机怎么可能避免乙的死亡结果发生呢？

张明楷：你还是想说如果没有认识到作为义务，就没有作为可能性吗？我们现在讲不作为犯罪的成立条件时，都是讲三个方面的内容：作为义务、作为可能性、结果回避可能性。是不是可以认为，对作为可能性的判断，需要存在一个履行作为义务的契机？这个契机主要是行为人是否知道？

学生：如果说不法是客观的话，只要司机有作为义务、作为可能性与结果回避可能性，即使他不知道乙坐在连接杆上，他没有履行义务就能评价为不法，有没有认识不能影响他行为的不法层面。关键是如果评价他的行为不法的话，就可以对他进行阻止乃至防卫。

张明楷：交警或者其他第三人发现乙坐在连接杆上后，阻止司机继续开车违法吗？

学生：当然不违法。

张明楷：既然不违法，那不就说明司机的行为违法吗？至于他是否认识到则是责任层面的问题。

学生：问题是，能不能说凡是可以阻止的行为都是违法的？

张明楷：可以分为一般社会规范与法律规范两个方面来讨论。如果是一般社会规范方面的问题，可以说，可以阻止的行为就是不符合一般社会规范的；如果说是法律规范方面的问题，可以阻止的就是违法的吧。你们想一想还有没有其他类似情形可以比较的。比如，孩子掉到深水池了，他父亲是游泳教练员，而且就在岸边。但是，父亲没有认识到是自己的小孩掉进去了，于是没有救。一般来说，在这种情形下，其他人提醒一下就够了，肯定没有防卫的必要。如果提醒后，父亲仍然不救，才有可能使用强制方法让他救。我要问的是，在父亲没有认识到掉进深水池的是自己的孩子，因而没有救孩子时，可不可以说，他的不作为就是违法的了？

学生：还是可以说是违法的吧。如果说不违法，那么，父亲接下来知道是自己的孩子仍然不救就违法了，于是违法取决于父亲是否知道掉进深水池的是不是自己的孩子。这就不是客观违法性了。

张明楷：既然如此，那么，作为可能性就不以行为人是否知道自己存在作为义务为前提。

比如，一个人的家里失火了，婴儿在房间里，如果当时立即救婴儿是没有危险的，但母亲以为婴儿在外面所以没有去房间救。过了一会儿，母亲意识到婴儿在房间里的时候，火势太大，自己进去必然会被烧死，不可能救出婴儿。前一段，母亲客观上具有救助可能性，但她没有意识到婴儿在房间；后一段，母亲客观上没有救助可能性，但她却意识到婴儿就在房间。

学生：是不是我们以前观念中的作为可能性，其实只考虑到了后一段？作为可能性是故意犯与过失犯共通的成立条件，过失犯本来就没有意识到作为义务的存在。可是，人们常常是假设行为人在认识到了作为义务的前提下去讨论作为可能性的，这就没有考虑过失的不作为犯。像我们前面讨论的各种案件，只需要将行为人是否知道作为义务放在过失犯的注意义务里面去讨论就可以了。如果行为人不知道的话，就应该考虑行为人是否有知道的可能性即预见可能性，而不是作为可能性的问题。

学生：这个问题的核心在于应该怎么理解过失不法。

张明楷：我对故意不法与过失不法的分开讨论存在疑问。按照这种区分逻辑，应当先讨论行为人是故意还是过失，然后再分别讨论各自的客观要件。如果是故意，就只需要判断是否符合构成要件，不需要判断是否违反行为基准、是否违反注意义务；如果是过失，则要判断是不是违反行为基准、是不是违反注意义务。如果是这样，即使是将故意、过失作为违法要素，也要先讨论主观构成要件，再讨论客观构成要件，但是，好像没有一种学说是这样的。

学生：或许他们的意思是，在排除了故意犯罪后，才讨论是否成立过失犯罪，所以，需要判断行为是不是违反行为基准、是不是违反注意义务。

张明楷：排除了故意犯罪后，也不当然是过失犯罪，完全可能是意外事件。可是，一个致人死亡的行为，不可能首先判断行为人有没有故意，而是判断死亡能否归属于特定的行为人的行为，然后才判断行为人是否具有故意或过失，所以，区分故意不法与过失不法，在实践中其实行不通。

学生：在我们今天讨论的案件中，司机已经知道乙坐在连接杆上、应当知道乙坐在连接杆上和不可能知道乙坐在连接杆上，其实对作为义务、作为可能性与结果回避可能性的判断,不会产生差异。

张明楷:行为人有作为义务,也有作为可能性与结果回避可能性,没有意识到自己有作为义务但能够意识到这一作为义务时,肯定会成立过失犯,这个应当没有争议。

学生:如果司机不知道的话,是不是有可能是自我答责?

张明楷:如果司机不知道是事实,关键在于是否应当知道,如果应当知道,司机仍然成立过失犯。如果说,司机不知道和不可能知道,乙就是自我答责;如果司机知道,乙就不是自我答责,就有点奇怪。

学生:有点像男女性交的情况下,其中一人有艾滋病,这个时候两个人好像都可以决定这个危险是否发生。

张明楷:德国很多人都说,不管有艾滋病的人是否告诉对方,对方都是自我答责。这在他们国家或许有道理,但我觉得,如果有艾滋病的人告诉了对方,对方仍然同意性交的,对方自我答责;如果有艾滋病的人隐瞒艾滋病的事实与对方发生关系的,不应当认定对方自我答责。因为在后一种情况下,对方没有认识到危险,不符合自我答责的条件。

学生:如果使对方感染了艾滋病,就可以认定为故意伤害罪。

张明楷:我们前面都是从不作为的角度来讨论的,如果甲不开车乙就不会死,而开车显然是作为。是不是作为与不作为的竞合？就跟遇到红灯该踩刹车不踩刹车是一样的。

学生：应该是作为与不作为的竞合吧？

张明楷：按照我们上面的讨论，结果应当可以归属于司机的作为与不作为，但能否认定司机有过失，可能还存在疑问。案情缺乏这方面的交代，我们就不展开讨论了。

案例9 持有的性质与判断（非法持有宣扬恐怖主义、极端主义物品罪）

甲经常收到垃圾邮件，其中包括宣扬恐怖主义、极端主义的视频资料。甲每次看完后，都没有删除，而是一直让这些视频邮件留在自己的邮箱里，后因为涉嫌电信诈骗而被警方发现。

张明楷：如果行为人从网站上下载了宣扬恐怖主义、极端主义的音频、视频资料之后就存在自己的电脑里的，这个行为叫持有吧。那么，本案中甲的行为是不是也属于持有呢？

学生：这也叫持有，因为这些视频资料就存在行为人的邮箱里，邮箱是只由行为人支配和控制的。

张明楷：如果行为人从邮件主题一看就知道是宣扬恐怖主义的视频资料，但并不打开看，也不删除的，是不是也叫持有呢？

学生：同样是持有吧，客观行为是完全一样的，而且行为人也认识到是宣扬恐怖主义的视频资料。

张明楷：那么，行为人从收件箱删除后，让宣扬恐怖主义的视频资料依然保留在被删除的邮件或者垃圾邮件里，还叫不叫持有呢？

学生：仍然是持有，被删除的邮件或者垃圾邮件里的视频资料，也是行为人支配和控制的。

张明楷：那就是说，只有彻底删除，使得视频资料在自己的邮箱或者电脑里找不到了，才不叫持有了？

学生：应当是这样的。

张明楷：那么，如果这些都叫持有的话，会不会导致人们认为持有是不作为，或者将这个情形当作持有是不作为的有力证据呢？不过，我一直认为持有是作为而不是不作为。

学生：持有到底是作为还是不作为，这个问题在德国争议蛮大的。

张明楷：中国一样有争议，也有人认为持有是不作为。

学生：如果是不作为的话，作为义务源于什么呢？是对危险源的监督义务还是对法益的保护义务？

学生：用老师的观点，可以说是因为邮箱是行为人排他性的支配领域，行为人对这个领域内的法益就有保护义务，或者说对这个领域可能发生的法益侵害具有阻止义务。

张明楷：可是，如果这个邮件只是一直在行为人的支配领域，行为人不实施其他行为，也不会存在危险现实化的可能吧。

学生：非法持有宣扬恐怖主义、极端主义物品罪是抽象危险犯，不需要判断危险现实化的问题吧。

张明楷：可是，我说的行为人排他性的支配领域的义务，就是指阻止危险现实化的义务，所以，我觉得用不作为来说明很困难。其实，如果从规范的角度来说，将持有评价为作为更合适一些。因为从作为的角度来说，意味着禁止行为人实施某种行为。我们可以说，法律禁止行为人的邮箱、电脑里储存宣扬恐怖主义、极端主义的视频资料。如果将持有当作不作为的话，除了需要明确作为义务的来源外，还需要明确作为义务的内容是什么。这样可能更麻烦一些。

学生：老师，可不可以说行为人没有持有呢？因为这个视频不是我自己让人家发送给我的，或者就像在大街上捡了一包毒品一样。

张明楷：难以否认持有。如果有人将毒品塞进你家里，你也持有了毒品。同样，捡了毒品后放在自己口袋里或者家里当然是持有毒品。至于行为人是否认识到是毒品，则是有没有故意的问题。

学生：比如，"双十一"的时候有人往行为人家寄毒品，行为人家里有一个仓库，行为人收到后就往仓库里一扔，但没有认识是毒品，能说行为人支配了毒品吗？

张明楷：持有是事实上的支配，将毒品放在自己家的仓库里当然可以说是事实上的支配。至于有没有持有毒品的故意，则是另一回事。你的口袋里明明有毒品，但你不知道是毒品，不能说你没有持有毒品。如果你没有持有这个毒品，这个毒品谁持有呢？也不能说没有人持有吧。

学生：但是，他人发过来的邮件，实际上还是在邮件的服务器上，并不是直接在自己的电脑上。

张明楷：但是，你是完全可以支配的。不管你是否另存入自己的电脑里，你都可以随时打开或者发给其他人，所以，也不能否认持有了邮件。

学生：有些邮箱比如 outlook，从邮件端口下载到电脑上之后，删除的话只是在该电脑上删除，服务器上可能还有。

张明楷：这与持有的认定没有直接关系。如果我彻底删除了，我就不可能另存入我的电脑，也不可能再转发给其他人。至于服务器上还有没有，与我持有与否没有关系。也就是说，服务器上还有，不属于我持有。

学生：明白了。

张明楷：实际上，像这种即使在电脑上也绝对禁止持有的情形，在其他国家刑法中也是有的。比如在美国，对儿童色情的视频等也是绝对禁止的，而且只要在电脑上看儿童色情的视频等就构成犯罪。所以，我们讨论的甲的行为，是可以肯定他持有了宣扬恐怖主义、极端主义的视频资料的。

学生：如果行为人对电脑不熟悉，以为将邮件放入垃圾箱就是彻底删除了，但事实上还可以支配的，就不是持有了。

张明楷：不能说不是持有了，只能说行为人没有持有的故意，这是两回事。

学生：老师，如果行为人在电脑上收藏了一些宣扬恐怖主义的网址，也能评价为非法持有宣扬恐怖主义物品罪吗？

张明楷：网址本身不等于恐怖主义物品吧。比如，行为人将淫秽视频的网址告诉他人，不能说行为人传播淫秽物品。同样，一个知道淫秽视频网址的人并没有持有淫秽物品，一个知道可以随时购买到毒品的地址与相关信息的人，也没有持有毒品。

学生：但是，行为人可以没有障碍地直接点开。

张明楷：如果这么说的话，你大脑里记住了网址，然后在手机上或者电脑上也能随时点开时，能说你也非法持有宣扬恐怖主义物品吗？我感觉单纯收藏网址还不是叫非法持有宣扬恐怖主义物品。我们刚才讲到，美国禁止儿童色情，但如果你只是记录了很多儿童色情的片名或者网址，能说你持有了儿童色情物品吗？我觉得不能这么说。我的意思是，网址本身不能直接评价为宣扬恐怖主义、极端主义的视频资料等物品。

学生：如果行为人将宣扬恐怖主义的视频存在自己的云盘或者网盘上，也叫持有吧？

张明楷：这肯定没有疑问。

学生：如果说某个团体申请了一个公共邮箱，每个人都可以看这个邮箱，有人向这个邮箱推送了宣扬恐怖主义的视频资料，每个人都非法持有了宣扬恐怖主义物品吗？

张明楷：这个结论可能难以被人接受。可以认为，公共邮箱的申请者或者管理者持有了宣扬恐怖主义物品，如果要定罪，就只能定申请者或者管理者。其他人只是可以看到邮箱的内容，虽然也可能删除邮件，但不表明他们持有这些物品。如果按照我的观点，将持有理解为作为，就更加说明其他人没有持有这些物品。如果你从不作为的角度来去理解，可能会认为其他人也有删除的义务，但我觉得这种场合也只有公共邮箱的申请者或者管理者有义务删除。现在一些微信群里发的不当视频，也只是强调群主有义务删除，而不是指任何一个群员都有义务删除。

学生：如果其他人彻底删除了公共邮箱里的视频资料，申请者与管理者就没有责任了吧？

张明楷：如果视频资料被他人立即彻底删除，申请者与管理者当然就不再持有了。

学生：如果这样讲的话，还是让人觉得持有是不作为。

张明楷：作为义务的内容是什么呢？

学生：是不持有。

张明楷：如果说是不持有的话，就刚好说明了持有是作为。比如说毒品，以前有学者说非法持有毒品罪是不作为，作为义务内容是上缴公安机关。可是，如果行为人发现家里有毒品后，不上缴公安机关，而是立即直接将毒品倒入马桶里冲走了，难道因为没有上缴公安机关而构成非法持有毒品罪？不可能！因为行为人就是没持有毒品了，当然不成立非法持有毒品罪。

学生：从马桶冲下去是毁灭证据。

张明楷：即使说是毁灭证据，也不构成非法持有毒品罪。毁灭证据是另外一个罪，而且也是作为犯。

学生：实践中会出现这种案件：双方要交易毒品，A带了很多毒品去，B已经支付了毒资但没拿到毒品，这时候公安人员冲进来，会把没有拿到毒品的B认定为非法持有毒品的未遂。

张明楷：这不就是购买毒品吗？毒品都没拿到，怎么能叫非法持有毒品的未遂呢？

学生：对，实践中会认为如果你一拿到就是非法持有毒品罪的既遂，而没有拿到就无罪，这个差异太大，所以就认定为非法持有毒品罪的未遂。

张明楷：充其量可以认定为非法持有毒品的预备犯。持有是一种事实上的支配，也不能说将毒品拿在手上就立即成立非法持有毒品罪的既遂，总要稍微经过一点时间吧！如果B刚把毒品拿在手上，就被警察抓住，我觉得这个时候定非法持有毒品罪的未遂犯是可以的。持有型犯罪毕竟是一个持续犯，持续犯多少要有一点时间上的延续。如果说拿在手上就是持有的既遂，就相当于说非法拘禁时只要将被害人推到房间就既遂。这恐怕不合适。

学生：在刑法规定了非法持有宣扬恐怖主义、极端主义物品罪后，对持有的认定确实值得讨论。

张明楷：我有时候也在想，是否可以认为，有的持有是作为，有的持有是不作为。但是，这样区分的根据是什么，确实是一个问题。但可以肯定的是，像我们前面所说的甲将宣扬恐怖主义、极端主义的视频资料保留在自己的邮箱里，就肯定是持有了。

学生：如果说是持有的话，其法益侵害达到了值得处罚的程度吗？

张明楷：非法持有宣扬恐怖主义、极端主义物品罪明显只是一个抽象的危险犯，不需要具体判断。另外，我前不久从新疆的一位法官那里得知，这种宣扬恐怖主义的视频资料确实很厉害，不少人看了之后就立即实施恐怖活动。况且，刑法也没有规定只要持有就构成犯罪，而是情节严重的才成立犯罪。所以，关键是如何确定情节严重的标准了。这需要从视频资料的危险性、行为人持有的数量与方式、传播的容易性等方面进行判断。

案例10　结果加重犯（直接性关联的判断）

某个深夜，27岁的姚某与同岁的室友杨某在单位宿舍内休息。因为姚某感冒咳嗽不断，而且声音太大，杨某认为姚某影响了自己休息，两个人由此发生口角。吵架以后开始厮打起来，杨某用木凳砸、拳头击打姚某上半身及头部。被其他室友劝后，姚某就晕倒在床边，虽然被及时送到医院治疗，但因抢救无效死亡。经鉴定，姚某生前患有心脏病，系心源性猝死，外伤与情绪激动为诱发原因。

张明楷：这篇案例分析的题目是"被害人特异体质能否阻却过失犯罪"。从标题上看，作者没有讨论是否成立故意犯罪。杨某拿木凳砸、拳头打被害人的上半身和头部，是不是有伤害行为和伤害的故意？鉴定结论说，外伤与情绪激动为死亡的诱发原因。如果认定行为人实施了伤害行为并且具有伤害的故意，就可能成立故意伤害致死的结果加重犯，应处 10 年以上有期徒刑、无期徒刑或者死刑。如果认定为过失致人死亡罪，就不至于判处过重的刑罚。

学生：案件虽然描述得不具体，但从杨某使用的工具与打击部位来看，还是可以肯定其实施了伤害行为且具有伤害故意的。

张明楷：但案件没有交代杨某拿木凳砸、拳头打被害人的上半身和头部，造成了什么伤害。而且即使造成了一些外伤，也不是由外伤本身引起的死亡。德国、日本都有一种观点，认为必须是由行为人造成的伤害本身引起的死亡，或者说是因为伤害结果恶化导致死亡，才能认定为故意伤害致死。我记得平野龙一教授就是这个观点。

学生：对，德国也有这种观点。

张明楷：如果按照这种观点，即使杨某实施了伤害行为、具有伤害故意，也不能认定为故意伤害致死。因为姚某有心脏病，系心源性猝死，外伤与情绪激动为诱发原因。杨某的伤害行为造成的外伤，只是诱发原因之一，因为情绪激动也有姚某自己的原因。

学生：即使认为结果加重犯需要伤害行为危险的直接实现，

也难以认定本案成立故意伤害致死的结果加重犯。也就是说,按照结果加重犯的直接性关联的要求,本案也不成立故意伤害致死。

张明楷:关键是如何理解直接性关联。我觉得直接性关联的要求还是必要的。一方面,伤害行为本身必须具有致人死亡的高度危险,如果不具有这种危险,就不可能成立结果加重犯。另一方面,高度危险必须直接现实化,而不是由其他行为导致死亡结果的发生。在司法实践中,可能面临如何判断直接现实化的问题。

学生:能不能说只要有第三者介入或者被害人介入的,就不是直接现实化?

张明楷:肯定不能这样说。第三者介入或者被害人介入很正常,而且所起的作用很小时,不可能否认直接现实化。只有当第三者介入或者被害人介入异常且作用很大时,才可能否认直接现实化。

学生:如果是这样的话,是不是与普通的结果归属是一样的了?因为在普通的结果归属的场合,如果第三者介入或者被害人介入异常且作用很大时,也不能将结果归属于前行为人的行为。

张明楷:确实存在你所说的这个问题。但我感觉,结果加重犯的认定可能会多多少少稍微严格一些。直接性关联,所强调的是高度危险的直接实现,重点是行为的高度危险。比如,被告人用枪头捅击一下吵架的对方,这个行为不足以致人死亡,但捅击对方时误碰了扳机射出了子弹将对方击中,导致对方死亡,这个行为就不能认定为故意伤害致死，只能认定为过失致人死亡。

学生：假如杨某具有伤害故意，如果要将杨某的行为认定为故意伤害致死，是不是可以说，杨某的伤害行为具有引起心脏病发作的高度危险？

学生：我觉得不能吧。除非是杨某先把姚某砸出什么伤，这个伤又导致姚某心脏不能正常工作，并因此而死亡，才有可能成立故意伤害致死。

张明楷：你这么假定的就是由伤害本身引起死亡，当然属于结果加重犯了。但事实上并非如此。

学生：如果要求伤害行为具有高度危险，在危险没有现实化的情况下，能不能认定为结果加重犯的未遂呢？

张明楷：故意伤害致死没有未遂吧？如果是故意的结果加重犯，则有可能认定为结果加重犯的未遂。比如，抢劫杀人的情形，可以有结果加重犯的未遂。但是，如果对死亡结果有故意的话，在上面说的场合就应直接认定为故意杀人罪了。

学生：我也觉得对杨某的行为不能认定为故意伤害致死，将杨某认定为过失致人死亡还是可以的，但姚某与杨某一样都是年轻人，他怎么能够预见姚某有心脏病呢？

张明楷：这涉及过失犯的预见可能性程度问题。旧过失论主张具体的预见可能性，超新过失论与部分新过失论主张危惧感说。如果持危惧感说，当然就有过失了。但具体的预见可能性也不是要求特别具体吧，是不是只要在行为的当时，杨某应当预见到木凳砸、拳头打被害人的上半身和头部的行为，可能导致姚某的死亡就可以了？

学生：杨某肯定能预见木凳砸、拳头打被害人上半身和头部的行为可能造成死亡，但本案不是因头部受伤而死亡，而是心脏病发作而死亡，感觉存在因果关系的错误。

张明楷：过失犯不会存在因果关系的错误问题，即使有所谓的因果关系错误，也是从行为人能否认识到结果发生的角度去讨论的吧。

学生：像这种情形，司法机关现在一般认定为过失致人死亡罪，因为不定罪不能被一般人接受，定故意伤害致死又处罚过重，所以，采取这种妥协的办法。

张明楷：所以，对预见可能性不可能要求得十分具体，但也不能采取危惧感说。我国刑法没有规定暴行罪，如果规定了暴行罪，即使杨某对死亡结果没有预见可能性，也可以认定为暴行罪。

学生：我提倡增加一个暴行罪。

张明楷：我一直提倡增加暴行罪，还有胁迫罪、强制罪等轻罪。但现在没有规定这些轻罪，导致有些行为只能按较重的犯罪处罚。

学生：有些人喜欢用武力解决问题，有的不会造成任何伤害，于是不成立任何犯罪，有的造成死亡就可能构成故意伤害致死罪。其实，人的身体就不应该被人轻易侵犯，有了暴行罪，就可以解决许多问题，也可以预防伤害罪。

张明楷：在刑法只规定故意伤害罪的立法例下，从处理效果来说，今天讨论的这个案件只能认定为过失致人死亡罪。

学生：也算是一个折中稳妥的处理办法。

张明楷：我再说一个案件。嫌疑人甲与被害人乙都是五十多岁。乙患有严重血管病变，但甲对乙的病情完全不知情。两人因私人矛盾发生冲突，甲对乙实施了锁喉行为，导致乙颈部骨折（经鉴定为二级轻伤）。乙陷入昏迷状态，被送往医院，几个月后死亡。死因鉴定意见是：被害人符合自身血管病变和颈部遭受机械性暴力共同作用导致小脑、脑干梗死后多器官功能衰竭死亡。这个案件能认定为故意伤害致死吗？

学生：这个完全可以认定为结果加重犯，因为锁喉的行为具有高度的危险性，危险也现实化了。

学生：即使认为故意伤害致死必须是由行为人造成的伤害本身引起的死亡，我也觉得可以认定为结果加重犯。因为锁喉行为导致颈部骨折，并导致被害人陷入昏迷状态，再导致多器官功能衰竭而死亡。

张明楷：能不能说是伤害本身引起了死亡，可能有疑问，但不排除这种可能性。不过可以肯定的是，对任何人的锁喉行为都具有造成死亡的高度危险，不能因为被害人具有严重血管病变，就否认高度危险的现实化。所以，我觉得认定为结果加重犯没有什么疑问。

学生：甲完全不知道乙有严重血管病变，会不会对死亡没有预见可能性？

学生：实施锁喉行为肯定具有死亡的预见可能性。成立故意伤害致死，并不要求行为人对死亡的经过有特别具体的预见可能性，所以，能够认定甲对死亡结果有预见可能性。

张明楷：我也觉得有预见可能性。即使认为存在预见可能性的错误，也不能否认预见可能性的存在。

学生：以前没有听说过预见可能性的错误这个概念。

张明楷：故意犯罪时会存在认识错误，过失时也可能存在预见可能性的错误。比如，本来应当预见锁喉行为直接导致被害人窒息死亡，但事实上是锁喉行为引起昏迷后导致多器官功能衰竭而死亡。这不应当影响过失的成立吧。这种所谓的预见可能性的错误，其实就是因果关系的错误。但由于因果关系的错误都是在故意论中讨论的，所以，理论上就有人使用了预见可能性的错误的概念。

学生：即使认为过失犯的预见可能性是指具体的预见可能性，也不能要求到如此具体的预见吧。如果采取新过失犯或者超新过失论，更能肯定死亡结果的预见可能性。

张明楷：是的。其实，具体的预见可能性就是指预见到构成要件的具体结果，而不是要求对因果关系的具体发展过程有预见，这一点与故意没有区别。或者说，对因果经过的预见可能性，也只是对因果关系本质的、基本的部分的预见可能性，而不必是对具体细节的预见可能性。

学生：不过，如果认定为故意伤害致死，就会判处10年以上有期徒刑，有点重。

张明楷：刑罚过重是一个普遍现象。诈骗他人50万元也可能被判处10年以上有期徒刑，与此相比就显得不重。

案例11　因果关系与结果归属（介入第三者行为的判断）

某公安局的讯问室在地下一层。警察让协警一个人去讯问一名女嫌疑人，自己在楼上办公。协警讯问了很长时间，警察没有到地下室看，协警在讯问过程中强奸了女嫌疑人。

张明楷：协警的行为构成强奸罪没有疑问，不需要讨论。但对于警察的行为是否构成犯罪争议较大，一种观点认为警察构成玩忽职守罪，另一种观点认为不构成玩忽职守罪。争论的焦点在哪里？

学生：因果关系与有无过失的问题，首先是有没有因果关系的问题。

张明楷：据我所知，主张警察的行为不构成玩忽职守罪的观点认为，警察的玩忽职守行为与女嫌疑人被强奸的结果之间没有直接、必然的因果关系。我一听到这个理由就很惊讶。

学生：为什么会惊讶？

张明楷：第一，所谓直接、必然的因果关系这一提法，我感觉很陈旧了，现在不应当以这种理由认定因果关系。因为直接、必然的因果关系事实上是难以判断的，而且具有直接因果关系的，也并不必然能进行结果归属。必然的因果关系的判断也不可能。比如，虽然可以说，如果警察一直在场，协警就必然不可能强奸女嫌疑人。但不可能说，只要警察不在场，协警就必然强奸女嫌疑人。第二，玩忽职守大多表现为监督过失，在监督过失的场合，都是由其他人造成了结果，国家机关工作人员的行为与结果之间不可能具有直接因果关系。如果要求直接因果关系，绝大多数的玩忽职守罪都不可能认定。

学生：即使在一般的犯罪中要求有直接、必然的因果关系，也不能在滥用职权、玩忽职守罪中要求有直接、必然的因果关系。

张明楷：即使是客观归责理论，也难以运用到我国刑法规定的滥用职权罪、玩忽职守罪中。比如，国家机关工作人员滥用职权、玩忽职守导致被害人自杀的，在司法实践中肯定是要定罪的。可是，自杀是被害人自己决定的，滥用职权、玩忽职守行为本身并不包括致人自杀与致人死亡的危险。再比如，丢失枪支不报罪的成立要求造成严重后果，但那个"严重后果"根本不是丢失枪支不报的行为本身造成的，而是指第三者得到枪支后实施犯罪造成的严重后果。

学生：如果承认客观处罚条件，那么，滥用职权罪、玩忽职守罪中的造成严重后果就是客观处罚条件，就不需要放在客观归责中讨论。

张明楷：即使是客观处罚条件，也需要有因果关系吧，并不是只要有条件关系就够了。客观处罚条件并不是解决因果关系问题，只是说不需要行为人对客观处罚条件有故意。所以，这个案件的处理不在于是否承认客观处罚条件的问题，首先还是因果关系的判断问题。

学生：按照国内外部分学者的观点，如果介入了第三者故意实施的行为，前行为人就不对结果负责。本案显然介入了协警的故意犯罪行为，所以，警察不能对强奸结果承担玩忽职守罪的责任。

学生：可是，与丢失枪支不报罪中的严重后果相比，因果关系其实是一样的。

张明楷：是的，在本案中，是协警故意犯罪；在丢失枪支不报罪中，是得到枪支的第三者故意犯罪。都是介入了第三者的故意行为，所以，结论应当相同。

学生：介入第三者的故意行为时，前行为人就不对结果负责，是针对普通犯罪而言的，不包括滥用职权罪、玩忽职守罪、丢失枪支不报罪这样的犯罪。

张明楷：是的，这三个罪以及其他类似犯罪的因果关系与结果归属的判断，不同于普通的结果犯，肯定是有所区别的。

学生：老师，那德国、日本的滥用职权罪是怎么判断因果关系的？

张明楷：德国、日本没有玩忽职守罪与丢失枪支不报罪。德国现行刑法也没有一般的滥用职权罪，只有特殊的滥用职权罪。日本刑法有滥用职权罪，但日本刑法中的滥用职权罪与我国的滥用职权罪的构造不同。日本的滥用职权罪，是指公务员滥用职权，使他人履行没有义务履行的事项，或者妨害他人行使权利。他人履行了没有义务履行的事项，或者妨害他人行使了权利，就是滥用职权罪的构成要件结果。这个因果关系就是普通结果犯的因果关系，不存在什么问题。

学生：的确不一样。

张明楷：日本的监督过失犯罪与我国的监督过失犯罪其实也不一样。比如，在致人死亡的场合，日本的监督过失理论与判例认定监督者依然成立过失致人死亡罪。但在我国，如果监督者是国家机关工作人员，就不会认定为过失致人死亡罪，而是认定为玩忽职守罪。这可能与日本刑法没有玩忽职守罪也有关系。

学生：如果按照普通结果犯的因果关系与结果归属的判断方法，确实不能认定警察的行为与协警的强奸结果之间具有因果关系。但是，如果采取条件说，则具有因果关系。

张明楷：问题是，在滥用职权罪、玩忽职守罪、丢失枪支不报罪中，是不是只要严重后果与行为之间具有条件关系，就可以进行结果归属？

学生：那也太宽泛了，总要有一些限制。

张明楷：如果在因果关系方面进行限制，还真不好限制。因为一旦限制，就与普通的结果犯的认定差不多了。另外，是不是可以从行为本身的角度进行限制？比如，行为人的确存在"严重"不负责任的行为，行为本身就内含了某种危险？

学生：如果将严重后果作为客观处罚条件，就可以采取条件关系，然后对行为本身进行严格限制，从而形成合理的处罚结论。

学生：还需要从主观过失的角度进行限制，判断行为人是否存在过失心理状态。

张明楷：在我们讨论的这个案件，要说警察有过失，是很容易说明理由的。主张有罪的人都会说，警察让协警一个人讯问本身就是不合法的，之所以让两个人在场，就是为了防止一个人对嫌疑人实施不法行为；警察那么久都不到讯问室看看，难道一点疑心都没有？所以，还是要从客观方面考虑警察的玩忽职守行为与结果之间是否具有因果关系。

学生：不定罪感觉不合适，定罪吧感觉多少有点冤枉，所以，预判时心里就有矛盾。

张明楷：如果警察让协警一个人讯问，女嫌疑人趁协警不注意时自杀了，警察会不会承担玩忽职守罪的刑事责任？

学生：如果是这样的话，协警与警察都将承担玩忽职守罪的刑事责任。

张明楷：为什么这个结果就这么肯定，而真实案件的结论就有些犹豫呢？

学生：就是凭感觉。

张明楷：找找形成不同感觉背后的原因。我觉得有一个重要原因是，在女嫌疑人自杀的场合，没有一个所谓的第三者故意行为的介入，而人们一般不强调自杀者的自我答责，导致自杀结果必须有人承担责任，加上协警与警察的职责都包括了对公民生命的保护，所以，协警与警察都成立玩忽职守罪。而且，从因果关系的角度来说，如果警察在场，就肯定可以防止自杀结果的发生。所以，认定因果关系没有明显障碍。但在真实案件中，因为协警要承担强奸罪的责任，而这个强奸行为是协警故意介入的，所以，就会感觉只由协警承担强奸罪责任就可以了。

学生：确实是这样的。

张明楷：所以，我们需要判断，如果警察在场，是不是就肯定可以防止强奸结果的发生。如果能够得出这一结论，就肯定具有因果关系。因为就不作为而言，因果关系的判断方式是，如果行为人履行了作为义务，结果就不会发生时，便肯定因果关系。所以，关键是能否进行结果归属。但玩忽职守罪的结果归属肯定不同于普通的结果犯的结果归属，而是会比较缓和一些。因为玩忽职守行为的结果范围并没有具体限定，所以，玩忽职守行为所制造的危险究竟包括哪些内容，也不可能具体限定。因此，不管是女嫌疑人自杀还是被第三者强奸，都有可能认为玩忽职守行为的危险已经现实化，从而认定警察的行为构成玩忽职守罪。

学生：如果承认结果归属的缓和，确实可以认定警察的行为构成玩忽职守罪。

张明楷：不管怎么说，这个案件肯定是有争议的，不同学者会得出不同结论。我只是对以直接、必然的因果关系为根据讨论本案感到惊讶。如果否认警察的行为构成玩忽职守罪，我也同意。不过，即使客观上承认存在因果关系与结果归属，也可以认为，警察难以预见到协警会对女嫌疑人实施强奸行为。反过来说，即使认定为玩忽职守罪，也是一个相对轻微的犯罪，没有必要判处实刑，作相对不起诉或者判处缓刑都是可以的。

案例12　因果关系与结果归属（介入被害人行为的判断）

陈某与徐某（女）经人介绍相亲，认识半个月。某天晚上8点多钟，两人在一个餐厅约会，聊了一个多小时，徐某觉得天色已晚，要求陈某骑摩托车送自己回家，陈某答应了。陈某没有摩托车驾驶证，但借来了一辆没有号牌的双人摩托车送徐某回家。驾驶到一路口时，陈某本应往左拐，但他却直行。徐某提出质疑，问怎么不左拐。陈某解释说：现在才9点半还比较早，到我弟弟家去喝点茶、聊聊天，等一下就送你回去。徐某说，太晚了，不去了，你要是再继续往前开的话，我就跳车了。陈某想早点确定恋爱关系，就说，不要跳，很危险，并继续以四五十公里的时速前行。徐某再次提出要跳车了。陈某不以为然地说，不要开这种玩笑。话音刚落,徐某就跳下去了,因头部着地,送医院后抢救无效死亡。

张明楷:这个案件涉及因果关系与结果归属的问题。因为被害人死亡了,所以,司法机关总是想追究行为人的刑事责任。

学生:二人见了几面?

张明楷:不知道见了几面,只知道认识了半个月。这跟案件结论有关系吗?

学生:有啊!看二人有没有建立信任关系。

张明楷:是否建立信任关系,在这个案件中没有什么直接关系吧。

学生:我们上课时,黎宏老师讲过一个案例:一个出租车司机在开车时,对坐在副驾驶位上的女士动手动脚,坐在后排的女士看到后就跳车身亡了。

张明楷:这个结果肯定不可能归属于司机的猥亵行为。

学生:事实上,司机也不可能在前面开车却对后排的女士实施猥亵行为。

张明楷:对!还是讨论我刚才说的这个案件,徐某跳车身亡的结果能否归属于陈某的行为?

学生:陈某有作为,继续开车就是一种作为,这个作为使得徐某感觉自己要被强奸。

学生：陈某只是说去他弟弟家喝喝茶、聊聊天。

学生：我觉得应该定过失致人死亡罪。

张明楷：还没有确定死亡结果能否归属于陈某的行为，怎么就得出了过失致人死亡罪的结论呢？徐某不是自己跳车的吗？这个跳车难道不异常吗？

学生：在黎老师讲的那个案件中，坐在后排的女士跳车确实异常。您讲的这个案件，徐某跳车也有点异常。

张明楷：我也觉得比较异常。只是说要去喝茶，而且陈某只是想尽快确定恋爱关系，没有任何迹象表明徐某会遭受不法侵害。而且，死亡结果是由徐某跳车这一异常行为造成的，而不是陈某驾驶摩托车的行为造成的。所以，我觉得不能将结果归属于陈某的行为。

学生：评价到底异不异常，实际上是一个危险分配的过程。

张明楷：即使从危险分配的角度来说，也不能认为在这种场合危险都分配给了陈某。徐某肯定是知道危险的，却仍然要跳下去，死亡结果只能由她自己负责。

学生：如果按照客观归责理论分析的话，结论会一样吗？

张明楷：结论是一样的吧。陈某驾驶摩托车的行为并没有制造致人死亡的危险，更不存在危险的现实化。如果陈某在不平的马路上以很高的速度行驶，导致徐某摔下去死亡，则可以说制造了致人死亡的危险，危险也现实化了。但本案并非如此。

学生：而且，即使死亡结果能够归属于陈某的行为，也难以认定陈某有过失。

学生：现在，只要有人死亡了，即使是跳楼死亡的，司法机关也会将死亡结果归属于行为人的行为。

张明楷：我知道，这种现象很普遍。比如，行为人向被害人讨债，就将被害人扣押在某宾馆23楼的一个房间里，晚上看守的两个人将一张床挪到房间门口，防止被害人逃走。但半夜时，被害人不知是从23楼跳下去了，还是顺着下水管道往下爬时摔死了。法院认定为非法拘禁致人死亡。

学生：这样的认定明显不合理。

张明楷：结果加重犯要求加重结果与基本行为之间具有直接性关联，本案最多只有条件关系，认定为非法拘禁致人死亡是明显错误的。

学生：我觉得，我们前面讨论的陈某继续开摩托车的行为，引起了徐某跳车的想法，然后这个想法就实施了，导致了徐某死亡。

张明楷：你这样叙述想说明什么？

学生：继续开摩托车的行为就是一个拘禁行为，是制造风险的行为。

张明楷：制造什么风险？继续开摩托车造成的实害就是剥夺徐某的自由，不可能制造死亡的危险吧。

案例13 因果关系与结果归属(介入被害人行为的判断)

嫌疑人甲是违章的司机,交警要处理他的违章行为,就让违章停车场的停车员乙过来,乙坐在违章的车上,让甲把车开到违章停车场。但甲为了逃避处理,在乙上车之后就突然加速行驶,坐在车上的乙让甲赶紧停车,但甲不理会。乙对甲说,你赶紧停车,你再不停车我就跳车了。甲仍然不理会他。乙就把车门打开,又跟甲说,如果你再不停车,我真的要跳了。甲还是没有理会,乙就跳下去了,导致重伤。

学生:这是我们辩论赛的一个案件,我原来以为是编的案件,后来知道是一个真实案件。

张明楷:甲要把车开到哪里去?

学生:甲自己供述说,心里比较乱,反正自己也不是逃犯,当时也没想那么多,就是不想去违章停车场,就想赶紧跑。

张明楷:跳车的是什么人?男的还是女的?

学生:类似于辅警,但不是警察,是男的。

张明楷:是往违章停车场的方向开车吗?

学生:不是,是往相反的方向开。

张明楷：是晚上还是白天？

学生：白天。

张明楷：这有什么好怕的？为什么要跳？如果要是天黑了，一位女士坐在车里面，甲往反方向加速行驶，女士跳车我也能理解。一个男辅警怕什么？我觉得不能将死亡结果归属于甲的行为。

学生：我是辩论赛的控方，要认定为故意伤害罪，只能说是一个不作为的故意伤害，有的人则说是作为的故意伤害。我觉得，开车这个行为本身内含的危险是交通肇事的危险，没有内含这个人跳车的危险，甲只能是不作为，尤其是当对方打开车门要跳的时候，甲就有义务停车，但甲没有停车，所以是不作为。

张明楷：这个充其量可以说是自己危险化的参与。乙自己使自己危险化，我觉得不能认定为故意伤害罪。

学生：即使从不作为的角度，跳车行为也比较异常，欠缺因果关系。

张明楷：条件关系是有的，但缺乏结果归属的条件。

学生：这个案件也是正在办理过程中的案件。

张明楷：那还是不要认定为故意伤害罪吧，而且认定为故意伤害罪，就要适用故意伤害致死的法定刑，导致处罚明显失当。

学生：我觉得可以评价为拘禁行为，但因为时间短暂，也不符合立案标准。

张明楷：甲的行为当然是非法拘禁，如果发生在国外，可能认定为普通的非法拘禁罪，但也不会认定为非法拘禁罪的结果加重犯。

学生：甲的非法拘禁行为创造了一个危险。

张明楷：甲的非法拘禁行为，制造了一个剥夺乙的自由的实害，但没有创造其他危险。

学生：当乙说了要跳车时，甲就创造了一个致人伤亡的危险。

张明楷：那是乙自己创造的，不是甲创造的。

学生：这么说，也不能认定为不作为的故意伤害罪了。

张明楷：除非一个人快要生病或者正在生病过程中，行为人有义务将这个人送往医院，但行为人不这么做，导致这个人的病后来治不好了，这样才可能成立不作为的故意伤害罪。乙在车里除被剥夺自由外，其他法益原本不会受到任何侵犯，没有任何危险，自己却要跳车，我觉得属于自我答责的情形。要认定犯罪，也只能认定为非法拘禁罪。

学生：这跟货拉拉的案件不是一样吗？

张明楷：我觉得不一样。货拉拉的案件说周某的行为使被害人心生恐惧，本案不存在这样的情形，而且货拉拉案件认定为过失致人死亡就比较勉强。男辅警在大白天有没什么可怕的呢？被告人不让他下车，只是非法拘禁行为。不能认定为故意伤害致死，也不能认定为非法拘禁致人死亡。

案例14 因果关系与客观归责（介入被害人行为的判断）

被告人是KTV的常客，被害人是KTV的女服务员，二人认识一个多月。某日，被告人与几个老乡到KTV来消费，被害人陪着一起唱歌、喝酒，一共喝了4打啤酒，到半夜零点40分时被告人提出一起去宵夜，被害人一同前往，被告人开车，被害人坐在副驾驶位上，其他人坐在后排，被害人上车后让被告人给她买一块600元的手表，被告人说500元的行不行，被害人说不行，于是双方吵起来了，被害人扬言跳车，被告人减了一下速，但没停车，以为被害人是开玩笑的，但被害人打开副驾驶门跳下去了，被告人立即将被害人送到医院抢救，被害人经抢救无效死亡。

张明楷：法院以过失致人死亡罪判处被告人2年6个月的有期徒刑。将这种行为认定为过失致人死亡罪合适吗？

学生：是实刑还是缓刑？

张明楷：是实刑，没有判缓刑。

学生：被害人是自己跳车的，被告人连不法行为都没有，应当由被害人自我答责。

张明楷：被告人与被害人说好一起去宵夜，而且是在去宵夜的路上，只是因为买手表的价格有分歧就跳车，确实只能由被害人自我答责。

学生：案情怎么这么荒诞啊。

张明楷：法院判决的理由是，被告人在被害人扬言跳车后未采取任何预防措施，未立即停车，而是驾车继续行驶，最终被害人跳车后经抢救无效死亡，其行为已构成过失致人死亡罪。事实描述完，结论就出来了，没有看到什么理由。

学生：是不作为吗？

张明楷：如果从"未采取任何预防措施"的表述来看，似乎是不作为。但一个成年人坐在车上，自己说跳就跳下去，却要开车的人承担不作为犯的刑事责任，恐怕不合适。况且，被告人还减了一下速。被害人跳车后，被告人立即把被害人送到医院去了。怎么构成不作为犯罪呢？即使被告人后来不救助被害人，也不一定成立不作为犯，因为危险是被害人自己造成的。

学生：会不会认为他们是紧密生活共同体？

张明楷：不可能，一起吃个夜宵怎么就是紧密生活共同体了？根本没有作为义务的来源。

学生：会不会有人引用老师的观点，认为被害人处于被告人的车内，属于被告人的排他性支配领域，所以有采取预防措施的义务？

张明楷：你看看我的教材上是怎么写的。我说的是基于对法益的危险发生领域的排他性支配产生的阻止义务，也就是说，当一个危险已经发生在行为人排他性支配的领域时，行为人有阻止危险现实化的义务。可是，被害人坐在被告人的车上时，并没有发生什么危险。

学生：在被害人声称要跳车时，是不是就发生了危险？

张明楷：即使是这样，这个危险也是被害人自己造成的，或者是被害人自己决定的，感觉是典型的自我答责的情形。

学生：如果被害人在宵夜后坐上了被告人的车，被害人要回家，被告人却往相反方向行驶，不让被害人下车，被害人跳下来的，则可能认定为过失致人死亡罪。

张明楷：这倒是有可能。因为在半夜三更不让被害人下车，被害人跳车就不是异常介入，死亡结果应当归属于被告人的行为，可以认定被告人的行为构成过失致人死亡罪。

学生：司法实践中过失致人死亡罪认定得很宽，我们那里发生了一个案件，我觉得定不了过失致人死亡罪。被告人住在三楼，二楼的被害人丢了钥匙，不能进屋，就到三楼被告人家里借一个布条，被害人用布条绑在身上，下水管顺溜到二楼，但在顺溜下去的时候摔死了。

张明楷：是因为布条不结实摔死的？

学生：不是布条不结实，而是被害人的手滑了摔死的。

张明楷：这肯定不能将结果归属于提供布条的行为人。如果是布条不结实而摔死的，能将死亡结果归属于被告人吗？

学生：不能。因为布条结实与否，是由被害人自己确认的，不能要求被告人确认。

张明楷：对！不管被告人是否知道被害人用布条做什么，即使布条不结实导致被害人摔死，也不可能将结果归属于被告人。

学生：金德霍伊泽尔教授在他的教科书中举过一个案例：行为人将一把斧头借给被害人，但斧头手柄上有一个被害人不知道的裂缝，看上去也没有什么缺陷，被害人在使用过程中，斧头断裂，被害人受伤了。金教授说，被害人对风险没有足够的认识，所以，不能认为被害人自我答责。

张明楷：我对这个案件有印象。金教授只是说这种情形不成立被害人自我答责，因为自我答责的一个条件是被害人知道并且接受风险或者危险，但本案中被害人没有认识到这个风险，所以不成立被害人自我答责。金教授认为，在这个案件中，应当将结果归属于出借斧头的被告人的行为，但是否具有可罚性，还要取决于被告人是否满足故意或者过失的条件。不过，金教授所举的这个案例与出借布条的案件还是不一样的。

学生：按理说没有区别，因为斧头手柄上有没有裂缝，被害人一看就知道了。布条是否结实，被害人也是一试就知道了。

张明楷：从生活经验来看，还是有区别的。当被害人要借斧头时，一般想到的是可以正常使用的斧头，不会特意检查斧头是否存在什么缺陷，除非斧头存在明显的缺陷。但在被害人借用布条为了绑在下水管顺溜的场合，布条是否结实就应当由被害人自己确认，而且在通常情形下被害人绝对会确认。不能说，人家给你一根稻草，你也拿着它绑在下水管上顺溜下去吧。

学生：而且，这个案件中不是布条不结实导致被害人死亡的，而是被害人的手滑了摔死的，这就更不能将结果归属于被告人了。

张明楷：也可能有人认为，如果被告人不出借布条，被害人就不会往下顺溜，因而不会死亡。可是，这充其量只有条件关系，但不可能符合结果归属的条件。

学生：如果是被告人拉着布条，被害人顺着布条往下顺溜时摔死的，被告人的行为有没有可能成立犯罪？

张明楷：这要看其他相关情节了，是被告人手松了导致被害人摔死的，被告人当然是过失犯罪；如果是被害人手滑了摔死的，被告人就不可能构成过失犯罪。

学生：被告人手松了导致被害人摔死的，属于基于合意的他者危险化；被害人手滑了摔死的，是自己危险化的参与。

张明楷：是的，可以这样归纳。

学生：如果是布条断了摔死的呢？

张明楷：这就需要判断是谁来确认布条是否结实。在你们设定的这种情形下，我觉得如果是被告人确认布条是否结实的，结果可以归属于被告人的行为；反之，则归属于被害人自己。

学生：为什么单纯出借时被告人没有确认的义务呢？

张明楷：单纯出借时，就是由被害人自己独立使用。既然是被害人自己独立使用，当然只能由被害人自己确认布条是否结实，而不能由被害人确认布条是否结实。所以，你讲的这个案件肯定不能将被害人的死亡结果归属出借布条的行为人，不能认定行为人构成过失致人死亡罪。

案例15　因果关系与结果归属（介入被害人行为与疾病的情形）

杨某和赵某两个人于某日中午发生了两次厮打，下午1点时，赵某身体出现异常，经抢救无效死亡。经司法鉴定，赵某是冠状动脉粥样硬化性心脏病所致猝死，争吵厮打、情绪激动等均可为诱发原因。

张明楷：这个案件大体上只是因果关系与结果归属的问题。关于本案存在三种观点。第一种观点认为，杨某的行为与赵某的死亡结果之间具有因果关系。第二种观点认为，如果杨某知道或者应当知道赵某有心脏病，就具有因果关系；如果不知道就没有因果关系。第三种观点认为，如果一般人知道赵某有心脏病，杨某的行为与死亡结果之间就具有因果关系；如果一般人不知道，就没有因果关系。

学生：这不就是相当因果关系的几种观点吗？

张明楷：是的。如果是杨某的暴力行为导致赵某心脏病发作而死亡，司法实践中一般会认定杨某的行为构成过失致人死亡罪。问题是，在两人厮打的案件中，能不能这样认定？

学生：杨某的行为是诱发原因。

张明楷：我觉得不能简单地这么说。鉴定结论是，"争吵厮打、情绪激动等均可为诱发原因"。不是杨某一个人争吵厮打，更不可能是杨某情绪激动。争吵厮打是两个人的事情，不是一个人可以左右的。如果是杨某一个人左右，就不叫争吵厮打，只能叫谩骂殴打。至于情绪激动，则更不是杨某左右的。让杨某负过失致人死亡罪的刑事责任，感觉不合适。

学生：被害人赵某有明显的过错。

张明楷：要将赵某的过错作为死亡原因来分析，而不是从量刑角度来分析。在交通肇事罪中，被害人所负的责任大小对被告人的行为是否构成犯罪，是起重要作用的。这种重要作用其实是讲被害人对结果发生的贡献作用大小。如果被害人的贡献大，就会将结果归属于被害人，从而否认行为人的行为与结果之间的因果关系。在二人厮打的案件中，也可能运用这样的判断方法。

学生：2000年11月15日最高人民法院《关于审理交通肇事刑事案件具体应用法律若干问题的解释》第1条规定："从事交通运输人员或者非交通运输人员，违反交通运输管理法规发生重大交通事故，在分清事故责任的基础上，对于构成犯罪的，依照刑法第一百三十三条的规定定罪处罚。"第2条规定："交通肇事具有下列情形之一的，处三年以下有期徒刑或者拘役：（一）死亡一人或者重伤三人以上，负事故全部或者主要责任的；

(二）死亡三人以上，负事故同等责任的；……"在这个案件中，赵某至少负同等责任。

张明楷：案件虽然交代得不具体，但从表述上来看，可以认为赵某至少负同等责任。既然如此，参照这个司法解释，就不能将赵某的死亡结果归属于杨某。

学生：会不会有人认为，不能按照司法解释关于交通肇事罪这种业务过失的规定来类比普通过失案件呢？

张明楷：为什么不能类比呢？在交通肇事的场合，驾驶人员负有业务上的注意义务，或者说他们的注意义务更重。既然在驾驶人员负有更重的注意义务时，其对一人死亡结果只负同等责任时不构成犯罪，在普通过失的场合，对一人死亡结果只负同等责任的，当然也不应当构成犯罪。

学生：这其实是举重以明轻了，完全可以这样类比适用。

学生：有没有另外一个疑问呢？就是说，交通肇事因为发案率太高，所以司法解释特意限定了这个罪的成立范围，但普通的过失致人死亡罪则不能限制成立范围。

张明楷：这要看你怎么思考。我们也可以反过来说，既然发案率高，就不能限制犯罪的成立范围。因为正是由于处罚范围窄，一些人以为自己的违章行为不会构成交通肇事罪，所以随意违章，才导致了发案率高。

学生：驾驶行为本来就是一种危险较大的行为，如果不限制交通肇事罪的成立范围，构成本罪的情形就太多了。

张明楷：你这样说是没有错的。但我刚才说了，普通过失的场合，行为人所负的注意义务是轻于业务过失的，所以，这一点也可以解决上面的疑问。

学生：不管是否类比交通肇事的司法解释，我都认为这个案件不能认定杨某的行为构成过失致人死亡罪。赵某有心脏病，就需要自己注意，却与别人争吵、厮打，完全应当自我答责。

张明楷：自我答责这个概念用得太泛滥了。自我答责要求被害人自己接受了死亡的风险，但在这个案件显然不能说赵某接受了这种风险。

学生：赵某也许不知道自己有心脏病，所以才和他人争吵厮打。

张明楷：不管赵某是否知道自己有心脏病，他的死亡结果都不是杨某一个人的行为造成的，他自己对死亡结果的贡献比杨某大得多，所以，将死亡结果归属于赵某本人才是合适的。

学生：在这个案件中，常常是被害人家属强烈要求定罪、不停地上访等原因，司法机关才会认定为过失致人死亡罪。

张明楷：部分情形是这样的，但不能说全部情形都是这样的。这样的案件，没有被害人家属上访，一些司法机关也可能认定行为人的行为构成过失致人死亡罪。

学生：但是，在杨某确实不知道赵某患有心脏病的情况下，认定为过失致人死亡罪确实不合适。

张明楷：这个案件首先是因果关系与结果归属的判断问题，

如果在这方面得出否定结论，不需要讨论行为人有没有过失。

学生：日本的相当因果关系的主观说与折中说，将行为人有没有认识作为认定有没有相当因果关系的重要判断资料。

张明楷：从我的阅读范围来看，主观说没有成为通说，折中说在几十年前是通说，但后来都是采取客观说。现在，相当因果关系说在日本也面临危机，危险的现实化理论越来越强势。

学生：我是想说，即使承认杨某的行为与死亡结果之间具有因果关系，能够进行结果归属，也难以认为杨某主观上具有过失，因为他不能预见赵某有心脏病。

张明楷：这里可能存在一个悖论：如果杨某不知道赵某有心脏病，就认为他没有过失；可是，如果杨某知道赵某有心脏病，就可能认定他有故意。亦即，在无过失与故意之间，不存在过失的情形。但在我看来，即使杨某知道赵某有心脏病，如果是双方相互争吵厮打，也不能将死亡结果归属于杨某，仍然不能认定为故意犯罪。

学生：我国对过失犯的处罚也比较重，从这个角度来说，也不宜将杨某的行为认定为过失致人死亡罪，否则便意味着争吵行为就会构成犯罪。

张明楷：日本刑法对过失致人死亡罪仅规定了罚金，而且罚金的最高额只有50万日元，也就是3万多元人民币。这个处罚就相当轻了。但业务上过失致人死亡的，则规定了有期徒刑。

第三堂
违法阻却事由

案例16　正当防卫（与聚众斗殴的区别）

因被害人A女等4人先后多次找甲（承包工厂车间）结算工资未果，甲预感A女有可能纠集人来找麻烦或者打架，因此准备钢管并分发给其承包车间内的多名工人。某日晚8时许，被害人A女等4人伙同B、C、D等六七人携带2根甩棍到甲所在工厂讨要工资。到该工厂门口后，由A女等4名女子先进工厂讨要工资，B、C、D等六七人在工厂门口等候。在得知被害人A女等4人的工资仍未支付后，B、C、D等人遂进入该工厂内找甲理论，争论过程中双方发生斗殴。A女一方的B持啤酒瓶砸伤甲方的乙男，D持钢管殴打甲方的丙男。甲方的三名工人也打伤对方三人（均导致轻微伤）。其间，A女一方的人还冲到附近超市购买两把菜刀并交给B，B持菜刀砍伤丙男（经鉴定为轻伤）。

张明楷：这个案件究竟是聚众斗殴，还是一方聚众斗殴，另一方正当防卫，肯定会有争议。

学生：案情交代就有疑问，先说双方发生斗殴，接着说 A 女一方的 B 持啤酒瓶砸伤乙男，没有交代谁先动手。

张明楷：在强奸、抢劫这样的不法侵害中，容易判断不法侵害，因而容易判断正当防卫。但在单纯相互攻击对方的案件中，就容易将正当防卫认定为相互斗殴或者聚众斗殴。

学生：老师的观点是先动手攻击他人的是不法侵害，对方就可以进行正当防卫。在本案中，如果是 A 女一方先动手攻击甲方，甲方就是正当防卫了。

学生：有时可能难以判断谁先动手，甚至可能是一起动手。

张明楷：这正是司法机关将一些正当防卫认定为相互斗殴或者聚众斗殴的理由。有一次我参加一个检察院的活动，要评论对一些案件进行刑事和解是否合适的问题，这些材料其实是作为刑事和解的经验来介绍的。我看了材料后，发现都是轻伤害案件，而且多数案件应当成立正当防卫，而不能进行刑事和解。因为只有构成了故意伤害罪才能进行刑事和解，正当防卫不存在刑事和解的空间。我当时就指出，双方发生争吵，不存在正当防卫的问题，双方可以争可以吵，但先动手的一方就是不法侵害，另一方就可以正当防卫，至于防卫是否过当则是另一问题，而且造成轻伤的防卫行为不可能过当。我们总不能说，在双方争吵时，其中一方先动手的，另一方只能忍受或者逃走，总不能要求一般人向不法侵害让步，也不可能要求被攻击的一方立即报警，在被人攻击的时候怎么报警？我当时就说，这些刑事和解的案件中，原本大多是正当防卫。

学生：老师这么讲，就让检察院的活动从刑事和解转向正当防卫了。

张明楷：的确是这样的，还有其他教授也同意我的说法。中间休息时，检察院的领导跟我说：虽然有的案件能查明谁先动手谁后动手，按您说的办我也能接受，但如果不能查明的怎么办呢？我说很简单啊，根据事实存疑时有利于被告人的原则，对甲方来说，要认定乙方先动手，甲方是正当防卫，这是有利于甲方的。但对乙方来说，要认定甲方先动手，乙方是正当防卫。在这个场合，不能认定为相互斗殴了，而是认定双方都是正当防卫。

学生：这一点司法机关可能接受不了。如果双方正当防卫，不法侵害在哪里呢？

张明楷：其实很好理解。存疑时有利于被告人的原则，要同时在双方行为人中贯彻。在查不清谁先动手实施不法侵害的案件中，首先在认定甲方行为时，要作出有利于甲方的认定，那就只能认定乙方是不法侵害，甲方是正当防卫。其次在认定乙方行为时，也要作出有利于乙方的认定，那就只能认定甲方是不法侵害。但这两个认定都必须维持，不能以其中任何一个结论推翻另外一个结论。于是，双方都成立正当防卫。这就是刑事诉讼法学界所说的法律事实，这种法律事实当然不同于自然事实。

学生：其实很好理解和接受，但司法机关常常想到的是真相，查不清真相时就有可能冤枉一方。

学生：其实，检察院的做法也存在同样的疑问：如果双方都是不法侵害，正当防卫在哪里呢？

学生：除了这种情形外，还有其他在查不清自然事实的情况下作出有利于双方的认定的情形吗？

张明楷：当然有啦。比如，行贿与受贿。在一个案件中，国家工作人员始终说自己没有索取贿赂，而行贿人始终说是国家工作人员向自己索取贿赂，但无论如何也查不清真相，怎么办？对国家工作人员来说，只能认定为收受贿赂，而不能认定为索取贿赂，否则就违反了事实存疑时有利于被告人的原则。反之，对行贿人来说，只能认定为被索取，而不能认定为主动行贿，否则也违反了事实存疑时有利于被告人的原则。

学生：这一法律事实就肯定不同于自然事实了，因为在自然事实中，不可能说国家工作人员只是收受贿赂，而行贿人却是被索取。

张明楷：是的。所以，在查不清谁先动手攻击对方时，只能对双方都作出有利的判断。

学生：我们讨论的这个案件，虽然案情交代是双方发生斗殴，但从具体描述上看，是 A 女一方的 B 持啤酒瓶砸伤乙男，D 持钢管殴打丙男。这表明是 A 女一方先动手实施不法侵害的。

张明楷：我觉得也是这样的。但有的人是带着自己的观点与结论描述案件事实的，为了论证聚众斗殴，就先使用了斗殴的概念。如果为了论证甲方是正当防卫，就不可能使用斗殴这个概念。

学生：所以，一些人在介绍案情的时候，其实就暗含了结论，或者说是根据结论描述案情。

张明楷：这种做法很普遍，许多刑事判决书其实也是这样的。

学生：如果说本案确实查不清谁先动手，有可能认定双方都是正当防卫吗？

学生：不可能吧。因为 A 女一方明显是以攻击对方的意思进入甲方工厂的，这与在马路上斗殴的情形明显不同。

张明楷：我觉得这个案件难以认定 A 女一方的行为成立正当防卫。这个案件所争议的问题是，能否认定甲方的行为成立正当防卫。

学生：如果说是 A 女一方先动手，还是可以认定甲方的行为是正当防卫的，因为甲方的行为完全符合正当防卫的成立条件。

张明楷：如果说 A 女一方先动手实施不法侵害，我也觉得应当认定甲方的行为是正当防卫。问题可能出在两个方面：一是甲方认识到了 A 女一方可能实施不法侵害进而事先准备工具，是否影响不法侵害紧迫性的判断；二是甲方事先准备工具，是否影响防卫意识的认定。我们先讨论第一个问题。

学生：防卫人是否认识到不法侵害以及事先准备防卫工具，与不法侵害是否正在进行完全是两个不同的问题。如果甲方准备了工具，但 A 女一方根本不来工厂，当然不存在正在进行的不法侵害；如果甲方没有准备工具，但 A 女一方进入工厂攻击甲方人员，当然就存在正在进行的不法侵害，所以，不能因为防卫人准备了工具，就认为不存在正在进行的不法侵害。

学生：日本以前有判例认为，如果防卫人认识到了对方将要对自己实施不法侵害，不法侵害就缺乏紧迫性，但现在似乎都不同意这样的结论。

张明楷：日本警察到达现场十分迅速，有的在接到报警电话后不到一分钟就到达了现场，所以，他们认定正当防卫可能比较严格一点，但我们不能照搬日本的观点。如果说预见到了对方将要实施不法侵害就缺乏紧迫性，就必然存在说不通的地方。比如，李四在路边修理自行车，知道张三将要攻击自己，就准备了工具。等张三手持凶器到李四这里实施不法侵害时，经过的王五和李四一起对张三实施了防卫行为。能说张三的不法侵害相对于王五而言具有紧迫性，而相对于李四而言缺乏紧迫性吗？紧迫与否是一个客观事实，不因防卫人预见到与否而得出不同结论。所以，本案中，甲预感 A 女有可能纠集人来找麻烦或者打架，因此准备钢管并分发给其承包车间内的多名工人的行为，不影响 A 女一方正在进行不法侵害的判断。

学生：问题可能在后一方面，就是因为甲准备了工具所以认为他只有攻击对方的意识，而没有防卫意识。

张明楷：攻击对方的意识与防卫意识并不是矛盾的，既然要实施正当防卫行为，当然要攻击对方，否则怎么可能进行防卫呢？

学生：可能有人认为，正当防卫是被动制止对方的不法侵害，如果行为人事先准备工具，就属于主动攻击，而不是被动制止不法侵害，所以没有防卫意识。

张明楷：我虽然不主张将防卫意识作为正当防卫的成立条件，但我认为，防卫人准备防卫工具并不影响其防卫意识的成立。也就是说，甲方在自己工厂里准备什么工具都是可以的，只要他们不主动去其他现场攻击对方，他们就不存在任何不法之处。甲方等A女一方动手实施不法侵害才反击的，也存在防卫意识。所以，我认为，即使按照通说要求防卫意识，也应认定甲方的行为成立正当防卫。

学生：除了防卫意识方面的问题外，有不少人认为防卫行为只能是单纯制止不法侵害的行为，而不能有攻击对方的行为。

张明楷：是这样的。有一次一位山东的警察跟我聊天，他说有些警察认为，当张三持木棍攻击李四时，李四夺掉木棍的行为就是正当防卫，如果李四再拿着木棍攻击张三，就不是正当防卫了。我听了后就说，难怪司法机关认定正当防卫的案件太少！夺掉木棍还需要用正当防卫来排除犯罪吗？当然不需要，这个行为原本就不符合构成要件。

学生：如果木棍特别值钱，也可能符合了抢夺罪的构成要件。我是开玩笑的。

张明楷：在这一点上，三阶层体系的优势就很明显。只要知道三阶层体系，就不会说只有单纯制止不法侵害的行为才是正当防卫，一定会知道只有当行为符合构成要件了，才需要用正当防卫来排除犯罪的成立。

案例17　正当防卫（与紧急避险的关系）

蒋某滥酒、嗜赌，家暴成性，从继女六年级开始，多次对其进行性骚扰。2020年7月8日23时至次日凌晨3时，蒋某试图性侵继女，蒋某的妻子刘某想方设法阻止，遭到蒋某殴打，蒋某扬言第二天早上要把继女拉到家门口的公路旁性侵，让全村都看到。7月9日凌晨4时许，刘某持铁锤朝俯卧在床的蒋某头部、胸部等处击打，致蒋某当场死亡。12月22日重庆市第二中级人民法院开庭审理此案，开庭前蒋某的五位兄弟姐妹一致同意出具谅解书，刘某的家人还收集了1000多位村民的签名请愿书，希望法院对刘某的行为从轻处理。

张明楷：对这类案件如何处理，既是全社会都关心的问题，也是全世界的刑法学者都关注的问题。但如何处理确实是一个很麻烦的事情。一方面，不管是学者还是一般民众，都很同情受虐妇女，希望不要追究其刑事责任。另一方面，虽然容易找到从宽处理的理由，但很难找到出罪的理由。其一，如果想认定为正当防卫吧，一般都不符合不法侵害"正在进行"这一条件。因为毕竟上一次的不法侵害已经结束，下一次的不法侵害并没有开始。而且，虽然可以预见，不法侵害者下一次还会实施不法侵害，但下一次的不法侵害究竟什么时候发生，并不是那么确定，不可能形成一个规律。其二，如果想认定为紧急避险吧，很难符合补充性要件。因为在现代社会，受虐待的妇女至少可以报警，现在警察也处理家暴案件。而且，紧急避险的限度条件要求严格，本案的蒋某性侵继女确实构成严重犯罪，但许多家暴行为只是成立虐待罪，甚至不成立故意伤害罪。在这种情形下，如果受虐妇女杀害不法侵害者，必然超过了必要限度。所以，要想给受虐妇女杀害丈夫的行为出罪，并不是那么容易。

学生：有的妇女也可能选择过报警，但警察走后不久，丈夫又开始对妻子实施虐待行为。

张明楷：是的。从现实来看，妇女报警的意义的确不是太大。另一方面，一些妇女虽然受虐待，但也可能不希望离婚，生活等方面还是要依赖丈夫。我刚才说，本案刘某的行为确实不符合正当防卫与紧急避险的条件。于是，只能认定为情节较轻的故意杀人罪。有没有可能说刘某没有期待可能性呢？

学生：是不是有点像《德国刑法》第33条针对防卫过当所规定的那几种心理状态呢？

张明楷：就是指出于慌乱、恐惧、惊吓等原因的防卫过当阻却责任吗？如果在不法侵害者正在实施家暴行为时，当然可以这样考虑。但问题是，刘某是等蒋某睡着后才实施杀害行为的，还能说她出于慌乱、恐惧、惊吓吗？而且，德国的这一规定是针对防卫过当来说的，如果不符合正当防卫的前提条件，就不可能以此为由阻却责任的。刘某杀害蒋某是凌晨4点多，家暴是几点结束的？

学生：不法侵害是从晚上11点持续到凌晨3点。从媒体报道内容以及其他证据材料来看，案发现场一共 4 个人，死者、被告人、死者欲强奸的 13 岁继女和死者 6 岁的女儿。

张明楷：中间隔了一个小时。从案件描述来看，蒋某可能已经睡着了，否则，刘某难以杀害蒋某。这个案件中间只有一小时之隔，但有的案件是不法侵害结束几个小时之后，受虐妇女才杀害不法侵害者的。比如，不法侵害是在晚上八九点钟进行的，妇女凌晨两三点钟杀害不法侵害人。如果间隔时间很长，受虐妇女前思后想才杀害丈夫的，很难说有什么惊慌失措。

学生：劳东燕老师说，蒋某家暴过多次，也因此被判过刑，但依旧没有解决问题。劳老师认为，蒋某是否已睡着，从而结束了不法侵害，是一个关键问题。被告人和 13 岁继女都表示，死者当时趴在床上，不确定他是否已睡着。如果控方没有足够的证据证明蒋某当时已经睡着，那就说明不法侵害只是暂时性的缓和，不能认为不法侵害已经结束。

张明楷：这是从不法侵害是否正在进行的角度来说的。我觉得，需要考虑蒋某卧床前究竟实施了什么样的侵害行为。如果卧床前一直对继女实施暴力胁迫，意图强奸继女，但因为刘某没有睡觉等原因而未能实施性侵害行为，而蒋某当时还没有睡着的，应当认定为不法侵害正在进行。但如果蒋某卧床前并没有一直要对继女实施性侵行为，只是对刘某有一些虐待行为，则难以认为不法侵害只是暂时性的缓和。因为不法侵害的暂时性缓和这一表述，应当是指不法侵害正在进行，只是侵害程度有所减轻。

学生：如果蒋某下一次的不法侵害极有可能再发生，能不能认定为正当防卫?

张明楷：如果只是极有可能再发生，但还没有发生时，也难以认为符合不法侵害正在进行的条件，所以不能进行正当防卫。如果说就家暴而言，要对不法侵害的正在进行作出非常缓和的要求，那么就要说明，将这种缓和的要求限定在家暴这种不法侵害的理由何在？在其他场合为什么不适用？比如，你现在预见到某个人三个小时之后确实要来杀你，难道你可以提前把他杀了吗？没有人会得出这样的结论。

学生：我觉得家暴与其他普通人际关系之间的侵害其实还不一样，被害人对家庭的脱离是困难的。如果朋友总是侵害我，我可以远离他；但是在家庭里，尤其是像妇女、孩子这样的弱者，还是很难脱离家庭的。

张明楷：是的，受虐妇女不选择离婚、分居，可能是因为还依赖于丈夫，不能脱离家庭。

学生：妇女也不一定是依赖丈夫，可是就是没有办法脱离这个空间，没有办法脱离家庭关系。

张明楷：这里看似有一个矛盾。这个家庭关系是否包括丈夫在内？如果包括在内，为什么又要杀害丈夫？当然，可以说，受虐妇女实在是不能忍受了。也就是说，受虐妇女因为不可能脱离家庭，所以一直忍受，但后来实在不能忍受了，所以利用丈夫睡觉的机会杀害丈夫。我也是在这个意义上问你们有没有可能说缺乏期待可能性？

学生：司法机关一般不会接受这样的结论。

学生：我最近在网上参加早稻田大学北川佳世子老师的讨论课，大家讨论深町晋也教授的一篇论文，他是用紧急避险来解决这样的案件的。关于补充性要件的问题，深町教授的意思就是说，在家暴案件中，报警对于受虐状态下的被害妇女来说只是一个权宜之计，不能从根本上解决问题。所以，受虐妇女的行为是不得已的行为。

张明楷：也就是说，即使警察来了，也只是解决当天晚上的问题；警察走了之后，明天晚上、后天晚上也管不了。他怎么解释危险正在发生呢？

学生：关于危险正在发生，深町教授是这样解决的：那种年久失修的建筑物，随时都可能倒塌；虽然说现在还好好的，但是这个危险是一直在持续的。深町教授就把这个家暴者当成一个年久失修的建筑物，就算他现在睡着了，但是他作为一个危险源，他随时都有可能继续侵害。我觉得，用紧急避险解决还不是一个好方法，因为紧急避险要求更严格，既然都不满足一个宽松的正当防卫条件，怎么可能符合紧急避险条件呢？

张明楷：紧急避险条件虽然整体上更严格，但是有的条件可能好解释一点。正当防卫要求不法侵害正在进行，而紧急避险要求的是危险"正在发生"。从字面表述来看，就这个条件而言，似乎紧急避险的条件要宽松一点。所以，深町教授说危险一直存在或者正在发生。但事实上，作为紧急避险所要求的"正在发生的危险"，是立即会现实化的危险，而不是指将来的危险。而且，就我们所讨论的案件来说，与其说是紧急避险，不如说是正当防卫。当我们说不法侵害正在进行时，就不需要考虑补充性要件，也不需要提可否报警这样的问题。

学生：在这种情况下，能不能结合施暴者的施暴频率、样态，以及被害人对家庭关系的依赖性，额外地在家暴的情境下去认定危险的正在进行？

张明楷：你这只能是对事实做一种新的归纳，比如说，通过下一次家暴的不确定性、随时性、妇女的不可逃避性等之类的事实，来说"不法侵害正在进行"。也就是说，你不只是在进行一种事实的判断，而且是在进行一种规范的判断。问题是，一个客观上确实没有正在进行的不法侵害，怎么可能规范地评价为正在进行的不法侵害？这样规范评价的理由何在？如果要写这样的论文，你就要找出其他并非家暴的情形，也能适用你提出的判断标准，也能评价为"不法侵害正在进行"，进而认定防卫人的行为构成正当防卫，大家也许能接受。如果你单独就家暴的防卫提出这样的观点，就不一定能说服人。

学生：其实，如果刑法在这方面作出一个特别的正当防卫规定，就可以解决的。

张明楷：如果有特别规定当然可以解决，但各国好像都没有特别规定。即使需要作一个特别规定，如何规定也可能是一个难题。因为不仅要保护受虐妇女的合法权益，还要防止有人利用特别规定杀害对方。

学生：之前一直讨论家暴这个问题，感觉以前有一个倾向，就是对家暴要从宽处理，大事化小、小事化了。我觉得反而不应该这样，应该把家暴看作一个严重的不法侵害，而不是一个单纯的虐待。

张明楷：你这么说也有道理。但在刑法上，如果没有造成伤害结果，家暴就只成立虐待罪，单纯的暴行在我国还不成立犯罪。如果家暴没有达到行凶的程度，用正当防卫去处理也不能符合必要限度的要求，一定是过当了。同样，如果说用阻却违法的紧急避险去处理的话，怎么解释不过当呢？这更是一个难题。我觉得，我们今天讨论的这个案件，要想得出无罪的结论，是不是可以从缺乏期待可能性的角度来说明，或者从阻却责任的紧急避险来说明？因为蒋某以前对继女实施过性侵害行为，还扬言第二天早上要把继女拉到家门口的公路旁性侵，让全村都看到。刘某当然特别担心这个行为的发生，在她看来，也没有其他办法防止这个行为的发生，所以，她只能在第二天早上之前杀害蒋某。有没有期待可能性，不能仅从纯客观的角度进行判断，还要将行为人的心理事实作为判断依据。而且，即使刘某当时存在期待可能性，也可以认为她存在期待可能性的错误，也就是积极的错误。但由于我们不能期待她不产生错误，所以，她也没有责任。

学生：这个案件与其他家暴案件确实不一样。

张明楷：没有必要对所有家暴案件采取同样的处理方法。一方面，有的案件不法侵害正在进行，当然要用正当防卫去处理，有的要看能否用紧急避险处理，有的可能需要采取其他路径。另一方面，也不能一概认为，这样的案件都不构成犯罪，还是要区分不同的情形。

案例18　正当防卫（假想防卫）

A 与 B 是登山攀岩的好友，有一天二人在山上登山攀岩时由于钢钉脱落，而导致以绳索绑在一起的 A 与 B 吊在悬崖的半空中，当时吊挂在绳索上方的 A 不仅不可能把悬在下方的 B 拉起，而且该绳索也无法同时撑住 A、B 两人的重量。在这种危急情况下，A 为了保住自己的性命，不得不放弃 B。当 A 正拿起刀要割断下方的绳索而让 B 坠崖时，狩猎人 X 刚好从对面的山头走过，以为 A 要害死 B，就立即拿起猎枪朝 A 开了一枪。结果不仅没有击中 A，反而击中了 B，导致 B 中枪坠崖身亡，A 也因此受到枪声的惊吓而坠崖身亡。

张明楷：这是我国台湾地区陈子平老师讲的一个案例，不知道是真实的，还是陈老师设想出来的。其实，如果说 A 身亡了，就不需要讨论 A 的行为了。我们假定 A 没有死亡，也假定 X 没有开枪射击，就是由 A 割断绳索的行为导致 B 死亡的，应当如何处理？

学生：应当是阻却责任的紧急避险。

张明楷：从案情描述来看，A 与 B 之间其实是危险共同体，有相互扶助的义务，难以认定为阻却违法的紧急避险。这么说，对于 A 的行为的不法并没有太多争议。那就讨论 X 的行为吧。

学生：X 要对 B 的死亡负责吗？B 的死亡结果能否归属于 X 呢？

张明楷：这一点没有疑问吧。虽然 A 的行为会立即导致 B 的死亡，但如果采取具体的结果观就会发现，B 是中弹身亡，而不是坠崖身亡。所以，死亡结果要归属于 X 的行为，不能以缺乏结果回避可能性为由否认结果归属。

学生：如果说 A 的行为是阻却责任的紧急避险，就仍然属于不法侵害，可以对他实施正当防卫。X 的正当防卫打中第三者，也就是正当防卫 + 打击错误。这是假想防卫还是防卫过当？抑或是正当防卫？

张明楷：问题是，在这个案件中，X 的防卫行为客观上不可能产生防卫的效果，能不能叫正当防卫？X 虽然针对的是不法侵害，但是他的行为保护不了合法权益。

学生：至少能够让 B 的死亡时间推后。

张明楷：能推后多久？我觉得，如果 A 死亡就必然导致 B 死亡的话，就算 X 对着 A 开枪也不能叫正当防卫，因为在客观上不能保护合法权益。当然，不清楚这个案件是不是这样的，也就是不清楚是不是 A 死亡了 B 就必然死亡。假如是这样的话，我觉得就不能认定 X 的行为是正当防卫。

学生：X 至少制止了 A 割绳子的行为。

张明楷：制止割绳子的行为也保护不了 B 的生命。

学生：保护了几秒钟的生命。

张明楷：那不一定，也可能是 A 的刀并不锋利，需要割好久才能割断。能不能说 X 的行为是假想防卫？也就是说，在这个案件中，不是说没有不法侵害，而是说 X 虽然主观上想保护 B 的生命，但他的防卫行为根本不可能起到这种作用，所以，是假想防卫。

学生：我国所讲的假想防卫不包含这种情形。

张明楷：也就是说，这个案例中的 X 的行为不可能产生防卫效果。既然不能产生防卫效果，就难以认为其行为是防卫行为，可以评价为假想防卫。X 的行为类似于对不可罚的不能犯进行防卫。德国、日本以及我国刑法关于正当防卫的规定中，都有一个看似对防卫目的的表述。我国《刑法》第 20 条第 1 款规定的是，"为了使国家、公共利益、本人或者他人的人身、财产和其他权利免受正在进行的不法侵害"，如果采取防卫意思不要说，这个规定实际上就是指防卫行为要具有"使国家、公共利益、本人或者他人的人身、财产和其他权利免受正在进行的不法侵害"的效果，或者至少要有这个可能性。于是，就可以将这一点理解成一个行为构成正当防卫的客观要素。如果客观上不可能使公共利益、本人或他人的人身、财产或者其他权利免受正在进行的不法侵害，不可能成为防卫行为。问题是，这个情形叫不叫假想防卫？

学生：假想防卫指的是对不法侵害情况的错误认识，而不是指对自己防卫行为的错误认识。

张明楷：这是传统观点，我们可以重新定义假想防卫的范围。日本的刑法理论与判例，就把很多我们认为是防卫过当的情形认定为假想防卫。比如，不法侵害人拿着玩具手枪攻击他人，防卫人就以为不法侵害人持真枪攻击他人，于是开枪进行防卫，把不法侵害人打死了。这在日本会认定为假想防卫，而不是防卫过当。你们看书的时候没注意到吗？

学生：这样的情形在我国不也是假想防卫吗？

张明楷：在我们的传统观点中，这种情形是防卫过当，而不是假想防卫。这种对不法侵害程度的误认，在日本也会说是假想防卫。在日本，假想防卫包括两种情形：一是没有现实的不法侵害，但防卫人以为有现实的不法侵害；二是只存在较轻的不法侵害，但防卫人以为是较重的不法侵害。我就拿一本翻译过来的西田典之老师的教科书来读给你们听，西田典之老师说，假想防卫分为两类：一类是不存在正当防卫的状况，但是误以为存在，这就是我国通常讲的那种假想防卫，就是没有现实的不法侵害但防卫人误以为有不法侵害；另一类是相当性的误认，就是说存在正当防卫的状况，也就是存在不法侵害，但对不法侵害的程度存在误认，因而对相当性存在误认。比如说，不法侵害人在拿着一个木棍攻击他人，防卫人以为他拿着铁棒攻击他人，防卫人就按对方拿着铁棒进行不法侵害去防卫。将假想防卫分为这两种，在日本没有争议，但我国不承认后一种是假想防卫。现在我们讨论第三种情况：防卫人的防卫行为没有防卫效果，但他误以为有防卫效果进而实施防卫行为的，是不是假想防卫？

学生：前两种情形是对正当防卫前提状况的认识，即对不法侵害的认识，第三种情形是对自己正当防卫行为效果的认识，感觉还是不一样。

张明楷：如果你再提升一点不就一样了吗？也就是说，将前两种与第三种都归纳为"对自己的行为是不是在进行正当防卫的认识"，就可以说是一样的了，都是对自己行为是不是制止不法侵害、保护合法权益的一个误认。

学生：如果第三种情况也是假想防卫的话，就会导致这种情形主观上绝对不可能是故意的。这是不是与德国、日本的犯罪论体系有关？

张明楷：我就是想说这一点。在三阶层体系里面，很容易认为正当防卫的行为人就是有故意，因为故意是对构成要件事实的认识，而正当防卫符合构成要件的客观要求，防卫人对此是有认识的，因而防卫人具备构成要件故意。一旦将上述第二种情形认定为防卫过当，就可能认定为故意犯罪。而且，即使是假想防卫，防卫人也有构成要件故意，三阶层体系本身就面临着这个难题。所以，三阶层体系要想方设法说明假想防卫只能构成过失犯。将上述第二种情形认定为假想防卫，就可以认定为过失犯罪，当然还涉及要不要认定为假想防卫过当的问题。在日本，过失致人伤害的，处30万日元以下罚金或者科料，过失致人死亡的，处50万日元以上罚金，所以，将上述第二种情形认定为假想防卫，而不认定为故意的防卫过当，可能对行为人更有利。我还没有查证，是不是这个法定刑影响了日本对假想防卫范围的判断。如果是这样的话，我们也不能按照日本的刑法理论来确定假想防卫的范围，因为我国刑法对过失致人重伤与死亡规定了较重的法定刑。再回过头来看陈子平老师的这个案例。即使不认为上述第二种情形属于假想防卫，而是防卫过当，但第三种情形还是可以说是假想防卫的。因为 X 以为自己的行为是防卫行为，也就是误以为自己的行为能够通过杀害 A 来保护 B，但其实，即使 X 杀害了 A，也保护不了 B。所以，仍然属于假想防卫。

学生：如果将案件设定为，X 开枪打死了 A 后，A 仍然挂在绳子上，但是绳子还是撑不住两个人的重量，过一会两个人就都掉下去了。如果是这样的话，还会认定没有防卫效果吗？

张明楷：按照这个设定，由于绳子不能承受两个人的重量，X 打死了 A 之后，A 仍然挂在绳子上，B 仍然会死亡。所以，没有任何防卫效果。

学生：讨论这个防卫效果，到底是要最终确保 B 能够活下来，还是说就在 A 实施不法侵害行为的当时，制止 A 的侵害行为 B 就可能活下来？

张明楷：防卫行为确保了 B 活下来，就意味着产生了排除不法侵害的效果，当然是正当防卫。如果没有产生这样的效果，但有产生这种效果的可能性，也应当评价为防卫行为。但如果完全没有这样的效果与可能性的，不能说是防卫行为。比如，山口厚老师在他的教科书中举了一个例子：不法侵害者正在实施不法侵害行为时，行为人偷偷地毁坏了不法侵害者的财物，而不法侵害者在当时并没有利用这个财物实施不法侵害。在这种情况下，就不能认定毁坏财物的行为是防卫行为。如果不法侵害者利用自己的财物侵害他人，毁坏这个财物的行为才是防卫行为。也就是说，正当防卫的效果是可能使侵害结果不发生，所以，并非对不法侵害人造成损害的行为都属于正当防卫。在我们讨论的案件中，防卫人 X 把 A 打死了，A 的重量还是由绳子承受，但绳子不能承担两个人的重量。难道是让 A 慢慢流血，重量轻点了，B 就不会掉下去？

学生：其实，如果要让讨论更有意义，那么就要设定成：如果 X 什么都不做的话，A 能活下来。现在的情况就是，X 本来是想打中 A 让 B 活下来，结果把 B 打死了。

张明楷：那就是所谓的正当防卫导致第三者损害的情形，而第三者也就是 B，本来就要因为 A 的紧急避险而死亡。

学生：通说认为假定因果流程不中断因果关系，因为 B 是因坠崖死亡还是因中枪死亡，是两个不同的具体结果。

张明楷：是的。如果我们认为 X 的行为并非防卫行为，就不能按防卫行为造成第三者损害的情形来讨论，只需要认定 X 的行为成立普通的过失致人死亡罪吧？

学生：对。本来，对于正当防卫中的打击错误，无论是具体符合说还是法定符合说，最后得出的结论也应该是过失致人死亡，因为一个是正在进行不法侵害的人，另一个是无辜的第三者，二者不等价。

张明楷：认定 X 的行为成立过失致人死亡，与认定其行为属于假想防卫，得出来的结论也是一样的。

案例19 正当防卫（偶然防卫）

甲、乙二人共谋通过围堵的方式杀害丙，甲将丙追赶到一个巷子里，乙则在巷子的另一头堵住丙。甲追上来对丙实施暴力时，丙迅速躲在乙的身后，甲把自己的同伙乙打伤了。

学生：老师，您说偶然防卫无罪，但有老师说这个案件的甲虽然是偶然防卫，但不可能无罪。您怎么解释？

张明楷：说偶然防卫无罪，是说行为人给不法侵害者造成的损害不构成犯罪，而不是说偶然防卫人的一切行为都无罪。

学生：还是有点不明白。

张明楷：在你说的这个案件中，由于乙在对丙实施不法侵害，所以，甲对乙造成的伤害是偶然防卫，也就是说，甲对乙造成的伤害不成立任何犯罪。但是，甲杀丙的行为还是成立杀人未遂。不能因为甲对乙的伤害不构成犯罪，就否认甲对丙的行为成立犯罪。这是两回事。

学生：这么说，偶然防卫还是可能成立未遂犯的？

张明楷：不能简单地说偶然防卫可以成立未遂犯。按照我的观点，所谓偶然防卫无罪，是说甲打伤乙是偶然防卫，就此而言，甲的行为不成立犯罪。但甲的行为对丙的生命造成了危险，所以，甲针对丙成立杀人未遂。但这个时候不能说，甲对丙是偶然防卫因而成立未遂，因为丙不是不法侵害者，甲对丙不是偶然防卫，就是一般的故意杀人未遂。

学生：如果甲要杀害丙时，丙将乙拉到自己前面，才导致甲打伤乙的，结论会有不同吗？

张明楷：即使这样，甲打伤乙也是偶然防卫。

学生：我是想问丙将乙拉到自己面前的行为是否构成犯罪？

张明楷：怎么可能构成犯罪呢？我觉得完全可以评价为正当防卫，只不过丙是要利用甲的行为对乙进行正当防卫。

学生：按照行为无价值论的观点，甲对乙成立杀人未遂吗？

张明楷：我不清楚他们的结论。如果甲杀死了乙，行为无价值论一般会认为是杀人未遂，但不知道在这种场合，他们是说针对乙是杀人未遂还是说针对丙是杀人未遂。但按理说，他们会认为甲针对乙是杀人未遂。但这样的话，从构成要件结果没有发生这一点来看又应当是未遂，于是形成了未遂的未遂。因为把乙杀死了是偶然防卫，属于杀人未遂，但现在没有杀死乙，原本就是未遂，于是就成为未遂的未遂。不知道他们是如何解释的。倘若他们认为，在上述情况下，甲只是对丙的杀人未遂，就意味着他们事实上承认了甲的偶然防卫不构成犯罪。

学生：明白了。

张明楷：倘若张三正在杀李四时，王五没有认识到这一事实，而是以报复动机瞄准张三射击，导致张三死亡时，行为无价值论的通说认为王五成立杀人未遂。那么，王五是针对谁成立杀人未遂呢？显然不可能是针对李四吧，因为他根本没有瞄准李四，也没有想杀害李四，所以只能说他针对张三杀人未遂。结果无价值论的未遂犯说的理由是，"张三正在杀人"是一个偶然的事情，因此，王五只是偶然地没有造成他人死亡。但我对这个说法存在疑问，因为这种说法的意思是，王五只是偶然地没有造成李四死亡。如果对事实认识错误采取具体符合说，这个时候可能就更麻烦了。

学生：其实，多数人还是因为王五具有杀人故意才想认定他的行为成立杀人未遂。

张明楷：在这个问题上直觉可能起到了很大的作用。我起先的直觉也是认为可以将偶然防卫认定为未遂犯，但这个直觉不符合我的基本立场，所以必须重新找直觉。

学生：故意本身就包含了法益侵害的危险，所以，具有故意时就具有了违法性。判断行为是否成立未遂犯，就要看行为人有没有故意。

张明楷：这是你的观点吗？

学生：不是，是别人的观点。

张明楷：其他人一般也不会说故意本身包含了法益侵害的危险吧。我觉得，判断危险时，也可以考虑行为意志、行为计划，但不是考虑故意。行为意志不同于故意过失，有行为意志不等于有故意过失。比如你确信手枪里是没子弹的，而且你的确信是有理由的，可是，其实手枪里是有子弹的。如果没有扣动扳机的意思，危险肯定就小多了，但如果你产生了扣动扳机的意思，危险就增加了。不过，即使在这种场合，如果行为人只是想扣动扳机，但他的手指就是一直没有扣动扳机，危险也不会增加。回过头来说，即使行为人有扣动扳机的意思，也不等于他有故意过失，因为行为人合理地相信手枪中没有子弹。我只是想说明，行为意志不等于故意过失。进一步而言，即使是犯罪计划，也不等于犯罪故意。因为故意要存在于行为时，而犯罪计划一般存在于行为前，不应当将行为前的犯罪计划等同于犯罪故意。犯罪计划的危险性，也不等于行为的危险性。比如，行为人原本计划把毒药给被害人吃，于是到药店买一种毒药。药店工作人员交给行为人的根本不是毒药，而是保健品。于是，行为人将保健品给被害人吃。在这种场合，不可能因为行为人购买药品时有杀人计划，就直接肯定其后面的行为是杀人行为。事实上，后面的行为根本不是杀人行为，因为没有致人死亡的任何危险性。

学生：以前听您讲过这一点。

张明楷：我还要说明的一点是，说偶然防卫不构成犯罪，只是限定为行为人针对不法侵害人着手实行的行为不构成犯罪。所以，一方面，行为人着手实行的行为对无辜的第三者有危险，而且行为人认识到了这种危险的，即使危险没有现实化，也能认定为未遂犯。我们前面说的就是这种情形。另一方面，说偶然防卫不构成犯罪，不影响行为人前面实施的犯罪预备行为成立犯罪。比如，行为人准备了凶器，前往被害人所在地点，开枪打死了被害人，而当时被害人正在对无辜的第三者实施杀人行为。行为人的这个行为虽然不成立故意杀人未遂与既遂,但可能成立故意杀人罪的预备犯。因为预备犯不需要具备具体的危险,只需要有抽象的危险,行为人准备凶器等预备行为,显然具备抽象的危险,当然成立故意杀人罪的预备犯。

学生:这么说来,其实最终的处罚与行为无价值论区别就不大了。

张明楷:取决于法官如何量刑了。

案例 20　紧急避险(成立条件)

被告人周某与被害人刘某系婚外情人关系。2019 年 8 月 20 日,周某到某镇锦绣桥工程项目部务工。同年 10 月 16 日 21 时许,刘某乘坐西宁市至班玛县客运大巴到达某镇。二人见面后,周某驾驶皮卡车,行驶至某蔬菜大棚附近。随后,因刘某多次向周某索要 2000 元现金发生争执,周某随地捡起一棍棒击打刘某头部、手部,刘某双手护头,跪倒在人行道上。周某继续击打刘某头部三下后,持棍棒走向滨河东路锦绣大桥河边查看工友平日钓鱼的渔线,此时刘某紧随其后用手推搡周某左腹部,周某双腿滑入水中,然后转身抓住刘某衣袖,用力拉拽时,将刘某拉入水中,致刘某被河水冲走。周某上岸后,沿河道找寻刘某未果,自行离去。次日,刘某尸体被发现。经鉴定,刘某左手中指第三指节骨触及粉碎性骨折,系生前溺水死亡。

张明楷：一种观点认为周某的行为是紧急避险，但感觉这个案件还有细节不清楚。

学生：被告人周某供述说，他的两条腿已经下水了之后，就转身拉住刘某的手臂，想借助她的力量上岸，但是在借力的过程中打滑，把对方也拉进水里了。

张明楷：当时的时间是几月份？

学生：10月16日晚上9点，这个时候当地应当比较冷了。

张明楷：周某会游泳吗？他只是不愿意掉在水里才拉刘某，还是说掉进水里后就会溺水身亡？

学生：根据周某的供述，估计是他可能先踩到一个正常的地方，周某本来想抓刘某后上岸，但因为打滑导致两个人都滑进水里了。滑进水里之后，可能周某自己离岸边近一点就爬了上去，但当他想再去拉刘某的时候，刘某已经被水冲走了。

张明楷：周某是本能地拉刘某的衣袖吗？

学生：是的。因为周某想拉着刘某借力上去。

张明楷：那条河很深很宽吗？

学生：每秒1.3米的流速，深度不清楚。

张明楷：简单地说，周某掉下去会死亡吗？

学生：周某站的那个地方还比较浅，但刘某落水的位置被挖掘机挖得比较深。

张明楷：周某的行为是不是紧急避险，首先要判断的是周某的生命当时是否面临着紧迫的危险；如果得出否定结论，就不能认定周某的行为属于避险行为。如果周某的生命面临紧迫的危险，就要判断其行为是否符合补充性要件。本案中的补充性要件的判断，与周某有没有生命危险也密切关联。如果周某会游泳，掉进水里也不会死，既可以说他的生命没有面临紧迫的危险，也可以说他的行为不符合补充性的要件。但从周某的供述来看，他并不是刻意将刘某拉下水，而是一种本能的反应。所以，需要判断周某是否有过失，如果有过失，就认定为过失致人死亡罪。

学生：法院认定为故意杀人罪，判了15年有期徒刑。

张明楷：判决是怎么说理的？

学生：原审判决说，周某用棍棒多次打击被害人头部、手部，在被害人行为能力受限的情况下，将被害人拉拽入水中，未采取有效措施进行施救，放任被害人溺水死亡结果发生，其行为构成故意杀人罪。这是从不作为的角度来说明周某的行为构成故意杀人罪的。

张明楷：可是，周某实施了施救行为吧？

学生：判决书说，周某未进行有效施救，也未向事发地点附近的工友寻求救助。

张明楷：意思是实施了救助行为，但救助行为没有效果。

学生：辩护律师说，周某实为受害人，没有救助刘某的义务，其行为不构成不作为的故意杀人罪。

张明楷：这样辩护可能不理想。因为刘某毕竟是被周某拉下去的，先前行为使刘某的生命处于危险之中，还是有救助义务的。即使认为周某将刘某拉下去的行为是紧急避险行为，也不能认为周某没有救助义务。

学生：也许周某确实没有实施有效的施救措施，所以，律师只好说周某没有救助义务。

张明楷：如果是不作为的故意杀人，还需要判断有没有救助可能性与结果回避可能性。由于案情没有详细交代，我们也没有办法讨论。

学生：律师还提出，周某的行为是自救行为，属于紧急避险，不应追究刑事责任。

张明楷：判决书针对这一点是怎么说的呢？

学生：判决书说，紧急避险是用损害一种合法权益的方法保全另一种受到正在发生的危险威胁的合法权益的紧急措施，因此，只有损害的合法权益小于被保全的合法权益时，紧急避险的行为才是对社会有益的，紧急避险才有实际意义。本案中，周某、刘某的生命权、身体权的法益相同，并不存在损害的合法权益小于被保全的合法权益的情形，因此，辩护人提出周某的行为是紧急避险的辩解意见不成立，故不予采纳。

张明楷：如果是这样的话，意思还是肯定了周某面临紧迫的危险，只是不符合紧急避险的限度条件。而且，判决只是考虑了阻却违法的紧急避险，没有考虑阻却责任的紧急避险。

学生：判决书没有就是否存在紧急避险的前提条件描述任何

事实。

张明楷：因为不承认是紧急避险，所以就不描述相关事实了。

学生：如果符合紧急避险的前提条件，周某本能地拉刘某的衣袖，也属于紧急避险行为吗？

张明楷：即使按照行为无价值论的观点，也会承认过失的正当防卫与过失的紧急避险。我觉得将周某的行为认定为不作为的故意杀人罪还是有疑问。一方面，周某交代自己采取过施救措施，而且是否存在救助可能性与结果回避可能性也有疑问。另一方面，在前一问题没有查清的情况下，最好将死亡结果归属于前面将刘某拉入水的行为，但这一行为显然不可能成立故意杀人罪。总的来说，即使不能认定周某的行为成立紧急避险，认定其行为成立过失致人死亡，可能更好一点。

案例21　紧急避险（成立条件）

2017年7月29日凌晨2时许，被告人冯某驾驶小型轿车从广安城南西溪新城出发沿环溪××路往五福西路方向行驶，当行驶至环溪××路明轩酒店外路段时，因观察不力、操作不当将冯某一、姚某、蒋某撞伤，冯某下车查看伤者伤情时遭到几名男子质问、抓打，冯某便驾驶车辆欲驶离现场。在驾驶车辆离开过程中，冯某先向左打弯（左侧车门未关）行驶，导致刁某、李某受伤，曾某停在路边的轿车受损，在撞到曾某的轿车受阻后，冯某又倒车将已受伤在地的冯某一碾压,再向前行驶将冯某一拖离,后逃离现场。经鉴定,冯某一的损伤评定为重伤二级,刁某的损伤评定为轻伤一级,曾某的轿车损失为7237元人民币。

学生:在一个课堂上,一位博士生说冯某的行为属于紧急避险。

张明楷:可以这样认为吗?

学生:冯某自己供述说,在他撞了人之后,从旁边店里出来了四五个男子围着他,问他是怎么开的车,其中有人用手打他,还有人用脚踢他,他就想离开现场。但是那几名男子还是围着他推搡,然后他就到车里去,外面还有人在抓他衣服、打他头。然后,冯某就推开打他的人,关上驾驶室门开始开车。

张明楷:冯某受伤了吗?

学生:冯某没有受伤,对方只是那种很轻微的推搡。

张明楷:冯某本来就是过失将冯某一、姚某、蒋某撞伤。这些人受伤的程度怎么样?

学生:案情没有交代。

张明楷:即使没有受伤,但也属于违反道路交通法的行为导致了他人受伤的事故吧。冯某本来有义务留在现场,但确实有几位男士对他实施抓打行为。看似存在义务冲突,但能成立紧急避险吗?

学生：在课堂上，周光权老师的意见是，这种情况下，公民本身就可以扭送冯某，别人抓打冯某有可能就是为了扭送，冯某就不能实施紧急避险。

张明楷：即使那几个人不是扭送，但要质问冯某也很正常。也就是说，在冯某违反交通道路管理法规撞伤他人的情况下，冯某必须忍受他人的质问，而且应留在现场。事实上，那几个人也没有对冯某实施严重的暴力，冯某不能以为了避免生命、身体的紧迫危险为由而实施紧急避险吧。律师提出了冯某的行为属于紧急避险吗？

学生：律师认为，被害人及其同行人员采取的行为对冯某达到了紧迫危险的程度，提出了冯某的行为属于紧急避险。

张明楷：判决书怎么回应的？

学生：判决书指出，紧急避险通常以通过损害较小的法益保护更大的法益的方式，从而阻却了违法性。本案中虽然被害人的同行人员对冯某进行抓打，冯某也因被抓打而迫切想离开现场，但其在知道车前及车左右均有人在拖住车，阻止车辆离开的情况下，仍选择强行驾驶车辆离开，全然不顾他人安危，导致驾车驶离过程中冲撞、碾压他人及车辆，其行为危害了不特定对象的安全，没有考虑可能造成的严重后果。也就是说，冯某选择离开的方式不符合紧急避险的前提条件，而且对其抓打的被害人同行人员无人持械，抓打的方式也没有达到对其人身安全造成急迫威胁的程度，其强行驾车离开并非唯一方式，其可以选择其他合理办法排除其认为存在的危险，而不是以牺牲他人人身安全或造成财物损失来达到其认为的避险目的。因此,对辩护人的该辩护意见不予采纳。

张明楷:这个说理还是不错的。冯某的行为类似于自招危险,在危险并不严重的情况下,冯某必须忍受,不能实施紧急避险。

学生:冯某后来撞伤冯某一、刁某、李某,也不是出于故意吧?

张明楷:从案情描述来看,相当于又出现了一个交通事故,感觉后面的行为也是过失。冯某在撞到曾某的轿车受阻后,又倒车将已受伤在地的冯某一碾压,应当也是过失。问题是,"冯某将已受伤在地的冯某一碾压,再向前行驶将冯某一拖离"这一行为是故意还是过失?还必须查清的是,冯某一的重伤是由哪一个行为造成的?

学生:还有可能是最前面的行为就导致冯某一受重伤。

张明楷:倘若认为冯某后来的碾压、拖离是故意的,但如果不能查明重伤是由前面的过失行为造成还是由后面的故意行为造成的话,就只能按事实存疑时有利于被告人的原则,认定冯某一的重伤是由前面的过失行为造成的,而不能认定为是后面的故意行为造成的。

学生:辩护律师则提出了交通肇事罪的辩解意见,但判决认定为以危险方法危害公共安全罪。

张明楷:判决对此是怎么回应的?

学生：判决说，对此，有经过庭审质证的有关书证、勘验检查笔录、鉴定意见、视听资料、被害人陈述及被告人供述等证据形成证据锁链，证实被告人冯某不顾不特定多数人的安全，驾车冲撞他人，造成多人受伤及财物受损。虽然冯某因被打迫切想离开现场，但其知道车辆前面有人，也看见车左边和右边有人，并有人在后面将车子拉住，还有人在拖住车的情况下，仍选择驾车强行离开。且监控视频显示有多人一直在阻止冯某上车离开，甚至有人到其车头阻止车辆离开的情况下，冯某仍强行驾车，在强行驶离现场时又撞倒他人。冯某的供述及监控视频等证据证实冯某在明知车辆周边有多人的情况下，不顾他人安危，强行驾车驶离过程中冲撞、碾压他人及车辆，其驾车冲撞、碾压他人及车辆指向的是不特定对象，没有顾及其行为可能造成的严重后果，其对于危害结果的发生持放任态度，属于间接故意。交通肇事罪是过失犯罪，冯某主观上不是过失，不符合交通肇事罪的特征，不构成交通肇事罪。冯某交通肇事将他人撞倒在地后又驾车冲撞、碾压他人，致一人重伤、一人轻伤、两人不同程度软组织伤、一人轻度脑伤，并致停放于路边的轿车受损，社会危害性较大，构成以危险方法危害公共安全罪。

张明楷：判决书将冯某后面要驾驶车辆离开现场致人伤害的行为，全部评价为故意行为。但从判决书描述的事实来看，冯某"在驾驶车辆离开过程中，冯某先向左打弯（左侧车门未关）行驶，导致刁某、李某受伤，曾某停在路边的轿车受损"这一行为，或许是过失行为。因为之所以向左打弯就是为了避免撞伤前面的人。但"在撞到曾某的轿车受阻后，冯某又倒车将已受伤在地的冯某一碾压，再向前行驶将冯某一拖离"这一行为，可以评价为故意行为。不过，即使按判决书的描述与说理，我觉得也只需要认定为故意伤害罪，而不是以危险方法危害公共安全罪。

学生：是的，冯某汽车周围虽然有多人，但并不是不特定的多数人，也不可能造成结果无法控制的局面。

张明楷：以危险方法危害公共安全罪判处冯某多少年徒刑？

学生：判决认定冯某有自首情节，判处 1 年 11 个月有期徒刑。

张明楷：不是认定冯某的行为造成了一人重伤的结果吗？即使认定为自首也只能减轻处罚，应当判处 3 年以上 10 年以下有期徒刑，怎么会仅判 1 年 11 个月有期徒刑呢？

学生：法院的判决指出：上诉人冯某不顾不特定多数人的安全，驾车冲撞他人，造成多人受伤及财物受损，尚未造成严重后果，其行为触犯了《刑法》第 114 条之规定，构成以危险方法危害公共安全罪。

张明楷：这么说的话，法院没有认定冯某一的重伤是由故意行为造成的，而是前面的过失行为造成的？

学生：可能是这样的。虽然冯某的行为造成了冯某一重伤，但不知道重伤结果是第一次撞人行为造成的还是第二次撞人行为造成的，所以认定为前面的过失行为造成的，且前面的行为又不构成交通肇事罪。

张明楷：如果前面的交通肇事致人重伤，后来又逃逸的，按照司法解释的规定不是也能构成交通肇事罪吗？

学生：可能是因为冯某不是为了逃避法律追究，而是为了避免被几个人殴打。

张明楷：有意思。

学生：判决书后面写着以危险方法危害公共安全的事实，包括造成重伤二级。

学生：但判决可能将重伤归为前面过失行为造成的结果了。

张明楷：这就类似于择一认定了：冯某一的重伤肯定是冯某的行为造成的，但不能证明是哪一个行为造成的，就只能认定为前面的过失行为造成的。

第四堂
有责性

案例22　事实认识错误（错误论与故意论的关系）

乙想收买一个男童，甲知道后就打算将一直在自己附近村庄流浪的一个"男孩"拐卖给乙。某日，甲采用欺骗手段，将"男孩"拐卖给了乙。其实，被害人是一名已满14周岁的女孩，由于害怕被侵害而一直打扮成男孩。

张明楷：这样的案件在德国会评价为拐卖儿童未遂和过失拐卖妇女吧。

学生：如果按照具体符合说应当是这样的。

张明楷：这是同一构成要件内的错误还是不同构成要件之间的错误？

学生：在拐卖妇女、儿童罪中，妇女、儿童是选择性要素，可以认为是同一构成要件内的错误吧。

张明楷：但是，在德国，由于妇女与儿童这两种要素没有更上位的概念,所以,会认定为拐卖儿童(男童)未遂和过失拐卖妇女,因此仅认定为拐卖儿童的未遂犯。比如,德国有一条文把行为对象分为文书和技术图样,这两个对象没有更上位的概念,即法条在列举的"文书和技术图样"之后没有"等资料或者其他资料"这样的上位概念。如果行为人以为是文书,但实际上毁坏了技术图样的,德国刑法理论根据具体符合说,会认为行为人对毁坏文书是未遂,毁坏技术图样是过失。

学生:我国的具体符合说论者也会得出这样的结论吧。

张明楷:德国因为采取主观的未遂犯论,所以会认定行为人构成毁坏文书的未遂犯。但是,在中国和日本,只要采取客观的未遂犯论,就不能认为行为人构成毁坏文书的未遂犯。因为客观上根本就没有文书,文书都不存在,怎么能成立毁坏文书的未遂犯呢?只能属于不可罚的不能犯,过失毁坏技术图样也不成立犯罪,于是就无罪了。但我不能接受这样的结论。也就是说,德国因为采取主观的未遂犯论,所以,具体符合说的缺陷并不是那么明显,但我们不能跟着德国学者得出未遂犯的结论。再比如,行为人以为军人口袋里装的是枪支就盗窃,结果军人口袋里面只有弹药,根本没有枪支。如果采取具体符合说,盗窃枪支就是不能犯,盗窃弹药是过失,因而也无罪。

学生:这不是对象错误吗?根据具体符合说也是犯罪既遂吧?

张明楷:你千万不要说这是对象错误就是既遂犯罪。对事实错误的处理涉及故意需要认识到什么内容的问题。我经常说的是，错误论与故意论是表里关系，或者说，错误论是故意论的反面。既然要求认识到行为的具体对象，那么，在对象错误时，也必须要求行为人认识到具体对象。在甲误将乙当作丙而杀害时，具体符合说之所以认定为既遂，是因为甲认识到自己在杀害眼前这个人，事实上也杀害了眼前这个人，所以成立杀人既遂。同理，在行为人客观上盗窃的是弹药时，行为人就必须对弹药有认识，没有认识到自己盗窃的是弹药时，对盗窃弹药就是过失，因而对盗窃弹药不成立犯罪。于是，要考虑是否成立盗窃枪支的未遂。德国因为采取主观的未遂犯论，所以，即使是不能犯也按未遂犯论处。但是，我们不能跟着也认定为盗窃枪支的未遂犯，因为我们的刑法没有处罚不能犯的规定，刑法规定的实行行为只能是足以造成法益侵害结果的行为，而不包括不能犯。所以，只有采取法定符合说，才能认定上述行为成立盗窃弹药罪的既遂犯。因为弹药与枪支在刑法上的性质或者属性是完全相同的，行为人对二者的错误认识并不影响符合性的结论。同样，只有采取法定符合说，才能认定前面那个拐卖妇女的行为成立拐卖妇女罪的既遂犯。

学生：看来，对事实错误还是要联系故意本身来讨论。

张明楷：当然是这样，本来就是在故意论中讨论认识错误，所以不能孤零零地讨论是抽象符合、法定符合还是具体符合，而是要根据故意的认识内容来讨论。我们不能一方面说，故意的认识内容不需要具体认识，另一方面在讨论事实错误时却采取具体符合说。反过来说，如果采取具体符合说，就意味着故意的认识内容必须是具体的，而不是说只要认识到法定的要素就可以了。

学生：黎宏老师举了一个例子：行为人本来想砸甲的车，结果过失砸坏了乙的车。黎老师说，法定符合说批判具体符合说的结论不合理，即具体符合说导致行为人的行为不成立故意毁坏财物罪，但事实上不是具体符合说不合理，而是因为法律没有规定处罚故意毁坏财物罪的未遂犯与过失毁坏财物罪。

张明楷：法律是没有规定处罚故意毁坏财物罪的未遂犯与过失毁坏财物罪，但法律并没有说上述行为人的行为属于故意毁坏财物的未遂与过失毁坏财物，因而不构成犯罪。如果采取法定符合说，认为上述行为人的行为成立故意毁坏财物罪的既遂，法律不就要处罚这种行为吗？所以，不能将不合理的结论归咎于法律规定，而是学说有问题。

学生：黎宏老师的意思是，法律不处罚过失砸坏乙车的行为，是因为这个行为不足以处罚。

张明楷：你是把这个案件事实评价为过失才不足以处罚，如果你评价为故意毁坏财物不就能处罚吗？我也认为对过失毁坏财物的行为没有必要处罚呀。

学生：为什么不少人现在都批判法定符合说呢？

张明楷：法定符合说主要是对过剩结果的处理确实不太好。比如行为人想杀死甲，结果一下把甲、乙都打死了。具体符合说认为行为人对甲是杀人既遂，对乙是过失致人死亡，这个结论的确很好，学者与一般人都能接受，我也觉得这个结论很合理。法定符合说对过剩结果的现象不太好处理，当然，法定符合说中的一故意说对这种过剩结果的处理与具体符合说相同，只是数故意说认为行为人对甲与乙都成立杀人既遂。但是，法定符合说中的一故意说给人自相矛盾的感觉，而且，对一些案件无法处理。例如，行为人以为卫生间里只有一人，于是开枪，结果导致两个人死亡。一故意说认定行为人对哪一个人成立故意杀人，对哪一个人成立过失致人死亡呢？

学生：只能就各种学说进行利弊权衡了。

张明楷：是这样的。我国的具体符合说不只是没有考虑未遂犯与不能犯的问题，而且没有说明具体符合说要具体到什么程度。例如，在盗窃罪的场合，财产的数额、财产的种类要不要认识？

学生：如果行为人想盗窃现金，却把支票偷来了，这个用具体符合说不好解释。

张明楷：具体符合说可能认为对现金是未遂犯，对支票只有过失。如果行为人打算盗窃人民币，结果却偷了好多美元的，具体符合说讨论过吗？

学生：有的学者说要对具体符合说进行修正。

张明楷：怎么修正呢？

学生：就是要规范地分析案件事实。

张明楷：法定符合说不就是从规范角度分析的吗？不就是说外表不同的对象在法律规范层面是一样的吗？法定符合说本来是对具体符合说的修正，难道不是吗？

学生：您刚才说，在选择性构成要件要素的场合，如果有上位的概念,那么,具体符合说就认为,行为人在选择性要素之间发生错误的,就不重要了,应当认定为既遂。这是为什么?

张明楷:这是德国学者的设定,因为有了上位概念,所以行为人只要认识到上位概念所对应的事实就不存在错误。但在我看来,这其实是说,在有上位概念的时候,就采取法定符合说。

学生:可以这样说吗?

张明楷:我设定三种不同表述的法条规定:第一种是,杀害张三、李四、王五的,处无期徒刑;第二种是,杀害张三、李四、王五或者其他人的,处无期徒刑;第三种是,杀人的,处无期徒刑。按照德国的具体符合说,如果在这三种情形下发生打击错误,那么,在第一种情形下成立故意杀人未遂与过失致人死亡,在第二种情形下成立杀人既遂,在第三种情形下又是成立故意杀人未遂与过失致人死亡。你们不觉得奇怪吗?

学生:为什么第二种情形成立既遂,而第三种反而不成立既遂呢?

张明楷:是啊!既然在法条列举了对象之后有一个上位概念的,行为人的认识错误就是没有关系的,不影响既遂犯的成立,为什么法条没有列举对象,直接用了最上位概念——"人"时,反而认识错误阻却故意的既遂犯呢?

学生:按照具体符合说怎么判断法条中有没有上位概念呢?

张明楷:表面上是一个简单问题,但在我国刑法中,其实不那么好判断。比如说毒品犯罪有没有一个上位概念?你们看《刑法》第347条，这里讲的"其他毒品"是不是一个上位概念？

学生：感觉这个法条中的其他毒品不是鸦片、海洛因的上位概念，只是鸦片、海洛因之外的毒品。

张明楷：《德国刑法》第123条规定，行为人违法进入他人住宅、营业场所或者邻近的庄园，或者确定用于公共事务或者交通封闭的空间的，构成犯罪。不知道这个翻译是不是有点问题。这条规定的对象都是选择性的，看上去也没有一个上位概念，但德国学者认为这个法条中有一个上位概念，于是，行为人就对象发生错误的，不影响犯罪既遂的成立。因为法条列举出来的没有独立意义，就意味着有上位概念。但我对此有疑问，怎么去判断列举出来的有没有独立意义？话说回来，在我国《刑法》第347条中，其他毒品和海洛因的数量规定不同，有没有独立意义？列举出来了而且还有明确的数量规定的，应当有独立意义吧。于是，按照德国的具体符合说，很可能出现这样的情况：行为人以为自己贩卖的是冰毒，但其实贩卖的是海洛因。于是，行为人是贩卖冰毒的未遂犯或者不能犯，对贩卖海洛因是过失。这个结论在中国行不通，你们在座的检察官更不会同意。

学生：人家会不会说，毒品犯罪是对公法益的犯罪，所以，这种错误不重要呢？

张明楷：怎么不重要？对公法益的犯罪，只是意味着毒品犯罪侵害了谁的健康不重要，而不是说毒品犯罪的对象不重要。

学生：具体符合说强调法益主体的重要性。

张明楷：法定符合说也强调法益主体的重要性，而且强调所有的法益主体同等重要。如果要讲刑法是行为规范，要讲一般预防的话，采取法定符合说不是更有利于一般预防吗？

学生：总是有人说法定符合说违反责任主义。

张明楷：这样说是以具体符合说的结论为根据的，因为他们认为行为人原本对死亡结果只有过失，法定符合说却认定为故意了，所以违反了责任主义。但法定符合说的结论是因为行为人对死亡结果有故意，所以才认定为故意的既遂犯。另外，将故意作为违法要素的学者，就不能说法定符合说违反责任主义了，因为故意不是责任要素而是违法要素嘛。所以，如果把故意当成是违法要素，就更应该采取法定符合说。黎宏老师可能认为，行为无价值论应该采取法定符合说，所以他现在改成具体符合说。但是，结果无价值论采取哪个学说都不会有矛盾。倒是将故意作为违法要素时，采取法定符合说更合情合理。

学生：黎宏老师没有对具体符合说进行修正，但有的学者对具体符合说进行了修正，比如将具体符合说得出不合适结论的案件作为概括的故意或者择一的故意来处理。

张明楷：事实错误不能当作概括的故意来处理，概括的故意时根本没有事实错误，所以，将事实错误当作概括的故意来处理，并不是对具体符合说的修正，只能说是对具体符合说的问题的隐藏，而且也不可能最终解决问题。择一的故意本身也不是事实错误，只有在发生重叠结果时，才可以说存在事实错误的问题。

学生：老师，具体符合说能够很好地维护构成要件的定型性。

张明楷：这跟构成要件定型性有什么关系？构成要件规定的就是杀人，你杀的就是人，认定为杀人既遂，怎么就没有维护构成要件的定型性呢？对于事实错误的问题，一定要通过具体例子去讨论，空道理谁都能讲一大堆，但没有什么用。而且，大家都是将自己的结论当作理由，所以，没办法说服对方。

学生：您在书上批判具体符合说时举例说，A 左手拿着 X 的电脑，右手拿着 Y 的电脑，行为人本想毁坏 X 的电脑，但因为打击错误毁坏了 Y 的电脑，具体符合说导致行为人的行为不成立故意毁坏财物罪。但有学者认为，行为人用重物砸过去时，不管是砸中左手的电脑还是右手的电脑，都是行为向前发展的必然逻辑，所以成立故意毁坏财物罪。

张明楷：如果行为人可能砸中两个电脑中的任何一个，而行为人仍然砸，就没有事实错误了。但我设定的是有打击错误的情形，你不能变成概括故意的情形。另外，我问一下，什么叫行为向前发展的必然逻辑啊？

学生：不清楚必然逻辑是什么。

学生：必然逻辑是指能够归纳入择一故意或者概括故意的情形吧？

张明楷：我觉得不能这样说吧。讨论事实错误不是讨论择一故意与概括故意，这是两回事，不能混淆，因为混淆两个问题得出的讨论方案，不可能是对其中一个问题的修正。

学生：我最近收集了一些对法定符合说的批判，都是这个模型：甲开枪要杀乙，只是想杀乙，但是有几个变形，一个是没打准乙，但把丙给打死了。这个时候有几种情境，其中一种是丙就站在乙的旁边，甲开枪的时候，已经认识到这一枪打过去会打中丙。

张明楷：这不叫认识错误，这个时候甲对丙至少有间接故意。

学生：对，这个情形就排除在事实错误之外。所以有人设定另一种情景：丙不处在那么明显的位置，一般会把他安排在草丛里或者从乙的身后突然站出来，这时候甲根本不可能认识到丙的存在，如果甲打死丙的话，认定他是故意杀人既遂会不会有问题？

张明楷：法定符合说也要求对被杀害者具有认识可能性，你们看看德国的等价说的观点，也是如此。

学生：但是有学者认为有没有认识可能性不好说。

张明楷：这是另外一回事，不是同一个问题。当人家说需要有认识可能性的时候，你不能拿一个没有认识可能性的案件来反驳，因为前者是提出一个要求或者规则，后者是事实问题。如果甲对丙没有认识可能性，就不能认定为对丙成立故意杀人既遂。

学生：还有一种批判说，在上例中，甲对丙没有实行行为，所以不能认定甲对丙是故意杀人既遂。

张明楷：这个说法有点问题。过失犯也有实行行为，否则由什么造成侵害结果呢？即使根据具体符合说，认为甲对丙只有过失，也能肯定甲对丙有实行行为，否则不能说明为什么丙死亡了。

学生：可能是说甲对丙没有故意的实行行为。

张明楷：如果是这样的话，就是说甲对丙没有故意。但这是具体符合说的结论，而不是理由。

学生：还有一个批判是，如果甲瞄准乙，但没有打中乙，而是造成丙重伤。在丙重伤以后，您认为甲是故意杀人未遂，但如果丙后来死了呢？

张明楷：丙死了就是杀人既遂。这与具体符合说和法定符合说没有什么关系，是另一个问题，而且即使没有事实错误时，也会发生类似问题。例如，甲以杀人故意对丙实施暴力，导致丙重伤。后来法院认定甲构成故意杀人未遂，但在判决发生法律效力后，丙因为伤势恶化而死亡。这与事实错误没有关系。英美普通法以前有一个"一年零一日"规则，就是说，如果被害人在一年零一日内死亡的，就将死亡结果归责于行为人，但如果是在一年零一日之后死亡的，就不能将死亡结果归责于行为人。但这个规则现在被废除了。

学生：对法定符合说还有一个批判：甲在瞄准乙开枪时，如果预见到子弹可能打中丙，但是轻信能够避免，结果打中了丙。这种场合，甲对丙明显是过失，但法定符合说却认为是故意杀人既遂。

张明楷：所谓甲对丙明显是过失，也只是具体符合说的结论,而不是理由。因为法定符合说认为,既然甲想杀人而且杀了人,在法律规范的层面,甲对杀害的人就有故意。

学生:这样的批判都不在点上。

张明楷:法定符合说的最大问题表现在发生过剩结果的场合,就是一枪打死两个人的场合,认定为两个故意杀人罪,结论确实不太好。

学生:还有一个例子是,甲教唆乙去杀丙,但乙由于对象错误杀害了丁。对教唆犯甲应当如何处罚?

张明楷:这个案例跟你采取哪种学说没有什么直接关系,具体符合说内部有争论,而且永远会争论,法定符合说解决起来反而容易一点。如果采取具体符合说,首先要弄清楚教唆犯究竟是对象错误还是方法错误:如果教唆犯是对象错误,他就对丁的死亡负故意杀人既遂的责任;反之,如果是方法错误,则只负故意杀人未遂与过失致人死亡的责任。法定符合说则认为,不管是什么错误,教唆犯都负故意杀人既遂的责任。具体符合说中的部分人认为,教唆犯是对象错误,部分人则认为教唆犯是方法错误。这一方面说明,对象错误与方法错误的区分,的确有困难;另一方面说明,对于一个在事实上没有争议的案例,具体符合说的结论也有分歧。其实,在这种场合,如何区分教唆犯是对象错误还是方法错误,是没有任何标准的。因为教唆犯根本没有实现构成要件行为,一般也不在现场,根据什么标准判断教唆犯主观上存在什么错误呢?事实上,教唆犯甲并没有将丁当作丙,所以,你可以说甲没有对象错误;但人们也可以说,甲并没有什么方法错误，于是也可以说甲是对象错误。这是永远也争论不清的问题，结果只能是按照自己的结论来确定教唆犯是什么错误，你想按故意杀人既遂来处罚，就说是对象错误；如果想按未遂犯来处罚，就说是方法错误。

学生：还有一个案例：甲在丙的车上安放了炸弹，但小偷乙偷车，结果乙被炸死了。

张明楷：这是对象错误还是方法错误？

学生：有人回应是对象错误，因为炸弹只有爆炸的时候才发生结果。

张明楷：按爆炸的时候说是对象错误的话，那么，枪杀才会出现伤亡结果，不就没有方法错误了吗？开枪打准的时候，打到谁是谁，那不就都是对象错误了吗？但是，在这种案件中，认定甲对小偷只是过失致人死亡，恐怕难以被人接受。

学生：所以，具体符合说的一部分观点还是认为这是对象错误。

张明楷：即使认为是对象错误，但如果造成两个人死亡，也不得不采取法定符合说。例如，甲以为有一个小偷总想偷自己的车，就在车里装了炸弹，后来，两个小偷上了车后被炸死。根据具体符合说，认定甲对谁是杀人故意，对谁是过失致人死亡呢？恐怕还是得认定甲对两个人都是故意杀人。当然，我们在这里不考虑正当防卫与防卫过当的问题。

学生：有人说对象错误跟方法错误能不能区分，是事实层面的问题,而应当采取具体符合说还是法定符合说是另外一个问题。

张明楷:是另外一个问题!但是,另外一个问题具体符合说解决不了,法定符合说能解决,这也是采取法定符合说的理由。这个问题具体符合说认为需要区分却区分不清楚,在法定符合说这里不需要区分,当然就是法定符合说的优势。持具体符合说的人,至少对方法错误和对象错误的区分标准是不一致的,比如说刘明祥老师和山口厚老师的区分标准就不一样。

学生:这个问题能折中吗?

张明楷:我想了多年,想出来一个"非难重点说",类似于法定符合说中的一故意说,实质是只定一个故意的既遂犯,但有时又要承认数个故意。但是,还不一定成功。因为一故意说有一个致命的缺陷。比如,行为人想开枪打死甲,但由于方法错误,把乙和丙都打死了,却没有打中甲。如果说行为人只有杀害一个人的故意,对乙和丙中的哪个人是故意?哪个人是过失?是对走在前面的还是走在左边的人成立故意?抑或还有其他标准?不好办。如果没有这个问题,我的教材就会改成一故意说。这个跟择一故意发生重叠结果时的问题是一样的,也有关联。行为人明明知道开枪要么打死警犬要么打死警察,结果把二者都打死了。即使德国的通说是具体符合说,也不得不认为这是想象竞合,认定行为人对二者都有故意。如果不承认是想象竞合,就会有更多问题。

学生:有老师在课堂上举了个例子:行为人向被害人开枪,

一枪打过去打偏了,但子弹把埋在后面的地雷打中引起爆炸,被害人也被炸死了。

学生:这个不是方法错误的问题,而是因果关系的错误。

张明楷:对!是因果关系的错误。

学生:老师的非难重点说,既包括了具体符合说与法定符合说的折中,也包括了法定符合说内部的一故意与数故意的折中吗?

张明楷:主要是法定符合说内部的一故意与数故意的折中,用于处理过剩结果的情形,因为法定符合说的缺陷主要表现在出现过剩结果的情形。在法益等价的场合,与危险结果相比,侵害结果是非难重点,这是第一个基准;发生两个侵害结果时,行为人希望发生的结果是非难重点,这是第二个基准;在行为人希望的结果没有发生,所发生的两个侵害(或危险)结果均非行为人希望发生的结果时,则均为非难重点,这又回到了第一基准。比如,A本来想杀甲,但因为行为误差,同时导致甲与乙死亡的,认定对甲的故意杀人既遂,对乙的过失致人死亡(二者属于想象竞合)。因为甲的死亡既是侵害结果,也是行为人所希望发生的结果,所以是非难重点。再比如,A想杀甲,但一枪导致甲受重伤和乙死亡。A对乙成立故意杀人既遂,这是法定符合说的结论,由于只有一个故意,而且非难的重点应当是造成乙死亡的行为,所以,对甲只成立过失致人重伤罪,二者也是想象竞合。又比如,A瞄准甲开枪射击,但子弹没有打中甲,却将乙、丙两人同时打死。由于造成乙、丙的死亡属于非难重点,而且乙、丙的生命等价，事实上也不可能仅认定对乙有故意或者仅对丙有故意，所以应认定 A 对乙、丙成立故意杀人既遂，二者也是想象竞合。由于没有打中甲，故对甲不成立犯罪；如果造成甲重伤，则对甲成立过失致人重伤罪，与故意杀人既遂构成想象竞合。

学生：老师的《刑法学》第 6 版会改为非难重点说吗？

张明楷：会改为非难重点说。

第五堂
故意犯罪形态

案例23　犯罪未遂（与犯罪既遂的区分）

被告人李某步行到所在城市的某一个路口时，趁被害人不注意将被害人的钱包、手机夺走，钱包里有800多元现金，手机值3000多元。被害人随即大声呼救，并且追赶被告人李某。周边一些行人听到之后，也一起追赶李某。大概追到离现场500米的一个地方，李某被人抓获了。但在被抓获之前，李某把钱包藏在自己衣服里，把手机扔在绿化带中，手机被路人发现后还给被害人。

张明楷：一审法院认定李某抢夺既遂，被告人不服上诉，二审法院改为抢夺未遂；检察院抗诉之后，高级法院又改成抢夺既遂。撰写案例分析的作者没有说扔手机的地方离原来被害人所在的地方或者被抢夺的地方多远，还使用了"目击控制"这个概念。

学生：从来没听说过。

张明楷：我已经听说过好几次了。目击控制是以物主视线所及范围作为控制的空间范围，以及以目击控制的方式，将财物近距离地置于自己的视线范围之内，以便保管控制。

学生：这个概念有什么意义？

张明楷：没有特别意义吧，只是描述一种事实。实际上就是说，财物在物主可以看到的地方。你们认为李某抢夺是既遂还是未遂？

学生：应该是既遂了。

张明楷：钱包已经放在自己衣服里了。这在德国就会认为存在人格领域的障碍，他人不能随意取回自己的钱包了，行为人就占有了钱包，因而成立既遂。

学生：如果是既遂，被害人追500米的行为是什么性质？

张明楷：还需要讨论被害人追500米的行为性质吗？你要确定被害人的行为性质干什么？

学生：是正当防卫吗？

张明楷：抓捕罪犯不一定是正当防卫，但也不排除成立正当防卫。如果被害人抓到行为人后使用暴力夺回钱包，可以认定为正当防卫。虽然抢夺行为已经既遂，但在现场还来得及挽回损失时，是可以进行正当防卫的。

学生：被害人是自救行为吧。

张明楷：对于现场挽回损失的行为，不要用自救行为来解释吧,还是用正当防卫来解释好一点。但这个案件没有这方面的描述,我们只是讨论抢夺行为是既遂还是未遂。

学生:我觉得对钱包与手机都是抢夺既遂,而不是未遂。

张明楷:我也是这样认为的。钱包、手机这么小体积的财物,一般来说,只要行为人抢夺到手,就可以认定为抢夺既遂。钱包藏在身上时,就已经存在人格领域的障碍,被害人不能轻易取回钱包。手机扔在绿化带中后,找回来也具有偶然性。即使是追赶的人看到行为人将手机扔在绿化带中,但从距离来看,也是可以认定为既遂的。

案例24 犯罪中止(与犯罪未遂的区分)

甲男想强奸一位库房值班室的女生乙,就对乙实施暴力,乙开始喊救命,甲就捂着乙的嘴,过了一会儿,甲便松了手。乙随即对甲说:"你赶快走,食堂大师傅会来的,我有心脏病,你再不走,我的心脏病就会发作的。"甲听乙这么说,就对乙说:"你有心脏病就上床休息吧!"然后甲就离开了。

张明楷:甲的行为是强奸中止还是强奸未遂?

学生:在这种情况下,一般的强奸犯都会停止强奸行为,所以,甲的行为成立强奸未遂吧。

张明楷：你这是采取了客观说，问题是这样说的根据何在？

学生：我的感觉而已。

张明楷：不顾被害人的死亡而实施强奸行为的并不少，所以，刑法规定了强奸致人死亡。

学生：乙还说了食堂师傅会来，这对甲的强奸行为来说就是一个明显的障碍。

张明楷：但甲的回复是，"你有心脏病就上床休息吧"，这说明不是因为食堂师傅要来而放弃强奸行为，是考虑到被害人有心脏病才放弃强奸。

学生：一般人肯定会考虑到是食堂师傅要来了，所以放弃强奸行为。

张明楷：问题是，你说的一般人是指谁？是一般的强奸犯，还是作为判断者的一般人？

学生：作为判断者的一般人都会认为，食堂师傅要来是一个障碍。

张明楷：可是，行为地点是在一个库房值班室，行为人未必相信会有食堂师傅来，只是相信被害人有心脏病吧。

学生：在这种情况下，强奸犯也可能会说，既然你有心脏病就不要反抗了。

学生：这个案件的强奸犯没有这么说，就表明他是强奸中止了。

张明楷：我还是倾向于认定为强奸中止，可以说，行为人是能达目的而不欲，而不是欲达目的而不能。也很难说，其他强奸犯遇到这种情形时，就肯定放弃强奸行为。因为不顾被害人死活而强奸妇女的现象并不少见，而且趁妇女病重而强奸的案件也不罕见，所以，可以认为本案的行为人是自动放弃了强奸行为。再者，行为人还说"既然你有心脏病就上床休息吧"，感觉他对被害人多少表现出一点关心，认定为中止可能更合适一些。

学生：认定为中止犯就只能免除处罚了，一些人接受不了。

张明楷：认定为中止犯免除处罚，也是追究了刑事责任，行为人也有了犯罪记录，会对他产生不少不利影响。加上先前的侦查、审查起诉等过程，事实上也使行为人受到了一定的惩罚，行为人也会因此而吸取教训。平野龙一老师在这方面有一些论述，你们要了解一下。可以起到预防行为人再犯罪作用的，不是只有刑罚，而且还有许多社会措施与非正式的措施。比如，一个人嫖娼就被公安机关公布出来，这给行为人造成的损害实在太大了，不合适。一些人可能认为，公布出来又不是什么处罚或者处分。其实，其处罚程度未必比刑罚轻。不要总是迷信刑罚，刑罚的副作用太大，用多了对国家、社会和个人都不好。我国现在的监禁率已经很高了，是印度的3倍，这不好，很不好，容易在国际社会产生负面影响。

案例25 犯罪中止（与犯罪未遂的区别）

被告人陈某看到居住在同一个小区的卢某（女）长得很漂亮，就想与其发生性关系。2016年10月某天晚上9点钟，陈某拿着事先准备好的铁锤，戴着手套和口罩，尾随在卢某身后，跟到其家门口，准备乘卢某开门之后用铁锤把卢某打昏，实施强奸。卢某开门时发现了陈某，陈某便用铁锤把卢某的头部打成轻微伤。其间，铁锤还打到墙上，导致手柄折断。卢某很害怕，求陈某不要打自己，拿出120元钱交给了陈某。陈某此时也心生畏惧，拿着120元钱离开了现场。

张明楷：首先讨论一下，陈某的行为是强奸中止还是未遂？

学生：强奸中止吧。因为陈某的铁锤手柄虽然折断了，但还是有能力继续实施强奸行为的，在这种情形下放弃犯罪，符合自动性的条件。

学生：陈某击打卢某的时候为什么没打着？

张明楷：打到头部了，锤子打过去之后又碰到墙上了，所以手柄折断了。

学生：陈某是因为锤子手柄折断了不能使用工具了，还是因为别的原因放弃呢？

张明楷：你要根据案情判断。案情说，卢某很害怕，求陈某不要打自己。案情同时又交代，说陈某也心生畏惧。

学生：陈某为什么畏惧呢？

张明楷：我得看案例分析的内容才知道，许多人写案例分析时，没有在案情中把事实全部交代清楚，而是在分析过程中再交代部分事实。案情的进一步交代是，陈某打算把被害人打晕后再实施强奸，还在网上搜索了打什么部位最容易使人晕倒。网上居然还有回答。陈某被拘留后，公安人员发现他的手机里搜索过"打人头什么部位最容易晕倒"等四条记录。

学生：如果陈某心生畏惧是因为没有工具用来打晕被害人而放弃犯罪，那应该是强奸未遂吧。

张明楷：如果说是心生畏惧，一般来说要认定为未遂，但撰写案例分析的作者又认为陈某成立强奸中止。

学生：如果陈某意识到，自己的先前行为并没有压制被害人反抗，同时又认识到没有工具可以打晕被害人，然后就放弃了，那应该是强奸未遂。

张明楷：可是，没有铁锤还可以使用拳头吧。况且，即使铁锤手柄折断了也可以手拿铁锤本身，所以，转换手段是一件很容易的事情。而且，被害人的门已经打开了，也不存在其他障碍了，我感觉认定为强奸中止比较合适。也就是说，在现场容易转换侵害手段的情形下，行为人并不转换侵害手段的，也属于放弃重复侵害的行为。所以，即使铁锤手柄折断了，但不使用拳头或者其他方法，而是放弃继续犯罪的，也仍然属于放弃重复侵害的行为。

学生：主要问题是，如果认定为强奸中止，又没有造成其他损害，就只能免除处罚了。

张明楷：确实是有这样的问题，所以，在司法实践中，有的判决对没有损害的中止犯也不免除处罚，只是减轻处罚。但这种做法明显违反《刑法》第24条的规定。如果陈某已经进入了卢某家，倒是可以认定造成了损失。

学生：非法侵入他人住宅。

张明楷：是的，但是本案交代不清楚，陈某似乎没有进入卢某的住宅，所以，不能认定为造成了损害。如果认定为强奸中止，就只能免除处罚。

学生：卢某损失了120元，能不能认定造成了损害？

张明楷：损害应当是强奸行为本身造成时，才能认定为强奸中止造成了损害。但这120元是强奸行为本身造成的损害吗？

学生：有条件关系，但难以认为是强奸行为本身造成的，而且行为人在实施强奸行为时也没有取得这120元的故意。所以，不能认定为强奸行为造成了损害。

张明楷：我的观点是，中止犯中的造成损害，实际上是指中止前的行为构成了较轻的犯罪。如果对造成的损害没有故意但有过失，而且刑法处罚过失犯，也应当认定为造成了损害。

学生：如果说卢某损失的120元不是强奸行为造成的，应当怎么评价陈某得到这120元的行为呢？

张明楷：这个在德国、日本争议特别大，涉及以其他故意实施暴力、威胁等行为，压制被害人反抗后产生取得财物的故意，进而取得财物的，在什么情况下成立抢劫罪的问题。有人主张，只要在这种情形下取得了财物，不管是否有新的暴力、胁迫等行为，就要认定为抢劫罪。有的主张需要有新的暴力、胁迫行为，但认为不作为也可以构成新的暴力、胁迫，有的主张只要行为人还在现场，就是一种新的暴力、胁迫行为。我还是倾向于认为要有新的暴力、胁迫等强制行为，单纯在场还不能评价为新的暴力、胁迫行为。如果在这个案件中，陈某嫌 120 元太少了，要求卢某再增加一点，我就认为这种情形下有了新的胁迫。如果只是单纯接受卢某的 120 元，我感觉不能认定为抢劫罪。

学生：如果不认定为抢劫，对这 120 元就不能定罪了。

张明楷：我还是倾向于仅认定为强奸中止，免予刑罚处罚。不过，这样的案件我主张检察院不要作相对不起诉处理，而是要起诉到法院，由法院判处免予刑罚处罚，这样可能更有利于实现一般预防与特别预防的目的。

第六堂
正犯与共犯

案例26　共同犯罪（共犯与共同正犯的认定）

黄某是一个老板，手下有一些人，有一天去一个歌厅唱歌，与人发生了争执，手下的人打电话叫了七八个人来，这些都是黄某不认识的人，其中有的人带了四支手枪，都放在停车场的车里，黄某不知情。后来黄某唱歌时把麦克风摔了一下，保安指责了黄某，黄某手下的一个人与保安发生了斗殴，手下人追打保安，其他保安都跑来，领班制止斗殴行为。在此期间，黄某手下的叶某叫人到停车场把四支枪拿来随身携带，黄某也不知情。凌晨2点，黄某在随行人员护卫下下楼，到一楼大厅时有二三十名保安持棍棒铁管等要围攻黄某，黄某成功上车后，在车启动时对手下人说"打他们"。黄某离开后，有一人下令上膛，四人开枪，两发朝天打，一发朝地，一发打中了一个保安头部，导致保安当场死亡。

张明楷：我们先不考虑刑法关于聚众斗殴致人死亡的规定，黄某的行为构成何罪？

学生：黄某指使手下的人打保安，所以，保安死亡的结果与黄某的指使行为之间具有因果性，但黄某确实不知道手下人拿了枪，而且他手下的人没有对方保安人多，难以认为黄某具有杀人的故意，认定为故意伤害致死比较合理。

学生：黄某对保安的死亡结果并不是只有过失，完全可能有间接故意。

张明楷：黄某没有直接实施构成要件行为，开枪的人是正犯，开枪打死保安的那个人肯定实施了杀人行为，也具有杀人故意，问题不大吧。另外三名开枪的人实施了杀人行为，有杀人故意吗？

学生：两个朝天开的枪、一个朝地开的枪，他们没有实施杀人的正犯行为。

学生：下令上膛的那个人是开枪四人中的一人吗？

张明楷：案情没有交代清楚，估计不是开枪四人中的一人，是现场指挥者，他肯定要承担故意杀人既遂的责任。

学生：也就是说，在指挥者指挥开枪时，有两个人朝天开枪，有一个人朝地面开枪，只有一个朝保安头部开枪的。

张明楷：可以这样描述。

学生：即使三个人是对天开枪和对地开枪，是不是对打中保安的正犯也有心理上的帮助？感觉他们是共犯。

张明楷：如果认定没有打中的三人是故意杀人罪的共犯，他们一定会辩解说，我们确实不想杀人，我们朝天、朝地开枪就证明这一点，我们只是想吓唬保安，我们不知道另外一个人真的会朝人开枪。你作为公诉人，打算如何反驳？

学生：既然指挥的人下令开枪，即使自己不朝人开枪，也知道肯定有人会朝人开枪，而且枪已经上膛了，怎么可能只是吓唬保安呢？

张明楷：他们三人会辩解说，即使开枪也不一定打死人，而且每个人只开了一枪。

学生：这说明他们至少明知会造成伤害。

张明楷：可不可以说，指挥的人与打死人的那个人成立故意杀人罪，其他人只成立故意伤害致人死亡的共犯？

学生：如果从稳妥的角度来说，这样认定是比较合适的。

张明楷：稳妥的角度是什么角度？

学生：就是说，这样认定不会存在明显的争议，如果都认定为故意杀人罪，可能存在证明上的困难，或者说证据不充分。

张明楷：也就是按事实存疑时有利于被告人的原则，认为三人朝天、朝地开枪的行为肯定对另外的人造成的结果具有心理的因果性，虽然难以认定他们希望或者放任保安死亡，但对死亡结果肯定具有预见可能性，所以，认定为故意伤害致死更合适？

学生：是的。

张明楷：好！如果不能认定这三个人明知另一人会开枪打死人，确实不能认定这三个人构成故意杀人罪。我们只能就假想的情形讨论这么多。接下来讨论，对黄某能定故意杀人罪吗？

学生：实践中一般会认定黄某的行为成立故意杀人。因为手下的人打人，是他指使的，而且一般会推定他知道手下的人会打死人。

张明楷：可是，黄某这边大概有十几个人，黄某确实不知道手下的人带着枪，而保安那边有二三十人，黄某上车前也看到保安拿着棍棒、铁管，能肯定黄某具有杀人故意吗？

学生：在这种情形下认定黄某有杀人故意，可能比较勉强。

张明楷：可是，黄某在明知自己这一方的人员与工具都不占上风的情况下，还指使手下的人"打他们"，这又说明什么呢？

学生：黄某可能猜到手下的人带了枪。

张明楷：这是你猜的，案件事实并没有这么说。

学生：也许他认为手下的人能够打赢保安。

张明楷：这也是你猜的。

学生：在司法实践中，如果不认定黄某构成故意杀人罪，老百姓都不会答应。因为黄某是带头者，又指使手下的人打保安，手下的人成立故意杀人罪，而黄某却成立较轻的故意伤害致死罪，一般人都觉得不合适。

张明楷：可不可以想其他的办法认定黄某的行为构成故意杀人罪？

学生：黄某指使手下的人聚众斗殴吗？聚众斗殴致人死亡转

为故意杀人罪？

张明楷：对。黄某知道保安一方有二三十人拿着凶器要打自己这一方，却指使手下的人"打他们"，所以，可以评价黄某是聚众斗殴的首要分子。在聚众斗殴中致人死亡的，即使没有杀人的故意，根据《刑法》第292条第2款的规定，也要以故意杀人罪论处。

学生：这个聚众斗殴已经着手了吗？是不是没有打起来？

张明楷：认定为着手应当没有问题，即使保安一方没有动手，但黄某一方已经动手了，所以，不能说聚众斗殴还处于预备阶段。

学生：开了几枪就散了，还叫聚众斗殴吗？

张明楷：散了后当然不叫聚众斗殴，但只要着手聚众斗殴就可以适用《刑法》第292条第2款的规定，而且只需要一方的着手，并不需要双方都已经着手。况且，保安一方已经拿着凶器在等着，我觉得认定为着手没有任何障碍。

学生：如果说，黄某一方在现场的几个人其实并不是聚众斗殴，而是故意杀人或者故意伤害致死，还能认定黄某是聚众斗殴的首要分子吗？

张明楷：聚众斗殴与故意杀人、故意伤害致死并不是对立关系，不会相互排斥，所以，我觉得没有问题。

学生：我觉得这个很有意思，在直接解释黄某构成故意杀人罪行不通的情况之下，引用的聚众斗殴为什么就能解释得通？

张明楷：这很简单，所谓直接解释黄某构成故意杀人罪行不通，是因为难以肯定他有杀人的故意，但聚众斗殴致人死亡以故意杀人罪论处的规定，不要求行为人有杀人的故意。因为我认为《刑法》第 292 条第 2 款是拟制规定，而不是注意规定。

学生：也就是说，真正的故意杀人与拟制的故意杀人的成立条件是不一样的，所以，黄某的行为可以适用拟制规定，认定为故意杀人罪。

学生：既然对黄某的行为可以拟制为故意杀人罪，那么，对现场的那些朝天、朝地开枪的人为什么不能拟制为故意杀人罪呢？因为他们着手实施了聚众斗殴行为啊！

张明楷：我在教科书里讲过这个问题。

学生：老师书上说的是，只能对直接导致他人死亡的斗殴者以及首要分子适用拟制规定，认定为故意杀人罪，其他人仍然只成立聚众斗殴罪。

张明楷：是的。其实，这个案件并没有查清楚是谁打死保安的，只是查明 4 枪中有两枪是朝天开的，有一枪是朝地开的，有一枪打中了保安的头部，但没有查明是谁打中了保安。有的说自己朝天开枪，有的还说自己没有开枪，是别人开了几枪。所以，在现场的几个人中，只有现场指挥开枪的人成立故意杀人罪，开枪的四人未必能成立故意杀人罪，按我们前面的讨论，认定为故意伤害致死比较合适。

学生：不管怎么说，即使是没有开枪的人，对这四个人按故意伤害致死的共同犯罪处理，也没有问题。

张明楷：我觉得没有问题，因为至少存在心理的因果性。虽然自己只是朝天、朝地开枪或者没有开枪，但知道同伙会开枪，就不能否认有故意伤害致死的故意与过失。

学生：这么说，在现场的几个人都只是共同正犯，而不是正犯。

张明楷：至少有一个人是正犯，只是查不清而已，所以都被认定为共同正犯。

学生：能不能说四个人都只是帮助犯呢？

张明楷：这样说可能不行。因为这样认定的话，就意味着本案中没有正犯了，没有正犯怎么有帮助犯呢？

学生：也可以说，有一个正犯，只是不能判断出来是谁。

张明楷：不过，我觉得这种在现场起到了较大心理促进作用的行为，认定为共同正犯可能合适一些。

案例27　共同犯罪（正犯的判断、共犯与身份）

王某原来是某乡政府民政办公室工作人员，他儿子因患肌肉萎缩症去世，由于他给儿子买过保险，获得了保险公司的赔偿。王某在工作中了解到，有个村民张某的小孩有严重的肌肉萎缩症，王某就趁张某夫妇外出时，从张某岳父陈某处骗走了张某和小孩（小张）的身份证。2013年5月6日至8月5日期间，王某隐瞒小张患病的事实，以小张父亲的名义为小张在五家保险公司买了5份人寿保险，保额120万元。第二年小张去世，王某指使陈某以张某名义申请理赔，各保险公司均以隐瞒疾患为由拒绝理赔并报案。

张明楷：王某的行为构成保险诈骗罪吗？

学生：形式上看好像是保险诈骗。

张明楷：王某不是投保人，不是被保险人，也不是受益人，不具备保险诈骗罪的主体身份。

学生：那就是普通诈骗或者合同诈骗。

张明楷：王某与陈某开始索赔的时候，才是诈骗罪的着手？

学生：在我国应该是这样的，在德国签订合同的时候就是诈骗的着手。

张明楷：德国刑法理论与判例之所以对此认定为着手，主要是因为德国对保险诈骗有一个特别的规定，这个特别规定连保险诈骗预备行为的未完成形态都处罚。如果没有这样的规定，结论可能不一样。如果形式地理解我国《刑法》第198条关于保险诈骗的规定，也可能认为签订合同时就是保险诈骗罪的着手，但我一直不赞成这样的观点。

学生：德国通说的看法是，行为人在签订合同时，就使保险公司负担了一种理赔的义务，保险公司负担的理赔义务和保险人所交的费用之间是不等额的，所以就认为保险公司已经遭受了财产损失。

张明楷：德国的判例与学说，将许多造成危险的情形直接认定为财产损失，我觉得不合适。

学生：不能认定王某是保险诈骗罪的间接正犯吗？

张明楷：间接正犯是正犯，需要具备身份，王某不具备身份，所以，不能成立保险诈骗罪的间接正犯。

学生：如果不成立间接正犯，有没有可能成立保险诈骗罪的教唆犯呢？老师的教材里讲过，非国家工作人员欺骗国家工作人员挪用公款时，国家工作人员没有挪用公款故意的，对非国家工作人员可以认定为挪用公款罪的教唆犯。

张明楷：你混淆了两种情形。在本案中，如果王某利用投保人、被保险人、受益人去实施保险诈骗，才可能是保险诈骗罪的教唆犯。但本案中的王某没有利用这些具有特殊身份的人去骗取保险金，所以，不可能成立保险诈骗罪的教唆犯。

学生：如果陈某是投保人、被保险人或者受益人，不管知情与否，都可以说王某是保险诈骗罪的教唆犯吧？

张明楷：是的。

学生：如果王某构成的是普通诈骗罪或者合同诈骗罪，他是间接正犯还是直接正犯？

学生：他就是直接正犯了。

张明楷：撰写案例分析的作者说，王某"利用不知情的陈某骗取保险金，是诈骗罪的直接正犯"。这个表述有问题，既然是利用不知情的他人实施犯罪，就不是直接正犯，而是间接正犯了。如果说索赔是诈骗罪的着手的话，王某在预备阶段是直接正犯，在着手实行阶段则是间接正犯。这个并不奇怪。甚至在着手后，一个被告人也可能就部分行为是直接正犯，就另一部分行为是间接正犯。

学生：完全可能，我带着小孩盗窃财物，自己盗窃一部分，让小孩盗窃一部分，就既有直接正犯，也有间接正犯。

张明楷：你讲的这个案件其实有两部分结果，一部分结果你是直接正犯，另一部分结果你是间接正犯。比如，你自己盗窃的是电脑，让小孩盗窃的是手机。你就盗窃电脑成立直接正犯，就盗窃手机成立间接正犯。还有一种情形是，有的犯罪需要两个环节的行为，或者由两部分行为组成的时候，一个行为完全可能有一部分是直接正犯的行为，有一部分是间接正犯的行为。比如，在强奸罪中，行为人对被害妇女实施暴力或者威胁，同时让精神病男子奸淫被害人时，其中就手段行为是直接正犯，就奸淫行为是间接正犯。一般认为，这种场合行为人就是间接正犯，尤其是当行为人是妇女的时候。其实，在我看来，这种场合既有直接正犯也有间接正犯。只有当妇女唆使精神病男子以暴力或者威胁手段强奸被害人时，才能说妇女只是强奸罪的间接正犯。

学生：按照老师的观点，强奸罪不是身份犯，妇女也可以构成强奸罪的间接正犯。

张明楷：是的，我不认为强奸罪是身份犯。因为如果说强奸罪是身份犯，只能是男子，又认为间接正犯是正犯，同时承认没有身份的妇女可能成为强奸罪的间接正犯，就意味着正犯可以没有身份，这不符合罪刑法定原则。

学生：一般所说的直接正犯与间接正犯，都是就着手后的行为而言的吧。

张明楷：好像没有必要这么说。在我们所讨论的王某诈骗案中，你可以说，王某就预备行为是直接正犯，但就着手后的实行行为而言，则是间接正犯，因为实施索赔行为的陈某并不知情，而索赔才是诈骗罪的着手。反过来的情形也可能存在。比如，王某隐瞒真相，让不知情的陈某以小张父亲张某的名义为小张在5家保险公司购买5份人寿保险，等第二年小张去世后，王某直接以张某的名义申请理赔。那么，王某就预备行为是间接正犯，就着手后的实行行为则是直接正犯。当然，如果你说，实行行为吸收预备行为，所以，仅按实行行为判断是直接正犯还是间接正犯，也是可以的。但是，分析案例时，最好还是要精细一点。如果一个严重的犯罪需要处罚预备犯，那就只能就预备行为本身判断直接正犯与间接正犯。另外需要注意的是，有些利用行为就是在预备阶段实施的，等被利用者实施了导致结果发生的行为后，利用行为本身就成立间接正犯。比如，行为人唆使精神病男子强奸妇女，如果精神病男子没有强奸妇女，也只能认定行为人的行为属于犯罪预备，但是这个预备行为是行为人直接实施的，而不是利用他人实施的。如果精神病男子强奸了妇女，我们就会说行为人的利用行为成立间接正犯。

学生：看来，什么表述都不要绝对化。

张明楷：做学术越久就越不会将表述绝对化。

学生：如果陈某知情，王某就是诈骗罪的教唆犯或者共谋共同正犯了。

张明楷：王某在本案中所起的作用很大，如果陈某知情，王某就不是普通的教唆犯，而是共谋共同正犯。

案例28　共犯的责任范围（绑架杀人）

甲、乙、丙三个人预谋绑架，并准备了木棍、手套、胶带等工具。某天晚上，三人将被害人丁绑架后拖到车上，三人在车上对丁使用了暴力。后来，三人将车开到事先选定的一个鱼池旁，强迫丁说出妻子的联系电话。要到丁妻子的联系电话之后，甲就离开了现场。现场只剩下乙和丙。由于丁一直在反抗、挣扎，乙和丙就用胶带封住丁的嘴，导致丁窒息死亡，乙、丙两人就把丁埋了。第二天上午，甲知道丁死后，就提供汽油把丁的各种东西都烧掉了。

张明楷：《刑法修正案（九）》删除了绑架致人死亡的规定，这样的话，绑架致人死亡通常就成了绑架罪与过失致人死亡的想象竞合了。

学生：能不能说甲、乙、丙三人是故意伤害致丁死亡？

张明楷：死亡的原因是用胶带封嘴造成窒息，认定为伤害致死不合适吧。如果在《刑法修正案（九）》之前，肯定会认定为绑架致人死亡，而不会认定为绑架罪与故意伤害致人死亡。

学生：难以认定胶带封嘴就是一个伤害行为。

张明楷：也不能这么绝对地说，但在本案中，我觉得不能说乙与丙是故意伤害致人死亡。

学生：绑架行为过失致人死亡的，都只成立绑架罪与过失致人死亡罪的想象竞合吗？

张明楷：也不是这样绝对的。可能有不同的情形。第一种情形是，绑架行为本身过失导致被害人重伤或者死亡的，同时构成非法拘禁致人重伤或死亡的结果加重犯与过失致人重伤罪或过失致人死亡罪，属于想象竞合，从一重罪处罚。这应当没有疑问吧。

学生：没有。

张明楷：第二种情形是，行为人在绑架必需的行为之外对被害人实施暴力，暴力行为过失致人死亡的，虽然有可能是绑架罪与过失致人死亡罪的想象竞合，但你们想一下，有没有更合适的处理方法？

学生：《刑法修正案（九）》不应当删除绑架致人死亡的规定的。

张明楷：想一想现行刑法的相关法条。

学生：可以将绑架评价为非法拘禁，再适用《刑法》第238条第2款后段的规定？

张明楷：对啦！绑架行为完全可以评价为非法拘禁行为。既然对非法拘禁使用暴力致人死亡的要认定为故意杀人罪，那么，对于绑架他人使用暴力致人死亡的，也应当适用《刑法》第238条第2款后段的规定，以故意杀人罪论处。不过，即使是一种拟制规定，也要求行为人对死亡结果有过失，如果连过失都没有，就不应当以故意杀人罪论处。

学生：老师是说如果在非法拘禁过程中使用暴力致人死亡，但对死亡结果没有过失的，不能适用法律拟制的规定吗？

张明楷：是的。

学生：老师说过，第238条第2款后段是法律拟制，对于法律拟制不能推而广之，上面的结论会不会被人认为自相矛盾？

张明楷：我不是将《刑法》第238条第2款后段的法律拟制适用于绑架罪，而是将绑架事实评价为非法拘禁。这是没有任何问题的吧。就像以非法占有目的盗伐林木时，为抗拒抓捕而对他人实施暴力，可以评价为事后抢劫罪一样。我也不是将《刑法》第269条的"犯盗窃罪"类推解释为包括盗伐林木罪，而是说，本案中的盗伐林木行为就是"犯盗窃罪"。我没有对法条表述进行类推解释，只是对案件事实进行了重新归纳，而且这一归纳也不违背案件事实。

学生：简单地说，老师不是在解释法律，只是在归纳事实。

张明楷：可以这样说。

学生：如果行为人在绑架必需的行为之外对被害人使用暴力，暴力行为过失导致被害人重伤的，应当怎么办呢？

学生：应认定为绑架罪与过失致人重伤罪，实行数罪并罚。

张明楷：是的，只能实行数罪并罚了。这个时候如果适用《刑法》第238条第2款后段的规定认定为故意伤害罪，就导致处罚过轻了，明显不合适。此外，绑架后故意伤害被绑架人造成轻伤的，或者绑架后强奸被绑架人的，都应当实行数罪并罚。

学生：明白了。那么，本案中的乙和丙"用胶带封住丁的嘴"可以说是绑架或者非法拘禁行为之外的暴力行为，所以，对乙和丙的行为可以适用《刑法》第238条第2款后段，以故意杀人罪论处。

张明楷：是的，我想让你们讨论的是，在本案中，乙和丙致丁死亡的结果，甲要不要负责？是有没有因果关系的问题，还是有没有过失的问题？

学生：甲的行为显然与丁的死亡有因果关系，因为甲事前与乙、丙共谋绑架，且准备了胶带。甲知道准备了胶带，说明甲至少也有过失。

学生：是单独判断甲的行为与丁的死亡结果之间有无因果关系，还是按照共犯来判断因果关系？

张明楷：不可能是单独判断，要么按共同正犯判断，要么按教唆犯判断。在三人共谋并且共同准备了胶带等工具的情况下，如果是乙和丙的行为过失致人死亡，甲的行为与丁的死亡之间肯定有物理的因果性与心理的因果性。剩下的只需要单独判断甲对丁的死亡是否具有过失，甲知道乙、丙还要继续控制丁，也知道丁一直在反抗，当然也知道乙、丙可能使用胶带，所以，认定甲对丁的死亡有过失，也不应当有疑问。

学生：应当没有疑问，对甲也要适用《刑法》第238条第2款后段的规定，以故意杀人罪论处。

张明楷：我们把案件改编一下，假如乙和丙故意杀害了丁，但甲没有故意时，对甲应当如何处理？也就是说，虽然乙和丙是故意杀害丁，但由于甲的行为与丁的死亡之间具有物理的因果性，如果说甲对丁的死亡有过失，让甲对丁的死亡结果承担责任还是有可能的吧？

学生：有可能。但物理的因果性体现在什么地方？

张明楷：甲与乙、丙的行为共同使得丁处于被支配而不能反抗的状态，乙与丙就能顺利地故意杀害丁，这当然有物理的因果性。

学生：确实有。

张明楷：也就是说，即使乙与丙是故意杀害丁，而甲对丁的死亡只有过失，正犯是故意责任时，共犯是过失责任是有可能的。反过来，如果共犯是故意，正犯是过失，就可能是间接正犯了。

学生：应当是这样的。

张明楷：再如，B 喝醉酒之后原本没有想开车，但没有醉酒的 A 唆使 B 醉酒驾驶。假如 B 醉酒驾驶的行为构成以危险方法危害公共安全罪，比如，B 完全无视红绿灯信号，把被害人撞死后还有继续冲撞等行为，对 B 要定故意的以危险方法危害公共安全罪时，A 是否成立交通肇事罪？

学生：为什么是交通肇事罪呢？A 只是教唆 B 危险驾驶。

张明楷：在危险驾驶行为过失发生交通事故时，这个时候的交通肇事罪就不是一般的过失犯，而是结果加重犯。既然 A 教唆 B 实施基本犯，如果同时对加重结果有过失，那么，A 当然也成立结果加重犯。所以，A 能够成立交通肇事罪。

学生：老师的教材上讲清楚这一点了。

张明楷：如果像有的老师说的那样，危险驾驶罪是过失犯罪，那么就麻烦了。在上面的案件中，就只能说 A 教唆过失犯，但教唆过失犯就可能是间接正犯了，对教唆犯就可能定更重的罪，可能不合适。

学生：多数学者和司法实践都认为危险驾驶是故意犯罪，而不认为是过失犯罪。

张明楷：那么，在我们改编的这个案例中，对乙、丙是适用《刑法》第 239 条第 2 款"杀害被绑架人"的规定，但对甲不可能适用这一规定。对甲的行为应当如何定性呢？

学生：《刑法修正案（九）》之后对甲也不能认定为绑架致人死亡了。

学生：对甲也不能适用《刑法》第 238 条第 2 款后段的拟制规定吧？

张明楷：你们想一想，如果要适用拟制规定，需要具备什么条件？

学生：甲明知乙、丙会对丁使用暴力，而且对于暴力致人死亡有过失。

张明楷：是的。

学生：既然共同准备了木棍、手套、胶带等工具，而且三人在车上就对丁实施过暴力，甲在离开之后，当然明知乙、丙会对丁再次实施暴力。至于暴力致人死亡的结果，一般人都有预见可能性，所以，对甲可以适用《刑法》第 238 条第 2 款后段的拟制规定，以故意杀人罪论处。

学生：这样的话，对甲适用的法定刑要轻于乙、丙适用的法定刑。

张明楷：这也比较合理吧。在甲没有要求或者交代乙、丙杀害丁的情形下，乙、丙故意杀害丁时，对乙、丙的处罚应当比甲重。

第七堂
罪数

案例29 罪数（包括的一罪的判断）

甲用5000元收买了一名被拐卖妇女乙，将乙拘禁了几个月。乙的父母经各方打探，得知乙女被甲收买后，就来与甲交涉。甲提出给2万元后放人，否则不放人。乙的父母交付给甲2万元后，甲随即放人。

张明楷：这个案件并不难，只是罪数判断问题吧。

学生：甲收买乙的行为可以构成收买被拐卖的妇女罪，拘禁乙的行为成立非法拘禁罪，向乙的父母索要2万元的行为成立敲诈勒索罪。

张明楷：这三个行为要实行数罪并罚吗？

学生：应当实行数罪并罚，因为三个行为之间时间间隔较长，而且三个行为之间不存在按一重罪处罚的情形，况且《刑法》第241条明文规定，对收买被拐卖的妇女罪与非法拘禁罪要实行数罪并罚。

张明楷：如果甲后来只要求乙的父母给 5000 元，否则不放人，也成立敲诈勒索罪吗？

学生：也成立。因为他没有权利要求乙的父母给他 5000 元，虽然他前面将 5000 元交付给拐卖妇女的罪犯了，但他是基于不法原因给付，既不能找拐卖乙女的罪犯要回 5000 元，也不能找乙的父母要回 5000 元。

张明楷：那现在甲要 2 万元，显然是没有根据的，能不能认定甲的行为构成拐卖妇女罪，而不是敲诈勒索罪呢？

学生：形式上确实是甲将乙以 2 万元的价格再出卖给乙的父母了。

学生：应当说是乙的父母以 2 万元的价格将乙赎回了。

学生：这不是一样吗？

张明楷：如果不联系保护法益，你们永远也争论不清。如果甲以 2 万元再将乙交给丙，肯定是拐卖妇女了。因为甲将乙转移给丙后，导致乙处于丙的支配下，侵害了乙的人身自由与安全。但是，甲让乙回到父母身边，也侵害了乙的人身自由与安全吗？显然没有。所以，只能认定甲后来的行为成立敲诈勒索罪。

学生：原来老师只是在考验我们。

学生：老师，我有一个相关的问题。2010 年 3 月 15 日 "两高"、公安部、司法部《关于依法惩治拐卖妇女儿童犯罪的意见》关于罪数有两个规定：一是"拐卖妇女、儿童，又奸淫被拐卖的妇女、儿童，或者诱骗、强迫被拐卖的妇女、儿童卖淫的，以拐卖妇女、儿童罪处罚";二是"拐卖妇女、儿童,又对被拐卖的妇女、儿童实施故意杀害、伤害、猥亵、侮辱等行为,构成其他犯罪的,依照数罪并罚的规定处罚"。我也知道这是根据《刑法》第240条作出的两项规定。《刑法》第240条第1款第3项与第4项将"奸淫被拐卖的妇女的","诱骗、强迫被拐卖的妇女卖淫或者将被拐卖的妇女卖给他人迫使其卖淫的",规定为法定刑升格的条件。我不明白的是,为什么拐卖妇女并且奸淫妇女的不实行数罪并罚,而拐卖妇女并且强制猥亵妇女的,要实行数罪并罚?刑法这样规定的根据何在?

张明楷:这样规定,或许是考虑到在某些情形下会造成量刑的不协调。我认为,对《刑法》第240条的这个规定要从结合犯的角度来考虑。拐卖妇女并且奸淫妇女的,以及拐卖妇女并诱骗、强迫被拐卖的妇女卖淫或者将被拐卖的妇女卖给他人迫使其卖淫的,属于结合犯。前者是拐卖妇女罪与强奸罪的结合,后者是拐卖妇女罪与引诱卖淫罪、强迫卖淫罪的结合。而《刑法》第240条的规定源于1991年9月全国人大常委会《关于严惩拐卖、绑架妇女、儿童的犯罪分子的决定》,当时还是旧刑法时代,旧刑法中不存在强制猥亵罪,只是在流氓罪中有侮辱妇女的规定。一方面,可能是因为在1991年立法当时,拐卖妇女的案件中,有许多情形是奸淫妇女,或者是将妇女出卖给组织、强迫卖淫的人,所以有必要将这两种情形规定为结合犯。另一方面,1997年修订《刑法》时,就将原来的《决定》直接照搬了,没有考虑那么多,所以,形成了现在的立法局面。这是我的推测,或许也是成立的。

学生：应当是成立的，但事实上会导致处罚不协调的现象。比如，A 拐卖妇女并实施奸淫行为，要处 10 年以上有期徒刑或者无期徒刑；B 拐卖妇女并且强制猥亵妇女，一般就不会处 10 年以上有期徒刑，数罪并罚也可能判处 10 年以下有期徒刑。

张明楷：肯定会出现这样的情况，所以需要法官全面了解各种可能发生的案件，不要动不动对一种行为判处较重的刑罚，否则总是会形成不协调的量刑。比如，如果法官在对拐卖妇女并有奸淫妇女行为的案件量刑时，能够同时想到了拐卖妇女并有强制猥亵妇女的情形，就不至于对前者判处无期徒刑，如果仅处 10 年或者 11 年有期徒刑，大体上就可以实现量刑的协调。

学生：还有一个问题。《关于依法惩治拐卖妇女儿童犯罪的意见》规定："以抚养为目的偷盗婴幼儿或者拐骗儿童，之后予以出卖的，以拐卖儿童罪论处。"这个规定和老师教材上的观点不一样。

张明楷：我以前也不赞成这个司法解释，《刑法学》第 5 版认为这种情形要实行数罪并罚，因为行为人明显实施了两个行为，而且具有两个故意，也应当认为两个罪的保护法益不完全相同，所以，以前主张实行数罪并罚。另外，我以前是将《刑法》第 241 条第 5 款的规定理解为法律拟制的。

学生：《刑法》第 241 条第 5 款规定："收买被拐卖的妇女、儿童又出卖的，依照本法第二百四十条的规定定罪处罚。"老师说这一规定不是注意规定而是法律拟制，是将数罪拟制为一罪。

张明楷：是的，之所以理解为法律拟制，也是因为我以前认为，行为人实施了两个行为，两个行为的间隔还可能很长，明显存在两个故意，所以，认为这种情形原则上应当数罪并罚。

学生：拐卖妇女、儿童罪与收买被拐卖的妇女、儿童罪的保护法益究竟是否相同呢？

张明楷：你问到关键点了。按理说，二者侵害的法益是相同的，可是法定刑相差太大。日本刑法规定的是"买卖人口"，对出卖人口的行为与收买人口的行为的处罚是完全一样的，在这种情形下，当然要认定保护法益是完全相同的。正是因为我国对两个罪规定的法定刑相差太大，所以，难免会考虑二者的保护法益是否多少有所区别。

学生：有没有可能说，保护法益相同，只是责任程度不同，所以，法定刑有区别。

张明楷：这样说有一定道理，但责任程度的区别也不至于导致法定刑有这么大的差异。我现在的想法是，不管保护法益是否完全相同，至少认定为拐卖妇女、儿童罪时，可以一并评价收买被拐卖妇女、儿童罪所侵犯的法益。所以，我现在认为，《刑法》第241条第5款是关于包括的一罪的规定。于是，包括的一罪也有法律依据。

学生：老师的意思是，《刑法》第241条第5款的规定，属于行为人实施了数个行为，数个行为触犯不同罪名，但其中一个法益能够包含另一法益，或者最终侵害一个法益，所以，属于狭义的包括的一罪，从一重罪论处。

张明楷：是的。正因为如此，我现在认为《刑法》第241条第 5 款不是法律拟制，而是关于包括的一罪的规定。所以，我现在也同意司法解释的上述规定，即"以抚养为目的偷盗婴幼儿或者拐骗儿童，之后予以出卖的，以拐卖儿童罪论处"。这种情形也是包括的一罪。

案例30 罪数（牵连犯的判断）

行为人入户盗窃了车钥匙，然后将被害人停在外面的汽车开走，据为己有。

张明楷：这是想象竞合吗？还是包括的一罪或者成立数罪？

学生：可能会认定为一罪，吸收的一罪。因为有两个行为，认定为想象竞合有点勉强。

张明楷：能不能说车钥匙与汽车是一个一体化的财物，行为人只盗窃了一个财物，所以只有一个行为？如果是这样，就是单纯一罪了，也不是什么想象竞合与包括的一罪，更不可能是数罪。

学生：还是应当认定有两个行为吧。

张明楷：在德国也会肯定是两个行为吗？

学生：应该是两个行为，入户盗窃再加上外面的盗窃，但能不能认定为法条竞合中的吸收关系,在德国可能会有争议。

张明楷:德国法条竞合中的吸收关系包含的情形太多了,这两个盗窃行为怎么可能由一个行为吸收另一个行为?在德国,恐怖组织成员实施谋杀行为,要么是想象竞合,要么是法条竞合中的吸收关系,但在我们国家是要实行数罪并罚的。

学生:这种情形在德国倒不一定数罪并罚,类似这种情况,一般来说不会实行数罪并罚。在德国,行为人在持续犯的过程中又犯了一个罪的,通常不会数罪并罚。

张明楷:我们国家有牵连犯概念,刚才的案件能不能说是牵连犯呢?

学生:我觉得是的。入户盗窃钥匙是手段行为,最终目的是盗窃汽车。

张明楷:一把车钥匙也很贵,比较高档的汽车,车钥匙本身就值两三万元,完全达到了数额较大的标准。如果认定为牵连犯,从一重罪处罚,就不将钥匙的价值计入盗窃罪的量刑数额吗?

学生:不计入量刑数额也不合适啊。

张明楷:如果要将车钥匙与汽车本身的价值一并计入量刑数额,那就不能认定为牵连犯了。

学生:而且,牵连犯一般是手段行为与目的行为触犯不同罪名吧。

张明楷:其实没有这个要求。比如,大谷实老师的教科书就说得很清楚，存在同种的牵连犯。行为人通过欺骗手段使他人为自己的诈骗行为提供担保，完全可能是同种的牵连犯。

学生：能不能整体认定为一个入户盗窃呢？因为只有入户盗窃了车钥匙，才可能开走汽车。而且，盗走了车钥匙就相当于把汽车控制了，认为对汽车也是入户盗窃。这样认定也不是不可能吧。

学生：这对被告人进行了不利的认定。只有对车钥匙是入户盗窃，对汽车不是入户盗窃。你怎么可能入户盗窃一辆停在户外的汽车呢？

张明楷：入户盗窃只是就车钥匙而言，不能说盗窃了车钥匙就当然占有了汽车，这个观点不怎么靠谱。其实，就是认定为同种数罪，或者认定为一个罪，将盗窃数额相加就可以了。

学生：被害人购买汽车的时候，汽车的价格包括了钥匙的价格吧，还需要这样分别计算吗？如果行为人用自己的工具盗窃了他人的崭新汽车，没有盗走钥匙，还会扣除钥匙的价格吗？被害人拿着一把钥匙有什么用呢？

张明楷：如果反过来呢？行为人盗窃了被害人价值2万元的车钥匙，但没有盗走汽车，要不要认定为盗窃了2万元的财物呢？

学生：这肯定要认定。

张明楷：所以，还是可能独立计算钥匙的价格的。因为如果车主丢失了钥匙，找厂家配钥匙，就可能需要两三万元。

学生：如果说是牵连犯，也可以把数额加起来量刑吧？

张明楷：如果认定为牵连犯，又加起来量刑，就自相矛盾了。其实，就数额犯而言，同种数罪虽然可以不并罚，但定罪量刑时完全可以将数额相加。而且，如果入户盗窃的数额达到了较大的标准，就不是按入户盗窃处理，而是按盗窃数额较大处理，将入户作为从重情节考虑的。因为盗窃数额较大是基本类型，其他的可谓补充类型。

学生：一个行为盗窃了两个人的财物时，是不是要认定为想象竞合呢？

学生：没有必要吧。假如有人到一位老师的办公室盗窃，既盗走了老师自己的财物，也盗走了法学院放在老师办公室的财物，就是一个单纯一罪吧，不可能认定为想象竞合。

张明楷：不会认定为想象竞合。就财产罪的数额犯而言，不管是同种牵连，还是同种想象竞合，不管是认定为一个犯罪还是同种数罪，司法实践中其实都是数额全部相加的。

学生：但有时候会出现不公平的现象。比如，毁坏他人汽车玻璃后盗走车内财物的，可能认为故意毁坏财物是手段行为，盗窃是目的行为，从一重处罚仅按盗窃罪处罚时，毁坏财物的数额没有计算在盗窃罪的数额之内。为什么手段行为是盗窃时，却要将手段行为取得财物的数额相加计算呢？

张明楷：可能需要从两方面进行解释：第一是，你说的这个案件也不应当认定为牵连犯，二者之间没有类型性的牵连关系。第二是，入户盗窃车钥匙然后盗走汽车，就是两个盗窃行为，即使没有盗走汽车，也成立盗窃罪。所以，我刚才说了，不需要将这种情形认定为牵连犯，累计数额定罪量刑就可以了，因为刑法就是按数额规定的法定刑。没有理由认为，入户盗窃车钥匙后再盗走汽车的，不能将车钥匙的价值计入量刑数额。

学生：毁坏汽车玻璃后盗走车内财物的情形，还是可能认定为牵连犯的，因为毁坏汽车玻璃明显是一个手段行为，而不是行为人的目的。行为人的目的只是盗走车内财物。

张明楷：如果这种现象较多，也可以承认牵连犯，从一重罪处罚。这样的话，也可能出现你所说的不公平现象。不过，司法机关一般会按重罪量刑并且从重处罚，所以，不会出现明显的不公平。

学生：老师原来在教材上说，欺骗他人为自己从银行进行贷款诈骗提供担保的，要实行数罪并罚，对提供担保的人是合同诈骗，对银行是贷款诈骗，后来改为牵连犯了。

张明楷：是的，之所以这样改，主要是考虑了两点：第一是，这样的案件比较多，包括骗取他人为自己骗取银行贷款提供担保，是合同诈骗罪与骗取贷款罪的牵连犯。如果这样的现象越多，就越能认为具有通常性。第二是，诈骗罪、合同诈骗罪、金融诈骗罪都是数额犯，而且我认为司法解释所确定的数额巨大、特别巨大的起点过低，导致量刑过重。如果不承认是牵连犯，而是认定为数罪，就会导致法院对两个罪都判处较重的刑罚，数罪并罚会处得很重。所以，为了使刑罚轻缓化，而改变观点，主张按牵连犯处罚。

学生：不管怎么处理，在数额犯的罪数问题上，总会出现处理上的不协调。

张明楷：是的，这是数额犯的重要问题。比如，在我们今天讨论的这个案件中，司法机关肯定是将车钥匙与汽车的价格一并认定为盗窃数额，而不会因为盗窃车钥匙是手段行为，从一重罪处罚就扣除车钥匙的数额。反之，如果行为人是骗取了车钥匙，再盗走汽车，认定为牵连犯时，就只能将汽车本身的价值认定为盗窃罪的数额。这样就显得不公平。但是，如果不承认后一种情形是牵连犯，主张进行数罪并罚，也可能出现另一种不公平，导致后一种情形处罚过重。想象竞合也是如此。比如，甲盗窃了乙的摩托车，车上有丙的财物。在这种场合，可以说一个行为侵害了两个主体的财产法益。如果说是想象竞合，就只是按一个较多的数额量刑。但这明显不合理，司法机关也不会这样处理，而是会计算全部数额，因为甲就是一次盗窃了全部财物。可是，倘若A的一个行为同时触犯盗窃与诈骗两个罪名，只从一重罪处罚时，肯定不会将全部财物作为一个重罪的犯罪数额。不管是想象竞合还是牵连犯，我们都承认包括同种的与异种的两种情形，可是在同种的场合，司法机关都是全额计算，而在异种的场合，则可能从一重罪处罚。这就存在明显的疑问，但刑法理论并没有对此展开深入研究。

第八堂
刑罚论

案例31 累犯（成立要件）

甲以前犯故意伤害罪被判处7年有期徒刑，刑满释放之后的第二年，甲就贩卖毒品，被判处5个月的拘役。拘役执行完毕之后又过了一年，甲犯寻衅滋事罪，应当判处1年有期徒刑。

张明楷：甲是否构成累犯？我觉得没有问题，这肯定构成累犯。

学生：这还有疑问吗？

张明楷：认为不构成累犯的观点说，因为法院在认定甲贩卖毒品罪判处拘役的时候，就已经从重处罚了，或者，就已经把甲以前犯故意伤害罪的事实评价进来了。如果在判处寻衅滋事罪时认定为累犯，就重复评价了。

学生：好像也有道理。

张明楷：当然有道理，但我认为这个道理不成立。首先，累犯从重处罚的根据是什么呢？是因为他以前犯了罪吗？肯定不是嘛！所以，甲第一次的故意伤害罪，不是对他贩卖毒品罪从重处罚的根据，也不是对他寻衅滋事罪从重处罚的根据。从重的根据是行为人无视有期徒刑以上刑罚的体验，而在一定时间内再次故意犯罪，因而特殊预防的必要性大。所以，甲第二次贩卖毒品，是无视第一次有期徒刑的体验，对不对？可以从重处罚，只不过不能作为累犯处罚，因为第二次贩卖毒品只判处拘役。第三次再犯寻衅滋事罪的时候，既无视了第二次的拘役体验，也是无视第一次有期徒刑的体验，同样显示出特殊预防的必要性大，当然需要从重处罚。其次，第二次的贩卖毒品罪的量刑，显然不是按累犯处罚的，只是按再犯处罚的。所以，不影响对第三次的犯罪按累犯处罚。而且，即使第二次判处的是1年有期徒刑，也不影响对第三次的犯罪按累犯处罚。

学生：不能简单地说，累犯从重处罚的根据是前一次犯罪，但还是有学者主张这个观点。

张明楷：我觉得不能这么说，否则就是重复评价了。一旦认定为重复评价，就会否认累犯制度。但否认累犯制度不合适，只是说对累犯是不是都要从重处罚以及从重的幅度应当是多少，倒是可以讨论。

学生：如果说累犯的从重处罚根据是特殊预防的必要性大，那么，从重处罚就是有道理的，为什么德国删除了累犯从重处罚的规定呢？

张明楷：我觉得对累犯从重处罚不会有明显的缺陷，而且按照我的观点，从重处罚也只能是在责任刑幅度之内从重处罚。如果规定累犯加重处罚，就违反了责任主义。也就是说，只要规定累犯加重处罚，就必然导致超出责任刑去量刑。所以，井田良教授说，日本的累犯制度是责任主义的例外，因为日本对累犯是加重处罚的。此外，有些符合了累犯成立条件的犯罪人，并不一定是特殊预防的必要性大，但我们司法机关也只能从重处罚，这是最大的问题。反过来说，刑法是因为累犯的特殊预防必要性大，所以设置了累犯的形式条件，但满足了形式条件的未必能说明特殊预防必要性大。但是，我们的司法机关又不可能说，犯罪人虽然符合了累犯条件，但由于特殊预防的必要性不大，所以不能以累犯论处。

学生：因为刑法规定的是应当从重处罚，而不是可以从重处罚。

张明楷：对！所以，从立法论上来说，规定对累犯可以从重处罚可能更合适。

学生：有道理。

张明楷：我刚才说，日本关于累犯加重处罚的规定违反了责任主义。但另一方面，如果行为人形式上符合累犯的成立条件，但基于特殊原因才犯罪，而不表明特殊预防的必要性大，按照日本刑法关于累犯的处罚规定，也完全可以不从重处罚。

学生：不是加重处罚吗？

张明楷：对累犯加重处罚只是将累犯所犯之罪的法定最高刑增加二分之一，而不提高法定最低刑。比如，一个罪的法定刑是

3年以上10年以下惩役，如果行为人是累犯，那么，在量刑时就将10年惩役提升到15年，从而形成了3年以上15年以下的处断刑。于是，仍然可能仅判处3年惩役，而且也不从重处罚。

学生：日本的加重处罚并不加重最低刑，所以，对于并不表明特别预防必要性大的累犯，还是可以按普通犯罪判处刑罚。日本刑法规定的累犯制度与累犯处罚制度都是既有利也有弊，而且刚好是对应的，或者说可以互补的。

张明楷：是的，在立法论上是可以互补互鉴的。我现在想跟你们讨论的是另一个问题。我一直在想，既然累犯从重处罚的根据是无视有期徒刑以上刑罚的体验，再次实施应当判处有期徒刑以上刑罚之罪，因而特殊预防的必要性大，那么，如果行为人第二次是过失犯罪，我们可以排除在累犯之外，因为他并不是无视以前刑罚的体验，而是过失犯了罪。但是，如果行为人第一次是过失犯罪被判处有期徒刑以上刑罚，在刑满释放之后的5年内再故意犯应当判处有期徒刑以上刑罚之罪的，为什么不是累犯呢？

学生：刑法将第一次的过失犯罪排除在外了。

张明楷：问题在于，是刑法条文将第一次的过失犯罪排除在外了，还是传统解释将第一次的过失犯罪排除在外了？你们现在看看刑法条文！《刑法》第65条第1款规定："被判处有期徒刑以上刑罚的犯罪分子，刑罚执行完毕或者赦免以后，在五年以内再犯应当判处有期徒刑以上刑罚之罪的，是累犯，应当从重处罚，但是过失犯罪和不满十八周岁的人犯罪的除外。"从汉语表述习惯来讲，完全可能只是将后一次的过失犯罪或者不满18周岁的犯罪排除在外，而没有说第一次犯罪也不得是过失犯罪和不满18周岁的人犯罪。前一次犯罪只要求是被判处有期徒刑以上刑罚，因为执行有期徒刑以上刑罚后，行为人就有了明显的刑罚体验，应当吸取教训。我们不可能说，如果第一次执行的是故意犯罪所判处的有期徒刑，就需要吸取教训；如果第一次执行的是过失犯罪所判处的有期徒刑，就不需要吸取教训。不管是故意犯还是过失犯的有期徒刑，执行体验是一样的。既然如此，就没有理由将第一次犯罪限定为故意犯罪。

学生：我在写硕士论文的时候，就一直在想这个问题。既然累犯从重处罚的根据是无视刑罚的体验再次故意犯罪，为什么要将第一次犯罪限定为故意犯罪呢？感觉按照这个处罚根据怎么也写不下去。

张明楷：你敢不敢按照我刚才说的修改论文？

学生：我没有什么不敢的，因为我上次过来跟您讨论问题的时候就说过，如果前一次是故意犯罪，后一次是过失犯罪的，容易解释为不是累犯。但是，如果反过来，前一次是过失犯罪被判处有期徒刑，后一次是故意犯罪的，我到现在也解释不通为什么不是累犯。

张明楷：你首先要说从语法上、文字上、文理上来解释是没有障碍的。其次，你要讲清楚累犯从重处罚的根据。按照现在的说法，只要前一次犯罪时不满18周岁的，第二次犯罪也不是累犯。凭什么？根据何在？前一次犯罪时不满18周岁的，就不能从刑罚体验中吸取教训吗?此外,你还可以借鉴日本刑法的规定,日本的累犯根本不管行为人是故意还是过失,也不管是成年还是未成年。

学生:这跟刑事政策相矛盾了吧?

张明楷:与什么刑事政策相矛盾?

学生:对未成年人的特殊保护。未满18周岁犯罪的,记录都封存了,怎么判断他是累犯?

张明楷:记录封存只是不对外公开,是为了让他们的读书、就业等不受影响,而不是说对他们满了18岁以后的犯罪也要优待。

学生:公安派出所对未满18周岁的人所开的都是无违法犯罪记录的证明。

张明楷:这也只是为了不影响他们正常的学习、工作,而不是说对他们再次犯罪也不得产生影响。我感觉这是两回事。当然,如果他们第二次犯罪时仍然不满18周岁,则不可能成立累犯,而且还要从轻或者减轻处罚。

案例32 自首与立功(成立条件)

一个杀人案件中,儿子是主犯,父亲是从犯。父子二人把人杀死后,儿子就当场打电话报警,说他父亲杀了人,并且说出了父亲的真实姓名,然后就回家了。警察随后就去他家里,先把父亲抓获了,接着抓获了儿子。

学生:法院想问儿子算不算自首?

张明楷:到此为止,还不清楚儿子是否如实交代了自己的罪行。

学生:我觉得不构成自首。我建议法院看看能不能定立功?

张明楷:立什么功?

学生:父亲跟儿子是住在一起的,警察来了必然会找他父亲询问。警察先去抓父亲,简单问了一下周围人,就直接锁定儿子有作案嫌疑,把儿子也抓走了。

张明楷:如果警察先抓了他父亲,那可以说立功,毕竟他父亲也是嫌疑人,而且也因此被公安机关抓获了。

学生:老师,假如儿子打完电话以后没有回家,还在现场等待,但报的作案人姓名只是他父亲,说的案情也是真实的,能认定为自首吗?

张明楷:明明是两个人共同杀害他人,儿子说他父亲一个人杀人,这怎么叫"说的案情也是真实的"?

学生:我是想说,有一个司法解释规定,嫌疑人明知他人打电话报警而在现场等待的,也算是自首。假如儿子虽然说是父亲杀人,但自己仍然在现场等候的,是不是自首?

张明楷：那你还得继续假设，警察到了现场后儿子怎么说。如果警察到了现场后，儿子立即说自己杀了人，当然是自首。如果警察到了现场后，他不承认自己是杀人犯，警察把他带走后也不承认自己是杀人犯，怎么可能认定为自首？

学生：因为周围还有很多人可以作证，警察一到现场，周围的人就会说是儿子杀人。

张明楷：你这假设得太多了。如果儿子报警说父亲杀人后，自己在现场等着警察到来，警察来了之后，周围的人说是儿子杀的，儿子立即承认。这样的话，我也觉得是自首。

学生：就真实案件来说，定儿子普通立功还是可以的吧？

张明楷：我觉得可以认定为普通立功。因为毕竟是由于儿子报警，警察才到他们家，并且顺利抓获了父亲，父亲原本也是应当被抓获的。在这个意义上，确实也节省了司法资源。认定为立功，也是可以的。

学生：警察抓到父亲以后，父亲也如实交代了，父亲这种情况下能不能算自动投案？因为在他儿子报案以后，他就在家里等着警察来抓他。

张明楷：这可能要看父亲是否知道儿子已经报警，如果知道仍然在家等着，按照司法解释的规定也可以认定为自动投案。如果根本不知道儿子已经报警，就不能认定为自动投案了。总的来说，认定自首与立功都可以宽一点，但还是要按照刑法规定的基本条件来判断。

案例33　数罪并罚（《刑法》第70条的适用）

被告人在山东犯了一个轻伤害罪，当时没有被采取强制措施或者只是取保候审。后来法院判处被告人1年有期徒刑，被告人也没有上诉。但在上诉期间还没有收监执行的时候，被告人跑到吉林去了，司法机关在3个月内一直没有找到他。被告人跑到吉林后又犯了一个盗窃罪，被判处4年有期徒刑，执行了1年半的时候，山东的司法机关发现这个被告人以前在本地还犯有故意伤害罪，1年的有期徒刑没有执行，于是就把判决书寄到吉林的有关司法机关。

张明楷：这个是数罪并罚的问题，还是单纯的执行问题？是把盗窃罪判处的4年徒刑执行完了，接着再执行故意伤害罪的1年徒刑，还是按漏罪处理？按漏罪处理的话，又不符合《刑法》第70条的文字表述。第70条规定的是："判决宣告以后，刑罚执行完毕以前"，被告人的盗窃罪可以说是判决宣告以后，刑罚执行完毕以前。但是，第70条接着规定的是，"发现被判刑的犯罪分子在判决宣告以前还有其他罪没有判决的"，而本案是被判刑的犯罪分子在执行过程中被发现还有其他刑罚没有执行。怎么办？

学生：第70条好像没办法适用，第71条呢？

学生：第71条是判决执行过程中犯新罪。

张明楷：能不能说，由于前一个罪的1年徒刑还没有执行，所以被告人属于在刑罚执行完毕以前又犯新罪？

学生：盗窃罪肯定是在"判决宣告以后，刑罚执行完毕以前"又犯的罪。

张明楷：这样解释是没有问题的，问题是接下来怎么办？《刑法》第71条规定："应当对新犯的罪作出判决，把前罪没有执行的刑罚和后罪所判处的刑罚，依照本法第六十九条的规定，决定执行的刑罚。"前罪没有执行的刑罚是1年有期徒刑，和后罪所判处的刑罚4年徒刑，按照第69条的规定进行并罚，就是在4年以上5年以下决定执行的刑期。假如决定执行4年半，那后罪已经执行的1年半怎么办？

学生：类推第70条的最后一句。

张明楷：适用第71条的同时，也适用第70条的最后一句，将已经执行的1年半计算在新判决决定的刑期之内，于是只需要再执行3年？

学生：这是有利于被告人的类推。

张明楷：如果要类推适用第70条，为什么不全部类推适用第70条，还来一个先适用第71条再类推适用第70条？

学生：因为被告人的情形首先符合第71条。

张明楷：你是以故意伤害罪为基准来说的，我以盗窃罪为基准来说，其实也符合第70条规定的情形啊，把第70条类推解释一下也可以的。《刑法》第 70 条规定："判决宣告以后，刑罚执行完毕以前，发现被判刑的犯罪分子在判决宣告以前还有其他罪没有判决的，应当对新发现的罪作出判决，把前后两个判决所判处的刑罚，依照本法第六十九条的规定，决定执行的刑罚。已经执行的刑期，应当计算在新判决决定的刑期以内。"我现在这样解释：在盗窃罪的判决宣告以后，刑罚执行完毕以前，发现犯罪分子在判决宣告前还有其他罪没有执行，也就是把"还有其他罪没有判决"类推解释成"还有其他罪没有执行"；接着，法条说"应当对新发现的罪作出判决"，本案既然是已经判决过了，当然不需要再判决；于是，只需要"把前后两个判决所判处的刑罚，依照本法第六十九条的规定，决定执行的刑罚。已经执行的刑期，应当计算在新判决决定的刑期以内"。

学生：两种解释的结局都是一样的。

张明楷：当然是一样的，只是说怎么解释才合适。我总觉得前面适用第 71 条，然后又类推第 70 条的后一句，有点不好。也就是说，与其适用两个法条，其中一个要类推，不如类推适用一个法条。

学生：是的。

学生：老师，我觉得这种情形应该分别执行，被告人太无视法院的判决了。

张明楷：怎么无视法院的判决？

学生：因为已经判了他 1 年徒刑，他又跑了，这是他个人原因造成的。

张明楷：不能因此对被告人从重执行吧。因为他原本没有被剥夺自由，判处1年徒刑时又没有立即收监，难以期待他不跑。所以，从期待可能性的角度来说，分别执行并不合适。

学生：把"还有其他罪没有判决"解释成"还有其他罪没有执行"，完全不符合"判决"的意思啊。

张明楷：这是类推解释，不是文理解释，而且是有利于被告人的类推解释。因为如果不这样解释的话，被告人就要执行5年徒刑。类推解释后只需要合并执行4年至5年徒刑。

学生：如果说是类推解释，倒是可以接受。

张明楷：之所以需要类推解释，是因为《刑法》第69条至第71条只规定了三种情形，但事实上根本不止这三种情形。比如，我们今天讨论的是在刑罚执行过程中，发现以前还有判决没有执行的。再比如，在刑罚执行完毕后，发现以前还有判决没有执行的。还比如，在判决时就发现，以前还有其他犯罪的判决没有执行的。这些刑法都没有规定，有的情形就只能类推解释。只不过类推解释时，一定不能类推适用对行为人不利的规定，只能类推适用对行为人有利的规定。

学生：老师，我们那里发生过一个真实的案件。

张明楷：我刚才讲的这个案件不是假的，也是真实的案件。

学生：被告人1998年被判处10年有期徒刑，当时法院忘了，没有收监执行。在6年之后，被告人又犯了一个罪。法院在进行并罚时，适用了《刑法》第71条，把前面的6年视同已经执行的刑罚，于是就将没有执行的 4 年徒刑与新罪的徒刑进行了并罚。

张明楷：这个法官不错！

学生：因为法院确实存在过失，是法院忘了收监执行。

学生：其实，如果法官直接适用《刑法》第 69 条，将前罪的 10 年与新罪徒刑进行并罚，也是合法的。

张明楷：确实如此，但这样并罚似乎也是类推适用第 69 条。因为第 69 条规定的是"判决宣告以前一人犯数罪"，但本案的情形是有一个罪已经作出了判决宣告，所以并不完全符合第 69 条的规定。

案例 34　数罪并罚（《刑法》第 70 条的适用）

被告人甲因犯盗窃罪（前罪）被判处 5 个月拘役，2019 年 11 月 19 日刑满释放。但在服刑期间发现，甲在 2019 年 5 月 30 日盗窃了一辆价值 4000 多元的摩托车。甲在刑满释放时，随即就被刑事拘留了，甲盗窃摩托车的行为（后罪）被判处 11 个月有期徒刑。

张明楷：这是《刑法修正案（九）》修改数罪并罚后产生的

问题。如果甲的后罪是在刑罚执行完毕以前发现的，就应当与前罪并罚。那么，结果就是5个月的拘役与11个月的有期徒刑并罚，因而决定执行11个月的有期徒刑。能不能将前罪执行的5个月拘役折抵有期徒刑呢？如果要折抵，该如何折抵呢？

学生：这个案件应当适用《刑法》第70条的规定，因为是在拘役执行期间发现漏罪的，要按照先并后减的原则处理。也就是说，将11个月的有期徒刑与5个月的拘役实行数罪并罚，然后减去已经执行的刑罚。

张明楷：首先遇到的一个问题是，本案还能不能实行数罪并罚？因为虽然后罪是在前罪的服刑期间发现的，但后罪却是在前罪拘役执行完毕后才判决的。

学生：如果按照《刑法》第70条的表述，还是可以并罚的。因为第70条只要求是在刑罚执行完毕以前发现漏罪，没有要求在刑罚执行完毕以前判决漏罪。

张明楷：从法条表述上看确实如此。更为重要的是，对本案不可能直接适用《刑法》第69条与第71条，只有适用第70条的可能。

学生：如果说还有一种可能，就是不进行数罪并罚，另外再执行11个月的有期徒刑。

张明楷：这对行为人太不利了，一旦司法机关发现漏罪的时间晚，行为人就要执行两个罪的全部刑罚。

学生：谁让他不主动交代呢？如果他主动交代，要么适用第

69条、要么适用第70条,就只需要执行11个月的徒刑,而不需要执行5个月的拘役。

张明楷:不主动交代只是不能获得自首或坦白待遇,但不能因此而受到明显较重的处罚。你的这个说法可能也是许多司法工作人员的观念。

学生:被告人不懂法,要是懂法可能就主动交代了。

学生:那也不一定,也许有侥幸心理,以为后罪不可能被发现。

张明楷:这都不是关键问题。对被告人应否数罪并罚,不应取决于偶然的事件,只能严格地依照刑法规定来判断。既然被告人的行为符合《刑法》第70条的规定,就应当适用第70条进行数罪并罚,实行先并后减的并罚方法。适用第70条就意味着不再执行拘役,只执行11个月的有期徒刑。问题是,能否将已经执行的5个月拘役计算在新判决决定的11个月有期徒刑的刑期以内?

学生:拘役不能折抵有期徒刑吧。

张明楷:用折抵来解释,是一个路径。刑法条文没有说拘役可以折抵有期徒刑,只是规定判决执行以前先行羁押的可以折抵刑期。执行判决所判处的拘役能够说是判决执行以前的先行羁押吗?

学生:执行拘役肯定是羁押。

张明楷:拘役肯定可以算作羁押,问题是,被告人的5个月拘役叫作判决执行以前的先行羁押吗？"判决执行以前先行羁押的"，是指针对将要判决的犯罪进行的羁押，还是任何羁押都可以？

学生：虽然不是任何羁押都可以，但也不能仅限于针对将要判决的犯罪进行的羁押吧，只要具有关联性就可以。

张明楷：有期徒刑和管制并罚的时候都要执行，有期徒刑与拘役并罚时，《刑法》第69条没有说拘役被吸收，而是说只执行有期徒刑，拘役就不执行了。比如，张三因为危险驾驶被刑事拘留1个月时，主动交代故意伤害他人的事实，因故意伤害他人而被逮捕了3个月，数罪并罚时，故意伤害罪被判1年徒刑，危险驾驶罪被判拘役2个月，只执行1年徒刑。那么，总共羁押了4个月，是折抵4个月的徒刑，还是只折抵因故意伤害罪而逮捕的3个月时间？

学生：如果1个月的拘留不折抵刑期，就白白被多关了1个月。

张明楷：我认为这种情形还是要折抵4个月的徒刑，因为张三的确是在判决宣告以前被羁押了4个月。而且，如果在《刑法修正案（九）》之前，也会折抵4个月刑期，不能因为有期徒刑与拘役的并罚规则修改了，就只折抵3个月的刑期了。

学生：但我们今天讨论的这个案件与老师讲的这种情形不同。

张明楷：是的。相对于后一判决而言，前罪5个月的拘役就不能算作判决执行以前的先行羁押了。不过，为了解决本案这样的问题，将 5 个月的拘役认定为后罪判决前的先行羁押，也是一条可以考虑的路径，尽管有一些勉强。如果没有更好的解决办法，就只能用可以勉强解决的办法了。有没有其他更好的解决办法呢？不要考虑折抵，而是解释《刑法》第 70 条的规定。

学生：5 个月拘役可以说是已经执行的刑期。按照第 70 条的规定，"已经执行的刑期，应当计算在新判决的刑期以内"。新判决所判决的刑期是 11 个月有期徒刑，已经执行的是 5 个月拘役，所以，5 个月拘役要计算在 11 个月有期徒刑之内，于是只需要再执行 6 个月有期徒刑。

张明楷：是的，这就不叫作折抵了，叫"计算在新判决决定的刑期以内"。问题是如何"计算"？被判处拘役的服刑人员每个月可以回家 1 到 2 天。假如在这 5 个月拘役中，服刑人员回家了 10 天，还需要扣除吗？

学生：应当扣除吧。

学生：这样来说，并罚的实际结果是，行为人被执行了 5 个月拘役和 6 个月的有期徒刑，这比不并罚轻。

张明楷：一般来说，犯数罪并罚要轻一些。本案主要是适用哪一个法条的问题，如果说是折抵，就存在文理的障碍。因为先前的 5 个月拘役，难以评价为判决执行以前的先行羁押。如果直接适用第 70 条的规定，将 5 个月的拘役计算在 11 个月有期徒刑的刑期之内，那么，需要讨论是否符合这条所规定的"已经执行的刑期，应当计算在新判决决定的刑期以内"。就是说，其中的"刑期"是否仅限于刑种相同的刑期。从现在的情形来说，直接适用第 70 条的规定，文理的障碍可能小一点。

案例 35　追诉时效（起算时间的确定）

被告人甲是公安机关的侦查人员，因为与被害人乙有仇，于是捏造事实伪造证据，使乙被立案侦查，最后被法院判处 10 年有期徒刑。乙执行完 10 年徒刑以后，通过上访等途径要求重新审理本案，对甲的立案侦查审判又花了半年时间。

张明楷：假定对甲徇私枉法罪所应适用的法定刑是"五年以下有期徒刑或者拘役"，甲的徇私枉法罪是否超过了追诉时效，就取决于从何时开始计算追诉时效了。也就是说，对甲的追诉时效是从被害人乙出狱的时候开始计算，还是从甲伪造证据时开始起算？如果从甲伪造证据时开始计算，就已经超过了追诉时效。

学生：如果乙在出狱之前就已经提出过控告，就不受追诉时效限制了。

张明楷：案件没有交代这一点。如果乙在出狱前一直没有提出控告呢？

学生：是不是只要乙在监狱声称自己是冤枉的，就可以说提出了控告呢？

张明楷：那不行。声称自己冤枉离控告还相差很远。一方面，声称自己冤枉，并没有控告谁犯罪；另一方面，声称自己冤枉也没有向某个机关提出控告。

学生：可否对《刑法》第 89 条第 1 款规定的"犯罪之日"进行解释？被害人乙一直在监狱里服刑，也就是乙处于一种持续的受害状态。

张明楷：这种情形相对于徇私枉法罪而言是结果在持续，还是行为在持续？

学生：乙处于一种持续的受害状态，与状态犯是一样的，不是行为在持续。

学生：如果说甲是非法拘禁的间接正犯，那么，其非法拘禁行为就一直到乙 10 年后放出来的时候才结束。这样的话，就没有超过追诉时效。

张明楷：如果从非法拘禁的角度讲追诉时效，也可以解释为不作为犯。甲有义务告诉有关机关，使乙不受牢狱之灾。由于甲一直没有履行义务，所以，一直是对乙的不作为的非法拘禁。

学生：感觉说不作为也可以。

张明楷：问题是，仅以非法拘禁罪追诉甲的行为是否合适？也就是说，如果认定甲的行为成立非法拘禁罪的间接正犯或者不作为犯，就没有超过追诉时效。那能不能追究甲徇私枉法罪的刑事责任呢？

学生：既然只能以非法拘禁罪为根据说没有超过追诉时效，

就只能按非法拘禁罪追究刑事责任吧？

张明楷：不对！

学生：怎么不对呢？

张明楷：你们看看《刑法》第89条第2款的规定。

学生：《刑法》第89条第2款规定："在追诉期限以内又犯罪的，前罪追诉的期限从犯后罪之日起计算。"

张明楷：明白了吗？甲通过伪造证据实施徇私枉法行为，但该行为后来引起了非法拘禁的结果，而被害人被非法拘禁其实是在甲实施徇私枉法行为之后，所以，可以认为，甲在徇私枉法罪的追诉期限内又犯了非法拘禁罪，所以，徇私枉法罪的追诉期限从犯非法拘禁罪之日起计算。

学生：可是，犯非法拘禁罪之日，也超过了时效。

张明楷：你们再看《刑法》第89条第1款。

学生：《刑法》第89条第1款规定："追诉期限从犯罪之日起计算；犯罪行为有连续或者继续状态的，从犯罪行为终了之日起计算。"

张明楷：由于后罪是非法拘禁罪，是犯罪行为有继续状态的犯罪，所以，前罪的追诉时效要从非法拘禁行为终了之日起计算。因此，甲的徇私枉法行为也没有超过追诉时效。

学生：这拐了几个弯才拐到终点。

张明楷：这不是拐弯，这就是逻辑推理。学刑法不讲逻辑不行,只讲逻辑也不行。

学生: 徇私枉法的处罚要重于非法拘禁罪。

张明楷: 我不是为了处罚重才这样解释的,是原本就应当这样解释。

学生: 如果这样的话,也不能实行数罪并罚吧,只能从一重罪处罚。

张明楷: 这是另一个问题,由先前的犯罪行为产生作为义务后,行为人不履行作为义务的,一般不会数罪并罚,只需要从一重罪处罚就可以了。

学生: 这相当于借用一个非法拘禁罪,然后还是以徇私枉法罪处罚。

张明楷: 其实,即使不这样解释,也还有另外一条解释路径。

学生: 什么路径?

张明楷: 前面不是说甲存在不作为吗?难道甲的不作为只是非法拘禁吗?能不能说甲的不作为本身也构成徇私枉法罪呢?你们再看《刑法》第399条第1款规定的罪状。

学生: 第1款规定的罪状是:"司法工作人员徇私枉法、徇情枉法,对明知是无罪的人而使他受追诉、对明知是有罪的人而故意包庇不使他受追诉,或者在刑事审判活动中故意违背事实和法律作枉法裁判的"。

张明楷：乙是无罪的人，这没有疑问。司法工作人员枉法追诉了无罪的人之后，就有义务让他不继续被追诉。关键的问题是如何理解其中的追诉，让乙关进监狱当然是追诉，让乙出狱就是不使他受追诉。如果甲为了掩盖自己先前的罪行，而不履行作为义务，使乙继续被关在监狱，是不是符合了"对明知是无罪的人而使他受追诉"的规定呢？

学生：老师的意思是，甲前面的行为是通过作为方式使无罪的人受追诉，在乙被关进监狱之后，甲没有履行作为义务，因而其后面的行为就是通过不作为的方式使无罪的人受追诉。

张明楷：是的。

学生：如果说不作为可以构成徇私枉法罪，这一解释也是成立的。

张明楷：不作为当然可以构成徇私枉法罪，这是没有疑问的。比如，在数人办案过程中，其中一人通过隐匿关键的无罪证据的方法，使被害人受到追诉的，这个隐匿证据的行为就可能是不作为，完全可能构成徇私枉法罪。

学生：按老师说的处理会很公平。甲前面作为的徇私枉法产生了作为义务。如果不这样解释，被害人出狱了，被告人的追诉时效也过了，这样太不公平，被害人被判的时间越长越有可能使被告人超过追诉时效，这不合理。

张明楷：不过，用不作为这条路径时，可能涉及甲的不作为有没有期待可能性的问题，因为要求他事后承认自己徇私枉法，不一定具有期待可能性。所以，还是用前一路径更合适，就是说，甲的前罪是徇私枉法，后罪是非法拘禁，而非法拘禁一直持续到乙出狱为止，所以，要从乙出狱那天开始计算追诉时效。但由于徇私枉法罪与非法拘禁罪不能并罚，只按徇私枉法罪处罚。

案例36 追诉时效（起算时间的确定）

被告人甲是公安局刑警中队的指导员，是某个专案组的负责人，在侦查一个黑社会性质组织犯罪时，有两个涉嫌故意伤害罪和故意杀人罪的嫌疑人在被检察院批准逮捕后逃走了，甲没有实施抓捕、通缉、追逃等任何职务行为，致使两嫌疑人长期逍遥法外。其间，两嫌疑人逃到外地抢劫22起，其中5起持枪抢劫，致2人死亡。

张明楷：这个案件可能缺乏徇私、徇情的主观要素，所以，司法机关认定甲的行为成立玩忽职守。我们按玩忽职守罪来讨论时效问题，是不是要把两名嫌疑人后来再犯抢劫罪，当作甲玩忽职守罪的结果呢？也就是从两名嫌疑人最后一次抢劫时才开始计算甲玩忽职守的追诉时效？

学生：玩忽职守罪的追诉时效在结果发生时才起算。

张明楷：这一点没有问题，问题是，甲的玩忽职守行为的结果是什么？应当被抓获的嫌疑人没有被抓获，是不是玩忽职守罪的结果？没有被抓获的人再犯罪的，他们再犯罪的结果是不是甲玩忽职守罪的结果？

学生：应当被抓获的嫌疑人没有被抓获，是玩忽职守罪的直接结果；没有被抓获的人再犯罪的，是玩忽职守罪的间接结果。

学生：如果即使实施抓捕、通缉、追逃等职务行为，仍然不能抓获嫌疑人的，怎么办呢？

张明楷：如果这样设定的话，就不能证明甲的行为发生了结果，甲就不成立玩忽职守罪了。

学生：网上通缉几十年没抓到的多的是。

张明楷：除非跑到国外或者有其他特别情形，只要实施抓捕、通缉、追逃等职务行为，一般还是能抓获嫌疑人的吧。这涉及结果回避可能性与风险升高的问题，我们今天不讨论这个问题，我们以具有结果回避可能性为前提，讨论甲玩忽职守罪的追诉时效从什么时候开始计算。

学生：我感觉，在现实生活中，按应当被抓获的嫌疑人没有被抓获这一结果计算，追诉时间可能更长一些，因为嫌疑人不是每天都在犯罪。

学生：如果两名嫌疑人是最后一次犯抢劫罪时被抓获，按两个结果的时间开始计算追诉时效就是一样的，没有区别。

张明楷：我是想问二者不一致时，应当从哪一个时间开始计算追诉时效。比如，两名嫌疑人是 2015 年 8 月 1 日最后一次犯抢劫罪，他们是在 2015 年 9 月 1 日被抓获的。甲的玩忽职守罪是从

9月1日开始计算，还是从8月1日开始计算？抑或是其他起算时间？

学生：从9月1日开始计算最稳妥，因为两名嫌疑人未被抓获是玩忽职守罪的直接结果，而且这个结果的发生时间比他们犯抢劫罪的时间晚，不会出现什么争议。

学生：如果是应当抓获而未抓获的时间，则不是2015年9月1日，而是如果甲采取了合理措施，两名嫌疑人会在什么时间被抓获，这个时间才是追诉时效的起算时间。

张明楷：这个时间只有天知道，你我都不知，不具有可行性。其实，我想追问的是，如果说甲玩忽职守致使两名嫌疑人逍遥法外，没有被抓获就是玩忽职守罪的结果，或者因为没有被抓获而导致他们再犯罪是玩忽职守罪的结果，或者二者都是，那么，如果两名嫌疑人经过20年之后才被抓获，或者过了20年后又犯罪的，甲的玩忽职守行为就要从20年后开始计算追诉时效吗？

学生：这跟之前讨论的丢失枪支不报造成严重后果的情形类似。

张明楷：是的，丢失枪支不报罪也存在什么时候造成严重后果的问题。但是，将丢失枪支不报罪的追诉时效的起点，完全取决于拾得枪支的人何时造成严重后果，显然不合适。

学生：其实，国家机关工作人员丢失枪支后，即使报告的，如果没有找回来，也可能认定为玩忽职守罪。

张明楷：这就成为同一个问题了。

学生：我觉得，在本案中，将两名嫌疑人后来再犯罪的结果归属于甲的玩忽职守行为不太合理。

张明楷：根据德国刑法理论的通说，可能难以将两名嫌疑人抢劫的结果归属于甲的玩忽职守行为。

学生：这种情形有两种说法，按照罗克辛教授的观点，由于风险提升了，是可能进行客观归责的。也就是说，只要甲履行职责可能抓获嫌疑人就行了，不是要求一定能抓获。

张明楷：罗克辛教授认为这个情形可以进行客观归责吗？

学生：不知道，德国没有这个问题，但不抓获嫌疑人就提高了他再犯罪的可能性。

张明楷：两名嫌疑人再实施抢劫犯罪是基于他们的自由意志，怎么还能将甲的玩忽职守的行为当作抢劫结果的原因呢？

学生：因为甲有义务阻止他们继续犯罪。

张明楷：这么说来，德国的客观归责理论在许多场合也未必真的限定了犯罪的成立范围。

学生：我国玩忽职守罪的重大危害结果更类似于客观处罚条件之类的，但是又不好说它是客观处罚条件，因为把玩忽职守认定为过失犯肯定要有一个结果无价值，但它这种结果无价值跟一般过失犯又不太一样，一般过失犯要求过失直接导致了结果。

张明楷：玩忽职守罪的结果无价值就是职责没有得到正确

履行。

学生：老师的教材里写玩忽职守有三个构成要素，法条规定的是致使公共财产、国家和人民利益遭受重大损失，如果这两个人没有再犯罪的话，能认定甲的玩忽职守行为造成了重大损失吗？

张明楷：在司法实践中，杀人犯、伤害犯没抓获本身就被认定为严重结果与重大损失。

学生：没抓住的状态就是重大损失？

张明楷：对啊。如果说，两名嫌疑人长时间没有被抓获就是"致使公共财产、国家和人民利益造成重大损失"，可不可以就从两名嫌疑人最后被抓获的那天起开始计算甲玩忽职守罪的追诉时效？

学生：在司法实践中，肯定要将两名嫌疑人后来实施的抢劫罪，认定为甲玩忽职守罪的结果。还有一些玩忽职守导致事故发生的，也是以事故发生时作为玩忽职守罪追诉时效的起算点。

张明楷：是这样的。滥用职权罪、玩忽职守罪的结果归属明显不同于其他结果犯。可是，如果是这样的话，就是我刚才要问的，20年乃至30年后才抓获嫌疑人或者他们20年后乃至30年后再犯罪的，都要追究甲玩忽职守罪的刑事责任，总觉得不合适。

学生：老师觉得不合适在什么地方？

张明楷：导致一个较轻的玩忽职守罪几乎永远被追诉，而一个故意杀人罪的追诉时效也不过20年。

学生：是有这样的问题。

张明楷：如果说，玩忽职守罪的结果就是职务行为公正性受到侵害，"致使公共财产、国家和人民利益造成重大损失"是客观处罚条件，那么就可以从玩忽职守行为结束时开始计算。

学生：老师是将"致使公共财产、国家和人民利益造成重大损失"作为客观的超过要素的，而不是当作客观处罚条件。

张明楷：是的，我近几年也一直在思考，我以前所说的客观的超过要素，有没有一部分是客观处罚条件。话说回来，在不作为的玩忽职守罪的场合，玩忽职守行为何时结束，也有疑问。比如，刚才说的甲，他就一直都负有抓捕、通缉两名嫌疑人的义务，但他一直不履行。所以，不作为就一直在持续，于是，就可以一直追诉。

学生：如果是这样的话，本案中甲就一直在实施不作为的玩忽职守。

张明楷：还真可以这么说。如果说玩忽职守行为并没有结束，经过多少年再追诉都不冤枉，但如果玩忽职守行为已经结束，经过20年乃至30年后还追诉，总觉得不合适。

学生：如果甲后来调离公安局了，是不是就从他调离时开始计算追诉时效？

学生：他调离公安局时，如果不交代清楚，可能是一个新的不作为。

张明楷：是什么罪的不作为？窝藏罪、包庇罪？帮助犯罪分子逃避处罚罪？

学生：最有可能的是窝藏、包庇。

张明楷：这要看具体案情，以及甲调任到什么机关。

案例37 追诉时效（起算时间的确定）

2003年7月，派出所民警王某、李某明知甲不符合上户口的条件（因为甲1997年因杀人被通缉），仍然为甲上了户口，使甲能以新的身份生活。2011年甲被抓获。

张明楷：如果在2003年，王某、李某明知甲是被通缉的人员仍然为其上户口，应该定什么罪？

学生：定不了徇私枉法罪，只能定窝藏罪或者帮助犯罪分子逃避处罚罪。

张明楷：我们先说窝藏罪，窝藏罪是持续犯还是状态犯？像这种把身份洗白了的，把姓名改了办假身份证的，追诉时效从何时起算？是从2003年7月还是从2011年甲被抓获的那天开始起算？

学生：很难直接说，窝藏罪是持续犯还是状态犯。比如提供隐蔽处所的，是持续犯；如果是提供金钱使犯罪人逃匿的，就不是持续犯。

张明楷：不可能根据提供金钱使犯罪人可以用多久来计算，如果提供的金钱可以用一年就认为窝藏行为持续了一年，提供的金钱可以用两年就认为窝藏行为持续了两年。只能是从提供金钱之日开始计算追诉时效。

学生：行为人给犯罪人提供一个合法的身份与提供一个隐藏处所有什么本质区别？是不是有相似之处？

张明楷：问题就在这里了，提供一个住所还不一定是永久性居住的，身份证倒是可以永久利用，直到被查获为止。但是，能说提供身份证的行为一直在持续吗？持续犯要求构成要件的行为在持续，而不只是构成要件的结果在持续。所以，提供一个身份证与提供一个住所还是不一样的。比如，我们可以说，某人一直在向犯罪人提供住所，但不可能说，某人一直在向犯罪人提供身份证。

学生：能否从不作为的角度考虑？警察对户口的管理应该是一个持续的过程，而不是一时的。

张明楷：你的意思是，不应该上户口却上了户口之后，就一直有义务把户口收回？

学生：户口是一直要追踪的。

张明楷：但窝藏行为及其结果是由前面的作为造成的。

学生：从作为的角度来讲，窝藏更像是一个状态犯，不是持续犯,跟非法拘禁不太一样。通过一次窝藏行为使得嫌疑人处于被窝藏起来的状态,是一个状态犯。

张明楷:我觉得要根据窝藏的行为方式来判断,不能说,任何窝藏行为都是状态犯。提供住所这样的窝藏,我认为是持续犯;但提供金钱、身份证这样的窝藏,我认为是状态犯。

学生:如果给犯罪人提供了一个假身份证,是不是就有义务收回这个身份证呢?

张明楷:是宣布身份证无效还是把身份证收回来?感觉前者需要自证其罪,后者基本上没有作为可能性。上户口也是一样的。

学生:如果从不作为的角度考虑,几乎所有的渎职行为都会导致一个作为义务。

张明楷:确实是,但如果确实符合不作为犯的条件,当然也要认定为不作为犯。不过,在认定为不作为犯的场合,既要考虑作为可能性,也要考虑期待可能性。

学生:如果宽泛地认定不作为犯,渎职罪的追诉时效就形同虚设了。

张明楷:但有些情形还是要承担作为义务的。比如,被害人家属举报B杀了人,但公安人员A因为徇情不予立案。这个不立案就是徇私枉法行为。即使构成了徇私枉法罪,A也有继续立案侦查的义务。这里不涉及自证其罪的问题。

学生:这种情况是不作为本身已经符合了徇私枉法罪的条

件，而且这种不作为一直在持续，所以，是持续犯。

张明楷：可以这么认为。通过上面的讨论我们还是明确了一些问题，尤其是关于窝藏罪的追诉时效的计算，还是要判断窝藏行为是不是持续行为，而不是按罪名本身来确定一个罪是持续犯还是状态犯。

学生：为什么持续犯与状态犯的追诉时效的起算差别这么大呢？

张明楷：如果联系追诉时效制度的根据就很好理解了。如果是持续犯，就表明构成要件行为在持续，行为人就一直在犯罪。既然是一直在犯罪，就表明还有特殊预防必要性。反过来，如果只是状态犯，就表明构成要件行为没有持续了，也就是说，从行为人结束犯罪行为之日起就没有再犯罪的，如若经过了刑法规定的时效期间，就表明行为人没有再犯罪的危险性了，所以不需要再追诉了。

学生：明白了。

张明楷：我们接下来讨论，如果王某、李某的行为构成帮助犯罪分子逃避处罚罪，追诉时效应当从什么时候起开始计算？

学生：帮助犯罪分子逃避处罚罪的罪状是，"有查禁犯罪活动职责的国家机关工作人员，向犯罪分子通风报信、提供便利，帮助犯罪分子逃避处罚。"感觉与窝藏罪是一样的，看行为人实施的行为本身是否具有持续性。

张明楷：这个罪存在一个疑问，我们一直没有讨论：通风报信、提供便利，帮助犯罪分子逃避处罚，这样的行为是否需要利用职务上的便利？

学生：需要利用职务上的便利，否则就不是渎职犯罪了。

张明楷：如果是这样的话，如何理解利用职务上的便利呢？比如，有查禁犯罪活动职责的国家机关工作人员，将自己的住房提供给犯罪分子居住的，是否成立帮助犯罪分子逃避处罚罪呢？

学生：这好像没有利用职务上的便利。

学生：可是，他原本就有查禁犯罪活动的职责，他不履行这个职责，就属于渎职犯罪了。

张明楷：这么说，所谓利用职务上的便利，并不是指要积极地利用职务帮助犯罪分子逃避处罚，不履行职责也叫利用了职务上的便利。

学生：可以这么说。

张明楷：如果是这样的话，帮助犯罪分子逃避处罚罪与窝藏罪的追诉时效的起点时间是一样的，需要判断行为本身是否具有持续状态。

学生：帮助犯罪分子逃避处罚罪与窝藏罪有没有可能是竞合关系？

张明楷：肯定的，问题是认定为法条竞合还是想象竞合？

学生：第二档法定刑是一样的，窝藏罪的第一档法定刑轻一点，可以判处管制，帮助犯罪分子逃避处罚罪的最低刑是拘役。

张明楷：如果是帮助犯罪分子逃避处罚罪的法定刑重一点，可能有更多的人主张法条竞合。不过，我还是倾向于想象竞合，因为一个行为侵害的是两个不同的法益。仅评价为帮助犯罪分子逃避处罚罪，就没有评价妨害司法的行为性质。

学生：认定为想象竞合也不会导致处罚过重。

学生：老师，您刚才说，一个犯罪是持续犯还是状态犯不是按罪名说的，可是在刑法理论上，都说非法拘禁罪是持续犯，盗窃罪是状态犯，这就是从罪名上说的。

张明楷：哦，这是两回事。当我们从构成要件的角度说某个犯罪是持续犯时，是说如果行为没有持续就不可能符合构成要件，不成立犯罪。而当我们从构成要件的角度说某个犯罪是状态犯时，意思是不要求行为本身处于持续状态。但追诉时效中的持续犯罪则是另外一回事，也就是说，即使构成要件不要求行为持续，但行为人完全可能持续地实施这种犯罪，在追诉时效计算时，就要将这种行为作为持续犯或者继续状态来对待，从行为终了之日起计算追诉时效。比如，我们前面讨论的窝藏罪就是如此。窝藏罪的构成要件行为不要求具有持续性，但行为人完全可能以持续行为实施窝藏罪。再比如，故意毁坏财物罪，从构成要件角度来说是状态犯，但如果行为人从今天晚上开始一直毁坏到明天中午，追诉时效就要从明天开始计算，而不是从今天开始计算。

学生：按老师这么说，《刑法》第89条第1款所规定的"继续状态"与构成要件类型中的继续犯或持续犯还不是等同含义。

张明楷：对！一个行为是否在持续，并不难以判断，但要定义持续犯还确实比较难。

学生：我发现，渎职罪的追诉时效是问题最多的。

张明楷：我以前就这样讲过。比如，国家机关工作人员滥用职权或者玩忽职守，导致公共财产损失的情形，何时是结果发生的时间就成为问题。比如，国家机关工作人员应当于 2015 年 3 月 1 日向国有公司催收 1000 万元的欠款，但因为滥用职权或者玩忽职守一直不催收。2017 年 3 月 1 日开始催收，但一直催收不到。2019 年 3 月 1 日开始提起民事诉讼，提起民事诉讼的时候，对方还有钱归还，但等两审官司打下来后，到 2021 年 3 月 1 日，对方就没有钱归还了。滥用职权、玩忽职守的犯罪从哪一天开始成立？或者说，从哪一天开始计算追诉时效？

学生：按照司法解释的规定，是应该从 2021 年 3 月 1 日起计算追诉时效。

张明楷：如果在 2019 年 3 月 1 日起诉的时候，对方就没有归还能力了呢？

学生：那就从 2019 年 3 月 1 日起计算追诉时效。

张明楷：也就是说，损失认定的时间越早就对被告人越有利，这样似乎也有问题。

第九堂
危害公共安全罪

案例38　放火罪与失火罪（《刑法》第114条与第115条的关系）

甲实施放火行为，危害公共安全，并导致两人被烧成重伤。

张明楷：这个案件有什么讨论价值吗？

学生：老师，是这样的，《刑法》第115条第1款规定：放火致人重伤、死亡或者使公私财产遭受重大损失的，处10年以上有期徒刑、无期徒刑或者死刑；第2款规定：过失犯前款罪的，处3年以上7年以下有期徒刑。2008年公安部、最高人民检察院的立案标准规定：失火造成了1人死亡或者3人以上重伤的，或者财产直接损失50万元以上的，应当追诉。第2款表述的是"过失犯前款罪"，这是否意味着只有当放火行为导致3人以上重伤时，才能适用《刑法》第115条第1款？也就是说，放火导致2人重伤，只能适用第114条？

张明楷：怎么可能这样理解？公安部与最高人民检察院规定

的只是立案标准，你不能根据这个关于失火罪的立案标准反推第115条第1款的放火罪也必须造成3人以上重伤。立案标准实际上限制了过失犯的成立范围。

学生：但是，从逻辑上说是可以这样推理的。因为第115条第2款表述的是"过失犯前款罪"，第2款与第1款只是责任形式不同，客观的不法应当是一样的。既然司法解释说适用第2款要使3人以上重伤，那么适用第1款也必须是使3人以上重伤。

张明楷：难怪霍姆斯说法律的生命不在于逻辑。不管你的推理怎么符合逻辑，我觉得都不能像你这样来理解第115条第1款中的重伤要求。

学生：这是为什么呢？

张明楷：法律还得讲协调、讲公平正义。你想想，抢劫财物没有危害公共安全，如果过失导致一人重伤，也要处10年以上有期徒刑、无期徒刑或者死刑。放火罪危害公共安全，怎么可能还要求致3人以上重伤才处10年以上有期徒刑、无期徒刑或者死刑？

学生：犯抢劫罪时取得了财物呀！

张明楷：放火罪还产生了对不特定人生命、身体等的危险呀！从二者的基本刑就可以看出来，放火罪的基本刑与抢劫罪的基本刑相同，加重法定刑的时候，抢劫罪只要求致1人重伤，放火罪为什么要致3人以上重伤？

学生：放火罪中的造成重大财产损失可以按过失犯的立案标

准来确定吗？

张明楷：财产损失倒是可以按过失犯的标准来确定，但致人重伤肯定不要求有3人以上才适用第115条第1款。

学生：第114条规定的是尚未造成严重后果，涉及财产损失时，这个标准应该怎么把握？

张明楷：没有达到第115条的标准的，就适用第114条呀。

学生：这样就有问题了。第114条是具体危险犯，但还包括造成轻微结果的实害，如果要说轻微的实害结果的顶点是不满50万元，没有造成任何财产损失和已经造成49万财产损失的，难道等同看待吗？

张明楷：有3年到10年的量刑幅度，已经相差了7年，你还想怎么样？

学生：与故意毁坏财物不协调。

张明楷：不存在这个问题。因为放火危害公共安全，同时烧毁财物的，也可以认定为放火罪与故意毁坏财物罪的想象竞合。故意毁坏财物罪的最高刑是7年有期徒刑，结局还是要适用放火罪的法定刑裁量刑罚。

学生：在故意毁坏财物罪中属于数额特别巨大或者情节特别严重的，在放火罪中可能属于尚未造成严重后果？就是说，造成49万元的财产损失，在故意毁坏财物罪是特别严重的结果，但在放火罪中却属于尚未造成严重后果。

张明楷：这有什么奇怪的，本来两个罪的成立条件与罪质就不一样嘛。

学生：不能将第114条规定的内容区分为具体危险犯、轻微实害犯与结果犯吗？

张明楷：在理论上区分当然是可能的，可是意义何在？在适用《刑法》时都是仅适用第114条，无非只是对量刑有作用。但对量刑的作用也不是绝对的，因为量刑不只是考虑实害结果，还要考虑其他情节。再者，轻微实害犯与结果犯是什么关系？具体危险犯与结果犯是什么关系？实害犯是与具体危险犯相对应的概念，但具体危险犯与结果犯并不是对应的关系。实害犯也可能是结果犯。还要注意的是，从法律规定上说，成立第114条的犯罪，并不要求造成轻微的实害结果。我们说一个犯罪是具体危险犯、抽象危险犯与实害犯，是从刑法分则规定的要求来讲的，不是从具体的案件事实来讲的。比如，成立《刑法》第114条的犯罪，只要对公共安全产生具体的危险就可以了，但这是最低要求。如果放火等危害公共安全的行为产生了实害，但这个实害没有达到《刑法》第115条的要求，比如致人轻伤或者财产损失数额并不大，仍然只能适用《刑法》第114条。但不能据此就认为，《刑法》第114条立即变成了实害犯。应当将刑法分则对具体犯罪的要求与具体案件事实相区别。

学生：我是想用一个标准或者说一个关系说明《刑法》第114条与第115条之间的关系。

张明楷：想用一个关系来表述这两个条文的关系，我觉得是说不清楚的。

学生：我想说的是，第114条包括具体危险犯和轻微结果犯，第115条规定的是结果加重犯。

张明楷：这里首先涉及的一个问题是，是否承认故意的结果加重犯。例如，行为人就是想把人烧死而放火的，事实上也烧死了人。这叫不叫结果加重犯？有人说这就叫结果加重犯，有人说不叫结果加重犯，而是叫基本犯，因为结果加重犯只限于对加重结果是过失的场合。当然，我不完全赞成后一种观点。其次，如果行为人想烧死人而放火，但没有造成他人重伤或者死亡的，是认定为第115条的未遂犯，还是直接适用《刑法》第114条。如果直接适用第114条，就意味着在某些场合，第114条同时也是第115条的未遂犯。此外，是不是只有当行为人具有致人重伤、死亡和造成公私财产重大损失的故意时，才能适用第114条？也就是说，当行为人没有实害故意，只有具体危险犯的故意，而且发生了具体危险时，可不可以定第114条的犯罪？我是持肯定态度的。如果把这些情形都考虑到的话，没有必要硬是说第114条与第115条只有一种关系。

学生：第114条与第115条存在具体危险犯、轻微实害犯和结果加重犯三者之间的关系，它们的关系跟危险驾驶、交通肇事和以危险方法危害公共安全这三个罪之间的关系一样。

张明楷：我觉得不是一回事，没有可比性，这样比也没有什么意义。而且危险驾驶罪、交通肇事罪与以危险方法危害公共安全罪是三个独立的犯罪，而《刑法》第114条的放火罪与第115条的放火罪，充其量是两个罪之间的关系。《刑法》第114条就是具体危险犯，在发生了具体危险的前提下，造成了实害的案件，也可以适用第 114 条，但不能据此就说第 114 条规定的是实害犯。

学生： 我总感觉第 114 条和第 115 条第 1 款关于放火等罪的规定可以拆成三个罪名：一是具体危险犯，二是轻微实害犯，三是结果加重犯。

张明楷： 不可能也没有必要，而且你是根据事实来拆分罪名的，不是根据法律规定来确定罪名的。因为轻微实害犯只是事实，而不是法律的要求，你怎么可能根据事实确定刑法规定了什么罪名？你说第 115 条第 1 款规定的是加重放火罪倒是可以的，但不能说第 114 条的放火罪包括两个罪名。比如，你能说第 263 条也有两个罪名吗？因为致人重伤的抢劫是加重抢劫，而普通抢劫中包括有致人伤害危险的情形与造成轻伤的情形。但你要注意，造成轻伤并不是普通抢劫的要件，只是某些案件的事实而已，不可能因此而独立出一个罪名。罪名一定是根据刑法规定概括出来的，而不是根据事实归纳出来的。

案例39 失火罪（财产损失与情节较轻的认定）

行为人过失引起火灾，导致一个厂房和厂房外的车辆被烧毁，厂房里面的货物全部烧毁，不能做财产损失鉴定，厂房外的车辆损失价值鉴定为 37 万元。被害人可以对厂房内的财物提供一些进货单，但不能证明被烧毁的就是与进货单对应的财物。失火罪的定罪数额标准是 50 万元。

学生：这个案件能认定为失火罪吗？

张明楷：那怎么不能定呢？进货单的财产价值是多少？

学生：如果按进货单来算，已经达到了50万元。但不能证明进货单中的财物都被烧毁了。

张明楷：被害人怎么说的？他说了进货单中的财物都被烧毁了吗？

学生：被害人倒是这么说的。

张明楷：既然被害人是这么说的，你是根据什么怀疑他的说法呢？

学生：我们也没有根据怀疑他的说法。

张明楷：如果进货单载明的时间离发生火灾的时间比较近，或者进货单中的财物并不是一下就消耗的，而是可以长期使用的，你就不要怀疑被害人说的了。

学生：就凭进货单和被害人说的定罪不是不合理吗？

张明楷：你谁都不相信，被告人说的不相信，被害人说的不相信，又没有理由推翻别人说的，你相信谁呢？

学生：不是相信谁不相信谁的问题，我想解决一个问题，就是对这种情况能不能适用《刑法》第115条第2款后段关于情节较轻的规定？

张明楷：只有当财产损失达到了50万元时才可能适用情节较轻的规定，如果没有达到50万元，就不构成失火罪了，怎么可能适用情节较轻的规定呢？

学生：《刑法》第115条第2款后段的情节较轻导致法定刑降格了。能不能说立案标准是按一般情节规定的呢？

张明楷：绝对不可能。是因为你们总是不适用情节较轻的规定，所以，以为立案标准是按一般情节规定的。

学生：《刑法》第115条第2款规定的情节较轻，是要根据行为时的情节还是行为后的情节来判断呢？

张明楷：什么叫根据行为后的情节判断？

学生：就是案件发生以后赔偿被害人的情形。

张明楷：首先，不能从失火的财产数额中扣除案发后的赔偿数额，这是肯定的。否则，有钱人都不可能构成失火罪。其次，情节较轻就是责任刑的情节较轻，而不包括预防刑的情节较轻。比如，不能说行为人失火后投案自首了，就对他适用情节较轻的法定刑。

学生：第115条第2款的情节较轻，是不是减轻构成要件？

张明楷：我觉得不是减轻构成要件，只是量刑规则。

学生：故意杀人案件中，确实对一些大义灭亲的情形适用情节较轻的规定。

张明楷：那也是一个量刑规则，谈不上减轻构成要件，因为构成要件本身没有任何变化，或者说构成要件要素根本没有减少，怎么可能成为减轻构成要件呢？

学生： 故意杀人的这个情节较轻我同意是量刑规则，比如被虐待的妇女杀害丈夫等这一类，确实完全符合故意杀人罪的构成要件，很难从减轻构成要件的角度来理解。

张明楷： 失火罪的情节较轻也一样，也必须完全符合失火罪的构成要件。如果失火行为仅造成 50 万元的财产损失，刚刚达到定罪起点，当然要认定为情节较轻。

学生： 明白了。上面说的那个案件我就按情节较轻处理了。

案例40　过失以危险方法危害公共安全罪 （构成要件符合性的判断）

2017 年 8 月的某日中午，甲、乙两名被告人相约到一个县某个村的河道去游泳，在去河道的路上，甲提议购买农药"鱼藤酮"，便于二人捞鱼时用。二人在镇里购买了 40 瓶鱼藤酮（每瓶 280 毫升）以及白酒、洗衣粉等工具。到了某路段后，二人将其中 20 瓶鱼藤酮与白酒、洗衣粉混合后投入公共河道中，河水流经下游冷水鱼养殖基地，毒死基地内用河水喂养的三文鱼、虹鳟鱼等各类鱼近 4 万斤，造成直接经济损失 136 万元。

张明楷： 两个人的行为不是把公共河道里的鱼毒死了，而是说河水往下流造成下游养殖基地的鱼死亡。鱼藤酮是什么？属于危险物质吗？

学生：查了一下，鱼藤酮是一种低毒性的杀虫剂，它在自然环境中易于氧化分解，所以并不会影响农作物的口感和气味，但是它是高度脂溶性的，可以通过皮肤和消化道快速吸收，一般情况下误服鱼藤酮的患者会出现消化道和神经系统症状，表现为恶心和头晕，及时抢救没有生命危险，但是如果是长期接触鱼藤酮的人，很有可能会发生农药穿过血脑屏障抵达脑内使多巴胺能神经元死亡的情况，这和帕金森病人的病理表现是一致的。

张明楷：撰写案例分析的作者介绍了三种观点：第一种观点认为不构成犯罪，因为行为人无过失，不知道河水会流到养殖基地，也不知道下游会有养殖基地。第二种观点主张构成污染环境罪，因为有投放危险物质的行为，且以污染的方式造成了损失。第三种观点认为构成过失以危险方法危害公共安全罪。

学生：鱼藤酮是通过破坏鱼的呼吸系统造成鱼的死亡，但不会对人体造成严重危害。

张明楷：如果是这样的话，就肯定不能认定为过失以危险方法危害公共安全罪。

学生：公共安全不是也包括财物吗？

张明楷：但是，只能造成财物毁损，不可能造成人员伤亡的，不可能危害公共安全。《刑法》第115条所规定的"使公私财产遭受重大损失"是以具有造成不特定多数人伤亡的危险为前提的。如果说"使公私财产遭受重大损失"就是危害公共安全，那么，一个盗窃犯到处行窃，窃取了上百户人家价值几千万元的财物，是不是也要认定为以危险方法危害公共安全罪？显然不可能。

学生：这是因为行为人的行为方式并不危害公共安全。

张明楷：如果向一个养鱼池投放危险物质，导致鱼全部死亡，但这些鱼根本不可能给人吃，这也认定为投放危险物质罪吗？

学生：有不少学者就持这种观点。

张明楷：我认为，如果这些鱼仍然是要给人吃的，可以认定为投放危险物质罪。如果不是要给人吃的，就只需要认定为故意毁坏财物罪。

学生：老师对公共安全强调的是人的生命、身体等方面的安全，而不是财物本身的安全。

张明楷：再如，在野外采用爆炸方法炸毁了数额巨大的财物，但当时没有任何人在场，不可能导致任何人伤亡，也不可能认定为爆炸罪，只能认定为故意毁坏财物罪。

学生：由此看来，老师上面所举的盗窃案例，也是因为实质上并不危害公共安全所以不构成该罪，而不是说实质上危害了公共安全，只是行为手段不符合《刑法》第114条的规定。

张明楷：对于刑法规定的以危险方法危害公共安全罪，虽然理论上主张采取同类解释，只有像放火、爆炸那样的行为人不可能控制结果范围的行为，才属于其他方法，但在实践中几乎不起作用。所以，我主张尽量不要使用这个罪名。

学生：这个案件确实不能认定为过失以危险方法危害公共安全罪。感觉污染环境罪也不成立，因为这种物质并不是《刑法》第338条所规定的有放射性的废物、含传染病病原体的废物、有毒物质或者其他有害物质。

学生：行为人也没有污染环境的故意。

张明楷：鱼藤酮是一种低毒性的杀虫剂，农民可能都在田地里使用，如果使用它就污染环境，那构成污染环境罪的就太多了，估计不可能成立污染环境罪。

学生：百度百科上说，鱼藤酮只会杀死水生动物，但不会造成人的伤亡，不会污染环境。

张明楷：如果是这样，就更不可能构成污染环境罪了。

学生：按照2016年12月23日"两高"《关于办理环境污染刑事案件适用法律若干问题的解释》的规定，污染环境的行为违法所得或者致使公私财产损失30万元以上的，就构成犯罪，我感觉这种行为已经是污染环境了。因为被告人的行为把水体污染了，导致不能养鱼了，水体是环境的一部分。

学生：水体污染所造成的损失是多少呢？

学生：按136万元认定。

学生：那不是水体污染本身的损失数额，而是被毒死的鱼的损失数额。

张明楷：不能将136万元认定为污染水体本身造成的损失，而且难以认定水体本身有污染，即使有污染也不符合司法解释的规定。所以，还是不能认定为污染环境罪。

学生： 这个案件能不能算非法捕捞水产品呢？

学生： 也不符合司法解释关于非法捕捞水产品罪的规定。

张明楷： 那就只是单纯的毁坏财物了，但行为人没有毁坏下游养殖基地的冷水鱼的故意，不能认定为犯罪了。

学生： 造成的财产损失确实大了一点，充其量只有过失，过失毁坏财物又不是犯罪，所以不能定罪了。

张明楷： 撰写案例分析的作者讲，第一种意见是行为人不能预见下面有养殖场在使用这条河的河水。如果是这样，就连过失也没有，更不能定罪了。

案例41 非法携带危险物品危及公共安全罪（危险的判断）

被告人甲因为不执行法院判决而被列入失信黑名单。某天，甲骑摩托车去法院执行局，在进入法院执行局第一道门内10米左右，就与案件承办人发生争执。随后甲趁人不备，从摩托车里拿出了事先准备好的装满汽油的两个矿泉水瓶，将汽油泼洒在摩托车上，在被制止的过程中，他自己身上和法警身上都被泼洒了汽油。法警将甲控制之后，从他身上搜出了手机、打火机和香烟。

张明楷：甲的行为是否构成犯罪？如果构成犯罪的话构成什么罪？

学生：他想干什么？

张明楷：不知道他想干什么。

学生：他是故意将汽油泼到法警身上吧？

张明楷：不是故意泼到法警身上，因为法警制止他的行为，而他手上拿着汽油瓶，所以，汽油同时泼洒到法警与他自己的身上。甲可能原本只是想通过烧毁自己的摩托车表示对将自己列入失信人员名单的抗议吧。如果只是烧毁摩托车，应当不至于发生火灾。

学生：这样的话就不能定罪了。

张明楷：但是，法院认定为非法携带危险物品危及公共安全罪，适用的是《刑法》第130条。你们觉得合适吗？

学生：《刑法》第130条要求将危险物品携带到公共场所或者公共交通工具，法院不是公共场所吧？

张明楷：公共场所是公民可以自由出入的场所，法院是不是公民可以自由出入的场所？

学生：不是的。

张明楷：如果不是的，将甲的行为认定为非法携带危险物品危及公共安全罪就不合适了。

学生：烧毁自己的摩托车是不是也可能成立放火罪？

张明楷：这要看是否危害公共安全。烧毁自己的摩托车的同时，如果可能导致其他物品燃烧进而危害公共安全，当然可以认定为放火罪。至于是哪一种犯罪形态，则是另一回事。但如果只是烧毁自己的财物，不可能危害公共安全，就不能认定为放火罪。以前我遇到过一个案件：乡政府应当给行为人解决某个事情，但一直不解决，行为人就将自己的汽车开到乡政府的大院，在离办公楼40多米的地方把自己的汽车点燃以示抗议，从现场情况来看，根本不可能使其他物品燃烧，但法院还是认定为放火罪，这个判决显然不妥当。

学生：老师，《刑法》第130条规定的是抽象危险犯吗？

张明楷：不是抽象危险犯，而是具体危险犯，因为法条明确要求"危及公共安全，情节严重的"，其中的危及公共安全，就是具体危险犯的表述。不过，这个法条的表述还是值得研究的。一般来说，既然危及公共安全就具备了处罚根据，不另需要情节严重。但这个法条的表述给人的印象是，如果行为危及公共安全，但情节不严重的，就不能认定为犯罪。但与抽象的危险犯相比，既然行为对公共安全产生了具体危险，就没有必要另要求情节严重了。不过，我们也可以这样认为：如果行为危及公共安全，就可以认定为情节严重。当然，这个犯罪中的具体危险与放火、爆炸罪的具体危险的程度可能还是有区别的。

学生：2009年11月16日修正后的最高人民法院《关于审理非法制造、买卖、运输枪支、弹药、爆炸物等刑事案件具体应用法律若干问题的解释》第6条第1款规定："非法携带枪支、弹药、爆炸物进入公共场所或者公共交通工具，危及公共安全，具有下列情形之一的,属于刑法第一百三十条规定的'情节严重':(一)携带枪支或者手榴弹的;(二)携带爆炸装置的;(三)携带炸药、发射药、黑火药五百克以上或者烟火药一千克以上、雷管二十枚以上或者导火索、导爆索二十米以上的;(四)携带的弹药、爆炸物在公共场所或者公共交通工具上发生爆炸或者燃烧,尚未造成严重后果的;(五)具有其他严重情节的。"这一解释的字面意思是,除了危及公共安全外,还必须具有上述严重情节。

张明楷:下级司法机关其实并不判断行为是否危及公共安全,只是判断是否情节严重。所以,需要反过来考虑,是不是具备上述严重情节就能认定为危及公共安全?如果得出肯定结论,定罪就没有问题。

学生:上述司法解释淡化了危及公共安全的判断,只是突出了情节严重的判断,或者用情节严重代替了危及公共安全的判断。

张明楷:如果从立法论上来考虑的话,将本罪规定为抽象的危险犯,同时要求情节严重,也不失为一种选择。否则的话,难以使本罪与其他具体的公共危险犯相协调。之所以形成现在这样的规定,可能还是想限制处罚范围。从这个角度来说,这样限定也是合适的。

学生:是的。

张明楷:另外,非法携带枪支、弹药进入公共场所或者公共交通工具的,如果非法持有行为与非法携带行为是完全重合的,一般不会适用《刑法》第130条,而是直接认定为《刑法》第128条的非法持有枪支、弹药罪。只有当二者并不重合时,即当非法携带枪支、弹药进入公共场所或者公共交通工具的行为之前或者之后的行为构成非法持有枪支、弹药罪时,才可能数罪并罚。不过,如果按照德国认定想象竞合犯的标准,似乎也可能认定为想象竞合,但我国刑法理论的通说一般认为这种情形不符合想象竞合的条件。

学生: 合法持有枪支的人能否成立第130条的犯罪?

张明楷: 也是有可能的。持有枪支合法,不等于将枪支携带到公共场合或者公共交通工具也是合法的。这个需要根据枪支管理法以及枪支持有人的行为内容等进行具体判断。

学生: 刚才这个案件,法院有没有可能说,甲骑着摩托车去法院的道路上,就属于将危险物品携带到公共场所或者公共交通工具?

学生: 道路上就是公共场所吗?

张明楷: 即使道路上是公共场所,但甲的摩托车上有两瓶汽油,还不足以危及公共安全吧。所以,不管他是携带到法院还是携带上道路,都不符合危及公共安全的要件。危及人身安全的行为是后来拿出汽油导致泼洒到自己和法警身上的行为。但后来这个行为本身不是携带危险物品的行为,这个行为本身也难以构成犯罪。

第十堂
破坏社会主义市场经济秩序罪

案例42　生产、销售伪劣产品罪（构成要件符合性的判断）

被告人胡某于2015年6月至2016年7月间，在自己经营的食品店里销售自酿的散装白酒。为了使散装白酒的口感更好，销量更大，胡某就在白酒中加入了甜蜜素、食用酒精等添加剂进行调味，销售金额总计30多万元。后来，执法人员在其店里发现了5斤甜蜜素、25斤食用酒精、1400斤散装白酒，检测后发现甜蜜素含量不符合国家规定的标准，属于不合格食品。

张明楷：从案情介绍来看，胡某并没有假冒注册商标之类的行为，也没有谎称自己出售的是高档白酒，所要讨论的是该行为是否构成生产、销售伪劣产品罪，因为行为人所添加的甜蜜素不符合国家规定的含量标准。

学生：甜蜜素是否足以造成食物中毒事故？

张明楷：不知道甜蜜素会起什么作用，吃多了对人体是否有危害，你们搜索一下。

学生：甜蜜素是食品生产中常用的一种添加剂，其甜度是蔗糖的 30～40 倍。消费者如果经常食用甜蜜素含量超标的饮料或其他食品，就会因摄入过量对人体的肝脏和神经系统造成危害，特别是对代谢排毒的能力较弱的老人、孕妇、小孩危害更明显。

张明楷：这个案情所说的甜蜜素不符合国家规定标准，应该是指甜蜜素含量超标了。

学生：既然是这样，有没有可能认定为销售不符合安全标准的食品罪？

学生：销售不符合安全标准的食品罪，要求足以造成严重食物中毒事故或者其他严重食源性疾病，是具体危险犯。这个案件没有交代这一事实，估计不具备这个要素。

张明楷：按照你们刚才查到的说明，如果销售不符合安全标准的食品罪是抽象危险犯，似乎可以定这个罪。但由于销售不符合安全标准的食品罪是具体危险犯，可能难以证明这一点。正因为如此，撰写案例分析的作者只是讨论该行为是否成立生产、销售伪劣产品罪。

学生：行为人的行为不是掺杂、掺假，而是以不合格产品冒充合格产品。

张明楷：撰写案例分析的法官是这样说的：第一，行为人的行为不符合司法解释所规定的掺杂掺假；第二，行为人在销售白酒时并没有标榜其销售的是高档白酒或者知名白酒；第三，行为人销售的就是自酿白酒,其主观上不具有掺杂掺假后的冒充意思。作者说了生产、销售伪劣产品罪有四种情形,但为什么不认为这种行为是以不合格产品冒充合格产品呢?

学生:确实是因为掺入甜蜜素导致不合格,酒里是不是不应该有甜蜜素?如果不应当有,就是掺杂掺假了。

张明楷:白酒里可以有甜蜜素,白酒里的添加剂可多了,当然也可以添加甜蜜素。所以,认定为掺杂掺假是不是不合适?

学生:这个"假"的含义太宽泛了,含量超标的甜蜜素,也可以是说假的。

张明楷:如果按司法解释的规定,不能说是掺杂掺假。2001年4月9日"两高"《关于办理生产、销售伪劣商品刑事案件具体应用法律若干问题的解释》第1条第1款规定:"刑法第一百四十条规定的'在产品中掺杂、掺假',是指在产品中掺入杂质或者异物,致使产品质量不符合国家法律、法规或者产品明示质量标准规定的质量要求,降低、失去应有使用性能的行为。"不能说甜蜜素是杂质或者异物,它只是含量超标而已。

学生:其实,如果没有司法解释这样的规定,将行为人添加超标的甜蜜素的行为认定为掺杂掺假也是可以的。

张明楷:这样说也可以。其实,《刑法》第140条规定的四种情形并没有明确的界限,许多行为都会同时属于几种情形。比如,销售掺杂掺假的产品,大多也是以不合格产品冒充合格产品。

学生：在有司法解释规定的前提下，只能认定为以次充好或者以不合格产品冒充合格产品。

学生：上述司法解释第 1 条第 3 款规定："刑法第一百四十条规定的'以次充好'，是指以低等级、低档次产品冒充高等级、高档次产品，或者以残次、废旧零配件组合、拼装后冒充正品或者新产品的行为。"这一案件似乎不符合这一规定。还是认定为以不合格产品冒充合格产品比较好。该司法解释第 1 条第 4 款规定，《刑法》第 140 条规定的"不合格产品"，是指不符合《中华人民共和国产品质量法》第 26 条第 2 款规定的质量要求的产品。《产品质量法》第 26 条第 2 款规定：产品质量应当符合下列要求：（1）不存在危及人身、财产安全的不合理的危险，有保障人体健康和人身、财产安全的国家标准、行业标准的，应当符合该标准；（2）具备产品应当具备的使用性能，但是，对产品存在使用性能的瑕疵作出说明的除外；（3）符合在产品或者其包装上注明采用的产品标准，符合以产品说明、实物样品等方式表明的质量状况。甜蜜素的添加是有国家标准或者行业标准的，所以，行为人生产、销售的白酒不符合这些标准。

张明楷：《刑法》第 140 条规定的第四种情形相当于兜底规定或者概括性规定，不符合其他三种情形的，一般会符合第四种情形。

学生：如果说行为人生产、销售了不合格产品，是否需要行为人认识到这一点呢？

张明楷：生产、销售伪劣产品罪是故意犯罪，当然要求行为人认识到这一点。

学生：在这个案件中，如果行为人没有认识到自己添加的甜蜜素超标了，就不能认定他有生产、销售伪劣产品罪的故意了。

张明楷：当然。

学生：如果是这样，行为人不承认自己认识到超标就可以逃避刑事责任了。

张明楷：这一点还是可以查明的。行为人在添加甜蜜素时，一定会对甜蜜素有了解，甜蜜素产品上也会有说明，行为人要否认这一点可能比较困难。

学生：行为人要认识到自己生产、销售的产品不合格，这一点没有疑问。是否要求行为人认识到自己在冒充合格产品呢？

张明楷：行为人对冒充行为当然也需要有故意。不过，在大多数场合，这一点基本上不需要独立判断，也就是说，如果行为人知道自己所销售的是不合格产品，但不告诉顾客真相，就具有了冒充合格产品的故意。

学生：如果不知道甜蜜素超标是不是就没有冒充的故意？

张明楷：不知道甜蜜素超标就等于说他不知道自己销售的是不合格的产品，那就没有冒充合格产品的故意。

学生：其实，只要行为人认识到自己销售的白酒或许不合格就可以了。

张明楷：这样说是可以的，不需要行为人认识到不合格的具体内容是什么。但如果行为人确实以为自己销售的是合格产品，就不能认定行为人有故意了。比如，上家与下家都是经营柴油的，上家将一种"轻质循环油"卖给下家，但跟下家说这是"调和油"，下家就按"调和油"销售。而这个"轻质循环油"是不合格产品，但"调和油"并不意味着是不合格产品，下家不知道自己所卖的"调和油"就是"轻质循环油"。所以，上家构成销售伪劣产品罪，但下家不构成这个犯罪，也不成立其他犯罪。

学生：如果行为人明知产品不合格，但将真相告诉消费者，是不是就没有冒充的故意？

张明楷：如果是这样的，当然就没有冒充行为，也没有冒充故意。我觉得，以不合格产品冒充合格产品时，是存在欺骗行为的。如果行为人告诉顾客，白酒中的甜蜜素是超标的，就没有欺骗行为，没有冒充合格产品，就不能适用"以不合格产品冒充合格产品"这一项规定了。

学生：如果行为人只是对消费者说，这些白酒是我自己制造的，没有说其他的，能不能说行为人没有以不合格产品冒充合格产品？因为一般人都会认为，私人自己制造的白酒大体上是不合格的。

张明楷：这恐怕不合适，一般人也可能认为，既然行为人能销售就是合格的，否则，早就被市场监督管理部门查处了。

学生：老师，您刚才说，如果行为人说明甜蜜素超标的真相，就不成立生产、销售伪劣产品罪了。可是，这个罪是对公法益的犯罪，不是对个人法益的犯罪，消费者的承诺不应当影响这个犯罪的成立吧？

张明楷：生产、销售伪劣产品罪当然是侵犯公法益的犯罪。在以不合格产品冒充合格产品的场合，如果行为人说明了真相，就不成立本罪，不是因为被害人有承诺，而是因为行为就不符合"冒充"的构成要件。以次充好、以假充真，也是如此。如果行为人说明自己的产品是次品，说明自己的产品是假的，当然就不符合以次充好、以假充真的构成要件，因而不成立本罪。但是，掺杂、掺假本身不是一个冒充行为，只要行为人生产、销售掺杂、掺假的产品，即使说明了真相，也依然是生产、销售掺杂、掺假的产品，符合了构成要件。这种情形下的被害人承诺，也不可能阻却违法性。

学生：本案行为人并没有告诉消费者甜蜜素超标的真实情况。

张明楷：所以，本案的结论是，只要行为人知道自己生产、销售的白酒不合格或者可能不合格，却依然销售，就构成生产、销售伪劣产品罪。

案例43 生产、销售伪劣产品罪（与其他犯罪的关系）

王某经营一家商贸公司，2017年3月低价购进了2017年1月生产的保质期为一年的汤圆4000余盒，运到冷库储存。2018年元宵节期间从冷库中把汤圆拿出来，将生产日期由2017年1月改成2018年1月后销售。王某销售的是A公司品牌的汤圆，但A

公司本身不知道王某的销售行为,也未授权王某销售,且2018年未生产过该类产品。因为汤圆超过保质期,故没办法对汤圆的食品安全性进行鉴定。

张明楷:这个案件的销售金额达到了 5 万元,在定性方面存在三种观点:第一种观点认为,王某的行为构成销售假冒注册商标的商品罪;第二种观点主张认定为销售不符合安全标准的食品罪;第三种观点认为应认定为生产、销售伪劣产品罪。你们逐一分析一下这几种观点。

学生:肯定不成立销售假冒注册商标的商品罪。因为从案情来看,王某所销售的商品就是 A 公司 2017 年生产的汤圆,只是 A 公司 2018 年没有生产这类汤圆,但不能因为王某是 2018 年销售的,就认为他销售了假冒注册商标的商品。而且,王某就是低价购进的,没有交代这个汤圆就是假冒注册商标的商品。如果说王某销售的汤圆确实不是 A 公司的产品,却假冒了 A 公司的商标,那么,客观上就是销售假冒注册商标的商品,但主观上有没有故意也是一个问题。

张明楷:同意你说的观点与理由。主张认定为销售假冒注册商标的商品罪的观点,可能是以 A 公司 2018 年未生产过该类产品为由的,也就是说,A 公司 2018 年没有生产过这类产品,而行为人却销售了这类产品,而且产品上有 A 公司的商标,所以,这个产品就假冒了 A 公司的商标。但该理由显然不成立。

学生：王某的行为也不成立销售不符合安全标准的食品罪，因为汤圆超过保质期，没办法对汤圆的食品安全性进行鉴定，也就是说，不能证明王某所销售的汤圆是不符合安全标准的食品，所以，不能构成这个罪。

张明楷：我有一点不明白，为什么超过了保质期就不能鉴定呢？直接鉴定王某2018年销售的汤圆是否符合安全标准不就可以了吗？

学生：也许是说，2018年时，不能鉴定2017年生产出来的汤圆是否符合安全标准。

张明楷：在本案中，不需要鉴定2017年生产出来的汤圆是否符合安全标准，只需要鉴定王某销售的汤圆是否符合安全标准。我们就不管这样的问题了，第三种观点成立吗？

学生：王某的行为属于以次充好，应当认定为销售伪劣产品罪。

学生：我们以前认定行为属于以次充好时，律师总是要追问次在什么地方、好在什么地方。

张明楷：这个容易回答吧。就同一品牌而言，2017年生产的汤圆肯定没有2018年生产的好吧。

学生：但没有鉴定结论就不好说了。

学生：那就适用以假充真的规定，因为所谓2018年生产就是假的，真的是2017年生产的。也就是说，将假的2018年生产的汤圆冒充真的2018年生产的汤圆，这样说行吗？

张明楷：这样说也没有问题，以次充好与以假充真不是对立关系或者排斥关系，完全可能是重合的。

学生：但是，2001年4月9日"两高"《关于办理生产、销售伪劣商品刑事案件具体应用法律若干问题的解释》第1条第2款规定："刑法第一百四十条规定的'以假充真'，是指以不具有某种使用性能的产品冒充具有该种使用性能的产品的行为。"本案王某销售的汤圆具有食用的性能，所以，不能适用以假充真的规定。

张明楷：我一直认为，这个司法解释是将生产、销售伪劣产品罪当作诈骗罪来规定的，要求过高。比如，关于以假充真的规定，就要求过高，只从有无某种性能的角度讲真假，而没有从性能的差异上讲真假。而且，对《刑法》第140条的解释，似乎没有考虑到食品这一特殊产品。按现有的司法解释，只能适用以次充好的规定了。因为王某并没有在产品中掺杂掺假，也不属于以不合格产品冒充合格产品。

学生：该司法解释第1条第3款规定："刑法第一百四十条规定的'以次充好'，是指以低等级、低档次产品冒充高等级、高档次产品，或者以残次、废旧零配件组合、拼装后冒充正品或者新产品的行为。"

张明楷：可以解释为王某以低等级、低档次产品冒充高等级、高档次产品。因为他销售的汤圆已经超过了保质期，当然属于低等级、低档次的产品。高等级、高档次产品是相对于行为人所销售的产品而言的，不是一般意义上的高等级、高档次。所以，可以适用这一规定。

学生：既然王某销售的是食品，而且不能证明不符合安全标准，是不是可以不认定为犯罪呢？

张明楷：只能说不构成生产、销售不符合安全标准的食品罪，但食品也是产品，如果符合《刑法》第 140 条的规定，就不能否认其行为构成销售伪劣产品罪，《刑法》第 149 条第 1 款对此有明文规定。当然，如果行为人的销售额刚达到 5 万元，或者只超过一点点，作相对不起诉处理是完全可以的。

案例 44　信用卡诈骗罪（与盗窃罪的区别）

被告人甲和乙雇了几个人在出租房内，由受雇者冒充银行客服人员向被害人拨打电话，谎称能够提高被害人信用卡的信用额度。被害人一听能够提高信用额度，就把银行卡号和安全码信息告诉被告人。被告人想利用骗取的银行卡信息资料，在网上购买手机充值卡。在被告人购买手机充值卡时，需要通过短信验证码给持卡人，而且发送短信时还告知持卡人要在网上购物消费，并且告知持卡人不要把验证码泄露给别人。此时，被告人又给被害人打电话，要求被害人把验证码告诉了被告人，于是被告人在网上购买了手机充值卡。然后，被告人把手机充值卡出卖给他人，一共获得 3 万余元。

张明楷：这个案例应当很简单。但有关人员在讨论案件时，只是讨论被告人的行为是构成普通诈骗罪还是信用卡诈骗罪，难道就不涉及盗窃罪吗？

学生：当然涉及盗窃罪。

学生：这个案件跟诈骗没有关系吧？

张明楷：被害人告知安全码与验证码时，没有处分财产的意思吧？

学生：只是为了提高信用额度，没有处分财产的意思。

张明楷：所以，被告人对被害人不成立两者间的普通诈骗罪。那么，能否成立信用卡诈骗罪呢？就是说，行为人在利用被害人的银行卡购买手机充值卡时，是不是在冒用他人信用卡呢？

学生：如果是这样的话，充值卡的卖方误以为信用卡是被告人的，但卖方并没有财产损失。

张明楷：如果说欺骗的是手机充值卡的卖方，就涉及行为人使用银行卡卡号、安全码、验证码等，是否属于冒用他人信用卡。或者说，冒用信用卡是不是一定要持有他人实体的信用卡本身。如果在网上购物使用信用卡，只需要卡号、密码等信息，还要求行为人持有实体的信用卡的意义何在呢？

学生：被骗人是手机充值卡的卖方还是银行？因为在他们交易的时候，双方还是要通过网上银行进行的。

张明楷：这是日本长期以来争论的问题。被告人得到的是手机充值卡，但之所以能够取得充值卡，是因为能够使用被害人的信用卡。

学生：可以说被告人偷了被害人的债权去购买充值卡。

张明楷：偷被害人的债权去购买手机充值卡？

学生：被害人对银行享有债权，被告人用验证码把债权转移了。

张明楷：你的意思是，如果信用卡里有钱就是减少了被害人的债权，如果信用卡里没有钱就是增加了被害人的债务。可是，不管是债权还是债务，能说行为人转移给自己占有或者第三者占有了吗？

学生：没有转移给行为人自己占有，但转移给充值卡的卖方占有了。

张明楷：卖方属于特约商户，他们出卖了充值卡后就对银行享有了债权吗？

学生：从逻辑上说是这样的，银行立即通过减少持卡人的债权使自己履行了对特约商户的债务。

张明楷：如果是这样的话，几乎所有的冒用他人信用卡都同时存在一个对债权的盗窃，从而成立想象竞合吗？

学生：嗯。

张明楷：如果是想象竞合的话，出卖充值卡的商店损失的是什么呢？

学生：商店没有损失，商店只是受骗人，但不是受害人，因为他们的交易目的实现了。

张明楷：那么，冒用信用卡类型的信用卡诈骗罪的被害人是谁呢？是银行还是持卡人？

学生：持卡人。

张明楷：特约商户直接处分了持卡人的债权吗？

学生：特约商户不能直接处分持卡人的债权吧。

张明楷：是特约商户处分了银行的财产吗？然后银行又处分了持卡人的债权？

学生：应当是银行处分了持卡人的债权。

张明楷：验证码是银行发出来的，银行实际上是征得持卡人同意才处分持卡人的债权的吧。

学生：商家只是提供相应的信息。

学生：这么说的话，就不只是三角诈骗，好像成了四角诈骗了。行为人向特约商户冒用他人信用卡，特约商户人员信以为真，请求银行将持卡人的债权转移给自己，银行通过发验证码确认，减少持卡人的债权，从而将相应的债权转移给特约商户，最后使持卡人遭受财产损失，财产损失的内容就是自己对银行的债权减少。在这个过程中，行为人欺骗了特约商户，但同时间接地欺骗了银行工作人员。或者说，行为人利用特约商户人员欺骗了银行职员，行为人对特约商户是直接正犯的诈骗，对银行职员是间接正犯的欺骗，由于银行职员是处分人，所以，受骗人应当也是银行职员。我这样分析有没有问题？

学生：可是，持卡人申请信用卡时会有合约，合约上就明确说了，不管是任何人发送验证码，都视为持卡人本人所发。如果是这样的话，银行职员就没有被骗，银行觉得还是持卡人在消费。

张明楷：这正是说明银行职员被骗了吧，否则怎么叫冒用他人信用卡呢？

学生：银行没有损失。

张明楷：如果说是三角诈骗的话，银行当然没有损失，受损失的就是持卡人。还是回到前面提到的那个问题。在三角诈骗的场合，能否同时认为行为人盗窃了持卡人的债权，因而同时成立盗窃罪，属于想象竞合？

学生：能。

张明楷：也就是说，所有的冒用他人信用卡的行为，在构成信用卡诈骗罪的同时，也对持卡人犯了盗窃罪？

学生：行为人利用银行职员的行为盗窃了持卡人的债权，就是盗窃的间接正犯和三角诈骗。

张明楷：其实，如果刑法没有规定诈骗罪的话，所有的诈骗行为都可能成立盗窃罪的间接正犯。既然刑法规定了信用卡诈骗罪，如果行为已经符合信用卡诈骗罪的构成要件，比如冒用他人信用卡，就没有必要再说被告人的行为同时触犯了盗窃罪。这是我们以前就讲过的，只不过在讨论本案时，大家都忘记了这一点。

学生：诉讼诈骗时也可以说利用法官的合法行为盗窃了对方的财产。

张明楷：不仅三角诈骗是如此，二者间的诈骗也是如此。所有的诈骗都可能成立盗窃罪的间接正犯。既然刑法将部分盗窃罪的间接正犯独立规定为诈骗罪，如果行为符合了诈骗罪的构成要件，就不要再说成立诈骗罪的同时还成立盗窃罪的间接正犯。

学生：是这样的。

张明楷：我问你们一下，诉讼诈骗的时候，能不能说判决发生法律效力时就已经获得了财产性利益，因而成立诈骗既遂？

学生：一般不会认定为诈骗既遂。

张明楷：为什么？

学生：因为虽然判决了，但没有执行，被害人事实上没有财产损失。

张明楷：被害人产生了履行判决的义务，或者说产生了必须履行的债务，怎么没有财产损失呢？为什么在其他场合，诈骗行为使被害人免除债务的，都认定为诈骗既遂呢？

学生：因为债务确实免除了，所以导致被害人的债权丧失了。

张明楷：在被害人没有债务的时候，欺骗行为使被害人产生了债务，不是完全一样的吗？

学生：感觉不一样。

张明楷：我明白了。你们实际上认为，因为债务是可以不履行的，所以不能认定为既遂。不讲诚信也反映在刑法理论与司法实践中了。事实上，只要判决发生法律效力，被害人就产生了法律上的债务，而且是必须履行的债务，这就是财产性利益的损失，必须认定为既遂。

学生：如果后来又强制执行了呢？

张明楷：后来执行或者强制执行的话，就属于包括的一罪，因为最终只侵害了一个法益。

学生：老师以前说过了，在某些情况下，对财产性利益的保护实际上是对狭义财物的提前保护。

张明楷：我们今天讨论的这个案件，在日本不可能认定为对持卡人的盗窃，因为日本的盗窃罪的对象并不包括债权这种财产性利益，在德国也是如此。那么，在德国有没有可能构成利用计算机诈骗罪？

学生：这个案件还不好说是利用计算机诈骗。

张明楷：行为人在网上操作，当然是利用了计算机。

学生：这还真不知道，没有看过相应的判例。

张明楷：日本没有信用卡诈骗罪，这个案件如果发生在日本，首先是要判断行为人是否欺骗了自然人，如果得出肯定结论，就成立普通诈骗罪；否则，就会认定为利用计算机诈骗罪。在我国，我还不知道这个案件的背后是否有自然人介入，也就是说，行为人是否欺骗了自然人。我们前面说行为人成立信用卡诈骗罪，是以行为人欺骗了特约商户职员或者银行职员为前提的，如果完全是网上操作，根本不需要经过自然人，我觉得就不构成信用卡诈骗罪了。

学生：但是，司法机关肯定会认定为信用卡诈骗罪。

张明楷：我知道，因为他们认为对机器也可以冒用他人信用卡，但我不赞成这种观点。不过，这个案件有一方要出卖手机充值卡，有可能欺骗了自然人。如果使用了持卡人的信用卡信息资料，并且欺骗了自然人，我就主张认定为信用卡诈骗罪。但如果只是在机器上使用，就只能认定为盗窃罪。

学生：行为人在机器上使用他人信用卡时，没有任何人有处分意识，也没有任何人基于认识错误实施处分行为。

张明楷：在德国，骗取财产性利益时不需要处分意识，但骗取财物的时候需要有处分意识；日本的学说则没有这样区分。日本的学者要么认为诈骗罪的成立不需要处分意识，比如西田典之教授；要么认为需要有处分意识，比如山口厚教授。原本德国是在同一条同一款规定诈骗罪的，而没有像日本刑法那样分为两款或者两项。按理说，日本学者更有理由认为，诈骗财物时需要处分意识，而诈骗财产性利益时不需要处分意识。但是，他们没有这样区分。就是说，德国的诈骗罪只有一个构成要件，而日本的诈骗罪实际上是可以分为两个罪的，原本德国不应当在一个构成要件中针对不同对象就处分意识提出不同要求，但他们为了填补处罚漏洞，也就是为了防止盗窃财产性利益的行为不受处罚，而对诈骗财产性利益的行为不要求处分意识。日本倒是可以这样分开的,但他们却没有分开。这个很有意思。

学生:在我国,您主张分开吗?

张明楷:我不主张分开。一方面,我国的刑法就用一款规定了诈骗罪,因而只有一个构成要件,分开就不合适。另一方面,我们可以肯定对财产性利益的盗窃,所以,不需要通过德国理论的方法避免处罚漏洞。

案例45 信用卡诈骗罪(与盗窃罪的关系)

被告人甲帮被害人乙注册支付宝账号,于是知道了乙的手机密码、支付宝账户密码等信息,然后甲用乙的手机号注册了一个微信账号,而且开通了微信钱包功能。甲通过操作乙名下的支付宝和微信钱包,以转账、充值、消费等方式转移了乙银行卡里的3万元,但在操作过程中,因为系统原因,有8000元没有成功转出。事后,甲退给乙2.2万元。

张明楷:一种观点认为,甲的行为成立信用卡诈骗罪。为什么?

学生:因为支付宝与微信都要绑定银行卡,甲可能是冒用了乙的银行卡。

张明楷：就是说甲冒用了乙的信用卡资料吗？可是，在乙的支付宝与微信绑定了银行卡之后，甲从乙的支付宝或者微信里转钱给自己还需要输银行卡号和密码吗？

学生：只输一个支付密码，不再输银行卡号和密码，但划走的钱是银行卡的钱。

张明楷：既然是这样的话，就不能定信用卡诈骗罪。信用卡诈骗罪要求使用了信用卡，而不是说只要骗取了信用卡里的钱就是信用卡诈骗。

学生：可不可以说，只要冒用他人支付宝，肯定是冒用了他人银行卡？

张明楷：甲只是冒用了乙的支付宝和微信，但通过支付宝和微信把乙绑定的银行卡里的钱转到自己账户或者用于消费时，甲并没有冒用乙的信用卡本身。即使认为冒用他人信用卡只需要冒用卡号、密码，甲也没有冒用卡号、密码。只能说，甲通过冒用乙的支付宝和微信，使乙信用卡里的财产受到损失，这肯定不能叫冒用他人信用卡。

学生：乙的支付宝是相当于自己的钱包，还是相当于自己的银行卡？

学生：支付宝类似于手机钱包或者随身钱包，随时可以进行支付，支付宝里的钱也可以随时转到银行卡里。

张明楷：甲将乙的钱从银行卡转到乙的支付宝或者微信中后，再通过乙的支付宝或者微信消费的，甲就更没有冒用乙的信用卡了。

学生：应当是这样的。

张明楷：我认为甲的行为就是盗窃，因为甲根本没有冒用他人信用卡和信用卡资料。姑且不说甲是对人使用还是对机器使用，至少在不需要输入信用卡卡号和密码的时候，不可能叫冒用他人信用卡。

学生：老师，有两种情况：一种情况是支付宝或者微信里有余额，另一种情况是支付宝或者微信可以绑定很多银行卡，如果需要向支付宝或者微信里转钱就需要选择启动一张银行卡。

张明楷：选择一张银行卡时跟这张银行卡的密码也没有关系吧？

学生：最开始绑定时，实际上已经输入了全套信息。

张明楷：那也只是说，行为人使用了被害人的微信转账或者支付宝转账，不能说直接使用了被害人的信用卡。

学生：冒用信用卡只限于取现、在POS机上使用和在银行使用吗？

张明楷：也不是这个意思。一方面，冒用他人信用卡时，即使没有持有他人的信用卡，至少也需要使用了他人信用卡的卡号、密码等资料，不能因为钱最终源于信用卡，就直接认定为冒用信用卡。不是说，冒用信用卡只限于取现、在POS机上使用和在银行使用。另一方面，我认为只有对自然人使用才是诈骗，对机器使用就是盗窃。不管如何使用，只能分为对自然人与对机器使用，其他的分类方法是没有意义的。我认为刚才的这个案件，认定甲的行为成立盗窃罪可能更合适。

学生：老师说的这两点我都能接受。需要讨论的问题可能是，在支付宝或者微信没有余额，需要从被害人已经绑定的多张银行卡中选择一张银行卡付款时，行为人如果选择了其中一张银行卡，是否属于冒用他人信用卡？

学生：如果是对自然人使用时，认定为冒用也是可能的。

张明楷：我觉得选择一张银行卡本身还不是任何犯罪的实行行为，不仅如此，即使在被害人的支付宝或者微信没有绑定被害人的银行卡时，行为人将被害人的银行卡与被害人的支付宝或者微信绑定的，也不是任何犯罪的实行行为。因为这种行为本身并不可能使被害人遭受财产损失，只不过相当于将被害人左口袋（银行卡）的钱转入右口袋（支付宝或者微信）。由于行为人从右口袋转走钱才使被害人受到财产损失，但从右口袋转走钱时，没有再使用被害人的银行卡卡号、密码等。所以，也不能认定为信用卡诈骗罪。如果是直接通过输入被害人的银行卡卡号、密码等转移被害人的财产，则构成信用卡诈骗罪。

案例46　信用卡诈骗罪（恶意透支的持卡人判断）

被告人甲经过乙的同意后，用乙的身份证申领了一张信用卡。申领到信用卡后，甲采用欺骗方法让乙将信用卡交给甲使用，甲透支信用卡之后就逃匿了。

张明楷：对于类似这样的案件，有一种观点认为，应当将甲认定为持卡人，然后再认定甲的行为构成恶意透支型的信用卡诈骗罪。

学生：甲物理上是持有了信用卡，但他不是持卡人吧。

张明楷：我认为，像这种为了透支而直接使用他人的身份证申领信用卡的行为，应当直接适用《刑法》第196条第1款第1项的规定，而不应当适用恶意透支的规定。因为甲根本就不是信用卡持卡人，只是以虚假身份证件骗领信用卡的人。

学生：在这种场合，乙也是被害人，因为银行会让乙还款。

张明楷：问题是，在什么样的场合理解为对银行的犯罪，在什么样的场合理解为对真正的持卡人的犯罪？

学生：本案可以认为甲骗取了银行的现金，但银行通过增加乙的债务的方式将现金的损失转嫁给乙了。

学生：但是，如果乙确实归还不了透支款，最终受损失的仍然是银行。

张明楷：这么说的话，本案的甲还是直接对银行成立信用卡诈骗罪。那么，什么情况下会认定为对信用卡持卡人的财产的犯罪呢？比如，A欺骗B说，能不能把你的信用卡借给我透支3万元，一个月之内我还你4万元。于是，B就将自己的信用卡交给A使用，A透支3万元后逃之夭夭了。在这种场合，能说A是对银行的信用卡诈骗吗？

学生：A冒用他人信用卡，也成立信用卡诈骗罪。

学生：B 同意 A 使用时，A 还能叫冒用他人信用卡吗？

张明楷：冒用他人信用卡中的冒用，不是相对于持卡人的，而是相对于银行或者特约商户而言的吧。所以，持卡人的同意一般不能阻却信用卡诈骗罪的成立。但是，如果持卡人同意后，使用人并不实施诈骗行为的，比如透支后将相应款项还给持卡人的，也不可能涉嫌犯罪。但是，像 A 这样采取欺骗的方法使用 B 的信用卡透支，我认为还是可以认定为冒用他人信用卡的。但需要讨论的是，被害人是银行还是持卡人 B 呢？

学生：感觉 A 也对 B 实施了普通诈骗行为。

张明楷：这么说的话，A 的行为同时触犯诈骗罪与信用卡诈骗罪，成立想象竞合？

学生：有可能。

张明楷：实际上，冒用他人信用卡时，大多会同时触犯两个罪名，一个是对银行的犯罪，另一个是对真正的持卡人的犯罪。A 冒用了 B 的信用卡后，银行肯定要求 B 归还本息，B 最终也是受害人。

学生：不过，对于冒用他人信用卡的行为，司法机关都是只认定为信用卡诈骗罪。

张明楷：从量刑上说没有问题，因为冒用他人信用卡时，不管是针对银行的数额还是针对持卡人的数额，完全是一样的。

学生：只是是否需要说明是想象竞合的问题。

张明楷：如果说是想象竞合，大体可以说行为人对银行是信用卡诈骗罪，对真正的持卡人是诈骗罪中的三角诈骗。这样说有问题吗？

学生：没有问题，银行对持卡人的财产具有处分权限。

张明楷：在实践中经常发生的案件是，丈夫让妻子办信用卡，妻子就办了，可是妻子从来不用信用卡，信用卡都在丈夫手上，丈夫恶意透支又不还。在这种场合谁是持卡人？有一种观点认为，信用卡由谁使用谁就是持卡人。我认为丈夫只是物理上持有信用卡的人，但不是银行法或者规范意义上的持卡人。怎么可能说谁拿在手上谁就是持卡人呢？如果说谁拿在手上用谁就是持卡人的话，那么，盗用他人信用卡的又该怎么办呢？如果说盗用者是持卡人，他就不叫盗窃信用卡并使用了。持卡人肯定是规范意义上的持卡人。我认为，如果妻子知道丈夫要透支且不归还，仍然将信用卡给丈夫使用的，以恶意透支共犯论处是没有问题的。也就是说，这种场合，仍然是持卡人恶意透支，只不过透支的具体动作是由丈夫实施的，但这不影响恶意透支型信用卡诈骗罪的成立，而且应当认定为共同正犯。问题是，在一些场合，妻子根本不知道丈夫透支后不归还，在这种场合，对丈夫应当适用什么规定？

学生：恶意透支的间接正犯。

张明楷：怎么扯到间接正犯去了？丈夫不具有持卡人的身份，怎么可能是间接正犯？如果说是信用卡诈骗罪，不如直接适用冒用他人信用卡的规定；如果在机器上使用，就直接认定为盗窃罪，不需要适用恶意透支的规定。

学生：如果像老师前面说的，持卡人同意他人使用并不影响冒用他人信用卡的认定，对丈夫的行为可以认定为冒用他人信用卡犯罪或者盗窃罪。

学生：现在还有案例是行为人欺骗农民，借用农民的身份证申领一个信用卡，信用卡交给行为人使用，行为人每个月给农民一点钱，但农民不知道行为人会透支，因为有的农民不知道信用卡是什么意思。然后，行为人透支后就不归还。

张明楷：这和我们前面讨论的甲用乙的身份证申领信用卡是一样的，直接适用《刑法》第196条第1款第1项的规定，认定为信用卡诈骗罪。从银行的角度来看，是农民透支了，但既不能说农民是恶意透支的间接正犯，也不能说行为人是恶意透支的间接正犯。在身份犯中，没有身份的人无论如何不可能成为间接正犯，因为间接正犯是正犯，正犯必须有身份。这在德国没有争议吧？

学生：没有争议。

张明楷：虽然日本有少数学者认为间接正犯不需要身份，但通常还是认为间接正犯必须有身份。我坚持间接正犯必须有身份的观点，否则就乱套了。比如，欺骗与强制是间接正犯的两种主要行为方式，三名歹徒持凶器闯入国有公司的出纳室，逼着出纳将公司的现金交给自己。出纳用钥匙打开保险柜，将保险柜里的现金交给了三名歹徒。我们能因为三名歹徒利用了国家工作人员的职务行为，就说三名歹徒构成贪污罪的间接正犯吗？当然不能！所以，欺骗农民进而以农民的名义申领信用卡并透支的，不要认定为恶意透支型信用卡诈骗，因为行为人不具有持卡人这一身份，直接认定为使用以虚假的身份证件骗领的信用卡就可以了；如果适用这一项不合适，就适用冒用他人信用卡的规定。

案例47　保险诈骗罪（数额与罪数的认定）

甲的私家车投了保险，其中交强险12万元，其他险种58万元。甲醉酒驾驶撞死他人后找到乙，让乙顶替自己，向公安机关、保险公司声称是乙驾驶车辆，乙没有醉酒驾驶。乙向保险公司索赔了70万元。

张明楷：保险诈骗数额是58万还是70万呢？对此问题回答不同，就会对罪数得出不同结论。

学生：实践中针对醉酒驾驶撞死他人，有的法院判保险公司要赔付，有的法院判不赔付。

张明楷：没有相关规定？

学生：保险条例规定保险公司不赔付，但法院判决认为保险条例是违反上位法的。

张明楷：上位法是什么？

学生：就是保险法和民法里相关的规定。保险合同约定醉酒驾驶都不赔，但法院在判决上给纠正过来了。

张明楷：在醉酒驾驶致人死亡的场合，交强险保险公司要不要赔付？

学生：保险合同约定不同。

张明楷：没有规定？

学生：保险条例规定不赔付，单行条例、下位法规定也是不赔付，上位法对这个没有明确规定。在诉讼中，法院一般情况下都要判赔付交强险的。

张明楷：如果交强险必须赔付的话，这个案件中的保险诈骗数额是多少？

学生：58万元。

张明楷：那个12万元是保险公司应当赔付的？

学生：保险公司应当赔付，但赔付之后可以向醉酒驾驶的人追偿。

张明楷：如果保险公司是可以追偿的话，在认定保险诈骗数额时，这个12万元还是可以扣除的。既然是可以追偿的，即使行为人说明真相，保险公司也要先赔12万元。

学生：如果隐瞒真相，保险公司就没办法向行为人追偿了。

张明楷：这是另外一回事。

学生：行为人构成对保险公司的诈骗。

张明楷：那就是两个诈骗？前面是作为的诈骗，后面是不作为的诈骗？

学生：他不是隐瞒真相了吗？

张明楷：行为人隐瞒真相，一方面是保险公司给他赔了58万元，另一方面让保险公司放弃了对12万元的追偿。保险公司的追偿也是法律规定的吗？

学生：追偿是法律规定的。

张明楷：什么法规定？

学生：《机动车交通事故责任强制保险条例》规定，醉酒驾驶造成受害人财产损失的，保险公司不承担赔偿责任；但交通事故受害人的死亡赔偿金，属于对受害人人身权利救济的范畴，保险公司对此类损失应承担赔偿责任。保险公司对第三者进行人身损害赔偿后，有权向致害人追偿。按照《关于审理道路交通事故损害赔偿案件适用法律若干问题的解释》，醉酒驾驶直接导致第三人人身损害，当事人请求保险公司在交强险责任限额范围内予以赔偿的，人民法院应予支持。醉酒以及服用国家管制的精神药品或者麻醉药品后驾驶机动车发生交通事故，保险公司在赔偿范围内向侵权人主张追偿权的，人民法院应予支持。

张明楷：这样的话，12万元的交强险应该赔给交通肇事罪的被害人，是保险公司直接将这12万元给被害人吧？

学生：直接给被害人。

张明楷：是直接给被害人的话，这12万元就不能认定为保险诈骗了。后面这 58 万元是保险诈骗，但即使行为人隐瞒了真相，导致保险公司放弃了对 12 万元的追偿，那还不是保险诈骗，而是另外一个普通诈骗，这就构成数罪了。也就是说，交强险是由保险公司对被保险机动车发生道路交通事故造成受害人的人身伤亡、财产损失，在责任限额内予以赔偿的强制性责任保险，不是指对车主和被保险人的保险。就本案保险诈骗罪涉及的交强险赔付额 12 万元而言，即使保险公司代为向被害人遗属进行赔偿，但因交通事故系甲醉酒后驾驶机动车所致，保险公司有向甲追偿的权利。甲的行为导致保险公司放弃了向侵权人追偿 12 万元的权利，即免除了债务，就该 12 万元而言，甲的行为成立普通诈骗罪，对剩余的 58 万元则成立保险诈骗罪。

学生：12 万元不能叫保险诈骗吗？

张明楷：12 万元不是保险金吧？

学生：依据保险合同，这 12 万元也是保险金。

张明楷：即使这 12 万元叫保险金，但保险公司也是应当赔付给被害人的，就此而言，这 12 万元不是保险诈骗行为的结果。也就是说，即使甲不隐瞒真相，保险公司也要赔付这 12 万元。

学生：是不能犯吗？

张明楷：要说是对保险诈骗的不能犯，也可以。但相对于 12 万元债务的免除而言，则不是不能犯，而是普通诈骗罪的既遂。

学生：如果实行数罪并罚，处罚可能太重了。

张明楷：不是只有一个行为吗？一个行为就想象竞合，按一个重罪处罚就行了。

学生：老师说按一个重罪处罚的话，数额就按58万元，剩下12万元就不评价？

张明楷：这就是我经常讲的想象竞合在中国会遇到的数额的问题。如果按总数额算的话，就相当于并罚了，有时候比并罚还重。我们这个并罚不知道什么时候重什么时候轻，只能在个案中去判断。如果说是保险诈骗，60万元是数额特别巨大，你把12万元加进去就构成数额特别巨大，要处10年以上有期徒刑。如果实行并罚，可能就是适用3年以上10年以下有期徒刑的法定刑，因而处罚可能比较轻。但又不好这么说，法官量刑时，两个都量刑重一点，然后并罚的时候又重一点，就可能更重了。所以这个数罪并罚和不并罚加起来算孰轻孰重，那是永远说不清楚的问题，只能是看个案的结果。我觉得如果按想象竞合处理的话，就按58万元的数额处罚，也并非不可以。当然会有争议，我有时就觉得要按全部数额计算。

学生：能不能说不是想象竞合，就是数罪呢？

张明楷：甲、乙声称是由没有醉酒的乙驾驶机动车，一方面保险公司要赔付70万元，另一方面又使保险公司放弃了追偿其中的12万元的权利，免除了甲的债务。感觉还是一个行为，而不是数个行为。其实，也不能说是一个作为、一个不作为，就是一个作为。

学生：老师，可以把行为人解释为受益人或者是被保险人，直接把12万元本身作为保险诈骗罪的对象吗？

张明楷：行为人怎么是受益人？

学生：行为人作为第三人就是交强险的受益人或者被保险人。

张明楷：交强险中的受益人是谁？

学生：所有第三人。

张明楷：受益人就是第三人，怎么是行为人？

学生：能不能通过解释，把行为人解释进去？

张明楷：为什么要解释进去？按想象竞合处理，没有什么问题吧？

学生：从一重罪处罚就没有评价行为人12万元的诈骗。

张明楷：12万元不是没有评价，而是在定罪的时候评价了，只是由于从一重罪处罚，所以，不能按70万元处罚。否则，就相当于按保险诈骗70万元处罚了，这显然不合适。

学生：量刑时没有评价。

张明楷：如果量刑时评价的话就相当于数罪并罚了。

案例48　非法购买增值税专用发票罪（与相关犯罪的关系）

被告人想购买真实的增值税专用发票，他两次在互联网上购买了7张票面金额总计为62万元的增值税专用发票。被告人去抵扣税款时,税务人员发现这7张发票均系伪造。

张明楷:案情没有交代被告人是否从事交易活动,是否存在虚开增值税专用发票罪的嫌疑。我们先讨论,如果不存在构成虚开增值税专用发票罪的情形,被告人的行为是构成非法购买增值税专用发票罪,还是构成购买伪造的增值税专用发票罪?

学生:应该是非法购买增值税专用发票罪吧。

张明楷:非法购买增值税发票是指购买真实的增值税发票吧,也就是说,增值税专用发票虽然是真实的,但行为人的购买行为是非法的。

学生:那就是非法购买增值税专用发票罪的未遂犯。

学生:客观上购买了伪造的增值税专用发票,认定为未遂犯不合适吧。我觉得应当认定为购买伪造的增值税专用发票罪。

张明楷:被告人没有认识到增值税专用发票是伪造的,确实以为是真实的增值税专用发票。购买伪造的增值税专用发票罪是故意犯,而不是过失犯。

学生:这两个罪规定在一个法条中,法定刑是一样的,都是处5年以下有期徒刑。

学生:真的可以评价为假的,假的不能评价为真的。如果说《刑法》第208条第1款前面的非法购买增值税专用发票罪也包括购买假发票的话，后面那个购买伪造的增值税专用发票罪就没有用了。只能说被告人购买伪造的增值税专用发票罪是过失。

张明楷：不是说前面的非法购买增值税专用发票包括购买假的发票，而是说当被告人客观上购买了伪造的增值税专用发票的时候，非法购买增值税专用发票的故意能否包含购买伪造的增值税专用发票的故意？或者说，非法购买增值税专用发票的故意，能否评价为购买伪造的增值税专用发票的故意？

学生：这个比较困难吧，而且这也不仅仅是一个故意的问题。

学生：增值税发票不能在网上购买，是不是可以认为被告人认识到自己购买的增值税发票可能是伪造的？

张明楷：被告人肯定能意识到可能会购买到伪造的增值税专用发票。而且，他购买的就是已经有票面金额的发票，而不是空白的发票。你们再看看《刑法》第208条第2款。

学生："非法购买增值税专用发票或者购买伪造的增值税专用发票又虚开或者出售的，分别依照本法第二百零五条、第二百零六条、第二百零七条的规定定罪处罚。"

张明楷：这是不是意味着非法购买增值税专用发票，是指空白或者格式发票？如果是已经开好的发票，还包括在内吗？

学生：非法购买增值税专用发票罪，至少不要求是开好的发票，只要是空白或者格式发票就可以了。

张明楷：如果是这样的话，可不可以认为开好的发票也属于伪造的增值税专用发票呢？

学生：也有可能。因为在没有交易的情况下，就将票面金额都写出来了，当然可以说成是伪造的增值税专用发票。

张明楷：如果从被告人在网上购买发票，而且购买的是开好了的发票，票面金额62万，被告人支付了3.8万元的费用这些事实来看，是不是可以认为被告人其实认识到了自己所购买的就是伪造的增值税专用发票呢？

学生：我觉得是可以的。至少可以推定被告人知道，或者说，被告人至少有间接故意。如果是单纯的购买空白或者格式发票，应当不需要这么多费用。

张明楷：增值税专用发票有没有定额的？

学生：没有。但是现在很多经济开发区里的企业是可以享受免税待遇的，企业有增值税发票，一些不在经济开发区内的企业就会去那里购买发票。提供发票的企业会索要3%至4%的回扣或者开票费。

学生：这个发票不是应当去税务局开具吗？

学生：不用。很多经济开发区给引进的企业很低的税率，他们可以跟政府谈，要求返税。比如说企业交了500万元的增值税，政府返还给他250万元。企业把这个票卖给你，而且以企业的名义帮你开了票，你拿去抵税。抵税了以后，企业从政府那里拿了返点，你又得到了17%的抵扣，你再给企业5%的好处。很多企业就是这么赚钱的。

学生：但是这个增值税是在交易的过程中产生的。我觉得只要这个增值税不是在真实的交易关系中产生的，而是去别的地方购买增值税发票的，都应当是虚开增值税专用发票。

学生：有真实的交易关系，就不构成虚开增值税专用发票罪啊。

学生：你讲的这个情形中没有真实交易啊。

学生：有真实交易关系的企业，把发票给没有真实交易关系的企业，那这二者之间不就是共犯了吗？

张明楷：当然是共犯。我刚刚讲的这个案例有可能适用《刑法》第205条。也就是说，如果被告人没有真实交易，却购买了增值税专用发票，不管发票真假，只要他去抵扣税款，就构成虚开增值税专用发票罪。这种情形实际上就属于让他人为自己代开发票。

学生：也有一种可能，就是被告人有真实交易，但对方不能给他开增值税专用发票，所以，购买增值税专用发票，然后抵扣税款。

张明楷：如果有真实的交易，当然不成立虚开增值税专用发票罪。只能认定为非法购买增值税专用发票罪或者购买伪造的增值税专用发票罪了。还是回到了前面的问题。其实，《刑法》第208条第1款前面规定的行为，并没有说必须是非法购买真实的增值税专用发票，是我们看到了后面的购买伪造的增值税专用发票，所以就想当然地认为前面的是真实发票。

学生：是这样的，感觉不可以说，前面的发票既可以是真的也可以是假的，而后面的发票则是伪造的。

张明楷：为什么不可以这样说？这样说，才不至于出现处罚漏洞。如果理解为对立关系，也就是说前面限于真实的发票，后面限于伪造的发票，就必然形成处罚漏洞。

学生：记得老师在讲信用卡诈骗罪时也讲过类似问题。《刑法》第196条既规定了使用伪造的信用卡，也规定了冒用他人信用卡，一般认为冒用他人信用卡是指冒用他人真实的信用卡，但老师反对这样的观点。

张明楷：是的，如果说冒用他人信用卡是指冒用他人真实的信用卡，那么，当行为人确实以为冒用的是他人真实的信用卡，但事实上是冒用了以他人名义伪造的信用卡时怎么办？如果认定为使用伪造的信用卡，行为人就缺乏对伪造的认识；如果认定为冒用他人信用卡，信用卡又不是真实的。所以，冒用他人信用卡，就是指冒用他人名义的信用卡，至于信用卡是真实的还是伪造的，不影响冒用他人信用卡的认定，这样，对上述行为就可以妥当地定罪了，直接认定为冒用他人信用卡。

学生：同样的道理，非法购买增值税专用发票时，只要购买行为是非法的，至于购买的是真实的发票还是伪造的发票都包括在内，都能构成非法购买增值税专用发票罪，这样本案就可以妥当处理了，也就是认定为非法购买增值税专用发票罪。

学生：可是，这样理解的话，《刑法》第208条第1款规定的两种行为就有重合部分了。

张明楷：有重合部分没有关系吧。比如，我刚才说的冒用他人信用卡，只要是冒用他人名义的信用卡就可以，不管是真实的还是伪造的，就可能导致与使用伪造的信用卡相重合。这没有什么问题。

学生：那重合的时候适用哪一个规定呢？

张明楷：这个好办。比如，如果行为人明知是伪造的增值税发票而购买，就适用第208条第1款后面的规定，认定为购买伪造的增值税专用发票罪；如果不知道是伪造的，不管客观上购买的是真实的还是伪造的发票，都认定为非法购买增值税专用发票罪。

张明楷：为什么第208条第1款前面有个"非法"，后面没有"非法"？

学生：这个"非法"的表述不重要吧，我觉得它只是对违法行为的一个强调而已。

张明楷：一般来说，如果不是到税务局领取发票的，都是非法购买。只不过到税务局可能要交工本费，如果是交工本费，就不能叫购买了。

学生：交工本费不叫购买？

学生：那你说我们去领结婚证还要交9元钱工本费，那也叫购买结婚证吗？

张明楷：结婚证不能叫购买，是领取的。

学生：我们去银行开户，如果领一张银行卡交10元工本费，不能叫购买银行卡。

张明楷：如果说从税务局领取发票不是购买，那么，从其他人那里有对价地获得发票，肯定是非法购买了。我归纳一下对这个案件的讨论结论：如果行为人明知是伪造的发票而购买，就构成购买伪造的增值税专用发票罪；如果不明知是伪造的发票而购买，不管客观上购买的是真实的发票还是伪造的发票，都能认定为非法购买增值税专用发票罪；但如果行为人的行为构成虚开增值税专用发票罪，就仅以虚开增值税专用发票罪处理。

案例49　合同诈骗罪（行为对象的判断）

A公司与B公司签订了一个进出口代理协议，实际上是为了借款，A公司可以向银行申请信用证，信用证开出后给B公司，让B公司提供担保，B公司利用信用证进行交易，或者发放高利贷，挣了钱再还给A公司。A公司先用自己的钱归还信用证项下的款项，B公司再归还给A公司。后来B公司没有资金了，但是还想让A公司给它开信用证，A公司让B公司再提供担保，B公司在不同时间段分别找了5家公司（甲、乙、丙、丁、戊），让5家公司用不动产提供担保。甲、B、A三家公司又签了一个三方协议，协议的书面内容是进出口代理与担保，但实际上是甲提供抵押，A是抵押权人，A把资金借给B公司，B公司再借款给甲。由于B公司以前还欠A公司的款项，A公司把B公司的网银账户控制住，发现B公司有现金时便把资金划走，这样B公司找的五家提供担保和抵押的公司都没有拿到资金,其中甲、乙、丙三家公司因为没得到资金还直接到 A 公司找 A 公司负责人。尽管如此,B 公司再找丁、戊两家公司时,它们照样继续签订了虚假的三方合同。由于 B 公司还欠 A 公司的借款没有归还,A 公司后来向法院起诉提供担保的几家公司,导致案发。

张明楷:听上去有些复杂。我国刑法没有规定伪造文书罪,名为买卖实为借贷的合同太多了,签订这种合同的行为,其实就是伪造文书。比如,国有企业有资金,但又不能出借,于是通过签订各种合同的方式把资金拆借出去,以此获取高息,但有时候要么是被骗了,要么没有被骗,对方却没有还款能力。在本案中,按理说 B 公司构成合同诈骗罪没有问题。

学生:B 公司骗取了什么呢?

张明楷:笼统地说就是骗取了抵押担保。我认为,通过欺骗方法使他人为自己的借款提供抵押担保,即使借款行为本身没有非法占有目的,但骗取抵押担保行为构成对财产性利益的合同诈骗罪。甲、乙、丙、丁、戊 5 家公司就是被害人。

学生:5 家公司提供了担保,没有拿到应得的资金,这是事实。可是,5 家公司不是也参与了三方协议的签订吗?他们知道 B 公司在做这种事情,能认为提供抵押担保的 5 家公司的相关人员受骗了吗?

张明楷:签订三方协议的时候,说的是 5 家公司先为 B 提供抵押担保，A公司给B公司开信用证，B公司再将资金给5家公司。但A公司给B公司开信用证之后，资金一到B公司的两个网银账号时，就被A公司划走了。所以，5家提供抵押担保的公司没有实现自己的目的，这就是财产损失。

学生：如果是这样的话，A公司也是合同诈骗吧？

张明楷：A公司辩解说，B公司本来就欠A公司的资金没有归还，所以，A公司划走资金只是为了让B公司还债。

学生：可以认定A公司与B公司合谋吗？

张明楷：案情没有交代这方面的事实，没有证据证明A、B两公司合谋。因为A公司并没有接触这5家公司，这5家公司都是B公司找的。

学生：B公司的行为是诈骗行为吗？

张明楷：按理说，在以前没有5家公司提供担保时，B公司通过交易或者发放高利贷，按照以前的操作是可以继续下去的。但后来B公司资金短缺，A公司就要求B公司提供担保。B不得不找5家公司担保，5家公司提供担保并不是免费的。根据合同约定，5家公司提供担保后，B公司能从A公司拿到信用证，于是将资金借给5家公司，但B公司根本不可能给5家公司借款，因为一有资金就被A公司划走。所以，我觉得，通过欺骗手段让他人为自己提供抵押担保的行为构成合同诈骗罪，抵押一设定就应当是合同诈骗既遂。

学生：合同诈骗的对象就是这些抵押物？

张明楷：我觉得没有必要说是抵押物，但究竟该怎么表述还需要讨论。简单地说，原本是 B 自己要提供的抵押担保，现在让 5 家公司为 B 公司提供了，能不能认为这是一种财产性利益？

学生：我感觉不成立犯罪。

张明楷：谁不成立犯罪？

学生：B 公司不成立犯罪。B 公司是因为经营惨淡，所以叫 5 家公司提供担保，5 家公司也是自愿提供担保，也知道 B 公司要干什么事，B 公司没有欺骗 5 家担保公司。

学生：5 家公司以为 B 会借钱给自己，但 B 公司根本没有借钱给 5 家公司。

学生：这充其量是财产损失，但不是欺骗行为。

张明楷：B 公司让 5 家公司给自己提供担保，是说资金到手后就借给提供担保的公司，实际上相当于 5 家公司为自己借钱提供担保，但 B 公司实际上一开始就没想过将资金给提供担保的公司，而是为了向 A 公司还款。这是欺骗行为吧。我觉得欺骗行为没有问题，主要是如何表述合同诈骗的行为对象。

学生：肯定是一种财产性利益，5 家公司面临着 A 公司要行使担保权，肯定要遭受财产损失。

张明楷：我觉得可能有三个路径：第一是说，B 公司骗取了担保权，这个担保权不是自己取得了，而是 A 公司取得了，因为 A 公司是担保权人。这相当于使他人的财物转移给第三者所有。

学生：这样说应当是可以的。

张明楷：第二是说，B公司通过欺骗5家提供担保的公司，使自己免除了担保负担。也就是我前面说的，B公司向A公司借款时，原本自己要提供不动产或者其他财物用作担保的，但现在B公司让5家公司给自己提供了担保，相当于让5家公司负担了债务。

学生：这个就不太好表述究竟是什么利益。

学生：需要问问民法老师。

张明楷：第三是说，B公司通过欺骗5家公司将不动产提供担保，不动产本身是合同诈骗罪的对象，因为如果A公司行使抵押权，这些不动产就会被拍卖，于是5家公司损失了不动产，A公司实际上取得了不动产。但这个路径有问题。

学生：如果将不动产作为合同诈骗的行为对象，就只成立合同诈骗未遂。

张明楷：是的。而且，5家公司可能用其他资产让A公司行使抵押权，所以不一定好说明素材的同一性。还是在第一条路径与第二条路径中选择比较合适。

学生：第一条路径与第二条路径并不矛盾，其实是一样的。

张明楷：是的，简单地说相当于，B原本应当将一个笔记本电脑给A，但A没有，就将C的笔记本电脑拿过来给A了。

学生：是的。

学生：如果B公司构成合同诈骗罪的话，抵押应当无效。

张明楷：这是另一个问题了，我觉得抵押无效不影响 B 公司构成合同诈骗罪。

学生：A 公司就不构成合同诈骗罪吗？

学生：5 家担保公司肯定控告的是 A、B 公司都构成合同诈骗罪。签订三方协议时，A 公司肯定知道 B 公司不可能将资金给 5 家公司。

张明楷：这是事实问题，我们就不讨论了。我主要是想讨论合同诈骗罪的对象问题。

第十一堂
侵犯公民人身权利罪

案例50　故意伤害罪（未遂犯的认定）

被告人肖某因对被害人方是民（笔名方舟子）和方玄昌进行的"学术打假"不满，为报复此二人，便花10万元雇佣被告人戴某等人对被害人进行伤害。在戴某的组织下，被告人许某、龙某手持铁管、铁锤、喷射防卫器等先后对方玄昌和方是民进行殴打，并造成二人轻微伤的结果。

张明楷：本案被告人的故意内容、行为对象明确，犯罪预备行为充分，故意伤害他人身体法益的行为性质十分明显。肖某在法庭上也宣称："我就是故意伤害，不是寻衅滋事，我根本没想通过殴打两人，来让全国的质疑者闭嘴。我明明是要报复他们两个人才实施的故意伤害。"但一审法院以寻衅滋事罪判处肖某拘役5个半月，判处其他4名被告人拘役1个半月到5个半月不等的刑期，二审法院也维持了原判。你们怎么看？

学生：因为实践中一般不处罚伤害未遂，所以只好认定为寻衅滋事罪这个口袋罪。

学生：但这个行为也不符合寻衅滋事罪的成立条件吧。

学生：说是随意殴打他人情节恶劣，也似乎没有问题。

张明楷：适用刑法条文不是仅适用法条的文字，还要适用法条的精神。寻衅滋事罪属于扰乱公共秩序的犯罪，本案行为显然不符合这个基本特征。除非对寻衅滋事罪的法益重新进行补正解释，认为寻衅滋事罪就是对个人法益的犯罪，而不是对公共秩序的犯罪，才可以认定为寻衅滋事罪。

学生：这样解释其实也可能，德国、日本刑法理论中都有将刑法规定的对公法益的犯罪解释为对个人法益的犯罪的情形。

张明楷：我倒是觉得完全可能，但一般人可能难以接受。比如说，寻衅滋事罪第二项中的恐吓，在民国时期刑法以及国外刑法中，都是独立的犯罪，属于对个人法益的犯罪，而不是扰乱公共秩序的犯罪。因为恐吓就是对被害人实施心理强制的犯罪，当然是对个人法益的犯罪。寻衅滋事罪除了第四项以外，前三项的行为其实都是对个人法益的犯罪。现行刑法之所以将寻衅滋事罪放在扰乱公共秩序罪中，一方面是从历史沿革上看，寻衅滋事罪在旧刑法中属于流氓罪的一部分，流氓罪在旧刑法中就属于妨害社会管理秩序的犯罪。另一方面是因为刑法分则对犯罪都有量的限制，单纯的暴力、恐吓都不成立犯罪，而是要情节严重、情节恶劣之类。而情节严重的重要内容就是针对不特定或者多人实施，于是就认为这是对公共秩序的犯罪。此外，寻衅滋事罪一般属于街头犯罪，行为发生在公共场所的情形较多，所以，刑法将其规定为扰乱公共秩序的犯罪。但在我看来，既不能因为行为对象是不特定或者多人，也不能因为行为发生在公共场合，就认为这种犯罪属于对公共秩序的犯罪。在公共场所杀害多人的，也构成故意杀人罪，是对个人专属法益的犯罪，而不是对公共秩序的犯罪。

学生：我们这样理解的话，对肖某的行为是不是就可以认定为寻衅滋事罪呢？

张明楷：即使这样理解，我也觉得要认定为故意伤害罪。毕竟肖某等人的行为是典型的故意伤害行为。

学生：应该认定为故意伤害罪的未遂犯。

张明楷：是典型的故意伤害罪的未遂犯，但司法机关担心如果定故意伤害未遂，以后对于殴打他人没有造成轻伤的，就都定故意伤害未遂，处罚范围就太宽了。其实，承认故意伤害罪的未遂犯，并不意味着任何殴打行为都成立未遂犯。这个案件行为人手持凶器伤害他人，完全有可能造成重伤，我觉得认定为故意伤害罪才合适。

学生：德国刑法总则规定处罚重罪的未遂，轻罪的未遂只有分则有明文规定时才处理。在德国刑法中，普通伤害罪是轻罪，刑法特意给普通伤害罪增加了一款，规定伤害未遂的也处罚。处罚伤害未遂的规定是后来增加的，以前不处罚伤害未遂。

学生：日本刑法也不处罚伤害未遂。

张明楷：日本不处罚伤害未遂，是因为日本刑法规定了暴行罪。暴行是指对人实施暴力但没有造成伤害的情形。所以，暴行罪实际上包括了绝大部分伤害未遂。

学生：不是包括了全部伤害未遂吗？

张明楷：这个有点争议，争议在于如何确定暴行的范围。一般来说，伤害行为都是暴行造成的，但也不全是。比如，行为人把一些药给他人吃，想造成伤害结果但又没有伤害。对此肯定不能认定为伤害罪。如果说这种行为不是暴行，也不成立暴行罪。所以，不是说所有伤害未遂的都能定暴行罪。

学生：如果说肖某等人的行为不成立寻衅滋事罪，又不承认故意伤害罪的未遂犯，就不合适了，我觉得必须处罚这种行为。

张明楷：所以，我主张承认故意伤害罪的未遂犯。

学生：那会不会出现前面所担心的现象呢？就是导致许多暴行成为故意伤害罪的未遂犯？

学生：有重伤意图的就定伤害未遂，这样可以限定范围。

张明楷：这个限定虽然有一定道理，但并不现实，也难以判断。因为一拳可以打死人，几枪也可能没有打死人。行为人自己都可能不知道什么叫重伤、什么叫轻伤。如果最高司法机关公布一项司法解释，规定有重伤意图的就作为故意伤害罪的未遂犯处罚，没有重伤意图的就不以未遂犯处罚，被告人都会说我没有重伤意图。

学生：您的意思是要从客观上判断。

张明楷：是的。

学生：可是您刚才说，"一拳可以打死人，几枪也可能没有打死人"，这是不是意味着客观上的判断也比较困难呢？

张明楷："一拳可以打死人，几枪也可能没有打死人"并不是通常现象，我们应当按照社会生活经验判断一种行为有没有造成伤害的具体危险。比如，使用凶器伤害他人的、使用有毒药物伤害他人的、多人一起共同对他人实施暴力的，如此等等，显然是具有造成伤害结果的具体危险的，可以认定为故意伤害罪的未遂犯。

学生：肖某雇请的行为人都是手持凶器的，所以成立故意伤害罪的未遂犯。

张明楷：我觉得没有什么问题。另外一个问题是，我们所确定的轻伤标准也太高了。

学生：是的，有些伤害我们觉得比较严重，但鉴定结论却是轻微伤。

张明楷：其实，《刑法》第234条第1款并没有轻伤这个概念，人们是因为第2款规定了重伤，所以就说第1款规定的是轻伤。这样说也未尝不可。可是，第1款的轻伤并不等同于鉴定标准所说的轻伤，也就是说，第1款的伤害完全可以包括鉴定标准中的轻伤与轻微伤。如果是这样的话，肖某等人的行为就是故意伤害既遂了。

学生：如果造成轻微伤也认定为故意伤害罪的既遂犯，可能导致处罚范围过宽。

张明楷：不会宽到哪里去。你们想一想，故意造成轻微伤，可能导致被害人花几百元乃至几千元去治疗。而使用胁迫手段抢劫他人几百元财物，没有造成任何伤害时，也要处3年以上徒刑。相比之下哪个更严重？还是造成轻微伤的行为更为严重吧。

学生：这样比较的话，还是觉得现在故意伤害罪的成立范围比较窄。

张明楷：身体法益是仅次于生命法益的重要法益，不应当限制故意伤害罪的成立范围，不能让国民觉得财产法益比身体法益更为重要，而是要让国民觉得身体法益重于财产法益。

案例51　强奸罪（间接正犯的认定）

三名被告人抢劫一对情侣的财物后，拿着刀逼迫男朋友跟女朋友发生性关系，而且还对男朋友说，如果你不和你女朋友发生性关系，我们就要和她发生性关系了。于是，这对情侣只好当着他们的面发生了性关系。

张明楷：这是我们十几年前就讨论过的案件，现在微信上又在讨论。三个人的行为构成抢劫没有问题。问题是三个人的行为定强奸罪的间接正犯，还是定强制猥亵罪的间接正犯、直接正犯？抑或两个罪都成立？

学生：被害人不同意在这种情况下发生性关系？

张明楷：肯定既违反男朋友的意志，也违反女朋友的意志，这对情侣不会同意在他人面前发生性关系。

学生：他们二人以前是否自愿发生过性关系？

张明楷：这与本案有关系吗？

学生：有吧！如果以前自愿发生过性关系，那么，这次的性行为本身就没有违反被害人的意志，可以只认定为强制猥亵罪。

张明楷：以前自愿发生性关系，不等于这次也是自愿的，因为场景完全不同。强奸罪的违背被害人意志中的"意志"，不只是单纯的是否与特定对象发生性关系的意志，还包括在什么时间、场所发生性关系的意志。

学生：如果是这样的话，三个人对女方肯定构成强奸罪的间接正犯。

张明楷：这种强奸罪的间接正犯的情形，在判断违背妇女意志时，是判断谁的行为违背妇女意志？是判断男朋友的行为违背妇女意志，还是判断三个被告人的行为违反妇女意志？

学生：男朋友。

学生：三个被告人。

张明楷：有没有可能还必须是男朋友和三名被告人的行为都违反了她的意志？

学生：不需要吧。

张明楷：其实，只要间接正犯的行为违反被害人的意志就可以构成强奸罪了，还需要考虑男朋友吗？因为在这种场合，男朋友只是三个间接正犯的工具，或者说完全由三个被告人支配。也就是说，只要妇女不同意发生性关系，就是违背其意志的。妇女当然不同意与男朋友在他人面前发生性关系，但想着两个人的生命安全，只好当面发生性关系。

学生：从定罪角度来说，还是要说三个间接正犯的行为违反被害人的意志。

张明楷：那还是应该定强奸罪的间接正犯。你们刚才有人说，如果二人以前自愿发生过性关系，就只定三个人构成强制猥亵，微信上也有这种观点。

学生：因为女朋友不反对和男朋友发生关系，只是不想让三个人在旁边看。

张明楷：在有人在场的时候，不愿意发生性关系，也是性行为自主权的内容。

学生：对于同一个性行为而言，不可能说，在发生性关系的对象上是符合她的意志的，但在发生性关系的时间上、场所上，又是违反她的意志的。

张明楷：即使这样说，但只要其中一项违反了妇女意志，就足以构成强奸罪的间接正犯。现在把这个案件翻出来，又有人说构成了强制猥亵的间接正犯。可是，如果说是强制猥亵的话，就不应该是间接正犯，而是直接正犯了吧。直接强迫他人实施性行为，怎么还是强制猥亵罪的间接正犯？

学生：男朋友都被强制猥亵了。

张明楷：对啊。这三个人的行为对女朋友构成强奸罪的间接正犯，对男朋友构成强制猥亵罪的直接正犯。

学生：如果对女的是强奸，对男的是强制猥亵，是法条竞合还是想象竞合？

张明楷：两个不同的对象，怎么可能是法条竞合？如果说只有一个行为，就是想象竞合。三个人实施了两个行为还是一个行为？

学生：一个行为。

张明楷：那就是想象竞合，是对女的强奸罪间接正犯与对男的强制猥亵罪直接正犯的想象竞合。

学生：我觉得是两个行为。这个可以类比说一次走私的过程中，既走私了武器又走私淫秽物品，二者应当并罚。

张明楷：那个不一样，比如说你从境外带不同的物品进来，都是要申报的。你带两类物品，对这两类物品都要申报。只申报一种物品，就是一个走私行为；两种物品都不申报，就是两个走私行为。

学生：三个人对女的是不是也构成强制猥亵罪的直接正犯？

张明楷：是的，但对女的强奸罪间接正犯与强制猥亵罪直接正犯是法条竞合，对男的是强制猥亵罪的直接正犯；然后对男的犯罪和女的犯罪又是想象竞合，是不是这样？

学生：是的。

案例52　强奸罪（与强迫卖淫罪的关系）

甲、乙二人开了一个洗浴中心，招聘了一名女被害人丁，要求丁卖淫，但丁不同意，拒绝卖淫。第二天来了一个嫖客丙，甲、乙就安排丁接待丙。丙到了包房之后，丁说我不是卖淫的，他们强迫我卖淫，但我是不干这种事情的。丙就找到甲、乙说，我已经支付了嫖宿费用，但丁不愿意，你们看怎么办，要不然把钱退给我。于是，甲、乙就到包房去对丁实施暴力，逼迫丁同意卖淫。甲、乙从包房出来后，就对丙说，行了，你再进去吧。丙进包房后对就丁说，这不怪我了，随后与丁发生性关系。

张明楷：这个案件的焦点问题是什么？

学生：甲、乙的行为肯定成立强迫卖淫罪，问题在于是否还触犯强奸罪？

学生：更重要的问题是，丙是否构成强奸罪？

学生：丙与丁发生性关系时，使用了暴力、胁迫等手段吗？

张明楷：没有，但丁肯定是不愿意的。甲、乙除了成立强迫卖淫罪之外，另外触犯的是强奸罪的间接正犯还是共同正犯？这也与丙是否构成强奸罪密切关联，甚至可以说是一个问题的正反面。

学生：如果说丙不构成强奸罪，则甲、乙是强奸罪的间接正犯；如果说丙构成强奸罪，则甲、乙与丙是强奸罪的共同正犯。

张明楷：可以这么说。丙肯定知道甲、乙进包房后对丁实施了强迫行为，这是没有疑问的。

学生：甲、乙、丙应该是强奸罪的共同正犯。

张明楷：丙出去与甲、乙商量该怎么办时，实际上相当于共谋。丙的要求显然是，甲、乙要么退钱给自己，要么让丁同意与自己发生性关系，当甲、乙进包房而丙在外等候时，丙就知道甲、乙进包房是要强迫丁同意发生性关系。也就是说，由甲、乙压制丁的反抗之后，再由丙实施奸淫行为。这就形成了强奸罪的共同正犯。在共同正犯的场合，不必再要求丙实施暴力、胁迫行为，因为场合、时间如此紧密，明显是甲、乙使用暴力压制丁的反抗，丙在丁被压制反抗的情形下实施奸淫行为。所以，认定为共同正犯没有问题。

学生：本案与被害妇女早就被营业场所的人压制反抗后被迫同意卖淫的情形，是不一样的。

张明楷：洗浴中心的人员早就以暴力手段强迫妇女同意卖淫后，嫖客与妇女发生性关系时，妇女没有任何反抗表示的，嫖客当然不成立强奸罪。

学生：我把我们刚才讨论的案件改一下：如果甲、乙进包房后对丁使用暴力，丁假称同意，但丙进包房后，丁仍不同意，丙使用暴力与丁发生性关系的，是不是仍然成立共同正犯？

张明楷：如果甲、乙的行为与奸淫结果之间仍然有因果性的话，就成立共同正犯的既遂；否则的话，甲、乙只成立强奸罪的共同正犯的未遂。道理应当是这样的，只是如何判断因果性的问题。

学生：按理说，这个时候还是有因果性的，甚至可以认为，甲、乙的行为对丙的强奸具有心理的因果性。

张明楷：一般来说还是有因果性的。另外我问一下：行为人引诱幼女卖淫时，即使嫖客知道卖淫者是幼女，除了嫖客构成强奸罪之外，引诱幼女卖淫的行为同时触犯强奸罪吧？

学生：肯定同时触犯强奸罪。

张明楷：嫖客知道卖淫者是幼女时，引诱幼女卖淫的人是强奸罪的正犯还是帮助犯？

学生：由于被害人是幼女，所以，引诱者还是成立强奸罪的共同正犯吧。

张明楷：我也是这样认为。在这种场合，引诱者是引诱幼女卖淫罪与强奸罪的想象竞合。否则，罪与罪之间的关系就不好处理了。那么，如果嫖客不知道卖淫者是幼女时，引诱者在什么情形下或者说具备什么条件就构成强奸罪的间接正犯？

学生：嫖客不知道卖淫者是幼女的时候，引诱者应该是强奸罪的间接正犯，当然需要引诱者有间接正犯的故意。

张明楷：怎么能说引诱者支配了嫖客的强奸行为呢？

学生：就是利用了不知情的嫖客的行为。按德国刑法理论的说法，这属于利用了不符合构成要件的行为，就是利用了欠缺构成要件要素的行为，这里的构成要件要素就是指强奸的故意。简单地说，就是利用了缺乏构成要件故意的行为。

张明楷：这个利用行为显然不是强制行为，只能说是欺骗行为。那么，间接正犯的欺骗行为表现在什么地方呢？

学生：其实，引诱者除了引诱幼女在被自己控制的场所卖淫以外，并没有对嫖客实施强制与欺骗行为。

张明楷：这么说的话就不成立间接正犯了？

学生：但不认定为间接正犯也不合适啊。因为不认定为间接正犯的话，幼女被强奸的不法事实就得不到评价。

张明楷：其实，无论如何是有欺骗的。一方面，如果嫖客一看就知道是幼女或者猜得出是幼女，或者说认识到可能是幼女，那么，引诱幼女卖淫的人就不是强奸罪的间接正犯。另一方面，如果引诱的是身材高大的幼女，嫖客不能认识到其是幼女，引诱者又不告诉嫖客的，当然可以说存在欺骗行为。所以，当我们说嫖客不知道卖淫者是幼女时，就能肯定引诱者通过欺骗方法利用了嫖客的不知情，因而成立强奸罪的间接正犯。

学生：如果嫖客知道是或者知道可能是幼女而与幼女发生性关系，则引诱者与嫖客构成强奸罪的共同正犯。

张明楷：一般来说是这样的。有些地方的商人为自己嫖宿处女找理由，说如果嫖宿处女时见血的话，自己的生意就会兴隆。所以，有的商人让介绍人去找处女，让处女卖淫。介绍人会从初中生中找女生，介绍人知道女生是初一学生还是初二学生，或者说介绍人知道女生不满 14 周岁，但不会直接跟商人说。商人一看就知道女生不满 14 周岁，但故意装糊涂，不闻不问。在这种场合，商人成立强奸罪的直接正犯，介绍人有可能成立强奸罪的共同正犯。但是，有的介绍人还特别跟不满 14 周岁的女生说："你一定要说自己已满 15 周岁了"。幼女在商人那里也就说自己是 15 周岁了，但商人一看就知道女生可能不满 14 周岁。在这种场合，商人也是强奸罪的直接正犯，介绍人不能成立间接正犯。如果是间接正犯，也只是未遂犯；但如果说是共同正犯，则是既遂犯。

案例 53　强奸罪（与强迫卖淫罪的关系）

某天晚上 12 点左右的时候，袁某和张某等人在一个饭店吃饭，张某提到有没有新认识的小妹一起处处朋友，听话人知道张某想找卖淫的小女孩。吃完饭之后，袁某和张某、胡某等人就去酒店。下车之后，张某、胡某就进了酒店房间，袁某和另外两个人凌晨 2 点钟到学校旁边的网吧，把一个女孩从网吧里骗出来，强行拉上出租车，强行把女孩带到张某和胡某住的酒店附近后下了车。女孩不愿意进酒店，袁某等人就对女孩实施暴力，强迫女孩去酒店，对女孩说的是"你上去陪哥哥谈谈心"，哥哥是指张某和胡某。女孩没办法就同意了，袁某把女孩带到胡某的房间，胡某和女孩谈话后，就给了女孩 500 元钱，然后胡某就上床睡觉了，没有和女孩发生性关系。一个小时之后，女孩从胡某的房间出来了。此时袁某还在外面等着，女孩就把这 500 块钱交给了袁某。早晨 6 点钟的时候，袁某等人就把女孩送回学校去了。当天下午，他们又给这个女孩打电话，让她在学校门口等着，女孩就报警了。

张明楷：简单地说，袁某本来是强迫女孩卖淫的，但没有直接跟女孩说出来，胡某也以为女孩是卖淫的，但没有对女孩实施任何不法侵害行为。当然，也可能不应当评价为强迫女孩卖淫，而是强奸。案情没有进一步交代张某究竟实施了什么行为，难以认为张某提议强奸女孩，所以，我们不讨论张某的行为。

学生：感觉有点像强奸，因为袁某只是强迫女孩与特定的张某、胡某发生性关系。

张明楷：我也持这种观点，因为卖淫是向不特定或者多数人卖淫。如果是强奸的话，是预备还是未遂？

学生：袁某已经对女孩实施了暴力行为。

张明楷：问题是袁某并没有强奸女孩的想法，他只是想让女孩与胡某发生性关系，但是胡某并没有对女孩实施任何暴力、胁迫行为。在这样的情况下，要认定强奸罪已经着手是不是很勉强？

学生：袁某的行为还是属于强迫女孩卖淫吧。

张明楷：我刚才说了，如果只是强迫女孩和特定的胡某发生性关系，我认为还是不能认定为强迫卖淫，只有强迫女孩向不特定的多人卖淫，才能认定为强迫卖淫。我们以前讨论过一个案件。甲男与乙女在网上认识，并且知道了乙女的一些隐私。后来，甲男就强迫乙女"卖淫"，乙女不同意。甲男就继续强迫，乙女被迫同意了。甲男在宾馆开好房间后，就强迫乙女到宾馆的房间去卖淫。随后，甲男假冒嫖客去宾馆房间与乙女发生性关系，并且给了乙女几百元钱。这个案件不能认定为强迫卖淫罪，只能认定为强奸罪，因为甲男事实上只是强迫乙女与自己发生性关系。

学生：乙女到宾馆后与甲男发生性关系时没有反抗吗？

张明楷：这个事实不清楚，但即使不反抗，也是由于甲男的先前行为压制了她的反抗，所以，甲男的行为构成强奸罪没有疑问。

学生：在我们讨论的前面的这个案例中，如果将袁某的行为认定为强迫卖淫罪，就肯定已经着手了，只是不能认定为强迫卖淫既遂而已。

张明楷：但不能为了认定为已经着手了，就认定为强迫卖淫罪吧。

学生：本案事实上只是强迫聊天。

张明楷：如果认定为强奸罪，只能认定为强奸预备。有没有可能是非法拘禁呢？

学生：定非法拘禁罪的时间不够，只有一个多小时。有暴力殴打吗？

张明楷：前面强行拖上出租车，下车之后又实施了暴力，可以认为成立非法拘禁罪。这样是不是非法拘禁和强奸预备的想象竞合？

学生：这样的话就是非法拘禁与强奸预备的想象竞合了。

张明楷：撰写案例分析的作者介绍了三种观点：一是定强迫卖淫罪，二是要定非法拘禁罪，三是要定寻衅滋事罪。作者主张定强迫卖淫罪，但我不赞成这种观点，因为我认为强迫他人与特定的个人发生性关系的，只能认定为强奸罪。我由此想到的一个问题是，如果被告人确实要强迫一个女孩去卖淫场所向不特定的人卖淫，但也没有跟被害人讲明白，被害人不知道那个场所是干什么的，去了之后也没有人强迫她卖淫，这种情况该怎么处理？

学生：仅有强迫行为，后来被强迫的人也没有实施相应的卖淫行为，不能认定行为人已经着手吧？

张明楷：如果说行为人明确地告诉被害人去什么地方是从事卖淫，并且有暴力等强迫行为，还是可以认定为强迫卖淫罪的着手吧？

学生：对。

张明楷：如果行为人没有明确告诉被害人去某个地方是卖淫，到了某个地方后也没有人强迫被害人卖淫，要认定为着手可能就不合适了。如果像德国、日本刑法那样规定了强制罪，就直接认定为强制罪了。

学生：强迫卖淫罪保护的法益是被害人的权利，可这种行为会威胁到被害人的权利。

张明楷：威胁或者危险有程度的区别，关键在于这种危险是否紧迫。如同强奸罪一样，如果甲使用暴力让被害人前往某地与乙男发生性关系，但被害人见到乙男后，乙男什么也没有做，就难以认定为强奸未遂。特别是在乙男没有强奸意图的场合，更不可能认定为强奸未遂。

学生：强迫卖淫罪的着手点是不是要比认定强奸罪的着手点提前一点？

张明楷：为什么？

学生：因为强迫卖淫罪可以理解成前面的强制罪和后面强奸罪的组合。

张明楷：可是我国刑法没有规定强制罪。强迫卖淫的时候，强迫者自己是否嫖宿是无关紧要的。但就强奸罪来讲，着手应当是指强奸的正犯者着手，而不是另外的强迫者的着手。当妇女甲强迫妇女乙与丙男发生关系时，如果丙男不在场，或者乙到丙男处时，丙男根本没有对乙实施任何侵害行为，也不可能认定甲已经是强奸的着手。强迫卖淫的时候，是强迫行为本身就着手了，不是指在有人嫖宿的时候才是着手。在这个意义上说，强迫卖淫的着手早一点是可能的，但这是就一般情形而言。如果行为人强迫他人到某个场所卖淫，但那个场所根本不是卖淫场所，也可能仅成立强迫卖淫罪的预备犯。

学生：就我们刚才讨论的袁某的行为来说，我的疑问是，如果女孩到胡某房间后，胡某跟她发生性关系，这种情况下袁某与胡某算不算强奸？

张明楷：如果胡某没有使用任何暴力、胁迫手段，以为女孩是同意的，也不知道袁某使用了暴力、胁迫手段，胡某就不构成强奸罪。如果女孩不反抗是因为袁某的暴力、胁迫行为所致，则仍然要认定袁某的行为构成强奸罪。如果胡某虽然自己没有使用暴力、胁迫手段，但知道袁某使用了暴力、胁迫手段，则胡某与袁某均构成强奸罪，可以认定为共同正犯，但不属于轮奸。

学生：在刚才说的胡某不构成强奸罪，仅袁某构成强奸罪的情况下，袁某是强奸罪的间接正犯吗？

张明楷：这要看具体情形。如果客观上是间接正犯，但主观上没有间接正犯的故意，也只能成立教唆犯或者帮助犯。如果客观上是间接正犯，主观上也利用胡某的不知情，当然是强奸罪的间接正犯。

案例54　强奸罪（结果加重犯与罪数的认定）

某日晚上，甲把 A 女灌醉之后，就带着 A 女去一个房间，趁 A 女处于严重醉酒的状态强奸了 A 女。甲随后用冷水洗 A 女的身体时，A 女惊醒后就逃跑。甲就在后面追赶，要把 A 女追回来，再实施强奸行为。追赶过程中，A女往前跑的时候掉在水里。甲看到A女掉在水里之后，没有施救，自己就走了，A女后来溺水身亡。

张明楷：案情不复杂，但很有讨论价值。

学生：除强奸罪外，另外构成故意杀人罪？

张明楷：是强奸致人死亡，还是强奸罪再加上一个不作为的故意杀人罪？

学生：能认定为强奸罪的结果加重犯吗？

学生：如果说是强奸致人死亡，就需要具备直接性要件，但追赶行为本身不是强奸行为的一部分，不符合强奸行为造成死亡结果的要件。

张明楷：甲说他要追回来后再实施强奸行为，你想想这个焦点问题究竟在哪里，要把这个焦点先找到。假如说没有前面那一段，被告人看到一个女孩想强奸，女孩发现被告人的意图后就跑，被告人在后面追，女孩掉到河里后，被告人不救助，女孩死亡了。如果是这样的话，是否成立强奸致人死亡？

学生：关键是，老师讲的这个被告人的追赶行为是否属于强奸罪的着手？

学生：应该可以叫着手。

张明楷：你们都知道日本有一个案件，被告人将女孩往翻斗车上拉，准备拉到另一个地方强奸，日本的裁判所认定为强奸未遂。也就是说，把女孩往车上拉，就是强奸罪的着手。这样认定的一个重要原因可能是，女孩被困在翻斗车里面，实际上已经不能反抗了，出现了被奸淫的紧迫危险。

学生：可以跟这个案子类比吗？

张明楷：我就是问你们，为了强奸女孩而追赶女孩的时候，能否评价为强奸罪的着手？

学生：感觉可以认定为着手。

学生：我觉得不能认定为着手。日本的那个案例，是行为人已经将被害人拉到翻斗车里了，被害人难以逃走。但如果只是单纯追赶，还不能认定为强奸罪的着手。

张明楷：单纯追赶还不是着手的话，追上后开始实施暴力就是着手了吗？

学生：抓住了开始实施暴力就是着手了。

张明楷：如果当时实施暴力只是为了让女孩回到原来的房间，而不是说在抓到的现场实施奸淫行为呢？

学生：也能认定为强奸罪的着手吧，因为女孩已经被控制了。

张明楷：总之，单纯追赶还不是强奸罪的着手？

学生：是的。

张明楷：我觉得一般来说还不是着手，但还是要看场景，如果是晚上，路上没有行人，追赶到了就实施奸淫的，将追赶行为认定为强奸罪的着手似乎也没有太大的障碍吧。

学生：老师还是考虑了被奸淫的紧迫危险程度。

张明楷：是啊。

学生：如果是这样的话，本案甲也是在晚上追赶 A 女，而且 A 女还处于醉酒状态，的确 A 女被奸淫的危险很紧迫。

张明楷：这个案件还存在一连行为的问题。甲先前已经实施了强奸行为，后来追赶 A 女也是为了再次实施强奸行为，将前面的强奸行为与接下来的追赶行为看成是一连行为的话，就完全可能将 A 女的死亡归责于一连行为中的追赶行为，于是，就会认定为强奸致人死亡。如果你们认为死亡是不作为造成的，就不能认定为强奸致死了。因为甲不施救，显然不是为了强奸她，不施救怎么是为了强奸呢？追赶她才是为了强奸。

学生：那还要考虑到救助的可能性？

张明楷：肯定是有救助的可能性，不用讨论这一点。

学生：如果没有前面的强奸行为，单独拿后面的追赶行为来说，定强奸致人死亡还是非常困难的吧？

张明楷：如果你认为困难，一方面是觉得单纯追赶还不是强奸罪的着手，另一方面是认为不存在一连行为。如果是这样的话，那就是强奸预备行为致人死亡吗？

学生：强奸预备致人死亡，不成立结果加重犯吧？

学生：一般是说基本犯导致加重结果才是结果加重犯，预备行为导致加重结果的，不能认定为结果加重犯。

张明楷：强奸预备行为致人死亡，就按故意杀人或者过失致人死亡来处理吧，当然同时触犯强奸预备罪。

学生：在本案中，即使不考虑追赶行为是不是强奸罪的着手，但由于是一连行为，也可以将死亡结果归属于强奸行为，是这样的吗？

张明楷：我觉得可以这样解释。不过，这并不意味着不能认定甲的行为另成立不作为的故意杀人罪。

学生：不明白老师是什么意思。

张明楷：我的意思是，前面的强奸与后面的追赶行为，就可以构成强奸致人死亡。但是，到此为止，并没有评价甲的不作为。我们也可以认为，后面的不作为构成故意杀人罪。

学生：这样的话，是不是将死亡结果同时归属于追赶行为与不作为了？

张明楷：不可以吗？一个死亡结果完全可能是由作为与不作为造成的啊。

学生：好像重复评价了。

张明楷：不一定重复评价了，只是不可能对强奸致人死亡与故意杀人罪进行并罚。如果说认定为强奸致人死亡与不作为的故意杀人，是不是想象竞合？如果要并罚，是不是只能将强奸罪与故意杀人罪进行并罚，而不能将强奸致人死亡与故意杀人罪进行并罚？

学生：那究竟怎么选择呢？

张明楷：既要全面评价，也不能重复评价。除此之外，还有一个关键问题是，A女的死亡结果是归属于追赶行为，还是归属于不作为，抑或同时归属于二者？如果仅归属于追赶行为，就是强奸致人死亡；如果归属于不作为，就可能是普通强奸罪与故意杀人罪的数罪并罚；如果同时归属于二者，则是强奸致人死亡与不作为的故意杀人。问题是，这两个罪是数罪并罚，还是想象竞合？

学生：数罪并罚似乎没有必要。

张明楷：但是，后面的不作为不可能评价到强奸致人死亡中去。因为不可能说，行为人之所以不救助被害人，就是想强奸她，这个说法不成立。说前面的暴力、追赶等行为是为了强奸被害人，是成立的。所以，不可能认为被告人的全部行为仅成立一个强奸（致人死亡）罪。

学生：如果说是想象竞合，就有点奇怪。因为归属于不作为时，成立数罪，故意杀人罪的最高刑是死刑，再与普通强奸罪并罚；而同时归属于二者时，认定为想象竞合，反而只按一个重罪处罚，最高刑也是死刑。可是，归属于二者时，应当处罚更重一点才合理。

张明楷：是存在这样的问题。问题在于，是将死亡结果同时归属于追赶行为与不作为，还是将二者认定为想象竞合？

学生： 死亡结果还是可以同时归属于作为与不作为吧。

张明楷： 我也觉得可以，换言之，A女的死亡是由甲的追赶行为与不救助行为造成的。假如将追赶与不救助分成两个人实施，即使没有共谋，只要不救助的人是具有救助义务的，也能肯定结果归属。例如，张三追赶B女，导致B女落水，随后，张三就离开了现场，但B女的父母就在身边，看见B女落水却根本不救。死亡结果肯定要同时归属于张三与B女的父母吧。

学生： 应该是这样的。

张明楷： 既然是这样的话，就可以说甲的强奸行为造成死亡后果，他的不作为也造成了死亡后果，同时触犯强奸致人死亡与故意杀人。剩下的只是说这两个罪是想象竞合还是数罪并罚。

学生： 感觉数罪并罚重了一点，而想象竞合又存在前面所说的不协调的问题。

张明楷： 从评价上来说，普通强奸罪与故意杀人罪和强奸致死与故意杀人罪，肯定是后两个罪严重。

学生： 当然。

张明楷： 但如果前者要并罚后者不并罚，则会是前者更重。是不是有可能说，甲的强奸致人死亡与故意杀人不是想象竞合，而应当数罪并罚呢？

学生： 这种可能性当然也是有的。

张明楷： 但是，如果先前的故意犯罪行为与后面的不作为要并罚的话，实际上是行不通的。例如，故意伤害他人导致被害人重伤不救助，进而造成死亡的，要么只认定为一个不作为的故意杀人罪，要么认定为故意伤害致死，而不可能认定为故意伤害致死与故意杀人的数罪并罚。

学生：有没有可能认定为故意伤害致死与故意杀人的想象竞合？

张明楷：当然有可能，还可能是故意伤害与故意杀人的数罪或者想象竞合。

学生：真够复杂的。

张明楷：由此看来，对于这方面的问题，我们研究得还不够，需要归纳各种不同的情形，对各种不同的情形进行比较，抽象出可以普遍适用的规则。就本案来说，我还是倾向于认定为强奸致人死亡与故意杀人罪的想象竞合。因为即使将死亡结果同时归属于追赶行为与不救助行为，也可以肯定二者之间具有重合关系，而且认定为想象竞合，既做到了全面评价，也没有重复评价。

案例55　强奸罪（未遂与中止的区分）

被告人甲于某天晚上8点骑着摩托车在公路上行驶时，发现被害人乙女一个人在公路上步行，于是就想强奸乙。甲将摩托车停在路边，快步上去抓住乙的头发，把乙摔倒，拖到沟里，脱下乙的衣裤要奸淫，但由于乙的拼命反抗就没有得逞。甲又强迫乙实施猥亵行为，但此时公路上突然来往的车比较多，甲怕被发现，就骑着摩托车打算挟持乙到偏僻的地方再实施强奸行为。甲骑摩托车转到另外一条公路上后，摩托车翻到水沟里去了。甲、乙二人此时都摔晕了，甲先苏醒过来，发现自己的身上有伤，此时就完全没有性欲了，甲又考虑到强奸会受到处罚，就把乙叫醒，叫醒乙之后强迫乙给自己200元去治伤，乙就给了甲200元钱，甲就离开了。

张明楷：这个案件有四种处理意见：第一种观点主张定强奸未遂和盗窃罪；第二种观点主张定强奸中止和盗窃罪；第三种观点主张定强奸未遂和抢劫罪；第四种观点主张定强奸中止和抢劫罪。

学生：怎么可能成立盗窃罪？明明是把乙叫醒之后强迫人家给的200元，应当是抢劫罪。

张明楷：撰写案例分析的作者没有说明强迫的具体表现形式。如果是一般性的索要，当然不可能构成抢劫。如果以暴力、胁迫强迫乙给自己200元，当然构成抢劫。虽然抢劫罪中的暴力、胁迫等手段必须达到足以压制被害人反抗的程度，但是，是否达到了这种程度，要根据现场以及被害人的具体情形判断。在本案中，由于乙基本丧失反抗能力，而案例描述的是甲强迫乙给自己200元，我觉得认定为抢劫罪是合理的。

学生：如果不认定为抢劫，对200元就不能认定为犯罪了，因为数额不大，不可能认定为盗窃罪。

张明楷：也不能因为不构成盗窃罪就直接认定为抢劫罪，关键在于是否符合抢劫罪的构成要件。我们还是重点讨论另一个问题：强奸究竟是未遂还是中止？

学生：未遂。强奸行为其实在前面因为车辆很多担心被发现时就已经未遂了。

张明楷：你是说类似于放弃重复侵害的行为，前面的侵害行为已经未遂了吗？

学生：是啊。

张明楷：其实前面的行为与后面的行为并没有中断，甲的行为一直处于实施强奸行为的过程中，不能因为这个过程中出现了某种障碍，就立即直接认定为犯罪未遂。否则，几乎不存在中止犯了。例如，强奸犯将妇女推倒在地后准备奸淫时，因妇女反抗未能奸淫，于是强奸犯继续对妇女实施暴力。在这种场合，不能说前面的行为已经形成强奸未遂。

学生：本案不属于放弃重复侵害的情形。

张明楷：关键还是后面的行为是未遂还是中止？案情显示，甲一方面因为苏醒后发现自己受伤，没有性欲了，另一方面又考虑到了强奸会受到处罚，所以，没有实施奸淫行为了。

学生：如果考虑到前者就是强奸未遂，如果考虑到后者就是强奸中止。

张明楷：难道是强奸未遂与中止的竞合？

学生：二者是对立的，不能竞合。

学生：这个案件比较明显的是中止犯，尤其甲又考虑到强奸要受到处罚。

张明楷："又考虑到强奸要受到处罚"，在放弃强奸起到了作用吗？

学生：事实上没有起到作用，因为甲已经没有欲望了，他在当时的情况下没有能力实施奸淫行为了。

张明楷：既然是这样，就表明未能奸淫的原因还是因为受伤后没有欲望了。

学生：感觉认定为强奸未遂好一点。

张明楷：我也觉得认定为强奸未遂是合理的。不过，由于前面有强制猥亵行为，应当认定强奸未遂与强制猥亵罪的想象竞合。然后，将其中的一个重罪与抢劫罪实行并罚。

案例56　强奸罪（在公共场所当众强奸的认定）

甲男把乙女骗到自己家封闭的卧室里后，使用暴力强奸乙女，同时又在网上直播强奸行为的过程。

张明楷：这是一个人问我的案件，估计是他想出来的案件，而不会是真实案件。

学生：如果是真实案件就太可怕了。

张明楷：对方所问的问题是，甲男的行为是否属于在公共场所当众强奸妇女？

学生：感觉这个行为属于当众强奸妇女，但问题是网络空间算不算公共场所？

张明楷：我认为网络空间不属于公共场所，公共场所是不特定的人或多数人的身体可以进入的场合，而不是说视觉可以看到的场所就是公共场所。从《刑法》的一些条文所列举的公共场所来看，网络空间也不属于公共场所。你们看看第291条："聚众扰乱车站、码头、民用航空站、商场、公园、影剧院、展览会、运动场或者其他公共场所秩序，聚众堵塞交通或者破坏交通秩序，抗拒、阻碍国家治安管理工作人员依法执行职务，情节严重的，对首要分子，处五年以下有期徒刑、拘役或者管制。"这里所列举的公共场所，显然都是人的身体可以进入的场所。再看第130条："非法携带枪支、弹药、管制刀具或者爆炸性、易燃性、放射性、毒害性、腐蚀性物品，进入公共场所或者公共交通工具，危及公共安全，情节严重的，处三年以下有期徒刑、拘役或者管制。"将管制刀具放在网络上，不可能成立这个犯罪。更明显的还有第292条第1款第3项规定的"在公共场所或者交通要道聚众斗殴，造成社会秩序严重混乱的"，在网络上可能相互斗殴吗？当然不可能。从这些没有疑问的规定来看，公共场所不可能包括网络空间。这就是我经常提到的，要利用刑法中的明确规定去解释不明确的规定。当刑法分则条文中的公共场所，大多是指不特定人的身体可以进入的场所时，对于其他不明确的法条，最好作相同理解。当然，人们会说，刑法用语具有相对性。这些条文中的公共场所不包括网络空间，不意味着其他条文中的"公共场所"不包括网络空间。

学生：老师，我问一下，《刑法》第120条之五规定："以暴力、胁迫等方式强制他人在公共场所穿着、佩戴宣扬恐怖主义、极端主义服饰、标志的，处三年以下有期徒刑、拘役或者管制，并处罚金。"这个公共场所是指不特定或者多数人的身体可以进入的场所吗？如果行为人以暴力、胁迫等方式强制他人穿着、佩戴宣扬恐怖主义、极端主义服饰、标志，然后在网络上传播这些视频的，是否成立强制穿戴宣扬恐怖主义、极端主义服饰、标志罪呢？

张明楷：我觉得不能认定为强制穿戴宣扬恐怖主义、极端主义服饰、标志罪，而是要认定为宣扬恐怖主义、极端主义罪。就是以制作、散发宣扬恐怖主义、极端主义的音频视频资料的方式宣扬恐怖主义、极端主义。

学生：寻衅滋事罪中的在公共场所起哄闹事，司法解释就认定包括网络空间。

张明楷：我知道，我也写文章商榷过。其实，我觉得立法机关也是认为公共场所、公众场合只能是不特定或者多数人的身体可以进入的场所。比如，《刑法》第299条第1款原来规定的构成要件行为是，"在公众场合故意以焚烧、毁损、涂划、玷污、践踏等方式侮辱中华人民共和国国旗、国徽的"。"公众场合"显然是指有公众在场的场合，但《刑法修正案（十）》将其中的"公众场合"改成了"公共场合"。一字之差也要修改，这是有用意的。因为在网络上侮辱国旗、国徽的行为也必须当犯罪处理。如果网络上也是"公众场合"，立法机关为什么要修改这一个字呢？这说明在立法机关看来，网络上可以称为"公共场合"但不能称为"公众场合"，所以，特别改为"公共场合"。

学生：确实是这样的，我们只注意到《刑法修正案（十）》增加了第2款的侮辱国歌罪，没有注意修改了第1款的一个字。

张明楷：再比如，关于将网络认定为公共场所的司法解释是2013年作出的，具体是怎么规定的？

学生：2013年9月6日"两高"《关于办理利用信息网络实施诽谤等刑事案件适用法律若干问题的解释》第5条第1款规定："利用信息网络辱骂、恐吓他人，情节恶劣，破坏社会秩序的，依照刑法第二百九十三条第一款第（二）项的规定，以寻衅滋事罪定罪处罚。"第2款规定："编造虚假信息，或者明知是编造的虚假信息，在信息网络上散布，或者组织、指使人员在信息网络上散布，起哄闹事，造成公共秩序严重混乱的，依照刑法第二百九十三条第一款第（四）项的规定，以寻衅滋事罪定罪处罚。"

张明楷：上述司法解释第1款规定不涉及公共场所的问题，因为第293条第1款第2项没有要求行为发生在公共场所。司法解释的第2款涉及公共场所的认定，因为第293条第1款第4项的规定是"在公共场所起哄闹事,造成公共场所秩序严重混乱的"。但 2015 年的《刑法修正案(九)》在第 291 条之一中增加了第 2 款:"编造虚假的险情、疫情、灾情、警情,在信息网络或者其他媒体上传播,或者明知是上述虚假信息,故意在信息网络或者其他媒体上传播,严重扰乱社会秩序的,处三年以下有期徒刑、拘役或者管制;造成严重后果的,处三年以上七年以下有期徒刑。"除了虚假恐怖信息之外,第 291 条之一第 2 款规定的虚假信息仅限于四类虚假信息。立法精神很清楚,传播此外的虚假信息的,不当作扰乱公共秩序的犯罪处理,否则,法条为什么只列出这四种虚假信息呢?为什么不来一个兜底规定呢?就是因为不处罚传播其他虚假信息的行为。当然,构成诽谤罪的是另一回事。《刑法修正案(九)》增加这一款规定,明显旨在否认上述司法解释第 5 条第 2 款的规定,也就是否认网络空间属于公共场所。

学生:我觉得不管是不是否认网络空间属于公共场所,对于在网络空间传播《刑法》第 291 条之一以外的虚假信息的,都不能认定为寻衅滋事罪。否则,就明显不协调。

张明楷:根据举重以明轻的解释规则,确实如此。而且,在网络散布虚假信息,怎么可能"造成公共场所秩序严重混乱"呢?行为在网络上引起网民反应,不是什么大不了的事情。如果说在网络上散布虚假信息就"造成公共场所秩序严重混乱",那在网络上发布淫秽音频、视频的,是不是更加"造成公共场所秩序严重混乱"?也可以认定为寻衅滋事罪?

学生:人家会说,那不需要认定为寻衅滋事罪,因为可以认定为传播淫秽物品罪。

张明楷：可是，传播淫秽物品罪的最高刑只有 2 年有期徒刑，那要不要认定为想象竞合，按寻衅滋事罪处罚呢？

学生：当然不能。

张明楷：所以，"造成公共场所秩序严重混乱"是指造成现实的公共场所秩序的严重混乱，而不是说网络上有许多人议论了、点击了，就造成了公共场所秩序的严重混乱。有一次我给一个司法机关讲课，在提问阶段，一位司法人员问我一个案件，我说应当认定过失致人死亡罪。提问的人就说："我们也是认定的过失致人死亡罪，可是网上吵得可厉害了，说我们定错了。"我说："你不上网看不就可以了吗？"大家哄堂大笑。

学生：老师的回答不属于起哄闹事。

张明楷：接下来讨论我们今天的案件。在公共场所当众强奸妇女与《刑法》第 237 条规定的在公共场所当众犯强制猥亵罪这两种情形中的公共场所的意思应当是一样的。如果说强奸罪中的公共场所包括网络空间，强制猥亵罪中的公共场所也应当包括网络空间。我简单地问：甲是在公共场所强奸 A 女吗？

学生：不是，是在自己家的卧室里。

张明楷：这就对了。如果你说甲是在公共场所强奸 A 女，人家就会反问：请问卧室是公共场所吗？当然不是。

学生：同意认定为在公共场所当众强奸的人可能说：虽然甲是在卧室强奸 A 女，但由于在网络上直播，所以延伸到了公共场所。

张明楷：这个说法太牵强。再怎么延伸，行为人也是在卧室强奸妇女，而不可能在网络空间强奸妇女。这与司法解释对寻衅滋事的解释还不一样，司法解释所说的是在网络空间中起哄闹事，但没有人可能在网络空间中强奸妇女。

学生：是的，不可能在网络空间强奸妇女。

张明楷：所谓在网络空间强奸妇女的，充其量可能是传播淫秽物品。

学生：强制猥亵也应当和强奸罪一样，不可能在网络空间当众强制猥亵。

张明楷：所以，对本案中的甲男不能适用在公共场所当众强奸妇女的规定。他的行为可以认定为情节恶劣，当然同时触犯了传播淫秽物品罪。

学生：认定为情节恶劣肯定没有问题。

张明楷：情节恶劣的强奸罪与传播淫秽物品罪是想象竞合还是数罪？

学生：数罪。

张明楷：数罪？这不就是把传播行为进行重复评价吗？传播行为与情节恶劣实际上是同一内容吧。

学生：是重复评价了，不能认定为数罪，因为传播淫秽物品已经算到情节恶劣了。

张明楷：但问题是这是一个行为吗？还是有两个行为？

学生：我们在评价情节恶劣的时候，已经把传播行为包括进去了，所以，尽管有两个行为，但情节恶劣与传播淫秽物品还是重合的。

张明楷：对，只能认定为想象竞合。所以，即使有两个行为，但如果两个行为存在重合，就可能认定为想象竞合。

学生：如果行为人当时只是把强奸过程录下来，事后再将视频放在网上的，就是数罪了。

张明楷：对！那就是普通强奸罪与传播淫秽物品罪。

学生：这样的话，即使数罪并罚，量刑也要轻一点。

张明楷：是这样的。感觉不公平吗？

学生：最终对妇女的侵害是一样的，为什么后一种情形反而处罚更轻了呢？

张明楷：只能如此，不可能将后来的传播行为评价为强奸罪的恶劣情节。

学生：在强奸时把强奸过程录下来的，能评价为强奸行为情节恶劣吗？

学生：不能。

张明楷：我也觉得不能。

学生：行为人本来录的是一个人被害的现场，能认定为淫秽物品吗？

张明楷：强奸现场的视频一般是可以认定为淫秽物品的吧，当然不能一概而论。我们现在设定的就是淫秽物品，没有必要在这个问题上纠缠。

学生：如果行为人只是录下了强奸时的声音，然后同时直播出去的，也是传播淫秽物品吗？

张明楷：有人认为声音不是物品，所以，会持否认态度，但司法实践对此持肯定态度。需要考虑的是，这种情形能否也认定为强奸罪的情节恶劣？

学生：是指在卧室强奸的同时直播强奸时的声音吗？

张明楷：是的，你们刚才问的时候我突然想到的。

学生：还是可能有吧。

学生：不是的吧，别人也听不出是什么人，甚至听不出是在干什么。

张明楷：感觉不可一概而论，需要根据声音的内容、被害人的身份是否暴露等情节进行判断。如果被害人的身份都被其他人辨认出来，认定为强奸妇女情节恶劣也是可以的。

学生：可是，单纯增加了毁损妇女名誉的情节，就成为强奸罪的情节加重犯，这是不是不太合适？

张明楷：不只是毁损妇女名誉的问题，还是要联系妇女的性行为自主权来分析。性行为的非公开性是一项原则，妇女不仅反对行为人对她的强奸行为，而且特别反对使自己的身份公开化的强奸行为。所以，可以认为，这种情形对妇女意志的违反，或者对妇女的性行为自主权的侵犯更为严重，可以评价为情节恶劣的内容。

案例57 强制猥亵罪（猥亵行为的判断）

一位男士可能有怪癖，他跟着一个女士，一直跟到女士回家之后，他就冲进去了，接着就使用暴力把女士按倒在地，脱下了女士的打底裤。女士以为行为人要实施强奸行为，拼命反抗，行为人就说"我只是要你的打底裤"，女士就没有反抗了或者没办法反抗。行为人脱下女士的打底裤之后就逃走了。走到一个垃圾桶附近闻了好久之后，就将打底裤扔到垃圾桶里了。

张明楷：这是一个真实案件。检察院有争议，一种观点主张定强制猥亵罪，另一种观念主张定入户抢劫。因为打底裤是财物，可能值十几块钱或者几十块钱。

学生：是故意毁坏财物吗？

张明楷：怎么毁坏？行为人已经利用完了嘛。行为人有利用意思，也有排除意思。当然，你要说符合毁坏的行为特征也没有什么问题，毕竟行为人将打底裤扔到垃圾桶了。但认定为故意毁坏财物就肯定不成立犯罪了。

学生：检察院是以什么罪起诉的？

张明楷：检察院是以强制猥亵罪起诉的，但一部分检察官认为应该认定为入户抢劫。

学生：打底裤里还有内裤，不能认定为强制猥亵吧？

张明楷：那也不一定，即使还有内裤也可能属于强制猥亵。

学生：而且，难以认定行为人具有强制猥亵的故意，他只有取得打底裤的故意与目的。

张明楷：二者不矛盾吧！如果行为人以取得女士身上的所有衣服为目的，也就是以对所有衣服非法占有的目的而强行脱掉所有衣服的，能说没有强制猥亵的故意吗？

学生：这种情形当然就有强制猥亵的故意了。

张明楷：如果说打底裤是财物，认定为入户抢劫好像还说得过去。不认定为入户抢劫的理由是什么？

学生：担心判太重了。

张明楷：但如果确实符合入户抢劫的成立条件，就不能以判得太重为由改判为其他轻罪，只能适用《刑法》第63条减轻处罚。

学生：如果不定入户抢劫，只能是从没有非法占有目的的角度来说。

张明楷：怎么没有非法占有？我刚才说了，行为人对打底裤具有明显的排除意思与利用意思。

学生：扔掉之前闻了好久这个证据不充分，可以认定行为人拿走之后就扔了，拿走就是为了扔掉，所以是故意毁坏财物。

张明楷：拿走就是为了扔掉的说法更难让人相信。起诉书上说得很清楚，被告人交代在什么地方闻了之后就扔到垃圾桶了。虽然这个事实只有他的交代为证，但你有什么理由不相信这个交代呢？我不相信拿走就是为了扔掉的说法。

学生：能不能认定为抢劫未遂呢？

学生：行为人就是要抢这个特定的打底裤，而且也得到了，很难认定为未遂。

张明楷：你是说，因为行为人的目的已经实现了，所以不能认定为抢劫未遂？

学生：是的。

张明楷：如果打底裤的价值低廉，原本就不值得刑法保护，即使实现了目的，也不能认定为财产罪吧。不能因为实现了目的，就直接认定为财产犯罪的既遂。

学生：可是，抢劫罪原本没有数额限制。

张明楷：抢劫罪是没有数额限制，但不能说刑法保护价值极为低廉的财产。

学生：如果说打底裤的价值极为低廉，就可以否认抢劫罪的成立。

学生：根子上是入户抢劫的法定刑太高了。

张明楷：按我的看法，这种情形不是入户抢劫，因为我觉得既然入户抢劫的法定刑重，就需要限制解释，最好的限制路径就是对入户方式进行限制，比如携带凶器入户的，使用暴力、威胁方法入户的，等等。单纯尾随被害人入户的，我不主张认定为入户抢劫。

学生：老师的意思是只认定为普通抢劫。

张明楷：我觉得同时还要考虑财物的价值究竟是否值得刑法保护，估计检察院认为财产价值低廉，所以没有按抢劫罪起诉。而且，这种情形不同于为了抢劫数额巨大或者较大财物，但客观上仅抢劫了价值几十元财物的情形。也就是说，行为人只是针对一个特定的财物去抢劫的，而这个特定财物的价值又很低廉，不认定为抢劫罪也是可以的。当然，如果要找到否定普通抢劫罪的充分理由，也很困难，毕竟行为人以暴力手段强取了被害人的财物。只是综合起来看，感觉认定为抢劫罪并不合适。

学生：如果不认定为抢劫，也不能认定为其他犯罪，是不是不合适？

张明楷：我觉得不能否认这种情形属于强制猥亵。你们想一想，既然男士强制与女士搂抱、接吻都属于强制猥亵，怎么强行脱掉女士的打底裤的行为反而不构成强制猥亵罪呢？

学生：主要是想到没有让女士赤身裸体，所以觉得不属于猥亵。

张明楷：不是这样的吧。让女士赤身裸体当然是强制猥亵，但隔着衣服的行为也能成立强制猥亵。

学生：即使是猥亵，也可能只是治安管理处罚法规定的猥亵，而不是刑法规定的猥亵。

张明楷：在猥亵行为具有强制性，而且明显已经压制女士反抗的场合，还是可以评价为刑法上的强制猥亵的。

学生：即便如此，这种行为在强制猥亵罪中也是情节轻微的。

张明楷：我赞成这一结论，属于强制猥亵罪中情节轻微的情形，判处较轻的刑罚或者适用缓刑，都是可以接受的。

学生：如果说强行脱掉女士的打底裤属于强制猥亵，强行脱掉女士的袜子是不是强制猥亵呢？

学生：一般讲的强制猥亵是指侵犯性的自由，跟性相关的只能是女士身体的隐秘部位，脚和袜子与性没有什么关系吧。

张明楷：可以这么说。脱掉女士的打底裤实际上是接触了女士的隐秘部位，而脱掉袜子不能说接触了隐秘部位。

学生：如果男士很喜欢闻女士的围巾，采取同样的方法拿走了女士的围巾呢？

张明楷：那也不能叫强制猥亵。

学生：今天讨论的这个案件就定强制猥亵罪了？

张明楷：我觉得这样认定就可以了。肯定会有人主张认定为抢劫罪，也会有人主张成立抢劫罪与强制猥亵罪的想象竞合。但相比之下，只认定为强制猥亵罪，判处较轻的刑罚或者宣告缓刑，还是比较合适的。

案例58 非法拘禁罪（结果加重犯的认定与拟制规定的适用）

王某（被告人）与赵某（被害人）因为经济纠纷产生了矛盾之后，赵某就四处散布对王某名誉产生不利影响的言论，王某对赵某怀恨在心。经人介绍，王某花钱雇刘某去抓赵某，但双方没有说抓到之后怎么办。某日下午3点多钟，刘某找了朱某，二人一起到被害人赵某的家门口，趁赵某一个人出门时，两个人迅速上前从左右两侧架住赵某，并且实施殴打行为，之后强行将赵某推到车里。随后，刘某负责开车。朱某在车内的前后排座位之间的空档处继续对赵某实施暴力，要赵某不要反抗。朱某殴打赵某十几分钟之后，赵某就没有动了。之后，刘某和朱某将赵某拉到一个偏僻处，用火把被害人烧了，把骨灰扔到河里了。第二天，刘某告诉王某说，已经抓住赵某了，并且将搜出来的被害人身份证给王某看。王某也听说了赵某失踪的消息，便支付给刘某报酬。赵某不是被打死就是被烧死的。

张明楷：先说刘某与朱某的行为性质吧。

学生：这两个人最起码构成故意伤害致人死亡。

张明楷：为什么定故意伤害致人死亡，不是定故意杀人呢？

学生：我只是说最轻也是定故意伤害致人死亡。

张明楷：从两个角度来说，他们二人都成立故意杀人既遂。一是从非法拘禁使用暴力致人死亡的角度来说，按照我们的观点，非法拘禁使用暴力致人死亡的，认定为故意杀人罪，这是法律拟制，不管行为人有没有杀人故意。二是单纯从故意杀人的角度来说，他们都不知道赵某是被打死的还是被烧死的，说明他们根本没有关心赵某的生死。如果说前一个角度还有争议，从后一角度认定为故意杀人，应当不会有什么争议。

学生：那就是故意杀人罪。

张明楷：关键是对王某的行为怎么处理。

学生：王某的教唆内容是什么？

张明楷：就是让刘某把赵某抓起来，双方都没有说抓起来之后怎么办。朱某则不知道刘某和王某怎么商量的。

学生：王某只是教唆非法拘禁。

张明楷：抓起来当然属于非法拘禁。

学生：他们三个人成立非法拘禁的共犯，现在关键就是能不能将赵某的死亡结果归属于王某吧？

学生：王某是否知道刘某会对赵某使用暴力呢？

张明楷：这需要你判断，案情什么都没有讲。你要问王某，王某肯定会说，我只是让刘某抓人，没有让刘某殴打赵某。

学生：这就是说，我们不能认定王某教唆刘某非法拘禁并且殴打赵某。

张明楷：当然不能这样认定了。

学生：能不能认定王某的行为属于非法拘禁致人死亡？因为王某的行为与赵某的死亡之间具有心理的因果性，只要王某对赵某的死亡具有过失，就可以认定他是非法拘禁致人死亡。

张明楷：认定王某非法拘禁致人死亡的话，就是结果加重犯了，而不是故意杀人罪。司法机关的第一种观点就是对刘某和朱某定故意杀人，对王某定非法拘禁致人死亡。

学生：司法机关还有其他观点吗？

张明楷：第二种观点是，王某是非法拘禁罪的基本犯，刘某和朱某是故意杀人罪。

学生：这个观点的理由是什么？

张明楷：可能是说王某不能认识到赵某的死亡结果。但在我看来，既然刑法对非法拘禁规定了结果加重犯，一般来说，行为人就是可以预见的。否则，刑法不会规定结果加重犯。况且，王某是让刘某去抓人，自己不在现场，应当认为王某对赵某的死亡具有预见可能性吧。

学生：第二种观点不成立，就像教唆他人抢劫一样，当然能够预见抢劫致人死亡。被拘禁的人不是小孩而是成年人，在拘禁时当然会反抗，实施拘禁的人就会对被拘禁的人实施暴力压制其反抗，以便实现拘禁目的。所以，王某对赵某的死亡结果具有预见可能性。

张明楷：第二种观点对王某的定罪显得很重，但结论未必是妥当的。

学生：还有第三种观点吗？

张明楷：第三种观点主张，对三个人都定非法拘禁致人死亡。主要理由是，不知道是怎么打死的，也不知道是不是烧死的。但我觉得在本案中，怎么打死的并不重要，是不是烧死的也不重要。至少根据刑法的规定，非法拘禁使用暴力致人死亡的，就成立故意杀人罪。也就是说，只有两种可能性：要么是非法拘禁使用暴力致人死亡，要么是后来烧死的。但对这两种情形都应以故意杀人罪论处，不存在择一认定为轻罪的问题。

学生：持这种观点的人，可能认为刑法关于非法拘禁使用暴力致人死亡以故意杀人罪论处的规定不是法律拟制，只是注意规定。

张明楷：或许是这样的。但根据所谓注意规定的观点，《刑法》第238条第2款后段是将非法拘禁的过程中产生杀人故意进而杀害被害人的，规定以故意杀人罪论处。可是，这实际意味着刑法将非法拘禁罪与故意杀人罪拟制为一个罪，这显然也不妥当。其实，在这种情形下，根本不需要适用《刑法》第238条第2款后段的规定，直接适用《刑法》第238条第1款与第232条的规定，认定为数罪再实行并罚就可以了。从本案的事实来看，刘某与朱某在赵某不动后，就点火烧赵某，这说明他们肯定有杀人故意。直接认定为故意杀人罪，是没有问题的。

学生：应当没有第四种观点了吧。

张明楷：你想象力不丰富啊！当然还有，第四种观点认为，三个人都成立故意杀人罪。理由是，王某都不说将赵某抓起来之后怎么办，那就是刘某与朱某想怎么办就怎么办，王某肯定知道刘某抓到赵某后会对赵某使用暴力。所以，王某也有杀人故意。

学生：但是，王某确实没有唆使刘某杀害赵某。

张明楷：肯定没有，如果有，案情肯定会交代。这种观点可能认为，非法拘禁使用暴力致人死亡的，是故意杀人罪，王某肯定知道刘某会对赵某使用暴力，因此也是故意杀人。

学生：这种观点肯定了刑法规定的非法拘禁使用暴力致人死亡以故意杀人罪论处属于法律拟制。

张明楷：应当是这样的。但是，这个法律拟制中的使用暴力，显然不是指非法拘禁本身所需要的暴力，而是非法拘禁之外的暴力。就此而言，说王某已经明知或者预见到了刘某会在非法拘禁外再使用暴力，则有些勉强。更重要的是，王某并没有唆使刘某与朱某在非法拘禁行为之外对赵某实施暴力，所以，不能对王某适用《刑法》第238条第2款后段的规定。

学生：有没有可能按照王某雇请刘某花钱的多少来判断？如果花的钱越多，就越表明是要刘某杀害赵某。

学生：用什么标准判断多少？

学生：有市场价，肯定有惯例的。

张明楷：不会有惯例吧。但不管有没有惯例，都不可能根据给钱的多少来判断王某有没有杀人故意。而且，本案好像事前没有商量钱的多少，只是事后才给的钱。

学生：还有第五种观点吗？

张明楷：等你提出第五种观点来！有没有？想一想！

学生：我回去想。

张明楷：司法机关一共有上述四种观点，我认为第一种观点合适一些。就是将刘某与朱某的行为认定为故意杀人罪，将王某的行为认定为非法拘禁罪的结果加重犯。

学生：假如王某对刘某说，把赵某抓起来，给他点颜色瞧瞧。这样的话会不会在处理上有区别？

张明楷：那要看怎么样给颜色瞧，是说抓起来本身就是给颜色瞧瞧，还是抓起来之后再给颜色瞧瞧？你要去判断吧。

学生：说给他点颜色瞧瞧，一般都是指要对被害人实施暴力，这样的话，对王某要适用《刑法》第238条第2款后段的拟制规定，认定为故意杀人罪。

张明楷：按照生活常理去判断，说抓起来后再给点颜色瞧瞧，就是另外再实施暴力，可以适用拟制规定，以故意杀人罪论处。

案例59　绑架罪（构成要件行为与主观超过要素的判断）

甲原本打算偷到婴儿后向婴儿父母勒索财物，但偷到后觉得婴儿特别可爱，就决定自己抚养，没有向孩子父母勒索财物。

张明楷：这是真实案件还是你设想的？

学生：是我设想的，我是想问对这样的行为是认定为绑架罪，还是认定为拐骗儿童罪？

张明楷：你们设想案件时，常常不停地变化事实，包括根据自己的需要不断地改变行为人的主观意图，所以，就会出现不同的结论。比如，你能确定甲在盗窃婴儿时就是具有将婴儿作为人质向其父母勒索财物的主观目的吗？

学生：能确定。

张明楷：确定的依据是什么呢？除了甲的口供外还有没有其他证据证明甲有这个主观目的？

学生：假如有稳定的口供。

张明楷：有稳定口供有什么意义呢？如果没有其他证据支撑，甲随时可以翻供。如果认定为绑架罪，就没有达到证据充分的程度。

学生：假设除有稳定的口供外，还有其他证据证明甲起先就是为了将婴儿作为人质向其父母勒索财物。

张明楷：如果是这样的话，当然成立绑架罪，只是成立什么犯罪形态的问题。我认为，绑架罪中的以勒索财物为目的，只是主观的超过要素，不需要有对应的客观要素。只要行为人将人质置于自己的实力支配或者控制下，就成立绑架罪的既遂犯。

学生：有一种观点认为，这种情形成立绑架罪的中止犯。

张明楷：我不赞成这种观点。如果认定为绑架罪的中止犯，实际上是将绑架罪理解为财产犯罪，这显然与刑法将绑架罪置于刑法分则第四章相冲突。

学生：黎宏老师认为，绑架罪的保护法益除了被绑架人的生命、身体利益外，还包括担忧被绑架者安危的第三者的精神上的自由，即第三者决定是否向绑架犯交付财物的自决权。黎老师也是要求绑架犯向第三者提出勒索财物等要求。

张明楷：我知道黎老师的观点，我的一篇论文还商榷了这一观点。我在论文中提出的一个重要理由是，有的恐怖分子绑架人质后，根本不主动提出什么要求，而是由政府主动向恐怖分子交涉。如果认为只有当绑架犯向第三者提出了要求才完成构成要件行为，那么，这种情形也是未遂犯，我觉得不合适。

学生：不过，在司法实践中，绑架被害人后没有向第三者提出要求的确实少见。

张明楷：不能因为少见，就将多见的事实理解为刑法规范。

也就是说，不能将我们熟悉的案件事实直接上升为构成要件。就是人们经常讲的那句话：不能将熟悉的当作必需的。

学生：如果认为绑架罪的构成要件包括勒索财物或者提出其他不法要求的行为，本案的甲就只构成绑架罪的中止犯，但婴儿的人身安全还是受到了侵害。

张明楷：我觉得即使考虑到第三者的精神上的自由，在绑架婴儿的场合，只要婴儿离开了父母，父母就产生了重大担忧，因而侵害了第三者精神上的自由。

学生：如果按照老师的观点，甲绑架婴儿的行为就构成既遂了。因为勒索财物只是主观的超过要素，不要求现实化。法条也是这样表述的，如果要求法条表述的目的现实化，就缺乏法律根据。

学生：如果认为甲的行为构成绑架罪的既遂，还认定拐骗儿童罪吗？

张明楷：绑架婴儿与拐骗儿童是同一个行为，只需要认定为绑架罪。

学生：是想象竞合吗？

学生：是法条竞合吧，因为绑架罪的法益可以包含拐骗儿童罪的保护法益。

张明楷：可以认定为法条竞合，绑架罪是特别法条。

学生：一种观点认为，拐骗儿童罪的保护法益包括父母的监护权，而绑架罪不包括这一法益内容。如果是这样的话，是不是就不能认定为法条竞合了。

张明楷：绑架罪的对象也包括儿童，如果说拐骗儿童罪的保护法益包括父母的监护权，绑架罪的保护法益也可以包括这一内容。不过，我认为没有必要将父母的监护权作为这两个罪的保护法益，当行为对象是儿童时，将儿童的身体自由与安全作为保护法益就可以了。所以，可以认定为法条竞合。如果行为人起先只是想拐骗儿童，控制儿童后又以儿童作为人质再勒索财物，虽然有两个行为，但由于只侵害一个法益，就可以认定为包括的一罪。

学生：先拐骗后绑架与先绑架后拐骗，为什么处理不一样呢？我们讨论的案件中，甲先实施绑架后实施拐骗行为，也有两个行为，为什么不是包括的一罪？

张明楷：在我们讨论的案件中，甲以勒索财物为目的绑架婴儿后，没有再实施拐骗儿童的行为啊！后来甲只有抚养婴儿的行为，没有拐骗行为。但在拐骗儿童后，产生了勒索财物的想法，继续以实力支配儿童，并勒索财物的，才可能说行为人实施了两个行为，前面是拐骗行为，后面是绑架行为。在这种情形下，如果行为人不提出勒索要求，也不可能认定为绑架罪。如果提出勒索要求时，并没有以实力支配被害人，也不可能认定为绑架罪。

学生：明白了。我顺便问一下：《刑法》第 240 条第 1 款第 5 项规定的"以出卖为目的，使用暴力、胁迫或者麻醉方法绑架妇女、儿童的"中的绑架与绑架罪中的绑架有什么区别吗？

张明楷：我觉得客观上没有明显区别。我也是根据《刑法》第240条第1款第5项的规定来限定绑架罪中的绑架行为的。二者只是主观目的不同。反过来说，既然拐卖妇女、儿童罪不以出卖作为既遂标准，那么，绑架罪也不能以提出勒索要求为既遂标准，更不能以获得财物或满足其他不法要求为既遂标准。

学生：我想问的是，如果行为人使用绑架行为来拐卖妇女、儿童，是不是直接适用第240条第1款第5项的加重法定刑？

张明楷：当然要适用啦。只要行为人采用暴力、胁迫或者麻醉方法绑架了被害人，就直接适用第5项。因为这种行为与拐骗、收买、接送等行为相比，更为严重地侵害了被害人的人身自由与安全。

学生：可是，《刑法》第240条第2款在定义拐卖妇女、儿童时，是将绑架与拐骗等行为并列规定的，这是不是意味着这些行为的不法程度相同呢？

张明楷：不能说明这一点，第240条第2款的定义，旨在确定拐卖妇女、儿童罪的全部构成要件行为，包括加重构成要件的行为，但不能说一个定义中所列举的全部行为的不法程度都是一样的。

案例60 刑讯逼供罪（行为主体的认定）

办案机关的办案人员甲与乙在讯问嫌疑人丙时，实施刑讯逼供行为，丙强烈反抗。路过讯问室的司法工作人员（不是本案的办案人员）丁发现后，与甲、乙一起殴打丙，导致丙重伤。

张明楷：这是真实案件还是你改编的案件？

学生：以真实案件为基础进行了加工的案件。我是想问，刑讯逼供的主体是否应限定为办案人员？

张明楷：我觉得刑讯逼供的主体应当是司法机关的办案人员，但也应包括办案人员的领导人员。刑讯逼供罪虽然是侵犯公民人身权利的犯罪，但同时也是职务犯罪，德国、日本的刑法实际上将类似犯罪规定在职务犯罪中。因为办案人员的职责之一是取得嫌疑人、被告人的口供，构成刑讯逼供罪要求有逼取口供作为证据使用的故意。如果不是办案人员，仅是出于好奇想问一下，之后殴打了嫌疑人、被告人，这也不是刑讯逼供的故意。所以，将办案人员作为刑讯逼供的主体才是合适的。如果非办案人员把嫌疑人、被告人打伤了，可以认定为故意伤害罪；有的情况下可以认定为虐待被监管人罪。比如，嫌疑人被带到检察院之后，检察院负责看管的人员当然是监管人员，如果该监管人员虐待嫌疑人的话，可以认定为虐待被监管人罪。如果不是办案人员，当然可以构成刑讯逼供罪的共犯。

学生：在这个案件中，丁是共同正犯还是帮助犯？

学生：如果亲自动手殴打丙，还是要认定为共同正犯吧。

张明楷：如果认为共同正犯不需要身份，我觉得可以认定为共同正犯。如果认为共同正犯需要具备身份，丁就只能是帮助犯了。我是主张共同正犯不需要具备身份的。

学生：如果刑讯逼供致人重伤，认定为故意伤害罪，一般容易被接受。因为使用暴力致人重伤，一般都会有伤害故意。问题是，刑讯逼供致人死亡，在办案人员没有致人死亡的故意时，认定为故意杀人罪总是难以被人接受，司法机关对这种情形都只是认定为故意伤害致死。

张明楷：我知道。但这样理解和处理有两个问题：一是按照司法机关的做法，办案人员先实施刑讯逼供行为，后以杀人故意杀害嫌疑人或者被告人的，才成立故意杀人罪。可是，这个时候明明构成两个罪了，而不是只能认定为一个故意杀人罪。二是刑讯逼供时怎么可能产生杀人故意？刑讯逼供时具有逼取口供作为证据使用的故意，如果产生了杀人故意进而杀人的，逼取口供还有什么意义？所以，《刑法》第247条规定刑讯逼供致人死亡的以故意杀人罪论处，就是一种拟制规定，不要求行为人具有杀人故意。

学生：许多人说如果这样认定就违反了主客观相统一的原则。

张明楷：《刑法》第269条规定的事后抢劫也构成抢劫罪，可是，事后抢劫的行为人有抢劫罪的故意吗？其实也没有，但为什么没有人说这一条规定违反主客观相统一原则呢？还是一种观念问题。法律拟制本来就是将不同视为相同，只要符合法律规定的拟制条件，就必须适用拟制规定。

学生：如果是这样的话，就感觉会判得太重。

张明楷：刑讯逼供罪的法定刑本身比较轻，许多人刑讯逼供就是出于公私不分的心态，把公事当成自己的私事去办，如果没有致人重伤、死亡，处 3 年以下有期徒刑或拘役还是可以接受的。但如果刑讯逼供致人重伤或者死亡，就需要判处较重的刑罚，否则就难以制止刑讯逼供。

学生：如果刑讯逼供导致嫌疑人被错杀，只定一个刑讯逼供罪，也显得过轻。

张明楷：解决这个问题有两个路径。一个就是我以前讲过的，《刑法学》教材也说过，由于刑讯逼供导致法院判处嫌疑人死刑的，要认定为刑讯逼供罪与故意杀人罪的间接正犯的想象竞合，从一重罪处罚。

学生：这里有两个疑问，一是能否认定办案人员支配了死亡结果的发生，二是办案人员是否具有故意杀人的故意。

张明楷：如果办案人员通过刑讯逼供导致嫌疑人被判处死刑的证据充分，就意味着法官受骗，被利用者受骗是间接正犯的通常情形。按照罗克辛教授的说法，间接正犯的支配有两种情形，一是通过强制进行支配，二是通过欺骗进行支配。既然如此，办案人员通过刑讯逼供获取口供与其他证据后，使得法官对案件事实信以为真，进而判处死刑的，就可以说是通过欺骗进行支配，具备了间接正犯的支配性。

学生：办案人员常常是确信嫌疑人实施了犯罪行为才刑讯逼供的，所以，也没有杀人的故意吧？

学生：完全可能有间接故意。

张明楷：这要看怎么理解和认定故意。首先，间接故意是完全可能存在的。办案人员在明知刑讯获得的口供不能作为定罪证据的情况下，掩盖真相将刑讯获得的口供提交给了法官，即使他以为嫌疑人就是真正的罪犯，也同时意识到如果法官知道口供是刑讯逼取的，不能作为定案的根据，但依然掩盖逼取口供的真相的，不能排除间接故意。其次，也不一定能排除直接故意。比如，有的办案人员被要求命案必破，不破就受处分，在破不了案的情况下，就可能故意冤枉嫌疑人。

学生：如果对这种行为认定为故意杀人罪的间接正犯，以后冤案就更难翻案了。

张明楷：如果你这样想的话，那对刑讯逼供不以犯罪论处，也不影响办案人员晋升，对冤案就最容易翻案了。我们首先要想到的是如何抑制刑讯逼供，抑制了刑讯逼供，冤案才能减少。事实也证明，许多冤案就是刑讯逼供造成的。如果说办案人员知道被害人作出有罪供述会被判死刑，依然刑讯逼取这样的供述，难道说他没有故意杀人罪的间接故意乃至直接故意吗？我觉得不能否认。

学生：也许办案人员不一定知道嫌疑人作出有罪供述会导致嫌疑人判死刑。

张明楷：我并不是说在任何犯罪中都是如此。现实的量刑现状是，对故意杀人没有任何从轻处罚情节的都是判处死刑。如果办案人员知道这一点，所办的案件就是故意杀人案件，知道嫌疑人可能不是凶手，但通过刑讯手段迫使嫌疑人承认自己是凶手的，办案人员当然知道嫌疑人作出有罪供述会导致其被判处死刑。

学生：那如果认定为一个故意杀人罪，适用情节较轻的法定刑是否可以？

张明楷：完全有可能，但不排除有的案件适用基本犯的法定刑。既然刑讯逼供过程中直接把嫌疑人打死是定故意杀人罪，适用基本犯的法定刑，为什么虽然没有把嫌疑人打死但是让法院判了嫌疑人死刑的，却又一概判处较轻的刑罚呢？所以，还是要根据具体案件的情况进行判断。

学生：如果这样认定恐怕会引起很多的批判，司法过程本身就是要认定真相的，假如一个冤案中，派出所逼取了假口供，凭什么最初几个办案人员的行为就导致整个司法过程性质都变"黑"？即便办案人员采取了刑讯逼供手段获取口供，在刑事诉讼过程中还是有很多机会排除这个证据的，嫌疑人可以提出自己被刑讯逼供，过去的口供也是可以被改变、被推翻的。

学生：我们讨论的这种情况是有前提的，即嫌疑人被执行死刑以后，是已经推翻不了的情形，如果推翻了肯定就不用定罪了。而且从审判的现状来看，只要嫌疑人承认了一次，后面否认再多次，司法机关一般还是会相信承认的那一次口供。

学生：在司法实践中，如果没有其他证据印证有罪供述，也不一定会采取该有罪供述，司法人员也害怕判错案件，现在对于死刑的适用，还是控制得比较严格的。

张明楷：现在故意杀人案件判处死刑的证据的确把握得很严格，因为担心真凶再现和亡者归来。我们讨论的这种情形当然相当罕见，甚至认为难以发生，但只要有发生的可能性，我们的讨论还是有意义的。

学生：学理上有一种观点认为，诬告陷害他人导致他人被判刑的属于间接正犯。

张明楷：我是持此种观点的。我认为这样刚好可以弥补诬告反坐和给诬告陷害罪规定独立、确定法定刑的两个缺点。诬告反坐明显不合适，但是诬告反坐也有一定道理，如果诬告他人犯罪导致他人被判死刑，那对于诬告者当然要判重一点，如果诬告他人犯破坏通信自由罪导致他人被判处几个月拘役，对于诬告者当然也要判轻一点，但这个也不能绝对。如果行为人伪造了许多证据证明嫌疑人杀了人，结果嫌疑人真的被判死刑了，认定行为人构成故意杀人罪并没有什么问题。这也是间接正犯。

学生：但也有学者反对这种观点，认为司法机关有那么多人办案，怎么可能被一个诬告陷害的人支配呢？

张明楷：我前面解释过了。一方面，事实上确实有人因为被诬告而被判处刑罚的，这不可否认。另一方面，只要可以认定司法人员都受骗了，就可以认定诬告者的行为支配了结果的发生。

学生：如果刑讯逼供者从内心就是相信嫌疑人是杀人凶手该怎么办？

张明楷：在我看来，就是过失的间接正犯，客观上是间接正犯，主观上只有过失。如果明明知道嫌疑人没有杀人，刑讯逼取口供，导致嫌疑人被判处死刑的，认定为故意的间接正犯。

学生：明知嫌疑人没有杀人而逼取口供，导致嫌疑人被判处死刑的，可不可以只认定为徇私枉法罪？

张明楷：徇私枉法罪和故意杀人罪也不是对立关系。如果明明知道嫌疑人无罪或罪行很轻，偏偏要判处死刑，就是徇私枉法罪与故意杀人罪的想象竞合。

学生：老师说对于刑讯逼供导致嫌疑人被判处死刑的处理，有两个路径，一个就是上面说的间接正犯，另一个路径是什么呢？

张明楷：我就是想问你们，有没有可能对于这种情形直接适用《刑法》第247条后段的规定，以故意杀人罪论处？

学生：从字面含义上看，应当是刑讯逼供行为本身致人死亡，才可能适用后段的规定。

张明楷：刑讯逼供导致法院判处嫌疑人死刑，也是刑讯逼供行为造成的，为什么不可以适用后段的规定呢？

学生：问题在于刑讯逼供致人死亡，是指刑讯逼供直接致人死亡，还是包括间接致人死亡？也就是仅限于直接正犯，还是包括间接正犯？

张明楷：肯定包括间接正犯。比如，办案机关的领导通过强制或者欺骗方法让办案人员刑讯逼供致人死亡的，还是会对领导适用故意杀人罪的规定吧。

学生：可以的。

学生：如果说刑讯逼供致人死亡包括直接正犯与间接正犯，对于上述情形就可以直接适用《刑法》第247条后段的规定，而不一定要采取间接正犯的路径。

张明楷：其实也不矛盾。但在办案人员具有杀人故意的情况下适用《刑法》第247条后段时，就不能说后段是法律拟制。

学生：可以进行举轻以明重的解释。既然没有杀人故意时也要认定为故意杀人罪，那么，具有杀人故意时，更要认定为故意杀人罪。

张明楷：可是，既然客观上属于杀人的间接正犯，主观上又具有杀人故意，不是直接适用故意杀人罪的规定吗？为什么还要适用《刑法》第247条后段？如果适用第247条后段，就意味着后段既是法律拟制，也是注意规定。

学生：还真是。

张明楷：所以，第二条路径虽然也行得通，但并不是很理想。不过，第二条路径与第一条路径并不矛盾，不会说两条路径得出的结论不同。

第十二堂
侵犯财产罪

案例61 侵犯财产罪（行为对象的判断）

甲发现某小区的一套房长期没有人居住，也没有人打理。于是，甲对就外发布出租房屋的信息，乙看到信息后，就要求承租3年。甲以价格优惠为诱饵，一次性收取了3年的租金共18万元。乙居住1年后被房主发现，乙随即报警。

张明楷：这样的案件并不少见，我们以前也讨论过。首先确定一下，甲对乙是否成立犯罪？

学生：毫无疑问成立诈骗罪。

张明楷：如果成立诈骗罪，诈骗对象是什么？数额是多少？

学生：诈骗对象当然是租金，数额应当是18万元。

学生：乙居住了一年，是不是可以扣除一年的租金，只认定为12万元？

张明楷：如果乙确实住了3年才被发现，是不是认为甲对乙就不构成诈骗罪了?

学生:那就不能认定为诈骗罪了吧,因为乙的交易目的已经实现了。

学生:我觉得还是要认定为诈骗罪。首先,甲虚构了事实,将他人的房屋冒充自己的房屋出租给乙,如果乙知道了真相肯定不会承租,所以乙产生了认识错误,处分了租金。其实,不能认为乙没有财产损失。因为甲的行为使乙随时可能陷入纠纷与诉讼之中,而且,一旦房主发现,乙必然不能继续居住,即使继续居住也要另外交房租。所以,乙其实是有财产损失的。

张明楷:我也觉得甲对乙成立诈骗罪。在这样的案件中,乙的损失基本上是必然的,能住3年的概率太小或者偶然性太大。

学生:虽然概率太小但毕竟确实居住了3年,他的目的实现了。

张明楷:其实也不一定。房主可能会让他再交3年的房租,因为租金应当归属于房主,但房主没有得到租金,而且乙事实上在房主的房屋里居住了3年。所以,难以认为乙的目的实现了。

学生:如果是这样的话,那么,在本案中,甲对乙的诈骗数额就不是12万元,而是18万元。

张明楷:我觉得是这样的,否则,还有一个难以解释的问题。甲明明非法占有了乙的18万元,却只认定为12万元,剩下的6万元要不要追缴或者退赔呢?肯定是要追缴或者责令退赔的,那么,追缴或者责令退赔的根据何在呢?

学生：当然是《刑法》第64条。

张明楷：那就说明18万元全部是违法所得。是什么犯罪的违法所得呢？

学生：只能是诈骗犯罪的违法所得。

张明楷：所以啦，要认定甲诈骗18万元，而不是12万元。即使乙居住了3年，同样要追缴或者责令退赔这18万元。

学生：退赔给乙的话，乙就白白地住3年吗？

张明楷：当然不是，乙应当将这18万元交给房主。

学生：在本案中，如果认定为诈骗数额12万元，可以追缴另外6万元，还给房主。

张明楷：另外6万元难道不是甲的诈骗所得吗？当然是，所以，只能认定甲的诈骗数额为18万元。

学生：确实难以反驳这一结论。

张明楷：其实本案的难点不在于甲对乙构成什么罪，而是甲对房主构成什么罪。因为要承认房主遭受了损失，或者说，房主的法益受到了侵害。第一，能认定甲盗窃了房主的房屋本身吗？或者说盗窃了不动产本身吗？

学生：不能，因为房屋仍然由房主所有和占有，而且房屋本身不可能转移占有。

张明楷：第二，能认定甲盗窃了房主对房屋的所有权或产权吗？

学生：不能，因为产权仍然属于房主，甲没有取得过产权。

张明楷：第三，能认定甲盗窃了房主对房屋的使用权吗？

学生：不能，因为使用权也一直在房主那里，并没有转移给甲或者乙。

学生：可以这么说吧。因为甲让乙居住了1年，或者说使用了1年，相当于取得了1年的使用权。

张明楷：但使用权确实从来就没有转移过，怎么可能盗窃房主的使用权呢？第四，能认定盗窃了使用房屋这一利益吗？

学生：乙肯定享受了使用房屋这一利益，但能不能说房主因此丧失了这个利益，或者说房主使用房屋的利益是否转移给了乙还真不好说。

张明楷：确实不好说，因为房主并非想使用而不能使用，房主在1年内并没有使用，而不是将使用房屋的利益转移给乙了。

学生：这么说，甲对房主就不可能成立财产犯罪了。

张明楷：如果在日本就成立侵夺不动产罪。

学生：如果按照黎宏老师的观点，也可能构成盗窃罪。

张明楷：如果要认定为盗窃罪，就必须修改盗窃的定义，不需要转移占有。但这样的话，会导致盗窃罪的范围过于扩大，甚至欠债不还的行为都可能构成盗窃罪，我还是难以接受。但不认定为对房主的犯罪也不合适，目前只是可能认定为非法侵入住宅罪。

学生：而且，非法侵入住宅还是一个间接正犯。

张明楷：如果甲本人没有侵入过，还真是一个间接正犯。

学生：涉及不动产的犯罪，总是会存在不少问题。

张明楷：我们以前还讨论过一个案件：中学体育老师A（国家工作人员）问校长，暑假期间游泳池是否开办游泳课，校长觉得一旦有人溺水对学校影响不好，决定不开办游泳课。A私自在暑假利用学校游泳池办班，收到学费10万元，分给两名游泳老师各2万元，存入体育部小金库3万元，剩下的3万元归A所有。对A的这个行为要定罪吗？

学生：要定罪就只能定贪污罪，好像没有其他犯罪可以定了。

张明楷：贪污的对象是什么呢？

学生：中学应当得到的10万元场地费和付出的水电费。

张明楷：中学原本就没有打算得到这10万元，怎么能认定A贪污了这10万元呢？

学生：如果说甲的行为构成贪污罪，他贪污的对象也只是学校游泳馆的水电费和场地费吧。

学生：公办中学的老师是国家工作人员吗？

张明楷：在司法实践中，公办中学的老师基本被认定为了国家工作人员。但司法实践又往往不认为公办大学的老师是国家工作人员，除非这些老师兼任了系主任、院长等职务，或者在从事招生等工作过程中，才会被认定为国家工作人员。

学生：老师您不是国家工作人员吗？

张明楷：我不是的，我是不是也不重要，不讨论这个问题。还是讨论这个案件，不可能将场地费、水电费本身作为贪污对象吧？

学生：只能将水和电本身作为贪污对象，场地难以成为贪污对象。

张明楷：对啦！水和电是行为时就存在的财物，这没有问题，也就是说，A消耗了学校的水与电，因而可以认为A将学校的水与电据为己有，但不能说A将学校的游泳场地据为己有。因为游泳场地不可能转移占有，对游泳场地不可能贪污，就像我们前面讨论的甲对房主的房屋不能构成财产罪一样。

学生：如果是这样的话，数额也不可能达到较大的标准。

张明楷：A将3万元存入了中学体育部的小金库，中学的水电费与场地费不可能超过3万元吧。

学生：可不可以说，A将3万元存入中学体育部的小金库，其实是给学校交了水电费与场地费，因此，不构成贪污罪？

学生：2016年4月18日"两高"《关于办理贪污贿赂刑事案件适用法律若干问题的解释》第16条规定："国家工作人员出于贪污、受贿的故意，非法占有公共财物、收受他人财物之后，将赃款赃物用于单位公务支出或者社会捐赠的，不影响贪污罪、受贿罪的认定，但量刑时可以酌情考虑。"这是不是意味着A存入小金库的 3 万元，不影响贪污罪的认定？

张明楷：需要具体分析，不能一概而论。首先，如果说 A 贪污了甲中学的财物，同时将贪污的财物给甲中学，就构成贪污罪，这恐怕是不能被接受的。其次，这个规定是就行为已经成立贪污罪、受贿罪而言的，或者说适用这个规定的前提是行为已经构成了贪污罪。但不排除在一些情况下，将公款用于单位公务就可以否认贪污罪的成立。所以，不能简单地以这个规定来肯定 A 的行为构成贪污罪。

学生：老师的意思是对 A 可以不认定为贪污罪吗？如果数额再大一点会不会认定为贪污罪呢？

张明楷：我是觉得不认定贪污罪比较合适。因为 A 虽然擅自使用了学校的水电，但毕竟为体育部增加了收入。虽然 3 万元是归入体育部的小金库，但毕竟是归单位所有了。而且，如果体育部没有钱用，还是会找学校索要。所以，A 的行为其实也是为学校增加了收入。当然，这些理由可能不是很扎实的理由，似乎主要是从情理上讲的。

学生：几个人辛辛苦苦挣的钱也不多，确实可以不定罪。

张明楷：你说的这个也是从情理上讲的。虽然情理与法理不是冲突的，但还是要从法理角度讲理由。

学生：学校领导不同意开办游泳课，行为人却私自开办了，可以认定为国有事业单位人员滥用职权。但这个行为没有给国有单位造成财产损失，即使认为造成了损失，也不可能达到国有事业单位人员滥用职权罪的数额标准，所以，不成立犯罪。

张明楷：这似乎也是一个理由，但这个理由也可能被反驳。因为国有事业单位人员滥用职权罪，与贪污罪并不是对立关系，完全可以想象竞合。

学生：如果这样的话，就会肯定甲的行为构成贪污了。

张明楷：如果主张宣告无罪，还可以从行为人没有贪污的故意与非法占有目的的角度来说明。行为人虽然得了3万元，但这是他应得的劳务报酬，其他两名体育老师各自所得的2万元也是劳务报酬。甲知道使用了学校的水电，所以，将3万元存入体育部小金库。之所以不直接交给学校，一个重要原因是不能让学校领导发现。所以，就存入体育部小金库的3万元而言，不具有贪污的故意与非法占有目的。剩余的7万元，就是3个人应当得到的报酬。

学生：我觉得这个理由完全成立。

张明楷：利用单位不动产或者机器设备等收取利益的案件，以前比较多。我又想起一个以前讨论过的案件。案情大致是这样的：某县的公交公司的司机晚上收班后，先将汽车开到指定的停车场，办理了相关手续，然后又偷偷地将汽车开出去从事夜间客运，所收取的客运费全部据为己有。司机不是国家工作人员，成立职务侵占罪吗？

学生：如果说是职务侵占，也只是侵占了公司的汽油。

学生：还可以包括与汽车的损耗相当的价值吧？

张明楷：汽油肯定可以成为职务侵占的对象。说与损耗相当的价值属于职务侵占罪的对象,也不是不可能,因为与损耗相当的价值其实是被行为人利用了。

学生:会不会认为,司机所得的收入都是职务侵占所得?

张明楷:这是肯定会存在的一种观点。但司机付出了劳务,不可能将司机所得的收入全部认定为职务侵占所得。就像前面的那样,不可能说办游泳班的10万元收入全部是贪污所得。而且,本案司机的收入原本不是公交公司的财物,充其量有部分是公交公司应得的收入。但公交公司原本就不使用这辆汽车了,也可以说,公交公司原本就不应当有收入。不能认为,一个单位的员工利用单位的设备获得了利益,这些利益就归单位所有。如果这些利益原本就是不法所得,单位还有权利获得不法所得吗?所以,充其量只能认定司机对汽油是职务侵占。

学生:有没有可能认为,司机就是盗窃了汽车呢?

张明楷:在日本,这样的盗用行为往往会被认定为盗窃罪。

学生:在德国不能认定为盗窃罪,因为司机仍然承认公交公司对汽车的所有权,没有非法占有目的。

张明楷:在中国也不可能认为具有非法占有目的。而且,司机对汽车的价值也不可能存在非法占有目的。我觉得不能认定司机盗窃了汽车本身或者汽车本身的价值,即使认定司机实施了盗窃行为,也只是盗窃了与汽车的损耗相当的价值,而这个价值也是极小的,一般不可能达到盗窃罪或者职务侵占罪的数额标准。

学生:司机的行为相当于挪用汽车,但挪用汽车的行为不可能构成犯罪。

张明楷：你这样归纳，也是可以接受的。

案例62　抢劫罪（抢劫行为与因果关系的判断）

甲、乙两位农民在河边卖鸭蛋，听到河对面喊抓贼，同时看到小偷丙跑到他们附近，于是，甲拿起木棒跑过去，丙立即把刚盗窃的1200元现金拿出来说，只要你们不打我，这钱就给你们了。甲拿了1200元现金后，还要强行搜身，又从丙身上搜出400元，小偷说这400元真的是我的，甲、乙仍然将400元拿走，小偷随后藏了起来。此时，真正的被害人丁跑过来问甲、乙是否看到小偷了，甲、乙说小偷已经跑了，实际上他们知道小偷就藏在附近。丁走后，甲、乙让丙走了，每人分得800元。

张明楷：丙的行为当然是盗窃，在一些地方可能没有达到盗窃罪的数额标准，我们暂且不考虑数额，或者说假定丙的行为构成盗窃罪。甲、乙的行为构成什么罪？

学生：甲、乙对1200元属于窝藏赃物，成立掩饰、隐瞒犯罪所得罪，对400元成立抢劫罪。

学生：甲、乙对1600元成立抢劫罪。

学生：甲拿起木棒跑过去要打丙的时候，并没有抢劫的故意，认定为敲诈勒索更合适一些吧。

学生：甲、乙对1200元没有窝藏的故意，是黑吃黑的行为。

张明楷：是窝藏赃物还是窝藏人？

学生：对1200元是窝藏赃物，后来不让丁发现丙是窝藏人。

张明楷：首先要讨论的是，掩饰、隐瞒犯罪所得罪是否要求为了本犯的利益？如果不是为了本犯的利益，还能叫窝藏赃物吗？

学生：在我国，掩饰、隐瞒犯罪所得罪是妨害司法的犯罪，而不是侵犯财产罪，所以，不必要求为了本犯的利益，为了自己的利益也可以成立本罪。

张明楷：这样理解也是可以的。你们在阅读德国、日本的相关文献时，一定要注意我国刑法的赃物犯罪与德国、日本刑法中的赃物犯罪的性质或者说保护法益不同，不要照搬德国、日本的学说与判例。甲、乙对400元肯定构成抢劫罪，问题是对1200元能否成立抢劫罪？

学生：这1200元是小偷主动给甲、乙的，不能认定为抢劫罪吧。

学生：如果甲、乙没有拿着木棒，小偷会将1200元主动给他们吗？从后面的事实来看，甲、乙二人就是要来拦截赃物的，可以认定为抢劫。

张明楷：不能认为只要是被害人主动提出来交付财物的，就不构成抢劫罪。要根据抢劫罪的构成要件判断：行为人是否实施了暴力、胁迫等足以压制他人反抗的行为，被害人是不是因为被压制了反抗而交付或者处分财产，行为人实施暴力、胁迫等行为时是否具有抢劫的故意与非法占有目的。就 1200 元来说，可以说主要是如何归纳案件事实的问题。

学生：甲用木棒打的时候是否暗示不给钱就继续打？如果有这样的暗示就对 1200 元成立抢劫罪。

学生：甲还没有开始打，只是手上拿着木棒追上去了，这个时候小偷就害怕了。

张明楷：小偷害怕什么呢？

学生：从常理上看，既害怕被甲、乙实施暴力，更害怕被送到公安局。

张明楷：在被害人喊抓贼的情况下，小偷通常主要想到什么呢？

学生：想到甲、乙是来协助抓贼的，所以主要还是害怕被送到公安机关。

张明楷：这么说的话，小偷主动拿出所盗窃的 1200 元给甲、乙，是为了让甲、乙不抓自己，而不是因为他知道甲、乙是要拦截这 1200 元。

学生：但是，小偷在当时也害怕甲打他。

张明楷：害怕甲打他，是指害怕甲要抢劫他的财物，还是害怕甲扭送他？

学生：最主要的还是怕自己进公安机关，而不是怕甲、乙抢劫他。

张明楷：这样的话麻烦就来了：甲、乙其实是以抢劫的故意实施威胁行为的，虽然没有实施暴力，但手持木棒追上去的行为，显然是以暴力相威胁。可是，被害人是为了防止甲、乙将自己扭送到公安机关而主动交付这1200元的。这符合抢劫既遂的构造吗？

学生：不符合。因为小偷并不是被压制反抗而交付财物的。

学生：符合吧。如果小偷不是被压制反抗怎么可能交付1200元呢？

张明楷：这是小偷的认识错误，还是甲、乙的认识错误，抑或是因果关系的认识错误？

学生：这只是小偷的认识错误，但不管哪一种情形，小偷的反抗都被压制了，所以不影响甲、乙的行为成立抢劫既遂。

学生：甲、乙也有认识错误吧。因为甲、乙就是以为自己的抢劫行为压制了小偷的反抗，事实上小偷是担心被送到公安机关才交付财物的。

学生：小偷心里想的与甲、乙心里想的确实有一点点区别。

张明楷：这么说，甲、乙还是存在因果关系的认识错误吧。

学生：确实有一点因果关系的错误。甲、乙以为小偷是因为自己基于抢劫的威胁行为而不能反抗的，小偷则是担心自己被送到公安机关而不反抗的。

张明楷：这个区别是否重要呢？

学生：感觉不重要，因为总的来说，还是甲、乙的胁迫行为压制了小偷的反抗。就像行为人以为将被害人从桥上推下去会溺死，但被害人实际上是头碰到桥墩而死亡的一样，这个因果关系的错误并不重要。

张明楷：如果说甲、乙的威胁行为，压制了小偷的反抗，对前面的1200元就构成抢劫了。但小偷给钱的速度很快，时间间隔很短，能不能评价为甲、乙以暴力相威胁，可能会有争议。

学生：速度快、时间短，很可能更加说明了甲、乙的行为压制了小偷的反抗。

张明楷：如果说甲、乙二人对1200元成立抢劫罪，是不是同时与掩饰、隐瞒犯罪所得罪形成想象竞合？

学生：应当成立想象竞合。

张明楷：那么，抢劫罪与窝藏罪是否形成想象竞合呢？还是说要实行数罪并罚？

学生：感觉行为是有部分重合的，可以认定为想象竞合。

张明楷：抢劫行为本身不能评价为窝藏行为，后面向被害人谎称小偷已经跑了，才是窝藏行为吧。但是否存在期待可能性的问题？

学生：如果甲、乙没有抢劫，就不会窝藏小偷。但在抢劫之后，如果向被害人说明小偷就在附近，是不是意味着暴露了自己的抢劫行为？倘若要认定为窝藏罪，是不是意味着甲、乙必须暴露自己的抢劫罪行?

学生：确实有这样的问题。而且，这个窝藏行为并不典型，是不是可以只认定甲、乙的行为成立抢劫罪？

张明楷：对窝藏罪不处罚也是可以的，但认定甲、乙的行为成立窝藏罪，也没有障碍。还有一种观点说，甲、乙的行为同时成立包庇罪，有道理吗？

学生：包庇罪是向司法工作人员作假证明，而不是向一般人或者被害人作假证明，不成立包庇罪吧。

张明楷：确实如此，并且窝藏、包庇罪也是一个选择性罪名，如果要定罪，选择窝藏罪就可以了。

案例63　抢劫罪（基于其他动机压制反抗后取得财物的行为）

被告人刘某通过中介公司的马某租了一套房屋，说好租金是一个月1500元，但是要交一个月的押金（1500元）。到退房的时候，中介要去收房看房，然后要把押金退给刘某。但退房的当天马某在外面有事，就委托同事赵某去看房屋、水电设施、煤气等情况。马某跟赵某说，押金的事你就不用管了，让刘某直接跟自己联系。后来，赵某到了出租房，出租房除了刘某之外，还有另外两个朋友。赵某说我受马某的委托看一下水电费、煤气费，押金的事情直接找马某。但是刘某坚持要押金，因为现在退了房，钥匙就要被拿走了。赵某说,我真的没带钱,我身上只有300块钱。刘某就说,那你把苹果手机或者银行卡留下,你去筹钱,你把1500元钱拿来后,我把手机和银行卡给你。赵某不同意,双方陷于僵局状态约半小时。刘某三人就想打赵某一顿出出气,押金的事就算了。趁赵某在阳台上打电话时,刘某三人上去对赵某拳打脚踢,赵某被打成了轻微伤,慢慢蹲下去,躺在地上保护自己。此时刘某趁机把手机夺了过来,赵某想把手机夺回但未能夺回。刘某出卖赵某的手机时被警察抓获,手机价值3000元。

张明楷:刘某的行为可能构成什么罪?

学生:抢劫罪。

学生:抢夺罪。

张明楷:抢劫、抢夺。还有呢?寻衅滋事?这是检察官撰写的案例分析,估计就以寻衅滋事起诉了。

学生:检察官可能说刘某对手机没有非法占有目的。

张明楷:你说得真准。可是,明明是将赵某的手机夺过来,后来又把手机卖了,怎么没有非法占有目的?不过,定抢劫罪是不是处罚太重了?

学生:定抢劫罪有点重。2005年6月8日最高人民法院《关于审理抢劫、抢夺刑事案件适用法律若干问题的意见》规定:"寻衅滋事罪是严重扰乱社会秩序的犯罪,行为人实施寻衅滋事的行为时，客观上也可能表现为强拿硬要公私财物的特征。这种强拿硬要的行为与抢劫罪的区别在于：前者行为人主观上还具有逞强好胜和通过强拿硬要来填补其精神空虚等目的，后者行为人一般只具有非法占有他人财物的目的；前者行为人客观上一般不以严重侵犯他人人身权利的方法强拿硬要财物，而后者行为人则以暴力、胁迫等方式作为劫取他人财物的手段。司法实践中，对于未成年人使用或威胁使用轻微暴力强抢少量财物的行为，一般不宜以抢劫罪定罪处罚。其行为符合寻衅滋事罪特征的，可以寻衅滋事罪定罪处罚。"刘某等人显然有出出气的想法，所以，似乎也可以定寻衅滋事罪。

张明楷：这个解释所说的抢劫罪与寻衅滋事罪的区别是没有意义的，也是行不通的。为什么抢劫罪的行为人在具有非法占有目的的同时不可以有其他目的或动机？这两个罪根本不是对立关系。即使认为刘某等人的行为符合寻衅滋事罪的构成要件，也不能因此排除刘某等人的行为成立抢劫罪。

学生：那可不可以只认定为抢夺罪呢？

张明楷：刘某等人已经把赵某打得无法反抗了，定抢夺罪是否合适？在什么情形下才能定抢夺罪？

学生：既然已经压制了被害人的反抗，就属于强取财物了，应当认定为抢劫罪。

张明楷：假如刘某是在赵某躺在地上之后才起拿走手机之念的，能认定为抢劫罪吗？

学生：刚才说的那个司法解释有这方面的规定："行为人实

施伤害、强奸等犯罪行为,在被害人未失去知觉时,利用被害人不能反抗、不敢反抗的处境,临时起意劫取他人财物的,应以此前所实施的具体犯罪与抢劫罪实行数罪并罚;在被害人失去知觉或者没有发觉的情形下,以及实施故意杀人犯罪行为之后,临时起意拿走他人财物的,应以此前所实施的具体犯罪与盗窃罪实行数罪并罚。"本案被害人赵某在当时并没有失去知觉,只是不能反抗,所以,可以认定刘某的行为构成抢劫罪。

张明楷:但是,我觉得单纯地利用被害人不能反抗、不敢反抗的处境还不足以成立抢劫罪。日本以前有人持这种观点,但现在基本上没有人赞成了。在前行为没有抢劫故意时,如果前行为压制了被害人的反抗,此时起意劫取财物的,还必须有能够评价为暴力或者以暴力相威胁的行为,或者说必须有新的暴力、胁迫行为才能成立抢劫罪。当然,在前面的暴力已经压制被害人反抗后,后面的暴力、胁迫的程度肯定就不要求那么高了。但在当时的情况下,后面多少要有一点暴力、胁迫等强制手段,让司法机关能够评价行为人在具有抢劫故意时压制了被害人的反抗。这不是单纯的是否失去知觉的问题,而且即使被害人失去知觉了,但如果行为人并没有新的暴力、胁迫,也不能定抢劫罪。除非采用不作为犯的理论,认为行为人有义务使被害人恢复到可以反抗的状态和能力,却没有履行这个义务,反而将被害人的财物取走,于是成立不作为的抢劫。德国不是也有人主张不作为的抢劫吗?

学生:有的,司法判例也有认定不作为的抢劫的,比如像这种利用前行为的暴力影响或者利用前行为造成的状态,就可能认定为不作为的抢劫,但司法判例不太一样。现在学界多数人认为，如果只是单纯利用前行为的状态，不成立抢劫罪。

张明楷：如果从作为的角度来讲，所谓单纯的利用行为是指什么？因为从行为人产生取得财物的想法开始，要重新判断抢劫罪构成要件的事实，要看有没有暴力、胁迫与其他方法。如果没有作为，就只能考虑不作为了。但如果承认不作为抢劫的话，实际上是不要求行为人在产生取得财物的想法后再实施暴力、胁迫等行为，这就会导致抢劫罪范围的过度扩张，我现在还是不主张不作为可以成立抢劫罪。我们所讨论的案件，还是要考虑刘某是何时产生的夺走手机的故意，以及是不是有新的暴力、胁迫等强制行为。你们觉得本案符合我所提出来的条件吗？

学生：还是符合的吧。因为刘某是趁赵某被打倒在地的时候夺手机的，而且后来赵某试图夺回手机也未能夺回，应当认为刘某后面仍然存在以暴力相威胁的行为。

学生：我觉得刘某在实施暴力的时候就有夺取手机的想法，不需要按照上面的司法解释来认定。

张明楷：或许也可以这样讲，不过案情在这方面没有详细的说明。

学生：老师，我还是想说说非法占有目的的问题。如果刘某的想法是夺走赵某的手机后不再要押金了，能说他有非法占有目的吗？

张明楷：这还有疑问吗？排除意思与利用意思都清清楚楚啊！况且，赵某跟刘某说得很清楚，刘某的押金由马某负责退还。

学生：刘某也可能误以为中介公司不退还押金了，存在认识错误，所以，属于权利行使。

张明楷：如果是这样的话，就有两个问题：第一，是不是属于权利行使？权利行使是有严格限制的，本案刘某不符合权利行使的条件。第二，退一步说，即使刘某主观上有权利行使的想法，也只不过是假想的权利行使，并不符合权利行使的条件。不能因为只有行为人自以为是在行使权利，就阻却犯罪的成立。我觉得，如果将这样的情形也认定为行使权利，就会导致权利行使的滥用。

学生：不从权利行使的角度来考虑。倘若把案例改一下，刘某担心中介公司不退还押金，就强行将赵某的手机夺下来后作为筹码要求中介公司退还押金，还能说有非法占有目的吗？

学生：如果是这样的话，就不能认定刘某对手机具有排除意思了。

张明楷：你这样说或许也能被人接受。但是，不能因为刘某等人前面是为了出出气就否认非法占有目的。否认刘某有非法占有目的的作者说："如果行为人取财的目的是基于先前的民事、家庭、婚姻、邻里等纠纷，特别是取财行为是解决债务纠纷的不当行为手段时，不能认定该行为具有构成财产犯罪的非法占有目的。"这话说得有问题，只要有纠纷就没有非法占有目的吗？

学生：这就是您经常说的，我国的非法占有目的的认定比日本窄得多。

张明楷：确实是这样的。因为大家都缺乏应有的法治观念，所以广泛承认私力救济。只要行为人多少讲点道理出来，不管合法不合法、合理不合理，都认为他没有非法占有目的。一句"情有可原""事出有因"就可以否认非法占有目的。本来，财产犯罪的成立与否就是要基于两个原则进行衡量的：一个是法益保护原则，另一个是法治原则。凡是可以通过法律途径解决的，就必须通过法律途径，不能动不动就私力救济，否则还要法律干什么？但是，法律救济的路径又不畅通，所以导致一些行为人私力救济。学者同情这样的行为人，公检法的人也同情这样的行为人，因为大家都没有法治观念。如果单纯讲法益保护原则，不讲法治原则，人家偷了你的一辆价值1万元的摩托车，你就去偷人家的1万元现金，这样还有财产秩序可言吗？不过，即使不与日本的判例比较，也要肯定本案的刘某具有非法占有目的，因为他并不是在私力救济，或者说，他完全不符合私力救济的条件。

学生：这么说刘某的行为就成立抢劫罪了。

张明楷：不是这样简单下结论的。我的意思是，要考察刘某是何时产生占有手机的故意与目的的。如果是在赵某躺在地上时才产生占有手机的意思，产生该意思后没有任何新的暴力、胁迫，就不能认定为抢劫罪，只能认定为抢夺罪。如果"赵某想把手机夺回但未能夺回"这一表述中包含了刘某对赵某的暴力或者胁迫，才可以认定为抢劫罪。

学生：一旦认定为抢劫罪就觉得处罚会太重了。

张明楷：我觉得不管认定为什么罪，都应当判处缓刑。像这种在特殊条件或者背景下，基于特定原因突起犯意实施犯罪的，都没有必要判处实刑，判处缓刑既做到了罪刑均衡，也能实现特殊预防目的。如果符合法律规定，也可以相对不起诉或者免予刑罚处罚。

案例64　抢劫罪（事后抢劫的判断）

王某和孙某盗窃车辆，正准备驾驶盗窃的车辆离开时被车主苗某发现，苗某打车追赶，快要追上时前方遇到了集市，王某、孙某想着不管那么多了，便加速冲过去，因而撞倒了行人赵某与杜某，王某、孙某趁乱逃脱，两名被撞的行人因抢救无效死亡。

张明楷：案情并不复杂，但有两种观点。第一种观点主张，对王某和孙某的行为认定为盗窃罪和以危险方法危害公共安全罪，实行数罪并罚。第二种观点主张认定为事后抢劫。撰写案例分析的作者引用了我旧版教材上的一个案例与观点。案例是，甲在丙家盗窃后，出门遇到了乙，以为乙是失主，乙没有认识到甲的盗窃行为，也没有抓捕甲的想法，甲为了抗拒抓捕对乙实施暴力。我在旧版教材上主张甲的行为仍构成事后抢劫即抢劫罪。作者的观点是，事后抢劫中的暴力对象和以暴力相威胁的对象可以是任何第三者。不过，我并没有说任何第三者都可以成为事后抢劫中的暴力对象和以暴力相威胁的对象，只是说行为人意识到或者误以为对方是要抓捕自己的人时，对之实施暴力或者以暴力相威胁的，才可能构成事后抢劫。但是本案中集市上的行人并不是要抓捕行为人的第三者，与行为人没有任何关系，行为人主观上并没有什么误认。我们现在先讨论本案是否成立事后抢劫，然而再讨论如何限定事后抢劫中的暴力对象。

学生：这个案件还是与抢劫罪本身有关系吧。有一个案件和本案有点关系，行为人本来想去张三家里盗窃，盗窃的时候发现张三的邻居李四刚好到张三家来了，他就以为李四是张三，把李四暴打一顿，把李四制服，把张三家里的东西拿走了，其实李四根本就什么都没想干，也没想阻止行为人。问题是抢劫的暴力手段和取财行为之间是否要有客观上的因果关系。

张明楷：你刚才讲的这个案件是普通抢劫，而不是事后抢劫。我认为，在普通抢劫罪中应当有客观的关联性，不过德国的通说与判例是主张只要有主观的关联性即可，是吧？

学生：是的，在德国，不管是普通抢劫还是事后抢劫都只要求主观的关联性。也就是说，只要行为人以为自己的暴力与取财行为之间具有因果关系就可以，而不要求具备客观上的因果关系。

张明楷：在日本，普通抢劫罪要求有客观的关联性，暴力、胁迫等行为压制了财物的占有者、管理者以及其他想保护财物的人的反抗，才能成立抢劫罪。但是，从法条的表述来看事后抢劫没有这样的要求，《刑法》第269条的表述是，"犯盗窃、诈骗、抢夺罪，为窝藏赃物、抗拒抓捕或者毁灭罪证而当场使用暴力或者以暴力相威胁",没有说当场使用暴力或以暴力相威胁的对象必须是要实施追回赃物、抓捕行为或者保护证据的人。

学生：事后抢劫其实还是抢劫嘛，处罚与普通抢劫是一样的，感觉在解释上二者应当统一，都需要客观的关联性，否则，让人感觉不协调。

张明楷：日本判例的意见是，不要求实施暴力、胁迫与达成目的之间具有某种特定关系。但曾根威彦老师认为，要求有达到目的的可能性。大塚仁教授的意见是，只要行为人为窝藏赃物、抗拒抓捕、毁灭罪证对人使用暴力就够了，不要求被害人是实施追回赃物、抓捕行为人或者保护证据的人。但是，不少学者认为，事后抢劫也需要具有客观的关联性。也就是说，暴力、胁迫在客观上必须是能够实现特定目的的。比如桥爪隆教授说：行为人终究是意图达到一定目的而实施了暴力、胁迫，因此，该暴力、胁迫与目的达成之间必须存在（客观上的）关联性。例如，在盗窃犯逃离犯罪现场之际，误以为从背后接近自己的无关的第三人是追赶自己的被害人，出于防止财物被追回的目的，对该第三人实施了暴力，在这种场合下，行为人主观上是出于防止财物被追回的目的而对第三人实施了暴力。但是，针对本案第三人实施的暴力，对于防止财物被追回，客观上是完全没有意义的。如果连这种情形也要认定成立事后抢劫罪，就并不妥当。

学生：我也看过桥爪隆教授的论文。他说，实际成为问题的主要有两种情形，一是盗窃罪的被害人没有发现行为人盗窃（如睡着了），但行为人误以为被害人发现了（被害人翻身但并没有醒来），而对被害人实施暴力；二是警察纯粹出于其他动机而与行为人打招呼，行为人误以为自己的盗窃罪被发现了，便出于窝藏赃物、抗拒抓捕等目的对警察实施了暴力。

张明楷：认为这两种情形构成事后抢劫，所重视的就是事后抢劫的法律拟制性质。认为这两种情形不构成事后抢劫，所重视的是事后抢劫与普通抢劫的等值性。说实话，我对这个问题一直在犹豫，我在《刑法学》第五版中就想修改观点，将上述两个情形修改为不成立事后抢劫罪，但想去想来还是没有修改。之所以没有修改主要是考虑到，如果前面的盗窃数额没有达到较大标准，后面的暴力没有造成轻伤，就不构成犯罪了，这是我不能接受的结论。如果将行为认定为寻衅滋事罪，则完全改变了行为的性质，使一个侵害个人法益的犯罪变为对公法益的犯罪，也不合适。如果没有这个障碍，我会毫不犹豫地采取客观的关联性说。当然，也许我在《刑法学》第六版中会改过来（2021年出版的《刑法学》第六版已修改为客观的关联性说）。

学生：在桥爪隆教授所说的第二个案件中，是不是有可能认为行为人的行为构成事后抢劫？

张明楷：我觉得即使采取客观的关联性说，在行为人实施暴力或者以暴力相威胁的过程中，只要警察意识到行为人当场实施了盗窃等行为，就可以认定为事后抢劫；如果警察一直没有意识到，也只能将前行为认定为盗窃等罪，而难以认定为事后抢劫。

学生：警察向行为人打招呼时，行为人却对警察实施暴力的，警察立即会意识到行为人肯定已经犯罪了。

学生：但不一定意识到行为人犯了盗窃、诈骗、抢夺罪。

张明楷：如果发现行为人身上携带着财物等情形，也可能意识到。

学生：采取客观的关联性说会使得事后抢劫的范围窄一些。

张明楷：我觉得不一定是这样的。因为像桥爪隆教授所讲的这两种情形，在现实生活中其实是很少见的。事实上，有些案件如果采取主观的关联性说，未必能认定为事后抢劫，但如果采取客观的关联性说，则反而可能认定为事后抢劫。我们今天讨论的这个案件，采取什么学说，王某和孙某的行为构成事后抢劫？

学生：这可能还取决于主观的关妨性说是什么意思，是一定要求行为人认识到暴力对象是想追回赃物、抓捕行为人或者保护证据的人吗？

张明楷：这个认识其实就是《刑法》第 269 条规定的三个目的，具有其中一个目的就可以了。

学生：如果这么说的话，王某和孙某的行为也具有主观的关联性。

学生：主观的关联性应当不同于目的本身，否则为什么在目的之外另外讨论关联性问题呢？在这个案件中，王某和孙某知道集市上的人肯定不是要追回赃物或抓捕他的人，连主观上的关联性也没有。

张明楷：如果说主观上的关联性是，行为人认识到暴力行为的对象就是要追回赃物或者抓捕他的人，王某和孙某肯定没有认识到，这样说的话就没有主观的关联性。如果从大塚仁教授的观点来看，是只要行为人认识到自己是为了窝藏赃物、抗拒抓捕、毁灭罪证而当场使用暴力或以暴力相威胁，就可以认定为事后抢劫。

学生：可是，客观上集市上的这些行人也给王某和孙某的逃走造成了障碍。

张明楷：这刚好说明具有客观的关联性。

学生：我觉得曾根老师的观点有道理，就是要求暴力或者以暴力相威胁的行为具有实现目的的可能性。

张明楷：其实，桥爪隆教授所说的客观的关联性也是这个意思，也是要求暴力或者以暴力相威胁对于实现目的具有意义，也就是起到了作用。在我们讨论的这个案件中，王某与孙某开车冲撞行人的行为，不只是具有实现抗拒抓捕目的的可能性，而且目的已经实现了。因为两人当时已经逃走了，没有被抓捕。但如果这样的话，会不会出现这样的结论：盗窃犯被人追赶的时候，在人员密集的场合横冲直撞撞倒人的话，都是事后抢劫了。这可能有疑问。

学生：如果采取主观的关联性说，这种情形不可能成立事后抢劫。

张明楷：所以，既不能简单地说，采取客观的关联性说会导致事后抢劫的成立范围较窄，也不能宽泛地理解客观的关联性说。我觉得，在采取客观的关联性说时，要强调行为人是故意实施暴力或者以暴力相威胁，这样就可以将具有客观的关联性但主观上只有过失的情形排除在事后抢劫之外。

学生：我们今天讨论的王某与孙某的行为还是具有客观的关联性的，而且对暴力行为也具有故意，所以，可以认定为事后抢劫。

张明楷：我也觉得能够认定为事后抢劫。在事后抢劫中，即使要求客观的关联性，也只是说，暴力或者以暴力相威胁的手段客观上必须有助于三个特定目的的实现，或者说，暴力或以暴力相威胁的手段客观上对实现窝藏赃物、抗拒抓捕或者毁灭罪证起到了作用，没有必要要求暴力或威胁的对象必须是夺回赃物的人、抓捕自己的人或者保护证据的人吧！刑法条文对暴力、威胁的对象没有任何限定，即使采取客观的关联性说，两名被告人开着车从集市中冲过去，客观上对实现窝藏赃物、抗拒抓捕起到了明显的作用，如果他们不冲过去，就被苗某追上了。也就是说，正是因为两名被告人不顾他人安全从集市中冲过去，才实现了他们的特定目的。所以，应当认定为事后抢劫。至于两名被告人从集市中冲过去致人死亡的行为是否触犯其他罪名，则是另一回事，即使触犯其他罪名，也不能否认事后抢劫的成立，只是成立想象竞合而已。

学生：老师刚才说，关于本案的第一种观点认为，王某与孙某的行为成立以危险方法危害公共安全罪。在集市上开车撞人，实践中都会认定为以危险方法危害公共安全罪。如果是这样的话，是抢劫罪与以危险方法危害公共安全罪的想象竞合，而不是盗窃罪与以危险方法危害公共安全罪的想象竞合。

张明楷：从罪数关系上讲是这样的，但我不赞成适用这个罪名。因为这个罪名的构成要件本身就不明确，不符合罪刑法定原则的要求，还会带来其他一些问题。

学生：老师觉得会带来其他什么问题？

张明楷：比如说，我国已经加入的《公民权利和政治权利国际公约》第6条规定，即使缔约国保留死刑，也只能保留最严重罪行的死刑。将两名被告人后来的行为认定为故意杀人罪判处死刑，可以说不违反公约的规定。如果按以危险方法危害公共安全罪判处死刑，国际社会反应就不一样了。所以，认定故意杀人罪比认定为以危险方法危害公安全罪要好得多，你们也不要以为认定为以危险方法危害公共安全罪就可以判得更重，事实上，按故意杀人罪处理才能实现罪刑相适应。比如，倘若这个案件因为集市中的人躲避得快，只是造成了多人轻伤。按照以危险方法危害公共安全罪处理，只能适用3年以上10年以下有期徒刑的法定刑；而按照故意杀人罪处理，则视情形可以适用3年以上直至死刑的法定刑。故意杀人罪的规定这么好用，为什么不用却偏要用以危险方法危害公共安全罪的罪名呢？我真想不明白。

学生：这么说，王某与孙某的行为是事后抢劫与故意杀人的想象竞合。

张明楷：是的，我认为是事后抢劫致人死亡与故意杀人既遂的想象竞合。从一重处罚的结果，是适用抢劫致人死亡的法定刑量刑。

案例65　抢劫罪（入户抢劫的判断）

被告人张某于2015年10月28日中午入户盗窃被害人的一部手机，价值240元。两天后的一个上午，张某再次溜到被害人房间行窃时，被害人刚好回家，将张某堵在门内。张某为了抗拒抓捕，就从被害人家里拿出一把水果刀，对被害人进行威胁，然后趁机逃离了现场。

张明楷：张某肯定是由盗窃转化为抢劫了，问题在于是不是入户抢劫？

学生：张某一直在家里面？

张明楷：一直在被害人家里面，被害人回家把张某堵在门里面，意思是不让他出来，要报警抓他，他就从被害人家里拿出一把水果刀来威胁被害人。

学生：我觉得是入户抢劫，因为张某是在被害人家里拿的刀，在户内以暴力相威胁。

张明楷：他的以暴力相威胁的行为虽然是在户内实施的，但是被害人在户外。

学生：在这种情况下张某肯定是在户内进行威胁，没有其他可能，所以应该不能定入户抢劫，还是要定一般抢劫。

张明楷：照你这么说，张某还是被迫在户内威胁的？

学生：整个过程都是为了逃走。

张明楷：为了逃走也是为了抗拒抓捕。

学生：但张某不是为了入户进行抢劫，而是为了出户。

张明楷：认定为入户抢劫，确实就会判得太重了。过重的法定刑总是会让人想要限制其适用范围，所以，总是想找理由否认张某的行为成立入户抢劫。

学生：不过，按照老师对入户抢劫进行严格限制的要求，张某似乎不成立入户抢劫。

张明楷：因为入户抢劫的法定刑太重，而且重得没有道理，所以我主张限制解释。按照我的看法，如果行为人入户就是为了抢劫，或者入户时虽然只是为了盗窃，但具有转化为抢劫的故意，才能认定为入户抢劫。但不管是哪一种情形，一般来说，行为人携带凶器或者人数较多时，才有可能认定行为人入户时就有抢劫或者事后抢劫的意思。但在本案中，行为人显然没有入户抢劫的意思。张某先前只是盗窃，第二次也只是想盗窃，所以没有携带任何凶器，只是为了逃走才从被害人家里拿凶器。所以，我认为可以不定入户抢劫，认定为普通的事后抢劫即可。

学生：司法实践中有很多入户盗窃的人，想到家里可能会有人，一般都是从厨房进入，进入厨房后第一件事情是把菜刀拿上，放在出门的位置。我们那里发生了二十多起这样的案件，但没有一次使用菜刀的。

张明楷：这与我们前面讨论的案件不同，如果确实使用了凶器，我觉得要定入户抢劫，因为行为人入户就有转化为抢劫的意思。

学生：我们遇到的案件中行为人没有使用凶器，但感觉认定为入户盗窃太轻了，但又没有办法认定为抢劫罪。

张明楷：只能认定为入户盗窃，难道还能定抢劫未遂啊！而且，认定为入户盗窃可以处3年以下有期徒刑，怎么还觉得轻呢？

学生：我的意思是，在户内转化为抢劫的，一定要在行为人入户时就有抢劫的故意吗？

张明楷：我觉得应当是这样的。既然是入户抢劫，当然要求行为人在入户时就有抢劫的故意。也就是说，不要将入户抢劫简单地理解为入户后加普通抢劫，否则就与法定刑不协调，也与"入户抢劫"的表述不符合。

学生：但在许多情况下，没办法判断行为人在入户时是否有抢劫的故意。

张明楷：这个判断并不难。比如，你刚才讲的案件可以说在入户时就有转化为抢劫的意思，至于那些入户时就携带了凶器的，更容易肯定入户时就有转化为抢劫的意思。但我们讨论的张某显然在入户时没有抢劫的故意，所以，不应当认定为入户抢劫。

学生：我们原来办过一个类似的案件。行为人脑子可能有点笨，但不属于限制责任能力的情形。有一天，行为人特别饿，到被害人家里后乱翻一气，找到很多吃的东西，吃完了就要走。出门的时候，正好主人回来，行为人就回到厨房拿了一把刀，吓唬主人，但没有伤到主人就跑了。这个案件发生的当时，刑法还没有增加入户盗窃的规定。

张明楷：行为人就是为了找点东西吃吗？

学生：对。要么宣告无罪，要么定入户抢劫处10年以上有期徒刑，相差太大。为了缩小差距，是不是对入户抢劫不应该限制解释？

张明楷：你讲的这个案件不可能认定为入户抢劫，在刑法还没有规定入户盗窃的时候，行为人前面的行为都不能评价为犯盗窃罪。

学生：事后抢劫的成立不要求前面的行为成立盗窃罪啊。

张明楷：但前面的行为必须是"犯盗窃罪"，就是说，客观上有盗窃数额较大的可能，主观上具有相应的故意。在刑法没有规定入户盗窃的情况下，因为太饿了偷点吃的东西，不可能叫犯盗窃罪，充其量是非法侵入住宅。

学生：老师，是不是入户盗窃的都不可能转化为入户抢劫了？

张明楷：我不是这个意思。如果行为人在入户的时候就有转化为抢劫的意思，才能评价为入户抢劫。就是说，如果行为人入户时就想到，如果被害人反抗我就使用暴力，后来也确实使用了暴力，当然也可以定入户抢劫。但有没有这个意思，不能仅凭被告人的口供得出结论，要根据客观事实进行判断。

学生：2016年1月6日最高人民法院《关于审理抢劫刑事案件适用法律若干问题的指导意见》指出："认定'入户抢劫'，要注重审查行为人'入户'的目的，将'入户抢劫'与'在户内抢劫'区别开来。以侵害户内人员的人身、财产为目的，入户后实施抢劫，包括入户实施盗窃、诈骗等犯罪而转化为抢劫的，应当认定为'入户抢劫'。因访友办事等原因经户内人员允许入户后，临时起意实施抢劫，或者临时起意实施盗窃、诈骗等犯罪而转化为抢劫的，不应认定为'入户抢劫'。"有人根据这一司法解释，认为老师的限定缺乏根据。比如，为了强奸而入户，但因为强奸不成而改为抢劫的，按照这个司法解释要认定为入户抢劫，但按照老师的观点只能认定为普通抢劫。

张明楷：如果单纯从逻辑推理来说是这样的。这就是我经常讲的，研究刑法不讲逻辑不行，只讲逻辑也不行。按照这个逻辑，如果行为人为了催讨非法债务而入户，被害人拒不归还，行为人实施暴力抢劫财物的，也成立入户抢劫。我觉得这样会导致入户抢劫的成立范围太宽。事实上，上面这个司法解释根本没有限制解释，只要非法侵入住宅后实施抢劫行为的，都可以认定为入户抢劫。我难以赞成这样的解释。

学生：被害人是在户内还是户外有关系吗？

张明楷：问题的关键不在于被害人是在户内还是户外，而是行为人是在户内还是户外。如果行为人在户外，怎么可能评价为入户抢劫呢？所以，我觉得暴力或者以暴力相威胁的行为也必须发生在户内。

学生：我们讨论的这个张某是在户内实施了以暴力相威胁的行为，但被害人在户外。这个对认定入户抢劫有没有影响？

张明楷：我觉得问题不在这里，而是在行为人入户时没有抢劫的故意。如果入户时没有抢劫的故意，后来在户内抢劫的，就是在户抢劫，而不是入户抢劫了。如果入户时就有转化为抢劫的想法与准备，即使被害人在户外，也不影响入户抢劫的成立。

案例66　抢劫罪（非法占有目的的认定）

B向A借了钱之后一直不还，A便让一家讨债公司帮忙向B讨债，并向讨债公司提供了B的相关信息。讨债公司就对B的财产进行调查，查到B有一辆汽车，并追踪到汽车的位置。讨债公司人员发现这辆汽车进入到某小区之后，就逼停了这辆汽车，然后在被害人极力反抗的情况下将其拖下车，被害人当时喊有人抢劫。小区的保安看了一眼，也没有说什么，讨债公司的人员就把汽车开走了。被害人报警后，讨债公司的人发现自己抢错了，即误将C的汽车当作B的汽车抢回来了，于是立即把车还给了C，还赔偿了3000元。

张明楷：这样的案件在日本、德国、中国的处理可能完全不同。你们怎么看？

学生：这辆车是从 B 手上抢到的，还是从 C 手上抢到的？

张明楷：从 C 手上抢到的，也不是 B 的车，人和车都搞错了。

学生：所以，在行为人抢车的时候 B 不在现场。

张明楷：对，被害人是 C。对这个案件，首先想想先分析什么，然后再讨论抢错了的问题。

学生：我觉得讨债公司的人员可以成立抢劫罪。

张明楷：先分析什么？先分析如果他们把 B 的车抢走了，是否构成抢劫罪？如果抢走了 B 的车，是否符合抢劫罪的构成要件？如果符合，接下来讨论抢走 B 的车是否存在违法阻却事由？比如，这是否属于权利行使？

学生：这个案件如果发生在德国，就是一个强制罪了。

张明楷：但在日本完全可能构成抢劫了，这不是行使权利的行为。如果车是 A 的，但 B 借去后一直不还，讨债公司人员的行为才是行使权利的行为。如果使用了暴力，就只成立暴行罪。但被害人欠钱时，债权人不能抢被害人的车，否则就没有财产秩序可言了。当然，这也涉及如何理解非法占有目的的问题。

学生：在日本，即便是行使权利的行为，如果采取恐吓的手段，也可能成立敲诈勒索罪。

张明楷：这是一种观点，以前不是通说，现在几乎是通说了。日本最高裁判所有一个判例：被害人向被告人借了3万日元，后来被告人通过胁迫手段要求被害人还了6万日元。裁判所认定被告人对6万元成立敲诈勒索罪。回到我们所讨论的案件，行为人把B的车抢回去之后，可能有两种处理方式：一是直接抵债，就是说不再把车还给B；二是将车作为筹码，要求B还债。这两种情形应当有区别吧？

学生：在德国都是一样的，不成立抢劫罪，只成立强制罪。

张明楷：在中国会不会有区别呢？

学生：感觉涉及非法占有目的的认定。如果说把这个车抢回去直接抵债，中国司法机关不会定抢劫，一般会认为行为人没有非法占有目的。

张明楷：是不是相反？直接抵债的就有非法占有目的，而作为筹码时反而没有非法占有目的？

学生：中国的司法机关首先会问欠多少钱，再看这辆车值多少钱。只要车的价值没有超过他所欠的钱的数额，就不会认定为犯罪，不管是直接抵债还是作为筹码。

张明楷：不少学者也赞成这种观点。

学生：如果作为筹码的话，对车肯定不能认定有非法占有目的。

学生：看怎么理解非法占有目的了，德国一开始否定有非法占有目的，意思是这个时候并没有想占有你的车，只是把你的车作为一个筹码，类似于质押物。

学生：这种利用属不属于利用意思中的利用？

张明楷：如果用于"质押"，虽然可以说有利用意思，但不一定有排除意思。德国的非法占有目的跟日本的非法占有目的差别挺大的，主要是因为德国刑法有那种擅自使用他人交通工具之类的犯罪。日本刑法是没有的，但日本会将德国的擅自使用他人交通工具的犯罪解释到盗窃罪中去。所以，日本对非法占有目的理解得比德国要宽一些。我国刑法也没有像德国刑法那样有所谓的擅自使用交通工具之类的犯罪，如果我们要定罪就定盗窃罪了，也没有别的罪可定。那你把被害人的这辆车换成出租车呢？被害人是欠行为人的钱，可行为人把被害人的出租车抢走了，逼着被害人还钱。假如说就是欠5万，把被害人的出租车抢走了，中国人要算数额，出租车一个星期没有开，一个星期的损失要不要抵债？

学生：按照讨债公司是否用出租车去赚钱，这样来算。

张明楷：讨债公司不是利用出租车去赚钱，讨债公司肯定是要把这个车作为一种"质押物"，帮A讨债，讨债公司是从A那里得钱，不是直接从B那里得钱。讨债公司不可能从债务人那里讨债，还找债务人要一笔钱。

学生：老师，我一直有个疑问，咱们讨论行为人抢一辆车到底是为了什么，这是他的目的，难道当时抢的那个暴力行为就不用评价了？

张明楷：前面讨论是否构成抢劫时，就包括了对暴力行为的讨论。行为人的确使用暴力把车抢过来了。接下来就需要讨论主观上的故意和非法占有目的了。撰写这个案例分析的作者介绍了两种观点，一种观点说无罪，一种观点说寻衅滋事，倒没有说要定抢劫。

学生：因为没有非法占有目的。

张明楷：如果说没有非法占有车辆的目的，尤其是没有排除意思，或许是可以接受的。从行为人知道扣错车后立即归还给被害人并愿意赔偿，就可以佐证。这个案件在中国估计不会定抢劫，司法实践理解的非法占有目的有点类似于德国，对非法占有目的理解得很窄。我觉得不能完全按照德国的通说去认定非法占有目的，因为我们没有盗用方面的犯罪，对所有盗用行为都不定罪不合适，比如，把他人的汽车盗用几年后再归还的，不可能不定盗窃罪。

学生：那就有非法占有目的。

张明楷：那多久归还就没有非法占有目的呢？

学生：如果是对财物价值造成明显减损的情况，德国也会认为有非法占有目的。

张明楷：这就是对价值的非法占有，不是对有体物的非法占有。

学生：对有体物所承载的价值具有非法占有目的。

张明楷：那我们也完全可以这么去理解。

学生：是可以。

张明楷：比如说盗用汽车的，我们以前遇到的麻烦，就是行为人把被害人的车盗用一个星期后就归还了，汽车价值50万元，如果认定盗窃公私财物50万元，就要处10年以上有期徒刑，可是这样量刑谁都难以接受。所以，我觉得行为人盗窃的是汽车，价值按被害人的财产损失去计算，这样反而符合责任主义的要求。我最近写了一篇盗窃财产性利益的文章就是持这种观点的。但你不能说，这个案件中的行为人盗窃的是财产性利益，他盗窃的就是汽车，价值按被害人的利益损失去计算，有的时候按行为人实际获得的利益去计算。我觉得这样考虑没有问题。有的学者说这种情形是对财产性利益的盗窃。但我觉得利益没有转移，就是说，不存在一个将他人的财产性利益转移给自己占有的事实，只是损害他人的利益，自己取得了利益。在我们讨论的这个案件中，由于被害人报警，汽车很快还给了C，所以，被害人财产性利益的损失可以忽略不计了。

学生：所以，不管从哪个角度来说，都难以认为讨债公司的行为人具有非法占有目的。

张明楷：正是因为如此，一种观点主张定寻衅滋事罪。

学生：寻衅滋事是口袋罪，范围太广了。

张明楷：关键是该不该定这个罪，该定这个罪就无所谓口袋罪不口袋罪了，不要因为适用这个条文多，就觉得它有问题，适用最多的条文是危险驾驶罪与盗窃罪，怎么从来没有人说这两个罪是口袋罪呢？各种各样的盗窃，盗窃各种各样的物品，全是盗窃，有人说盗窃罪是口袋罪了吗？没有人说。人们讲口袋罪，主要是它装进了不该装进去的行为。我们讨论的这个案件，并不符合寻衅滋事罪的任何一项规定，也不能认定为寻衅滋事罪。

学生：如果说不构成抢劫罪，也就不需要讨论认识错误的问题了。

张明楷：如果说主观上没有非法占有目的，就没有必要讨论认识错误了。

学生：那讨债公司的人的行为就不构成犯罪了。

张明楷：我觉得为合法债务讨债，只能根据手段行为认定犯罪。本案没有造成他人伤害，所以不成立故意伤害罪。我国刑法也没有规定暴行罪，所以，只能给予治安管理处罚了。

学生：这样讨债公司会不会愈加猖狂？

张明楷：你这个说法很流行，但这只是一种猜测。也许可以说，讨债公司以后会吸取教训，不会再鲁莽行事了。

学生：老师，可不可以认为，讨债公司人员的行为客观上符合了寻衅滋事的强拿硬要公私财物的构成要件？

张明楷：如果不考虑寻衅滋事罪的犯罪性质，这样说似乎也可以，但寻衅滋事罪是扰乱公共秩序的犯罪。我觉得那种在公共场所比如自由市场，针对不特定或者多人强拿硬要的行为，倒是可以认定为寻衅滋事罪。

学生：还是对象特定和不特定的问题。

张明楷：对象特定与否至少是行为是否扰乱公共秩序的判断

资料。

学生：老师，我还想问一个问题，关于盗窃罪的司法解释规定，偷开机动车导致车辆丢失的，以盗窃罪定罪处罚。这个偷开机动车是个盗用行为，车辆丢了的话就按盗窃罪处罚的理由是什么？

张明楷：我觉得这个解释没有什么大问题。非法占有目的包括排除意思与利用意思，偷开机动车时，肯定有利用意思，剩下的就是有没有排除意思的问题了。如果行为人及时归还，可以认为没有排除意思。反之，如果行为人不关心车辆能否归还给被害人，导致车辆丢失，就可以表明行为人具有排除意思。

学生：及时归还了就不构成盗窃罪的理由是没有排除意思吗？

张明楷：及时归还，并不表明行为人没有盗窃车辆，客观上盗窃车辆这一事实是不可否认的。及时归还说明了两点：一是难以认定行为人具有排除意思；二是行为人对该车辆的经济价值的占有、取得，没有达到数额较大的要求，所以，难以认定为盗窃罪。

学生：还是理解为对财产性利益的盗窃。

张明楷：盗窃的对象还是汽车，但是非法占有目的的占有内容是财产性利益，由于利益本身没有达到数额较大，所以就不构成犯罪。这样就解决了盗窃汽车这样价值很贵重的财物但又不能按照本身的价值去计算的问题。

学生：如果站在被害人的角度来讲，即使我欠了钱，但是你抢我的东西去抵债，还是有问题，应该采取合法的方法才行。

张明楷：你说的有道理，我们现在讲的权利行使的范围过于宽泛。你们看看日本的教科书，为什么他们通常只在敲诈勒索罪中讨论权利行使，当然也有在诈骗罪中讨论权利行使的，而不在盗窃罪、抢劫罪中讨论权利行使呢？敲诈勒索的时候，行为人明确告诉债务人，"你怎么还不还我钱，不还钱我就把你杀了"，或者说，"你不还我钱，我就把你的车开走"，等等。这些话的意思很清楚，被害人一听也明白，行为人是为了行使权利才这么说的。盗窃时就很难表明是行使权利了。比如，乙欠甲 10 万元没有还，甲就把乙价值 10 万元的车辆偷偷开走了。这怎么能表明甲是在行使权利呢？甲偷偷开走了乙的车，乙还是欠甲 10 万元，这就表明甲对这辆车本身还是盗窃。诈骗也差不多。如果 A 骗 B 的财物，导致 B 不知道自己是在向 A 还债，B 就还以为自己欠 A 的债。如果 A 明确告诉 B，则不存在欺骗行为了，当然也不构成诈骗罪。

学生：如果债权人盗回自己的特定物，就不能认定为盗窃罪了吧？

张明楷：盗回自己所有的特定物当然不构成犯罪。比如，甲把自己的摩托车借给乙，乙不归还，甲就把这辆摩托车偷回去了，这个行为不构成盗窃罪。但如果甲后来要乙归还摩托车，则是诈骗行为了。

学生：这种情况下定诈骗罪没什么问题。

张明楷：争论的问题主要是种类物。乙借了甲的现金没有还,甲从乙那里偷回等价的现金的,是否构成盗窃罪?这种行为在日本也会认定为盗窃罪,但在我国一般不主张定盗窃罪。不过,我认为,如果要以行使权利为由否认犯罪的成立,客观上就必须让对方知道行为人是在行使权利,而且主观上也是为了行使权利。行使权利的行为阻却财产犯罪的成立,但不一定阻却其他犯罪的成立。

案例67 抢劫罪(罪数的判断)

2016年1月29日下午5点多到31日早晨6点多,甲、乙、丙、丁等一共9个人在一起,其中甲提出赌博,就故意把专业打假牌的A、B、C、D叫到他自己养鸡场的废院子里。A、B、C、D与甲、乙、丙、丁等9个人一起赌博。甲、乙、丙、丁等9人事前就知道A、B、C、D是打假牌的,打了一段时间后,甲等人就说,你们4个人是打假牌的,于是开始殴打A、B、C、D,还灌芥末油,采取各种方式迫使对方承认是打假牌,对方就承认了。对方承认之后,为了让对方给钱,就继续对A、B、C、D实施暴力,迫使对方分别用手机向甲等人指定的账户里汇8万元钱。甲等人将8万元全部支取之后,才把人放走(拘禁持续了35个小时)。A、B、C、D中有两人被打成轻伤。

张明楷:关于这个案件的定性,有非法拘禁罪、故意伤害罪、敲诈勒索罪、抢劫罪四种观点。非法拘禁当然是触犯了，因为拘禁时间长达35个小时。把两人打成轻伤了，当然也构成故意伤害罪。以A、B、C、D打假牌为由头，索取被害人财物，当然触犯敲诈勒索罪。

学生：甲这个时候在干嘛？

张明楷：甲在干嘛无所谓吧，他知道A、B、C、D是专门打假牌的，但可以故意装作不知道。

学生：甲与其他8个人是共犯。

张明楷：当然是共犯。

学生：聚在一起赌博的是只有9个人还是13个人？

张明楷：13个人。

学生：甲、乙等9个人都是抢劫共犯？

张明楷：我问你们呢。

学生：甲、乙等9人事前预谋，只是以A等4人打假牌为由而实施暴力，暴力行为明确压制了A等4人的反抗，迫使对方交付了财物，甲、乙等9人主观上也不缺乏抢劫罪的故意与非法占有目的，所以，认定甲、乙等9人构成抢劫罪应当没有问题。

张明楷：定抢劫罪应该没问题，甲、乙等9个人都要对8万元负责，都要适用加重法定刑，因为8万元属于抢劫罪中的数额巨大。当然，对其中部分人可以认定为从犯。

学生：是的。

张明楷：甲、乙等9个人有没有类似于防卫挑拨的情形？

学生：因为A、B、C、D来了之后实际上是在实施诈骗行为吗？

张明楷：对啊！

学生：也就是说，甲、乙等9人故意引起A、B、C、D对自己实施不法侵害，然后再迫使他人汇款给自己。

张明楷：与防卫挑拨有点类似，但不属于防卫挑拨吧。

学生：即使是防卫挑拨，也是构成抢劫罪，不会有不同意见。

张明楷：这么说，讨论这个案件有点浪费时间了。可是，司法机关为什么会出现四种不同意见呢？

学生：可能有人认为，A、B、C、D是专业打假牌的，整一整他们也是可以理解的，所以，就想方设法对甲、乙等9个人处罚轻一点。

张明楷：这可不是法律人的思维。如果A、B、C、D等人以前打假牌的行为构成诈骗罪，追究他们诈骗罪的刑事责任就可以了，怎么可能将他们应当承担的刑事责任，作为对甲、乙等9个人认定为轻罪的理由呢？

学生：还有一种可能就是，认为甲、乙等9人是在行使权利，所以不构成敲诈勒索罪与抢劫罪。

张明楷：这怎么叫行使权利呢？甲、乙等9人明明知道他们是专业打假牌的，还故意叫他们来和自己赌博，即使自己输了，也算是被害人承诺了。为什么我刚才要提是不是防卫挑拨呢？就是为了说明甲、乙等9个人不是在行使权利。

学生：我估计主张只定非法拘禁和故意伤害罪的人，都是以甲、乙等9人是行使权利为由的。

张明楷：完全可能。不过，我们现在将行使权利的范围扩张得太大了，动不动就以行使权利为由否认财产犯罪的成立。比如，张三欠李四5000元，李四看张三没有还，就盗窃张三的摩托车。有的人就主张李四是行使权利，所以不构成盗窃罪。这在国外不可能叫行使权利，哪里有这种权利呢？最典型的行使权利，是指甲欠乙的钱一直不还，乙以暴力或者胁迫手段迫使甲还债。如果乙不是要甲还债，而是直接抢走甲的其他财产，就不能说是行使权利。

学生：如果说这个案件有讨论价值，主要在罪数认定上。

张明楷：罪数认定也不难。总的来说，甲、乙等9人的行为触犯了抢劫罪、敲诈勒索罪、非法拘禁罪、故意伤害罪，但绝不可能按四个罪实行数罪并罚。你们可以分析一下这四个罪的关系。

学生：如果说同时触犯了抢劫罪与敲诈勒索罪，这两个罪应当是法条竞合关系，抢劫罪是特别法条，特别法条优于普通法条，所以，就这两个罪而言，只能认定为抢劫罪。

张明楷：对！已经排除了对敲诈勒索罪的定罪，剩下的就只有三个罪名了。

学生：故意致人轻伤只能评价在抢劫罪中了，不能评价为牵连犯，也可以说是法条竞合吧。

张明楷：也就是说，相对于故意轻伤而言，抢劫罪是特别法条吗？

学生：是的，在抢劫时故意重伤也只能认定为抢劫罪。

张明楷：可是，日本有不少学者认为这种情形属于结合犯。

学生：按照老师的说法，结合犯也是特别构成要件，仍然是法条竞合中的特别关系，只认定为抢劫罪。

张明楷：是的，在认定为抢劫罪就可以完全评价故意伤害的场合，将抢劫罪作为特别法条仅认定为抢劫罪是没有问题的。剩下的就是抢劫罪与非法拘禁罪的关系了。

学生：好像也是特别关系。因为非法拘禁 A 等 4 人 35 小时，就是为了取得财物。拘禁行为也是一种暴力，至少是间接暴力，这一暴力是压制被害人反抗进而取得财物的一部分。

张明楷：甲等人的抢劫什么时候既遂？

学生：A 等人分别将 8 万元汇到甲等人指定的账户时，就已经既遂了。

张明楷：这样来说，甲等人岂不是在抢劫既遂之后又实施非法拘禁行为？

学生：原本以为没有罪数难题的，现在居然出现难题了。

张明楷：难题是被不断发现的，你忽略了难题或者没有发现难题，问题就简单了。

学生：有的人说老师把问题弄得太复杂，看来是一些人忽略了难题。

学生：甲等人在取得汇款后取款，是不是取得后的取得？

张明楷：侵占后有侵占，取得后也有取得。

学生：按照老师的观点，甲等人后面如果在机器上取款，就是盗窃，因为甲等人根本没有取款的权利；如果在银行柜台取款，就是诈骗，因为银行职员如果知道真相就不会将现金交付给甲等人。

张明楷：是的，我是这样的观点。但这个案件不是单纯的盗窃或者诈骗，而是在控制住被害人的过程中取款。

学生：因为如果不控制被害人，被害人立即报警，甲等行为人就不能取得现金。

张明楷：这么说，后面的取得行为也是抢劫罪？

学生：甲等人前面的暴力压制被害人反抗，所取得的是债权这种财产性利益；后面的非法拘禁行为压制被害人反抗，所取得的是现金这一有体物。前后都是抢劫？

张明楷：有疑问还是觉得奇怪？

学生：没有疑问，也不觉得奇怪。

张明楷：两个抢劫罪是什么关系呢？

学生：按照老师的观点，应当是包括的一罪，因为两个抢劫行为最终侵害的是一个法益。

张明楷：对！所以，这个案件最终只需要按照一个抢劫罪处罚，而不要实行数罪并罚。当然，如果认定非法拘禁与抢劫罪构成想象竞合，也并非不可能。因为《刑法》第263条虽然规定了暴力、胁迫与其他方法，但非法拘禁与暴力不是等同关系，认定行为人实施了暴力，并不意味着行为人实施了非法拘禁行为。所以，有可能将非法拘禁罪与抢劫罪认定为想象竞合。

学生：如果是这样的话，有没有可能将致二人轻伤，也认定为故意伤害罪与抢劫罪的想象竞合呢？

张明楷：我感觉没有必要，因为抢劫罪规定了致人重伤、死亡的结果加重犯，这意味着基本犯当然包含了致人轻伤的情形。所以，对抢劫致人轻伤不认定为想象竞合也是可以的。

案例68　盗窃罪（违反被害人意志的判断）

甲、乙、丙三个年轻人预谋到一个工地弄点钢筋。某日晚上11点多钟，三个人驾驶一辆噪音很大的拖拉机到了工地，发现工地上是一位60来岁的外地人在值班，三个人当中的甲认识值班人，于是到值班室内跟值班人聊天，意思是想弄点钢筋用，值班人也没有任何回应。乙和丙两个人看见甲与值班人交谈，便从值班室门口将拖拉机开进去，用了半个小时的时间装钢筋。在这半个小时期间，值班人还出去看了一下，发现乙、丙两个人把钢筋往拖拉机上装,但也没有阻止。后来乙、丙两个人就把钢筋装上拖拉机运走了,运走的钢筋价值4500元。

张明楷:本案比较关键的事实是,甲跟值班人说要弄点钢筋时,值班人没有回应,值班人后来出去看到乙、丙将钢筋装在车上时,也没有阻止。但撰写案例分析的作者没有告诉我们值班人为什么不阻止。撰写案例分析的作者介绍了三种争论观点:一种观点定抢夺罪,一种观点定盗窃罪,一种观点定抢劫罪。

学生:怎么可能定抢劫罪呢?

张明楷:估计是因为案发时是半夜,三个行为人都是年轻人,而值班人只是一位老人,因此客观上形成了对值班人的威胁,使值班人不敢反抗。不过,不管怎么说,认定为抢劫罪是没有道理的。因为三个行为人客观上没有实施暴力、胁迫以及其他类似于暴力、胁迫的行为。不能因为被害人害怕不敢反抗,就反过来认为行为人实施了暴力、胁迫等行为。况且,本案没有证据表明被害人很害怕而不敢反抗。

学生:三位行为人是不是趁人不备,公然夺取,因而构成抢夺罪?

学生:这种拖拉机速度都比较慢,而且声音比较大,怎么是趁人不备呢?而且甲跟值班人聊天的时候就已经说了要弄点钢筋。

张明楷：是说了弄点钢筋用，但值班人没有回应，不知道是不是没有听清楚。但值班人后来出去看了一下，知道乙和丙两个人在往拖拉机上搬钢筋，也没有阻止。

学生：是不是职务侵占呢？

张明楷：怎么又出了要定职务侵占的第四种观点？

学生：值班人同意了，属于职务侵占。

张明楷：工地的这种值班人就是看看工地的大门之类的，充其量只是占有的辅助者，而不是财物的占有者。既不能认定这样的值班人员符合职务侵占罪的主体要件，也不能认定他基于职务占有了工地上的财物。如果工地的负责人和施工人员运走一些财物，根本不需要这样的值班人员同意。

学生：认定为职务侵占的话，因为数额不够就不成立犯罪了。

张明楷：即使数额达到了定罪标准，但如果认定为职务侵占罪的话，值班人是正犯，三个行为人只是共犯或者共同正犯，这肯定不合适。是不是认定为盗窃罪比较合适呢？

学生：应当是盗窃。

张明楷：盗窃行为要违反被害人意志，可是，值班的老人没有表示反对，你们怎么解释？

学生：老人没有处分权吧？

张明楷：如果说他只是占有的辅助者，他当然没有处分权，甚至可以认为老人就是盗窃的共犯。问题是，仅从没有处分权的角度来说就可以了吗？

学生：如果说老人不是钢筋的占有者，他是不是被害人、是否违反老人的意志并不重要。

张明楷：违反谁的意志重要？

学生：是否违反了钢筋占有者的意志。

张明楷：对！三人的行为肯定违反了钢筋占有者的意志。另外，你们需要注意的是，即使占有财物的被害人看着行为人转移财物而没有吭声，也不意味着没有违反被害人的意志。

学生：看着行为人转移财物而不吭声，不表明被害人同意吗？

张明楷：当然不表明被害人同意。违反被害人意志，是指没有得到被害人的同意。不能认为，只要被害人没有反对就表明被害人同意。在公开盗窃的场合，即使被害人看着行为人拿走财物，也仍然是违反被害人意志的。不能因为被害人发现了盗窃事实而未制止，就认定行为没有违反被害人意志。再比如，被害人为了使行为人盗窃既遂而不制止的，也不影响盗窃罪的成立。又比如，行为人在盗窃被害人财物时，被害人因为胆小等原因而不吭声的，行为人的行为也成立盗窃罪。此外，在附条件转移占有的场合，不符合条件的转移占有，应认定为违反占有者的意志。例如，使用假币取得自动售货机中的商品的，对商品成立盗窃罪（与使用假币罪成立想象竞合）。再如，利用自动取款机的故障取得其中的现金的，对现金成立盗窃罪。

学生：值班的老人实施了对盗窃罪的不作为的帮助吧？

张明楷：将值班的老人定为正犯合适吗？

学生：按照义务犯的理论应该定正犯，但感觉这个案子定正犯不合适。

张明楷：值班的老人没有明确表示同意，他也可能觉得自己不可能阻止三个年轻人的行为，于是就不阻止了。即使认定他的行为是不作为，充其量也只能认定为不作为的帮助，认定为不作为的正犯可能不合适。

案例69　盗窃罪（占有的判断）

犯罪嫌疑人张某是单位驾驶员，有一天受单位的指派到银行去把大额人民币换成小额人民币，单位同时还安排了负责的押运员。张某认为有机可乘，就邀约了另外一个嫌疑人即出租车司机黄某，想一起把这笔钱据为己有，两人商量了作案的办法。张某把自己去银行的行车路线告诉了黄某，约定了停车的地点，还把自己所驾驶车辆的另一把钥匙给了黄某。张某将车辆停在事先和黄某约好的地方时，张某就离开了。黄某一看车停下来了，就用事先准备好的钥匙，把后备厢里的62万元现金拿走了。

张明楷：讨论一下这个简单的案件。

学生：一起去的押运员在哪里？

张明楷：不知道啊。押运员当时是不是和张某在一起聊天，或者一起去了路边的卫生间？

学生：具体负责到银行换钱的应当不是张某，而是押运员吧？

学生：张某只是驾驶员。

张明楷：按理说应当是押运员负责换钱。这 62 万元是押运员占有、张某占有还是押运员与张某共同占有？

学生：主要是没有交代押运员究竟是什么角色。如果所谓的押运员只是帮助张某，这 62 万元就是张某占有。

张明楷：按照一般常理，应当是押运员占有车上的现金。特别当押运员是单位的会计、出纳时，将大额现金换成小额现金，需要会计、出纳在场清点，应当说是押运员占有。

学生：整个事件中，驾驶员就是开车的。

张明楷：我认为，张某没有占有现金，否则，即使这 62 万元真的被人盗走了，也要由他赔偿。正是因为他不承担赔偿责任，所以他才想出这个办法。

学生：所以，要认定张某与黄某构成盗窃罪。

张明楷：是的。而且，即使张某与押运员共同占有，张某与黄某也侵害了押运员的占有，还是构成盗窃罪。除非说只有张某占有，这时才认定为职务侵占罪。

学生：司法实践中，一些人对盗窃共同占有的财物认定为盗窃，总是难以接受，习惯于认定为侵占罪或者职务侵占罪。

张明楷：窃取自己与他人共同占有的财物构成盗窃罪，在国外没有争议。因为行为人违反另一个占有人的意志，将他人占有的财物转移给自己占有，完全符合盗窃罪的构成要件。最典型的是单位保险柜，出纳拿着钥匙，会计掌管密码，需要钥匙与密码才能打开。在这种情形下，任何一个人拿走其中的现金，都是盗窃，而不是侵占。这种情形就是所谓利用职务上便利的盗窃。至于是认定为盗窃罪还是职务侵占罪，则存在争议。我是主张认定为盗窃罪的。家里财产是夫妻共同占有，一方将财物拿出去卖了就是盗窃。当然，是否追究刑事责任是另一回事。

学生：现在关于占有的判断，理论上弄得越来越复杂了。

张明楷：其实没有那么复杂，你们要通过大量的案例提高自己对占有的判断能力，达到一看案情就知道谁占有财物这样的程度。千万不要认为，盗窃罪中的占有判断，是先判断有没有事实上的控制或者物理上的占有，再判断有没有规范上的占有。这样判断是行不通的，只能将占有的判断弄得更加混乱。盗窃罪中的占有，原本就是指事实上的占有，而事实上的占有原本就是一个规范的概念，而不是物理上的占有。所有的事实都是判断占有的资料，如财物的体积、财物离法益主体的距离以及其他事实，都是判断法益主体是否占有其财物的资料，再用社会一般观念判断谁占有财物。你现在使用的杯子即使是我拿在手上时，也是你占有，而不是我占有。所以，先判断所谓谁在物理上控制了财物，是没有任何意义的。

学生：也就是说，盗窃罪中的事实上的占有，原本就不只是事实判断，而是规范判断。

张明楷：是啊！事实上的占有不是与规范上的占有相对应的概念，而是与法律上的占有相对应的概念。不要一看到事实两个字，就以为其中没有规范判断，只是事实判断。

学生：我们常常对一些新的提法感兴趣，总觉得那才是创新。

张明楷：你们要对新的提法有判断力，首先是有没有必要接受一个新的提法，如果新的提法完全是旧的内容，这个新的提法就具有欺骗性。其次是新的提法是否经得起推敲或者检验，千万不要欣赏明显错误的新提法。有的人总是喜欢用另一种表述，看上去与一般人表述的不一样，可是完全没有新意，只有新词。新概念是不能随意创制的，只有已有的概念不可能涵摄新的现象，需要就新的现象提出新概念时，才可以提出新概念。在学术上，不要以为与众不同就是创新。2020年夏天的一个傍晚，我戴着口罩在清华的东操场慢跑时，发现一个男生没有戴口罩在最里面一圈逆向跑步，跑得还比较快，我当时就想拦住他，但没有拦成。在操场上逆向跑步的确与众不同，这是创新吗？逆向跑步有什么意义？对他锻炼身体更有用吗？不可能，倒是妨碍其他正常跑步的人。我还经常见到一些人在操场的最外圈逆向跑步。这也不是什么创新，只是对他人的妨碍少一点而已。所以，你们看到与众不同的新观点、新提法时，一定要有判断力，不要一见到新的观点就觉得了不起。

学生：是的。

学生：就盗窃罪中事实上的占有来说，主要是判断标准即社会的一般观念是什么，不太好掌握。

张明楷：社会一般观念其实是从一般预防的必要性大小去考虑。简单说，大家觉得你是在偷东西，还是觉得你是在捡东西？从一般预防必要性的角度去判断这个问题。

案例70　盗窃罪（占有的判断）

被告人是一名洗车工。被害人开着自己的车送到洗车的地方后，洗车工从车内的一个所谓装垃圾的盒子（里面有多张彩票）里拿了一张彩票。另外，副驾驶位上有一些彩票，洗车工从副驾驶位上也拿了一张彩票。这两张彩票其中有一张中奖500万元，但是不知道中奖的这张彩票是副驾驶位上拿的那一张，还是从垃圾盒子里拿的那一张。不过，洗车工也没有去兑奖。此外，这辆汽车的车轮里面卡着一个钻石，洗车工也据为己有了。

张明楷：这个案件并不难，但也有不少争议。

学生：老师说的"所谓装垃圾的盒子"里是什么意思？

张明楷：这是洗车工的辩解，他说一张彩票就是从垃圾盒里拿的。

学生：汽车里有垃圾盒吗？

张明楷：这需要你判断，如果说有垃圾盒也很正常。因为有时在车里要扔一点垃圾，但不能随手扔在车外，就可能扔在车里的一个垃圾盒里。

学生：可是，汽车垃圾盒里的任何东西都是车主占有的。

张明楷：是的，更为重要的是，装在所谓垃圾盒里的东西也不一定是垃圾。

学生：洗车的时候，洗车工能直接倒掉垃圾吗？

张明楷：洗车工怎么能判断那车里面的是垃圾呢？明明是一些没有过期的彩票搁在那儿。即使是垃圾，洗车工也不可能随便就倒掉，肯定要问问车主吧。

学生：是的。

张明楷：可以肯定的是，垃圾盒里的东西都是车主占有，这是没有疑问的。所以，洗车工从垃圾盒里拿走彩票，客观上就是盗窃。只是洗车工辩解说，他以为是垃圾，所以想从侵占上辩护，或者说是车主抛弃的物品，因而连侵占罪也不构成。

学生：洗车工想说自己没有盗窃的故意。但如果将这种事情拿出来给一般人判断，一般人都会认为车里的任何东西都是由车主占有的，而洗车工认识到了这一点，当然也就认识到了彩票由车主占有，明显具有盗窃的故意。

张明楷：是这样的！财物是否由他人占有，是一个规范的要素，不是说行为人以为不是他人占有就缺乏盗窃故意，而是要看行为人认识到了什么事实。如果行为人认识到的事实，由法官或者一般人得出了财物属于他人占有这一结论，就表明行为人认识到了财物由他人占有，因而具备了盗窃罪的故意。

学生：也就是说，在判断行为人是否认识到了规范的构成要件事实时，不需要行为人得出正确的结论，而是只需要判断行为人是否认识到了得出正确结论的事实依据。

张明楷：可以这么说。比如，只要行为人认识到了自己的财物已经交付给邮局了，就能得出行为人认识到了财物由他人占有的结论，即使行为人认为财物是自己所有，也不影响这一结论。再比如，只要行为人认识到手机的主人就在附近，即使他以为主人遗忘了手机，也能肯定他认识到了手机由主人占有的结论；如果行为人拿走手机，就构成盗窃罪。

学生：如果这么说的话，洗车工对彩票就是盗窃了。

张明楷：不能说放在垃圾盒里的东西，就是他人抛弃的东西。你去别人家时，从垃圾桶里面拿走一张没有过期的彩票，后来兑奖了，这也是盗窃吧。

学生：这个不太一样，因为确实在洗车的时候，洗车工会帮车主把垃圾扔掉。

张明楷：明明是没有过期的彩票，洗车工也认识到这一点才拿走的。

学生：洗车工不能随便扔车里的东西，如果垃圾盒里有个没吃过的水果，洗车工肯定得先问一下你这个水果是不是不吃了，不能因为放在垃圾盒里就扔掉。

学生：假如说垃圾盒里放着钱，洗车工可不可以扔掉或者拿走？

张明楷：当然不可以。车上的垃圾盒其实并不是只装垃圾。如果说洗车工辨认了一下，垃圾盒里的彩票都是过期的、没有中奖的彩票，他认为是垃圾，扔掉也无所谓。但明明是没有过期的彩票，即使车主放在垃圾盒里，也不能认为车主抛弃了彩票。所以，认定为盗窃没有什么问题。至于副驾驶位上的彩票，就更不用说了，肯定属于车主占有的财物。

学生：情景再细化一下。假如有一摞彩票都在副驾驶位，这辆车后座上特别脏乱，所有垃圾都堆在那里，包括吃过的盒饭什么的，单独飘落了一张彩票在后座上，这个时候可不可以说这张彩票是遗忘物？

张明楷：我这样问你吧：如果一个金戒指落后座上或者饭盒里面了，是不是遗忘物？

学生：也不是遗忘物。

张明楷：在这封闭、狭小的空间里，不能随便认定遗忘物。可以认为，车里所有的东西，只要是有价值的，都不可能是遗忘物。

学生：这么说的话，洗车工就盗窃了价值500万元的财物吗？

张明楷：彩票不记名、不挂失，所以，中奖彩票本身就是财物。不过，本案中，洗车工偷走之后，他也忘记兑奖了，怎么办？

学生：让彩票中心少支出了500万元？

张明楷：是的。

学生：那就是故意毁坏财物了。

张明楷：不是故意不兑奖，是他忘了兑奖了。也就是说，他是希望中奖并兑奖的，或者说，他不是单纯地毁坏车主的财物，而是有非法占有目的的。

学生：这样的话，还是要对500万元认定为盗窃罪。盗窃的对象是彩票，彩票的价值是500万元。

张明楷：应该是这样的吧。

学生：能不能说洗车工破坏了别人的占有，没有建立新的占有，认定为盗窃未遂呢？

张明楷：既然彩票的价值是500万元，而且洗车工占有了彩票，怎么没有建立新的占有呢？认定为未遂可能不合适。

学生：这就像我们讨论的积分案例，偷了积分后来又没去兑商品。

学生：跟积分又不太一样。

张明楷：不完全一样。

学生：是不是和盗窃信用卡并使用有点类似？

张明楷：跟盗窃信用卡并使用也有区别，行为人盗窃信用卡如果不使用的话，是没有人有损失的。但彩票不记名、不挂失，即使洗车工不领取这500万元，车主也损失了500万元。

学生：能不能说洗车工虽然自己没有占有这500万元，但他事实上使彩票中心占有了，所以，仍然是既遂？

张明楷：他原本是想自己占有的，这个目的存在就可以了。我觉得没有必要将焦点放在500万元的现金上，而是要放在价值500万元的彩票上。洗车工对彩票建立了新的占有，而且具有非法占有目的，当然成立盗窃既遂了。

学生：如果认定盗窃数额是500万元，必然处10年以上有期徒刑，太重了。

张明楷：是的，没有必要判这么重。司法解释该修改一下盗窃罪、诈骗罪的数额巨大与特别巨大的标准了，应当大幅度提高才合适。但在现行司法解释有效的情况下，只能通过其他路径减轻处罚。比如，适用《刑法》第63条的规定，层报最高人民法院减轻处罚。

学生：老师，我问一下，如果行为人盗窃了他人事后来看没有中奖的彩票，是不是就不能认定为盗窃罪了？

张明楷：如果事后查明没有中奖，就没有达到数额较大的标准，当然不能认定为盗窃罪。不过，如果是入户盗窃、扒窃、携带凶器盗窃，倒也可以定盗窃罪。当然，没有中奖的彩票数额太小，即使是入户盗窃等情形，也可以不认定为盗窃罪。

学生：如果行为人在开奖前盗窃他人的彩票，在开奖前就案发了，怎么办呢？

学生：彩票已经转移占有了，取决于盗窃的对象到底是什么。如果是说盗窃的对象就是彩票以及彩票所承载的兑奖的可能性，盗窃彩票本身是既遂。

张明楷：盗窃彩票当然是既遂，只是那个时候还不能确定盗窃的价值，开奖的时候才能确定盗窃的数额的大小。

学生：简单地说，就是行为人偷了一个不知道价值多少的东西。

学生：那怎么办呢？

张明楷：等一等不就行了吗？等开奖了就知道盗窃数额是多少了。

学生：这种案件最后定盗窃也不会按最后的中奖金额500万元计算，最多按照数额较大的第一档法定刑量刑。

张明楷：为什么？

学生：虽然很多人买彩票是为了中奖，但是中500万元的概率特别小，应该是概率乘以奖金额度来计算数额。

张明楷：如果是这样的话，那就是每一张彩票的价值都是一样了？

学生：行为人盗窃彩票时，一般不会想到会中奖500万元。

张明楷：如果中奖500万元，行为人会归还给被害人吗？

学生：那倒不会。

张明楷：购买彩票与盗窃彩票的人都希望中大奖，所以，不能说行为人没有盗窃价值500万元彩票的故意。

学生：我看2013年4月2日"两高"《关于办理盗窃刑事案件适用法律若干问题的解释》第5条第1项也规定："盗窃不记名、不挂失的有价支付凭证、有价证券、有价票证的，应当按票面数额和盗窃时应得的孳息、奖金或者奖品等可得收益一并计算盗窃数额"。

学生：这就看你怎么理解"盗窃时可得收益"。

张明楷：不是"盗窃时可得收益"而是"盗窃时应得的奖金"，应得的奖金就是500万元。所以，要认定盗窃既遂且数额为500万元。

学生：总觉得洗车工没有得到500万元，所以，认定为未遂可以减轻处罚合适一些。

张明楷：洗车工对价值500万元的彩票建立了新的占有，不可能认定为未遂。只是说，他占有了价值500万元的彩票，但他没有去兑奖而已。不去兑奖不影响盗窃既遂的认定，因为洗车工不是为了毁坏他人财物，而是具有非法占有目的。

学生：比如，乙知道甲酷爱买彩票，当然乙也知道彩票是有可能中奖的，为了报复甲，乙就把甲当天新买的彩票撕了，甲其实之前已经记下了号码，后来发现确实是中奖了，但由于彩票已经被撕毁了，不能兑奖。

张明楷：这就是故意毁坏财物了。乙没有盗窃罪的故意与非法占有目的。总之，如果有非法占有目的，既遂与未遂还是按行为人是否占有了彩票本身来判断，至于数额大小就只能事后根据中奖与否以及中奖多少去判断了。

学生：明白了。

张明楷：接下来该讨论那个钻石了吧？

学生：钻石是卡在车轮胎里，这就是遗忘物了吧？

学生：钻石是车主所有的吗？

张明楷：案情没有交代，应当不是车主所有的，而是其他人所有的。

学生：大概率是其他人所有的，车胎不是放钻石的地方，车主也没有意识到车轮胎里卡着钻石，所以，洗车工将钻石拿走只构成侵占罪。

张明楷：在实践中还需要找到钻石的所有权人，如果没有找到，也不能认定为侵占罪。如果定侵占罪，他侵犯了谁的所有权呢？这是必须查清楚的。

学生：案件没有说是否找到了钻石的所有权人，如果找不到就确实不能定侵占罪了。

学生：我假设一下，如果洗车工发现钻石后问车主，车主谎称钻石是自己的，洗车工就将钻石交给了车主，车主是不是构成诈骗罪？

张明楷：要具体判断。如果说洗车工已经占有了钻石，就可以认定车主的行为构成诈骗罪；如果洗车工没有占有钻石，他就不是处分人，车主仍然只是对所有权人的侵占。这样的案件，一般不会认为洗车工占有了钻石。所以，车主的行为一般也不会成立诈骗罪，也只是对钻石的所有权人成立侵占罪。

学生：明白了。

案例71 盗窃罪（调包案件的判断）

2015 年 11 月 1 日，王某去某药店声称要买 5 盒万艾可，店员就从柜台里拿了 5 盒万艾可给他。王某说还需要消炎药，店员转身去拿消炎药的时候，王某趁机用事先准备好的假万艾可进行了调换。等店员拿来消炎药时，王某说这个药价格太高了，不买了。王某随后又去另一药店调换了 4 盒万艾可。9 盒万艾可价值 4450 元。

张明楷：这种调包案件的处理，不应当有争议。可是，对这个案件的处理还有三种观点：第一种观点主张构成诈骗罪；第二种观点主张构成盗窃罪；第三观点认为同时构成盗窃罪与诈骗罪，二者属于牵连关系。只有一个行为，怎么还会有牵连关系？

学生：肯定没有牵连关系，就是盗窃罪吧。

张明楷：盗窃的对象是什么？

学生：以诈骗手段实施盗窃。

张明楷：诈骗什么呢？说构成诈骗罪的理由是什么？王某还没有付款的时候，药店的万艾可由谁占有？

学生：按照一般交易规则或者惯例，万艾可还是由店员占有，还没有交付给王某。

学生：万艾可已经给了王某，王某已经拿在手上了，怎么还没有交付呢？

张明楷：你们两个人说的交付不是一个意思。如果从物理上说，万艾可是交付给王某了，但这个交付不是诈骗罪中的交付，不是转移占有的交付。也就是说，即使万艾可在王某手上，也依然由店员占有。

学生：这也常常是司法机关对占有判断存在分歧的地方。

张明楷：在这样的场合，你们可以反过来判断一下。比如，日本教科书经常讨论的情形：小商店店主雇用了一名店员卖商品，这个店员只负责卖商品，不负责其他事情，这种情形要认定店主占有商品，而不是店员占有商品，也不是店主与店员共同占有。在这样的场合，你们要反过来思考：如果店主拿走商品，需要店员同意吗？如果没有征得店员同意，店主的行为构成盗窃罪吗？当然不构成。既然如此，就必须肯定商品由店主占有。在我们今天讨论的案件中，店员虽然将万艾可交给了王某，但在王某付款前，店员如果不想卖了，违反王某的意志，从王某手中夺回万艾可，是否成立盗窃罪或者抢夺罪？

学生：店员当然不构成盗窃罪与抢夺罪了。

张明楷：为什么不构成盗窃罪与抢夺罪呢？

学生：因为万艾可依然由店员占有，店员没有将他人占有的财物转移给自己占有。

张明楷：对了！在这样的场合，不要以所谓店员没有非法占有目的来解决店员的行为不构成盗窃罪与抢夺罪。

学生：店员也确实没有非法占有目的。

张明楷：可是，如果这个药店就是这个店员的，他将万艾可交给王某后，在王某付款前，他把万艾可夺过来并且毁坏了，你就不能用没有非法占有目的来解释了吧。还是要从客观构成要件角度来解释。入罪要从客观到主观，出罪也要从客观到主观。

学生：司法实践上，很多人都只是从物理的角度理解占有概念的。

张明楷：物理上对财物的控制对占有的判断并不起关键作用，我现在拿着你的手机，手机也依然由你占有，而不是我占有。既然在王某付款之前，万艾可由店员占有，而王某通过调包将店员占有的财物转移给自己占有，当然构成盗窃罪。

学生：王某对药品本身构成盗窃罪没有疑问，能不能说王某也骗免了债务？

张明楷：就是把假药冒充真药骗免债务？

学生：是的，通过调包欺骗店员，使店员免除了要求其交回真药品的义务。

张明楷：这样说也许是成立的。问题是王某本来就没有取得占有，一般是在取得了占有后才有骗免债务的问题。我觉得这个案件没有必要讨论骗免债务的问题，只认定为盗窃罪就可以了。

学生：如果王某付款后要求退货，用假的万艾可退货的，就是诈骗罪了吧。

张明楷：如果王某已经付款了，就取得了对万艾可的占有。而且，在这种场合，不能说王某的行为构成盗窃罪。如果王某用假的万艾可冒充刚买的万艾可退货，假的万艾可只是诈骗的工具，所骗取的是现金即退货款。

学生：可不可以说，在类似案件中，如果行为人在付款前通过调包退货的，就构成盗窃罪；如果是在付款后通过调包退货的，就构成诈骗罪？

张明楷：这样归纳大体是成立的，但一些案件很特殊，能否绝对这么说，可能还需要检验。要注意的是，在这两种情形中，犯罪对象是不一样的。

案例72 盗窃罪（与诈骗罪的区别）

甲公司的董事长董某，以为公司筹集资金为名，找到了乙银行支行的营业经理兼大堂经理范某。范某有一项职权：办理网银、电话银行、修改密码、银行卡、存折挂失以及银行与网络银行的关联等业务,都需要他授权。董某与范某商量,以银行内部办理高息存款的名义拉存款,调换储户的U盾,再把储户的存款给转走。董某再给范某以及帮忙拉存款的中间人支付一些好处费。在2014年至2016年的两年内,范某本人同时还指使保险公司的张某、尤某和另一银行的李某,向储户谎称乙银行内部办理高息存款。储户来了之后,就先到乙银行的A营业点办一年的定期存款,同时也给储户办理存款的银行卡,同时又要求储户到乙银行的B营业点办理一张专门用于收取利息的银行卡。在储户办理银行卡的过程中,范某利用职务便利,授权收取利息的银行卡开通网银,并且在储户不知情的情况下,将收取利息的银行卡关联上存款的银行卡。关联之后,行为人就可以通过网银转走存款银行卡上的资金。范某还要求储户将收取利息的银行卡、网银设定为指定的密码,并且趁储户不注意的时候,把事先准备的假U盾调换储户的真U盾,然后再要求储户签订一个承诺书,即一年之内对存款银行卡里面的资金不转账、不提前支取、不查询、不开通电话银行以及短信通知。然后,范某将偷换的U盾和密码交给董某,董某利用U盾转走了储户的2亿元存款,从2亿元中拿出20%或者30%用于支付储户的利息,再拿一些钱出来给范某和保险公司的张某、尤某等人。

张明楷:简单地说,范某欺骗储户在乙银行的A营业点存款,办理存款银行卡,再到乙银行的B营业点办理一张收取利息的银行卡，将两个卡关联起来，让储户设定行为人指定的密码，并且偷换 U 盾，董某用 U 盾取走储户的存款。

学生：范某是国家工作人员吗？

张明楷：可能是国家工作人员，不过，范某是不是国家工作人员可能并不重要。

学生：如果范某不是国家工作人员，他对储户肯定有欺骗行为，储户因为交易的目的落空而有损失，损失的就是存款，范某的行为构成诈骗罪。

张明楷：诈骗罪的受骗者是谁？

学生：当然是储户。

张明楷：范某对储户实施了什么欺骗行为呢？

学生：以内部高息的名义欺骗储户，并且隐瞒了要取走储户资金的内心想法。

张明楷：储户的财产处分行为是什么？

学生：将现金存入乙银行的 A 营业点。

张明楷：这个时候储户有财产损失吗？

学生：储户有损失啊。

张明楷：有什么损失呢？储户的资金就存在银行，储户对银行享有债权，并且获得高息。

学生：可是储户的资金最后被卷走了。

张明楷：如果董某不取走储户的存款，储户会有损失吗？

学生：没有。

张明楷：既然如此，就缺乏诈骗罪中的直接性要件。也就是说，储户的财产并不是因为受欺骗存入银行而受损失的，或者说，储户因为受欺骗将资金存入银行，不会有财产损失。造成储户损失的是后来董某取走储户存款的行为。既然如此，就不能将前面的行为认定为诈骗罪吧。

学生：储户的现金存入银行之后，这个现金就应当是银行的，不是储户的，银行工作人员将现金转走就是贪污或者职务侵占。但如果单纯定贪污或者定职务侵占的话，就没办法评价诈骗的那个情节。尽管储户可以向银行请求返还，享有返还请求权，但储户因为可能卷入诉讼，还是存在整体财产的损失。基于这种考虑，我觉得应当定诈骗和贪污，单纯定诈骗或者单纯定贪污或职务侵占，都不能全面评价。

张明楷：问题是，范某等人的行为完全具备诈骗罪的所有构成要件要素吗？明显不具备直接性要素嘛！

学生：我觉得问题还是在于储户的损失到底是什么？

张明楷：相对于银行而言，就是储户自己用U盾将存款取走了。或者说，董某冒充储户行使了储户的权利，但又不是在柜台向银行工作人员冒充储户，而是在机器上使用U盾取走了储户的存款。为什么不是盗窃呢？

学生：盗窃了什么呢？

张明楷：可能有两个思路：一是说盗窃了银行的现金；二是说盗窃了储户的债权。因为董某的行为相当于把储户存款对应的现金取走了嘛，现在是要看哪个思路更符合盗窃罪的构成要件。

学生：可是范某是利用了职务上的便利的。

张明楷：利用职务便利并不是否定盗窃罪的理由，而且，后来董某取走存款的行为本身与范某的职务没有直接关系。

学生：感觉前面的欺骗行为更重要，凭感觉定诈骗罪更好一点。

张明楷：好在哪里？

学生：我也说不上来，只是感觉而已。

张明楷：如果像你说的认定为诈骗罪的话，就意味着储户将钱存到银行时，范某等人的行为就属于诈骗既遂了，可是在本案中储户的钱存到银行里时，范某等人的行为还不可能是诈骗既遂。因为在当时的情况下，不管从哪个角度来说，储户都享有合法的债权。所以，定诈骗罪可能不合适。

学生：董某需要U盾和密码来转移资金，而这都是骗来的。

张明楷：严格地说，U盾不是骗来的，而是盗窃来的，密码也不是骗取的，而是范某要求储户设定他们指定的密码。

学生：范某等人前面的一系列行为只是为后面的盗窃行为做的准备。

张明楷：对！前面相当于盗窃的预备。

学生：这就成了非法吸收公众存款了。

张明楷：非法吸收公众存款与盗窃罪不冲突。

学生：将盗窃的预备行为评价为非法吸收公众存款的行为，就进行了充分全面的评价了。

张明楷：是的，我们的重点是讨论范某等人的行为是盗窃还是诈骗。从客观行为上来讲，因为行为人偷换了U盾，也指定了密码，并且偷偷地关联了银行卡账户，储户只有将资金存入A营业点的处分意识与处分行为，但在本案中，这个处分意识与处分行为还不是诈骗罪中的处分意识与处分行为。因为我前面说过了，储户进行这个处分后，行为人并没有直接得到财产，储户也没有直接丧失财产。但是，储户没有让董某取款的处分意识与处分行为，而导致储户财产损失的是董某的取款或者转款的行为，但这个行为已经不是诈骗行为，而是盗窃行为。

学生：有一种案件与本案不一样：行为人欺骗储户来银行存款，银行的工作人员或者假冒的银行工作人员给储户一个假存单，工作人员没有将储户的资金存入银行，而是据为己有。这才构成诈骗罪。

张明楷：对！本案不一样，A营业点给储户的U盾、银行卡等全是真的，没有假的，储户对银行享有债权。这与储户存款后，第三者从储户家里偷走U盾和密码，然后转走储户存款，没有什么区别。

学生：是的。

张明楷：所以，认定为盗窃罪应当没有疑问吧？

学生：那是盗窃债权还是盗窃银行现金呢？

张明楷：使用U盾和密码时，只是将债权转入其他账户，并没有直接从银行取出现金，所以，认定为盗窃债权比较合适。

学生：也就是老师经常讲的，将他人的银行债权转变为行为人的银行债权，所以是盗窃债权。

张明楷：对！将案件事实归纳为盗窃债权与盗窃罪的构成要件完全吻合，也就是说，违反储户的意志，将储户占有或者享有的债权转移为董某占有的债权。至于董某后来怎么转移或者使用其转移所得的债权，则不影响盗窃罪的成立。

学生：老师，会不会属于冒用他人信用卡，因而成立信用卡诈骗罪？

张明楷：我觉得不应当认定为信用卡诈骗罪。董某转款的行为没有欺骗自然人，更不能说欺骗了机器，完全不符合信用卡诈骗罪的构成要件。

学生：还是只能定盗窃罪。

张明楷：那么，在认定为盗窃罪的同时，还要认定非法吸收公众存款吗？

学生：为什么不定？可以定。

张明楷：客观上确实非法吸收了公众存款，当然这方面的案情不是很具体，如果符合非法吸收公款存款罪的构成要件，就肯定需要评价。只不过，非法吸收公众存款实际上是盗窃罪的预备行为，既可能是想象竞合，也可能是牵连犯，当然也可能是数罪并罚，这取决于如何理解想象竞合与牵连犯。

学生：认定为想象竞合的可能性较大一些。

张明楷：如果说是牵连犯，虽然会有人赞成，但我认为缺乏牵连关系的类型性。如果按照德国判断想象竞合的标准，则会认定为想象竞合。如果强调想象竞合只能是出于一个行为，则有可能认定为数罪，并且实行并罚。

学生：本案中实际上是数个行为触犯数个罪名，实行数罪并罚好一点。

张明楷：假如成立非法吸收公众存款罪，将其与盗窃罪并罚也是可能的。但是，如果认为盗窃与非法吸收公众存款之间存在重合，认定为想象竞合也许更有道理。此外，还要考虑非法吸收公众存款罪与其他犯罪是什么关系。

学生：范某和董某都成立这两个罪吧？

张明楷：还没有讨论完呢！本案所涉的银行不可能成立犯罪，假如范某是国家工作人员，他除了成立非法吸收公众存款罪与盗窃罪的共犯之外，是否还成立其他犯罪？

学生：还有其他罪吗？

张明楷：范某实际上是利用自己的职务之便为董某谋取了不正当利益，并且得到了好处，不定受贿罪吗？

学生：不能定受贿罪。

张明楷：是不成立受贿罪，还是说受贿罪与盗窃罪是竞合关系？

学生：范某得到的好处，是盗窃行为的分赃，所以，只定盗窃罪就可以了吧？

张明楷：我就是要问，范某得到的好处是盗窃的分赃，还是受贿呢？抑或是分赃和受贿的竞合呢？

学生：我记得我们以前讨论过这个问题，讨论到最后的结论是分赃与受贿的竞合。

张明楷：想象竞合有可能，数罪并罚也有可能。

学生：我觉得将本案整体评价为诈骗是不是更好一点？刚才说了定盗窃罪的观点，利用U盾把存款转走，我认可这种行为成立盗窃。但是，储户存款时面临着诸多不正常的现象，储户为了得到高息，就将现金存入银行，而且知道银行会使用自己的存款，所以，整体认定为诈骗是不是更好呢？比如，我把我的汽车卖给你，但是我其实留了一个备用钥匙，我想着我把汽车卖给你之后，你把车款给我了，我用备用钥匙把车从你家里偷回来。这是定盗窃还是定诈骗？我前面使用了诈骗的手段，就是隐藏了我的内心想法。

张明楷：你是说，范某等人向储户隐瞒了董某要转走储户存款的内心想法，因而使储户处分了财产，所以要定诈骗吗？

学生：是的。行为人隐瞒了要将储户的存款转走的内心想法，从而使储户将现金存入A营业点，因而就构成诈骗罪。因为如果储户知道真相就不会将现金存入 A 营业点，存入 A 营业点就是因为不知道行为人要转走存款所作的处分行为，而且具有处分意识。

张明楷：如果这样说，也是有可能的。但问题是，如果这个时候就认定为诈骗既遂，那么，倘若后来行为人由于某种原因没有转走储户的存款，是不是也要认定为诈骗既遂呢？显然不能吧。因为储户将现金存入银行，毕竟不同于存入其他地方。而且，乙银行本身并无违法行为，银行本身不可能使储户受损失。而且，即使承认前面的行为构成诈骗，也不排除后面的行为成立财产犯罪。在"取得后的取得"的财产犯罪中，完全可能存在骗取后的窃取。所以，还是需要考虑后面的行为是否成立盗窃罪或者其他财产犯罪。另外，你说的那个假装卖车又偷回车的案件与我们讨论的案件明显不一样。你说的案件符合直接性要件，行为人对被害人的车款是诈骗，对汽车本身是盗窃，二者可能是包括的一罪。对车款而言，行为人的行为完全符合诈骗罪的全部要件，特别是符合了直接性要件。但就我们讨论的案件而言，尽管范某等人隐瞒了内心想法，但储户将资金存入银行后，储户并没有任何财产损失。这两个案件相去甚远，不可相提并论。

学生：但是也可以说，我当时确实把车卖给你了，你已经取得了车的所有权，我留备用钥匙只是为我后面的盗窃行为做预备。

张明楷：你卖车给我时隐瞒了内心想法，如果你告诉我真相，说你把车卖给我后还要偷回去，我就不买你的车了。所以，就此而言，认定为诈骗是没有什么问题的。

学生：整体上看两个案件其实没有什么区别。

张明楷：不要动不动就从整体上看、整体上评价。构成要件是由各种要素组成的，要对各个要素进行逐一的判断，怎么能整体评价呢？案例分析要精细一点，不能说一有欺骗行为就构成诈骗罪。而且，即使前面有诈骗，也不能排除后面的行为构成盗窃。因为最终使储户遭受财产损失的不是前面欺骗储户存款的行为，而是后面使用U盾、密码转走存款的行为。这个行为使得银行误以为是储户自己转走了存款，所以没有干预。同样，在你所说的卖车后盗车的案件中，如果行为人事后并不盗回车，也不可能认定其行为构成诈骗罪。正是因为盗车的行为，使被害人不仅损失了购车款，而且损失了汽车本身。如果行为人不盗回汽车，被害人虽然交付了购车款，但其交易目的实现了，没有财产损失。所以，我们事实上是将后面的盗车行为作为判断资料来认定前面的行为也构成诈骗罪的。由于将现金存入银行是比较安全的，所以，欺骗他人将现金存入银行的，不能轻易认定为诈骗罪。比如，以高息为诱饵欺骗储户将现金存入银行，但事实上并没有高息，只是普通利息的，不可能构成诈骗罪。

学生：老师，对范某的行为是认定为受贿罪与盗窃罪两个罪，实行并罚，还是认定为想象竞合？

张明楷：我觉得两罪并罚可能更好一点。盗窃的实行行为是董某实施的，范某只是帮助实施了盗窃的预备行为，而这一预备行为是范某利用职务上的便利实施的。更为重要的是，我国的刑法规定与司法实践的做法是，除特殊规定以外，国家工作人员受贿为他人谋取不正当利益的行为同时构成其他犯罪的，实行数罪并罚。范某利用职务上的便利为他人谋取不正当利益，收受了董某给予的财物，其为董某谋取利益的行为同时构成盗窃罪，所以，实行数罪并罚没有障碍吧。

学生：这么说，范某成立盗窃罪、受贿罪与非法吸收公众存款罪三个犯罪？

张明楷：可以这么说吧。

学生：董某也触犯盗窃罪、行贿罪与非法吸收公众存款罪？

张明楷：应该是这样的，但可能在罪数问题上会有争议。考虑到我国的法定刑与量刑都较重，如果认为范某的盗窃罪与非法吸收公众存款罪是想象竞合，可能更合适一些。这样，对范某就以盗窃罪与受贿罪实行并罚，对董某以盗窃罪与行贿罪实行并罚。

学生：明白了。

案例73 盗窃罪（与诈骗罪的区别）

A公司以职工名义购买了很多住宅用于办公，公司将房产证统一保管，并且与职工有内部协议，协议内容是住宅产权归公司所有。公司的一名员工甲到房管局声称自己的房产证丢失，要求补办一个房产证。房管局查询后，发现甲确实购买了该住房，便为甲补办了房产证。随后，甲将住宅卖给了乙，并且办理了过户手续。但乙要搬进住宅时，发现住宅里面有人办公，于是导致案发。

张明楷：公司为什么要以职工名义购买住宅？

学生：估计是公司不能购买住宅，只能购买办公楼。或者是办公楼比较贵，住宅相对便宜一点。

张明楷：在民法上，住宅的所有权还是归公司吧。

学生：这个住宅不仅是公司出钱购买，而且公司与职工还有协议，会认定住宅由公司所有吧。

张明楷：我凭感觉也是这样认为的。那么，甲对公司构成什么罪呢？

学生：能不能说职工代公司保管住宅产权呢？如果说代为保管的话，职工就构成委托物侵占。

学生：住宅产权有什么需要保管的呀。房产证在公司保管中，虽然在房管局登记的是职工享有产权，但职工与公司有协议，房屋的产权归公司，我觉得构成盗窃罪。

学生：形式上说不存在盗窃。因为在房管局那里，住宅的所有权人是甲，他后来补办了一张产权证，产权证上的所有权人也是甲。既然如此，就不存在产权的转移。没有住宅产权的转移，就不符合盗窃罪的构成要件。

学生：这个太形式化了。比如说，A把B的房产证偷来了，能认定A盗窃了产权吗？不能吧。所以，还是需要实质地判断甲是不是将产权转移了。

张明楷：在日本，甲谎称房产证丢失而从房管局领取新的房产证，就会被认定诈骗罪，诈骗的对象就是房产证这个有体物。

但我国对诈骗罪有数额要求，所以不能说骗取房产证本身能够构成诈骗罪。在我国，只能在房产证之外讨论犯罪对象是什么，讨论时还可以具体一点。肯定不是住宅这个不动产本身，这个不动产本身还是在被害公司的控制之下。从形式上说，甲确实有一个产权证，而且在产权证上显示为所有人。以后公司要出卖这个住宅，还需要甲配合，否则公司也不可能出卖这个住宅，但产权实际上又归属于公司。产权所具有或体现的利益，也应当归公司所有。是将产权本身作为犯罪对象，还是将产权所具有或体现的利益作为犯罪对象？有没有必要这样区分？

学生：感觉没有必要这样区分。因为产权本身就体现了一种利益，如果产权不能体现利益，这个产权就没有什么价值了，应当直接将产权本身作为本罪的对象。

张明楷：那就只能实质地判断并得出结论：产权是属于公司所有的，但通过补办房产证导致公司持有的房产证作废了，由此导致公司对住宅的产权转移给了甲，所以甲盗窃了公司的产权。

学生：应当这样判断。

张明楷：可是，这样的判断并不完全是实质性的判断。前面一部分是实质判断，即住宅的产权属于公司所有，而且甲的行为导致公司的产权证作废了。但是后面一部分则是形式判断，因为甲与公司有协议，住宅的产权归公司所有。既然如此，即使甲重新办理了房产证，住宅的所有权不依然是公司享有吗？怎么说甲是盗窃呢？

学生：老师的意思是说，前后都采取了对被告人甲不利的判断，可能有问题。

张明楷：你这么说也可以。问题是你们怎么解释，说上面的归纳是成立的。

学生：因为甲已经把住宅卖给了乙，乙也取得了房产证，这就使公司丧失了产权，所以，后面也是实质判断。因为甲无视与公司关于产权的约定出卖了住宅，所以，不能依据这个协议就说住宅实质上还是公司的。于是，也可以说后面一部分不是形式判断，而是实质判断。

学生：其实，案发后，公司根本不可能将住宅让给乙居住。仅认定甲对乙构成诈骗罪是不是就可以了呢？

张明楷：在这个案件中你这么说似乎没有问题，可是，如果换一个案件，你的观点就行不通了。比如，张三以李四的名义购买了住宅，房产证在李四手中保管。双方也有约定，约定的内容也是住宅属张三所有，但张三购买住宅后一直没有入住，而且出国进修去了。李四采取同样的方法将住宅卖给了王五，也办理了产权登记，后来王五也搬入住宅居住了。张三回国后发现自己的住宅被别人居住了。这种情形下，不认定李四对张三的住宅构成犯罪可以吗？

学生：当然不可以。

张明楷：所以，这样的案件还是要承认行为人对住宅的所有权人与购买人都成立犯罪。也就是说，要承认甲对公司的房产构成盗窃罪，盗窃的对象就是住宅的产权。

学生：甲同时对乙构成诈骗罪，因为乙也遭受了财产损失，花钱买了房却不能入住。

张明楷：甲对购买房产的乙来讲，构成诈骗罪是没有问题的。

学生：如果构成盗窃罪与诈骗罪，要实行数罪并罚吗？

张明楷：不可能实行数罪并罚。我觉得可以认定为想象竞合，因为其实甲只实施了一个行为。你们想一想，如果甲补办房产证之后根本不出卖住宅，根据协议，住宅仍然属于公司所有。正因为出卖了住宅，才既对公司形成盗窃，又对购买人形成诈骗。可以认为是一个行为同时触犯数个罪名，因而是想象竞合。

学生：有没有可能说是包括的一罪？因为最终受损失的只能是一方，而不可能是双方。

张明楷：但案发时确实是有两个被害人，一个是公司，另一个是购买人乙。包括的一罪中，最终只有一个财产损失，一般是就同一个被害人而言的。比如，行为人欺骗他人给自己写了一张欠条，取得了债权，然后又利用这张欠条要求被害人归还现金。这种情形会认定为包括的一罪。

学生：老师，我有一个问题。如果按照《刑法》第265条的规定，占用了别人的房子是不是就可以认定为盗窃罪？这一条规定："以牟利为目的，盗接他人通信线路、复制他人电信码号或者明知是盗接、复制的电信设备、设施而使用的，依照本法第二百六十四条的规定定罪处罚。"可是，盗打他人电话并没有转移什么财物，只是使用了盗接的电信设备。占用他人的住宅也是使用了他人住宅,是不是也可以认定为盗窃罪?

张明楷:我觉得《刑法》第 265 条对盗窃行为是一个拟制规定,就是将不符合盗窃行为特征的行为拟制规定为盗窃行为。拟制规定不可以类比适用,所以,对于占用他人房屋的行为不能认定为盗窃罪。

学生:能不能说盗用了他人房屋的使用权呢?

张明楷:我觉得也不能,因为房屋的使用权还是在房主那里,占用房屋的人没有取得使用权,只是事实上住进了房屋。如果像日本刑法那样有一个侵夺不动产罪,对占用他人房屋的行为完全可以认定为侵夺不动产罪。

学生:有一种观点认为,《刑法》第 265 条是对盗窃对象的特别规定,也就是说,无体物原本不是盗窃对象,但《刑法》第 265 条仅将这种无体物拟制为盗窃对象。

张明楷:我不赞成这种观点,因为我认为财产性利益是所有财产罪的对象。但盗窃需要占有的转移,上述盗打电话的情形没有转移占有,不能认定为盗窃罪,但法条将这种情形拟制为盗窃。如果没有这样的拟制规定,盗打电话让他人事后付款的行为,就不可能构成盗窃罪。韩国检察官以前曾将盗打电话的案件起诉到法院,但法院宣告无罪。不过,在我国,有的行为可能直接构成盗窃罪,而不需要适用拟制规定。比如,B 的手机已经充了许多话费,使用一次手机就扣一次费。A 盗用 B 的手机打国际长途,花了几千元,导致 B 的手机扣费几千元。这种场合,可以认为 A 实际上转移了话费的占有。即使不这么说,也可以认为,

A 把 B 对电信公司享有的服务转移成自己对电信公司享有的服务。不过，这样表述可能比较别扭。简单地说，行为人消费他人的财物时，就是转移占有。我假设的这个盗打国际长途的案件，实际上就是消费了他人的话费，即使没有《刑法》第 265 条的规定，也能认定为盗窃罪。

学生：在实践中，类似于甲盗卖公司所有住宅的案件中，有的购买人不承认自己是受骗人，不承认的原因就是想得到住宅。

张明楷：购买人不承认受骗对他风险太大。因为如果乙不承认受骗，就意味着乙知道住宅的产权属于公司，知道真相还购买，至少不是善意取得，甚至可能构成共犯。

学生：以后我办案过程中遇到受骗人这么说，该跟他讲这样的道理。

学生：我们讨论的这个案件，如果乙起诉到法院，法院不可能把住宅判归公司。因为产权证在乙那里，乙也没有任何过错，在房管局那里，乙也是产权所有人。所以，法院会将产权判归乙。

张明楷：即使法院这样判决，也并不意味着乙不是被害人，而是说乙通过诉讼挽回了自己的损失。另一方面，这进一步说明公司也是被害人。所以，认为甲的行为对公司不构成犯罪也不合适。

学生：老师，这个案件可不可以说，职工甲在法律上占有了公司的财物即住宅？

张明楷：你是想说，如果甲在法律上占有，他对公司的住宅仅成立侵占罪吗？

学生：是的。

张明楷：我现在不承认法律上的占有这个概念，因为这个概念是日本刑法理论与判例基于法条关系，为了避免处罚不均衡提出的一个概念，这个概念的适用范围仅限于职务侵占。我觉得我们没有必要使用这个概念。我在《法学》2020年第11期上发表的一篇论文，题目是《领取无正当原因汇款的行为性质》，这篇论文专门讲了这个问题。在我们今天讨论的这个案件中，如果承认甲法律上占有了公司的住宅，就意味着他在法律上享有一些权利，但事实上并非如此。再如，李四误将汇款汇到张三的账户上，不能认定张三对债权存在法律上的占有，否则，他就享有取款的权利，但我认为张三不具有取款的权利。

学生：比如，夫妻之间以丈夫的名义购买了一套房，要离婚的时候，丈夫绝对不可能说我在法律上占有了这套房产，想卖就可以卖。这套房子就是由夫妻双方共同占有和共同所有。

张明楷：对！至于其他盗卖他人房产的行为，都能成立对房产所有权人的盗窃罪。比如，前不久有人问我一起案件：某公司的法定代表人去世后，他的一个亲戚（不是该公司员工）偷偷地将公司名下的一栋房子卖给了第三人，并且实现了过户，房款归自己所有。我问是怎么做到的？对方说，由于法定代表人去世，公司员工就误以为这个亲戚是来接管公司的。我觉得，应当认定这个行为属于盗窃财产性利益即房屋的产权。这与前面讲的产权本来就登记在行为人名下,行为人从房管局再骗领一个房产证后转让给第三者是不一样的。

案例74 盗窃罪(与诈骗罪的区别)

超市老板饶某告知自己的妻子余某说,他在超市门口捡到一把车钥匙,等待失主来认领。正在超市购物的刘某听到后,就冒充失主前往收银台询问,余某误以为刘某是失主,将车钥匙交给刘某。刘某用车钥匙将停放在超市门口的一辆面包车开走,并用于个人工作、生活出行。两个月后,被车主杨某发现。

张明楷:这是《检察日报》刊登的一个案例,共存在三种意见:第一种意见认为,刘某的行为不构成犯罪。理由是,刘某主观上不具有非法占有该面包车的故意,仅将该车用于个人工作、生活出行,没有造成车辆丢失,不属于2013年"两高"《关于办理盗窃刑事案件适用法律若干问题的解释》第10条关于偷开他人机动车入刑的三种情形,应认定为一般违法行为,不构成犯罪。

学生:这个观点太离谱了,怎么可能没有非法占有目的呢?将该车用于个人工作、生活出行,就具有利用意思,不归还给他人就具有排除意思。刘某肯定具有非法占有目的,没有疑问。构成盗窃罪也并不必然需要符合司法解释的三种情形。况且,司法解释是就偷开汽车而言的，不是指这种地地道道的盗窃他人机动车的情形。

张明楷：好像大家对不构成犯罪的观点有点气愤啊。这个观点可能是先将这个案件的事实归纳为偷开机动车，然后再看司法解释关于偷开机动车的规定，发现司法解释没有规定这种情形，于是就得出了不构成犯罪的结论。

学生：这就是老师经常批评的一种判断方法。先按自己的话语系统或者民商法等话语系统归纳案件事实，形成一个概念，然后再看刑法有没有规定。

张明楷：偷开机动车不是对案件结论的预判，也不是对案件事实的准确归纳，所以，这样分析案例肯定会出问题，即使对了也是碰巧而已。分析案件一定要有预判，预判是对处理结论的预判，不是对案件事实的预判。有了预判之后，就要以预判所指向的构成要件为指导归纳案件事实，而不能使用其他话语系统归纳案件事实。否则，就不能得出预判的结论。更不能先按照民商法等话语系统归纳案件事实，再看刑法有没有规定。如果你将这个案件事实归纳为骗开机动车，不仅刑法中找不到规定，在司法解释中也找不出规定。

学生：如果第一种意见将案件事实归纳为骗开机动车，也是得出无罪结论。

张明楷：第二种意见认为，刘某的行为构成盗窃罪。理由是，刘某偷开他人车辆，长时间使用，且没有归还的意思表示，造成了车主对该车的"失控"，应构成盗窃罪。

学生：我赞成这种构成盗窃罪的意见，感觉也不需要补充理由了。

张明楷：好。我们再看看第三种意见。第三种意见认为，刘某的行为构成诈骗罪。理由是，刘某冒充失主骗得车钥匙并将车辆非法占为己有，应认定为虚构事实、隐瞒真相骗取他人财物，构成诈骗罪。撰写案例分析的作者也同意第三种意见。

学生：他的理由是什么？

张明楷：作者首先批判了第一种观点，然后指出，区分盗窃罪与诈骗罪的关键在于，犯罪手段究竟是具有"秘密性"还是"欺骗性"。车钥匙是获得机动车控制权的关键，非法取得车钥匙的具体手段决定了犯罪行为的性质。刘某以虚构事实、隐瞒真相的方式，导致店主夫妇陷入错误认识而自愿交予车钥匙，非法取得了该车的实际控制权，该行为应认定为诈骗。刘某骗取并占有面包车的行为侵害了杨某对该车的合法所有权，客观上造成了杨某对该车的"失控"。只要机动车脱离了所有权人的实际控制，无论行为人是否办理机动车权属变更登记，都应认定为犯罪既遂。

学生：认定为犯罪既遂倒是没有争议。看来实践中还在要求盗窃的秘密性。

张明楷：在这个案件中，秘密性还不是关键。因为刘某的行为相对于车主杨某而言，肯定具有秘密性。面包车肯定是杨某占有的，不可能是超市占有的。所以，作者否认本案的秘密性，没有任何道理。因为即使讲秘密窃取，也是指采取不被占有者发现的行为方式转移财物。就诈骗罪而言,作者的分析存在问题。首先,作者大体上认为只要有骗就构成诈骗罪,不考虑受骗人是否具有财产处分权限。既然面包车是杨某占有和所有,超市的余某怎么可能有处分权限呢?肯定是没有这个权限的。其次,作者认为取得了车钥匙就实际控制了面包车,但这个控制即使是物理上的,也不是社会观念上的。也就是说,既不能因为余某手持面包车钥匙,就认定余某占有了面包车,也不能认为刘某取得了车钥匙就占有了面包车。比如,一个车主的车钥匙丢了,而且不知道丢在哪里了,我们也只能说,车钥匙是遗忘物,但汽车本身不可能也成为遗忘物。捡到车钥匙的人将汽车开走的,还是对汽车构成盗窃罪,而不可能只构成侵占罪。再次,作者说,车钥匙是获得机动车控制权的关键,非法取得车钥匙的具体手段决定了犯罪行为的性质。这个说法也是难以成立的。这个说法与后行为是前行为的延伸那样的表述是一样的,认为后面的行为是由前面行为的性质决定的。这个表述导致了许多错案。根据这个观点,如果刘某确实是捡到了车钥匙,他开走车也只构成侵占罪,而不是盗窃罪,这显然是不合适的。最后,作者将车钥匙与面包车本身进行了一体化的考虑。虽然可以或者有可能认为,余某占有了车钥匙,但余某不可能占有了杨某的面包车,即使认为余某处分了车钥匙,刘某对车钥匙是诈骗,但刘某开走面包车的行为并不是诈骗,而是盗窃。

学生:这个案例反映出司法实践中的许多不当观念与不当的判断方法。

张明楷:当然,这是我们自己的看法,别人未必这么看。

学生：司法实践中确实有许多案件，是按前面的行为性质定罪的，而不是按造成法益侵害结果的那个行为性质定罪的。

张明楷：我想起了一个很早之前的案件。银行保安刘某在柜台旁的地上捡到张某遗失的一张农村粮食补贴的存折，上面显示有8000元，刘某就把这个存折给藏起来了，事后将这个存折交给朋友张某，让他帮忙去取款，并且告诉张某说临时补贴存折的原始密码是000000，不知情的张某将8000元取出后交给刘某。这个8000元是从银行柜台取出来的，这应当是诈骗罪吧？

学生：以前最高人民法院的司法解释规定，盗窃存折后再取款的，认定为盗窃罪。按照这个逻辑，捡了存折后再取钱不就是侵占罪吗？

张明楷：就是啊。其实，行为人盗窃了存折后不取款，被害人的银行存款债权不会有损失，只是损失了存折本身。所以，在日本，行为人盗窃存折后再到银行柜台取款的，分别认定为盗窃罪与诈骗罪。盗窃罪的对象是存折本身，诈骗罪的对象则是银行的现金。不过，现在大家都不用存折了，这类案件也基本见不到了。

学生：其实，盗窃银行卡后不使用，持卡人也不会有财产损失。关键是使用行为导致持卡人遭受损失，所以，只能按使用行为确定罪名。

张明楷：是的，银行保安刘某的行为构成诈骗罪，而不是侵占罪，也不是盗窃罪。其实，刘某从银行柜台旁的地上捡到存折，也不是侵占，可以评价为盗窃。如果在日本的话，这个存折会被认定为银行管理者占有,行为人拿走就是盗窃。德国会怎么认定?

学生:与日本是一样的。

张明楷:我国的司法实践一般会认为是遗失物、遗忘物。

学生:会区分柜台外和柜台内,如果在柜台内,就是银行管理者占有,如果在柜台外就是遗忘物。

张明楷:这个区分没有意义。顾客不可能将自己的财物遗忘在柜台内,银行大厅就有保安,应当认为银行大厅里的财物,要么顾客占有,要么银行管理者占有。不过,不管怎么说,保安利用他人在银行柜台取款的行为构成诈骗罪。

学生:记得老师以前讲过在西城检察院处理的一个案件。

张明楷:二十多年前的案件了。被害人去银行存钱,打算存5万元,填写存款单之后,将5万元现金放在桌子上。当银行职员叫到他的号时,他就去柜台,但他很马虎,只拿了4万元,还剩1万元落在桌子上。到了柜台前,银行职员看到存款上填写的是5万元,但看到被害人给的只有4万元,就问被害人究竟存几万元。被害人这个时候也意识到自己少拿了1万元,回到桌子旁边时,发现被人拿走了。被害人希望银行把录像给自己看一下,但银行说录像不给个人看,只能给公安机关看。于是,被害人就报警了。警察调取了录像,找到了嫌疑人。嫌疑人开始不承认,后来不得不承认了。

学生:时间这么短暂,距离这么近,而且是在银行大厅,应当认定被害人仍然占有自己的1万元现金，行为人的行为构成盗窃罪吧。

张明楷：我觉得没有问题，但当时的公检法都认为只构成侵占。公安机关以侵占罪将行为人移送检察院审查起诉，检察院不受理，要求公安机关撤回，但公安机关无论如何不同意，我就建议检察院受理此案。

学生：检察院是以盗窃罪起诉的吗？

张明楷：起先也是以侵占罪提起公诉的，但法院不受理，因为侵占罪是告诉才处理的犯罪。检察院的相关人员问我怎么办？我说以盗窃罪起诉。

学生：检察院的人员跟我说，以盗窃罪起诉后法院肯定会认定为侵占罪的。

张明楷：我说只能以盗窃罪起诉，而且我认为就是构成盗窃罪。

学生：法院后来怎么判的呢？

张明楷：还是认定为侵占罪了。

学生：法院判错了。

张明楷：因为这是二十多年前的案件，许多司法人员基本上是按字面含义理解遗忘物这个概念，没有妥当理解盗窃罪中的占有。这么多年过去了，司法人员对占有的判断不知道有没有改变。

学生：我觉得还是有改变的。

张明楷：那就好。

案例75　盗窃罪（与诈骗罪的区别）

商场在收到顾客的订单后，就将顾客订购的商品放在某个地方，并且贴纸条写上了收货人的地址、电话等。行为人窃取该商品后，就直接送到顾客家，声称自己是商场派来送货的，让顾客将货款交给自己。

张明楷：这个案件怎么处理？首先问被害人是谁？

学生：被害人是商场，因为商场有财产损失，而顾客没有财产损失。

学生：顾客也可能有财产损失，因为顾客实际上购买了行为人所盗窃的赃物，可能被卷入诉讼之中，因而有财产损失。

张明楷：那就先讨论行为人对商场构成什么犯罪？

学生：只有盗窃罪一种可能了，没有其他可能性。因为商品在送到顾客手上之前，或者说还放在商场时，当然由商场管理者占有，但行为人违反管理者的意志，将商品转移给自己占有。所以，只能是盗窃。

张明楷：假如律师这样辩护：行为人的行为并没有违反商场管理者的意志，因为商场管理者原本就是要将商品转移给订货的顾客，行为人也将商品转移给了订货的顾客，这完全符合商场管理者的意志，怎么违反商场管理者的意志呢？

学生：行为人是将商场的商品转移给自己占有后，再送到顾客家里的。在行为人转移给自己占有时就已经是盗窃既遂了。

张明楷：假如律师说，行为人转移给自己占有时，只是临时占有，最后是按商场管理者的意志交付给顾客的。你怎么反驳？

学生：从社会一般观念来看，行为人将商场的商品转移为自己占有时，就是取得了占有，或者说建立了新的占有，至于行为人如何处置商品，不影响盗窃既遂的成立。

张明楷：如果律师辩护说，行为人对商品本身没有非法占有目的，你会怎么反驳？

学生：这个好反驳。因为非法占有目的除了"非法"之外，就是排除意思与利用意思。行为人明显具有排除意思，因为妨害了商场对商品的利用，这一点没有问题。行为人也有利用意思，这个利用意思，就是通过将商品交付给顾客，获取商品对价的意思。

学生：这个在德国刑法上有问题。因为德国刑法理论的通说认为，盗窃罪是侵犯所有权的犯罪，行为人把商品拿出来再送给顾客的时候，并没有否定商场对这个商品的所有权，并不是以排除所有权人的意思对商品加以利用。所以，不能认定行为人具有非法占有目的。就是说，行为人并不是说这个商品是我的东西，我卖给顾客；而是说，这是商场的商品，我是帮商场送货来的，行为人仍然是尊重商场对商品的所有权的。所以在这个意义上，很多德国学者认为行为人对商品没有非法占有目的。

张明楷：这是德国的所有权说带来的问题。日本和中国估计不会否认行为人具有非法占有目的。因为非法占有目的，不要求有否认他人的所有权的意思，只需要有妨害他人利用财物的意思即排除意思与利用意思就可以了。也就是说，德国与日本对排除意思的理解明显不同，前者是指否定被害人对财物的所有权，后者主要是指妨害被害人对财物的利用。

学生：即使是在德国，是不是也可以说，行为人将商品换成金钱的时候，就否认了商场的所有权，所以还是可以认定为具有非法占有目的的。

张明楷：这就取决于如何归纳案件事实了。有的人会说，将商场的商品交付顾客后，将商品的对价归自己而不是交给商场，当然否认了商场对商品的所有权；有的人会说，行为人一直都声称是商场让自己送来的商品，所以从来没有否认商场对商品的所有权。前一种归纳比较实质，后一种归纳比较形式，是不是这样？

学生：当商场把这个商品拿出来要送给订货的顾客时，这个商品就不是摆在商场内的普通商品，而是要马上换取金钱的商品。

学生：所有商场的商品都是一样的，只不过这个商品是马上可以换到金钱，而其他商品何时能换到金钱不那么确定。所以，不能以换取金钱为由来讲这个商品的特殊性。

张明楷：如果说这个商品有特殊性，就在于它是要送给特定顾客的。正因为行为人也送给了特定顾客，所以，德国学者认为行为人一直没有否认商场的所有权。我觉得我们不可能按德国的这个理论来认定盗窃罪。因为德国对盗用行为另有规定，所以，认为盗窃罪的保护法益是财物的所有权，而且即使如此，将所有权作为盗窃罪的保护法益也有疑问。比如，我以前提到过的，丙盗窃了丁的财物后，乙从丙处盗窃了该财物，甲又从乙处盗窃了该财物。结局是，甲、乙、丙三个人的行为都侵犯了丁的财产所有权。可是，甲完全可能认为，这个财物就是乙所有的，乙也完全误以为这个财物就是丙所有的。这会不会影响故意的认定？还有，案发后，丁是不是可以同时向甲、乙、丙三人要求赔偿财产损失？这些都是所有权说面临的问题。不过，最主要的还是盗用汽车之类的案件，用所有权说来解释确实行不通。日本刑法没有像德国刑法那样规定盗用汽车之类的犯罪，而是将可罚的盗用行为认定为盗窃罪。我国刑法也没有规定盗用汽车之类的犯罪，所以，我们对非法占有目的的理解与认定，不能照搬德国的学说，只能借鉴日本的理论。

学生：如果按照山口厚老师的教科书对非法占有目的的解释，本案的行为人对商场商品肯定具有非法占有目的，所以，认定为盗窃罪没有疑问。

张明楷：我也是这样考虑的。当然，这个问题以后还可以继续讨论。那么，行为人对顾客是否成立诈骗罪呢？

学生：如果按照德国的观点，会不会认为行为人对顾客构成诈骗罪？因为有可能使顾客卷入诉讼之类的，商场会要求顾客付款。

学生：德国不仅不会认为行为人对商品成立盗窃罪，也不会认为对顾客本身成立诈骗罪。

张明楷：那就无罪了？

学生：无罪也不会，问题就在于行为人是不是通过欺骗的方式使顾客处分了商场的财产性利益。

张明楷：又回到三角诈骗来了。

学生：顾客在法律上的处分是合法的，因为在法律上，行为人将商品送给顾客，就形成了一个典型的表见代理形式，顾客把钱处分给行为人之后，商场就不能再找顾客要钱。所以，顾客实际上处分了商场的财产，因而是三角诈骗。

张明楷：德国另外一个案件也是认定为诈骗罪。就是顾客在商场购买家具后，商场的一个店员原本不是收费的，他让顾客将家具款交给他，顾客以为他是商场收费员，就把家具款交给他了。这个也属于三角诈骗。因为行为人实施了一个表见代理行为，顾客也没有什么过错，同时顾客也没有财产损失，所以，不认定为二者间的诈骗，而是认定为三角诈骗。

学生：认定为三角诈骗会比较复杂一点，要绕个圈子。

张明楷：如果说否认顾客存在财产损失，认定为三角诈骗更合适一些。因为如果要认定行为人给顾客造成了财产损失，行为人就是两个行为构成两个犯罪,可事实上并非如此。如果将行为人从顾客那里骗取货款的行为认定为三角诈骗,就很顺当,两个行为只侵害一个法益,即仅侵害了商场的一个财产法益,于是,两个行为属于包括的一罪,从一重罪处罚。

学生:这么说,这个案件在德国只认定为三角诈骗一个犯罪,受骗人是顾客,被害人是商场。但在我国认定行为触犯两个罪,一个是盗窃商品,另一个是骗取商场应收的货款,但二者属于包括的一罪。最终都是按一个罪论处。

张明楷:不过,在我国可能最终只按盗窃罪论处,因为盗窃罪的量刑一般重于诈骗罪的量刑。

案例 76 盗窃罪(与信用卡诈骗罪的区别)

2016 年初,朱某和王某(女)是男女朋友,后来同居了。在同居期间,朱某趁机把王某的两张卡(工行卡和建行卡)绑定在自己的微信上。第一次绑定之后,银行发短信告诉被害人,说银行卡号已经开通了财富通快捷支付,开通后交易扣款就由商户发起。朱某删掉了这个短信,王某不知道。王某后来知道朱某的微信上绑定了自己的银行卡,要求朱某解除绑定。朱某口头答应但一直没有解除绑定。王某的两张银行卡在 2017 年 10 月以前都没有钱。2017 年 7 月份的时候,王某和朱某分手了,后来有人向王某的银行卡里汇了一笔款。有一次朱某私自从王某的建行卡里转走了 1000 元,又从工行卡里转走了 91400 元。朱某转走建行卡里的钱时有短信提示,王某发现后让朱某还1000元,朱某还了。但是工行卡上的91400元没有短信提示,所以王某当时不知道。过了十几天之后,王某查自己的工行卡时才发现少了91400块钱,然后就打电话问朱某,朱某承认转走了,但是拒不还钱,王某就报案了。朱某的表哥帮忙把91400元还给了王某,王某表示谅解。法院适用《刑法》第37条免予刑罚处罚。

张明楷:检察院以盗窃罪起诉,法院却判了信用卡诈骗罪。

学生:我觉得是冒用他人信用卡诈骗。

张明楷:骗谁呢?骗银行吗?

学生:应该是银行吧。

张明楷:不能这样说。银行等单位是不能成为受骗者的,只有自然人才能成为受骗者。如果说单位可以成为受骗人,或者在盗窃的时候就违反了单位意志,都会出问题。因为如果这样思考,那么,单位里的任何人犯罪,只要是单位遭受财产损失的,就只能认定为同样的犯罪。但事实上并非如此。比如,单位财物的占有者与非占有者,所成立的犯罪就不一样。但能因为他们都违反了单位意志或者欺骗了单位而定同样的盗窃罪吗?

学生:不能。

张明楷:所以,不能说骗单位,也不能说某个行为违反了单位意志。

学生：能不能说王某是受骗人呢？

张明楷：朱某对王某没有实施欺骗行为，他只是将王某的银行卡绑定在自己的微信上，王某也没有实施处分行为。

学生：主张定信用卡诈骗罪的人可以说，只要行为人用了别人的信用卡就是冒用他人信用卡，所以成立信用卡诈骗罪，而根本不管行为人是不是实施了欺骗行为。

张明楷：是的。可是，他们又说，信用卡诈骗罪是诈骗罪的特别法条，既然如此，在不符合普通法条的情况下，怎么就可能符合特别法条呢？

学生：老师的观点是，冒用他人信用卡在ATM上使用的，只能定盗窃，因为机器不能被骗。

张明楷：是的，我一直就这么认为的。

学生：所以这个案件的关键是机器能不能被骗。

张明楷：如果机器能被骗的话，盗窃罪就没有了，以后到智能时代，打开别人家的门都是诈骗，而不是盗窃了。倘若被害人家里有机器人，行为人跟机器人说，把什么物品给我，于是机器人就将物品给了行为人，于是就成立诈骗罪？

学生：所以，这个案件还是应当认定为盗窃。

张明楷：法院或许是想处罚轻一点，但认定为信用卡诈骗罪反而不能判缓刑。因为在审理本案时，不管是盗窃还是信用卡诈骗罪，9万多元都属于数额巨大。定信用卡诈骗罪的话处5年以上10年以下有期徒刑，因而不能判缓刑；定盗窃罪的话只能处3年以上10年以下有期徒刑。如果按盗窃罪判处3年有期徒刑，还可以判缓刑。但是，定成信用卡诈骗罪之后，因为不能判缓刑，法院反而适用《刑法》第37条，免予刑罚处罚。

学生：这就滥用了《刑法》第37条。

张明楷：我也是这样认为的。在国外，法官有酌情减轻的裁量权，却没有酌情免予处罚的裁量权。我国相反，法官没有酌情减轻的裁量权，却有酌情免予处罚的裁量权。不是说国外的就是对的，只要从逻辑上判断一下，就觉得有问题。既然连酌情减轻处罚的裁量权都没有，怎么能有酌情免予处罚的裁量权呢？

学生：这个案件有没有另外一个可能，就是认定朱某的行为是盗窃信用卡并使用，因而应当认定为盗窃罪？

张明楷：如果是这样的话，就更加只能认定为盗窃罪了。

学生：我关心的是把他人的银行卡绑定在自己的微信上，是不是盗窃了信用卡？

张明楷：有可能。因为盗窃信用卡，并不限于盗窃信用卡这个有体物，而是包括盗窃信用卡信息资料，卡本身的作用低于信息资料的作用，有的信息资料就可以在网上银行等上面使用，而不需要作为有体物的信用卡。但是，认定为盗窃又是有疑问的，因为盗窃行为必须转移财物，如果说盗窃了信用卡，必须是王某不再占有自己的信用卡，但王某一直占有着自己的信用卡，所以，在这个意义上说，认定朱某盗窃了王某的信用卡是有问题的。

学生：但是，在朱某使用信用卡的时候，王某就不能使用吧。

张明楷：其实这个时间很短暂，朱某绑定后，王某一直可以使用自己的信用卡及其信息，不能说，将王某的信用卡与信息盗走了。我感觉这种情形类似于盗窃商业秘密，行为人虽然窃取了他人的商业秘密，但他人依然可以使用自己的商业秘密，所以，盗窃商业秘密不符合转移占有的条件。而"盗窃信用卡并使用"中的盗窃，不同于对商业秘密的窃取。也就是说，盗窃罪必须是一种零和关系，而盗窃商业秘密则并非如此。所以，对盗窃商业秘密的行为，不会认定为盗窃罪。日本的盗窃罪只限于盗窃狭义的财物，所以，盗窃商业秘密在日本也不可能成立盗窃罪。

学生：相对于把信用卡本身拿走，本案朱某行为的危害性更大。如果把信用卡拿走了，被害人还知道，而绑定了他人的信用卡时，神不知鬼不觉的，被害人根本不知情，并且还可能往信用卡里打钱。

张明楷：但这不是对构成要件所进行的分析。

学生：老师，您刚才说日本盗窃商业秘密的不定盗窃罪，但日本有学者认为，如果行为人将商业秘密复制出去之后，导致被害人原来的商业秘密不再有经济价值了，还是要认定行为人构成犯罪。

张明楷：即使构成犯罪，也不是因为盗窃商业秘密本身而构成盗窃罪，因为在日本，商业秘密本身不是财物，但是，如果行为人盗走了几张纸，在考虑是否定罪时，则会考虑这几张纸上写着什么，如果纸上写着有价值的商业秘密，就认定盗窃这几张纸的行为是盗窃罪。

学生：几张纸的价值很小。

张明楷：是啊，但其实是考虑到几张纸是商业秘密的载体，所以会认定为盗窃罪。行为人转移的是有体物，而不是商业秘密本身。

学生：是说盗窃了几张纸还是说盗窃了商业秘密，这两种情况没什么差别。

张明楷：你这样认为，是因为你只进行实质的考虑，而没有从构成要件上分析。如果说盗窃罪的对象只能是有体物，那么，就不能因为行为人盗窃了商业秘密的行为本身就认定为盗窃罪，因为在日本商业秘密不是有体物。所以，只能将窃取了商业秘密载体的几张纸的行为，认定为盗窃罪，这样就符合了盗窃罪的构成要件。

学生：可是，为什么盗窃几张白纸的就不认定为犯罪呢？

张明楷：这在日本很好解释，要么认为盗窃白纸的行为仍然符合盗窃罪的构成要件，只是没有可罚的违法性，而盗窃记载了商业秘密的几张纸则具有可罚的违法性；要么认为几张白纸不具有值得刑法保护的价值，因而不属于刑法上的财物，但记载了商业秘密的几张纸属于刑法上的财物，值得刑法保护。

学生：说到底还是为了保护商业秘密。

张明楷：不能这样思考。不只是考虑是不是商业秘密，而是要看某个有体物的客观价值与主观价值是否值得刑法保护。如果几张纸上是珍贵的照片之类的，窃取行为依然会被认定为盗窃罪。一个问题是盗窃的对象是不是仅限于有体物，另一个问题是具有什么样的客观价值与主观价值才值得刑法保护，不能将这两个问题混为一谈。

学生：明白了。

张明楷：我认为，即使朱某的行为不是盗窃信用卡并使用，但由于他是在机器上使用王某的信用卡，所以，实际上是盗窃了王某的债权，应当认定为盗窃罪。如果想适用缓刑，也完全可能，而不至于适用《刑法》第 37 条免予刑罚处罚。

学生：我办过一个简单的盗窃案，被告人是一名刚参加完高考且被一所大学录取的学生，盗窃数额较大，就想给他免予刑罚处罚，但找不到可以免除刑罚的根据，找去找来只能找《刑法》第 37 条。

张明楷：问题是这名学生具有免除处罚的实质理由吗？

学生：就是没有。

张明楷：没有实质理由，你当然找不到。我是这样思考的，如果一个案件起诉到法院来，法院要免予刑罚处罚，必须有刑法上的明文规定。但是，检察官可以基于某种酌情的理由，而作相对不起诉处理。从立法上来说，需要刑事诉讼法对不起诉作出更缓和的规定，也就是说，要赋予检察院酌情不起诉的权力。但是，我们现在的刑事诉讼法并没有赋予检察院酌情不起诉的权力,也就是说,各种不起诉都必须有实体法上的根据。但我觉得这种规定不合适。

学生:按照老师的观点,对本案朱某的行为应当判处缓刑吗?

张明楷:我觉得,在司法实践中,行为人不具有具体的免除处罚情节的场合直接适用《刑法》第37条免除处罚的,其实是两种情形:一是可以不认为犯罪的,二是应当判处缓刑的。如果认定朱某的行为不构成犯罪,也未尝不可。因为他承认自己的手机微信绑定了王某的银行卡,而且后来也承认自己转走了王某的两笔钱,只是由于某种原因没有归还。不认定为犯罪,也是可以的。即使认定为犯罪,也完全应当宣告缓刑。

案例77 盗窃罪(与诈骗罪的罪数关系)

槟榔的销售商在槟榔盒里放有附赠的兑奖券,行为人(没有交代行为人的身份)把附赠的兑奖券取出来(没有交代具体行为方式),塞入一个假的兑奖券,假的兑奖券上面写着"谢谢惠顾",意思是没中奖,然后将偷出来的中奖兑奖券拿到槟榔销售点或者槟榔销售公司兑换现金,总共兑了30余万元。

张明楷:这个案件没有那么难处理吧。可能主要是罪数问题,当然,如果要仔细分析,其中也可能存在值得深究的问题。

学生:先盗窃兑奖券,然后是诈骗?

张明楷:盗窃的是谁占有的兑奖券呢?

学生:应该是从销售商那里盗窃的兑奖券吧。

张明楷:如果槟榔还在由销售商占有时,行为人窃取兑奖券的,当然是盗窃销售商的有体物。

学生:不能说盗窃了买方的兑奖券吗?因为销售商并不会打开槟榔盒,只有买家才会打开槟榔盒。

张明楷:可是,在行为人窃取兑奖券时,买家根本没有占有兑奖券,怎么可能盗窃了买家的兑奖券呢?销售商想打开槟榔盒就可以打开,所以盗窃的是销售商的兑奖券。

学生:如果盗窃了销售商的兑奖券后再到销售商这里兑奖,还要另成立诈骗罪吗?

张明楷:这就是问题所在。案例没有提到生产商,兑奖券是销售商为了促销而放置的,也就是说,兑奖的现金最终还是由销售商支付。

学生:如果销售商知道行为人是盗窃的兑奖券,就肯定不会支付奖金。

张明楷:我也这么认为。

学生:如果是由销售商兑奖,行为人的行为就是盗窃与诈骗的包括的一罪。

学生：应当是典型的牵连犯，是手段行为与目的行为的牵连。

张明楷：包括的一罪与牵连犯的界限并不清晰，因为包括的一罪中包括数个行为仅造成一个法益侵害的情形，而牵连犯确实有数个行为，所以，关键是看本案究竟侵害了几个法益或者几个主体的法益。

学生：我认为只侵害了一个法益，也就是只侵害了销售商这一主体的一个财产法益。所以是包括的一罪。

学生：其实，受损失的应当是购买者，因为他们原本可能得到兑奖券却没有得到。

张明楷：从逻辑上讲是这样的，但不能确定哪一个购买者是受害人。更为重要的是，行为人是在槟榔销售之前就盗走了兑奖券，而兑奖券是由销售商占有的，还是只能认定为对销售商的有体物的盗窃。

学生：有没有可能说是对购买者的诈骗的间接正犯呢？

张明楷：我明白你的意思。就是说，购买者是以为可以获得兑奖券才购买槟榔的，但销售者销售的槟榔没有兑奖券，销售者客观上实施了欺骗行为，但他主观上误以为有兑奖券，行为人利用了销售者的不知情，于是构成诈骗罪的间接正犯。

学生：是的。

张明楷：可是，这一说法也只是抽象的说明，但不能确定哪一个或者哪些购买者受骗了,因为不是所有购买者都能获得兑奖券。另外,购买槟榔的人一般不是单纯为了获得兑奖券而购买槟榔,否则就太亏了。所以,也难以认为购买者的目的落空,不适合认定为对具体购买者的诈骗罪。

学生:所以,受害人只有销售商,只有一个法益主体遭受一个财产损失,因而是包括的一罪。

张明楷:有没有可能说销售商这一法益主体遭受了两个财产损失呢?

学生:哪两个?

张明楷:兑奖券与后面兑换的现金。

学生:但这两个其实是一个吧。

张明楷:也就是说,销售商的真正财产损失在于最终兑换了现金,而且兑换现金的目的没有实现,因而只有一个财产损失,所以是包括的一罪。

学生:是的。

张明楷:我也觉得认定为包括的一罪更合适一些。

案例78 盗窃罪(与诈骗罪、侵占罪的区别)

被告人甲明知乙是电信诈骗犯,仍将自己名下的银行卡卖给乙,同时将自己的微信绑定其所出卖的银行卡。乙骗到钱后,甲就通过微信转到自己的微信里,然后再从微信转到自己的其他银行卡。警方顺藤摸瓜,顺利地抓获了甲。

张明楷:这种犯罪现象并不少见,甲明知乙是电信诈骗犯,而将银行卡卖给乙,这个行为构成诈骗罪的共犯,我们不需要讨论这个问题。我们需要讨论的是甲利用微信转款的行为性质。甲把微信里的钱再转到自己的其他银行卡是怎么操作的?

学生:微信可以绑定数张卡,不需要通过银行,只需要通过微信就可以将一张银行卡上的钱转到行为人的另一张银行卡上。

张明楷:也就是说,甲实际上也是将自己名下的那张银行卡上的钱,即电信诈骗犯骗来的钱,通过微信转移到自己的另外一张银行卡上。

学生:是的。

张明楷:如果很形式地看,甲的行为似乎是侵占。

学生:相当于领取了其他人的错误汇款。

张明楷:相对于银行而言,甲所出卖的那张银行卡的卡主仍然是甲,而不是乙。似乎相当于乙将诈骗来的钱交给甲保管,甲将保管的钱据为己有了,形同侵占。

学生:是的。

张明楷:如果根据现状实质地判断,可以认定为盗窃罪吧。

一方面，虽然银行卡名义上属于甲，但银行卡本身由乙管理和使用，而且密码肯定是乙修改过了，只有乙知道，甲不可能知道。在这个意义上说，乙骗来的款项即存款债权还是乙事实上占有的吧，而不是说因为甲是银行卡的名义卡主，甲就占有了骗来的款项。

学生：盗窃罪中的占有是一种事实上的支配，从这个角度来说，乙骗来的款项是乙占有的，甲并没有占有。

张明楷：而且，乙骗来的款项不是直接放到微信中，而是由甲从银行卡转移到微信中。当甲将款项从银行卡转移到自己的微信中后，盗窃行为就已经完成，形成了既遂。按理说不可能认定为诈骗罪吧。

学生：有没有可能是这样的，甲在出卖银行卡时就隐瞒了银行卡与自己微信绑定的事实，因而构成诈骗罪呢？

张明楷：就这个事实的欺骗，充其量只是就出卖银行卡进行诈骗，但这个欺骗行为获得的只是银行卡本身的对价，而不是乙骗来的银行卡中的款项。

学生：是的。甲将银行卡中的款项转入自己的微信，这明显是违反乙的意志，转移款项占有的行为，是典型的盗窃。

张明楷：而且，乙在购买甲的银行卡时，不可能就处分了将来所要骗取的款项。甲从微信中将款项再转入自己的另一张银行卡，好像也没有触犯诈骗罪与其他犯罪。

学生：如果从银行卡中再取出来，可能成立犯罪。

张明楷：按照我的观点，如果甲从柜台上取出现金，构成诈骗罪；从机器上取出现金，构成盗窃罪。但后面的取款行为与前面的盗窃罪，属于包括的一罪。

学生：有一个问题，甲原本也是诈骗罪的帮助犯，作为帮助犯，认定他又对正犯骗来的款项构成盗窃罪是否合适？

张明楷：甲前面出卖信用卡的行为，成立诈骗罪的帮助犯，这一点没有疑问。但成立诈骗罪的帮助犯，并不等于他当然地占有了乙所骗来的款项，也不意味着乙必然要分一部分赃款给甲。在乙事实上支配了其所骗来的款项后，甲转移这一款项的行为，构成盗窃罪是没有问题的。

学生：甲后面的行为是不是成立掩饰、隐瞒犯罪所得罪？

张明楷：有可能。如果成立这个罪，它与盗窃罪是想象竞合关系。需要讨论的是甲前面的诈骗罪的帮助犯与后面的盗窃罪是什么关系？

学生：如果甲后来没有实施盗窃行为，也成立诈骗罪的帮助犯吧。

学生：没有疑问。

学生：如果是这样的话，是不是要数罪并罚？因为有两个行为，前后行为侵害的法益并不相同，而且也不能承认有什么牵连关系。

张明楷：有可能实行数罪并罚。

学生：能不能说只是包括的一罪？因为最终的被害人只有电

信诈骗的那个被害人。

张明楷：这样说也有道理。但就盗窃而言，甲的行为还是侵害了乙的占有，乙的占有虽然不合法，但甲并没有与其对抗的本权，乙的占有相对于甲而言，仍然是值得刑法保护的法益，所以，甲的行为侵害了两个法益，实行数罪并罚也不存在障碍。

案例79 盗窃罪（与侵占等罪的关系）

被告人李某把自己的一套房子租给周某，实际使用这套房子的人是一个贪官的密切关系人胡某。房子的租期是2年，2年到期后李某联系不上承租人，便和自己的妻子以及两名物业人员、一名开锁人员把房门锁打开了。检查房屋时发现储藏室内有一个保险箱（是胡某的）。当时李某想让锁匠开保险箱，未能打开。几天后李某夫妇又同3名物业人员、1名开保险柜的人员，共同将保险箱打开了。打开后发现里面放了很多的金条，每条1公斤，还有大量美元。李某让物业人员在现场见证，清点财物，清点过程中李某偷偷将10根金条搬到厕所洗脸池，物业人员小李看到了但是没吱声。清点完毕后写了清单，清单记载：黄色金属物298根（不包括李某拿走的10根）、美元5捆（每捆10万元），由李某保管，保管期限5年。等在场的所有人都走了后，李某把物业人员小李叫来，为了封口给了小李5根金条。又过了几天，李某接到物业人员电话，说有警察找他。找到李某的人是童某，他谎称自己是中纪委办案人员，在办案过程中了解到某贪官的密切关系人胡某在出租屋内有保险箱，存有大量财物，李某认同，童某问价值够不够5000万，李某说差不多。童某让李某保管好。又过了两天，童某说组织上说好了，现在要办移交，李某同意。童某把胡某的妈妈带来了，实际上不是为了把财物交给中纪委，而是为了据为己有，李某运来216根金条和10万美元，自己截留了82根金条和40万美元，李某按童某的要求向胡某的母亲移交。后来李某为掩盖真相，约物业的3个人到咖啡厅见面，拿出一份自己重新写的保险箱物品清单，后来的清单改成216根金条和10万美元，让物业的3个人签名。李某说先这么着，剩下的以后再说，许诺年底给3名物业人员几个大红包，其中包括小李。李某把原来的清单撕掉。春节时李某拿出40万元给物业的3名人员，要求保密。

张明楷：这个案件情节可以编成电影。我们就按事件发生顺序讨论一下吧，没有那么难，但有争议。首先，在最初清点保险箱里的金条、美元的时候，李某拿走10根金条的行为，怎么认定？

学生：保险箱及里面的财物归谁占有？

张明楷：当然归保险箱主人占有。

学生：也就是说，开保险箱的行为就是不对的。

张明楷：开保险箱的行为当然不对，如果李某要替承租人保管，根本不需要开保险箱，把整个保险箱换一个地方，或者仍然放在原来的房间就可以。

学生：肯定在开保险箱的时候就心怀不轨。

张明楷：对这10根金条定盗窃罪应当没有问题，其中5根给物业人员小李了，小李是盗窃的共犯吗？

学生：小李是帮助犯，因为他之前看到李某拿金条到卫生间时没有声张。

张明楷：小李有义务声张吗？或者说有义务制止吗？

学生：李某知道小李发现了自己偷走10根金条的行为吗？

张明楷：当然知道，所以李某后来又把小李叫回来，给了小李5根金条。小李成立不作为的帮助犯吗？

学生：作为义务是什么？

张明楷：小李是作为物业人员来见证的，他也在清单上签了名。如果说有作为义务，构成帮助犯，他就要对10根金条负责，而不仅仅是对5根金条负责。

学生：小李至少有心理上的帮助。

张明楷：是作为的心理帮助还是不作为的心理帮助？如果有阻止李某拿走金条的义务而没有阻止，当然有因果性，不仅有心理的因果性，而且有物理的因果性。

学生：肯定不是作为的帮助。

张明楷：我认为小李既没有监督义务也没有保护义务。一方面，小李对李某犯盗窃罪没有阻止义务；另一方面，小李与被害人也没有特别关系，不存在保护义务。此外，房屋也不是小李管理，小李不存在阻止义务。所以，难以对10根金条成立帮助犯。在场的其他人没有发现李某的行为，当然也不成立共犯。由此也可以发现，如果说小李有阻止义务，就是因为他发现了李某的行为，但这一发现具有偶然性。如果认为小李具有作为义务，就会导致谁发现了谁就构成盗窃罪的帮助犯，感觉不公平。不过，将小李的行为认定为掩饰、隐瞒犯罪所得罪没有障碍。

学生：掩饰、隐瞒的是5根金条，而不是10根金条。

张明楷：对。对前面的10根金条就这样认定了。接下来是李某把298根金条和50万美元拉到家里，这个不能说是盗窃吧。我在想保管期5年过了怎么办，清单上没有交代5年之后怎么办。

学生：5年之后全部据为己有了，也构成侵占罪，因为是他人所有的金条与美元。

张明楷：可以这么说，不过这是假定的事实，我们不讨论了，还是讨论真实案件。接下来是童某的行为构成何罪？

学生：童某的行为显然构成诈骗罪。客观上他谎称自己是中纪委办案人员，让李某将金条与美元移交给他，占有着金条与美元的李某信以为真，将金条与美元交给童某指定的胡某的母亲，所以，童某的行为完全符合诈骗罪的成立条件。

张明楷：如果说金条与美元就是胡某占有的财物，童某是让胡某的母亲占有这些财物，童某还构成诈骗罪吗？

学生：如果是这样的话，就需要判断胡某的母亲是基于什么目的这样做，还要判断童某与胡某的母亲是怎么安排，童某是要利用胡某的母亲据为己有，还是让胡某的母亲占有。

张明楷：是的，但这方面的案情没有交代清楚。案情是说童某想据为己有，如果是这样的话，童某就是利用了胡某的母亲，童某可能对胡某的母亲也冒充中纪委工作人员。如果是这样，童某构成诈骗罪没有疑问。如果童某是帮助胡某将金条与美元转移给其母亲，则难以认定为诈骗罪，但认定为掩饰、隐瞒犯罪所得罪以及帮助毁灭证据罪就不存在任何疑问了。

学生：如果说童某知道这些金条与美元是贪官犯罪所得，为了据为己有而实施上述行为仍然构成诈骗罪吗？

学生：构成诈骗罪是没有疑问的，只是是否同时触犯掩饰、隐瞒犯罪所得罪或者其他犯罪的问题。

张明楷：骗取他人犯罪所得赃物的也能成立诈骗罪。这并不存在疑问，因为赃物也是财物，即使是他人非法占有，童某也没有与之对抗的本权或者其他权利。如果说童某是想据为己有，能认为同时触犯掩饰、隐瞒犯罪所得罪吗？

学生：童某是自己决定实施上述行为的，认定掩饰、隐瞒犯罪所得需要获得本犯的同意，童某并没有获得本犯的同意，所以，不能成立掩饰、隐瞒犯罪所得罪。

张明楷：德国有这样的要求吗？

学生：德国有这样的要求，转移犯罪所得时需要本犯同意。如果本犯不同意，行为人转移本犯取得的赃物的，就是盗窃。

张明楷：我国刑法中的掩饰、隐瞒犯罪所得罪，是妨害司法的犯罪，而不是像德国、日本那样属于财产犯罪，所以，不能完全采纳德国、日本的学说。也就是说，如果从财产犯罪的角度来说，掩饰、隐瞒犯罪所得是为本犯掩饰、隐瞒犯罪所得，所以，需要本犯的同意。但如果从妨害司法的角度来说，只是要求掩饰、隐瞒犯罪所得的行为导致司法机关发现赃物的难度增加了，因而妨害了司法，构成掩饰、隐瞒犯罪所得罪。所以，如果认定童某的诈骗行为同时触犯了掩饰、隐瞒犯罪所得罪，并非没有可能。不过，从法条表述来看，如果一些行为没有得到本犯的同意，是会成立其他重罪的。比如，窝藏、转移、收购一般应当是经本犯同意的，否则，就可能成立盗窃罪。但也并不绝对，不是所有掩饰、隐瞒犯罪所得的手段都要经本犯同意。比如，行为人没有非法占有目的，知道自己的好朋友即本犯被警方怀疑，也知道本犯盗窃了他人财物，为了使本犯逃避刑事追究，而将本犯盗窃的财物转移到隐蔽处所的，还是成立掩饰、隐瞒犯罪所得罪的。在这种为了本犯利益的场合，不一定要经过本犯的同意。

学生：是不是有可能同时成立帮助毁灭证据罪？赃物也是证据，童某客观上的确是帮助贪官毁灭了证据，主观上也认识到了这一点。

张明楷：在我国的刑法中，掩饰、隐瞒犯罪所得罪，是通过对赃物的掩饰、隐瞒妨害司法，帮助毁灭证据罪是通过使证据灭失等方法妨害司法，本质上是一样的，只是行为内容不同。如果说，隐匿证据的行为就属于毁灭行为，童某的行为也触犯了帮助毁灭证据罪。不过，既然童某隐匿的是贪官的犯罪所得，就没有必要认定为帮助毁灭证据罪了，只要认定为掩饰、隐瞒犯罪所得罪就可以了。

学生：可不可以说是掩饰、隐瞒犯罪所得罪与帮助毁灭罪证据罪的想象竞合呢？

张明楷：虽然触犯了两个罪名，但侵害的是一个法益，还是认定为包括的一罪比较合适，仅认定一个重罪即掩饰、隐瞒犯罪所得罪，不定帮助毁灭证据罪。至于有没有可能是法条竞合关系，可能有争议。也许可以认为，刑法分则第六章第二节是将赃物从犯罪证据中拿出去作了特别规定，所以成为特别法条。不过，掩饰、隐瞒犯所得罪的法益应当多于帮助毁灭证据罪的保护法益，刑法分则并不是将赃物仅作为证据对待的，认定为包括的一罪可能更好一点。但不管怎么说，本案中童某的掩饰、隐瞒犯罪所得罪与诈骗罪则是想象竞合。

学生：李某是不是认识到了保险箱里的金条与美元是犯罪所得？

张明楷：这一点案情没有交代。如果李某认识到是犯罪所得，影响其前面的行为成立盗窃罪吗？

学生：不影响，但可能成立盗窃罪与掩饰、隐瞒犯罪所得罪或者帮助毁灭证据罪的想象竞合。

张明楷：李某转移10根金条的行为显然违反了胡某的意志，肯定成立盗窃罪。如果他知道自己的行为妨害了司法，确实可能同时触犯妨害司法的犯罪。

学生：如果说胡某放在保险箱里的金条与美元是犯罪所得的赃物的话，也就是说，如果胡某原本就成立掩饰、隐瞒犯罪所得罪的话，李某与其他人还能就这些赃物再成立掩饰、隐瞒犯罪所得罪吗？

学生：没有问题，老师的《刑法学》就是这样写的。因为掩饰、隐瞒犯罪所得罪本身就是犯罪，而这个犯罪就可能存在犯罪所得，所以，其他人能够掩饰、隐瞒这一犯罪所得。

张明楷：对！在我国是没有疑问的。接下来要讨论李某后来截留82根金条和40万美元的行为性质了。

学生：这个容易判断，李某将自己占有的他人财物据为己有，是典型的侵占罪。

张明楷：是侵占委托占有物还是侵占遗忘物？

学生：没有谁委托李某占有，是他自己主动占有的，只能认定为侵占遗忘物。

张明楷：对！只能认定为侵占遗忘物。对此，应当没有不同看法吧？

学生：按照老师给遗忘物所下的定义，是没有争议的。

学生：遗忘物侵占罪应该可以定，至少从理论上找一个所有权归属不是问题，必有一方有所有权。

张明楷：是的！接下来是李某后面的行为，他为掩盖真相，约物业的3个人到咖啡厅见面，拿出一份自己重新写的保险箱物品清单，将清单改成216根金条和10万美元，让物业的3个人在清单上签名。李某是为掩盖盗窃与侵占的事实而实施的行为,李某对此行为当然不成立犯罪,问题是物业的 3 个人在上面签名是否成立犯罪?

学生:这个签名后来起到什么作用了呢?

张明楷:案情没有交代,但应当是让童某相信了金条与美元的数量。

学生:如果是这样的话,就等于使童某少骗走了一点,不构成犯罪。如果这个签名妨害了司法机关对赃物的追缴,则可能构成帮助伪造证据罪。

张明楷:这样说是可能的。不过,你们要注意其中的细节,物业的小李在重新写的清单上面签名,其实是帮助李某掩盖了先前盗走 10 根金条的罪行,对盗窃 10 根金条的行为还是成立帮助伪造证据罪的吧?

学生:还真是!

张明楷:也就是说,小李就自己先前得到的 5 根金条成立掩饰、隐瞒犯罪所得罪,就掩盖李某盗窃 10 根金条的行为成立帮助伪造证据罪。至于物业的 3 个人是否就李某后来的侵占行为成立帮助伪造证据罪,需要判断情节是否严重。

学生:如果司法机关调查全部案件时,3 名物业人员的签名对司法没有任何妨碍,可以不认定为情节严重,因而不以犯罪论处。

张明楷:这样说也是可以的,由于帮助伪造证据罪是妨害司法的犯罪，所以，情节严重与否，主要看行为对司法有无妨碍以及妨碍的程度。如果妨碍了司法机关调查贪官的犯罪所得，或者妨碍司法机关认定李某的罪行，则应当认定为帮助伪造证据罪。事实上，后来公安机关确实查处了李某的犯罪，而且是将李某先前盗窃10根金条与后来截留82根金条和40万美元，都认定为盗窃行为。

学生：将后面的截留行为认定为盗窃不合适吧？

张明楷：是不合适，如果李某将保险箱整体搬到自己家了，倒是可以全部认定为盗窃。我是想说明3名物业人员后来在修改的清单上签名，妨碍了司法，能认定为情节严重，因而成立帮助伪造证据罪。接下来是李某给3名物业人员40万元的行为，怎么认定？

学生：李某构成向非国家工作人员行贿罪，3名物业人员构成非国家工作人员受贿罪。

张明楷：3名物业人员见证金条与美元的行为是不是职务行为？

学生：3名物业人员的见证行为还是与他们的职务有关联的吧。小区里开一个房屋的锁需要有物业人员在场，转移房屋里的财物也要有物业人员在场乃至同意。

张明楷：一般来说是这样的，李某为什么不在路边随便找人，而是找物业人员呢？

学生：如果说前一次见证行为与物业人员的职务具有关联，

后一次在清单上签名也有关联吗？

张明楷：前一次有关联，后一次签名就有关联，因为后一次签名是修改了前一次的清单。

学生：前一次是李某直接找的这3名物业人员，还是物业办公室安排的？

张明楷：这个没有交代。一般来说，我们有事都是跟物业办公室打电话，由物业办公室安排人员来办理。不过，即使是李某直接找的这3名物业人员，也不能否认他们的行为是职务行为吧。

学生：不能否认。

张明楷：如果是这样的话，李某给3名物业人员40万元的行为就构成向非国家工作人员行贿罪，3名物业人员就成立非国家工作人员受贿罪。

学生：老师，如果认为物业人员的行为与职务有关联的话，小李是不是也可以认定为盗窃罪的帮助犯？

张明楷：就最前面的10根金条来说，如果小李有义务阻止李某的行为，是可以认定为不作为的帮助犯的。但肯定3名物业人员的行为是职务行为，并不直接推导出小李具有阻止李某盗窃的义务。因为物业是为业主服务的，而胡某并不是业主，只是租用了李某的房屋。小李没有保护胡某财产的义务，也没有监督李某不犯罪的义务，所以，还是不能认定小李对李某盗窃10根金条成立不作为的帮助犯。

学生：如果说3名物业人员的行为构成帮助伪造证据罪和非国家工作人员受贿罪，应当实行数罪并罚吧？

张明楷：对于这种情形我是一直主张数罪并罚的，因为两个行为侵害了两个法益，不可能成立想象竞合，我也不认为这种情形存在牵连关系。但《刑法》第399条第4款规定对类似情形从一重罪处罚，我一直认为这一款规定是将数罪拟制为一罪。但《刑法修正案（十一）》修改了《刑法》第229条，原本的第2款是直接规定了较重的法定刑，修改后的第2款规定："有前款行为，同时索取他人财物或者非法收受他人财物构成犯罪的，依照处罚较重的规定定罪处罚。"于是，提供虚假证明文件同时索取或者非法收受他人财物的，也是从一重罪处罚。如果这一规定不是将数罪拟制为一罪，那么，行为人帮助伪造证据同时索取或者非法收受他人财物的，也是从一重罪处罚。

学生：如果说《刑法》第399条第4款与第229条第2款是法律拟制的话，法律拟制就越来越多了。一旦法律拟制越来越多，人们就会认为它不是法律拟制，而是一般性规定了。

张明楷：是的，尤其是就相同或者相似的情形而言，如果法律拟制多了，就会被认为是一般性规定或者注意规定。

学生：因为这种情形总会被认为有牵连关系，所以，不少人还是会认为不能实行数罪并罚。

张明楷：其实，这种情形没有牵连关系，表面上看提供虚假证明文件是手段行为，索取或者收受他人财物是目的行为，但事实上并非如此。你们可以将这种情形与伪造国家机关公文然后利用该公文骗取财物的情形相比较。后一种情形是典型的手段行为与目的行为的关系，但前一种情形并不是如此。前一种情形也不存在原因行为与结果行为之间的关系。

学生：许多人在理解牵连犯时，扩大了牵连关系的范围，不是按刑法理论关于牵连犯的定义去理解的，而是按一般生活用语去理解的。

张明楷：如果按一般生活用语去理解，牵连犯的范围就太宽泛了。我早就发现了这个问题：如果一个用语明显是专业用语，人们一般还是从专业角度来理解的。如果一个用语是专业用语，但在日常生活中也是一般用语时，许多人都是从一般用语来理解的。比如，想象竞合，一般不会从生活用语上去理解它。但是，牵连犯、故意、过失等概念，许多人就是从生活用语上去理解的。比如，司机明知是红灯却闯过去，以为不会撞倒人的，但还是致人死亡了。很多人说这种交通肇事案件，行为人对行为是故意的，对结果是过失的。可是，这个对行为是故意的，明显不是刑法上的故意。再比如，很多人都是正当防卫时行为人有故意，这个故意也是一般生活用语上的故意，而不是刑法上的故意。"牵连"这个词一般生活中都会使用，所以，许多司法人员就是在一般意义上理解牵连关系与牵连犯的。

学生：盗窃是不是也是这样的？

张明楷：也可以这么说。在一般人的用语中，盗窃就是指偷，偷就是指秘密窃取。所以，绝大多数人也是从一般用语来理解盗窃的。

有度

一切皆有法　一切皆有度

刑法的私塾(之三)下

张明楷 编著

第十三堂
妨害社会管理秩序罪
801

第十四堂
贪污贿赂罪
855

第十二堂
侵犯财产罪
369

第十一堂
侵犯公民人身权利罪
307

第十堂
破坏社会主义市场经济秩序罪
261

第九堂
危害公共安全罪
243

第八堂
刑罚论
207

目 录

第一堂
刑法的基础观念
001

第二堂
构成要件符合性
017

第三堂
违法阻却事由
109

第四堂
有责性
147

第五堂
故意犯罪形态
165

第六堂
正犯与共犯
175

第七堂
罪数
195

详 目

案例 80　盗窃罪（与职务侵占罪的区别）　／ 497

案例 81　盗窃罪（入户盗窃）　／ 502

案例 82　盗窃罪（入户盗窃与犯罪形态的判断）　／ 505

案例 83　盗窃罪（"携带"凶器盗窃的认定）　／ 512

案例 84　盗窃罪（携带"凶器"盗窃的判断）　／ 518

案例 85　盗窃罪（犯罪形态的判断）　／ 523

案例 86　盗窃罪（既遂与未遂的区分）　／ 525

案例 87　盗窃罪（犯罪形态与罪数判断）　／ 530

案例 88　盗窃罪（数额减半规定的适用）　／ 534

案例 89　诈骗罪（构成要件符合性的判断）　／ 540

案例 90　诈骗罪（财产性利益与罪数的认定）　／ 548

案例 91　诈骗罪（欺骗行为的判断）　／ 553

案例 92　诈骗罪（不作为欺骗行为的认定）　／ 556

案例 93　诈骗罪（处分意识的判断）　／ 562

案例 94　诈骗罪（双重诈骗的认定）　／ 570

案例 95　诈骗罪（欺骗程度的判断）　／ 581

案例 96　诈骗罪（与盗窃罪的区别）　／ 588

案例97　诈骗罪（与盗窃罪的区别）　/ 593

案例98　诈骗罪（与盗窃罪的区别）　/ 596

案例99　诈骗罪（与盗窃等罪的区别）　/ 614

案例100　诈骗罪（与盗窃罪的区别）　/ 623

案例101　诈骗罪（与盗窃罪的区别）　/ 628

案例102　诈骗罪（与盗窃罪的区别）　/ 632

案例103　诈骗罪（与盗窃罪的区别）　/ 634

案例104　诈骗罪（与盗窃罪的区别）　/ 641

案例105　诈骗罪（与盗窃罪、侵占罪的区别）　/ 649

案例106　诈骗罪（与盗窃罪、侵占罪的区别）　/ 654

案例107　诈骗罪（与侵占罪的区别）　/ 662

案例108　诈骗罪（与职务侵占罪的区别）　/ 669

案例109　诈骗罪（与职务侵占罪的关系）　/ 676

案例110　诈骗罪（与贪污罪的区别）　/ 680

案例111　诈骗罪（与骗取贷款罪的关系）　/ 682

案例112　诈骗罪（与计算机犯罪的关系）　/ 685

案例113　诈骗罪（与计算机犯罪的关系）　/ 692

案例114　诈骗罪（权利行使与非法占有目的的判断）　/ 696

案例115　诈骗罪（非法占有目的的认定）　/ 704

案例116　诈骗罪（数额的认定）　/ 710

案例117　诈骗罪（数额与犯罪形态的认定）　/ 719

案例118　诈骗罪（数额与犯罪形态的认定）　/ 727

案例119　诈骗罪（既遂与未遂的判断）　/ 733

案例 120　诈骗罪（三角诈骗的犯罪形态判断）　／ 745

案例 121　抢夺罪（行为内容与对象的判断）　／ 750

案例 122　侵占罪（与盗窃罪的区别）　／ 759

案例 123　职务侵占罪（与挪用资金罪的关系）　／ 761

案例 124　敲诈勒索罪（构成要件符合性的判断）　／ 763

案例 125　敲诈勒索罪（与强迫交易的关系）　／ 768

案例 126　敲诈勒索（数额的判断）　／ 771

案例 127　敲诈勒索罪（犯罪形态的判断）　／ 781

案例 128　故意毁坏财物罪（构成要件符合性的判断）　／ 786

案例 129　破坏生产经营罪

（与故意毁坏财物罪的关系）　／ 791

案例 130　破坏生产经营罪（构成要件符合性的判断）　／ 796

第十三堂　妨害社会管理秩序罪

案例 131　伪证罪（与诬告陷害罪、包庇罪的关系）　／ 802

案例 132　虚假诉讼罪（构成要件符合性的判断）　／ 806

案例 133　掩饰、隐瞒犯罪所得罪

（构成要件符合性的判断）　／ 812

案例 134　非法占用农用地罪（构成要件行为的判断）　／ 818

案例 135　贩卖毒品罪（加重处罚情节的认定）　／ 830

案例 136　非法持有毒品罪（共同持有的判断）　／ 836

案例 137　容留卖淫罪（构成要件行为的判断）　／ 844

案例 138　组织淫秽表演罪（构成要件符合性的判断）　／ 850

第十四堂　贪污贿赂罪

案例 139　贪污罪（行为主体的判断）　／ 856

案例 140　贪污罪（行为对象的判断）　／ 860

案例 141　贪污罪（与其他犯罪的关系）　／ 862

案例 142　贪污罪与挪用公款罪（构成要件符合性与
　　　　　有责性的判断）　／ 866

案例 143　贪污罪（与受贿罪的关系）　／ 875

案例 144　挪用公款罪（超过 3 个月未还的时间判断）　／ 884

案例 145　受贿罪（贿赂的判断）　／ 887

案例 146　受贿罪（不法与责任的判断）　／ 894

案例 147　受贿罪（不能犯与未遂犯的区分）　／ 902

案例 148　受贿罪（与贪污之间的认识错误）　／ 907

案例 149　受贿罪（与贪污罪的竞合）　／ 914

案例 150　受贿罪（受贿行为与数额的判断）　／ 917

案例 151　受贿罪（普通受贿与斡旋受贿的区分）　／ 923

案例 152　受贿罪（斡旋受贿的判断）　／ 929

案例 153　受贿罪（斡旋受贿的判断）　／ 937

案例 154　受贿罪（斡旋受贿的判断）　／ 943

案例 155　受贿罪（斡旋受贿的判断）　／ 958

案例 156　受贿罪（共犯的认定）　／ 964

案例 157　受贿罪（共犯与数额的认定）　／ 969

案例80 盗窃罪（与职务侵占罪的区别）

EMS揽投员甲利用分拣与投递的职务便利，将快递物品据为己有，快递物品总价值3万余元。

张明楷：按《刑法》第253条的规定，邮政工作人员私自开拆、隐匿或者毁弃邮件，进而窃取财物的，依照盗窃罪的规定定罪处罚。疑问在什么地方？

学生：疑问在于行为主体。因为EMS有邮政背景，既是快递企业，又有邮件服务，EMS揽投员是不是邮政工作人员就有争议。我们向邮政总局的相关人员了解过，EMS是邮政控股企业，他们的业务范围除了普通快递公司的业务外，还有邮件业务，比如对政府公文信件的快递只能由EMS承接。那么EMS的工作人员是否可以认定为邮政工作人员呢？如果认定为邮政工作人员，那些EMS揽投员和普通快递公司人员就可能面临工作性质相同、行为相同，但处罚却不同的状态，感觉很矛盾。事实上，各地判决差别很大，有的法院认定为职务侵占罪，有的法院直接引用《刑法》第264条认定为盗窃罪，有的法院引用《刑法》第253条第2款认定为盗窃罪。

张明楷：之所以出现定罪上的差异，不只是因为对邮政工作人员的认定范围不同，更主要的是对职务侵占罪的构成要件理解不同，还包括对占有的判断不同。

学生：我首先关心的是 EMS 揽投员是不是邮政工作人员。

张明楷：我观察过，EMS 揽投员的工作地点都是在邮政局，而且邮政工作人员并不一定是国家工作人员，所以，将 EMS 揽投员认定为邮政工作人员，不存在什么障碍。况且你刚才说了，EMS 有邮政背景，既是快递企业，又有邮件服务，既然是这样，认定 EMS 揽投员是邮政工作人员就更有依据了。此外，如果说在邮政局内工作的 EMS 揽投员不是邮政工作人员，而其他人员则是邮政工作人员，就导致在邮政局内工作的人员，身份不同，进而导致定罪不同，这会产生另一种不协调。

学生：这么说的话，EMS 揽投员的行为就构成盗窃罪而不是职务侵占罪了。

张明楷：是啊，《刑法》第 253 条第 2 款规定得特别清楚了。还有什么疑问呢？

学生：那是否需要引用《刑法》第 253 条第 2 款呢？因为有的法院引用，有的法院不引用。

张明楷：我觉得，如果认为第 253 条第 2 款是注意规定，就可以不引用，当然引用了也不错。如果认为第 253 条第 2 款是法律拟制，就需要引用。

学生：我看过老师的相关论著，老师认为第 253 条第 2 款是注意规定。

张明楷：我是这个观点。因为邮政包裹、快递物品都是封缄物，邮政工作人员虽然占有了封缄物本身，但没有占有其中的内容物。所以，如果将内容物据为己有，就属于将他人占有的财物转移给自己或者第三者占有，因而构成盗窃。

学生：老师认为利用职务上的便利盗窃，不成立职务侵占罪，而是成立盗窃罪。

张明楷：是的，所以，按照我的观点，邮政工作人员包括EMS揽投员以及其他快递公司的工作人员，将快递物品的内容物据为己有的，都属于对封缄物的内容物的盗窃，而不是职务侵占，所以不产生定罪不同的问题。

学生：我有一个疑问，老师刚才说邮件是封缄物，内容物不属于邮政工作人员与EMS揽投员占有。可是，《刑法》第91条第2款规定："在国家机关、国有公司、企业、集体企业和人民团体管理、使用或者运输中的私人财产，以公共财产论。"这会不会有矛盾？

张明楷：我觉得没有矛盾。《刑法》第91条第2款规定的是财产性质，将私人财产拟制为公共财产，但具体财物由谁占有，则是另一个判断。比如，一辆汽车因驾驶员违章，被国家机关拖到了特定的停车场管理。在这种场合，根据《刑法》第91条第2款的规定，这辆汽车会是公共财产，也由停车场或者国家机关的相关人员占有。这个时候，财产的性质与占有都发生了改变。再如，公民的快递物品交给了EMS揽投员，在运输过程中，这个快递物品属于公共财产，但其中的内容物仍然由公民占有。因为占有与所有原本就是可以分离的，所以，我觉得不矛盾。

学生：将私人财产拟制为公共财产，可能是为了解决贪污罪的对象问题。

张明楷：这可能是其中的一个理由。比如，我认为，《刑法》第253条第2款是注意规定，所以，如果邮政工作人员是国家工作人员，利用职务上的便利盗窃了邮件，符合了贪污罪的成立条件，就不能根据这一款将贪污罪拟制为盗窃罪，还是要认定为贪污罪。

学生：其他快递企业的人员将快递物品据为己有的，有的定职务侵占罪，有的定盗窃罪，老师的意思是都认定为盗窃罪吗？

张明楷：我觉得只要快递员据为己有的是封缄物，对其中的内容物就可以认定为盗窃罪。比如，我快递物品时，揽投员到我办公室，当着我的面将物品封缄好。虽然整个封缄物本身由揽投员占有，但我占有其中的内容物。如果揽投员将内容物据为己有，就是盗窃了我占有的财物，即使利用了职务上的便利，但由于我认为职务侵占罪只限于将基于职务占有的财物据为己有，所以也不认为揽投员的行为构成职务侵占罪。

学生：有没有揽投员的行为可能成立职务侵占罪的情形呢？

张明楷：也许有。比如，我要寄许多书，但事先没有说清楚，揽投员没有带纸箱子来，当场没有形成封缄物。揽投员就抱着书拿下楼，如果这个时候他将书据为己有，我认为只能认定为职务侵占，而不能认定为盗窃。因为这些书没有封缄，我不可能占有，当然由揽投员占有。所以，只能认定为侵占。只不过是普通侵占还是职务侵占，可能有争议。

学生：这不就是典型的职务侵占吗？

张明楷：不一定，在通常情形下，揽投员会带包装箱取件，在没有带包装箱取件的情况下，寄件人完全有可能要求揽投员回去拿包装箱。我之所以在没有包装箱的情况下，将书交给揽投员，是基于我对他的信任，让他把书拿下去封缄。所以，有可能认为揽投员是基于我的委托而占有了那些书。

学生：确实有认定为普通侵占的可能性。也就是说，揽投员抱着老师的书下楼，并不是基于职务，而是基于老师的委托。

张明楷：如果在我办公室封缄好了之后再拿下楼，那么，揽投员对封缄物本身的占有就是基于职务，但不能认为揽投员基于职务占有了其中的内容物。

学生：看来物品是否封缄还很重要。

张明楷：当然重要。比如，最近有人问我一个案件。行为人是帮助他人在海上运输汽油的，运输的船只是行为人所有，汽油不可能被封缄，所有权人也没有安排押运员。行为人到码头后，先将废油箱里的废油卸掉，这个废油箱装的是船本身在行驶过程中形成的废油，随后将所运输的他人所有的汽油放进废油箱里，于是少交付了不少汽油。检察机关是以盗窃罪起诉的，但这个行为明显不是盗窃，只是普通侵占。

学生：我看日本教材时，发现一个案件定了盗窃罪与侵占罪两个罪。行为人也是帮人运油，但不知道是什么油。一部分油是油桶装好的、封好的，另一部分油是散装的，没有封好。行为人将桶装油的一部分与散装油的一部分据为己有。日本裁判所分别认定为盗窃罪与侵占罪。

张明楷：这是一个很有影响的判例。

案例81　盗窃罪（入户盗窃）

肖某从刘某处购买货物，欠刘某10万元的货款。肖某向刘某写了一个欠条，写明两个月内还清。可是一个月之后，肖某接到一个陌生人的电话，说想跟他做一笔生意。原来，小偷刚刚入户窃取了肖某写给刘某的欠条，小偷就按照欠条上肖某留下的电话号码打来了，小偷称只要肖某愿意给1万元，就把欠条交给肖某。肖某心想，如果拿到欠条的话，刘某就没有证据，不能向他索债了，于是肖某就和小偷成交了。

张明楷：这是在《刑法修正案（八）》之前发生的一个真实案例。因为当时《刑法》第264条没有规定入户盗窃，盗窃罪只有盗窃数额较大一种情形，所以，我当时认为，小偷构成盗窃罪的未遂犯，与肖某共同构成诈骗罪的预备犯。当时之所以这样认为，一方面是因为难以认为欠条本身属于数额较大的财物。欠条虽然对于被害人而言具有主观价值，但实际上表现为实现债权的证据价值，而不是欠条本身的经济价值。另一方面，虽然当时我也认为，财产性利益可以成为盗窃罪的对象，但作为财产罪对象的财产性利益的内容必须是财产权本身，即行为人通过盗窃行为取得他人的财产权或者至少使他人丧失财产权时，才可能成立财产罪。而且，只有在行为人窃取财产性利益的同时导致他人遭受财产损失的，才能认定该利益为财产性利益。欠条本身不具有这种性质。因为小偷窃取欠条，并不意味着小偷取得了债权或被害人丧失了债权，也不意味着刘某免除了债务人的债务。也不能认为，小偷将欠条卖给肖某后，就取得了财产性利益，同时也使被害人丧失了财产性利益，进而认定小偷与肖某的行为构成盗窃罪。所以，认为小偷的行为只构成盗窃未遂。

学生：如果这个案件发生在《刑法修正案（八）》之后，就可以认定小偷盗走欠条的行为成立盗窃罪，因为小偷是入户盗窃。

张明楷：但肯定不能认定小偷盗窃了10万元的财物，只要认定为入户盗窃就可以了。

学生：按照以前的司法解释，盗窃财物的价值可以按销赃数额计算，就可以认定小偷盗窃了价值1万元的财物。

张明楷：我以前多次批判按销赃数额计算盗窃数额的做法。如果财产价值高于销赃数额，按销赃数额计算，就明显不利于保护被害人的法益；如果财产价值低于销赃数额，按销赃数额计算盗窃数额，明显不符合客观事实。现在的司法解释也没有这样的规定了。

学生：就按入户盗窃，适用《刑法》第264条第一档法定刑处罚就可以了。

张明楷：关键是对肖某如何处理？有人认为，肖某是小偷的承继的共犯。

学生：这个观点肯定不成立。小偷的盗窃行为早就既遂了，肖某不可能再承继盗窃行为。

张明楷：所以，我当时认为，肖某的行为只是诈骗罪的预备犯。就是说，肖某购买欠条就是想骗免债务，但肖某还没有开始实施诈骗罪的实行行为，只是为将来的骗免债务实施了预备行为，所以认定为诈骗罪的预备犯。对这种诈骗罪的预备犯，一般就没有处罚的必要了。

学生：如要肖某买欠条，没打算骗，只是要赖账，还构成诈骗罪的预备犯吗？

张明楷：这要看赖账过程中有没有诈骗行为。比如，肖某对债权人说，我不欠你的钱，你把欠条拿出来我就还钱，被害人肯定拿不出欠条来。当然，即使肖某后来实施诈骗行为，也可能只是构成未遂。因为被害人会清楚地记得肖某欠其10万元，除非被害人记忆力不好，相信了肖某编造的谎言。

学生：能不能认为肖某的行为构成掩饰、隐瞒犯罪所得罪？

张明楷：在《刑法修正案（八）》之后，这个倒是确实有可能。如果说欠条就是盗窃所得，肖某的行为就可能被评价为掩饰、隐瞒犯罪所得罪。当时之所以没有考虑这个罪，是因为当时小偷盗窃欠条的行为不构成盗窃罪，对欠条本身也不构成盗窃未遂，所以，没有将欠条认定为犯罪所得。

学生：肖某的行为有没有可能构成帮助毁灭证据罪？

张明楷：毁灭了什么证据？

学生：小偷盗窃的证据，肖某拿来把它销毁了，妨害了对小偷的追诉。

张明楷：这也要以小偷构成盗窃罪为前提，但在当时也不能认定为帮助当事人毁灭证据。而且，刑法分则已经将犯罪所得从证据中独立出来了，在规定了掩饰、隐瞒犯罪所得罪的立法例之下，一般不需要将犯罪所得再评价为犯罪证据吧。当然，为了防止处罚漏洞，这样评价也是可能的。行为人毁灭或者隐藏了他人犯罪所得时，既触犯掩饰、隐瞒犯罪所得罪，也触犯帮助毁灭证据罪。

学生：两个都触犯，想象竞合。

张明楷：可能评价为包括的一罪比较合适，因为两个犯罪的保护法益是相同的。但如果认定为帮助毁灭证据，可以认为情节不严重，因而不构成犯罪。

学生：即使是掩饰、隐瞒犯罪所得罪，也不一定要追究刑事责任，可以相对不起诉。

张明楷：是的。

案例82　盗窃罪（入户盗窃与犯罪形态的判断）

2016年11月26日，犯罪嫌疑人曹某伙同犯罪嫌疑人樊某、王某,三人密谋前往农村盗窃羊只,后三人骑着两辆摩托车前往李家庄村八组盗窃羊只,三人为物色作案目标在居民点转了一圈,发现该居民点王某鑫家后院有羊只,三人打开王某鑫家后院的大铁门,又用大铁门的挂锁和铁插锁将王某鑫家前院大门从外面锁住,到后院强行将31只绵羊赶出圈外,被赶出来的羊只朝居民点南边的田地跑去,三人追赶并抓捕羊,只抓到一只大绵羊,就抬着往前走,村民闻声赶来,三人放弃盗窃逃离现场,经村民四处寻找,找回28只羊。经鉴定被赶出圈外的31只绵羊价值18540元,其中被三人抬走后丢弃的1只绵羊以及另外没有找回的2只绵羊价值共计2592元。

张明楷:行为人对于先抬走后又丢弃的一只羊,属于既遂还是未遂?

学生:要看抬到哪里去了。

张明楷:应当是往摩托车上抬。

学生:摩托车能把羊带走吗?

张明:捆在上面,羊有大有小,有的很小,绵羊都不大。为了盗窃羊把被害人家羊圈里的31只羊都赶出来了,被害人家里当时没有人,羊被赶出去之后就被邻居发现了,邻居就把村民叫来了。

学生:偷羊要么将羊装在车上要么直接趁没有人赶着羊走。

张明楷：不是说要把羊都赶走吧，不可能都把羊赶走，而是要将羊装摩托车上。

学生：那是抢劫未遂还是盗窃未遂？

张明楷：不可能是抢劫，因为被害人家里没有人。

学生：在德国可能认定为抢劫未遂。因为行为人是以抢劫的故意实施了间接暴力，只是未遂而已。

张明楷：那是主观的未遂犯论的结论。就抢劫而言，只能是不能犯，不能认定为抢劫罪的未遂犯，只能认定为盗窃。我要问的是，三个人抓住了一只羊，抓住了能叫盗窃既遂吗？

学生：需要看抓住羊的地方离羊圈有多远。

张明楷：这个案情没有具体说明，估计有几十米。

学生：这不好认定为盗窃既遂吧，还得看羊有多大。如果是小羊羔的话可以说是既遂，如果是一只大羊就难说既遂了。

张明楷：大羊能大到哪里去？

学生：不知道绵羊有多大。

张明楷：既然已经抓住羊往前走，就表明已经控制了羊，认定为盗窃既遂没有障碍吧？

学生：一只羊也没有达到盗窃数额较大的标准。

张明楷：这涉及另一个问题了。三人的行为是否属于入户盗窃？

学生：2013年4月2日"两高"《关于办理盗窃刑事案件适用法律若干问题的解释》规定："非法进入供他人家庭生活，与外界相对隔离的住所盗窃的，应当认定为'入户盗窃'。"被害人家的后院如果只是羊圈，就不能叫入户盗窃了。

张明楷：如果对"入户抢劫"进行这样的限制解释，我是很赞成的，但对入户盗窃是不是可以扩大户的范围，凡是与被害人住宅紧密连接的后院，都可以认定为"户"？

学生：在国外，如果行为人进入被害人家的后院，即使不盗窃，也成立非法侵入住宅罪。在我国，如果行为人进入后院盗窃，因为数额不大，既不成立盗窃罪，也不成立非法侵入住宅罪，确实不合适。

张明楷：不过，我的主张只是一种观点，按司法解释，曹某等人的行为可能不属于入户盗窃，除非后院同时也是人居住的场所，但一般来说不大可能。

学生：只能将没有找到的两只羊认定为盗窃未遂的对象。

学生：能不能说31只羊都是盗窃未遂的对象？

张明楷：客观上肯定不可能盗窃31只羊，他们不是开着卡车去的，是骑摩托车去，不能认为对31只羊都有盗窃故意，但是把31只羊都赶出去是为了盗窃，因为曹某等人以为被害人在家，在羊圈里抓羊可能导致羊的叫声使被害人发现，所以，将31只羊赶出来，就不容易被发现。

学生：如果采取失控说，就是盗窃3只羊既遂。

学生：如果宣判后又找回来怎么算呢？

学生：那相当于既遂后返还财物。

张明楷：不能这样说，曹某等人没有对另2只羊建立新的占有，不能认定为盗窃既遂。

学生：行为人把31只羊赶出来的时候，就算是意识到自己只有两辆摩托车，只能偷几只羊，但是不是对31只羊都有概括故意呢？毕竟他们也能够意识到这31只羊可能都跑了，给主人造成损失。

张明楷：行为人将31只羊赶出来的时候，意识到不可能全部盗走这些羊，但能盗走其中的哪几只羊是不确定的，但这并不代表行为人对31只羊具有盗窃故意。

学生：放出来的时候对每一只羊都有故意，但每一只羊都有可能抓不到，对抓到的羊成立既遂，对没抓到的成立未遂。

张明楷：是对没抓到的羊都成立未遂犯，还是会成立不能犯呢？因为客观上抓不了那么多嘛。而且，按照司法解释的规定，价值18540元也没有达到数额巨大的标准，即使认定为盗窃未遂，也不追究刑事责任。

学生：这样就不能认定为犯罪了。

张明楷：在德国，对这种情形能认定曹某等人对羊构成故意毁坏财物罪吗？

学生：不能。除非能够确定这些羊在自然条件下无法生存。

张明楷：如果按日本的判例与通说，认定为毁坏财物应当没有问题。既然把他人笼子里的鸟放出去是毁坏，把他人羊圈里的羊放跑了当然也是毁坏。虽然找到鸟更难，找到羊容易一些，但就没有找回的羊而言，认定为毁坏财物没有任何障碍。

学生：如果定故意毁坏财物罪的话，在行为人把羊放了出来的那一刻就已经既遂了？

张明楷：也不能这么说，可能只有找不回来的时候才是既遂。假如不考虑数额，或者说假定行为人盗窃1只羊成立盗窃罪，对没有找到的2只羊能不能成立破坏生产经营罪？

学生：破坏生产经营罪要求残害耕畜，曹某等人的行为既不是残害，对象也不是耕畜。

张明楷：《刑法》第276条规定的破坏生产经营罪中所列举的毁坏对象是生产资料，不限于耕畜。如果农民家里养的羊就是为了剪羊毛出售的，羊是不是也叫生产资料？

学生：主要收入不是剪羊毛，羊繁殖特别快，靠繁殖小羊挣钱比较快。

张明楷：如果羊繁殖特别快，靠繁殖小羊挣钱，是不是也可以说羊是生产资料呢？养羊为了卖羊毛和卖羊崽，性质有区别吗？

学生：好像也没有区别。

张明楷：比如耕牛，作为一种生产资料，行为人对它进行残害的，构成破坏生产经营罪。但是，如果不是耕牛，也不是为了繁殖所养,就是用于吃肉的牛,还是生产资料吗?

学生:是生活资料不是生产资料。

张明楷:这么说,如果残害前一种耕牛,就成立破坏生产经营罪;如果残害后一种牛,就是故意毁坏财物了,而不是破坏生产经营。

学生:生产资料的定义是什么?

学生:生产资料是进行物质生产时所需要使用的资源或工具。

张明楷:根据这个定义,养羊为了卖羊毛和卖羊崽时,羊就是生产资料了,使羊走失的行为也破坏了生产经营。如果我们不考虑数额与情节,假定曹某等人前面的行为构成故意毁坏财物罪或者破坏生产经营罪,将羊捉走的行为构成盗窃罪,这两个罪是应当并罚,还是牵连犯或者是想象竞合?

学生:在德国估计是想象竞合,因为行为人的行为在自然意义上就是一个行为。

学生:感觉并罚更合理一些,把羊放出来只是造成被害人占有的迟缓,并不是造成占有的转移,真正造成占有转移的行为是捉羊的行为,所以前后是两个不同的行为,前面放出羊的行为是毁坏行为,后面捉羊的行为是盗窃行为。

张明楷:你这样说也很有道理,放出羊的行为并没有实现占有转移。或者说,放出羊其实只是盗窃的预备行为,但这个预备行为造成了财物的毁坏。至于是牵连犯还是实行并罚,可能会有一些争议,感觉并罚也是可能的。我一直有一种感觉,如果手段行为给被害人造成的损失远远大于盗窃财物的价值,这时说是牵连犯不合适,这不符合常理。比如行为人把汽车砸坏就为了偷里面的一个小钱包,说是牵连犯不太合适。

案例83 盗窃罪("携带"凶器盗窃的认定)

A、B、C三人酒后在道路上快要遇到前方迎面而来的被害人D时,A提议逗一下D,B、C表示同意,而且C随手捡了一块石头拿在手上,但A、B不知情。三人挑衅D时,D非常紧张,立即转身跑,手机掉在了地上。C立即捡起手机,此时C距离D只有六七米远。C捡起手机后,就举起D的手机跟A、B说,"有收获了,回家吧"。D的手机价值900余元。

张明楷:这个案件能认定三人的行为构成寻衅滋事罪吗?

学生:不能吧。因为三人虽然有寻衅滋事的犯意,但没有实施任何行为。既没有随意殴打D,也没有在公共场所追逐D,所以不能认定为寻衅滋事罪。

张明楷:那能构成其他什么罪吗?

学生:C捡走D的手机,不管是侵占还是盗窃,都难以成立犯罪,因为没有达到数额较大的要求。

张明楷：C 手拿石头是不是携带凶器呢？如果说 C 是携带凶器盗窃，应当可以认定为盗窃罪吧。

学生：首先要解决的问题是，D 的手机是不是遗忘物。如果是遗忘物，也不能认定为盗窃罪。

学生：许多人都认为是遗忘物，因为是从口袋里掉出来的，D 也不知道掉了手机。

张明楷：我知道许多人是这么想的，但这么想明显不合适。你们在读日本的教科书时会发现，许多案件被害人短时间遗忘财物，有的案件被害人离自己的手提包几十米远，这些情形都是评价为被害人占有，而不是评价为遗忘物。而且，日本的遗忘物侵占罪也没有数额较大的要求，也就是说，日本的刑法理论与裁判所并不是因为不能认定侵占罪，才认定为盗窃罪的，而是因为在这种情形下，财物仍然由被害人占有。所以，行为人"捡走"的行为仍然构成盗窃罪。本案中，被害人离自己的手机才六七米远，这么近的距离，当然应当认定为 D 占有。

学生：我们都能接受老师的观点。

学生：还有一些人认为，在这种场合，行为人没有盗窃的故意，只有侵占的故意，因为行为人就是以为 D 掉了手机或者遗忘了手机。

张明楷：不能说，行为人自以为是侵占遗忘物，他就只有侵占罪的故意；同样也不能说，行为人自以为是盗窃时，他就具有了盗窃的故意。只要行为人认识到了被法官评价为他人占有的判断资料，就能认定行为人具有盗窃的故意。C 认识到了手机离 D

只有六七米远，D 的手机掉下来的时间也特别短暂，作为判断资料的这个时间与地点，C 是认识到了的。而法官根据这个时间与地点得出的结论是，手机由 D 占有，所以，C 具有盗窃的故意。

学生：如果说 C 内心确实以为自己只是侵占，那就是法律认识错误吗？

张明楷：是的。你们可以按照我教材上提出的标准来区分事实认识错误与法律认识错误。

学生：我记得还很清楚：如果是需要对事实的观察再认真一点就不会犯的错误，是事实认识错误；如果是需要再学一下法就不会犯的错误，就是法律认识错误。

张明楷：如果 C 看了一下刑法教科书，他就会知道这个手机由 D 占有，就能知道自己的行为是盗窃，所以，C 充其量只有法律认识错误，不影响盗窃故意的认定。

学生：如果 C 以为手机是其他人的，而不是 D 掉下来的，就是事实认识错误，就没有盗窃的故意。

张明楷：对的。所以，认定 C 盗窃了 D 的手机是没有不当之处的。接下来只需要讨论 C 的行为是否属于"携带"凶器盗窃。

学生：C 拿着石头并不是为了实施盗窃行为。携带凶器盗窃的成立要求行为人为了实施盗窃携带凶器吧。

张明楷：我觉得成立携带凶器盗窃，不一定要求行为人为了实施盗窃而携带凶器，只要行为人实施盗窃行为时认识到自己身上有凶器就可以了。

学生：这里的"携带"是不是需要行为人有使用凶器的意思呢？

张明楷：当然不能这样要求。如果行为人有使用凶器的意思，这样的行为都可以定抢劫罪的预备了，所以没有必要这样要求。

学生：C是从路边随便捡了一块石头，并没有随身携带呀？

张明楷：携带凶器盗窃中的"携带"并不一定要从一个地方带到另一个地方，只要行为当时，凶器在行为人身边、手上就可以。当然，如果行为人把凶器从办公室带到了现场，即使凶器不在手上，在身边或附近都可以认定为携带了凶器；但如果行为人本来并没有随身准备凶器，而是在现场取得的凶器，就应当要求凶器拿在手上或者带着身上，才能认定为"携带"。

学生：这是为什么呢？

张明楷：比如，甲从家里携带一根铁棒到了盗窃现场，将铁棍放在身边附近，然后实施盗窃的，也叫携带凶器盗窃吧。

学生：当然是。

张明楷：乙从家里出发前往盗窃现场时没有携带任何凶器，但现场盗窃时，现场就有一根铁棒在附近，乙也没有碰这个铁棒，能认定乙携带凶器盗窃吗？

学生：这不能认定为携带凶器盗窃，否则，只要在有凶器的现场盗窃就属于携带凶器盗窃了，明显不合适。

张明楷：我刚才讲的就是这个意思。只要行为人着手盗窃前，取得了凶器，就可以认定为携带凶器盗窃。比如，甲从家里出发时没有携带凶器，但在快到现场时，从地上捡起了一根铁棒。到了现场后将铁棒放在身边附近，然后实施盗窃行为的，也属于携带凶器盗窃。

学生：明白了。

张明楷：在具体案件中判断"携带"，要看凶器的特点、凶器距离行为人的远近以及现场的其他具体情况。比如，行为人骑着自行车赶往盗窃现场，后架上搁了凶器，到了现场后，凶器一直搁在自行车后架，行为人直接跑到财物跟前，与凶器隔了十几米，我觉得还是可以认定为携带凶器盗窃，在这种情况下，十几米也不影响认定。你们要是一定要问"离行为人几米才是携带？离行为人1米远是不是携带？离行为人8米远是不是携带"？我只能说，"对不起，无可奉告"。在具体司法实践中，就需要发挥法官、检察官的主观能动性了。

学生：在本案中，C捡手机时手上还拿着石头，所以是携带凶器盗窃。如果C看见手机后就将石头扔下了，接着捡手机的，还能认定为携带凶器盗窃吗？

张明楷：如果石头还是C的身边附近，也能认定为携带凶器盗窃。但如果扔得很远，就不一定能认定为携带凶器盗窃了。

学生：A、B两个人都不知道C手里拿着石头吗？

张明楷：不知道。

学生：如果知道的话，是不是也构成携带凶器盗窃的共犯呢？

学生：不能简单地这么说吧。如果A、B只知道C拿着石头，但根本不知道C会盗窃手机，即使知道但并没有对C的盗窃行为起到任何作用，也不能认定为携带凶器盗窃的共犯吧。

张明楷：要先判断A、B的行为对C的盗窃结果是否起到了促进作用，如果得出否定结论，就不会讨论他们是否知道C携带了凶器；如果得出肯定结论，就需要判断他们是否知道C携带了凶器。从本案来看，难以认为A、B的行为对C的盗窃结果起到了促进作用，因为C的盗窃是突然发生的，三人事前只是有寻衅滋事的犯意。

学生：老师，我对这个案件再假设一下，如果A、B、C当时随意殴打了D，且情节恶劣，C乘机捡走了D的手机，对C要按寻衅滋事罪与盗窃罪实行数罪并罚吗？

张明楷：我觉得还是要评价为数罪，但是否并罚可能有争议。估计司法机关只会认定为寻衅滋事罪，而不会另认定为盗窃罪。但我认为，至少可以评价为想象竞合，从一重罪处罚。之所以评价为想象竞合，是因为可以认为C只实施了一个行为，而不是实施了数行为。另外，即使是强拿硬要D的手机，也只会认定为一个寻衅滋事罪。而如果是窃取手机，反而要实行数罪并罚，可能有些不协调。

案例84 盗窃罪（携带"凶器"盗窃的判断）

甲方将一个楼盘给乙方建设，乙方建设后准备竣工验收。由于有些建筑材料是甲方提供的，验收前甲方、乙方有纠纷，甲方希望乙方降低建设价格，但乙方不同意。甲方的A、B二人于某天晚上拿着铁棍到乙方办公室把铁柜子撬开，将竣工验收材料偷走，导致乙方无法办理竣工验收手续。由于交房期限已到，形成了对购房人的违约，又导致乙方向购房人支付1000万元，即乙方损失1000万元。公安机关查获了盗窃竣工验收材料的A、B二人，二人已将材料烧毁。如果二人窃取材料后不烧毁，乙方也不至于损失1000万元。

张明楷：乙方觉得A、B二人的行为给自己造成了重大损失，应当追究二人的刑事责任，可是，检察机关认为没有达到犯罪数额的起点，所以决定不起诉。这个案件在德国、日本认定为盗窃罪一点问题都没有。竣工验收材料就是有体物，属于财物，也不要求盗窃财物数额较大，完全成立盗窃罪。

学生：竣工验收材料到底值多少钱，需要鉴定一下。

张明楷：不可能鉴定，已经烧毁了。

学生：那就不能认定为盗窃罪了。

学生：如果不能鉴定具体数额，但只要鉴定结论是不可能低于盗窃罪的数额起点，就可以认定为盗窃罪了。

张明楷：但这样的鉴定结论也得不出来。

学生：能不能说行为人是携带凶器盗窃呢？因为行为人拿着铁棍，铁棍肯定是凶器。

张明楷：刑法中的携带凶器盗窃，是指行为人打算在盗窃行为被人发现时针对他人使用而携带，还是包括为了毁坏铁柜子之类而携带？

学生：携带凶器并不一定要使用凶器。这个问题在德国争议挺大的，有的观点认为只需要看凶器本身客观的危险性，有的观点认为要看行为人有无潜在的使用凶器的意图。

张明楷：如果行为人盗窃时携带的是管制刀具之类的，肯定是可以认定为携带凶器盗窃的。本案的铁棍虽然也是有致人伤亡危险的工具，但行为人显然不是为了针对人使用的，而是要针对物使用的。如果说只要求凶器本身客观的危险性，A、B 就属于携带凶器盗窃；如果说要求行为人具有潜在的使用凶器的意图，则不能认定 A、B 携带凶器盗窃。

学生：不过，德国刑法与我国刑法规定的表述不一样。德国主要是在入室盗窃这方面，不要求使用凶器，只要求携带就可以。德国刑法还有一些条文是要求使用的，肯定是要结合行为人的目的来考察。

学生：就像公交车上拿刀片划被害人提包或者口袋的，是不是携带凶器盗窃呢？

张明楷：我觉得不属于携带凶器盗窃。

学生：在德国，小刀片的话，刀刃达到 6 厘米的折叠刀就算凶器，这是有判例的。

学生：比如女性在公交车上携带防狼喷剂盗窃，在我国台湾地区好像也认定为携带凶器盗窃。

张明楷：我国台湾地区认定凶器的范围特别广，所以，我国台湾地区有学者说，几乎只有裸体盗窃才不属于携带凶器盗窃。

学生：在祖国大陆的话，可能还是会结合行为人的供述，判断携带凶器是出于什么目的。

张明楷：我觉得对于携带凶器盗窃与携带凶器抢夺的判断标准是需要区别的。也就是说，携带凶器盗窃的判断标准要低于携带凶器抢夺。问题在于，对携带凶器盗窃，是采取客观的危险说，还是主观的意图说。如果说要求行为人具有针对他人使用凶器的意图，就意味着把抢劫的预备认定为携带凶器盗窃。但抢劫的预备本身在我国是可能受刑罚处罚的，也可以从轻、减轻或免除处罚，抢劫预备是不是没有必要作为携带凶器盗窃来处罚？不过，即使行为人在盗窃时携带了凶器，也不当然具有抢劫的意思，携带凶器时可能并没有确定的对象，不一定能认定为抢劫的预备。因为一些盗窃犯携带凶器，只是为了以防万一，并不一定具有抢劫的意思。从这个角度来说，要求行为人携带凶器时具有对人使用的一般意图也是可能的。

学生：本案中，A、B 两个人显然不是为了对人使用，而是为了对物使用的，是用于砸铁柜子的，就不能认定为携带凶器盗窃了。

张明楷：我也不是这样的意思。我觉得只要行为人客观上携带了足以致人伤亡的器具，也不排除行为人会针对人使用就可以了。或者说，客观上携带的是足以致人伤亡的器具，也具有对人使用的可能性，就可以认定为携带凶器盗窃。比如，如果乙方办公室有人值班，认定为携带凶器盗窃就没有什么问题。如果要求行为人具有对人使用的意图，在客观上没有使用的情形下，行为人根本不会承认是为了对人使用。所以，还是客观地判断器具本身有没有对人使用的可能性就可以了。比如说，行为人携带管制刀具盗窃的，肯定要认定为携带凶器盗窃。

学生：老师的意思是，这个案件还是可以认定为携带凶器盗窃的？

张明楷：我觉得可以，或许是不自觉地考虑到了二人的行为给乙方造成了1000万元的财产损失。

学生：假如不能认定二人的行为构成盗窃罪，那也不能按故意毁坏财物罪定罪了。

张明楷：我没说不能定故意毁坏财物罪啊。

学生：还是数额的问题。

张明楷：故意毁坏财物罪的成立所要求的是数额较大或者情节严重。虽然不成立盗窃罪，但可以认定为故意毁坏财物情节严重吧。

学生：故意毁坏财物的行为间接导致乙方损失1000万元，还是可以认定为情节严重的。

张明楷：如果要认定为故意毁坏财物罪，就必须解释一个问题：在不成立盗窃罪的情况下，毁坏所盗窃的财物是否侵犯了新的法益，为什么不能处罚前面的盗窃行为，却反而可以处罚后面共罚的或者不可罚的事后行为？

学生：这确实是一个问题。既然是共罚的事后行为，就是不独立处罚事后行为的，只处罚前面的行为，而前面的行为不构成犯罪，就缺乏处罚共罚的事后行为的根据了。

张明楷：共罚的事后行为是以前行为构成犯罪为前提的，既然前行为不构成犯罪，为什么将这种情形称为共罚的事后行为或者不可罚的事后行为呢？

学生：感觉我们被老师骗了。如果前面的行为不构成盗窃罪，就只需要判断后面的行为是否成立故意毁坏财物罪。

张明楷：是的。在前面的行为不成立犯罪时，不能将后面的行为称为共罚的事后行为或不可罚的事后行为。同样，在后行为不成立犯罪时，不能将前面的行为称为共罚的事前行为或不可罚的事前行为。

学生：其实，即使前面的行为构成盗窃罪，后面的毁坏行为也不一定是共罚的事后行为，而是可能成立新的犯罪。

张明楷：确实存在不同观点。但无论如何要肯定后面的行为是成立故意毁坏财物罪的，只是并罚或者不并罚的问题。如果说盗窃罪的保护法益包括了财产所有权，不并罚也是可以的。

案例85 盗窃罪（犯罪形态的判断）

某年5月5日5时许，嫌疑人甲窜至某公司A栋宿舍楼，在进入盗窃现场前，因在该宿舍楼走廊走来走去被监控拍到，值班保安发现其形迹可疑，便对其产生怀疑。甲随后进入该栋楼某号宿舍内，盗走被害人乙两部手机、手提包、现金140元（赃物总价值4000余元）及银行卡。甲盗窃得手后，要离开该公司时，被保安抓获并扭送至公安局。

张明楷：甲的行为构成盗窃罪没有疑问。办案人员对我的提问是，在公司的宿舍内盗窃得手，要出公司大门但尚未出公司大门时被抓获，是否构成盗窃既遂？因为如果是盗窃未遂，参照司法解释的规定，就不能追究刑事责任了，因为不能认定甲是以盗窃数额巨大财物为目标的，也不存在其他严重情节。

学生：这还是要认定为盗窃既遂吧。因为公司大门一般不会像监狱、造币厂那样严格管控，基本上是可以随时出入的。只是因为公司保安在监控中发现了甲的行为，才在甲要出公司大门时抓获了甲。在此之前，甲已经占有了被害人的财物，被害人也丧失了占有。

学生：有没有可能说，甲的行为一直在公司保安监控下，因而没有既遂呢？

张明楷：公司保安不是财物的占有者，甚至也不是占有的辅助者。盗窃罪的既遂与否所需要判断的是，行为人是否破坏了被害人的占有，是否建立了新的占有。

学生：甲肯定破坏了被害人对自己财物的占有，并且建立了新的占有。不能因为没有出公司大门就认定为盗窃未遂。

张明楷：是的，应当认定为盗窃既遂。这种情形与被控制下的交付毒品案件不一样。在毒品犯罪中，为了抓获更多的毒贩，可能让毒品上家将毒品交付给下家，以便抓获下家。如果这种交付行为完全在公安机关的控制下，就可以说不可能产生危害公众健康的危险，不能认定为贩卖毒品的既遂。在认定盗窃罪的既遂与未遂时，一定要根据被害人是否丧失了占有以及行为人是否取得了占有来判断。

学生：实践中还有一些盗窃车棚里的电动车的案件。车棚是收费的，有专门的人员看守，看守人可能从监控中发现行为人正在盗窃电动车，有时就等行为人离开了车棚才抓获。

张明楷：在这种场合，虽然看守人不是电动车的占有者，但负有保管电动车的职责，如果电动车脱离了看守人的控制，就可以认为脱离了占有者的控制。如果行为人还在车棚内，不一定能认定为盗窃既遂，当然还要看车棚的具体状况，如果行为人骑着车离开了车棚，应当认定为盗窃既遂。

案例86 盗窃罪（既遂与未遂的区分）

被告人趁独居老人二楼窗户没有关，就从窗户翻进去，翻进去时被邻居看见了，邻居就打报警电话，打了电话之后，邻居又与另外一户邻居守在独居老人的门口。被告人从被害人家里窃取了377元现金和价值172元的三包香烟。大概10分钟之后，在被告人从被害人家出来的时候，两位邻居就把被告人抓获了。然后，警察也到了。

张明楷：一审法院认定被告人盗窃未遂，后来检察院抗诉，认为应当是盗窃既遂，你们怎么看？

学生：在翻窗进入时被人看见，出门的时候被人堵住，是不是认定为未遂好一点？

张明楷：翻窗进入时被人发现，不是认定未遂的理由吧。许多盗窃既遂的案件都被人发现了，甚至被被害人发现了，但仍然是既遂。关键在于被告人被堵在被害人家门口进而被抓获时，是不是达到了既遂标准。

学生：被告人把财物放在口袋里了，已经转移了被害人的财物，认定为既遂不行吗？为什么定盗窃未遂？好奇怪。

张明楷：我觉得应当认定为盗窃既遂。因为被告人盗窃的是体积小的财物，已经将财物放在口袋里了，财物已经进入了被告人的人格领域，其他人不能随意取走。我觉得，就算被告人没有出家门，或者一出家门就被堵住了，也应当是盗窃既遂。

学生：老师，要是被告人抱个电视机被堵在门口了就是未遂吧？

张明楷：如果堵在门口还没出来，或者刚一出来就被邻居堵住了，当然是未遂。因为电视机与现金等可以放入口袋里的财物不一样。

学生：您刚才说财物进入了被告人的人格领域，这是什么意思？

张明楷：如果在行为的当时，被害人可以毫无障碍地取回自己的财物，就应当认为被害人仍然占有自己的财物，行为人的盗窃行为没有既遂。反过来说，如果被害人取回自己的财物存在明显的障碍，就失去了对财物的占有，行为人就建立了新的占有，所以，行为人的盗窃成立既遂。被害人取回财物有没有障碍，不只是物理领域的障碍，还有人格领域的障碍。比如，你可以随便将自己的手伸入他人的衣服口袋吗？

学生：当然不能。

张明楷：反过来说，当行为人将体积小的财物放入自己口袋时，被害人要取回财物就存在人格领域的障碍。因为被害人不可能没有障碍地把手伸到行为人的口袋里，所以，要认定行为人的行为构成盗窃既遂。一般来说，就体积很小的财物（如戒指）而言，行为人将该财物夹在腋下、放入口袋、藏入怀中时，就将其置于其个人专属领域，必须认定为既遂。因为财物一旦进入行为人的个人专属领域,在社会观念上就处于行为人的支配空间,被害人就不可能没有障碍地取回财物,因而排除了被害人的占有,且建立了新的占有。

学生:明白了。

学生:现在在超市盗窃的案件时有发生,但如何认定盗窃既遂,总是存在争议。

张明楷:你讲一讲是什么案件。

学生:我们办理了这样一个案件:被告人李某冬天在超市购物时,将购物篮里的商品放在收银台付款了,但风衣里藏了一个贵重商品,达到了数额较大的起点。收银员没有发现,但李某在收银台外用塑料袋装商品时,其藏在风衣里的商品被保安发现了。李某对保安说自己不是盗窃,只是忘了放在收银台,但保安还是报警了。

张明楷:忘了放在收银台的说法不会被采纳。

学生:当然不会。我们争论的是,李某的行为是盗窃既遂还是未遂?

张明楷:对在超市、自助商店的盗窃如何判断既遂,是一个重要问题,德国讨论得比较多。其中有两个方面的问题:一是行为人所盗窃的财物还没有拿出超市,或者说还没有经过收银台时,能否认定为既遂?二是由于许多超市的收银台外,还有超市的管理者或者保安看守,能否因此将盗窃既遂的时间推迟?你说的这个案件涉及的是后一个问题。

学生：前一个问题，我们前面的讨论其实涉及了。

张明楷：是的。一般来说，如果行为人将小商品装入了自己的口袋，即使没有经过收银台，考虑到人格领域的障碍，也应认定为盗窃既遂。在这种情形下，倘若行为人已经经过了收银台，就更应当成立盗窃既遂。当然，在行为人还没有经过收银台时，认定为盗窃既遂就需要特别谨慎了。因为即使行为人将一个商品放在口袋里，也可能在付款时放在收银台上。所以，一方面，要根据客观行为判断是否属于转移占有，另一方面，要谨慎判断行为人是否具有盗窃故意与非法占有目的。比如，行为人就是将商品放在外套外侧的口袋，而且一看就知道口袋里放着商品，这种情形难以认定转移了占有。但如果行为人将小商品放入内衣口袋等一般人与收银员不能发现的地方，还是可以认定为转移了占有的。

学生：对这种情形是否需要考虑行为人的行为受到管理者或者保安监视的情形？

张明楷：如果行为人的行为一直受到商店人员的监视，而且行为人还处于超市内，我感觉认定为未遂比较合适。如果没有受到监视，行为人将小商品装入不能被发现的口袋，则应认定为既遂。

学生：李某的案件在超市内没有人监视。

张明楷：我觉得，不管是否受到监视，如果行为人经过了收银台，就应当认为离开了超市，认定为既遂可能更合适。

学生：可是，李某明明还在超市内呀？

张明楷：我说的超市范围和你说的不一样。你说的是物理范围，我说的是影响既遂与未遂的规范范围。经过了收银台，就是我所说的离开了超市。

学生：保安在收银台外说明了什么呢？

张明楷：你想说明什么呢？

学生：保安在收银台外看守，表明商品还没有脱离超市的控制。

学生：不能这么说，在通常情况下，保安根本不可能检查顾客购买的商品，不会将顾客手中的商品与购物小票逐一核对。

张明楷：保安还可能站在超市的大门外。我们经常说，占有是一个规范的判断，不管是被害人的占有还是盗窃所建立的新的占有，都是一个规范判断，需要从日常生活角度，根据交易习惯与方式进行判断。在超市购物的场合，由于经过了收银台，一般观念就会认为顾客取得了商品，不仅取得了占有，而且取得了所有权。所以，就上述第二个方面的问题而言，以行为人是否经过了收银台为标准判断既遂与未遂，是合适的。也就是说，只要行为人经过了收银台，即使超市外还有保安看守，不管保安站在何处，都不应当影响盗窃既遂的认定。

学生：被告人是否建立了新的占有，总是会有争议。

张明楷：有争议很正常。以前我们讨论过这样的案件：在工地施工的农民工住在一栋楼的地下室，农民工晚上就把电机、电瓶等稍微值钱的物品都搬到地下室，地下室没有卫生间，他们要到一楼外面上卫生间。整个地下室有个铁门，被告人一直就盯着铁门，当有农民工半夜起来到外面上卫生间的时候，就溜进去抱了一个价值4000多元的电瓶。被告人刚从地下室抱到一楼来的时候，外出上厕所的农民工就回来了。但农民工看不到被告人，被告人抱着电瓶往楼上走，走到二楼或者三楼的时候，上厕所的农民工发现电瓶不见了，意识到是刚才开铁门后有人抱走了。农民工往外追出去没有看到人，就往楼上看，于是抓获了被告人。这栋楼的地下室有门，但一楼没有门。很多人主张认定为盗窃未遂，但我主张定盗窃既遂。

案例87　盗窃罪（犯罪形态与罪数判断）

2014年3月某日下午，段某、张某、杨某三人驾驶一辆三轮摩托车，从甲市到乙县去挖水锈石，随车带有撬棍、皮带等工具。后来在段某的提议下，三人来到某庙附近，段某让张某在摩托车旁看着，段某和杨某带着撬棍进入到庙里，用撬棍把支撑石柱的两个石鼓和柱础（登记为文物）撬离石柱，撬石鼓和柱础的行为导致房屋损坏（损坏价值1.3万元）。在段某和杨某撬石鼓和柱础的过程中，张某负责用手机通风报信，后杨某和段某将石鼓和柱础（价值共8000元）搬到庙门外，被前来查看的村民发现，三人立即逃跑。

张明楷：三人盗窃文物的行为构成盗窃罪，这是没有什么疑问的，首先需要讨论的是既遂还是未遂？

学生：把庙里的石鼓和柱础搬到庙外被发现了。

张明楷：行为人是从庙里的正殿东侧间搬出，已经搬到了庙门外，没有说装上车。

学生：按理说，行为人已经控制了石鼓和柱础。

张明楷：可是，石鼓和柱础肯定是比较重的，而且盗窃时间是下午，不是夜间，这是不是在判断既遂与未遂时所要考虑的因素？

学生：如果将体积小的东西从庙里移出庙外，可以说是盗窃既遂。

张明楷：案情没有交代这个庙是否有人看守，似乎没有看守，因为是前来查看的村民发现三人盗窃的。也就是说，判断行为人是否建立了新的占有的资料，有不同类型。比如，石鼓和柱础比较重、盗窃时间是下午，这说明行为人没有控制石鼓和柱础。如果庙里是没有人看守的，则容易说明行为人建立了新的占有。此外，张某在庙外用手机通风报信，这表明时刻会有人从庙外进入庙内。这也是要考虑的事实。所以，需要考虑所有的判断资料并根据社会一般观念综合判断。

学生：一般人路过时，都会知道行为人所搬运的石鼓和柱础是庙里的，所以，认定为盗窃既遂可能不合适。

学生：可是，村民来查看是一个很偶然的事情，否则行为人就运走了。从这个角度来说,有没有可能认为已经盗窃既遂?

张明楷:因为偶然的事情没有运走石鼓和柱础,只能说明他们的行为不是不能犯,正好具备了未遂犯的特征,未遂正是由于偶然的事情导致结果没有发生。如果是基于通常的情形导致结果不能发生,就属于不能犯了。

学生:所以,认定为未遂比较合适。

张明楷:综合考虑到上面所说的因素,我认为认定为盗窃未遂是可以的。因为盗窃对象的体积比较大、也比较重,只是刚搬出庙门外,而且还没有装上车。我问一下,如果行为人已经将石鼓和柱础装上了摩托车,能否认定为既遂呢?

学生:如果装上了摩托车,就应当认定为盗窃既遂吧。

张明楷:为什么呢?

学生:因为摩托车是行为人所有和占有,根据社会一般观念,摩托车上的东西当然也是由行为人占有,所以,建立了新的占有,成立盗窃既遂。

张明楷:可以这样理解和认定。假如行为人是将摩托车开进庙里装石鼓和柱础,石鼓和柱础已经装上了摩托车,摩托车还没有离开庙里时,是既遂还是未遂呢?

学生:那就只能认定为未遂了,因为即使石鼓和柱础已经装上了摩托车,只要摩托车还在庙里,那么,一般人就会认为,这个摩托车上的石鼓和柱础还是庙里的,而不是行为人占有的,所以,不能认定为盗窃既遂。

张明楷：同意这个结论。接下来需要讨论的是罪数问题了。

学生：毁坏的财产价值1.3万元，构成了故意毁坏财物罪。

学生：行为人有没有毁坏财物的故意呢？

学生：庙是靠石柱支撑的，而石鼓和柱础是支撑石柱的，别说成年人了，连小孩都知道撬走石鼓和柱础会导致房屋毁损。行为人至少有间接故意。

张明楷：认定有间接故意是没有障碍的。盗窃犯同时毁坏财物的现象经常发生，所以，司法解释还作了规定。

学生：2013年4月2日"两高"《关于办理盗窃刑事案件适用法律若干问题的解释》第11条规定："盗窃公私财物并造成财物损毁的，按照下列规定处理：（一）采用破坏性手段盗窃公私财物，造成其他财物损毁的，以盗窃罪从重处罚；同时构成盗窃罪和其他犯罪的，择一重罪从重处罚；（二）实施盗窃犯罪后，为掩盖罪行或者报复等，故意毁坏其他财物构成犯罪的，以盗窃罪和构成的其他犯罪数罪并罚；（三）盗窃行为未构成犯罪，但损毁财物构成其他犯罪的，以其他犯罪定罪处罚。"对这个案件应当适用第（一）项的规定。

张明楷：撬走石鼓和柱础的行为，既是盗窃罪的实行行为，同时也是故意毁坏财物罪的实行行为，所以，是典型的一个行为触犯两个罪名，认定为想象竞合没有问题。

学生：如果对盗窃未遂不处罚，就只需要认定为故意毁坏财物罪了。

张明楷：也有可能认为，这种盗窃未遂属于情节严重，因而要认定行为人的行为同时构成盗窃罪与故意毁坏财物罪，但仅按一个重罪处罚。由于盗窃是未遂，故仅按故意毁坏财物罪的既遂犯处罚。

案例88　盗窃罪（数额减半规定的适用）

犯罪嫌疑人甲2019年5月因犯盗窃罪被法院判处有期徒刑8个月（犯罪时17岁），2019年6月24日刑满释放（因为先前羁押了一段时间）。2019年10月12日凌晨，甲伙同他人窜至某居民小区，用事先准备好的T字形撬锁工具盗走被害人A的一辆电动车，价值人民币2683元。

张明楷：案发地的盗窃罪的数额起点为3000元。2013年4月"两高"《关于办理盗窃刑事案件适用法律若干问题的解释》第2条规定，盗窃公私财物，曾因盗窃受过刑事处罚的，"数额较大"的标准可以按照前条规定标准的50%确定，我把这个称为"减半规定"。本案中的甲在未成年（17岁）时曾因盗窃被判有期徒刑8个月，是否可以适用该司法解释第2条的减半规定，认定为盗窃罪呢？

学生：老师批判过这个司法解释，说这个司法解释的减半规定将不法要素与预防要素混为一谈。

张明楷：是的，这可以说是采取综合性判断的社会危害性理论的产物，但司法解释中这样的规定越来越多了，而不是减少了。我们今天不讨论这个问题，而是讨论对不满18周岁的人能否适用司法解释的这一规定。

学生：从司法解释的表述来看，似乎没有限定为成年人犯盗窃罪，而是包括了未成年人犯盗窃罪的情形。

张明楷：从司法解释中当然看不出来，之所以有争议，就是因为刑法的其他规定可能意味着对未成年人不能适用这一司法解释。

学生：是不是与未成年人不构成累犯有关？

张明楷：《刑法》第65条第1款规定，不满18周岁的人不构成累犯。既然如此，对不满18周岁的人就不能因为特殊预防必要性大从重处罚，更不能因此而降低犯罪成立条件。这是一个可以讲的理由。累犯被认为是表明特殊预防必要性大的法定情节，甚至可以说是表明特殊预防必要性大的最重要情节。既然刑法对未成年人都不认可这个情节，那么，就没有理由因为未成年人此前受过刑罚处罚就降低犯罪成立条件。这是根据举重以明轻的解释原理得出的结论，我认为是有说服力的。

学生：盗窃数额减半认定，是从无罪到有罪的认定，而累犯是从一般处罚到从重处罚的情节，既然否认未成年人构成累犯，当然也要否认对未成年人适用盗窃数额减半规定。

张明楷：这就是我经常跟你们讲到的，适用刑法的任何一个法条，都是对全部刑法的适用。不能孤立地看一个法条，而是要考虑相关的全部法条,否则就会造成刑法适用的不协调。

学生:会不会有人认为,累犯规定只是影响量刑,而不影响定罪,所以,司法解释的减半规定同样适用于未成年人?

张明楷:当然会有人持这样的观点。如果司法解释不将预防要素变更为不法要素,持这种观点不会有问题。问题在于,司法解释将受过刑罚处罚这种预防要素变更为不法要素了,但我们仍然要认为受过刑罚处罚再犯罪只是预防要素,而不是不法要素,所以,我们还是要从预防要素来考虑这个问题。既然刑法对未成年人并不考虑从重处罚的预防要素,当然在定罪的时候也不能考虑预防要素。

学生:而且,老师经常讲,对于不好的规定要限制适用范围,对于好的规定要扩大适用范围。既然司法解释的减半规定不好,当然要限制它的适用范围。

张明楷:是的。适用减半规定时还需要注意的是,即使形式上符合累犯规定,也不能再认定为累犯了。比如,成年人张三甲曾因盗窃罪被判处有期徒刑,在刑满释放后的 5 年内又实施盗窃行为,但盗窃数额仅达到了司法解释规定标准的 50%,依照司法解释的规定应当认定甲构成盗窃罪。但是,不得认定甲构成累犯,因为再犯罪可能性较大的事实("曾因盗窃受过刑事处罚的"),已经作为定罪根据起了作用,不能再作为量刑情节起作用。否则,就是典型的重复评价。

学生:简单地说,曾因盗窃受过刑罚处罚后再盗窃,已经作为定罪根据了,就不能再作为从重处罚的根据,所以不能认定为累犯。

张明楷：对！这一点不应当有疑问，否则就对行为人更不利了。一方面在没有达到数额标准时减半认定为盗窃罪，另一方面还认定为累犯，又从重处罚。这就将原本仅构成犯罪的情形当作累犯处理了。

学生：刑法中的数额规定确实带来了许多麻烦。

张明楷：是的，主要问题还是出在我国刑法有数额规定，如果在国外，实际处理也可能是这样的。比如，甲与乙都是盗窃1000元财物，如果甲是初犯，检察院就可能不起诉；但如果乙曾经因盗窃受过刑罚处罚，检察院就可能起诉了。但由此看不出国外检察院的做法存在什么问题。可是，一旦刑法与司法解释规定了成立犯罪的具体的数额标准，就出现了现在的问题。

学生：除了累犯的规定外，《刑法》第100条第2款的规定，会不会也影响对未成年人适用司法解释减半规定？第100条第1、2款分别规定："依法受过刑事处罚的人，在入伍、就业的时候，应当如实向有关单位报告自己曾受过刑事处罚，不得隐瞒。""犯罪的时候不满十八周岁被判处五年有期徒刑以下刑罚的人，免除前款规定的报告义务。"

学生：这个不能说明减半规定不适用吧，报告义务只是在入伍、就业的时候要报告，没有说在任何时候都要报告。

学生：第100条第2款立足于对未成年人的保护，与将未成年人累犯排除在外的精神是一样的，所以，也可以作为不适用减半规定的根据或者理由。

张明楷：精神当然是一样的，不能认为刑法的一个法条与另一个法条的精神相反或者不同。但报告义务有明确限定，不能扩大报告义务的范围。所以，一个未成年人曾因犯罪受过刑罚处罚后，即使他不报告，如果他再次犯罪，司法机关还是会知道的。如果论证充分一点，将第100条第2款作为未成年人不适用减半规定的理由，也是可以的。

学生：不满18周岁的人犯罪的档案是封存的，司法机关也不能看到的。

张明楷：这里可能有两个问题：第一是档案封存相对于谁而言的，是相对于司法机关以外的机关与个人而言，还是相当于所有的机关与个人而言？我没有看相关的规定，但觉得可能只是相对于司法机关以外的机关与个人而言。比如，公安司法机关在讯问嫌疑人或者被告人时，总是会问以前是否受过刑罚处罚。如果未成年人说受过刑罚处罚，公安司法机关是否需要查实呢？恐怕还是要查实的吧。第二，倘若公安司法机关也不能查阅封存的档案，那就更加表明对未成年人不可能适用减半规定，因为公安司法机关根本不知道未成年人以前受到刑罚处罚。

学生：这么说的话，对未成年人不适用减半规定，多了一个理由。

张明楷：我是主张对未成年人不适用司法解释中的减半规定的。

学生：问题是，本案中的甲在第二次盗窃时是否已满18周岁？如果不满18周岁，肯定不能适用减半规定，但如果已满18

周岁，是否可以适用减半规定？

张明楷：如果说未成年人的犯罪档案是封存的，司法机关也不能查阅，那么，即使甲第二次犯罪时已满18周岁，也不能适用减半规定，因为不能证明甲以前曾因盗窃受过刑罚处罚。如果说未成年人犯罪档案的封存，并不针对司法机关，那么，就不能以此为由主张对甲不适用减半规定了。于是，这就涉及另一个问题了，如何理解累犯的成立条件？

学生：老师是说，如何理解《刑法》第65条第1款规定的"不满十八周岁的人犯罪的除外"吗？

张明楷：是的。

学生：《刑法》第65条第1款规定："被判处有期徒刑以上刑罚的犯罪分子，刑罚执行完毕或者赦免以后，在五年以内再犯应当判处有期徒刑以上刑罚之罪的，是累犯，应当从重处罚，但是过失犯罪和不满十八周岁的人犯罪的除外。"

张明楷：如果这个法条中的不满18周岁仅指后罪而言，那么，倘若本案中的甲犯后罪时已满18周岁，就可以适用减半规定；如果说不满18周岁同时包括前后两个罪，不管甲犯后罪时是否已满18周岁，都不能适用减半规定。

学生：如果按照老师关于累犯成立条件的新观点，第65条中的不满18周岁是指犯后罪不满18周岁才不适用累犯的规定。

张明楷：是的。

学生：如果是这样的话，倘若甲犯后罪时已满18周岁，就可以适用减半规定。

张明楷：从逻辑上看是这样的。不过，我还是认为，减半规定的缺陷太明显，能够限制时就尽可能限制适用。所以，即使甲犯后罪时已满18周岁，也不要适用减半规定，还可以从刑法的其他规定以及刑事政策方面寻找理由。

案例89　诈骗罪（构成要件符合性的判断）

被告人唐某从2012年12月起，在互联网上购买了多张外地人的身份证复印件，用身份证复印件到中国电信营业网点办理了680张"天翼飞YOUNG"手机卡，将卡内的话费全部用于充值Q币，故意造成手机卡欠费停机，拨打中国电信客服电话请求紧急复机，紧急复机后立即透支话费，向一些网络游戏公司大量充值游戏币，直至手机卡因异常被电信公司停止服务为止。之后，唐某通过淘宝网店销售Q币和网络游戏币，共使用电信公司话费19.6万元。

张明楷："天翼飞YOUNG"手机卡内的话费，是电信公司赠送的话费吧？

学生：应当是的，各种电信公司开展相关活动时，就会送话费。

张明楷：先问一下：唐某购买他人身份证复印件的行为能构成买卖居民身份证件罪吗？

学生：不能吧，身份证复印件与真实身份证件还是不一样，效力比身份证件本身差很多。

学生：在德国，身份证复印件不能评价为身份证，除非这个复印件又可以代表另外一种证件的效力，如有公证处的印章之类的。否则，复印件本身不能评价为证件。

张明楷：日本有争议，存在两种不同观点，在德国没有争议吗？

学生：好像没有争议。

张明楷：我觉得在本案中，身份证复印件与身份证所起的作用没有任何区别。事实上，在办理许多事项时，只需要提供身份证复印件，不需要原件。身份证及其复印件都是不可以买卖的。如果将身份证复印件排除在身份证之外，给人的感觉是身份证不可以买卖，但身份证的复印件可以买卖，总觉得有问题。再比如，刑法规定了买卖身份证件罪，真正的身份证件是每个人必不可少的证件，身份证件的主人一般不会出卖自己真正的身份证件。但出售复印的身份证件则是完全可能的。既然《刑法》第280条第3款规定了买卖身份证件罪，而真正的身份证件客观上一般也不可能去买卖，是不是就意味着这一条规定的就是买卖身份证复印件呢？我觉得是有可能得出肯定结论的。当然，争议总是难免的。

学生：日常生活中正常应当是要求看身份证原件，但在生活中有人嫌麻烦，只看身份证复印件，本案应该就是这种情况。

张明楷：本案的唐某不可能取得了680张真实的身份证，既然电信公司没有查验真正的身份证，仅要求身份证复印件，就表明复印件的作用与真正的身份证所起的作用没有什么区别。

学生：如果将复印件当原件总是觉得不合适，因为二者毕竟不一样。

张明楷：我不是说将复印件当原件，而是说身份证件是不是可以包括原件与复印件，这是两回事。对这个问题持肯定回答，显然是承认复印件与原件不是一回事，没有将复印件当原件。

学生：如果是这样的话，其他的公文、证件等是不是都包括原件与复印件呢？

张明楷：不可一概而论，需要根据具体犯罪的保护法益与构成要件进行判断。比如，买卖真正的国家机关证件与买卖伪造的国家机关证件的行为，肯定都成立买卖国家机关证件罪。既然如此，买卖复印的国家机关证件，为什么不能认定为买卖国家机关证件罪呢？

学生：老师这么问，我还真不好回答。

学生：因为复印的国家机关证件不是国家机关证件。

张明楷：这只是结论，不是理由，以后可以再讨论这个问题。关于伪造罪，国外研究得很全面、很精细，日本学者能就伪造文书罪撰写很厚一本专著，我国对此没有深入研究。在普遍缺乏诚信的当下，需要对伪造类的犯罪展开全面研究。但不能导致一种倾向，因为伪造行为太多了，就特意缩小犯罪的成立范围，这是我一直都不赞成的一种刑事政策。如果行为罕见，倒是可以不当犯罪处理；如果多了，就不能不当犯罪处理。

学生：一般人的观念都是法不责众。

张明楷：这句话不能滥用。如果对行为存在不同的价值判断，人民群众认为某个行为就是正当的，当然不能用刑法谴责这种行为。但如果某个行为就是侵害法益的，人们都认为这个行为不是正当行为，就不能因为实施的人多了，便不当犯罪处罚。实施的人再多，其实在人民群众中也只是极少部分。比如，醉酒驾驶行为，再多也不可能达到人民群众都会实施的程度。在这样的场合，不能用"称众者，三人以上"来解释。将醉酒驾驶行为认定为犯罪，并不是法在责众。

学生：一般人都以为，只要实施某种行为的人多了，可以称为"众"了，那么，就不能谴责这种行为了，更不能用刑法去谴责。

张明楷：这样理解法不责众显然不合适。

学生：按照老师的观点，即使很多人买卖身份证复印件，也不能因为实施的人多了，就不谴责。

张明楷：这与身份证件是否包括复印件是两个不同的问题。我们还是讨论本案唐某的其他行为性质。除买卖身份证复印件外，唐某事实上实施了两个行为，我们先讨论第一个行为，即在办手机卡时隐瞒了只用手机卡中的话费充值 Q 币，而不打算使用手机卡的意思，获得 680 张手机卡及卡中话费的行为性质。如果第一个行为构成犯罪，只能认定为诈骗罪吧。

学生：没有认定为其他犯罪的可能性。

张明楷：就唐某的第一个行为而言，电信公司的人员是什么时间处分的话费呢？

学生：办手机卡的时候就已经处分了话费。

张明楷：如果唐某不把话费拿出来买Q币的话，能不能定诈骗罪？

学生：不能定诈骗罪，因为话费还在手机卡中，电信公司没有损失。

张明楷：如果680张电话卡都打到欠费，不交话费导致欠费停机，能定诈骗罪吗？

学生：前面的钱本来就是送给客户的，后面打电话打到透支不交费只是欠款。可是，问题是如果这种情况不构成诈骗罪，把话费拿来充Q币应该也不构成诈骗罪。问题就应该是用他人的身份证复印件办手机卡是否构成诈骗罪。

张明楷：是的。如果电信公司相关人员知道唐某不是为他人办理手机卡，而是全部由唐某自己这样充Q币使用，相关人员会给唐某办理吗？

学生：应当不会吧。

张明楷：如果是这样的话，还是可以认为使用他人的身份证复印件办手机卡的行为构成诈骗罪。也就是说，前一个行为的诈骗对象是手机卡以及话费本身。

学生：电信公司反正是要送出这个话费的，能说电信公司有财产损失吗？

张明楷：电信公司为什么要送话费呢？就是为了白送吗？

学生：当然是为了让客户以后继续使用这个手机卡，进而获利。

张明楷：但唐某这样的行为，能让电信公司实现自己的目的吗？

学生：肯定不能实现，所以，电信公司的目的落空了，还是应当认定电信公司存在财产损失。

张明楷：其实，电信公司也是有财产损失的。所以，唐某的前一个行为就骗取了手机卡与话费本身，对手机卡与话费构成诈骗罪。

学生：这样认定是没有疑问的，诈骗罪的构成要件与责任要素全部具备了。

张明楷：那么，唐某的后一行为也是构成诈骗罪吗？

学生：行为人隐瞒了透支话费不付款的意思，拨打电信客服电话请求紧急复机。客服人员产生了认识错误，误以为行为人将来会交话费就为其复机，复机是一种处分行为，导致行为人可以立即透支话费，还是可以认定为诈骗罪吧。

张明楷：唐某的后一行为导致电信公司相关人员处分了什

么？是手机卡的使用还是话费？

学生：处分了手机卡的使用，也就允许了唐某可以透支话费。

张明楷：允许唐某可以透支话费，是否可以评价为处分了话费？

学生：没有吧，因为电信公司相关人员还是要唐某事后补交话费的，没有说让唐某免费使用手机卡。

学生：在唐某没有打算补交话费的情形下，二者其实是一回事。

张明楷：不好说二者是一回事。电信公司相关人员处分了可以透支话费的手机卡的使用这一利益，唐某也取得了手机卡的使用这一利益。这个素材的同一性是成立的。问题是，怎么表述这个财产性利益。

学生：其实也不一定需要有一个什么概念，只要大家都觉得这是一个财产性利益就可以了。

学生：我有一个疑问：如果唐某事后补交了话费呢？

张明楷：如果补交了话费，就难以认为后一行为成立诈骗罪了，但这个假设完全不可能成为现实。

学生：如果后一行为不成立诈骗罪，前一行为也不好定罪了。

张明楷：确实可能有影响，但从本案的现实情况来看，不会导致前一行为不构成诈骗罪。如果唐某的前一行为只是骗了一两张手机卡及其话费，那倒是有可能因为后面补交了话费而不成立犯罪。

学生：那就前后行为都不构成犯罪了。

学生：能不能说唐某的第二个行为相当于借钱未还，所以不构成诈骗罪呢？

张明楷：唐某不是一般的借钱不还。一般的借钱是在借钱时就有归还意图的，而唐某是在借钱的时候就没有还钱的意思，仍然成立诈骗罪。

学生：老师，我再问一个案件：T网络公司和P手机生产商推出一款游戏，玩游戏需要虚拟的钻石，一次用100元人民币买100颗钻石，T以7折卖给P生产商，P生产商每次挣30元，P生产商规定可以退货。甲发现每次退货的时候，P生产商全额退款，但是没有收回钻石。于是，甲利用这个漏洞，大量买入钻石后再退款，并以半价出售这些钻石，把很多小游戏厂家都整垮了。甲的行为应该怎么定性？只要客户申请退款，P公司就不用支付对应进价给T公司，所以P公司没有报案。这个案子如果T公司与P公司都没报案，而是被整垮的那些小公司报案，公安机关能不能受理？

张明楷：当然应当受理，只要不是告诉才处理的犯罪，不管谁报案公安机关都应当受理。现在一些公安机关对公诉案件通常也要被害人报案才受理，这是不合适的。即使是侵犯个人法益的犯罪，不管是谁报案，只要有人报案公安机关都要管，没有道理要求一定得被害人去报案。这样的案件我们其实讨论了许多。P公司后台是有人负责退款事务的，不全是机器在操作，认定为诈骗罪应当没有什么疑问。P公司相当于T公司的代理，P公司退款是表面现象，实际上是T公司退款。所以，可以说，P公司的相关人员是受骗人，T公司是受害人。

案例90　诈骗罪（财产性利益与罪数的认定）

甲是某电信公司工作人员，平时没事的时候就利用工作之便在网上查手机靓号（比如尾号8888等），一共查到了14个靓号。甲将这14个靓号的机主信息全部下载下来，然后找到乙，让乙按照这些信息伪造了虚假身份证件。甲拿这些虚假身份证件到手机营业厅，要求将这些靓号重新过户到乙的名下，过户之后随即卖给其他客户，得款4万元。

张明楷： 我们通常获取的手机号是不需要对价的，或者对价是很低的。但很多人喜欢手机靓号，手机靓号是财物吗？

学生： 手机靓号是财产性利益。因为如果我们在营业厅想要一个靓号，也是要多交钱的，而不是与普通手机号一样。

张明楷： 也就是说，手机靓号的价值是得到电信公司肯定的，在电信公司那里手机靓号就有明显高于普通手机号的价值。

学生：是这样的。

张明楷：如果是这样的话，手机靓号就是财物，至少是财物中的财产性利益。而且，手机靓号确实是可以占有和转移的，不能否认它是财物。那么，除了伪造身份证件罪之外，甲对手机靓号是成立盗窃罪还是诈骗罪？

学生：这就要看营业厅的工作人员是否有处分权限，如果有处分权限，甲的行为就构成诈骗罪；否则，就是盗窃罪的间接正犯。

张明楷：可以认定为三角诈骗吧。因为手机号要转给别人，是必须经过营业厅同意的，也需要营业厅办理。电信公司营业厅就像银行营业厅一样，银行可以将你的存款转移给其他人，电信公司营业厅可以将你的手机号转移给其他人。

学生：没有实质性差异，电信营业厅就是办理这些业务的，所以应当认为有处分权限。

学生：甲对手机靓号的原主人应该是三角诈骗，对购买手机靓号的新主人成立什么罪呢？

张明楷：后面的新主人在民法上可能是善意取得。如果是善意取得的话，是否没有财产损失呢？

学生：以前民法对于赃物的善意取得没有明文规定，《民法典》对此好像也没有明文规定，刑事司法解释反而承认了赃物的善意取得。比如，2011年3月1日最高人民法院、最高人民检察院《关于办理诈骗刑事案件具体应用法律若干问题的解释》第10

条规定:"行为人已将诈骗财物用于清偿债务或者转让给他人,具有下列情形之一的,应当依法追缴:(一)对方明知是诈骗财物而收取的;(二)对方无偿取得诈骗财物的;(三)对方以明显低于市场的价格取得诈骗财物的;(四)对方取得诈骗财物系源于非法债务或者违法犯罪活动的。""他人善意取得诈骗财物的,不予追缴。"如果按照这个司法解释,只要购买手机靓号的新主人是善意取得,就实现了其购买目的,没有财产损失。

张明楷:但是,我请教过民法学者。有的学者说,《民法典》并没有承认赃物的善意取得。虽然《民法典》对此没有明文规定,但《民法典》对遗失物都否认了善意取得(当然,经过二年时效就可以取得)。你们查一下《民法典》的规定。

学生:《民法典》第312条规定:"所有权人或者其他权利人有权追回遗失物。该遗失物通过转让被他人占有的,权利人有权向无处分权人请求损害赔偿,或者自知道或者应当知道受让人之日起二年内向受让人请求返还原物;但是,受让人通过拍卖或者向具有经营资格的经营者购得该遗失物的,权利人请求返还原物时应当支付受让人所付的费用。权利人向受让人支付所付费用后,有权向无处分权人追偿。"

张明楷:根据举轻以明重的解释原理,《民法典》对犯罪所得的赃物不可能承认善意取得。

学生:如果是这样的话,甲对购买手机靓号的新主人也成立诈骗罪。因为这些新主人的手机靓号完全可能被电信营业厅再转回给原主人。

张明楷：这是完全可能的，而且一般来说这种犯罪行为很快就会被发现。

学生：我问一下，甲对手机靓号为什么不是盗窃呢？因为原来的手机靓号里肯定有话费啊。

张明楷：案情没有说明有话费。你的意思是电信营业厅工作人员虽然有权处分手机靓号，但没有权利处分手机靓号中的话费吗？

学生：是的，所以，对手机靓号中的话费是不是成立盗窃罪的间接正犯？

张明楷：如果话费与手机靓号关联在一起，还是可以承认营业厅工作人员有处分权限吧。如果说工作人员没有处分权限，就不一定办理这项业务了。因为转移手机靓号与其中的话费是不可分离的。

学生：如果说甲对手机靓号的原主人与新主人都成立诈骗罪，那构成同种数罪吗？

张明楷：甲的行为相当于在诈骗既遂后，再销售自己所骗取的赃物。前行为肯定成立诈骗既遂，即使甲没有出卖手机靓号，只要手机靓号都转移到乙的名下，就已经既遂。如果后来甲将真相告诉购买人，则购买人成立掩饰、隐瞒犯罪所得罪；如果甲不将真相告诉购买人，则构成诈骗罪。我觉得两个诈骗罪是同种数罪，但是否属于牵连犯可能存在争议。

学生：因为牵连犯既包括异种罪名的牵连犯，也包括同种罪名的牵连犯,所以,可以认定为牵连犯。事实上,甲只获得了一个财产,获得手机靓号是为了欺骗购买人,主观上只有一个目的,所以,可以认定为牵连犯。

张明楷:这种情形不管是在主观上还是客观上,都存在牵连关系,关键是这种情形是否属于类型性的牵连关系。得出肯定结论也是可能的,因为甲不可能需要那么多手机靓号,他是以出卖手机靓号为目的而骗取手机靓号的,所以,认定为牵连犯也是可以接受的。

学生:财产性利益的范围究竟如何确定,还真是一个问题,不能说凡是可以卖钱的都是财产性利益吧?比如,有一个案件是这样的:三个公务员想要升官,就在县委书记办公室里安装了窃听器等,搜集到了县委书记的一些把柄,然后以此来威胁县委书记给自己升官。如果三个公务员是要求县委书记把这些录音买过去,不能认定为财产性利益吧?

张明楷:这当然不是财产性利益。三个公务员前面的行为成立非法使用窃听、窃照专用器材罪。如果利用这个录音要求县委书记给自己升官,在日本属于强要职务罪,就是指行为人为了使公务员作出或者不作出某种决定,或者为了使其辞职而对公务员实施暴力、胁迫的行为。但在我国不会认定为犯罪。

学生:如果县委书记给三个公务员升官,三个公务员就将录音给县委书记,三个公务员获得了更高的职位,这个职位能认定为财产性利益吗?

学生:在德国,骗取职位是要认定为诈骗罪的,尤其是骗取公职要认定为诈骗罪。如果从法律规定上来说,勒索了公职也是勒索了财产性利益,也同样构成敲诈勒索罪。

张明楷:在中国没有将职位本身认定为财产性利益,如果是通过诈骗或者敲诈勒索手段获得了某个职位,会将基于这个职位所获得的财产,认定为犯罪对象。但中国没有直接将职位本身认定为财产性利益。

学生:如果县委书记给三个公务员升官,三个公务员就将录音给县委书记,也不能认定为行贿受贿吧?

学生:当然不能认定。如果是以此威胁县委书记将录音买回去,则构成敲诈勒索罪。

张明楷:是的。

案例91 诈骗罪(欺骗行为的判断)

甲想把自己的传家宝拿到古董鉴定专家乙处鉴定。乙对甲说:"你晚上来我家,我好好帮你看看吧。"甲当晚把传家宝拿到乙家中,乙鉴定后对甲说:"你这个传家宝也不算什么真的宝物,要不我给你介绍一个古董商,给你出个好价钱。"甲同意后,第二天,就把自己的传家宝卖给了乙介绍的古董商丙。一个星期后,丙把该传家宝拿到香港拍卖,拍卖出9000万元的高价。甲知道后立即报警,声称自己被诈骗。

学生：甲报案后，公安机关认为乙不构成诈骗罪，因为乙提供的是专家意见，甲是否听从专家意见仍取决于自己，甲自愿把传家宝低价卖给了丙。乙的行为构成诈骗罪吗？

张明楷：如果没有证据证明乙与丙存在通谋，只能认定乙的鉴定水平过低，就不可能存在诈骗罪了。

学生：被害人就是怀疑乙与丙串通，乙故意鉴定说不算什么真的宝物，事实上却是宝物，然后与丙合伙欺骗了甲。

张明楷：这需要有证据证明。如果没有证据证明，公安机关肯定不会作为诈骗罪立案。

学生：但我凭感觉认为，乙是与丙串通的，乙故意说不是什么宝物，或许丙事后分了不少钱给乙。

张明楷：问题是你这样说只是凭感觉，而不是凭证据。这个鉴定确实不好说，有的人鉴定水平高一些，有的人鉴定水平低一些；即使鉴定水平高，也可能出现失误。我听说过这样一件事情：齐白石的孙女拿着齐白石的一幅画去鉴定，鉴定师不知道这个人是齐白石的孙女，鉴定结论说是假的。其实这幅画就是真的。如果齐白石画了这幅画之后，一直就放在家里，外面的人根本不知道有这幅画，要让鉴定师鉴定出来真假，不是一件容易的事情。

学生：但是，文物可能不一样。因为什么时候出土了什么文物，即使不知文物的去向，鉴定师也应当知道某个文物是不是流失的那件文物。

张明楷：一般情形是可能的，但不可能每一件都能鉴定准确。所以，这个案件主要是证据问题，不是实体法的问题。如果能查明乙与丙串通，肯定成立诈骗罪。如果不能证明，则不可能认定乙构成诈骗罪。

学生：如果乙确实鉴定错了，丙有没有可能独立构成诈骗罪？

张明楷：这要看具体案情，但案情对此没有任何交代，是不是被害人只是声称乙是诈骗犯，而没有声称丙是诈骗犯，所以，公安机关只是从乙的角度认为乙不构成诈骗罪？如果丙只是单纯说，我出多少钱购买你这个宝物，就不可能存在诈骗。如果甲的宝物是唐代的，甲也这样跟丙说，而丙说根本不是唐代的，就是民国时期或者晚清年代的，丙就构成了诈骗罪。如果不就这些事实进行欺骗，单纯讨价还价，不可能构成诈骗罪。

学生：案情交代得不清楚，估计乙跟甲说值几万元，而丙出了十几万，所以甲很开心就卖给丙了。

张明楷：如果像你设想的这样，当然也不构成诈骗罪。

学生：老师认为诈骗罪中的欺骗行为可以就价值进行欺骗，这个案件中的丙有没有可能就价值进行欺骗呢？

张明楷：这还是一个证据问题，问题是丙是否就宝物的价值实施了欺骗行为？我估计没有。为什么呢？因为甲根本不知道自己的宝物价值如何，所以不会出现甲认为自己的宝物值 1 个亿，而丙说只值几十万这样的情形。所以，本案完全是事实问题或者说证据问题，难以展开实体法的讨论。可以假设的几种情形，我们也说过了。

案例92　诈骗罪（不作为欺骗行为的认定）

甲律师开车不小心撞伤了一位老奶奶，当时也报警了。甲随后将老奶奶送到医院，老奶奶住院花了3万元，出院时，甲先付了3万元，还多给了老奶奶3000元。在老奶奶出院之后，甲也经常慰问老奶奶，老奶奶觉得甲比自己的儿子还好。因为甲驾驶的车辆有第三者责任险，甲就想从保险公司要回医疗费用。甲对老奶奶说："我再送您到医院做个全面体检吧。"老奶奶就更感动了，又去做了一个体检，体检发现甲给老奶奶造成的是伤残八级。甲就请乙律师作为老奶奶的代理人，向法院起诉。法院要求保险公司支付第三者责任险的费用。伤残八级加上以前的治疗费用，保险公司赔付13万元。乙律师就把13万元都给甲，甲拿到13万元之后就据为己有。老奶奶知道甲从保险公司得到了赔付，但老奶奶和他的儿子都不懂保险，不知道赔付多少，也不知道赔付的钱是要给老奶奶的，所以就没有要这笔钱。

张明楷：甲的行为构成保险诈骗罪吗？

学生：不构成，因为保险公司是应当赔付的。

张明楷：如果保险公司知道乙律师拿到13万元之后给甲，是否对保险公司构成诈骗罪呢？

学生：也不构成诈骗罪，因为保险公司对其应当赔付的事项没有认识错误,也没有财产损失。

张明楷:对!不可能对保险公司构成诈骗罪。那么,甲对老奶奶构成什么罪呢?体检结论是伤残八级时,甲就知道保险公司不会只赔付3万元,于是就找了乙律师。

学生:按理说,甲只能拿走他垫付的3万元,剩下的10万元应该给老奶奶。

张明楷:是的,但是甲没有给老奶奶。能不能构成诈骗罪?

学生:骗谁呢?

张明楷:骗老奶奶。

学生:可是老奶奶知道了也没有找甲要钱,是不是承诺了就将这笔钱给甲呢?

张明楷:这明显不符合事实,老奶奶不知道这笔钱是要归自己的。

学生:老奶奶处分财产了吗?

张明楷:那就要看什么是处分了。

学生:判决书表述是判给谁?

张明楷:应该是判给老奶奶,因为老奶奶才是第三者责任险中的第三人,但乙是代理律师,所以是乙律师领取的。

学生:乙应当将这笔钱直接给老奶奶,而不是给甲。

张明楷:乙也许没有接触老奶奶,又是甲请他做的代理,所以他将这笔钱给甲也不异常。

学生：能不能说钱在法院判决之后是归老奶奶所有，所有权是老奶奶的？

张明楷：肯定是判给老奶奶所有，要不然钱怎么让老奶奶的代理律师去领呢？

学生：我怎么感觉更像是侵占遗忘物呢？老奶奶根本不知道这个钱是她的，所以只能评价为遗忘物。

张明楷：是遗忘物还是委托占有物？从法律关系上看，乙是老奶奶的代理律师，利益当然归属于老奶奶。在这个意义上说，认为存在委托关系也未尝不可，叫遗忘物不合适。如果认定为侵占罪，是一件很简单的事情。问题是构不构成诈骗罪？

学生：我觉得被骗的是法院的法官。

张明楷：怎么被骗的是法官呢？法院判的就是给老奶奶，法官没有判错。

学生：但是13万元直接给的是乙律师，而没有给老奶奶。

张明楷：乙律师是老奶奶的代理律师，钱是直接给老奶奶，还是由乙转交给老奶奶，不是什么问题。而且，这笔钱都不一定是法院交给乙律师的，应当是保险公司直接交给乙律师的吧。

学生：如果法官不是受骗人，就只能考虑老奶奶是不是受骗人了。可是，诈骗罪要求受骗人陷入认识错误并处分财产，老奶奶有处分财产吗？

张明楷：首先要讨论的是老奶奶有没有认识错误？

学生：没有。

张明楷：为什么没有？她没有认识到自己因为伤残八级还可以再得到10万元，她为什么没有认识到这一点？她没有认识到这一点是不是一个认识错误？

学生：这是一个认识错误，这个认识错误的形成是因为甲律师隐瞒了老奶奶伤残八级并能够得到更多赔偿金的事实。

张明楷：那好，接下来问你们，老奶奶没有要这笔钱，是不是可以评价为处分行为？

学生：可以说是不作为的处分。

张明楷：对！处分行为不要求有积极的作为，处分行为包括受骗人的作为、忍受与不作为。本案中的老奶奶没有要这笔钱，就是不作为的处分行为。

学生：即使老奶奶有处分行为，也难以说她有处分意识吧！

张明楷：这是我们以前经常讨论的问题。比如，电力用户篡改了电表数，使收费员信以为真，只收取少量电费的，一般还是认为有处分意识。简单地说，因为受骗而没有意识到自己债权的存在进而放弃行使债权的，可以说有处分意识与处分行为。我们今天讨论的案件就是这样的。关键问题是，甲是否实施了欺骗行为？

学生：甲没有实施作为的欺骗行为，只能讨论有没有不作为的欺骗行为。

张明楷：是的，甲没有向老奶奶说明真相，这是不作为。所以，关键是甲有没有义务向老奶奶说明真相？

学生：甲肯定有义务向老奶奶说明真相。

张明楷：这样的话，就完全具备了诈骗罪的构成要件与责任要素，因而成立诈骗罪了。

学生：如果是这样的话，会不会造成侵占行为很容易变成一个诈骗罪？

张明楷：即使说行为人的行为在成立侵占罪之后，掩盖侵占事实，欺骗所有权人放弃要回财物的权利的，还存在一些争议，也就是是否承认侵占后的诈骗还有疑问，可是，本案不应当存在这样的争议。因为甲一开始就是想要得到所有的赔付款，而不是侵占后变成一个诈骗罪。

学生：我突然有一个奇怪的想法，怎么感觉老奶奶是被害人承诺呢？

张明楷：老奶奶不知道这笔钱应当归自己，怎么会是被害人承诺呢？

学生：提起民事诉讼时，老奶奶应当有签名。

张明楷：有签名不等于有承诺。假如甲说我垫付了3万块钱医药费，需要以您的名义去起诉保险公司，让保险公司给我3万元，老奶奶怎么可能对13万元有承诺？如果甲将真相告诉老奶奶说，以您名义起诉后，保险公司会赔您13万，老奶奶说全部都给你了，这才是被害人承诺。

学生：甲肯定有作为义务，但他没有说明真相，如果认定为诈骗罪，只是老奶奶有没有处分意识的问题，其他方面不应当有争议。

张明楷：如果采取处分意识不要说，甲肯定是构成诈骗罪了。西田典之老师说，行为人现在骗得连被害人都不知道自己有债权了，或者说骗得连被害人都不知道将财产处分给他人的，怎么还不是诈骗呢？这是个很充分的理由。但是，如果不要求处分意识的话，在不作为的处分的场合，就没有办法区分诈骗罪与盗窃罪。所以，最好的办法是，既要求有处分意识，也使处分意识缓和一点。比如，前面讲的少交电费的情形，只要受骗人没有收取应收的电费，就认定其对没有收取的电费具有处分意识，这样就能肯定诈骗罪的成立。否则，即使不要求处分意识，对于少交电费的行为也不能认定为盗窃罪与其他犯罪，显然不合适。

学生：比如说被害人手上有一个花3万元购买的花瓶，他给行为人看这个花瓶的时候，行为人不只是看到了花瓶，还看到了花瓶里更值钱的东西。但是被害人一直没有意识到里面有更值钱的东西，行为人就说，你花3万元买的这个花瓶，3万元卖给我吧。被害人就把这个花瓶卖给行为人了，但他根本不知道里面还有价值10万元的财物。在这种场合，被害人肯定有处分行为，但有没有处分意识？

张明楷：有的人认为有处分意识，有的人认为没有处分意识。山口厚老师认为这种情形有处分意识，我认为没有处分意识。

学生：这个案件跟我们讨论的老奶奶的案件是一样的。老奶奶意识到这个请求权值3万,没有想到它值13万元。

张明楷:我感觉不一样,你把我们讨论的案件变成了老奶奶仅对处分财产的数量有错误,但事实上并非如此。花瓶这个案件,我倾向于对花瓶里面价值10万元的财物认定为盗窃罪,因为被害人没有认识到花瓶里面存在其他财物,既然如此,就不可能对这个财物具有处分意识。

学生:如果说认定甲的行为对老奶奶构成诈骗罪,诈骗对象就不是10万元现金,而是财产性利益。

张明楷:对!可以说是10万元的返还请求权这一财产性利益。当然,这个案件肯定会有争议的,因为案情给人的感觉是,老奶奶一概不知,既然如此,能否认定她有处分意识确实会有不同看法。

案例93 诈骗罪(处分意识的判断)

被害人甲到KTV消费后,用银行卡结账,真实消费额为986.1元,收银员乙将小数点往后移一位,刷卡金额变为9861元。甲由于饮酒大意未认真核实,输入密码并签字确认。乙将随后几单的现金结账做成银行卡结账,将现金套出,据为己有。

张明楷:有人认为乙的行为是职务侵占,有人认为乙的行为是诈骗，有人认为乙的行为是盗窃。你们分析一下。

学生：乙确实利用了职务上的便利，但他非法占有的并不是本单位的财物，所以不是职务侵占。

学生：而且，记得老师说过，不能说凡是到了公司账户的款项就是公司所有，行为人以非法占有为目的，将他人的款项划转到公司账户上时，不应当认为为公司所有。

张明楷：我是说过的。因为行为人以非法占有为目的，将他人款项划转到公务账户上时，就已经构成一个财产罪的既遂犯了。即使后来从公司账户上取出来，公司也没有财产损失，因为公司原本就不应当得到这些财产。所以，不能认定乙的行为是职务侵占。而且，由于数额不够职务侵占罪的成立标准，认定为职务侵占实际上否认了犯罪的成立。但这样的话，就没有考虑甲的财产损失，显然不合适。

学生：如果被害人来找公司要求赔偿，公司是不是承担了一个债务？

张明楷：那是下一步的事了，首先要问持卡人为什么找公司，因为他已经遭受了财产损失，但不能跳过真正的被害人，以最终公司赔了钱为由，认为乙直接对公司构成职务侵占。也就是说，首先要承认甲已经因为乙的行为受到了财产损失，需要判断乙对甲的财产损失构成什么罪。不讨论这一点，直接跳到后面将公司作为被害人，明显不合适。

学生：那老师认为乙前面的行为构成什么罪？

张明楷：我问你们，能不能认定为盗窃？

学生：甲虽然有签名的行为，但对于多出的部分并没有处分意识。

张明楷：你的意思是要认定为盗窃罪吗？

学生：也不是，这取决于诈骗罪的处分意识内容是什么。如果要求认识到处分财产的具体数额，乙的行为就不成立诈骗罪，只能认定为盗窃罪。

张明楷：如果要求受骗人认识到处分财产的具体数额，明显不合适。

学生：按照老师的说法，受骗人只有量的认识错误，所以，不影响诈骗罪的成立。

张明楷：是的。问题是，甲的签字确认与我们通常所说的基于量的认识错误处分财产是不是一回事。乙是先刷了甲的银行卡，然后让甲确认签字。定盗窃有什么问题吗？

学生：我觉得没有问题，因为刷卡就导致了现金的转移，签字只不过是确认。所以，在签字确认之前就已经构成了盗窃既遂。

学生：但是，甲同意刷卡是不是也意味着被害人有处分意识呢？

学生：那要看处分意识要求到什么程度，是只需要有财产处分的认识，还是要求到财产处分的具体数额。

张明楷：刚才说了，按照我的观点只有量的错误时不影响处分意识，好像得定诈骗。问题是，当被害人清楚地知道自己只是处分九百多元的场合，而乙实际上刷走九千多元的，能不能说被害人对多刷的部分完全没有认识？

学生：如果按照老师的观点，也还是只有量的认识错误，不影响诈骗罪的成立。

学生：比如被害人的翡翠本来价值10万元，但行为人欺骗被害人说只值1万元，就以1万元的价格买来了。被害人的这种量的认识错误与跟金钱数额的量的错误还是不同的。

张明楷：是有区别，问题是这种区别是否影响对行为性质的判断。

学生：对于金钱来说量不就是质吗？

张明楷：也就是说，被害人所要交的就是他消费的钱，没有消费的钱本来就是不存在的。这个意义上似乎也可以解释成为盗窃。但不能否认，本案中的甲只对处分财产的数额存在量的错误，认定为诈骗罪可能更合适。

学生：有没有可能说，乙没有实施欺骗行为，因为刷卡前机器上显示的就是9861元。

张明楷：不能这么说吧，因为乙知道甲喝多了才把小数点往后移一位，还是有欺骗行为的。

学生：这个和我们前两天辩论的案例有点像。被害人买一根项链，价格为5万元，被害人让服务员包装一下，服务员包装的时候换了一个价格低的,然后让被害人刷卡付款 5 万元,被害人拿着价格低的项链就走了。这个案件是定盗窃还是定诈骗?

张明楷:这个案件要定诈骗。因为在付款前,项链还是由服务员占有,而不是由顾客占有。服务员实际上是将一根价格低的项链冒充价格高的项链出售给被害人,被害人也误以为自己买的是价格高的项链,所以按高价格付款,处分了自己的财产。如果改变一下案件,顾客已经付款后,让服务员再包装一下,服务员调包的,就构成盗窃罪。因为这个时候的项链由顾客所有和占有,服务员的调包行为,就是违反顾客的意志,将顾客占有的项链转移为自己占有的行为,因而构成盗窃。

学生:判断谁占有完全以是否付款为基准,是这样吧?

张明楷:这样说也可能过于绝对。但根据交易习惯,顾客选定了商品,并且付了款,就应当认定商品由顾客所有。但在这种场合,你不能说商品虽然由顾客所有,但由服务员合法占有,还是要认定顾客同时占有了商品。否则,顾客在付款后没有经过服务员同意拿走商品的,还要认定为盗窃罪,这显然不合适。所以,必须承认顾客占有了商品。顾客在占有商品后,让服务员包装一下是很正常的,但在服务员现场包装的时候,也是由顾客占有。

学生:我们今天讨论的这个案件,乙刷了甲的银行卡后,还需要甲输密码,如果甲不按密码,也不能转移款项。

张明楷:我觉得可以一体化地判断,而没有必要按每一个小动作判断。甲同意刷卡、输入密码和签字确认,都是处分行为,只是没有意识到处分的是 9861 元，但认识到了要处分自己所消费的金额，所以，只有量的认识错误。

学生：我感觉认定为盗窃也是有道理的。

张明楷：是的，当然有道理，否则怎么会有争议呢？比如我们以前讨论的案件，卡车司机去拉矿石，车里加很多水后过磅称重量，到矿山里把水全部放掉，然后拉一车矿石出来。矿山再称重量时，实际上就少算了矿石的重量，于是少收矿石款。矿山的人也没有意识到自己处分了多少矿石。这种情形一般是认定为诈骗罪的吧。本案与这个情形似乎有点区别，在运矿石的案件中，被害人根本不知道自己应收到多少矿石款，而本案中知道自己应付出多少消费款。但这一点区别对区分诈骗与盗窃可能没有什么意义。主张认定为盗窃罪的理由，可能是甲明确认识到自己应当交付或者处分的财产数额，所以，超出的数额是甲没有认识到的，因而没有处分行为与处分意识，乙的行为违反了甲的意志。但不管怎么说，甲一并处分了自己的财产，只是在处分数额上存在认识错误，所以，还是可以认定对所处分的全部财产有处分意识的。

学生：乙多刷消费款是违背了甲的意志的，输密码以及后来签名确认，其实也都是违背甲的意志的。

张明楷：最终当然都是违反被害人意志的，问题是，乙的行为当时是否得到了甲的同意，而这个同意又是否通过欺骗行为取得的？如果得出肯定结论，还是要认定为诈骗罪。

学生：乙的欺骗行为也太简单了。

张明楷：欺骗行为简单与否并不重要，重要的是能否使受骗人产生认识错误。如果甲误以为自己处分的就是消费款，但实际上处分了更多，也是产生了认识错误。

学生：如果将乙前一个行为认定为诈骗罪，对他从公司账户里再把这笔钱取出来的第二个行为要不要评价？

张明楷：如果乙是从公司账户里再把甲多付的款取出来，就不能再评价为另一个财产罪了。如果在德国，有可能认定为法条竞合中的吸收关系，后行为是为了前行为所获得的利益。但我认为，乙的行为只是侵害了甲的法益，没有侵害公司的法益，没有必要评价从公司账户再把甲多付的款取出来的行为。

学生：数罪并罚肯定不合适。我认为属于包括的一罪中的不可罚的事后行为。

张明楷：其实，本案并不是刚才所说的那样，乙从公司账户里把钱取走，而是在他人随后用现金结账时，乙将等额的现金截留，将他人的现金付款记为银行卡付款，于是，公司应当收到的现金没有收到，但公司的账户上增加了相应的银行卡收入。如果粗略地讨论，似乎有可能是包括的一罪，但如果仔细思考，其实特别麻烦，涉及职务侵占罪是对整体财产犯罪还是对个别财产犯罪的问题。

学生：明白老师说的意思了。如果说职务侵占罪是对个别财产的犯罪，那么，乙后来收到的现金就是公司所有的现金，乙只是基于职务占有，乙将公司所有的现金据为己有，就构成职务侵占。如果说职务侵占罪是对整体财产的犯罪，就需要判断公司的整体财产有没有损失,但在本案中,虽然公司的现金减少了,但银行债权增加了,所以,没有财产损失,所以,乙的行为不成立职务侵占。

张明楷:对!按理说,随后的顾客所交付的现金属于公司所有,乙没有权利将现金据为己有。这是肯定的。如果不考虑其他方面,孤立地判断乙的这一行为,确实属于职务侵占。

学生:能不能说公司有财产损失呢?因为现金与债权是不一样的,现金更有用。

张明楷:在某些场合是这样的,在某些场合未必如此。关键还要看什么样的债权,银行债权与现金其实没有什么区别。我现在坐出租车的时候,司机都不愿意收现金,而是要我用微信或者支付宝支付。

学生:司法实践可能还是将职务侵占当作对整体财产的犯罪考虑的,所以,难以认定乙的行为另成立职务侵占。

张明楷:是的,即使达到了职务侵占罪的定罪标准,认为乙的后行为侵害了另一法益,实行数罪并罚,也会导致处罚明显过重。

学生:而且,如果将乙获得公司应收到的现金这一后行为认定为职务侵占,会导致公司前面从银行卡多收取款项成为不当得利,处理起来也挺麻烦。

张明楷:这也是否认职务侵占罪的一个小理由吧。

案例94　诈骗罪（双重诈骗的认定）

甲为了骗取银行1000万元贷款，欺骗乙用一套价值2000万元的别墅为自己提供担保，谎称贷款后就给乙300万元好处，但银行贷款的本息全部由自己归还，乙同意后，甲向银行申请贷款，贷款1000万元后立即将钱转到境外，然后潜逃。

张明楷：这样的案件并不少见，你们看到学界与司法实践中对此有什么见解？

学生：有学者认为，甲仅对乙成立诈骗罪或者合同诈骗罪，对银行不成立犯罪。

张明楷：理由是什么？

学生：因为银行可以行使抵押权，比如可以拍卖乙的别墅，就没有损失了，最终只有乙有财产损失。

张明楷：银行没有损失为什么行使抵押权？银行是因为甲不归还本息才行使抵押权的吧！

学生：人们一般习惯于看最终的损失，司法机关大多也是这样。

张明楷：最终的损失当然是要考虑的，问题是，"最终"是什么意思？到什么时候为止？最终的一切损失都能归属于行为人的行为吗？即使要考虑最终损失，也要考虑行为造成的直接损失是什么吧？

学生：甲不归还本息就给银行造成了损失。

张明楷：银行发放贷款的目的是让借款人归还本息从而获利，但在本案中，银行发放贷款的目的没有实现，当然要认定有损失。目的落空就是财产损失，这是我们一直坚持的观点，因为交易都是有目的的，没有实现目的就意味着交易的失败，当然要认定为财产损失。不仅如此，如果能认定甲以非法占有为目的骗取贷款，其取得1000万元贷款时就意味着给银行造成了相应的财产损失。

学生：那后来行使抵押权又该怎么解释呢？

张明楷：后来行使抵押权只是挽回损失而已。也就是说，银行是因为有损失了，才去行使抵押权从而挽回损失。按理说，银行行使抵押权并不是常态，而是在本息未被归还时才不得已行使抵押权。

学生：如果银行行使了抵押权，最终没有损失，仅认定甲对乙成立诈骗罪或者合同诈骗罪，会有什么问题吗？

张明楷：问题多了。首先是素材的同一性问题。甲明明从银行得到了1000万元资金，即使银行最后行使抵押权，拍卖了乙的别墅，乙损失的是别墅，这怎么能与甲得到的1000万元形成同一性？就算你说担保人乙的别墅没有了，这样说的意义何在？因为甲没有得到别墅，也没有得到别墅的对价，你能说甲骗取了乙的别墅吗？你能说甲骗取了别墅的对价吗？显然不能。虽然我们说，诈骗罪中的素材的同一性只要求有对应关系，但这一般是就财产性利益而言；就狭义的财物而言，被害人交付的或者处分的与行为人得到的必须是完全同一的。乙失去的别墅与甲得到的1000万元资金怎么可能形成同一性？也就是说，只要肯定甲得到了1000万元资金，就必须认定银行是被害人，即银行损失了1000万元。只有这样，才能符合素材同一性的要求。

学生：除了素材的同一性之外，还有别的问题吗？

张明楷：当然有。比如，甲的诈骗行为什么时候既遂？

学生：如果有事实证明甲对银行贷款具有非法占有目的，取得1000万元时就是既遂。

张明楷：那好，既然取得了1000万元时就是既遂，怎么要等到银行拍卖了乙的别墅后，才认定甲对乙构成诈骗既遂？这显然说不通吧。

学生：是这样的。不过，我们在办案时总是认为如果银行行使了抵押权，它就不是被害人了。

张明楷：在任何贷款案件中，银行都能行使抵押权吗？即使行使了抵押权，也都能确保没有损失吗？

学生：那不一定。

张明楷：就是嘛！比如，万一乙隐瞒了真相，别墅原本已经作了抵押呢？或者万一乙采取欺骗手段将别墅出卖给善意第三人了呢？万一别墅跌价很厉害呢？

学生：别墅跌价不可能。

张明楷：什么可能都有。虽然不动产作抵押似乎问题不大，但是，在分析案件时不能仅考虑这种情形。如果用其他的财产担保时，银行能确保行使抵押权就没有最终损失吗？比如，以前有的人用煤炭作担保向银行贷款，但后来煤炭价格大跌，银行行使抵押权也不能挽回损失，或者只能挽回部分损失。

学生：看来还是得承认银行是被害人。

张明楷：如果不承认银行是被害人，还会出现其他许多问题。比如，如果银行行使抵押权，但只挽回了80%的损失，那余下的20%怎么办？这个时候也只认定甲仅对乙成立诈骗罪或者合同诈骗罪吗？

学生：显然不合适。

张明楷：如果不考虑利息，能仅认定甲对银行诈骗200万元，对乙诈骗800万元吗？

学生：也不能。

张明楷：所以，无论如何都要认定甲对银行贷款诈骗罪的数额是1000万元。甲为了骗取银行贷款才欺骗乙，至于银行是否会对乙行使抵押权，如何行使以及能否挽回损失，甲并不关心。在这种场合，否认甲对银行构成贷款诈骗罪，明显不合适。

学生：甲对乙就不构成犯罪了吗？

张明楷：我可没有说甲对乙不构成犯罪。我们首先要肯定甲对银行成立贷款诈骗罪，然后再讨论甲对乙是否成立诈骗罪或者合同诈骗罪。

学生：如果银行行使了抵押权，导致乙的别墅被拍卖，乙的财产损失就相当明显了，但这个损失还是要归属于甲的诈骗行为。

张明楷：你这样说是没有问题的。但是，不能认为只有当银行拍卖了乙的别墅时，乙才有财产损失；这样说，不能说明甲对乙的诈骗何时构成既遂，而且导致甲对乙的诈骗是否构成犯罪具有偶然性。

学生：您的意思是即使银行没有行使抵押权，甲对乙也构成诈骗既遂吗？

张明楷：是啊！

学生：甲欺骗乙为自己贷款提供担保时，就是诈骗既遂吗？

张明楷：不可能吗？

学生：按照您的说法，不能忽略各种可能。问题是，在这种场合，甲骗取了什么？乙损失了什么呢？

张明楷：这就是我们要讨论的。乙将自己的别墅用于为甲担保，肯定有财产损失。你们想一想，乙的别墅在抵押后还能出卖吗？如果出卖的话价格会不会降低？

学生：不能出卖了，没有谁会购买被抵押的别墅，而且即使出卖了，价格肯定有明显区别。

张明楷：我只是由此说明乙提供担保时有损失，但甲对乙的诈骗对象究竟是什么，还需要讨论。担保在民法上叫什么？

学生：担保物权。

张明楷：可是甲没有获得担保物权，是银行获得了担保物权。诈骗犯甲获得了什么？

学生：获得了贷款。

张明楷：我是问甲从担保人乙那里获得什么？

学生：获得一个担保，也是一个权利。

张明楷：是一个什么权利？诈骗犯甲获得了什么权利？

学生：甲把担保物权处分给银行，让银行获得了担保物权。

张明楷：担保物权不是甲的，乙也没有担保物权，甲怎么把担保物权处分给银行啊？贷款担保时是谁跟谁签合同？

学生：三方签。但是这个担保物权不是为第三人利益，而是为诈骗犯甲的利益而存在的，最后还是为了甲获得贷款。

张明楷：三方合同里提供担保的是乙，担保物权是银行享有，担保物权对应的概念是什么？

学生：没有对应的概念吧。

张明楷：不管有没有对应的概念，但我们还是可以说乙是为甲提供了担保吧？

学生：是的。

张明楷：乙为了甲贷款而提供了担保的话，就表明乙为甲提供了一种利益，甲获得了一种财产性利益，这种财产性利益的具体事实是什么?

学生：就是乙为甲贷款提供了担保。

张明楷：在日本，骗取他人给你担保的，肯定会定诈骗罪。

学生：老师，我发现司法实践中对于骗取财产性利益的行为认定为既遂的很少。前两天刚看了一个案例：A 冒充自己的父亲，将父亲的房子卖给他人。A 通过中介公司与 B 签订了合同，B 给了他 30% 的预付款（30 万元），还有 100 万元的房款没有付，说等过户以后再付，但过户的时候被发现了。A 发现办不成，就只好把 30 万元退还给 B。人们讨论的是，A 是诈骗既遂还是未遂。有人说后面的 100 万元的利益还没有实现，是诈骗未遂。我想问的是，如果说财产性利益是诈骗罪的对象，能否说后面的 100 万元的利益，在签订合同时就已经既遂了？

张明楷：这样的案件在德国好像是认定为诈骗既遂，因为 A 除获得 30 万元外，已经取得了财产性利益，或者说，按照合同已经取得了债权。日本也有学者持这样的观点，比如欺骗他人打一个欠条的，就成立诈骗既遂。但是，日本的多数学者认为，在这种骗取债权的场合，认定为诈骗既遂必须慎重。因为成立诈骗罪也要求有利益的转移，如果不存在利益的转移，就难以认定为诈骗既遂。在根据合同或者欠条对方需要履行债务时，行为人表面上获得了一个债权，但事实上没有任何利益的转移，所以，日本许多学者主张这种场合仅认定为诈骗财物的未遂。从另一个角度来说，诈骗财产性利益与诈骗财物的法定刑是一样的，但是，在上述场合，行为人还需要求他人履行合同，即要求他人交付现金。如果说签订了合同就是诈骗财产性利益既遂，就相当于将诈骗财物的未遂认定为诈骗财产性利益的既遂，这就不合适了。所以，刚才那个卖房子的案件，还是认定 A 诈骗 30 万元既遂，100 万元是诈骗未遂可能好一点。

学生：财物和财产性利益的关系有时也比较复杂。

张明楷：有时候财产性利益比财物重要，有时相反，要看具体情形。比如，有时候保护财产性利益是为了保护财物，有时候保护财物是为了保护财产性利益。但是，由于二者都是诈骗罪的对象，法定刑相同，所以要考虑二者的协调，不能轻易将对财物的诈骗未遂认定为对财产性利益的诈骗既遂，反之亦然。其他犯罪也存在这样的问题。例如，张三使用暴力迫使李四写一个欠条，说李四欠张三 100 万元，在李四还没有向张三支付这 100 万元时就案发了。你们说这是抢劫既遂还是未遂？如果张三强迫李四用李四所有的纸写欠条，在日本就可以认定张三抢劫了李四的有体物，就是那张纸、那张欠条。但是，如果张三拿着自己的一张纸和一支笔，逼着李四写欠条就麻烦了。在这种场合，不好说张三抢劫了有体物，只能说抢劫了财产性利益，让李四承担了债务。但能不能认定为抢劫财产性利益既遂，还存在争议。但是，反过来的情形则没有任何争议地认定为既遂。也就是说，使用暴力强迫他人免除债务的，肯定成立抢劫财产性利益既遂。因为在这种场合，被害人的损失是相当明显的，即债权消失了。但在行为人让他人承担债务的场合，我们一般总会认为，债务没有履行所以没有损失，而且债务是可以不履行的。

学生：感觉二者是有区别的。

张明楷：话又说回来，前面甲让乙为自己骗取贷款提供担保的，所骗取的究竟是什么财产性利益呢？

学生：有一个概念叫抵押负担。

张明楷：如果有这个概念，就可以说，甲原本要自己承担抵押负担，但他采用欺骗方法让乙承担了抵押负担。

学生：对。

张明楷：说来说去还是一个担保，我是说能不能有一个具体的概念，这种情形行为人究竟取得了什么利益？

学生：跟别人成为一种关联的负担关系，这本身在国外有一个专有名词，但那个词翻译成中文不知道该怎么说。

张明楷：原本甲自己还不了贷款时，是自己的担保物被银行拍卖，但现在等于是自己不还贷款时让别人帮你还。别人帮忙还的话，那个担保物不一定要拍卖。

学生：实现担保物权一定要把这个担保物卖掉。

张明楷：不一定吧。如果担保人愿意拿现金还给银行呢？

学生：财产性利益包括两个方面：一个是获得，一个是免除，甲是免除了抵押的负担。

张明楷：免除了自己的负担。

学生：对。就像你骗别人免除自己的债务一样。

张明楷：怎么样表述能让人信服，这是很重要的。

学生：老师，甲对乙也成立诈骗罪吗？

张明楷：当然成立诈骗罪。

学生：如果银行把别墅拍卖了，别墅是甲诈骗罪的对象吗？

张明楷：前面就说过了，不能将别墅本身评价为诈骗对象，甲事实上也没有得到别墅，甲也不是为了让第三者得到别墅，拍卖别墅也不具有必然性，乙也可能直接归还甲的贷款本息。我认为甲对银行成立贷款诈骗罪，对象是1000万元信贷资金，对乙成立诈骗罪或者合同诈骗罪，诈骗对象暂且表述为担保利益，或者说，给乙设定了债务。其实，很多财产性利益在刑法上与民法上未必形成了固定的概念，但可以肯定，乙在为甲担保时，甲就获得了一种财产性利益，乙也提供了一种财产性利益。当然也有另一种可能，就是甲通过欺骗乙提供抵押，使第三者即银行获得了一个抵押权，抵押权是财产性利益。而使银行获得抵押权是为了甲自己取得贷款，所以银行这个第三者属于非法占有目的中的那个"使第三者占有"的第三者。这样解释是不是更顺一点？

学生：老师的意思是，甲欺骗了两个被害人，一个是银行管理者，甲是使自己取得贷款；另一个是乙即提供担保的人，是使第三者即银行取得抵押权，二者分别属于非法占有目的中的使自己占有与使第三者占有。

张明楷：对！这样是不是更好理解一点？也不用去寻找某些新的概念，没有必要说抵押权的负担之类的。

学生：如果两个行为都成立犯罪的话，甲的两个罪需要并罚吗？

张明楷：理论上有两种可能：一是并罚，因为甲事实上实施了两个行为，侵害了两个法益。二是按牵连犯处理，即欺骗乙是手段行为，诈骗贷款是目的行为。后一种就需要考虑两个行为之间是否具有类型性的牵连关系。

学生：这种案件多了，就可以说有类型性的牵连关系了。

张明楷：这样说也未尝不可，我的教材以前说的是数罪并罚，考虑到量刑过重，后来也改成牵连犯了。

学生：老师，我顺便问一下。《刑法修正案（十一）》修改了骗取贷款罪的成立条件，只有给金融机构造成损失的，才可能成立骗取贷款罪。那么，按照老师的观点，是不是只要行为人不能归还贷款，就认定金融机构有财产损失？还是说，如果银行行使了抵押权，最终没有财产损失的，就认定没有财产损失？

张明楷：前不久，我参加最高人民检察院某个厅举行的一个小型座谈会，就是讨论骗取贷款罪的认定问题，其中一个争议问题就是你问的这个问题。有的学者认为，银行如果通过行使抵押权，使发放贷款的本息都收回了，就没有财产损失，骗取贷款的行为就不能认定为犯罪。我不赞成这个观点。除了其他一些我以前在论文中讲过的理由外，一个最基本的理由是：凭什么让受欺骗的担保人遭受财产损失，反而使得行为人不构成犯罪？也就是说，在这种情形下，认定行为人无罪，是以担保人遭受财产损失为代价的。这太不合适了！总不能说，行为人先骗取了银行的贷款时，不能归还本息的，还不成立犯罪；后来银行行使抵押权，使担保人遭受财产损失了，行为人仍然无罪。我是不可能接受这种观点。后来,参加座谈会的其他老师也同意我这个观点。

案例95 诈骗罪(欺骗程度的判断)

几个被告人建了一个××约会的交友软件,软件有很多名称,但是后台只有一个。2017年3月25日,被告人把这个交友软件微信版上线运营,2017年8月28日APP版也上线运营。这个软件的后台事先制定了大量的女性虚拟账号,男性下载APP登录进入这个软件后,软件就自动地将虚拟女性的账号以附近的人的形式推送给男性,然后就由机器人代码向这些男性发送挑逗性的言语和裸露的照片,男性用户按照软件的提示要求,向软件充值付款,每次充50元左右。在软件上注册的有上万人,总共充值1800万左右,这些钱全部用来维护平台。

张明楷:认定为诈骗罪有疑问吗?

学生:男性充值的目的是什么?

张明楷:当然是为了真正的交友,交友就必须聊天,聊天就要充值,否则就不能聊。

学生:男性充值后只能与机器人模拟的女性对话?

张明楷：对。

学生：如果是这样的话，被告人的行为当然属于诈骗。

学生：如果男性就是为了消磨时光，而不管对方是真实女性还是机器人呢？

张明楷：如果是这样，男性的目的就没有落空，当然不成立诈骗罪了。但事实是，男性都是为了实现交友目的，但这个目的没有实现。

学生：互联网上这种东西本来就存在虚拟性，有句话说："谁知道自己聊天的对象是狗还是人？"

张明楷：如果被告人并不用虚拟的账户冒充真实女性，当然没有问题，但问题是，被告人的行为使得男性误以为对方是真实女性，才继续充值聊天。

学生：如果是这样，应该可以定诈骗吧。

张明楷：那么，我再增加一点事实：男性再次充值后，会有真实女性与男性聊天，但这些女性都是被告人雇的，被告人要求这些女性不得与男性真实交友，只能与男性在网上聊天，但男性却误以为自己是在与自己交友的女性聊天。如果是这样的话，还构成诈骗罪吗？

学生：这样就不构成诈骗罪了吧。因为男性是为了与真实女性聊天，现在的确在与真实女性聊天。

学生：还是构成诈骗罪吧。因为男性不只是为了与女性聊天，而且还要与女性交友，聊天只是手段而已，目的是为了交友。但男性的目的不可能实现,因为这些女性并不是为了与男性交友,只是被告人雇来欺骗男性的。

张明楷:看来,被告人的行为是否构成诈骗罪,取决于被告人的交友平台的性质,许诺的具体内容以及充值的男性的目的究竟是什么。

学生:既然是交友平台,当然是交友的,而不是仅聊天的。而且,如果是单纯的聊天在哪里都可以聊,根本不需要花钱充值,所以,我认为构成诈骗罪。

张明楷:如果平台声称的是交友平台,声称充值后可以利用平台与女性交友,但事实上并非如此,还是应当认定为诈骗罪的。

学生:是的。

张明楷:可是,一旦认定为诈骗罪,就要处10年以上有期徒刑,感觉处罚太重。因为这种诈骗不同于骗取一个人的1800万元,是不是?

学生:是的。

张明楷:但是,在现行司法解释规定之下,也没有简单的办法可以判处10年有期徒刑以下刑罚,只能看看哪些数额可以排除在诈骗数额之外。

学生:也不太好排除。

张明楷:我觉得,严格地说,不能按平台的整个收费认定诈骗罪的数额,只能按查明的男性被害人数量认定诈骗罪数额。

诈骗罪是对个人法益的犯罪，如果没有找到受骗人，就不能将其充值额认定为诈骗数额，因为司法机关连受骗人都没有找到，怎么说他受骗了呢？万一他就是不在乎是机器人还是真实女性呢？万一他就是聊聊天，而不管对方是真是假呢？所以，只有找到了真正的受骗者，才能将他的充值款认定为对方的诈骗数额。倘若司法机关找到了100人，每人50元，诈骗数额就只是5000元。

学生：这是个思路。

张明楷：我并不是单纯为了使量刑较轻才这么认为，更重要的原因是，既然要认定为诈骗罪，就必须找到受骗者，判断受骗者是不是确实因为受骗而产生了认识错误，并基于认识错误处分了财产。在此问题上需要证据证明，而不是简单地推定。

学生：老师，如果是这样的话，那些电信诈骗是不是也这样认定数额？

张明楷：我觉得有区别。在行为人的欺骗行为不提供任何对价包括服务的情况下，可以认为被害人是完全受骗，不可能实现任何目的，或者说目的失败没有任何疑问。也就是说，我们今天讨论的这种案件与通常的电信诈骗不一样，电信诈骗是纯诈骗，不是交易过程中的诈骗，不会提供任何服务，不可能因为被害人的目的不同而影响诈骗的认定。而本案行为人提供了一定的对价即服务，要考虑被害人的目的是否实现了，而被害人的目的不一定完全相同。被害人的目的是否实现，或者说对方是否存在财产损失，就是必须具体判断的问题。所以，与通常的电信诈骗不同。

学生：明白了。

学生：上一次看《今日说法》，节目讲了这样一个案件：行为人在网上大量地发广告，声称只要把他们的二维码转一下，就可以免费得到小米手环，但需要付29元邮费。有很多人转了二维码，也确实收到了被告人寄来的手环，但不是真正的小米手环。其实邮费不需要29元，假手环只需要几块钱。由于很多人上当，行为人累计赚了几百万元。我当时就想，对这个行为要不要定诈骗罪？

张明楷：这种对多数人的小额诈骗，实践中一般不会定罪吧！

学生：被害人事实上也没有特别的期待，因为总共才29元，其中还包括了邮费，即使不是小米手环，只要能使用，被害人也未必在意，只是因为数量特别大，所以，总量就很多。

张明楷：不定诈骗罪也可以，可以只定虚假广告罪。

学生：2016年12月19日"两高"和公安部《关于办理电信网络诈骗等刑事案件适用法律若干问题的意见》规定，发送诈骗信息5000条以上，或者拨打诈骗电话500人次以上，按诈骗罪的情节严重处理。

张明楷：这个司法解释其实指出了按未遂犯处理。也就是说，如果行为人没有骗取数额较大的财物，即使按情节严重处理，也必须适用未遂犯的规定。总不能说，只要行为人电话拨打得多，就是诈骗既遂了。

学生：这一点也有争议。有一种观点说，既然达到了情节严重的要求，怎么可能还未遂呢？

张明楷：不是情节严重本身的未遂，情节严重是量刑规则。也就是说，只有情节严重了，才能适用情节严重的法定刑；如果情节不严重，就不能说差一点就情节严重了，所以是情节严重的未遂犯。我的意思是，发送诈骗信息5000条以上，或者拨打诈骗电话500人次以上，可以适用情节严重的法定刑；但如果没有取得财物，就仍然是诈骗罪的未遂犯，还需要适用未遂犯的处罚规定。

学生：有人说老师的这个观点存在矛盾。

张明楷：你们想一想就会发现没有任何矛盾。比如，故意杀人时，如果被害人差一点就死亡了，成立故意杀人未遂。但行为人在实施诈骗时，发送诈骗信息4990条，或者拨打诈骗电话490人次，能认定为情节严重的未遂犯吗？显然不能。

学生：老师，我再问一下，一些人明明不是乞丐，却装成一个乞丐，占一个地盘，每个月下来有几万元收入，要定诈骗罪吗？

张明楷：我觉得要定诈骗罪。本来胳膊腿好好的，却假装成缺胳膊少腿，躺在一个地方乞讨的，我觉得就是诈骗罪。我的《诈骗犯罪论》一书中，还专门讨论了这样的情形。

学生：一个卖茶叶的人，在自己的微信上用漂亮女性照片作为头像，跟顾客聊天时，聊着聊着讲一些悲惨的经历，获得顾客的同情，顾客在这种情况下就没有再去识别茶叶的质量，可能花几百块钱买一斤。要不要定诈骗罪？

张明楷：如果茶叶的质量与价格相当，当然不成立诈骗罪。如果茶叶的质量很差，而且所谓的悲惨的经历是假的，类似于要求他人捐款性质的，则有可能构成诈骗罪。也就是说，如果行为人根本不需要救济，但虚构事实，使他人认为行为人需要救济，而出于救济目的购买茶叶的，按照目的失败论，被害人就有财产损失，因而可能构成诈骗罪。

学生：我国司法实务当中是将诈骗罪理解为对整体财产的犯罪还是对个别财产的犯罪？

张明楷：我的感觉是，许多判决都是将盗窃、诈骗等财产罪当作对整体财产犯罪的。比如，只要双方有债权债务关系，盗窃罪、诈骗罪等就不一定能成立。

学生：从刑法条文来看的话，有没有可能说诈骗罪是对整体财产的犯罪？因为法条表述了"数额较大"的要件。

张明楷：数额较大是窃取、骗取的财物数额较大，没有要求造成整体财产损失数额较大。我还是倾向于将诈骗罪理解为对个别财产的犯罪，只不过被害人是否存在个别财产损失，需要进行实质判断，也就是被害人交付财物的目的是否实现。

案例96　诈骗罪（与盗窃罪的区别）

2009年3月10日，罗某在一个学校门口见到小张（12岁）和一个朋友肖某发生争执，就上去问怎么回事，得知他们两个人的自行车相撞了。肖某要求小张赔偿，罗某就把肖某劝开了，说对方是小孩子就算了。罗某将肖某劝开后，就想"敲诈"小张一点钱。罗某说，肖某要200元钱，你不给他的话他就要打你了。小张就很害怕了，但是他自己没有钱，罗某就跟小张说你想想办法。小张问，可不可以把父母的存折偷出来，然后你去取200元给肖某。罗某同意后，小张把父母的活期存折偷了一本出来交给罗某。罗某发现活期存折里面有3000元，就全部取出来据为己有，小张的父母知道后报警。

张明楷：第一种意见主张定敲诈勒索罪；第二种意见主张定侵占罪；第三种意见主张盗窃罪；第四种意见主张定诈骗罪。怎么有这么多观点？这么简单的案件，产生这么大的争议，感觉不应该。

学生：不同观点着眼的事实不同。

张明楷：简单地说，就是罗某把别人家存折里的3000元取走了，对吧？

学生：小张就让他取200元，他取了3000元。

学生：罗某用恐吓的方式欺骗了小张，说肖某会打小张。

张明楷：可是，就算这样，也只是小张基于认识错误处分了200元，不管是说诈骗还是敲诈勒索，都只能解决200元的问题，那剩下的2800元是小张处分给罗某的吗？

学生：当然不是。

学生：实践中有一种说法，就是后行为是前行为的延伸。

张明楷：我知道有这种说法，我一有机会就批判这种说法，尤其是在做讲座的时候。按照这种说法，买刀之后杀人的都无罪了？

学生：怎么会？

张明楷：杀人行为是买刀行为的延伸啊，买刀行为不构成犯罪，所以，整体都无罪。

学生：不会有人这样说吧。

张明楷：当然不会有人这么说，可是，按照后行为是前行为的延伸的逻辑，难道不是一样的吗？

学生：前行为是犯罪的时候，后行为才是前行为的延伸。

张明楷：那也不能这么说。如果说前行为是犯罪的时候，后行为就是前行为的延伸，那么，行为人先盗窃一支枪，后来用这支枪杀人的，也只认定为盗窃枪支吗？

学生：当然不是。

张明楷：那为什么前行为是盗窃后行为就一定是盗窃，前行为是诈骗后行为一定也是诈骗呢？

学生：我也不赞成后行为是前行为的延伸这种说法。

张明楷：你们千万不要按这种思路认定犯罪。要看结果是什么，造成结果的是什么行为，这个行为符合什么犯罪的构成要件。3000元中的200元与2800元的损失有可能是由不同的行为造成的，我只是说"有可能"。

学生：能说小张没有处分权限，认定罗某是盗窃吗？罗某是间接正犯指使小张去盗窃。

张明楷：小张自己提出来的，要认定罗某指使不合适。更为重要的是，如果说盗窃，也只是盗窃存折，只是对存折本身成立盗窃，对3000元怎么可能成立盗窃？难道又要用后行为是前行为的延伸这句话来解释？

学生：我只是想到有没有这种可能。

张明楷：存折是只能在柜台取款，还是也可以在机器上取款？

学生：以前只能在柜台上取款，现在都可以，存折也可以在机器上取款。

张明楷：但是，案情也没有说罗某是在柜台取款还是在机器上取款。

学生：按照老师的观点，罗某在柜台取款就是诈骗，在机器上取款就是盗窃。

张明楷：对！在柜台上取款时，罗某隐瞒了真相，或者虚构自己是存款人的事实，因而构成诈骗罪。如果是机器上取款，则违反银行管理者意志，使用他人的存折取款，构成盗窃罪。但这个案件是2009年发生的，当时的存折可能只能在柜台取款。如果是这样，就是诈骗罪了。

学生：3000元都评价为诈骗或者盗窃吗？200元怎么评价？

张明楷：2800元按上面说的评价，问题刚好出在这200元。

学生：200元是小张具有处分行为与处分意识的，还是诈骗吧？

张明楷：你的意思是，如果罗某在柜台上取款，那么，200元是小张处分的，2800元是银行职员处分的；如果罗某在机器上取款，那么，2800元属于盗窃，200元是小张处分，属于诈骗？

学生：是的。

张明楷：有一定道理，我前面说的200元与2800元的损失可能是由不同的行为造成的，也是这个意思。不过，也可能有疑问。因为在柜台上取款时，取2800元也好，取3000元也好，都欺骗了银行职员；最终都是银行职员处分了财产。在机器上取款，也都违背了银行管理者的意志。但也可能有一种观点认为，由于其中的200元得到了小张的同意，所以，其中的200元没有对银行职员实施欺骗行为，也没有违反银行管理者的意志。于是，200元与2800元的损失可能是由不同的行为造成的。如果罗某在柜台取款，则3000元都是诈骗所得，只是受骗对象不同；如果罗某在机器上取款，则2800元是盗窃所取，200元是诈骗所得。

学生：假如盗窃罪的数额是以3000元为起点怎么办？

张明楷：我们以前讨论过这样的问题，就是诈骗行为能否评价为盗窃，日本不少学者还是认为可以这样评价的。不过我一直心存疑念，既然我们说二者是对立关系，就难以将其中一个行为评价为另一个行为。这个问题也是值得讨论的。

学生：老师，就200元而言，有没有可能评价为抢劫？因为小张只有12岁，罗某说，你不给200元，人家就要打你，这不是以暴力相威胁吗？而且事实上也压制了小张的反抗。

张明楷：没有达到抢劫所需要的胁迫程度吧！从案情来看，主要是一种欺骗行为。况且，200元现金并不是抢劫来的。

学生：所以说是抢劫未遂。

张明楷：感觉不合适，主要是手段没有达到抢劫程度。如果不承认小张有处分能力，那么，200元也可以归入盗窃。一般来说，12岁的儿童就价值200元的财物，还是可以承认他有处分能力的。在这个意义上，也可以说，12岁的小张对于200元具有处分行为与处分意识。但是，这只是从处分能力的角度来说，处分行为与处分意识是有其他前提的，就是处分人具有处分权限。由于本案中存折上的存款债权并不属于小张所有与占有，小张事实上不具有处分权限。罗某没有欺骗小张的父母，其行为违反了小张父母的意志，也不能评价为对小张父母诈骗。总之，如果罗某是在机器上取款的，对3000元都可以评价为盗窃。如果在银行柜台上取款，对3000元也可以全部评价为诈骗。

学生：从行为外表上看，的确200元与2800元的取得行为有区别。

张明楷：其实都是从银行取出来的，如果认为小张根本没有处分父母财产的权限，罗某对小张实施的欺骗行为就没有实际意义，只要根据后面的取款行为来认定犯罪性质就可以了。

案例97 诈骗罪（与盗窃罪的区别）

被告人刘某到银行取款，填的取款单是5000元，还有另一人李某填的取款单是取款13500元，排在被告人后面。当时银行职员把两个人的取款单都收下了，银行职员喊到刘某时，给刘某取款5000元，刘某就拿到了5000元。刘某刚刚拿了钱之后，接着银行职员又喊李某，但李某没有听见。在李某没有听见的时候，银行职员就把13500元从窗口递出来了（案情没有交代是完全递到窗口外，还是放在窗口的槽里，假定放在窗口的槽里），递出来的时候也没有看一眼，于是刘某就把13500元一起拿走了。

张明楷：这个案件是盗窃还是诈骗，要看怎么归纳案件事实了。首先要弄清楚被害人是谁，是银行职员还是李某？

学生：取决于银行职员有没有交付13500元。

张明楷：是不是递出窗口就算交付了？

学生：这个还不算交付，钱还在窗口的槽里，应该还是由银行职员占有。

张明楷：李某当时肯定没占有这13500元。反过来想想，李某都没有听见银行职员喊自己，李某也没有站在窗口，所以肯定没占有。如果李某没占有的话，就还是银行职员占有。那就讨论刘某的行为是窃取还是骗取。客观上是假冒李某拿走了，这种情况下，银行职员误以为他是李某还是根本就没有关心？

学生：应该是误以为李某拿走了13500元。

张明楷：肯定是误以为李某在拿钱。即使银行职员没有仔细看也是误以为李某在拿钱，因为他喊的李某，他当然以为拿钱的是李某。这么说的话，认定刘某构成诈骗罪还是合适的。

学生：感觉说银行职员有认识错误还是不那么明显。

张明楷：要从常情常理来判断案件事实。通常，在银行柜台那里，取了钱的人就立即离开窗口，银行职员喊谁，谁就会到窗口。银行职员已经喊了李某，有的人虽然不答应也会立即到窗口。所以，银行职员当然以为李某到了窗口，以为拿走13500元的人就是李某。所以，认定银行职员有认识错误是没有问题的。

学生：反过来说，刘某的欺骗行为是什么呢？

张明楷：是举动啊！欺骗行为不限于语言，也包括动作。刘某拿钱的动作，就让银行职员误以为他是李某。

学生：银行职员的处分行为表现在什么地方呢？

张明楷：处分行为包括作为、容忍与不作为。银行职员同意或者说没有阻止刘某拿走13500元，就是一种处分行为。

学生：能否认为银行职员将13500元从里面递到窗口，并且允许刘某拿走，一并成为处分行为？

张明楷：不能这样讲，想想为什么不能这么讲？

学生：一个连贯的动作一起评价为处分行为，好像没什么不可以。

张明楷：当然不可以。因为在银行职员将钱从里面拿到窗口时，刘某还没有实施欺骗行为，处分行为怎么可能发生在欺骗行为之前呢？所以，当钱放在窗口，刘某冒充李某拿钱时，银行职员误以为是李某而没有制止，或者说容忍刘某拿到钱，才是处分行为。

学生：哦，明白了。

学生：认为刘某构成盗窃罪就没有理由吗？

张明楷：看你怎么归纳本案的事实。如果你说，银行职员根本没有认识错误，也没有处分行为，就只能认定刘某构成盗窃罪。但问题是，你能不能否认银行职员有认识错误与处分行为？从我们前面的分析来看，还是应当肯定银行职员有认识错误与处分行为。既然能肯定这一点，就不能认定刘某的行为构成盗窃罪。

案例98 诈骗罪（与盗窃罪的区别）

行为人将商家的收款二维码偷换成自己的二维码，由于商家不知情，所以在顾客购物时，商家就让顾客扫二维码，顾客扫码后货款被行为人取得，行为人一共得到了70万元。

张明楷：这个二维码案现在还在争论吗？

学生：有人说定诈骗罪，有人说定盗窃罪，还有人说定破坏生产经营罪。

张明楷：定破坏生产经营罪也沾点边，但不可能因此就否定盗窃罪或诈骗罪的成立。因为行为人取得了财物，需要就取得罪进行判断。

学生：我看了一下案件事实，就是诈骗罪，为什么大家争论这么热烈？

张明楷：每一个人的观点肯定不一样嘛。

学生：我觉得是两个诈骗，一个是对顾客的诈骗，骗取的是债权；另一个是对商家的诈骗，骗取的是商品。

张明楷：顾客虽然减少了债权但获得了商品，实现了自己的交易目的。如果说行为人对顾客构成诈骗罪，意味着采取了形式的个别财产损失说。但不管是德国还是日本，都没有采取这种形式的个别财产损失说。

学生：这种情形下的顾客在德国也会被认为有财产损失。因为这个时候，顾客虽然以为自己付了款，但其实并没有现实地取得相应商品的所有权，因为他实际上并没有付款，他只是以为自己付了款。

张明楷：是商家让顾客扫这个二维码，顾客按商家的要求扫码了。

学生：对啊，但实际上商家并没有收到钱，等于他们的交易没有成立。

张明楷：商家虽然没有收到钱，但商家已经把商品交付给顾客了。

学生：对，商家是把商品交付给顾客了，但在这种情况下，商家可以提起诉讼，很容易查清楚顾客并没有付款给商家。

张明楷：商家能以顾客没有付款为由，要求顾客再次付款吗？

学生：商家可以要求顾客返还商品。

张明楷：这不合适吧？顾客按照商家的要求扫码付款，凭什么要他退还商品？

学生：肯定是可以的，顾客至少是一个不当得利。

张明楷：单纯站在商家的角度来看，顾客好像是不当得利，但如果同时考虑整个事实，就不能说顾客是不当得利了吧。

学生：顾客实际上并没有支付对价。

学生：顾客按照商家要求扫了二维码，至于商家是把这个钱给第三人还是给商家自己，都是可以的。

学生：这不可能，顾客当然应当支付给商家。

张明楷：商家也可能让顾客直接付给别人啊，这完全可能。

学生：对，好多店的二维码不是店主自己的，而是亲戚朋友的，他自己没用二维码。

张明楷：如果说顾客被骗了的话，就采取了形式的个别财产损失说。也就是说，只是考虑到顾客的银行卡里的债权减少了，而没有考虑顾客的目的是否实现了。我凭直觉认为，法院不可能支持商家要求顾客再次付款或者退回商品的主张。

学生：商家搞错二维码是另外一回事，但对眼前这笔交易来说，顾客确实没有法律上的正当理由占有这个商品。

张明楷：等于说这里存在两个民事关系？

学生：本来民事关系应该是这样的：顾客扫完二维码以后，把钱支付到行为人那儿去了，此时商家说我没有收到钱，所以顾客对商品的占有是没有法律上的正当理由的，因此顾客应该把商品还给商家。但另一方面，对顾客来说，由于他把钱支付到行为人那里去了，行为人对于顾客支付的这笔钱是没有法律上的理由占有的，所以顾客应该去找行为人要这笔钱。

张明楷：不可能是这样的。

学生：从形式上来说是这样的。

张明楷：民事法律关系上都不能这么说，凭什么让顾客去找行为人要钱呢？顾客没有任何过错，凭什么要他找行为人要钱？商家让顾客扫二维码，顾客按商家的要求做了，商家当然要把商品给顾客。即使当时就发现二维码错了，我觉得商家也应当将商品给顾客。

学生：我之前问了学民法的同学，他说，在民法上行为人要对商家负侵权赔偿责任，而顾客是一般的过失，并不负责任，也不会因此减轻行为人的责任。

张明楷：行为人对商家构成侵权，这个没有问题。

学生：现在说的不是侵权，而是债权债务。

张明楷：顾客按商家的要求履行了义务，相应地就应当享有获取商品的权利，到此为止，这个法律关系就结束了吧。

学生：交易合同的内容就是扫二维码后取得商品，至于扫了二维码后里面的钱支付给谁，其实合同里并没有约定。即使是扫了第三者的二维码，也不应认为顾客违约。

学生：既然合同约定扫二维码，当然是约定扫商家设置的二维码。

学生：如果这样的话，顾客还有审查义务吗？

学生：不能说顾客有什么审查义务。

张明楷：事实上，顾客就是扫了商家设置的二维码，只不过这个二维码被人调换了,但商家与顾客都不知道。

学生:这是商家的过失,他自己没有核对,不能认为顾客有过错或者有审查义务。

张明楷:我感觉,如果采取形式的个别财产损失说,行为人对顾客就成立诈骗罪。但是,我不赞成形式的个别财产损失说。按照实质的个别财产损失说,顾客的交易目的已经达到了,要买的商品已经买到了,等于没有实质的个别财产损失。反过来说,如果只认定一个对顾客的诈骗,商家的商品损失或者商家应当收到的货款未收到这个损失就没有评价。所以,必须考虑行为人对商家构成什么犯罪。

学生:行为人对商家也是诈骗。

张明楷:如果说对商家是诈骗的话,商家的处分意识表现在什么地方?另一方面,商家损失的是什么?商家损失的是商品,还是应当收到的债权未能收到?

学生:商家处分的是商品。

张明楷:如果商家损失的是商品,是谁处分的呢?

学生:商家自己处分的。

张明楷:处分给谁了呢?

学生:处分给了顾客。

张明楷:如果是这样的话,怎么解决素材的同一性的问题呢?因为行为人没有得到商品,要保持素材的同一性,就只能说行为人是为了使第三者即顾客非法占有而实施了欺骗行为。

学生：这样说是可以的。

张明楷：可是，在二维码案中，第三者即顾客并不是非法占有，而是合法占有。此外，在德国，使第三者非法占有中的第三者是没有限定的，但在日本则是有限定的，我也认为应当从一般预防的角度来进行限定，所以，我难以认为行为人是为了使顾客非法占有而实施欺骗行为。在二维码案中，如果说卖家受骗处分的是商品，而且处分给顾客了，于是，相对于行为人而言，非法占有目的中的使第三者占有范围是什么，就需要讨论了。

学生：我觉得这一点还是可以解释的。因为行为人虽然直接骗取的是顾客支付的这笔钱，但他实际上也知道，如果商家不把商品给顾客的话，顾客不可能向他支付这笔钱的。所以，行为人实际上是出于使第三者占有的目的，而且这样的目的对行为人来说是一种必不可少的中间步骤。在这种情况下，解释成行为人具有非法占有目的也没有很大问题。

张明楷：非法占有目的中第三者的范围还是需要一定限制的，否则，就难以区分盗窃罪与故意毁坏财物罪。比如，行为人在他人商店关门之后，进入商店把商品随便往外扔，后来过路的人捡走了这些商品。这是定盗窃罪还是定故意毁坏财物罪？

学生：在德国定盗窃罪。

张明楷：在日本不可能认定为盗窃罪，一定是认定为故意毁坏财物罪。

学生：认定为毁坏财物有个很大的问题，因为就算别人把商品捡回去了，也没有违反这个财物本来的用途。

张明楷：用途是相对于被害人来讲的，被害人丧失了这些商品，还有什么用途呢？

学生：在德国肯定是定盗窃，不可能定毁坏财物。

张明楷：德国没有研究非法占有目的中的第三者的范围，第三者的范围涉及一般预防必要性的大小，因为一般人不会无缘无故为一个毫无关系的第三者去盗窃或者诈骗，所以，要考虑在什么样的场合可以将为第三者盗窃或者诈骗视为等同于为了行为人自己盗窃或者诈骗。另外，日本刑法中的毁坏不像德国那么窄，所以，两国刑法理论的结论不一样。

学生：为什么为与自己有某种关系的特定盗窃就构成较重的盗窃罪，而将他人的财物给不特定的人或者不相干的人时，成立较轻的毁坏财物罪呢？后者是不是更坏啊？

张明楷：没有多少人愿意将他人的财物转移给不特定的人或者不相干的人，所以一般预防的必要性很小。只有当行为人是为了自己、为了亲友或者等同于为自己时，行为人才愿意这么做，所以一般预防的必要性也大。从预防必要性大小来思考非法占有目的中的第三者的范围，是有意义的。这里不是一个简单的好不好、坏不坏的问题。如果单纯地讲坏不坏，你们可以说故意毁坏财物的人比盗窃犯更坏，因为你自己没有钱用，你去偷还可以理解，结果你自己不是为了用而毁坏他人财物，是不是更坏？但不能这样理解责任的大小。

学生：但是，认为商家损失了商品是比较合适的。

张明楷：之所以说商家损失了商品，是因为他没有获得应有的对价或者债权。而且，更为重要的是，行为人得到了债权，得到了原本应当由商家得到的债权，这个必须评价。我们以前讨论过这样的案件，卖方以前雇一个司机送货给买方，然后买方就把钱给司机让他带回来，后来卖方换了新司机，准备跟买方说这个钱就不要让司机带回来了，担心新司机拿钱跑了。但在卖方还没有跟买方说的时候，新司机就跟买方说要带回货款。买方以为还是像以前一样，把货款给新司机带回去给卖方，结果新司机将货款据为己有了。

学生：这个就是表见代理。

张明楷：说是表见代理的意义何在？

学生：因为是表见代理，损失就直接转嫁给卖方了，于是就成立三角诈骗。

张明楷：为什么损失转嫁给卖方，就成立三角诈骗呢？

学生：因为是表见代理的时候，买方就有权处分货款了。

张明楷：买方是有义务处分货款吧。

学生：既然有义务，同时就表明他有这个处分权限，所以是三角诈骗。

张明楷：其实，我觉得直接判断受骗人有没有处分权限即可，没有必要先判断是不是表见代理。

学生：因为只有当新司机是表见代理时，买家对卖家债权的处分才是有效的。

张明楷：但是，不是表见代理的时候，也可能有处分权限。

学生：如果采取阵营说，相对来说就没这么复杂了。

张明楷：阵营说也不是没有问题。比如，诉讼诈骗时，受骗的是法官，法官是哪个阵营的呢？法官是中立的，不应当是哪个阵营的。

学生：如果说二维码案的行为人构成诈骗罪的话，那么，处分人是谁呢？处分人是否有处分意识呢？

张明楷：如果说行为人得到的是货款的话，只能说顾客是处分人，因为货款本来就是顾客付出的，顾客当然有处分意识。

学生：不能说是商家处分了货款吗？

张明楷：肯定不能，因为商家本来就没有获得货款，他怎么能处分货款呢？

学生：可是，顾客虽然处分了自己的货款，但您说他并没有财产损失啊。

张明楷：我没有说顾客有财产损失，我只是认为可以提出一种新的三角诈骗的类型。也就是说，顾客虽然是受骗人与处分人，但他的处分行为使被害人即商家遭受了财产损失。

学生：在这种情况下，怎么能说顾客有权处分商家的财产呢？

张明楷：我刚才说了，我想提出一种新的三角诈骗类型。就是说，当顾客按照商家的要求或者基于法律规定等处分了自己的财产，而导致商家遭受财产损失，商家却不可能要求顾客再次交付货款或者退回商品时，就使得商家遭受了财产损失。这也是一种三角诈骗。

学生：可是，顾客没有认识到自己要将货款处分给行为人。

张明楷：这正好表明顾客产生了认识错误。而且，顾客肯定有处分意识，知道自己处分了自己的债权或者货款，只是不知道处分给行为人了。我觉得这一点并不影响处分意识的认定。例如，行为人假装为地震灾民募捐，被害人误以为是给灾民的，于是捐款3万元，但3万元实际上由行为人据为己有。被害人也没有认识到募捐会给行为人，而是误以为给了灾民。这显然不影响处分意识的认定。

学生：既然是这样的话，用传统的三角诈骗类型也是可以说明的吧。就是说，顾客基于认识错误处分了商家的财产，而且顾客与商家属于同一阵营或者具有处分商家财产的权限。

张明楷：我前面讲过了，我不赞成阵营说。另一方面，不能说顾客有权处分商家的财产。商家有权处分自己的商品，顾客有权处分自己的债权，但是，顾客既无权处分商家的商品，也无权处分商家的债权。顾客只是有权处分自己的债权，可是，由于顾客是按照商家的要求处分自己的债权的，由此造成的损失只能由商家承担，因此商家成为被害人。

学生：也就是说，如果采取阵营说，二维码案还是属于传统的三角诈骗类型的。

张明楷：可以这样讲，我因为不赞成阵营说，所以提出一种新类型的三角诈骗。

学生：那么，在哪些情况下，受骗人处分自己的财产却使被害人遭受财产损失呢？

张明楷：当受骗人基于被害人的要求或者按照法律规定、交易习惯处分自己的财产，向被害人履行债务，被害人不能再次要求受骗人履行债务时，都可以说是受骗人处分自己的财产而使被害人遭受了财产损失，都可以认定为三角诈骗。

学生：大体上明白了。

学生：有不少人认为二维码案的行为构成盗窃罪。

张明楷：行为人盗窃了顾客的债权吗？

学生：有的可能说是盗窃了顾客的债权，有的可能说盗窃了商家的货款。

张明楷：行为人肯定没有盗窃商家的货款，因为商家根本就没有收到货款、没有占有货款，怎么可能盗窃了商家的货款呢？另一方面，行为人不是从顾客那里盗窃了债权，而是顾客基于认识错误处分了债权。所以，不能认定为盗窃罪。

学生：有人打了一个比喻，说行为人在商家的钱袋下面放了一个钱袋，使得商家收到的钱漏到自己钱袋里了。

张明楷：这个比喻不恰当。因为货款根本没有进入商家的钱袋，是直接从顾客那里到了行为人的钱袋。如果要打比喻，就应当是行为人在商家的钱袋上面放了一个钱袋，使得顾客不能将钱扔到商家的钱袋里，只能扔到行为人的钱袋里。

学生：为什么不能说行为人是从顾客那里盗窃来了债权呢？

张明楷：顾客有处分行为与处分意识，这就是典型的诈骗罪了，怎么可能是盗窃呢？

学生：盗窃一般有破坏占有和建立占有，现在是破坏占有没有体现出来。

张明楷：不是破坏占有没有体现出来，是占有的转移完全基于顾客的认识错误处分了财产，所以不存在盗窃行为。有人说行为人成立对商家商品的盗窃罪吗？

学生：没有看到这种说法。我想到的是对商品的诈骗，顾客是被行为人利用了，行为人相当于诈骗的间接正犯，顾客是直接正犯，但他没有故意，商家处分了自己的商品。

张明楷：这样表面上行得通，但不能说明素材的同一性，因为行为人得到的是债权或者货款，而没有得到商品。这个观点也还面临我们前面所说的非法占有目的中的第三者的范围问题。另外，如果只是认定为对商品的诈骗，也没有评价行为人得到货款或者债权的事实。所以，我难以赞成这种观点。总之，一定要全面评价，但又不能重复评价。只有将货款或者债权作为对象，才能说商家损失的是货款或者债权，即应当收到的货款没有收到，而行为人刚好得到了货款。这样就全面评价了，也满足了素材同一性的要求。

学生：从直觉来说，行为人对商家实施了欺骗行为，因为行为人实际上更换了二维码，但商家不知道。

张明楷：你的直觉实际上可能认为商家是被害人，所以就认为商家也是受骗人。其实，更换二维码的行为，说欺骗商家是可以的，但肯定也同时欺骗了顾客，使得顾客也认为自己应当扫这个二维码。如果顾客明知是行为人的二维码，就不能说行为人欺骗了顾客，但事实上并非如此。

学生：我觉得这里还是一个财产损失认定的问题。在德国，即便认为这个时候从结果上来说顾客得到了商品的所有权，还是有可能认定顾客有财产损失。因为这种所有权的取得，多少还是有瑕疵的。

张明楷：德国民法、日本民法与我国的民法在这方面的规定是否有区别？

学生：德国民法上的物权无因，意味着这个顾客肯定已经取得了商品的所有权。问题就在于即便是在这种情况下，德国都会认为顾客有财产损失。因为德国在很多时候会考虑，即便认为顾客取得了商品的所有权，但还会面临诉讼的风险，把这一点考虑进来时，就会认为顾客有财产损失。

张明楷：这个结论可能与德国对诈骗罪采取整体财产损失说有关系。

学生：您刚才说，行为人调换二维码实际上也欺骗了商家。如果是这样的话，我说商家基于认识错误处分了商品，也没有什么问题吧？

张明楷：又回到这个问题上来了。如果孤立地看，你这样说没有问题。但是，其一，行为人得到了70万元的债权，你不评价吗？其二，你这样说是否符合素材同一性的要求？行为人得到的与商家损失的是否具有同一性？其三，如果商品是犯罪对象的话，行为人就是为了使第三者非法占有。那么，非法占有目的中的第三者是否需要有一定限制？此外，顾客是不是非法占有了商品？

学生：如果从德国的整体财产损失说的角度看，这70万元完全可以不用评价。如果按照刚才大家的观点，这个交易合同是有效的，顾客取得商品所有权了，至于其他的事情顾客可以不关心的。

张明楷：为什么采取整体财产损失说，就不用评价70万元了？对顾客可以不评价这70万元，但对商家来说要评价这70万元啊。因为这70万元原本就是商家的应收款，但商家没有收到，怎么可能不评价呢？

学生：刚才问了一下民法老师，二维码案的合同有效且商品交付，顾客获得所有权；依风险规则，商店为商家管控领域，风险由商家承担，商家不能要求顾客再次付款，但是可以侵权或不当得利等请求权向顾客求偿。

张明楷：即使商家可能提出这样的主张，法院也不会支持他。

学生：其实，在德国为什么认为这个时候即便顾客取得了商品所有权也还是有财产损失，一个很重要的原因就是顾客面临诉讼风险。

张明楷：面临诉讼风险也不等于整体财产的减少，任何交易都有面临诉讼的风险，但不能说任何交易都有财产损失。所以，德国对财产损失的认定过于宽泛，在许多情况下都将危险认定为实害。这在民法理论上也很奇怪，明明承认顾客获得所有权，商家要自担风险，又说商家可以以其他理由起诉顾客。不过，如果你再问另一位民法老师，所得到的回答也可能不一样。

学生：民法上有很多请求权。

张明楷：提出请求不意味着法院就会满足当事人的要求。就二维码案而言，不管商家以什么理由起诉顾客，我觉得法院都不可能判商家胜诉。这个案件在德国会怎么判？

学生：如果我们说商家与顾客的合同是有效的，而且合同已经履行了，那么对于顾客来说就没有任何财产损失了，对于顾客的70万元也就没有必要评价了。就直接说行为人是对商品的诈骗，因为非法占有目的中的第三者没有范围的限制。

张明楷：但在我看来，即使说顾客没有任何财产损失可以不评价，也要考虑行为人得到的这70万元该怎么办。我就认为，行为人通过欺骗行为，使顾客处分自己的财产，造成了商家的损失。承认商家损失了70万元的货款后，就不能再说商家还损失了商品。商家只有一个损失，要么是商品，要么是应得的货款或者债权没得到，不能两个都评价。但是，只有说商家应当得到的货款或者债权没有得到，才能体现全面评价，也符合素材同一性的要求。如果只讲商家损失了商品，我感觉有点怪怪的。完全不理会行为人得到了 70 万元的事实，只评价行为人使第三者即顾客得到了商品，这不合适。

学生：老师，我还是想再说一下盗窃，能不能说行为人盗窃了顾客的债权？可不可以说，顾客本来是要向店家支付的，但是支付过程中被行为人截走了。

张明楷：你当然可以说是行为人截走了，问题是截走了怎么就叫盗窃了？截走了就当然符合将他人占有的财物转移给自己或者第三者占有了吗？

学生：比如我向王老师寄快递，路上就被小偷截走了。

张明楷：你这个例子与二维码案完全不同，你为什么不说在路上被骗子骗走了呢？你用一个典型的盗窃案件来替代二维码案，可是二维码案并不是典型的盗窃。不能这样类比和分析案件。

学生：应该这样比喻：我打电话跟顺丰说有一个快递要寄给张老师，你来取一下件。然后行为人穿着顺丰衣服出来说我是顺丰快递，然后我把要寄的物品交给他了。这个肯定是诈骗，不可能认定是盗窃。

张明楷：如果你要去邮局寄东西，在路上遇到了行为人，行为人说我就是邮局的，你把东西给我吧，我直接处理就可以了。于是，你把东西给了行为人。这也是诈骗吧。

学生：顾客以为二维码是商家的才扫的，顾客明显是被骗了，所以定盗窃比较勉强。

张明楷：只要说三角诈骗，就存在三角诈骗和盗窃的间接正犯的区别问题，而对这个区别采取什么学说原本就有争议。所以，既然我们认为行为人构成三角诈骗，就必然有人主张构成盗窃罪，这很正常。我再问你们：有没有可能说，商家处分了对顾客的债权，从而使自己受损失？

学生：有点怪怪的。

张明楷：怎么怪怪的？既然顾客来买东西，商家就有权要求顾客付款，即有权要求顾客扫二维码。所谓要求顾客扫二维码，就是要求顾客处分财产给自己。顾客按照商家的要求处分了财产，从而使自己遭受了财产损失。如果这样说的话，问题在哪里？

学生：好像也能说得通。

张明楷：分析诈骗罪时，一定要同时想到所有的构成要件要素。如果像刚才讲的那样的话，商家的处分行为与处分意识是什么？商家要求顾客交付货款，这是商家的处分行为吗？商家的处分意识又是什么呢？

学生：感觉商家只是请求，不是处分。

学生：还不如说顾客处分了商家的债权，因为实际上顾客扫码支付以后，商家的付款请求权就不存在了。

张明楷：但是，顾客不可能处分商家的债权，他只是处分自己的债权。由于顾客按照商家的指示处分债权或者说付款之后，商家的付款请求权就不存在了，所以导致商家遭受了损失。这又回到我前面说的三角诈骗了。

学生：是的。

张明楷：这个案件，你们首先要考虑行为对象究竟有哪些，再考虑被害人有哪几个，然后再考虑到谁有处分权限，谁没有处分权限，还要考虑到素材的同一性，等等。好像每个结论都有那么一点点问题，至少每个结论都会有那么一两个问题需要进一步说明让别人信服，说直接骗商家的商品，这个就处分行为、处分意识、财产损失来讲问题不大，显然比较顺，但是第三者占有的范围难以说明。还有一个是行为人得到的是 70 万元的一个债权，为什么在刑事案件中就不评价了，这也难以说明。如果你说是三角诈骗，就要确定是哪三个角，是说顾客处分了商家应当享有的债权，还是商家处分了顾客的债权，这两个哪一个更好。如果两个都不合适，就需要想其他的办法了。还有刚才王同学说的，行为人是否同时成立两个诈骗罪的问题，也是可以考虑的。

学生：大家觉得所有权转移了，第一个对商品的诈骗就没有了，因而只剩下一个诈骗了。

张明楷：此外，还需要说明为什么不构成盗窃罪。如果就是盗窃的话，盗窃的是商品还是债权？是直接正犯的盗窃还是间接正犯的盗窃？但无论如何，要认定为盗窃都必须说明行为人将他人占有的财物转移给自己或者第三者占有了。但是，就商品来说，是商家处分给顾客的，而且有处分意识。既然如此，就不能说行为人违反商家的意志，将商家占有的商品转移给顾客了。就债权来说，顾客也是有处分行为与处分意识的，因此，也不能说行为人违反顾客的意志，将其享有的债权转移给自己占有了。所以，盗窃罪是难以成立的。

案例99　诈骗罪（与盗窃等罪的区别）

甲在20世纪90年代曾经是A公司（民营企业）的副总经理。A公司挂靠某国有企业，但因向社会集资后经营不善，在清偿核算后被当地的国有控股公司管理资产（A公司此后一直处于停产状态）。A公司被国有控股公司管理之后，重新刻了印章（由国有控股公司的相关人员管理），但A公司原来的印章依然在A公司财务人员丙的手上（A公司除丙之外，再没有其他人员）。多年后，甲想起来当时A公司对外还享有两个债权。于是，甲与原在A公司工作的乙商量后，虚构了两份债权转让协议，将A公司对两家债务人享有的债权转让给甲、乙。甲、乙找到丙，让丙在转让协议上加盖A公司的旧印章，丙还将以前的相关资料复印出来交给甲、乙。第一份债权转让协议向债务人提出之后，对方交付给甲、乙300万元。甲、乙持第二份债权转让协议向法院起诉，经法院判决后执行了500万元给甲、乙。事后，甲、乙给丙2万元。

张明楷：这是管理混乱才形成的刑事案件，看似简单，但还是会有争议。两个债务人的确欠A公司的钱，但是不应该还给

甲、乙。所谓的债权转让完全是虚假的，因为甲、乙实际上是无对价取得债权，根本不是债权转让。虽然大部分的行为都是甲、乙实施的，但只有首先确定被害人与被害的具体内容，才能确定本案的行为性质。比如说，如果A公司是被害人的话，那么，有可能认为丙是正犯，如果丙是国家工作人员（我们暂且这样假定），就构成贪污罪了。

学生：如果说是贪污罪的话，对象是什么？是800万元钱吗？

张明楷：如果说是贪污罪的话，当然不是800万元钱，而是A公司享有的债权了。

学生：只有说贪污了800万元的债权，才能说贪污了公共财物。

张明楷：是啊。甲、乙、丙三人不可能贪污两个债务人的财产。但是，有人主张对甲、乙、丙认定为诈骗罪，认为甲、乙是主犯，丙是从犯。

学生：从朴素的法感情来说，对丙处罚轻一点是容易被人接受的。

张明楷：我觉得不能笼统判断这个案件，还是要一步一步来。首先说甲、乙二人将A公司的两个债权据为己有是什么性质？然后再讨论行使不法取得的债权是什么性质？如果胡子眉毛一把抓，肯定讨论不清楚。

学生：债权肯定是财产性利益，这一点没有疑问，所以，如果甲、乙不法获得债权的行为构成犯罪，后面行使不法取得的债权的行为,有可能是不可罚的事后行为。

张明楷:后面的行为是不是不可罚的事后行为还不好确定,先说取得两个债权是什么性质。

学生:甲、乙取得两个债权并没有得到两个债务人的同意,这种取得有效吗?

学生:《民法典》规定,债权转让通知债务人即可,不需要债务人同意。

张明楷:按理说,通过犯罪行为取得的任何权利都无效,但事实上行为人是可能行使其非法取得的权利,进一步获得利益的。所以,不可能从法律上有效与无效的角度展开讨论。只需要讨论取得债权的行为构成什么罪就可以。

学生:债权的取得不是通过欺骗方法取得的,而是甲与乙商量后,虚构了两份债权转让协议,将 A 公司对两家债务人享有的债权转让给甲、乙,这是不是盗窃?

张明楷:对了。既然债权的取得没有受骗人,就只有考虑是否成立盗窃罪了。因为债权原本由 A 公司享有,现在变成了由甲、乙二人享有。对债权的享有,可以说是对财物的占有。到此为止,实现了财产性利益的转移,已经构成盗窃罪既遂了。

学生:那这个行为违反了谁的意志呢?

张明楷:违反了管理者的意志,这个管理者就是国有控股公司的管理者,因为是国有控股公司的管理者管理着 A 公司的资产。

学生：如果说甲、乙使自己成为债权人，就构成盗窃既遂。

张明楷：问题是，虽然所有的行为都是甲、乙主导的，但这个债权的转移需要 A 公司的旧印章才能实现，用新印章是不可能实现债权转移的，而旧印章是由丙管理的，我们假定丙是国家工作人员，那么，能不能说是丙利用职务上的便利，将 A 公司的两个债权转移给甲、乙占有呢？如果是这样的话，三人是否构成贪污罪的共犯？

学生：但丙利用了职务上的便利吗？

学生：丙没有加盖有效的 A 公司印章，而是加盖了原来已经作废的旧印章。感觉这不是利用职务上的便利。

张明楷：A 公司有效的印章并没有掌握在丙的手上，不能说丙利用了职务上的便利吧？

学生：复印以前的相关资料，是否利用了职务上的便利？

张明楷：这并不是主管、管理公司财物的职权，不能认为丙符合了贪污罪中的利用职务上的便利的要求。而且，A 公司的财产是由国有控股公司来管理的。

学生：能不能说，丙事实上代表 A 公司与甲、乙签订债权转让协议，因而利用了职务上的便利？

张明楷：丙无权代表 A 公司，更无权代表国有控股公司。这样的行为在民法上叫什么？

学生：表见代理。

学生：这个不能算表见代理，丙与甲、乙相互沟通了之后，就不是表见代理了。

学生：对于两个债务人来讲还是可以说是表见代理的。

张明楷：如果说是表见代理的话，也不影响甲、乙对两个债权构成什么犯罪。在我看来，难以认为丙主管、管理 A 公司的财产，他只是管理一个旧印章，而且这个印章是不是原本就要销毁的也不知道。但管理印章不等于管理公司财物，所以，难以认为丙构成贪污罪的正犯。

学生：而且，如果将丙认定为贪污罪的正犯，甲与乙只是共同正犯，对丙的量刑就不一定轻于甲和乙，反而可能重于甲和乙，这显然不合适。如果认定为盗窃罪，则甲与乙是正犯，丙是帮助犯，则完全可以做到量刑均衡。

张明楷：顺便先讨论一下。如果认定甲、乙对两个债权成立盗窃罪，那么，丙事后得到的 2 万元，是分赃所得，还是受贿所得？

学生：这要看当时他们是怎么商量和运作的。我觉得认定为受贿所得比较合适，因为刚才假定了丙是国家工作人员，他虽然没有主管、管理 A 公司财物，但他确实利用了职务上的便利为甲、乙谋取了利益，认定为受贿是合适的。

学生：也可以认定为分赃，只不过不是盗窃债权的分赃，而是后来行使不法取得的债权的分赃。因为甲、乙不是在获得债权之后就给丙 2 万元，而是在得到 800 万元后才给丙 2 万元。说是分赃也可以的。

张明楷：这么说都有道理，难道可以成立想象竞合？

学生：好像也有可能。

张明楷：如果丙获得了部分债权，就是典型的分赃。丙的行为与甲、乙后来实现债权的结果之间也具有因果性，在这个意义上讲，丙先前的行为与后来甲、乙取得800万元的结果之间的因果性并没有中断，或者说，丙并没有脱离共犯关系。而且，不可能说丙并不知道甲、乙会实现债权，丙对此肯定是清楚的。所以，也有可能承认想象竞合，因为分赃也好、受贿也好，都是因为丙通过职务行为为甲、乙获得了两个债权，所以，并不矛盾。

学生：那就认定为想象竞合，这样的话，甲、乙还多了一个行贿。不过，如果按现在的数额标准，行贿、受贿2万元一般也不构成行贿罪与受贿罪。

张明楷：那好，甲、乙、丙前面的行为成立盗窃罪，盗窃的对象是A公司享有的两个债权，而且，签订了债权转让协议后就既遂。那后面的行为成立什么罪呢？第一个债务的履行没有经过法院，第二个债务的履行是经过了法院的，需要分开讨论。

学生：如果说是诈骗罪的话，谁是受骗人与被害人？

学生：如果说行使第一个债权是诈骗罪的话，受骗人是债务人，受害人仍然是A公司。

张明楷：非常对！这就是我所说的新类型的三角诈骗。好几年前讨论这个案件的时候，我还没有想到这一点，现在我就有信心说是新类型的三角诈骗了。一方面，债务人的确受骗了，如果债务人知道债权转移是虚假的，就不会清偿债务，否则就要面临重大风险，因为真正的债权人还可能要求债务人再次履行债务。另一方面，债务人没有任何过错，也履行了债务，事实上不可能让债务人再次履行债务。我认为，国有控股公司不可能再要求两个债务人履行债务，即使国有控股公司提起诉讼，法院也不可能要求债务人履行债务。所以，债务人履行了自己原本应当履行的债务，没有财产损失。遭受财产损失的是 A 公司，即真正的债权人。

学生： 疑问只是在于债务人是否有权处分 A 公司的财产？

张明楷： 这正是我要讲的，应当承认债务人有权处分 A 公司的财产。也就是说，在债务人履行债务的场合，只要他是根据法律、法规、交易习惯等履行了债务，实际上就是处分了债权人的财产。

学生： 我们都能接受了，老师在论述三角诈骗的新类型时已经讲得很清楚了。

学生： 第二份债权转让协议是经过法院判断才执行的，能说债务人是受骗人吗？

张明楷： 可以认为，事实上法官与债务人都是受骗人，同样也是三角诈骗。法官因为受骗而判决第二个债务人履行债务，债务人也受了骗，以为自己应当履行债务，但法官与债务人都没有财产损失，受到财产损失的仍然是 A 公司，所以，也是三角诈骗。

学生： 其实也不只三角了。

张明楷：那我们是不是要发明一个概念，叫四角诈骗？没有必要，还是叫三角诈骗。甲、乙是诈骗人，法官与第二个债务人都是受骗者，A 公司是受害人，仍然只有三角。我顺便问一下，能说后面的行为是盗窃的间接正犯吗？

学生：不能。因为两位债务人并不是帮忙转移 A 公司的债权，而是履行自己的债务。

学生：履行自己的债务不就相当于把 A 公司的债权转移给甲、乙了吗？

学生：但是，这只是"相当于"，并不是像盗窃罪的间接正犯那样直接将被害人占有的财物进行转移。

张明楷：后面的行为不是盗窃的间接正犯。也就是说，在行为成立诈骗罪的前提下，不应当再认定为盗窃罪的间接正犯。只有当行为不成立诈骗罪时，才需要讨论是否成立盗窃罪的间接正犯。当然，反过来也一样，如果行为成立盗窃罪的间接正犯，就不需要讨论是否成立诈骗罪。

学生：甲、乙针对第二个债务人实施的提起民事诉讼的行为，还触犯虚假诉讼罪。

张明楷：这个案件在行为当时还没有虚假诉讼罪，如果发生在《刑法修正案（九）》之后，肯定同时触犯了虚假诉讼罪，与诈骗罪构成想象竞合，从一重罪处罚。我们先讨论甲、乙、丙盗窃债权的行为与行使不法取得的债权的行为，在罪数上如何处理？

学生：有人会认为，盗窃债权是一个手段行为，而行使债权即诈骗行为是一个目的行为，属于牵连犯。

学生：但是，被害法益其实只有一个，而不是两个，所以，认定为包括的一罪更合适一些。

张明楷：我赞成认定为包括的一罪，从一重罪论处。

学生：认定为包括的一罪，如果最终是以盗窃罪论处，是不是意味着后面的诈骗就是不可罚的事后行为？

张明楷：不是不可罚的事后行为，而是共罚的事后行为，共罚的事后行为也属于包括的一罪的一种情形。我现在试图区分不可罚的事后行为与共罚的事后行为这两个概念，而不认为它们是一回事。也就是说，如果事后行为没有侵害新的对象与法益，比如，将盗窃的白酒喝掉的，或者行为人没有责任，如出卖所盗窃的财物的，属于不可罚的事后行为。但本案不属于这样的情形。本案是侵害了新的对象与法益，只不过最终只能认定为侵害一个法益。也不能认为甲、乙后来的诈骗行为没有期待可能性，所以，后面的行为属于共罚的事后行为。这个罪数关系还是比较好处理的，麻烦的是盗窃罪或者诈骗罪与虚假诉讼罪如何处理？

学生：如果将甲、乙的行为以诈骗罪论处，那么，就不能处罚虚假诉讼罪。如果按盗窃罪论处，则应当与虚假诉讼罪实行并罚。

张明楷：这是不错的。问题是，在某些情形下会出现不那么协调的现象。比如，就这个案件而言，如果按包括的一罪从一重罪论处，即仅认定为盗窃罪，那么，就必须与虚假诉讼罪实行数罪并罚，这没有问题。但是，倘若诈骗数额高于盗窃数额，而诈骗又是与虚假诉讼想象竞合，于是只能按诈骗罪处罚了。这是不是不协调？

学生：是有这样的问题。而且，本案甲、乙只是就一起债务提起虚假民事诉讼，可能就更复杂了。

张明楷：倘若没有前面的盗窃行为，仅有后面两起诈骗，那么，第一起诈骗就是单纯一罪，第二起诈骗是诈骗罪与虚假诉讼罪的想象竞合。如果第二起按虚假诉讼罪处罚，就可以与前一起诈骗罪实行并罚；如果第二起按诈骗罪处罚，反而可能判得更轻。所以，我以前提出过一种观点，同种数罪中，如果有的是牵连犯或者想象竞合，就需要实行数罪并罚，而不能仅作为一罪处理。

学生：感觉罪数问题非常复杂。

张明楷：我是觉得罪数比共犯复杂。共犯可以归纳出几种类型，但罪数的类型实在太多了，比共犯复杂得多。

案例100　诈骗罪（与盗窃罪的区别）

蒋某是杭州一大型商场服装品牌店店长。2016年12月，蒋某正在店里打理生意，一个来消费的客人找到他，说自己忘了带会员卡，让他帮忙想想办法。他自己正好也有一张会员卡，便提议让客人先借用自己的，反正折扣一样，都是9.5折。没过几天，这位客人又回来退货，蒋便按照程序帮对方办理了退货手续。蒋某发现，虽然这笔消费被撤销了，可会员卡里的积分并没有减少，即商场"退货不退积分"。但会员积分可以按100∶1的比例用来抵扣现金。发现这一漏洞后，蒋某便利用自己店长的身份便利，开始疯狂地扫货、退货。几次购买、退货后，他便攒下了200多万积分，并在消费时将积分抵扣现金，给自己买了2万多元的商品。根据商场规定，积分起兑点为1000积分兑10元，上不封顶，可在付款时现场抵用。抵用券不能直接兑换成现金，但是可以在商场结算时出示给收银员进行相应的消费抵扣。随着时间的推移，蒋某的积分越来越多，除了自购商品外，还余下不少积分。为了将积分变现，他又以4.5折左右的折扣将积分兑换成优惠券，再转卖给别人。后来，他还找了几个相识的顾客，通过帮他们充值积分的方式来赚钱。直到2017年4月，商场开展积分系统维护，发现蒋某的会员卡消费记录异常，商场管理人员报了警。经查，自2016年12月至2017年4月，蒋某共在8张会员卡内"盗充"4700余万积分用于倒卖、自用，折合人民币47万余元。被警方抓获时，他还有300余万积分没来得及使用。

张明楷：案情就是这样。我们先讨论本案的行为对象是什么，再讨论是构成盗窃还是诈骗或者职务侵占之类的。

学生：我们以前讨论时，也是认为积分是行为对象，这样更合适。我在想，如果是这样的话，取得积分时或者说在退货没有扣除积分时就是既遂了。

张明楷：按理说应当是这样的。这样认定会出现什么问题吗？

学生：蒋某退货以后积分不会消除，由于反复的退货，攒了大笔积分，后来又用积分在商场里购物，还把积分卖给别人。如果说前面的行为就已经犯罪既遂了，后来这些行为算什么呢？是事后不可罚的行为吗？

张明楷：要看行为人有没有新的欺骗行为，是不是侵害了新的法益。就对商场来讲，如果行为人没有侵害新的法益，没有实施新的欺骗行为，后面的行为就不可罚。反之，则要判断是成立包括的一罪或者成立数罪了。按理说，后面的购物也是一种欺骗行为，但商场最终只有一个财物损失，还是只能认定为包括的一罪，而不能认定为两个罪。

学生：如果说积分是行为对象，那么，倘若行为人取得积分后一直也不使用，商场有损失吗？

张明楷：一直不使用的话，商场也有损失商品或者其他财物的危险，同时商场产生了债务，这一点是可以肯定的。

学生：也就是说，顾客的积分越多，商场的债务就越多。

张明楷：当然是这样的。办案的检察官说，会员积分是该商场对顾客消费给予的一种奖励，可以按照1000积分等于10元钱的标准兑换消费优惠券，优惠券可以在杭州多个商场内消费时抵扣现金，且没有上限限制，最高可全额抵扣，商品种类也基本没有限制，具有一定的经济价值。也就是说，积分的价值可以通过货币来衡量，属于财产性利益，可以成为财产犯罪侵犯的客体。

在我看来，把积分当成财产性利益，也是因为积分相当于债权，所以，行为人取得了债权也就取得了财产性利益，因而说已经是既遂。

学生：对积分怎么计算财产数额呢？

张明楷：这个案件很好计算啊！就按商场规定的 1000 积分兑换 10 元来计算就可以了。

学生：重点还是在定什么罪，可以排除职务侵占罪，在盗窃积分与诈骗积分二者之间考虑。

张明楷：办案的检察官说，蒋某通过当天买单、退单，利用商场积分系统漏洞获取积分，并且在其店铺营业额上不会有显示，公司和商场都难以马上发现系统异常以及蒋某非法获取积分的行为，符合秘密窃取的行为要求，所以构成盗窃罪。这样说，还缺乏说服力。因为隐瞒真相时，也可能被评价为秘密行为，不能因为利用了系统漏洞或者具有秘密性，就认定为盗窃罪。你们看看有没有可能是诈骗呢？

学生：就前面退货取得积分来说，是不是只利用了机器而没有欺骗自然人？

张明楷：要分析具体细节。如果说欺骗了自然人，就不要从退货环节来说明，而是可以从购物环节来说明。虽然商场系统有漏洞，但是，一般来说，顾客购买商品后退货的情形很少见，所以，商店就没有规定退货时要扣积分。也就是说，在商场管理者看来，只要以购买商品为目的而购物的，商场就按比例给积分。但是，蒋某隐瞒了不以购买商品为目的的内心想法，或者说隐瞒了购买商品只是为了退货进而单纯取得积分的内心想法，这可以评价为欺骗行为。如果蒋某告知真相，说自己购物后会立即退货，谁也不会卖商品给他。所以，在这个购货环节，就存在对自然人的欺骗行为。如果这样考虑，同时将积分本身当作行为对象，是不是应当认定为诈骗罪，而不能认定为盗窃罪？

学生：如果说退货时存在欺骗行为也是可以的吧。

张明楷：退货时原本就没有要退积分的机制，在这个环节要说行为人实施了欺骗是不是很困难甚至不可能啊？

学生：是的。有人认为，应当将后来用积分购买商品的行为认定为诈骗罪。

张明楷：如果后面只有用积分购买商品的行为，认定后面的行为构成诈骗罪也是可能的，如果是这样的话，行为人骗取的就是商品，而不是积分。

学生：这个时候怎么说有欺骗行为？

张明楷：如果要说有欺骗行为的话，就只能说隐瞒了用骗取的积分购买商品的事实。

学生：这也可以说得通。

张明楷：但是，如果仅认定后面的行为构成诈骗罪的话，行为人将积分卖给其他人的行为就不好处理了，结局肯定是商场的损失远远大于行为人所骗取的商品。所以，仅认定后面的行为构成诈骗罪，并不合适。而且，仅认定后面的行为构成诈骗罪，也不一定符合素材同一性的要件。如果仅认定后面的行为构成诈骗罪,那么,行为人得到的是商品,而出卖商品的商家并没有财产损失。所以,困难太大,疑点太多。

学生:认定前面对积分构成诈骗罪,就没有这方面的问题了。

张明楷:是的。

学生:为什么司法机关要认定蒋某的行为成立盗窃罪?

张明楷:前面说了他们的理由,但我感觉他们的理由不充分,而且不精细,没有从各个构成要件要素进行分析。

学生:假设本案只是骗到了积分,商场还是告发了,这个时候能不能认定诈骗财产性利益既遂呢?

张明楷:如果认为积分是财产性利益,相当于债权的话,只要行为人通过诈骗手段获取了积分,肯定可以认定为诈骗既遂。但就像我们经常讲的那样,人们总是习惯于认为,行为人有再多的积分,如果不购买商品,商场就没有损失。但这是仅将财物的损失当作财产损失的观点,如果承认财产性利益可以成为财产罪的对象,就不能维持这种观点。

案例 101 诈骗罪(与盗窃罪的区别)

张某和王某来到高速公路服务区烟酒店,按照之前约定,张某负责把其他店员引开,王某挑选了几条中华牌、芙蓉王牌香烟，按照标价把烟钱交付给了剩下的一个店员。交付烟款不久，王某假装和朋友打电话，询问该服务区烟酒店所售香烟质量，假装说烟是假的。王某挂电话后，表示要退货。店员把烟款退还王某时，香烟还在王某手上，王某又表示想继续购买。王某随即从之前交付的烟款中抽出一部分现金，将剩下的烟款交给店员，让店员以为还是刚刚交付的烟款。在店员打算找钱的时候，王某又提出要买矿泉水等其他小商品，当店员去取矿泉水等商品时，王某拿着香烟夺门而出，王某交付的现金不足以购买香烟。张某和王某以这种手段在高速公路服务区烟酒店作案多起，涉及金额巨大。

张明楷：现在用现金的少了，但并非完全没有。本案如何处理？是定盗窃罪还是定诈骗罪？

学生：张某和王某的行为构成盗窃罪。虽然在王某退货后香烟还在王某手上，但根据社会一般观念，这些香烟应该属于店员占有下的财物，王某的行为侵害了店员对财物的占有，所以这样的行为构成盗窃罪。

张明楷：如果说香烟是本案的行为对象，那么，判断被告人的行为是构成盗窃罪还是构成诈骗罪，关键就是店员是不是因为受骗处分了自己占有下的财物。就像你说的那样，王某声称退货后，香烟即使在他手上，也应该认为处在店员的占有之下。如果王某没有交付第二次的烟款便夺门而出，那么，王某并不是通过使店员受骗处分财物来得到香烟的，而是趁着店员去拿矿泉水等商品时把店员占有下的香烟拿走了。所以就香烟而言，这样的行为不成立诈骗罪，而是成立盗窃罪。问题是，本案的行为对象究竟是什么？因为王某后来又说还是要购买香烟，而且将不足额的烟款交给了店员。在烟款交给店员之后，香烟由谁占有？

学生：应当认为已经转移给王某占有了。

学生：不一定，因为王某并没有交付足额的烟款，所以，不能认为店员已经将香烟处分给王某占有了。

学生：但店员以为王某交给自己的就是刚才曾经交给自己的足额烟款，所以，就将香烟处分给王某占有了。所以，王某的行为还是就部分香烟成立诈骗罪，而不是成立盗窃罪。

张明楷：如果说香烟是行为对象，那么，问题就在于，当王某仅将部分烟款交给店员，且店员误以为王某交付了全额烟款时，此时的香烟由谁占有？

学生：就购买香烟而言，交易已经结束了。应当评价为店员处分了香烟、王某占有了香烟。店员之所以处分，就是以为王某交付了全部烟款。

张明楷：可是，有一个细节是否需要注意？"在店员打算找钱的时候，王某又提出要买矿泉水等其他小商品"，意思是，即使王某仅购买香烟，店员也需要向王某找钱，这是不是意味着香烟还没有转移占有？

学生：如果店员以为顾客钱给多了，还是可以认定为商品转移了占有的吧。只有当店员以为顾客钱给少了时，才不能认定为商品转移了占有。

张明楷：有点道理。王某其实是用部分烟款骗取了全部香烟。问题是，王某还声称要购买矿泉水等小商品，能否认为香烟的交易已经结束了呢？因为王某还要向店员交付矿泉水等商品款。

学生：如果前一个商品已经付款了，还是要认定前一个商品交易已经完成了吧。

张明楷：也就是说，前一个商品交易，即香烟买卖交易已经完成了，店员不会再让王某交付烟款，只会让王某付矿泉水等小商品的款项。于是，店员就处分了全部香烟，所以，王某就香烟构成诈骗罪。

学生：是的。

张明楷：能不能说，王某其实是骗免债务呢？也就是骗免了自己所抽出来的那部分烟款呢？

学生：这么说好像也可以，而且与前面的讨论也不矛盾，因为烟款与香烟存在对应关系。

张明楷：这么说的话，不管是对香烟而言还是就香烟款而言，王某的行为都是诈骗罪。

学生：我之前见过一起案件。甲装了一麻袋假中华烟，来到烟酒店对店员说，为办酒席要买十几条中华烟，店员把烟递给甲后，甲装进了事先准备好的麻袋，立马接一个事先串通好的电话，说这个店卖假烟，就要退货，甲把事先准备好的十几条假中华烟退给了店员，店员把现金退给了甲。这个案件也有争议。

学生：这个案件明显构成诈骗罪。

张明楷：是的。甲已经将现金交付给了店员，店员也将香烟交付给了甲，所以，到此为止，交易就结束了，不存在什么问题。如果甲离开商店了，不可能有任何犯罪。后来，甲实际上是用假香烟冒充店员刚出卖的香烟，将香烟款骗回来，店员误以为甲退回来的香烟就是自己刚刚交付给甲的香烟，所以，将香烟款退还给甲。甲骗取的就是香烟款，而不是香烟本身。

案例102　诈骗罪（与盗窃罪的区别）

被告人到出售香烟的商店里（不止一个店）跟店主说，我要买中华牌香烟送人，但是我要跟你达成一个协议，如果我送不出去就退货。如果退货的话，我再给你点手续费。店主就同意了。被告人把香烟买回去之后，在车上就把真烟掏出来，然后把假烟塞进去，最后又封好，店主看不出调换了香烟。被告人一共在6家商店买烟后退烟，涉案金额6000多元。被告人连续作案时，被警察当场抓获。

张明楷：撰写案例分析的作者说被告人的行为构成盗窃罪。

学生：把假烟塞进去退给烟店老板，然后店主再给他钱，应当构成诈骗罪。

张明楷：什么时候诈骗既遂？

学生：店主退给他货款的时候。

张明楷：主张定盗窃的人可能认为，被告人是调包，调包都属于盗窃。其实，被告人前面花钱买了香烟之后，香烟就属于被告人所有和占有，被告人对自己所有和占有的香烟不可能成立盗窃罪。后面实际上是用假烟冒充真烟退货，所骗取的是现金，而不是香烟。

学生：前面被告人说送不出去就退货，这也欺骗了店主。

张明楷：但是，前面的这个欺骗是没有意义的。即使说如果店主知道了真相就不一定将香烟卖给被告人，但店主将香烟交付给被告人的同时已经获取了对价，其交易目的完全实现了。在这个过程中，店主是没有财产损失的。所以，前面的欺骗行为在刑法上没有任何意义。

学生：店主是不是没有处分意识？

张明楷：店主处分的是现金，怎么没有处分意识？店主以为被告人退回的是真烟才给钱，如果他知道被告人退的是假烟就不会退钱了。我估计撰写案例分析的作者没有分清楚本案的行为对象究竟是什么。如果明确了行为对象是现金，就不可能认定为盗窃罪。

案例103 诈骗罪（与盗窃罪的区别）

周某是某银行的员工，他对多名落马的高官在银行的账户进行查询。2017年初，周某查询到高官于某的账户定活两用存单上有500多万元人民币，便通过微信办了于某的假身份证，在3月18日欺骗同事梁某获得授权，就于某的存单进行了密码挂失，后又骗得了会计主管张某的授权，对存单进行了密码挂失的操作，梁某看到张某又为他授权，就开始怀疑，便向相关人员报告了此事因而案发。

张明楷：张某授权之后，周某就可以直接取钱了。但这个案件好像没有到直接取钱那一步就案发了。

学生：一般挂失之后要重置密码。

张明楷：周某应当是进行了密码挂失操作，但具体细节没有交代清楚。

学生：密码挂失后好像要再等一个星期或者一个月才能取款。

学生：如果周某没有取款的话，可能只是犯罪未遂。

张明楷：首先讨论周某的行为构成什么罪，是盗窃、诈骗还是职务侵占？

学生：不管按照老师的观点还是其他观点，都不成立职务侵占罪，因为周某是通过伪造于某的身份证进行密码挂失的，与其银行职员的职务没有什么关系。

张明楷：其实也只是利用与梁某、张某相识的关系，或者说利用同事关系，但如果没有伪造的身份证，梁某、张某不可能为他挂失。所以，不成立职务侵占。

学生：感觉认定为盗窃合适一些。

张明楷：认定为盗窃罪的理由是什么？

学生：梁某、张某都没有处分权限吧，因为债权是于某的，梁某、张某不能任意处分于某的债权。

张明楷：如果是盗窃的话，盗窃的对象是什么呢？另外，梁某与张某没有处分权限吗？

学生：盗窃的对象是债权。

张明楷：是债权本身还是债权的行使这一财产性利益？

学生：严格地说是债权的行使这一财产性利益，因为周某只是挂失密码，而不是将于某的债权转移为自己的债权。

张明楷：如果将现金作为盗窃对象，本案能认定为盗窃未遂吗？

学生：不能，只是盗窃现金的预备。

张明楷：能不能认定为诈骗罪呢？

学生：假如以取出现金为既遂标准的话，周某的行为只是盗窃行为的预备。如果说周某被授权后，就具有随时取款的可能性，这个随时取款的可能性是财产性利益，那么，就可以认定为诈骗既遂。

张明楷：虽然取得的是一个债权的行使这一财产性利益，但实际上相当于非法取得了一个银行债权，但不能将债权本身作为犯罪对象。

学生：诈骗财产性利益既遂了吗？

学生：如果全部授权都结束了，就是诈骗财产性利益既遂了。

张明楷：如果张某授权后，周某可以随时取款，就可以认定为诈骗既遂了。在这样的案件中，还是要承认银行职员有处分权限，因为银行职员本来就是处理这些事项的，如果说他们没有处分权限，就会导致诈骗罪中受骗人的处分权限的范围过于狭窄。

学生：骗取了别人的一个账户密码，就构成诈骗财产性利益既遂，感觉有点奇怪。

张明楷：单纯骗取一个密码当然不可能构成诈骗罪，构成犯罪的前提是行为人获得了他人银行卡或者账户的信息，而且可以操作银行卡或者账户。也就是说，只有当骗取密码就能直接取款或者转账时，才可以认定骗取了财产性利益。我经常讲日本的一个案例：行为人先获得了他人的银行卡，后来又使用暴力，让他人把密码说出来，在行为人还没有取款时就案发了。日本裁判所认定行为人的行为构成抢劫罪的既遂犯。因为行为人随时可以取款，这就是财产性利益，而这个利益是通过暴力手段取得的，所以抢劫了财产性利益。本案不是银行卡,而是一个存单,周某本身是银行的工作人员,取得全部授权后,取出现金就没有障碍了。

学生:我查了一下,密码挂失程序是这样的,先持本人身份证和银行卡到银行柜台办理挂失,在办完挂失以后就需要解除挂失,然后再重置密码。有的银行是第二天解除挂失,有的银行要5天或者7天以后才能解除挂失。解除挂失以后,才能办理重置密码,重置密码后才可能再使用银行卡。

张明楷:从案件来看,周某应当是完成了全部手续,可以直接将存单记载的现金取走。

学生:如果说周某骗取了可以随时取款或者行使债权这一财产性利益,为什么不是盗窃了财产性利益呢?因为周某取得这一财产性利益之后,于某就不能享有这一利益了。

张明楷:前面讨论过这一点,银行的梁某与张某应该有处分权限吧?他们两人所实施的授权行为,其实就是一种处分行为。

学生:感觉这个案件还是认定为诈骗更合适一点,会计主管授权是实际处分财产的权限,更像是一个三角诈骗。

张明楷:我也觉得是三角诈骗,但这个案件报道得太简单,就说认定为盗窃未遂。

学生:梁某与张某实施的授权行为是处分行为,而且他们也有处分意识,一定清楚地知道授权后周某就可以取走存单记载的存款。

张明楷：是的。

学生：比方说被害人有一个柜子，柜子里面放了一个财物，柜子有锁，行为人找到了管钥匙的人，说被害人钥匙丢了，要管钥匙的人把钥匙给行为人，然后行为人取走了柜子里的东西。这种行为是诈骗还是盗窃？

张明楷：如果管钥匙的人至少是占有辅助者，也还是要认定为诈骗。

学生：我觉得认定为诈骗没有问题，只是说，梁某与张某授权后，虽然周某可以随时将存单上的钱取走，但梁某立即告诉了相关人员，相关人员立即报警或者冻结了存单，导致周某不可能取走存单中的钱，如果认定为诈骗财产性利益既遂的话，就要判10年以上有期徒刑，这个难以让人接受。

张明楷：就现金来说，肯定是没有既遂，这没有什么疑问。但如果是就随时可以行使债权这一财产性利益来说，认定为未遂不合适，只能认定为既遂。因为周某确实已经获得了这一利益，于某的存单被重置密码后，也不可能行使债权了。也就是说，张某授权后，周某就完全控制了这个存单。

学生：如果认定为对财产性利益的诈骗，只能认定为既遂。

张明楷：如果时间特别短暂，倒是有可能认定为诈骗未遂。比如，张某授权后立即撤销授权，就像盗窃时刚把财物拿在手里就被人夺回一样，可以认定为未遂。

学生：如果经过了一定时间，还是要认定为诈骗既遂。

张明楷：我觉得是这样的。

学生：之前讨论过一个支付宝的案件就是这样的，男女朋友分手，女朋友通过一系列操作把男的支付宝的密码全都改了，男的支配不了自己的支付宝了。这个案件后来就是定的盗窃既遂。

张明楷：完全控制了对方的支付宝账户和密码，应当可以认定既遂。

学生：这种案件如果发生在德国，可能会这样认为，行为人转移的并不是财产性利益本身，而是盗窃了密码或者其他什么，虽然密码本身不是财产性利益，但一旦行为人得到这个密码之后，就给被害人的财产性利益造成了极其紧迫的风险，这种情形就已经造成了财产损失。也就是说，德国不一定会说可以随时取走存款是一种财产性利益，而是说导致他人财产损失的风险特别大，所以，就直接认定为造成了损失。

张明楷：即使行为人可以随时取走存款，但如果被害人此时也能随时取走存款，就不存在零和关系。也就是说，只有当行为人取走了存款时，才出现零和关系，因而成立财产犯罪。在我国，我觉得司法机关也不会认为只要造成财产损失的危险紧迫，就认定为已经造成了财产损失。为什么呢？因为财产损失本来就是指实害，德国等于将具体危险当作实害了，可是，刑法又没有这样的规定，所以，我们从另外一个角度来说被害人遭受了财产损失，因为被害人已经不能实现债权了，实现债权的可能性完全由周某控制了。就此而言，周某就将于某的财产性利益转移给自己占有了。

学生：这是财产性利益中的一种利益。

张明楷：就说是实现债权的利益，或者债权行使的利益不可以吗？

学生：那不就是钥匙权吗？

张明楷：从来没听说过。

学生：我记得好像哪篇文章见到过。

学生：把存单的密码放在这样的地位的话，其他的密码呢？

张明楷：不只是存单的密码，如果你只是知道某人的存单的密码，当然不能说你获得了财产利益，前面我就讲过了。只有取得了可以行使债权的利益时，才能说取得了财产性利益。

学生：如果像日本的部分学者那样，认为周某的行为针对取得现金而言，只是诈骗未遂，是不是也可以？

张明楷：日本部分学者所说的只构成诈骗罪的案件不是指这种情形，是指行为人诱骗他人写了一张欠条的，可以认定为诈骗现金的未遂犯。因为即使诱骗他人写了一张欠条，但要实现欠条的内容还是有不少障碍的，比如，被害人知道了真相就不可能还钱。但我们讨论的案件不一样，周某重置密码后就可以随时取走存单的钱，而且，于某事实上已经不可能实现自己的债权了。特别是在于某已经落马的情况下，周某取走于某存单的钱就更加没有障碍了。

学生：所以，我们今天讨论的案件与日本学者说的案件还是有区别的。

张明楷：不只是已有的行为是否构成骗取财产性利益存在区别，而且行为人后来将要实施的行为也有区别。在日本学者所说的诱骗他人写欠条的案件中，行为人还会利用欠条骗取他人现金，将来实施的行为也是诈骗行为。也正因为如此，所以，日本学者说前面的行为是针对现金的诈骗未遂。可是，在我们今天讨论的案件中，周某将要实施的下一步的行为，基本上不会是诈骗行为，而是盗窃行为。因为周某本身就是银行职员，他获得了全部授权后，就可以自己操作，从而取得现金。可是，我们无论如何都不可能说，周某前面实施的行为构成盗窃未遂。

学生：明白了。

学生：周某的行为是不是同时触犯赃物犯罪？因为他知道是落马高官的存单，如果他取走了存单中的钱，司法机关就不能发现这张存单了，或者至少给司法机关的调查行为增加了难度。

学生：那也是想象竞合了。

张明楷：如果确实是这样，也是想象竞合。

案例104 诈骗罪（与盗窃罪的区别）

犯罪嫌疑人李某实施了两起犯罪行为。第一起：李某冒充协助民警办案的工作人员（辅警），到某中学物色了一个被害学生，跟学生说：你们学校有两个犯罪嫌疑人，需要你去辨认一下。随后就把被害人领到某个地方的一栋楼里，让被害人到一楼的一个房间等着，同时要借被害人的手机，声称用手机给嫌疑人拍个照，让学生辨认。学生就将手机给了李某，李某拿着上楼去了，学生一直在那个房间等着，等了一个小时后才发现上当。第二起：李某冒充辅警，跟被害人说：你被小偷跟踪了，需要你去辨认。随后把被害人带到一个楼里，声称自己的同事需要拍照，让被害人把手机借给自己。然后李某上了楼，之后再下楼对被害人说：你在这儿等一会儿，待会儿有警察下楼时会把手机还给你的。于是，李某就离开了。过了一会儿，被害人觉得上当了，就出门追，但没有追到。

张明楷：这两起案件跟我们通常讲的借打手机跑掉的情形不完全一样。我们以前所说的借打手机构成盗窃罪的情形是：行为人声称当场借手机打电话，打电话时又声称信号不好就往外走，然后逃走了。这样的案件肯定只能认定为盗窃罪。因为行为人在当场打电话时，即使手机在行为人手中，也由被害人占有。行为人乘机逃走的，被害人根本没有处分行为与处分意识，所以，只能认定为盗窃罪。

学生：李某的这两起案件中，被害人也都没有处分意识。

张明楷：问题是什么叫处分意识？处分意识的内容是什么？

学生：我认为李某的行为构成诈骗罪。

学生：我感觉构成盗窃罪。

张明楷：认为构成盗窃罪，与认为构成诈骗罪，都是有道理的。

学生：我认为构成诈骗罪，因为李某拿走手机得到了被害人的同意。而且，李某并不是当场使用手机，而是让被害人在一个地方等着，自己将手机拿到另外一个地方。时间与场所都有距离，就表明被害人认识到自己要将手机交给李某占有，所以，应当认定李某的行为构成诈骗罪。

张明楷：有一定道理。

学生：我认为构成盗窃罪。行为人借手机打个电话与借手机拍个照都是借，二者没有什么不同，既然通常的借打手机为名而逃走的构成盗窃罪，本案李某也构成盗窃罪。

张明楷：我们通常讲的借打电话为名而拿着手机逃走的案件，被害人明知行为人在现场打电话，事实上也是在现场打电话。行为人在现场打电话时，这个手机也是由被害人占有。因为被害人仍然在现场，而没有让行为人拿走手机。所以，行为人逃走的，就是违反被害人的意志，将被害人占有的手机转移给自己占有，因而构成盗窃罪。

学生：在本案中，李某拿走被害人的手机去拍照时，手机仍然由被害人占有。

张明楷：问题是本案中的行为人与被害人不在同一现场，而是上楼去了。

学生：这跟距离没有关系。

张明楷：跟距离怎么会没关系呢？判断被害人是否处分了手机，跟时间、场所肯定有关系。因为是否处分了手机，是指被害人是否将手机转移给行为人占有，而行为人是否占有了手机，肯定与行为人离开被害人的时间长短、场所距离有关系。

学生：跟这个案例相似的案件是，顾客去商店买衣服，试穿衣服跑了。这种肯定是盗窃。另一种是，行为人声称先把衣服穿回去，随后送钱来，但随后根本不来。这种肯定是诈骗。

张明楷：对！李某的行为与哪一种情形相似？

学生：与后一种情形相似，所以是诈骗。

学生：但是，李某并没有说要拿手机回家，仍然在同一栋楼里，距离没有那么远，时间也没有那么久。

张明楷：虽然不是很清楚行为人究竟上了几楼，案情也没有交代具体时间，但可以肯定的是，李某与被害人不在同一个房间，也不是在同一层楼。被害人也意识到李某要拿走自己的手机去楼上拍照，自己与手机产生了距离，但仍然将手机给了李某。这种场合能不能认定被害人有处分意识？简单地说，比如就在我这个五楼的房间里，你们遇到了一个诈骗犯，说要在二楼图书馆拍个资料，但没有手机，向你借手机去图书馆拍几页资料，然后你就把手机借给他了，结果他就跑了。这是诈骗还是盗窃？

学生：诈骗。

张明楷：感觉是诈骗了吧！假如一个人到这个房间跟你说，他要去500米外的图书馆拍几张图片，但手机没电，让你把你的手机借给他拍一下,回头再给你。你借给他后,他就跑了。

学生:我是借给他,但没有给他。借给他不是处分给他。

张明楷:处分意识与处分行为,不是指处分所有权,只是转移占有的意识与行为。从这里到图书馆那么远,肯定转移了占有,应当认定为诈骗。

学生:是构成盗窃还是诈骗,就转化成距离远近的判断了吗?

张明楷:距离是判断资料,在判断是否转移了手机的占有时,不可能不考虑距离。

学生:感觉从距离上来区分盗窃和诈骗不好。

张明楷:不是单纯从距离上区分盗窃与诈骗,只是说距离肯定影响我们对占有转移的判断。如果你的手机在行为人手上,但你一直和行为人在一起,或者在我这个办公室,你们任何一个人拿着另一个人的手机,都没有转移手机的占有。所以,我们说,被害人在现场将手机借给行为人打电话时,手机仍然由被害人占有。如果行为人拿着手机逃走了,当然是盗窃。但现在讨论的案件是,行为人要借被害人的手机,行为人要去几楼、要去多久都不知道,被害人却仍然将手机给行为人。在这种场合,应当认为被害人处分了手机的占有,行为人也是基于被害人的处分而占有了手机。所以,认定为诈骗罪是合适的。当然,我要反复说明的是,距离只是判断资料,而且也不只是距离的问题,时间的长短也很重要。

学生：对老师说的这两起案例认定为诈骗罪合适一些。当被害人把手机交给李某时，实际上已经失去控制了。失去控制了，就表明已经转移占有了。

学生：老师，我的手机现在放在桌子上，如果我去了卫生间时，甲同学乘机将我手机拿走的，肯定是盗窃罪吧。

张明楷：对啊！

学生：这不是也有距离了吗？

张明楷：第一，这个时候你没有同意将手机给甲同学；第二，根据社会一般观念，你去卫生间时手机仍然由你占有；第三，即使你没有占有，也由我占有，因为这个办公室是我的。所以，甲同学的行为是盗窃。你不能将这种情形下的距离与李某案的距离相提并论。你假设的这个案件，只是你和手机之间存在距离，没有介入第三者的欺骗手段。但是，当介入了第三者的欺骗行为时，我们就需要判断你是不是将手机转移给第三者占有了，而是否转移了占有，就需要考虑第三者是在现场使用你的手机，还是要拿到另一个地方。这个时候，距离就成为一个重要的判断资料。

学生：老师，第二起案件什么时候是既遂？

张明楷：第二起案件让我想起了侵占后的侵占概念，第二起案件能不能说是诈骗后的诈骗？当然，它跟侵占后的侵占不完全一样。第二起案件中，前一个欺骗行为就取得了手机，按理说就可以构成诈骗既遂了。后一个欺骗行为，是要免除返还义务。因为手机是交给李某的，既然李某离开了这栋楼，被害人当然会向李某要手机。李某说待会儿警察从上面下来给你，这就相当于骗免债务。这里有两个骗，第一个骗是骗取了有体物，第二个骗是骗免债务。但我们不可能认定为两个诈骗罪，只要认定前面的诈骗行为已经既遂就可以了，不可能说等到后面才既遂。

学生：在第二起案件中，当李某下楼的时候，占有情况有没有发生改变？也就是说，李某从楼上下来时，与被害人有一两句话的交流，能不能说，此时手机又由被害人占有或者说再次发生转移？

张明楷：最好不这么说。这么说的话，就意味着完全从距离的角度来考虑占有是否转移，而没有考虑其他方面的问题。一方面，李某下楼时，手机未必在他手上，完全可能在楼上的某个人手上，或者李某藏在楼上的某个地方。另一方面，李某下楼时，其前面的诈骗行为已经既遂了。而且这个时候，李某跟被害人说后面的警察会将手机还给被害人，被害人就以为手机不在李某身上。

学生：这跟通常的借打手机后逃走的还是不一样。

张明楷：有一个案件，法院认定为诈骗罪，我觉得不合适。被告人在某个广场，谎称要借被害人的手机打个电话，被害人就把苹果手机给被告人打电话，被告人拿到手机后就跑了。法院认为被告人构成诈骗罪。我觉得这个案件定盗窃罪更好一点，因为被害人就在现场。

学生：法院是不是考虑到被告人与被害人是在广场上，而不是在一个特定的空间？

张明楷：法院并不是考虑到公共场所与特定空间的区别，而是认为被告人是骗取了手机，完全没有考虑诈骗罪的行为构造。

学生：公共场所会不会产生一定影响？行为人在屋里借打手机，但说屋里太吵要去外面，出门时把门关上，然后逃走了。这样的案件是定诈骗罪还是盗窃罪？

张明楷：我觉得在这种场合还没有转移占有，被害人并没有将手机转移给行为人占有，行为人逃走时就构成盗窃既遂。

学生：司法实践中还有将类似案件认定为抢夺罪的。

张明楷：是的。几个行为人开车，问路边的被害人去什么地方该怎么走。问着问着趁被害人没有防备之心时，声称自己的手机没电了，能不能借手机打一下电话，告诉人家自己在哪里，被害人就把手机借给他。手机一递过去，他们开车逃走了。法院就认定行为人构成抢夺罪，我觉得定抢夺太离谱。是被害人将手机递给行为人的，怎么可能定抢夺罪呢？

学生：行为人是不是在车上？

张明楷：可能是在车上，但在车上也只是盗窃吧？

学生：有一个案件是这样的。甲在夜总会认识了丙，丙将自己的手机号告诉了甲。后来，甲跟乙商量怎么把丙的手机弄到手。某天，甲与乙将丙约到一个酒楼的包间里，乙与丙都到了包间。此时，甲给丙打电话，说我要晚点到，然后说，我有点事要跟乙说，你让乙接个电话，丙把手机交给乙，乙拿着手机一边说一边往包间外走，然后就跑了。

张明楷：按我的观点，这个案件中甲、乙的行为也是盗窃，前面当然有欺骗，但这些欺骗都不是诈骗罪中的欺骗，因为丙没有基于这种欺骗而产生处分手机的意识。

学生：这与通常讲的以借打手机为名而逃走的案件是一样的。

学生：老师，银行ATM旁边站着工作人员时，行为人用拾得的信用卡在ATM上取款的，能不能说欺骗了银行工作人员？

张明楷：行为人对银行工作人员实施了什么欺骗行为？

学生：没有。

张明楷：既然没有对人实施欺骗行为，所以也只能认定为盗窃。

案例105 诈骗罪（与盗窃罪、侵占罪的区别）

有些人在信用卡透支后没钱归还，于是就产生了一种"养卡人"。但是，养卡人帮透支人归还时，需要收手续费。比如，养卡人帮透支人归还1万元，透支人除了要归还给养卡人1万元之外，还需要给300元的手续费。被告人陈某通过微信搜索到附近的养卡人丁某，陈某谎称自己的信用卡欠费1万元，要求丁某帮忙还，也答应给丁300元的手续费。丁某同意后，从陈某手中接过了信用卡和密码。丁某持信用卡到商场进行了小额的消费，确定信用卡没有问题之后，向陈某的信用卡转账1万元。之后，陈某在手机收到转账短信提示后,立即到银行去将信用卡挂失,并修改了密码,然后取出信用卡里的1万元。

张明楷:关于这个案件的定性,有人说是盗窃,有人说是诈骗,还有人说是侵占。这个案件的行为对象是什么?

学生:1万元钱。

张明楷:1万元钱是什么意思?是债权还是现金?什么时候既遂了?

学生:丁某将1万元打入陈某的信用卡之后,陈某的诈骗行为就既遂了。

张明楷:陈某将信用卡交给丁某,并将密码告诉丁某后,只有当陈某还给丁某1万元时,丁某才会将信用卡还给陈某。这是否会影响既遂时间的认定?

学生:陈某可以利用身份证挂失,所以,应当不影响诈骗既遂时间的认定。

张明楷:你的意思是,丁某将1万元打到陈某的信用卡后,陈某的诈骗既遂了?

学生:不一定。

张明楷:为什么不一定?

学生:丁某将1万元打到陈某的信用卡之后,陈某不一定占有了这1万元。

张明楷：既然打到了陈某的信用卡上，陈某就享有了这个银行债权吧？

学生：对。

张明楷：但是，如果陈某不还给丁某1万元，丁某就会从这张银行卡里把钱转出来，因为丁某持有信用卡而且还知道密码。能不能说丁某仍然占有着自己打入陈某信用卡里的1万元债权？

学生：丁某虽然事实上好像占有自己这1万元，但是陈某已经在法律上享有了这1万元的银行债权。

张明楷：这么说问题也不大，但如果陈某挂失，就不只是法律上占有，而是事实上占有了。这个案件多少有点特殊性，如果陈某一直不挂失，也能说陈某诈骗既遂吗？

学生：如果陈某一直不挂失，也不还给丁某1万元，丁某就会将1万元转回去，好像不能说诈骗既遂。

张明楷：可是，既然能说陈某已经取得了1万元的债权，而且他明显实施了欺骗行为，也具有诈骗的故意与非法占有目的，为什么不能说既遂呢？

学生：我觉得在陈某挂失之后办了新卡认定为既遂更合适。因为如果陈某不挂失的话，尽管他卡里有1万元债权，但由于卡在丁某手中，陈某不能行使这1万元的债权。

学生：是否享有债权与能否行使债权是两回事吧？

张明楷：显然是两回事。在挂失之前，陈某不能行使债权不意味着他没有取得这 1 万元债权；反过来说，丁某虽然客观上可以转回这 1 万元，不等于他没有财产损失。丁某拿着陈某的信用卡和掌握信用卡的密码，只是为了确保陈某归还这 1 万元，这是挽回损失的手段。就像银行让借款人提供抵押一样。但是，陈某原本就隐瞒了不归还 1 万元的内心想法，才谎称自己欠银行 1 万元。

学生：陈某不欠银行的钱吗？

张明楷：当然不欠银行的钱，否则他怎么可能从银行取回 1 万元？所以，我觉得还是要认定陈某在收到丁某转入的 1 万元时就构成诈骗既遂。

学生：可不可以说，这个时候 1 万元的债权由两个人共同占有？

张明楷：相对于银行来说，丁某将 1 万元转入陈某的信用卡之后，只有陈某对银行享有债权。就这个债权而言，不可能是共同占有或者共同享有。

学生：丁某损失的是金钱，而陈某得到的是债权，这是否符合素材同一性的要求？

张明楷：这个没有问题。在诈骗罪的对象是财产性利益的场合，只要二者具有对应关系就可以了。

学生：为什么有人主张陈某的行为构成盗窃罪？

张明楷：主张构成盗窃的人讲了五点理由：第一，丁某转账的行为是一种交付行为而不是处分行为;第二,信用卡中的1万元事实上由丁某占有;第三,陈某前面的行为没有使丁某遭受财产损失;第四,陈某的行为不构成侵占罪;第五,陈某的行为构成盗窃罪,即陈某明知信用卡的现金归丁某所有,且丁某通过持有陈某的信用卡和掌握密码实际支配着卡里的现金,陈某通过挂失行为排除了丁某对信用卡内现金的占有。你们反驳一下这几点吧。

学生:第一,转账行为是一种交付行为,当然也是处分行为。丁某明知自己将1万元转入陈某的信用卡里,当然是处分行为。第二,丁某只是占有了陈某的信用卡,但信用卡里的1万元债权确实由陈某享有了。第三,丁某将1万元转入陈某的信用卡后,就使自己的财产减少了1万元,当然有财产损失。第四,不构成侵占罪倒是成立的,不需要反驳。第五,陈某信用卡里的1万元是陈某对银行享有的债权,虽然陈某欠丁某1万元,但不能因为丁某拿着信用卡和掌握了密码,就认为丁某占有了信用卡内的存款债权。

张明楷:既然可以反驳上述观点,那么,认为丁某将1万元转入陈某信用卡之后,陈某就获得了银行债权,就可以认定陈某此时构成诈骗既遂了。

学生:那么,陈某后来向银行挂失的行为,另外成立犯罪吗?

张明楷:就挂失行为而言感觉没有必要再定罪。因为银行认为陈某的信用卡里的确有1万元,当然要给陈某。在这种情况下,没有必要说银行是被害人。事实上，银行也没有任何财产损失。

学生： 挂失行为是确保前面的诈骗行为所取得的利益实现的行为，属于不可罚的事后行为。

张明楷： 如果说没有侵害新的法益，就是比较典型的不可罚的事后行为。只是陈某后来从信用卡里取出1万元的行为，是否又触犯其他犯罪，倒是还可以讨论。

学生： 这就是老师说的取得后的取得，可能另触犯其他犯罪，但由于最终只侵犯一个法益，所以，属于包括的一罪。

张明楷： 理解得不错呀。如果后来是从柜台取出的，我认为又触犯诈骗罪，诈骗罪的对象就是现金；如果是从机器上取出的，就是盗窃罪，对象也是现金。但不管后面成立什么犯罪，都可以认为最终只有一个财产损失，可以从一重罪论处。

案例106　诈骗罪（与盗窃罪、侵占罪的区别）

某市的一个进货商开了一家销售日用品的便利店，向广州的屈臣氏进货，在屈臣氏办了一张积分卡，由于进货量大，积分数额也很大。有一次屈臣氏搞活动，积分可以换购商品，进货商便用积分换商品，换完后一个月发现，卡里的积分大量增加，于是又换购商品。换购商品后又发现积分增加了，再次换购商品。多次换购后，共获得价值40万元的商品。屈臣氏发现后报案。

张明楷：这个案件不难吧，你们有争议吗？

学生：检察院是以盗窃罪起诉的，但存在不同观点。有人认为构成侵占罪，有人认为构成诈骗罪，还有人认为不构成犯罪。

张明楷：行为人是怎么换购商品的？

学生：既可以到屈臣氏的柜台直接换购商品，也可以在网上换购，由屈臣氏发货给行为人。

张明楷：在网上换购也需要有自然人操作吧。

学生：应该会有自然人操作，否则屈臣氏怎么发货给行为人？

张明楷：如果案情是这样的话，就很简单了。首先讨论积分是怎么来的，再讨论行为人对积分是否构成犯罪，最后讨论换购商品是什么性质的行为。

学生：积分不是行为人盗窃和骗取的，而是第一次正常换购商品时，因为屈臣氏的积分系统出现问题而增加了。

张明楷：所以，行为人对增加积分本身不可能成立犯罪。

学生：积分是遗忘物，行为人对积分是否成立侵占罪呢？

张明楷：如果行为人根本不使用这个积分换购商品，也不退回，可能成立侵占罪吗？

学生：肯定不成立。因为如果行为人不使用这个积分换购商品，既不能表明客观上有侵占行为，也不能表明行为人有非法占有目的。

张明楷：所以，即使积分是财产性利益，行为人对积分本身也不成立侵占罪。这与我们以前讨论的骗取积分的情形不同，如果说积分是财产性利益，行为人骗取积分就可能构成诈骗罪。行为人再利用这个积分去骗取商品时，被害人只有一个财产损失，属于包括的一罪，只能认定为一个诈骗罪。但这个积分是屈臣氏的系统出错而形成的，如果行为人不利用积分换购商品，屈臣氏就没有财产损失。即使存在财产损失的危险，这个危险也不能归属于行为人的行为。要求行为人主动核销积分或者退回积分，是不合适的。所以，不能认定行为人对积分本身构成任何犯罪。

学生：这个案件跟许霆案不一样。但是警方类比许霆案，检察机关说与许霆案一模一样，许霆案定的盗窃，所以，检察机关以盗窃罪起诉本案行为人。

学生：这个案件跟许霆案的相似地方，只是换购商品后积分反而增加，没有减少。但许霆是继续利用银行卡在自动取款机取款的行为构成盗窃罪，没有欺骗他人；本案是利用积分换购商品，欺骗了屈臣氏的工作人员。后面的行为还是不一样的。

张明楷：分析疑难案件时，用相同或相似案件进行比较，确实是一个有效的方法。尤其是当人们对相同或相似案件的处理没有争议时，将疑难案件与相同或者相似案件比较，可以得出妥当结论。但案件是否相同或者相似，不能只看某一部分，更不能只看没有意义的那部分。主张这个案件与许霆案相同的观点，只看到没有意义的那部分相似。其实，后面的行为明显不一样，而只有后面的行为才是构成要件行为。前面增加了积分，可以说是遗忘物，但不能认定行为人对积分构成侵占罪。行为人后面利用增加的积分换购商品的行为,就可能成立诈骗罪了,诈骗的对象是换购的商品。如果说许霆是拿着银行卡到柜台取钱,倒是可以说是相同或者相似的,但如果许霆是在银行柜台取钱,不可能构成盗窃罪,只是可能构成诈骗罪。

学生:有的人会认为,行为人前面的行为是侵占,后面换购商品的行为是前面侵占行为的延伸,所以,只构成侵占罪。

张明楷:这是我一直反对的说法。不能用这样的方法归纳案件事实,要判断结果或者损失的具体内容是什么,再判断结果是由哪一个行为造成的,最后判断这个行为符合哪个罪的构成要件。

学生:说后行为是前行为的延伸,可能是以《刑法》第196条第3款的规定为依据的。因为这一款规定,盗窃信用卡并使用的,仍然以盗窃罪论处。盗窃是前行为,后行为可能是冒用他人信用卡,但将后行为评价为前行为的延伸,于是认定为盗窃罪。

张明楷:这个说法有问题。《刑法》第196条第3款的规定,并不是所谓后行为是前行为的延伸这一观点的法律根据。如果行为人盗窃信用卡后直接在自动取款机上取款,前后都是盗窃,前一盗窃的对象是信用卡本身,后一盗窃的对象则是自动取款机内的现金。如果行为人盗窃信用卡后对自然人使用,后一行为原本属于冒用他人信用卡,应当以信用卡诈骗罪论,只是《刑法》第196条第3款将这个行为拟制规定为盗窃。这种拟制规定不可以类比适用,只能适用于特定的情形。

学生:其实,这个案件跟取出错误汇款有点类似。

张明楷：是的。在日本，如果乙错误汇款给甲，甲对错误汇款不作任何处理的，不会成立什么犯罪。但如果甲隐瞒错误汇款的事实到银行柜台取款就构成诈骗罪，如果到自动取款机上取款就构成盗窃罪。日本通说与判例都是这样处理的，不可能有人说后行为是前行为的延伸，因而认定为侵占罪。

学生：比如说，乙错误汇款了 2000 元，但甲银行卡里原本还有 2 万元，后来甲只取了 2 万元，2000 元留在银行卡里，甲不会构成诈骗罪或者盗窃罪吧？

张明楷：这没办法识别，不能认为甲取出的 2 万元中包含了错误汇款的 2000 元，当然定不了罪。

学生：如果这个案件中换购商品的行为成立诈骗罪，是不作为的诈骗还是作为的诈骗呢？

学生：是作为的诈骗吧。因为他换购商品的行为本身就是作为。

学生：可是，行为人肯定没有虚构事实，只是隐瞒了真相，隐瞒真相就是作为吗？

学生：隐瞒真相当然是作为。

学生：这么说，行为人有将真相告诉屈臣氏的义务吗？

学生：既然是作为，当然就不需要讨论作为义务。

张明楷：如果说是隐瞒真相，可以评价为作为。当然，在许多场合，隐瞒真相其实只是没有说出真相，在这个意义上讲也可能是不作为。由于行为人积极地换购商品，还是评价为作为比较合适。也就是说,行为人并不是单纯地隐瞒真相,而是还有换购商品的行为。换购商品的行为本身也是一种欺骗行为。

学生:行为人有没有可能辩解说,误以为换购商品后,屈臣氏又赠送了积分,所以就继续换购,不知道是屈臣氏的系统出现了漏洞。

张明楷:不知道屈臣氏系统出现了漏洞,或许可以成为一种辩解,但这种辩解不可能被采信。一方面,不需要行为人具体知道屈臣氏的系统出现了漏洞,只要行为人知道自己不应当在换购商品后增加积分就可以了。另一方面,根据一般生活经验与常识,不可能说行为人用积分换购商品后还能再获取积分。行为人无非可以说,被害人本身有过错。但被害人的过错不是行为人的行为不构成犯罪的理由,除非被害人的过错表现为正在进行的不法侵害,行为人进行正当防卫才是无罪的理由,或者表现为自我答责的情形。其他情形的被害人过错不能成为行为人无罪的理由,充其量可以成为从宽量刑的理由。

学生:我想假设一下,如果行为人不是用积分换购商品,而是将积分出卖给他人后获利的,应当怎么处理呢?

张明楷:我觉得出卖积分就是侵占了。因为我们前面说了,积分属于遗忘物。行为人单纯占有积分的,既难以评价为侵占行为,也难以认为行为人具有侵占行为、侵占故意与非法占有目的。但是,行为人将积分出卖给他人时,就是典型的侵占行为,而且对积分具有侵占故意与非法占有目的,认定为侵占罪应当没有疑问。

学生：有没有可能认定为购买者的诈骗罪的帮助犯？

张明楷：购买者不一定构成诈骗罪，但购买者使用积分换购商品时，客观上完全可能是诈骗行为。在这个意义上讲，认定行为人出卖积分的行为构成诈骗罪的帮助犯也是可能的。

学生：购买积分的人并不知情，能不能说行为人出卖积分就是诈骗罪的间接正犯呢？

张明楷：这是间接正犯与帮助犯的区别问题，不能因为购买者不知情就直接认定出卖者的行为构成间接正犯，需要判断出卖者对购买者客观上实施的换购商品的行为，是否起到了支配、操纵作用。

学生：这不能评价为支配、操纵行为吧。因为行为人对购买者是否换购商品以及如何换购商品，完全可能漠不关心，我觉得不能认定为诈骗罪的间接正犯。

张明楷：会有争议。部分观点对间接正犯的成立范围认定得比较宽，我觉得德国的刑法理论就是如此。如果站在被害人的角度来说，行为人直接换购商品与将积分出卖给第三者后由第三者换购商品，是完全一样的。不过，我觉得认定为间接正犯并不合适，如果要认定，也只需要认定为诈骗罪的帮助犯。但诈骗罪的帮助犯与侵占罪应当属于包括的一罪，因为行为人最终侵害的只是一个法益。

学生：其实，类似这样的罪数问题在实践中还是比较多的。

张明楷：特别是提供违禁品的场合，其实都会产生类似问题。比如，甲将假币出售给乙，是只认定为出售假币罪，还是同时认定使用假币罪的共犯？因为乙肯定是要使用假币的，在查明乙使用了甲购买的假币后，也能认定甲成立使用假币罪的共犯。只不过这种情形属于包括的一罪，因为最终侵害的只是同一货币的公共信用。如果对包括的一罪只认定为一个重罪，就没有必要将甲的行为认定为使用假币罪的共犯了。

学生：如果甲将假美元出售给乙，但乙完全不知情，乙后来使用美元的，甲就是使用假币罪的间接正犯了。

张明楷：在这种情形下，我认为甲出售假美元是出售假币罪与诈骗罪的想象竞合，因为一个行为侵害了两个法益，我不认为这是法条竞合中的特别关系。按照我的观点，即使乙不知道自己使用的是假美元，但只要乙使用了其所购买的假美元，就符合了使用假币罪的构成要件，而且不存在违法阻却事由。甲至少成立使用假币罪的教唆犯，剩下的是需要判断是否符合间接正犯的条件，能否认为甲支配、操纵了乙使用假币的行为。这与将屈臣氏的积分出卖给他人是相似的。

学生：现在，关于帮助信息网络犯罪活动罪的认定，也有这方面的问题。比如，甲明知他人实施电信诈骗行为而提供技术支持，就同时构成帮助信息网络犯罪活动罪与诈骗罪的帮助犯或者共同正犯，应当属于想象竞合，但实践中大多只认定为帮助信息网络犯罪活动罪。

张明楷：我也注意到这个问题。主要是一些司法人员对共犯的认定存在误解，我就亲耳听见许多司法人员说，成立共犯一定要有通谋,但本案没有通谋,所以不成立共犯。可是,即使传统共犯理论,也将共同犯罪区分为事前通谋的共同犯罪与事前无通谋的共同犯罪。

学生:一些人认为,事前无通谋只是指事前没有通谋,但事中还是要有通谋的。但行为人为他人的电信诈骗提供技术支持,可能事中通谋也没有。

张明楷:原来如此。这样理解显然不成立。当然,也许还有其他原因影响了司法人员的判断。比如,提供支持的行为人没有分赃,所以不成立诈骗罪的共犯。或者觉得认定诈骗罪的证据不充分,行为人辩解不知道对方实施电信诈骗,等等。

学生:是的,一些辩称不构成诈骗罪共犯的人特别会提出各种各样的理由。

张明楷:每个人在为自己的利益考虑的时候是最聪明的。

案例107 诈骗罪(与侵占罪的区别)

被告人甲是一名银行职员,顾客乙到银行来后,递给甲一张10万元的现金支票,要求将现金支票兑付后的现金直接存入乙的账户里。甲收下了现金支票,但没有按乙的要求做,而是将现金支票据为己有,但甲后来也没有使用现金支票,而是把现金支票藏起来了。

张明楷：讨论一下这个案件吧。

学生：现金支票的兑付有障碍吗？有时间限制吗？

张明楷：没有兑付障碍，见票即付。但可能有时间限制，如果超过了时间，就不能兑付现金了，乙会有损失，但出票单位可能多了10万元的财产。

学生：这张现金支票的10万元是乙的吗？

张明楷：当然是乙的。

学生：如果乙未能兑付，10万元到哪里去了？

张明楷：10万元回到出票单位了。

学生：如果是这样的话，顾客完全可以找出票单位再开一张现金支票。

学生：这就让乙卷入到纠纷乃至诉讼之中，还是可以认定乙已经遭受财产损失。而且，现金支票是债权凭证，将它评价为财物没有问题。甲的行为是不是构成侵占罪？

张明楷：假定甲是有非法占有目的的，才能考虑是否构成侵占罪。如果是侵占罪，是普通侵占罪还是职务侵占罪？

学生：这张现金支票不是银行所有，而是乙所有，不可能是职务侵占吧。

学生：甲是代表银行收下来的，甲收下后就是基于职务占有了银行的支票，成立职务侵占吧。

张明楷：被害人究竟是银行还是乙？如果说被害人是银行，

甲可能成立职务侵占罪；如果说被害人是乙，则甲不可能成立职务侵占罪，只能成立侵占罪。

学生：受损失的是乙，银行并没有损失，因为甲并没有给乙增加 10 万元债权。

学生：但是，如果乙发现后，还是会找银行给自己增加 10 万元的债权。

张明楷：那是事后的事情了，被害人是谁要根据甲的行为本身直接给谁造成了损失来判断。显然，甲的行为是直接给乙造成了财产损失，所以，还是要确定乙是被害人。仅从侵占的角度来说，就是普通侵占。相当于甲受委托占有了乙的现金支票，却将支票据为己有了。

学生：甲的行为还有可能构成诈骗罪。

张明楷：骗什么呢？

学生：骗取乙的支票。

学生：甲对支票没有诈骗行为，乙一到银行柜台就把支票交给甲了。

学生：甲隐瞒真相了，是不是不作为的诈骗？

张明楷：如果是不作为的诈骗，就是骗免债务了。

学生：如果将这种情形认定为不作为的诈骗，就意味着任何财产罪都产生作为义务，都成立不作为的诈骗罪，恐怕不合适。

张明楷：你说得有道理。如果后面是作为的诈骗，我倒是觉得可以考虑能否成立诈骗罪。比如，行为人侵占了他人财物后，被害人要求行为人将财物归还给自己，行为人说财物被盗了，没办法归还了，行为人信以为真的，可以认定后面的作为成立诈骗罪，诈骗的内容就是骗免债务。问题是，本案能不能认定甲后来实施了作为的诈骗？

学生：案情没有交代，不好讨论。

张明楷：一般来说，甲会跟乙说"我已经转到你账上了"，要不然乙不会离开柜台，甲甚至可能交给乙一个虚假的存款凭证。于是，乙就信以为真，不再提出相关要求了。如果说了这样的话，就不是不作为的诈骗，而是可以评价为作为的诈骗。

学生：是的。

学生：我有一个疑问：为什么甲后来是作为的诈骗，我们就认定为诈骗罪；如果甲后来是不作为的诈骗，我们就不认定后来的行为成立诈骗罪呢？

张明楷：其实也难以得出你这个结论。主要是不作为的场合，就可能要求甲向乙说出真相，要求甲承认自己侵占了乙的现金支票，这可能要求甲自控其罪，也不一定有期待可能性。不过，这个问题比较复杂，日本学者也有争议。

学生：侵占他人财物后，只有交出财物的义务，没有说明真相的作为义务，单纯不交出，不可能另成立一个财产犯罪。

张明楷：你这个说法应当是成立的。

学生：我觉得肯定有作为，不可能都一声不吭就结束了。甲一定会说"已经将支票上的10万元转到你的存款账户了"，还会交给乙一个存款凭证之类的。否则，乙不会离开柜台。如果这样的话，认定甲实施了作为的诈骗行为，导致乙放弃要回支票，放弃要求甲将10万元存入自己的账户，还是可能构成骗免债务的。

张明楷：如果说甲在将现金支票据为己有时具有非法占有目的，甲的行为就成立侵占罪或者诈骗罪，这两个罪也可能是包括的一罪，但不可能实行数罪并罚。那么，甲取得现金支票后没有使用的，也成立侵占罪或者诈骗罪的既遂吗？

学生：应当既遂了吧，因为现金支票本身就是财物，甲已经将支票据为己有了，当然是既遂。

张明楷：我觉得应当这样解释，但肯定会有一种观点认为，乙可以找出票单位再开一张支票，乙没有财产损失，从而否认甲的行为构成侵占与诈骗既遂。

学生：如果发展到最后，乙确实可能没有财产损失，而且其他单位与个人也没有财产损失，这样的话，甲的行为就不成立犯罪了。但否认甲的行为成立犯罪可能不合适。

学生：过程能否简化为，乙放弃现金支票后本应得到一个债权，如果记载到乙的账户上，乙才能得到对银行的债权；如果没记载到乙的账户上，而乙又不知情，基于此放弃了这个债权。然后甲拿到了一张现金支票，这就意味着他对银行有了一个债权。只不过中间有一张现金支票作为中介，但实际上都是乙对银行的债权，一个是应得到没得到，一个是不应得到而得到。

张明楷：这样归纳是成立的。

学生：可是乙的债权没有消灭，还存在呀？

张明楷：乙的现金支票已经交给甲了，自己的账户上又没有增加 10 万元债权，还是可以肯定损失的吧。

学生：损失的具体内容是什么呢？

张明楷：出票单位的债权应当减少 10 万元而没有减少，但对乙来说，应当得到的债权没有得到。

学生：从民法的角度来说，乙既可以起诉银行，也可以起诉银行职员，还可以让出票单位再开一张现金支票。

张明楷：从民法的角度来说，当然是这样的。问题是，在甲的行为当时，乙是否存在财产损失。民法角度的路径，都是事后挽回损失的路径，而不是否认乙有损失的理由。如果乙没有损失，为什么起诉银行或者银行职员，为什么要出票单位再开一张现金支票呢？不能因为事后存在救济路径，就否认被害人有财产损失。即使德国将诈骗罪理解为对整体财产的犯罪，我觉得也会认定被害人有财产损失。我对司法实践的相关认定有一个感觉，就是司法机关对两者间的诈骗的损失认定范围相对宽一点，但三角诈骗就很难认定受骗人有财产损失。

学生：感觉案件一涉及银行就很麻烦，因为从对象上看涉及存款、现金、票据等之类的，而银行又是为他人处理财产的，常常涉及三角诈骗，有时很难认定谁遭受了财产损失。

张明楷：这样的问题为什么在日本不觉得很困难呢？因为他们认为任何有体物都可以成为盗窃罪、诈骗罪的对象，又没有数额要求，这样就好办了。但在日本，也不是任何非法取得他人有体物的行为都一定会定罪，还是会考虑有体物所体现的价值。比如，行为人从公司拿一张白纸回去，怎么也不能认定为盗窃罪，但是如果白纸上复印了公司商业秘密的，就会认定为盗窃罪。但判决并不是说商业秘密是盗窃对象，而是说白纸是盗窃对象。所以，甲将现金支票据为己有的行为，在日本必然构成一个犯罪，要么是对乙的诈骗罪，要么是对银行的职务侵占罪。因为甲是基于职务占有了现金支票，而支票是有价值的，所以，至少对银行成立职务侵占罪。但我国会认为，银行没有财产损失，所以，不会认定甲的行为对银行成立职务侵占罪。

学生：我国的司法机关习惯于看最终谁受损失，而不是看行为本身造成了什么结果。

张明楷：还是我经常说的，要判断行为人的行为本身直接造成了什么损失，这个损失是以行为终了时或者行为既遂时作为基准判断的，而不是考虑最终是什么损失。我接着问一下：如果甲拿现金支票到银行兑付10万元现金，是不是又构成诈骗罪或者票据诈骗罪？

学生：那就是冒用他人票据，成立票据诈骗罪。如果是印鉴齐全的话，银行没财产损失。

张明楷：肯定是印鉴齐全的。被害人还是乙，而不是银行，属于三角诈骗？

学生：受骗人是银行职员，被害人应该是乙，所以是三角诈骗。

张明楷：如果是这样，甲前后的行为就是包括的一罪，因为最终只有乙一个人遭受一个财产损失。我们前面的讨论都是以甲具有非法占有目的为前提的，如果甲不具有非法占有目的呢？因为从案情来看，甲没有使用这张现金支票。

学生：我觉得甲对现金支票是具有非法占有目的的，只是后来由于某种原因没有使用。

张明楷：根据常情常理判断，甲将现金支票据为己有时，应当肯定其具有非法占有目的。所以，认为甲对现金支票构成侵占罪与诈骗罪的包括的一罪，是合适的。我是想问，假如甲从一开始就没有非法占有目的，只是出于其他动机，单纯把票据隐藏下来的，是否成立犯罪？

学生：如果是这样的话，乙也有财产损失，那就是故意毁坏财物罪吧？

张明楷：在日本可能成立背信罪，我国刑法没有规定背信罪，所以，只好考虑是否构成故意毁坏财物罪了。

案例108 诈骗罪（与职务侵占罪的区别）

甲公司系乙酒店的供货方，且乙酒店其他部分自购货品也会向甲公司报销现金，再从双方结账通道汇款给甲公司。2012年5

月至2013年3月,嫌疑人丙担任甲公司的送货员,负责送货到乙酒店。在酒店收货员工丁的利诱、为难并授意下,丙通过修改商品发货单的第一联财物凭证联及第二联客户联上面的订单栏、实收栏的数量,虚增乙酒店向甲公司购买货物的数量及货款,后利用帮乙酒店报销其自购货品的机会,伪造收款收据从甲公司套取乙酒店多支付给甲公司的货款(甲公司实际明知丙某的该行为违法)。在此期间,丙通过篡改单据虚增的货款合计20万元,后通过伪造报销单据从甲公司处报销18.97万元,丙所得的款项中均与乙酒店收货员工丁共同私分,丁分得了大部分赃款。乙酒店发现食材原料成本过高进行调查后发现真相而报案。

张明楷:这个案件的被害人是乙酒店而不是甲公司吧。但甲公司与乙酒店各有一个行为人,二人肯定是共犯。怎么认定犯罪呢?

学生:20万元与18.97万元是什么关系?

张明楷:是两回事。20万元是甲公司向乙酒店供货时,丙虚增的货款。18.97万元是乙酒店自购货品时向甲公司报销,然后双方再结算时,丙伪造单据导致乙酒店向甲公司多报销了18.97万元,所以,后来乙酒店要多向甲公司支付这笔款。

学生:这么说的话,这两笔款的性质可能不一样。

张明楷:其实是一样的。因为乙酒店自行购买货品或者向甲公司购买物品,都需要经过乙酒店收货员丁。

学生：倘若是这样的话,那么,如果以乙酒店的丁作为正犯来判断,二人构成职务侵占罪的共犯;如果以甲公司的丙作为正犯来判断,二人构成诈骗罪的共犯。是不是这样的?

张明楷：问题是,丁的行为是否成立职务侵占罪?

学生：如果按照通说,丁是利用职务上的便利骗取本单位财物,构成职务侵占罪。但如果按照老师的观点,则需要判断丁是否基于职务占有了本单位财物,如果没有则不成立职务侵占罪,只成立诈骗罪。

张明楷：这个案件的行为对象不是货品本身吧,而是货款。如果说是货品本身,倒是有可能认为丁基于职务占有了财物,但货款并非由丁占有,所以,按照我的观点,丁的行为不成立职务侵占罪,而是成立诈骗罪。不过,我的这个观点的一个重要理由是,在《刑法修正案(十一)》施行之前,职务侵占罪的法定刑轻于诈骗罪。现在,《刑法修正案(十一)》提高了职务侵占罪的法定刑,主刑是一样的了。所以,我还要不要坚持以前的观点,或许还需要进一步斟酌。

学生：但附加刑还是诈骗罪重于职务侵占罪,而且诈骗罪的数额起点低于职务侵占罪,所以,老师还是可以坚持自己的观点。

张明楷：你们这么说,我对不修改自己的观点多了一点信心。我的观点也不是只考虑了法定刑的轻重,也考虑了其他方面的一些理由。比如,《刑法》第271条关于职务侵占罪的规定,并没有窃取、骗取的表述,凭什么像贪污罪那样理解职务侵占罪的构成要件呢？而且，第270条是关于普通侵占的规定，普通侵占就是将自己基于委托占有或者没有人占有的他人财物据为己有，从体系地位上看，第271条的职务侵占罪当然是将基于职务占有的财物据为己有。所以，我还可以继续坚持以前的观点。

学生：其实，构成要件的行为主要是丙实施的，是丙篡改单据虚增货款的，也是丙依靠报销单据从甲公司报销。如果不认定丙的行为构成诈骗罪，而是认定为丁的职务侵占罪的共犯，显然不合适。

张明楷：这反过来说明，对丁的行为应当认定为诈骗罪，而不是职务侵占罪。其实，本案中，无论如何也都要对二人的行为以诈骗罪论处。一方面，如果按照我的观点，利用职务上的便利骗取财物的，也成立诈骗罪。丁因为没有基于职务占有乙酒店的货款，所以，仅成立诈骗罪，而不成立职务侵占罪。况且，丁不可能成为乙酒店的货款处分人，货款处分人应当是乙酒店的财务人员，所以，丙、丁必然对乙酒店的货款处分人实施诈骗行为。另一方面，即使按照你们刚才讲的，如果以乙酒店的丁作为正犯来判断，二人构成职务侵占罪的共犯；如果以甲公司的丙作为正犯来判断，二人构成诈骗罪的共犯，丙与丁的行为都同时触犯了两个罪名。这种情形不管是按包括的一罪还是想象竞合，都是要按重罪处罚。所以，对丁也是以诈骗罪处罚，而不会以职务侵占罪处罚。

学生：在《刑法修正案（十一）》提高了职务侵占罪的法定刑之后，有一种观点认为，可以将职务侵占罪与贪污罪一样理解，使之包含利用职务上的便利窃取、骗取本单位财物的情形。

一方面，传统观点都是这样理解的；另一方面，传统观点虽然有处罚不均衡的缺陷，但经过《刑法修正案（十一）》对法定刑的修改，传统观点的缺陷就几乎没有了。

张明楷：其实，利用职务上的便利盗窃的情形是极为罕见的。如果单位财物由其他人占有，行为人一般只是利用了工作之便，难以利用职务上的便利盗窃。除非在共同占有的情形下，可以构成盗窃，但这种情形很罕见。很多人所说的利用职务上的便利的盗窃，要么只是利用工作上的方便盗窃，要么行为并不是盗窃。同样，利用职务上的便利的骗取也是很罕见的，只有像保险公司的理赔员那样的人员，事实上可以决定是否赔付，只是需要领导签字的场合，才可能称为利用职务上的便利骗取。许多所谓利用职务上的便利的骗取，其实也只是利用工作上的便利骗取。最典型的是为单位购买货物时，篡改发票或者让对方开虚开发票，然后多报销货款，但这只是利用了工作上的便利。这是因为，贪污罪中的利用职务上的便利是指利用主管、管理、经手公共财物的便利。可是，在刚才说的这个报销的案件中，行为对象是单位的资金，行为人根本没有主管、管理、经手单位的资金，所以，其实也没有利用职务上的便利，仍然只是利用了工作上的方便条件骗取财物。

学生：我们在办案过程中也发现，只要与职务有一点关系，大家就都说利用了职务上的便利。比如，贪污罪的利用职务上的便利，司法解释其实规定得很清楚，但在办案时，大家都不是按司法解释的规定来判断国家工作人员是否主管、管理、占有公共财物，而是只要与职务沾边，就认定为利用职务上的便利。

张明楷：简单地说，只要行为人是国家工作人员，犯罪行为与职务有关，就基本上认定为职务犯罪。而且以为，只有认定为职务犯罪，才全面评价了案件事实。

学生：我记得有人说过，之所以如此，是因为以前检察机关办理的职务犯罪案件不太多，相关部分不能完成指标，所以，就扩大了职务犯罪的范围。

张明楷：这是一个原因。从法律适用的技术上来看，也可能存在误解。比如，一个建材城的经理，以给商户设置各种障碍的方式向商户勒索了60多万元。基层检察机关以敲诈勒索罪提起公诉，一审法院也认定为敲诈勒索罪，根据数额判处10年有期徒刑。但被告人上诉后，二审法院改判为非国家工作人员受贿罪，刑罚就减轻了许多，改为3年有期徒刑。二审的判决理由是，如果认定为敲诈勒索罪，就没有全面评价案件事实，也就是没有评价行为人利用建材城经理的职务之便为他人谋取利益这一事实；只有认定为非国家工作人员受贿罪，才全面评价了案件事实。而且据此认为，非国家工作人员受贿罪与敲诈勒索罪是法条竞合关系，前者是特别法条，特别法条优于普通法条。

学生：经理为商户谋取了什么利益？

张明楷：意思是商户给了钱就不设置障碍了吧。我把这个二审判决的部分内容念给你们听一听："在索取客户钱款的过程中，王某采取了给商户断电、随意收取垃圾处理费和租地好处费等手段，但该手段的使用利用了王某对租赁土地、处理垃圾和断电等事项的管理职权，没有这些职务便利，王某就不能实施给商户断电、随意收取垃圾处理费和租地好处费等以具有职务便利为前提的行为，故王某的行为既符合非国家工作人员受贿罪的构成要件，也符合敲诈勒索罪的构成要件。但该两罪是法规竞合的关系，对王某的行为应按特别法优于普通法的原则，以特别法规定的罪名即非国家工作人员受贿罪定罪。原判未认定王某利用职务便利的事实，对王某的行为以敲诈勒索罪定罪，系认定事实和定罪有误。"

学生：其实是二审法官认定事实和定罪有误吧。

张明楷：这一判决就表明了我刚才说的那一点，凡是利用了职务之便的，都要评价；一旦评价，就构成职务犯罪，类似的判决并不少见。如果按照这个逻辑，国家工作人员利用职权指使下属杀人的，也要认定为滥用职权罪。因为如果要认定为故意杀人罪，就未认定国家工作人员利用职务便利的事实。

学生：那还是会认定为故意杀人的，因为太明显了。

张明楷：可是，逻辑是一样的。我观察到，大多数司法机关都是只要行为与国家工作人员的职务有关，就基本上认定为职务犯罪，根本不考虑具体犯罪中的利用职务上的便利是什么含义。其实，在不同的犯罪中，利用职务上的便利的含义并不相同，比如，贪污罪与受贿罪中的利用职务上的便利，意思根本不一样。所以，如果确实像司法解释规定的那样理解和认定贪污罪的利用职务上的便利，真没有那么多的贪污罪与职务侵占罪，许多贪污罪与职务侵占罪其实就是盗窃与诈骗。所以，我们今天讨论的这个案件，也只能认定为诈骗罪。不能因为行为人取得财物与乙酒店的收货员工丁的职务有关，就认定为职务侵占罪。因为即使丁利用了其职务上的便利，也不是利用了主管、管理、经手乙酒店的货款的职务上的便利。

案例109　诈骗罪（与职务侵占罪的关系）

犯罪嫌疑人何某，2015年7月和一个人力资源公司签订了劳务合同，以劳务派遣的方式到某快递公司工作。2016年5月至9月期间，何某为了偿还自己的信用卡欠款，利用了苹果公司和快递公司之间货到付款的协议以及快递公司的管理漏洞，以虚假的张某的身份连续在苹果公司的官网上订购苹果手机，然后就利用自己是快递公司快递员的身份，自己派送自己收钱，但未及时地向快递公司支付手机货款。原本购买人在苹果公司订购手机并收到手机之后要付款给快递员，快递员要将货款交给快递公司，快递公司再转给苹果公司。但何某订购手机之后，低价卖给了他人。所得的款项部分用于归还给快递公司的货款，部分款项用来归还信用卡的欠款和自己消费。何某先后在苹果官网上订购了1300部苹果手机，亏空越来越大，到2016年9月26日，何某再次订购268部苹果手机进行变卖，在归还之前订购手机的货款后，携剩余钱款潜逃，给快递公司造成160多万元的经济损失。

张明楷：讨论一下这个案件吧。

学生：何某是快递公司的员工吗？

张明楷：何某是与劳务派遣公司签合同，劳务派遣公司又把他派到快递公司，我觉得应该算快递公司的员工吧。

学生：是不是认定为职务侵占罪合适一些？因为何某利用职务上的便利，骗取了快递公司的手机货款。

张明楷：把谁占有的什么东西变成何某所有的了？

学生：把在快递公司代为保管的手机。

张明楷：本来就不存在代为保管的问题，是何某自己下单购买的手机，而不是公司购买的手机，也不是其他顾客购买的手机。

学生：到底哪一部分算是快递公司的财产？是这些手机还是出卖的手机收回来的款项？

张明楷：何某自己是快递公司的员工，他下单之后等于这个苹果手机就到了他手上，他应当按手机的正常价格给快递公司货款，但他低价出卖了，于是不可能将正常价格的货款给快递公司。但快递公司必须按正常价格给苹果公司货款，于是，快递公司就有损失。

学生：感觉不存在将基于业务行为占有的快递公司的财产据为己有的情节。

学生：即使低价卖出来的手机款，也应当交给快递公司，但他没有全部交，这本身就是职务侵占。

张明楷：你这样说也有道理。但这是就正常的买卖而言，也就是说，其他顾客从苹果公司购买手机后，苹果公司将手机交给快递公司，快递员将手机送达给顾客后，要将从顾客那里所收取的手机货款交给快递公司。如果快递员截留部分手机货款，就属于职务侵占。问题是，何某并不是真正的顾客，他一开始就是为了归还自己对银行的透支款才实施这种行为的。

学生：能不能说诈骗的对象是苹果公司，但是苹果公司又把损失转嫁了快递公司？

张明楷：苹果公司损失的就是手机，如果说将苹果公司作为被害人，那么，何某得到手机后就是诈骗既遂了。何某从苹果公司骗取手机的行为同时就是给快递公司设定债务的行为。如果说苹果公司将损失转嫁给快递公司了，是不是成立三角诈骗？

学生：苹果公司是要找快递公司归还货款的，快递公司也有义务归还货款，好像也可以说是三角诈骗。

学生：在这种场合，何某利用了快递公司和苹果公司的协议。何某在苹果官网上订购了手机之后，手机到了快递公司，由快递公司的管理者占有，而何某基于业务占有了手机，于是将手机据为己有，这又属于职务侵占了。

张明楷：其实，快递公司原本是不应当向苹果公司支付手机款的，正是因为何某的诈骗行为才导致快递公司需要基于协议向苹果公司支付手机款。这样，就属于三角诈骗，而不是职务侵占了。

学生：定职务侵占罪，比较容易解释快递公司是被害人，因学生：甲究竟是骗了上级，还是下级或者同级政府人员？

张明楷：不管骗谁，都与他的副镇长职务没有关系吧？既然如此，怎么可能成立贪污罪呢？

学生：甲成立诈骗罪。

学生：如果认定为诈骗罪，案发时就能认定县政府有财产损失吗？如果那5户农民自己养羊的话，政府也会发放这75只羊，能不能说政府没有损失呢？

张明楷：县政府的扶贫计划是对农民的，只给农民发羊，而不会向官员发羊。如果官员领取羊，政府的目的就没有实现，所以县政府有财产损失。

学生：如果是某个农民将那5户的75只羊领走了，也要定诈骗罪吗？

学生：应当是一样的吧，也构成诈骗罪。

张明楷：我觉得可以不定，因为计划内容是对农民扶贫，既然是农民领走的，虽然在数量上不符合政府规定，但还是可以认为政府的目的实现了，可以不认定为诈骗罪。

案例111　诈骗罪（与骗取贷款罪的关系）

某公司从事汽车贷款担保业务。李某利用公司业务，让购车人和银行签订信用卡购车专项分期付款的协议，由公司协助购车只羊，但甲最后还是要还给政府 75 只羊，所以贪污的对象是骗领的这 75 只羊的孳息，这 75 只羊的孳息本身应该是归政府所有的国家公共财物。

张明楷：如果构成贪污罪的话，行为对象究竟是什么？

学生：我刚才说是 75 只羊的孳息，因为 75 只羊要还给政府的。

张明楷：孳息是将来产生的，现在怎么可能贪污将来才能形成的财物呢？

学生：就是贪污 75 只羊吧。

学生：可是，如果不案发，被告人将来肯定要归还 75 只羊，能认定被告人对 75 只羊具有非法占有目的吗？

张明楷：这要看你怎么理解非法占有目的。被告人将来要归还政府的 75 只羊，肯定不是他领回来的这 75 只羊了。被告人对 75 只羊肯定具有利用意思，这是没有疑问的。关键是怎么理解排除意思？

学生：如果按照山口厚老师所说的，排除意思实际上是妨害他人利用财物的意思，被告人当然具有排除意思。因为县政府是要将羊给农民利用的，而被告人就妨害了县政府给农民利用的意思，所以具有排除意思。

张明楷：既然是这样的话，就可以认定犯罪对象就是 75 只羊，没有必要说是 75 只羊的孳息了。那么，甲利用了职务上主管、管理、经手公共财物的便利吗？

张明楷：在本案中，苹果公司处分自己的手机，使快递公司产生交付手机的债务，而快递公司基于协议又必须支付手机款，所以，和二维码案的实质是一样的。不一样的只是，在二维码案中，商家是应当得到货款而没有得到。而在本案中，是快递公司原本不应当支付手机款的却支付了手机款，但这并不影响三角诈骗的成立。

学生：似乎明白了。

张明楷：那就还没有完全明白，回去好好想一想吧。

案例110　诈骗罪（与贪污罪的区别）

某县政府对农民有一项扶贫计划，计划内容是，政府发给每户农民15只绵羊，5年后农民再向政府归还15只相同品种的绵羊即可。尽管如此，仍然有不少农民不愿意养羊。某镇副镇长甲找到5户不愿意养羊的农民，表明希望用该5户农民的身份证、户口本领取75只羊自己养。5户农民表示同意，把相关证件借给甲使用，甲利用该5户农民的证件领取了75只羊供自己养。

张明楷：甲的行为构成犯罪吗？

学生：甲的行为可能构成贪污罪，这5户农民本身不愿意养羊，甲编造他们愿意养羊的事实，用他们的证件从政府领取了75

为最终遭受财产损失的是快递公司而不是苹果公司。

张明楷：根据协议，快递公司必须将手机款支付给苹果公司。何某正是利用了这一点从苹果公司订购手机，如同行为人在特约商户使用信用卡一样，银行必须将货款支付给特约商户，所以，认定为三角诈骗还是有道理的。

学生：老师的意思是，苹果公司相当于特约商户，而快递公司相当于发卡银行，手机相当于特约商户的商品，行为人得到了手机，没有将货款交给特约商户，就相当于要发卡银行支付货款。

张明楷：是的。如果说恶意透支是三角诈骗，那么，这个案件也是三角诈骗。

学生：能不能说苹果公司有权处分快递公司的财产呢？

张明楷：这是我所说的新类型的三角诈骗，苹果公司处分了自己的手机，这是有处分权限的，没有问题。但苹果公司处分自己的手机后，快递公司就必须向苹果公司支付手机款，于是，苹果公司基于自己的处分行为，而使快递公司遭受了财产损失。

学生：这和二维码案一样了吗？

张明楷：事实结构不完全一样，但都是处分自己的财产而使他人受损失的情形。

学生：在二维码案中，顾客处分自己的银行债权，使商家遭受了财产损失，因为是商家让顾客扫二维码的，所以，商家不可能让顾客再支付货款。

人办理贷款,购车人根据协议无息偿还贷款。如果购车人不能归还贷款,就由公司还款,随后,公司有权扣押、扣留购车人的汽车。某天,李某和8个购车人来北京购车,李某同时购买了虚假的购车发票。因为按照公司和车主的协议,购车人首付30%,剩余的70%分期付款,但李某对购车人说的是零首付,所以,需要从银行多贷款出来用于首付,购车假发票就把汽车的价格提高了。购车人购车成功之后,李某就拿着假发票去银行办理贷款,因为使用了假发票,贷款的数额除了付清购车费用之后,还多出10万元,李某将其据为己有。8名购车人中有5个车主因为不能及时还款,银行就从公司账号划走了应当归还的贷款,随后,公司扣押了5人的汽车,并向公安机关报案。

张明楷:公安机关认为5名车主与李某都是嫌疑人。

学生:为什么5名车主都是嫌疑人?

张明楷:说他们是信用卡诈骗,因为采用的方式是通过信用卡透支来贷款,但这显然不合适。

学生:5名车主有没有可能构成骗取贷款罪?

张明楷:如果说骗取贷款罪的话,也应当是李某构成,因为8名购车人都以为是零首付,从银行多贷款出来填补首付所需要的30%的购车款,是李某通过假发票造成的。所以,如果说是骗取贷款的话,也是李某的行为构成骗取贷款罪。案情没有交代骗取贷款的具体过程,李某的行为可能属于间接正犯。

学生：公司给购车人担保，就不应当成立骗取贷款罪吧？

张明楷：如果说有担保是贷款的唯一条件或者唯一的重要条件，你这个说法是成立的。如果担保只是其中的一个重要条件，贷款还有其他重要条件，我认为即使提供了担保，也可以构成骗取贷款罪。

学生：如果是骗取贷款罪的话，只有多贷出来的部分才是犯罪数额吧？

张明楷：这样认定也可以。当然，我们说李某的行为构成骗取贷款罪，是没有考虑数额与损失等要求的，就是说，李某的行为属于骗取贷款。这个问题好处理，关键是李某将多贷出来的10万元据为己有，这个行为如何处理？

学生：多贷出来的10万元，应当是购车人的钱，因为是以购车人的名义贷款的。

张明楷：是普通侵占还是诈骗？

学生：如果对10万元是诈骗的话，就应当直接认定为贷款诈骗罪。

张明楷：为什么？是三角诈骗吗？事实上，这10万元多贷出来后，应当给8位购车人，然后再由8位购车人归还给银行。

学生：如果是这样的话，就只能是对购车人的犯罪，而不可能是对银行的犯罪。

张明楷：我觉得只能是对购车人的犯罪。如果是由于假发票的缘故，贷款一定会多出10万元，那么，李某对购车人要么是侵占要么是诈骗，而不可能是职务侵占。

学生：李某在向银行贷款时，事实上给8名购车人多设定了债务，但相应地取得的贷款却没有给8名购车人。

张明楷：事实可能有点不清楚，我估计是银行将购车的贷款全部汇到出卖汽车的公司，出卖汽车的公司再将多出的10万元给了李某。但是，公安与检察机关没有查明这10万元的来龙去脉，他们没有关注这10万元的事实。

学生：8名购车人知道多贷出10万元吗？

张明楷：肯定不知道，否则他们一定要走了。

学生：8名购车人根本不知道的话，就不可能有处分行为与处分意识。

张明楷：我认为可以成立三角诈骗。李某通过欺骗银行工作人员，使银行工作人员给8名贷款人多设定了10万元的债务，可以认定为三角诈骗。银行工作人员是受骗人，8名购车人是被害人，即使被害人不知道自己被害，也不影响诈骗罪的成立。

案例112 诈骗罪（与计算机犯罪的关系）

号贩子通过抢号软件抢到专家号之后，卖给前来看病的人，最贵卖到4000元一个。

张明楷：这种行为怎么认定？

学生：之前我看到过一个类似的案件。在某风景区门口，常常有一些人问游客，"要进景区吗？我可以把你带进去"。然后，他们以比门票便宜的价格收费，将客人带进公园。后来公安机关也抓了很多人，最后是以聚众扰乱社会秩序罪定罪处罚的。

张明楷：这怎么能认定为"聚众扰乱社会秩序"呢？

学生：因为他们可能会追逐客人，就是把其他客人赶走。

张明楷：那也不可能成立聚众扰乱社会秩序罪吧。你讲的这个案件和我们要讨论的案件还不一样。

学生：倒号的行为可以认定为倒卖伪造的有价票证罪吗？

张明楷：挂号可以说是有价票证，但挂号就是从医院挂出来的，是真实的，所以患者可以利用它看病，不是"伪造的"吧。

学生：因为是号贩子用别人的身份证挂的号。

张明楷：号贩子也可能用自己的身份证进行挂号。我看到这个案子，第一个想到的就是，这些被贩卖的"号"能不能算作"有价票证"。它的确是有价的，但我觉得不能说它是伪造的。而且，即使是用别人的身份证挂的号，也不能说是伪造的。

学生：为什么刑法只规定倒卖车票、船票罪，而不规定倒卖其他票证的犯罪呢？

张明楷：这是特别历史时期的产物。一方面，在1979年刑法实施期间以及1997年修订刑法时，交通不发达，车票、船票很难买到，于是不少人就倒卖车票、船票。由于在经济不发达的年代，坐飞机的人少，所以没有规定倒卖机票罪。但有一段时间确实出现过不少倒卖机票的案件，也未能认定。另一方面，不可能规定倒卖有价票证罪，因为绝大部分有价票证就是可以流通的，所以，只能根据立法时的具体情况规定倒卖哪些票证构成犯罪。在1979年刑法实施期间以及1997年修订刑法时，倒卖挂号的现象并不是很多，但后来越来越多了。历次刑法修正案也没有增加这个罪名，其实在《刑法》第227条第2款增加"医院挂号"这一行为对象就可以解决这个问题。

学生：如果号贩子是用自己的身份证件抢了号，怎么可能给患者使用呢？

张明楷：患者可能只需要使用号贩子的姓名就可以了，医生不会查患者的身份证件吧？具体情形我也不清楚，我见过一次号贩子直接将患者带到就诊室门口。

学生：定非法经营罪可以吗？

张明楷：如果定非法经营罪，要层报至最高人民法院批准。因为如果要定非法经营罪，只能适用《刑法》第225条第4项。2011年4月8日最高人民法院《关于准确理解和适用刑法中"国家规定"的有关问题的通知》就规定："各级人民法院审理非法经营犯罪案件，要依法严格把握刑法第二百二十五条第（四）项的适用范围。对被告人的行为是否属于刑法第二百二十五条第（四）项规定的'其他严重扰乱市场秩序的非法经营行为'，有关司法解释未作明确规定的，应当作为法律适用问题，逐级向最高人民法院请示。"下级司法机关一般不愿意这么做，有不少地方司法机关就将原本应适用第 225 条第 4 项规定的情形，直接适用第 1 项的规定。但倒卖挂号无论如何不属于第 1 项规定的情形，所以，就不能将这种行为认定为非法经营罪了。

学生：可是下级司法机关又希望对号贩子定罪，因为这些人的行为确实恶劣。

张明楷：实务部门有观点认为，应该认定为破坏计算机信息系统罪。可是，这些号贩子没有破坏计算机信息系统，他们就是利用某种软件抢到的号，有的是与医院的某些人勾结获取的挂号，计算机信息系统的功能没有遭到任何破坏。

学生：实务部门会不会认为，这个抢号的软件会对医院的计算机信息系统有损害？

张明楷：那没有。号贩子所利用的软件只是能够让使用人容易抢到号，就像春节期间抢火车票一样，我觉得不能认定为破坏计算机信息系统罪。

学生：那有没有可能非法控制了计算机信息系统呢？

学生：应该也没有控制计算机信息系统，只是自己抢号的速度快了一些。而且，即使说行为人非法控制了计算机信息系统，也不可能达到情节严重的程度。

学生：类似的案件在国外不会发生吗？

张明楷：日本的类似案件是，有的演出票比较紧俏，行为人倒卖演出票。日本是按诈骗罪处理的。

学生：我国可能难以接受这样的处理。

张明楷：其实是容易理解的。挂号需要身份证件或者医保卡之类的，医院预想的是患者挂号，或者说挂号直接由患者使用。如果行为人说明真相，告诉医院自己挂号是要卖给别人的，医院就不会给行为人挂号，但行为人隐瞒了真相，导致医院将挂号处分给行为人。这就完全符合了诈骗罪的构造。所以，在日本会认定为诈骗罪。

学生：可是，医院也没有财产损失。

张明楷：不能这样讲。医院不只是赚钱，还有重要的社会目的，就是为患者治病。由于挂号是要给患者使用的，所以，行为人倒号的行为就导致挂号没有直接给患者，导致医院的社会目的没有实现。

学生：挂号最后还是给患者使用了呀。

张明楷：是的，但是，医院是要直接给患者使用的，不是让人倒卖的。而且，医院原本只是收 20 元的挂号费，行为人向患者卖 4000 元，这就没有实现医院仅收取 20 元挂号费为患者提供服务的社会目的，还是可以评价为有财产损失的。

学生：可是，如果从这个角度来说，财产损失的数额就难以判断了，或者说即使判断了，也难以达到数额较大。因为如果从这个角度来说，一个挂号费也只能算 20 元，行为人要抢 150 个以上的挂号，医院才损失 3000 元，才能认定为诈骗罪。

张明楷：是的。这就是数额较大规定带来的麻烦。日本没有数额较大之类的规定，所以，认定诈骗罪在财产损失方面也没有障碍。

学生：而且，日本有不少学者认为诈骗罪是对个别财产的犯罪，不需要有财产损失。这样的话，就更能认定为诈骗罪了。

张明楷：是的，比如高尔夫球场案的宫崎事件。暴力团成员X与高尔夫俱乐部会员A一起去某高尔夫俱乐部，隐瞒了暴力团成员的身份打高尔夫球。但这个高尔夫俱乐部在相关约定条款中明确禁止暴力团成员利用俱乐部，也就是明确禁止暴力团成员来打高尔夫球。而且，俱乐部将有关部门提供的情报进行电子化处理，对利用高尔夫设施的人员进行姓名确认。A在加入俱乐部时曾誓言不介绍暴力团成员来打球，也不与暴力团成员结伴打球。但A采取欺骗手段帮助X提出申请，X没有靠近服务台就开始打球。日本最高裁判所2014年的判决指出，利用者是不是暴力团成员，是高尔夫俱乐部的从业人员是否允许其利用高尔夫设施的重要事项。本案中的A却不说明同伴X是暴力团成员，并且为X申请利用高尔夫设施。这一行为使高尔夫俱乐部从业人员误以为X不是暴力团成员，因而属于诈骗罪中的欺骗行为。这个欺骗行为导致利用高尔夫设施的合同成立，使X利用了高尔夫俱乐部的设施，因而成立诈骗罪，是对财产性利益的诈骗。这一判决的理由是，如果高尔夫球场允许暴力团成员来打球，就会导致其他顾客减少，进而会损害高尔夫球场的信用和评价，这就是财产损失。但由于他们不需要具体计算财产损失数额，所以，只要说有财产损失就可以了。

学生：但是，这样会导致诈骗罪的认定范围太宽了。

张明楷：我国诈骗犯罪之所以这么多，就是因为认定得太窄了。另外，在日本，对这样的行为虽然认定为诈骗罪，但完全可能不起诉，即使起诉后裁判所判处的刑罚也特别轻。所以，不是什么大问题。

学生：我们按数额来定罪量刑就带来两个问题，一是有些该定罪的不能定罪，二是一旦定罪就可能判得特别重。

张明楷：是这样的。日本还有一个类似案件，甲以自己的身份证件购买机票和办理了登机牌，但将登机牌给乙使用，也认定甲构成诈骗罪。

学生：诈骗了什么呢？

张明楷：诈骗了登机牌呀！因为登机牌是有体物，只要是有体物而且有使用价值，就是财产罪的对象。

学生：这在我国就完全不可能定罪了。

张明楷：日本的诈骗罪的成立范围很宽泛，在我们看来似乎不涉及财产的其实也被认定为诈骗罪。号贩子案件如果发生在日本，就像倒卖演出票一样，也会被认定为诈骗罪。我曾经向公安机关建议认定为诈骗罪，但他们说难以接受；如果说要认定为计算机犯罪，他们则能接受。

学生：所以，不少人说，计算机犯罪现在也成了口袋罪。

案例113 诈骗罪（与计算机犯罪的关系）

三名被告以前曾经向他人销售秒杀软件，他人可以利用秒杀软件抢购便宜商品。有一天，三人看到一条信息：某公司承诺，如果秒杀到前1000台手提电脑，就免费赠送。三名被告人便使用自己的秒杀软件，将1000台手提电脑全部秒杀到手了。公司送货之后发现1000台电脑的收货地址虽然不同，但收货人及其电话全部是同一人，感觉上当了，就向警方报案。

张明楷：三名被告人的行为构成犯罪吗？

学生：公司承诺将电脑送给秒杀到的人，三名被告人就是秒杀到了，当然不成立犯罪。

张明楷：问题是，如果公司对使用技术手段有禁止性规定，只允许手工秒杀，不允许使用秒杀软件，是否构成诈骗罪呢？

学生：从公司向警方报案来看，应当是不允许使用秒杀软件。

张明楷：这一点可以理解，因为公司想将电脑送给真正秒杀到的人，让更多的人参与这项活动，让更多的人得到电脑，从而让更多的人知道这个公司，而不是送给利用秒杀软件全部秒杀到的人。问题是从公司公开的信息中，是否明确禁止使用秒杀软件。如果禁止使用的话，还是可以构成诈骗罪的吧。

学生：三名被告人就是真正秒杀到的，公司没有财产损失。

张明楷：但是，公司的目的没有实现。在通常情况下，公司是要让更多的人得到电脑，实现做广告的目的，公司不可能让一人秒杀到全部 1000 台电脑。一个人得到 1000 台电脑肯定不符合公司的目的。

学生：但是，即使公司事前有规定，公司也不可能采取什么措施防止一人全部秒杀。

张明楷：这个不影响诈骗罪的认定吧。在许多情况下，制定规则的一方都不可能采取什么措施禁止他人违反规则，但如果违反规则，就确实可能构成诈骗罪。如果公司事前有规定不能采用秒杀软件，而行为人采用秒杀软件，隐瞒真相获得电脑，是可以构成诈骗罪的。问题是，如果公司事前没有规定，但按照一般生活经验或者经营规则，公司所想到的就是一般人手工秒杀，但行为人采用秒杀软件的，是否构成诈骗罪呢？

学生：也有可能构成，因为公司发放电脑时就是以为行为人是手工秒杀，但行为人隐瞒了真相，公司管理者还是有认识错误并处分了财产。

学生：如果没有明文规定还是不能认定为诈骗罪吧？因为法不禁止即自由，既然没有明文规定，大家采用任何方法都可以。如果所有的人都采用秒杀软件，结局也是一样的。

张明楷：问题是除行为人以外，其他人都没有用秒杀软件。但在公司没有明文规定的情况下，确实难以认定行为人实施了欺骗行为，当然不可能成立诈骗罪。也不能说三名被告人利用了什么漏洞，只能说他们利用了秒杀软件。如果不构成诈骗罪的话，是否成立其他犯罪呢？秒杀软件是什么东西？三名被告人的行为是否构成《刑法》第285条规定的犯罪？

学生：利用秒杀软件不能说是非法侵入计算机信息系统吧？

张明楷：《刑法》第285条第2款规定："违反国家规定，侵入前款规定以外的计算机信息系统或者采用其他技术手段，获取该计算机信息系统中存储、处理或者传输的数据，或者对该计算机信息系统实施非法控制，情节严重的"，构成犯罪。三名被告人显然利用了技术手段，获取了相关数据，也可能是对信息系统实施了控制。所以，关键是三名被告人的行为是否违反国家规定。

学生：国家不可能对此有任何规定，所以，不能认为违反了国家规定。

学生：另外，三名被告人以前将秒杀软件销售给其他人的行为，也可能与《刑法》第285条第3款的规定相符合。该款规定："提供专门用于侵入、非法控制计算机信息系统的程序、工具，或者明知他人实施侵入、非法控制计算机信息系统的违法犯罪行为而为其提供程序、工具，情节严重的，依照前款的规定处罚。"秒杀软件应当是非法控制计算机信息系统的程序、工具。

张明楷：如果秒杀软件是非法控制计算机信息系统的程序、工具，则可以适用这一款规定。另外，如果秒杀软件是非法控制计算机信息系统的程序、工具，使用秒杀软件的行为，也会违反国家规定，构成非法控制计算机信息系统罪吧。

学生：需要查国家规定，但不知道从何查起。

学生：现在大家都在用秒杀软件，比如12306上的抢票软件。

张明楷：我凭感觉认为，使用秒杀软件意味着把别人拦截了，让别人进不去计算机信息系统，别人根本就抢不到；别人的信息进不去，就全都到行为人这儿来了，行为人这里包含1000个以上的账号，属于控制了计算机信息系统。如果被告人的行为违反国家规定，那么就构成两个罪，一个是秒杀电脑的行为成立非法控制计算机信息系统罪，另一个是提供非法控制计算机信息系统程序、工具罪。如果前一行为没有违反国家规定，就只成立后一个罪。

学生：是不是还可以考虑秒杀电脑的行为成立盗窃罪？

张明楷：公安局是想认定为盗窃罪，但与其认定为盗窃，不如认定为诈骗罪。

学生：如果认定为盗窃罪的话，盗窃的是什么？被告人抢到后，只是可以请求公司发送1000台电脑。就算抢到了，公司不发货也没办法占有电脑。

张明楷：如果认定为诈骗罪，那么，公司不发货就是诈骗未遂。

学生：公司之所以发货，是因为误以为是不同的客户抢到的，事后知道是同一人，所以报警了，这表明公司还是觉得自己受骗了。所以，认定为诈骗罪好一点。

张明楷：我觉得在两种情形下可以认定为诈骗罪：一是公司明文禁止使用秒杀软件，二是从公司的相关规定或者经营活动的惯例来看，是禁止使用秒杀软件的。按理说，行为人也知道不能使用秒杀软件，否则不会写多个不同的收货地址。只是案情对这方面的事实交代得不太清楚，我们不能得出明确的结论。

学生：老师，我顺便说一个案件。某电信公司开展零元购机活动，只要客户预存一定话费即送合约手机。甲发现该活动的漏洞后，以帮公司员工、朋友购手机为借口，以个人名义从该电信公司套取87部合约手机，后又通过中介成立自己的公司，以公司名义套取231部合约手机。合约手机到手后，甲把市价136万元的318部手机出售给他人，获得货款121万元，甲仅存入40万元话费，其余70多万元已挥霍。

张明楷：甲"零元购"318部合约手机时，并没有按照电信公司活动要求以后每月交付话费的意思，但甲欺骗电信公司要按照每月要求交付话费，隐瞒了自己的真实想法，电信公司因受骗把合约机处分给了甲，甲的行为构成诈骗罪。这应当没有疑问。

学生：已经存入的40万元话费可否不计算在诈骗数额之内呢？

张明楷：我觉得可以的。因为电信公司开展零元购机活动，就是为了挣话费，40万元也是话费，所以，就这部分而言，电信公司的目的实现了，可以不计算在诈骗罪的数额之内。

案例114 诈骗罪（权利行使与非法占有目的的判断）

甲向A公司借钱买了一辆车，在向A公司借钱买车的过程中，按约定先将车登记在 A 公司名下，还清借款本息后，再把车过户到甲的名下。后来，甲在驾驶车辆的过程中，和 B 公司的车发生了一个事故，甲应该向 B 公司赔偿 5 万元。甲向 B 公司写了一张 5 万元的欠条，但一直没有钱还，B 公司一直催甲还钱，甲也未能还。甲也没有还清 A 公司的借款（尚欠 6 万元）。后来，B 公司的一帮人通过盗用 A 公司的空白介绍信，冒充 A 公司的人，以扣车的名义将甲的车开走了（没有使用暴力或胁迫手段），开走之后就停在一个停车场。在停车场停的时间很长，停车费很多，B 公司就通知甲去领车，但甲不敢领，甲后来也知道 B 公司冒充 A 公司的人扣了车（车的价值 26 万元）。

张明楷：对这个案件有两种观点，一种观点说无罪，因为甲确实欠 B 公司 5 万元。但是这个车本身又值 26 万元，所以，即使 B 公司的人是行使权利，也远远超出了范围。另一种观点认为，B 公司的人的行为构成财产犯罪，但构成什么罪呢？B 公司的人声称，扣车并不是为了占有甲的车，只是为了让甲赔偿 5 万元。

学生：行为人既没使用暴力也没使用胁迫，既不是抢劫，也不是撬人家的锁，抢夺也不合适。

张明楷：办案单位多数人的观点认为不构成犯罪。理由大概是，行为人不是要把甲的车据为己有，只是将车作为一个抵押物让甲赔偿 5 万元，而且后来让甲去领车，甲却不领车。

学生：甲为什么不领车？

张明楷：停车费太贵，甲没有钱交停车费，而且甲后来知道是 B 公司的人冒充 A 公司的人扣了车。

学生：有没有可能构成诈骗罪？

张明楷：由于车的所有权属于 A 公司，加上当时甲还没有完全还清对 A 公司的借款，所以，甲当时就将车交给了行为人。

学生：认定为诈骗罪应当没有问题吧！

张明楷：问题在于行为人是否具有非法占有目的。我刚才说了，主张无罪的人认为行为人只是为了让甲赔偿 5 万元，而不是为了占有这辆车。

学生：这涉及如何理解非法占有目的的问题。

张明楷：不仅涉及非法占有目的的问题，而且首先需要判断这种行为是否属于行使权利？如果是行使权利，是否超出了行使权利的范围？我们先讨论这个问题。

学生：在中国的司法实践中都会认为是行使权利。

张明楷：但日本刑法理论不可能认为这是行使权利。如果 B 公司的人通过欺骗手段让甲赔偿了 5 万元才叫行使权利。

学生：日本认定行使权利的范围比我们窄得多。

张明楷：宽泛地认定行使权利并不利于保护财产秩序，不能认为权利人可以为所欲为。认定财产罪时，要在法益保护原则与法治原则之间权衡。不应当认为权利人实施的任何行为都是行使权利的行为。

学生：老师的意思是，B公司的行为人不是行使权利。

张明楷：我不认为这是行使权利。那么多的法律途径不用，偏要采取欺骗方法扣车，我认为不是行使权利。

学生：而且，为了使甲赔偿5万元，扣押甲价值26万元的车也不合适。

张明楷：在这个意义上说，即使承认是行使权利，也明显超出了行使权利的范围。

学生：B公司的行为人可能想，如果我们扣押了甲的车，甲就会立即赔偿5万元的，没想到甲没有钱赔。时间拖长了，停车费也贵了，所以，行为人通知甲领车。

张明楷：如果B公司出停车费，甲的损失倒不一定大，但如果要甲出停车费，甲的损失就挺大了。所以，这个所谓的行使权利其实存在严重的问题。

学生：老师，如果说B公司的行为人不是行使权利，有没有可能说他们没有非法占有目的，因而不构成诈骗罪呢？

张明楷：从我的阅读范围来看，在日本是肯定会认定为具有非法占有目的的。行为人不仅具有利用意思，而且具有排除意思，这里的排除意思不是指剥夺他人所有权的意思，而是妨碍他人对车辆的利用的意思。

学生：如果是这样的话，B公司的行为人就具有非法占有目的。

学生：可是，如果认定为诈骗罪的话，诈骗数额怎么确定呢？是认定 26 万元吗？

学生：按 26 万元认定诈骗数额不合适，因为行为人确实不是想占有这辆车。

张明楷：我觉得可以按 B 公司的行为人给甲造成的实际损失来认定诈骗数额，这样可以使处罚合理一点。

学生：可是，行为人并没有得到甲所损失的那部分财产。

张明楷：行为人其实得到了汽车，但只是将汽车中相当于甲损失的数额作为诈骗罪的数额。

学生：明白了。

张明楷：我们刚才讨论了权利行使与非法占有目的这两个问题，我顺便问你们一下：在财产罪中这两者究竟是什么关系呢？

学生：权利行使属于阻却违法性的内容，关于缺乏非法占有目的则有不同观点，一种观点认为，缺乏非法占有目的就缺乏了不法要素，另一种观点认为，缺乏非法占有目的是指缺乏责任要素。老师现在是采取了后一种观点。

张明楷：我们讨论财产罪中的非法占有目的时，一般都是只讲排除意思与利用意思，但很少讲非法的含义是什么。非法与否肯定是基于客观事实进行客观判断得出的结论吧？

学生：在德国就是这样理解的吧。非法是客观要素，但占有目的则是主观要素。

张明楷：日本的刑法教科书在不法领得意思中也只讲排除意

思与利用意思，基本上没有讲不法或者非法的含义。可是，如果说非法是一个客观的判断，那行使权利就表明不存在非法了吧。

学生：如果行使权利就表明行为人没有非法占有目的了。

张明楷：可是，前面不是说权利行使是违法阻却事由吗？

学生：被老师绕进去了。

张明楷：不是被我绕进去了，而是原本就没有理顺。财产罪的违法阻却事由是哪些？

学生：基本上只是权利行使吧，或者主要是权利行使。

张明楷：那么问题就来了：如果认为非法占有目的是主观的构成要件要素，在客观构成要件要素之后就判断主观构成要件要素，那么，在财产犯罪中，是不是将主观的构成要件要素判断完了，就基本上不存在违法阻却事由了？或者说，在构成要件符合性的阶段，就至少判断了大部分违法阻却事由呢？

学生：好像还真是这样。

张明楷：如果是这样的话，三阶层体系是不是也有模糊的地方，而不是层次分明的呢？

学生：老师的意思是，如果将非法占有目的作为表明违法的主观的构成要件要素，其实就判断了违法阻却事由，所以，第一个阶层与第二个阶层就不是那么分明了。

张明楷：是的。但是，如果将非法占有目的作为责任要素，也会存在另一方面的问题。亦即，权利行使是违法阻却事由，但如果是权利行使就表明行为人不具有非法占有目的，这就重复讨论了。当然，重复讨论的侧重点是不一样的。

学生：前者是侧重行为是否违法的角度来说的，后者是侧重行为人有无责任的角度来说的。

张明楷：如果行为人的行为属于权利行使，我们就不需要讨论责任了，因为不存在构成要件的不法行为，当然就不需要讨论责任了。反过来说，只有存在不法行为时，才讨论非法占有目的。其实我想说的是，在财产罪中，可不可以在构成要件符合性与违法阻却事由的层面讨论"非法"与否，在责任层面只需要讨论有没有"占有意思"？把非法占有目的分成两个层面的问题来讨论。

学生：这样也是可能的。此外，有没有可能认为，对权利存在法律认识错误时，在责任层面就不具有"非法"占有目的？

张明楷：这同样是可能的。

学生：如果不在责任层面讨论非法，会不会有人问，如果是合法占有目的，也成立财产犯罪吗？

张明楷：前面关于构成要件符合性与违法阻却事由的判断已经否认了行为是合法的，既然如此，行为人怎么还可能合法占有呢？如果行为人误以为合法，则是违法性认识问题。

学生：确实不可能合法占有。

张明楷：财产犯罪中的非法占有目的的"非法"与否，一般是根据民法等法律判断的，如果在民法上是合法的，就会阻却刑法上的违法。所以，如果将权利行使等作为违法阻却事由处理了，非法占有目的的"非法"在责任层面基本上只具有语感上的意义了。

学生：如果将非法占有目的作为表明违法的主观的构成要件要素，其中的"非法"就不是只有语感上的意义了吧？

张明楷：应当是需要积极判断的主观要素吧。

学生：财产犯罪中，除了权利行使外，也还有其他违法阻却事由吧。

张明楷：权利行使可能是主要的违法阻却事由，有些权利行使可能直接阻却构成要件符合性。当然还有其他违法阻却事由，如紧急避险也可能阻却财产罪的成立。

学生：老师在本科生的课堂上讲过：甲在追杀乙时，乙夺走丙的摩托车逃走的，就是紧急避险，阻却抢夺罪的成立。

张明楷：是的。有一年司法考试我出了一个题：一个行为人被追杀时，抢夺了第三者的摩托车逃走。摆脱凶手后，不知道该如何处理摩托车，就把摩托车后面的箱子撬开，将里面的财物取走了，将摩托车推到悬崖下了。案情大体上是这样的，但记得不是太清楚。

学生：前面的行为肯定成立紧急避险；将箱子撬开拿走其中的财物，构成盗窃罪；最后对摩托车构成故意毁坏财物罪。

张明楷：这是标准答案。

案例115　诈骗罪（非法占有目的的认定）

A公司以前花1.5亿元购买了一块土地，后来要把土地卖出去。A公司的普通员工甲（被告人）充当中间人，帮A公司找一个买家。A公司与甲的约定是，A公司必须得到2亿元的出让款，如果土地卖出价格高于2亿元，高出部分归甲所有。甲和A公司的副总经理乙串通，让乙给甲出具了很多虚假材料，比如证明甲是A公司的副总经理，委托甲和B公司（买方）商谈土地出卖事宜。甲与B公司谈好以3亿元的价格将土地卖给B公司，并签订了合同。合同上虽然盖的A公司的印章（乙负责盖的印章），却是甲以法定代表人的身份签的字。合同签订之后，B公司就要向A公司汇款。第一笔要汇款1亿元的时候，甲通过乙给B公司出具了一个虚假转账说明（乙在转账说明上盖了A公司的印章），让把1亿元汇到甲儿子的账户里，然后，甲把其中的5000万元转到A公司的账户上，剩下5000万元没有给A公司，而是提取现金后转移了。乙没有非法占有1分钱。在B公司支付了1亿元之后，公安机关发现B公司购买土地的款项是非法吸收公众存款所得，B公司未能再付款，土地买卖合同就解除了。案发后，甲无论如何也不说出5000万元的去向。

张明楷：这个案件跟二维码案件有什么不同？主要还有乙参与中间，尤其是后面转账的时候，乙是完全知情的。有一种观点认为，甲构成诈骗罪。

学生：如果认定为诈骗罪，就可能判处无期徒刑了。

张明楷：听说甲愿意坐10年牢，也不愿意将5000万元的去向讲出来，他认为坐10年牢每年能赚500万元也划得来。其实他误解了，如果确实构成犯罪，赃物永远都是要追缴的，并不是说他坐牢后就不需要追缴了；即使他转移给子孙，也都是可以追缴的。我们不讨论这个问题，只讨论甲、乙是否构成犯罪以及构成什么罪。

学生：只有两个罪可以考虑，一个是诈骗罪，另一个是职务侵占罪。

张明楷：如果没有乙的参与，暂且不考虑甲是否具有非法占有目的，甲的行为成立三角诈骗，应当没有疑问吧。如果没有乙的参与，甲就是虚构事实，让B公司通过处分自己的财产而使A公司遭受财产损失，但是，A公司又不可能再要求B公司付款。这就与二维码案一样了，也是一种三角诈骗。那么，乙的参与是否影响三角诈骗的成立呢？

学生：乙是A公司的副总经理，他利用了职务上的便利，就可能成立职务侵占罪了。

张明楷：但可以肯定的是，5000万元在转入甲的儿子的账户之前，乙并没有基于职务占有这5000万元吧？

学生：当然没有占有。

张明楷：那么，乙欺骗了A公司的其他领导吗？

学生：显然没有。

张明楷：乙利用职务上的便利欺骗了谁呢？

学生：实际上是帮助甲欺骗了 B 公司的相关人员。

张明楷：如果说甲是诈骗的正犯，乙是诈骗的帮助犯，会有什么问题吗？

学生：应当没有。

张明楷：既然如此，就可以认定甲、乙构成诈骗的共犯了。况且，按照我们的观点，即使利用职务上的便利骗取本单位的财物，也不应认定为职务侵占罪，而应直接认定为诈骗罪。如果同意这个观点的话，甲、乙就构成诈骗罪的共犯。

学生：如果说是三角诈骗的话，B 公司有处分 A 公司财产的权限吗？

学生：按照老师的观点，当 B 公司按照 A 公司的要求处分自己的财产却导致 A 公司受到财产损失时，如果 B 公司没有过错，A 公司无权要求 B 公司再次付款时，就是一种类型的三角诈骗。

张明楷：对，我认为这样很直接、直观，容易理解和判断。B 公司的相关人员是受骗人，A 公司是被害人，A 公司应当得到的土地转让款没有得到。

学生：那属于债权。

张明楷：这个债权与甲得到了 5000 万元具有对应关系，仍然符合素材同一性的要求。

学生：这么说，甲和乙的行为应成立三角诈骗了。

张明楷：以上只是从客观构成要件的角度来说，问题是，甲不承认自己有非法占有目的，他的辩解可能是，我作为中介，与 B 公司谈好了 3 亿元的转让价格，我原本可以要 1 亿元的中介费，但现在我才拿了 5000 万元。而且，我也不知道 B 公司的转让款是通过非法吸收公众存款的方式取得的。A 公司的负责人则说，按照协议，只有当 A 公司得到 2 亿元之后，剩余的才归甲所有。但现在 A 公司才得到 5000 万元，甲凭什么就将另外的 5000 万元据为己有呢？甲可能辩解说，我怕 A 公司不给我，所以我先拿 5000 万元再说。

学生：如果是这样的话，甲可能就是没有非法占有目的。

张明楷：从这个角度来说，要认定甲与乙构成诈骗罪就相当困难了。

学生：在司法实践中，只要行为人有一定理由获得财物，一般也不会认定为财产犯罪。

张明楷：如果甲代表 A 公司与 B 公司签好了合同，合同上写明转让款为 3 亿元，合同的履行也没有障碍。甲原本就是 A 公司的职工，担心 A 公司不给自己中介费，而采取上述办法，确实可能难以认定甲具有非法占有目的，所以，不能认定为诈骗罪。

学生：但是，在甲知道自己取得的 5000 万元是 B 公司的犯罪所得之后，还不交出来的，后面的行为可以成立侵占罪吧。

张明楷：定侵占罪还不如定掩饰、隐瞒犯罪所得罪。因为甲后来已经知道自己隐藏的 5000 万元是 B 公司非法吸收的公众存款，这是犯罪所得，公安机关让甲退还时甲仍然不退，就属于隐瞒犯罪所得，并且妨害了司法，当然可以定这个罪。

学生：如果甲是善意所得，就不能定掩饰、隐瞒犯罪所得罪吧？

学生：甲不是善意取得吧。因为他得到这 5000 万元就不符合他与 A 公司的约定，只是认为他没有非法占有目的才没有认定他构成诈骗罪。

张明楷：前面原本是诈骗行为，只是难以认定他有非法占有目的，才不认定为诈骗罪；后面知道是犯罪所得仍不退还，可以认定为掩饰、隐瞒犯罪所得罪。

学生：同意这个结论与理由。

张明楷：我再讲一个离奇的真实案件。被告人的丈夫在银行工作，被告人以为丈夫可以帮人理财，就跟一些关系比较好的人说，你们如果有钱的话，我可以帮你们拿到银行给你们理财，我老公就是银行的。于是，一些人总共给了她 400 万元，让她帮忙理财。她问自己老公有没有好的理财产品，老公说没有。被告人爱面子，就把 400 万元留下来，每个月固定地给这些人发利息。后来 400 万元发完了，自己还贴钱发利息。最后人家要本金的时候，被告人说没有本金了，于是就被告发了。

学生：这人也太好面子了。她是干嘛的？

张明楷：估计是家庭主妇。

学生：出资人每个月拿回去的利息钱跟本金差很多？

张明楷：估计不会差多少，钱都还回去了，只不过原来拿来的是本金，现在以利息还给出资人了。

学生：可是人家400万元，过了这么长时间，应该有利息，放银行也有利息。

张明楷：被告人也贴钱发利息了。

学生：真有这种事？

张明楷：真的！据说被告人被以诈骗罪抓了。其实，前面说帮人理财，并不是欺骗行为，也没有非法占有目的，从作为的角度来说，不可能构成诈骗罪。

学生：有没有可能构成非法吸收公众存款罪？

张明楷：也不能认定为非法吸收公众存款罪，因为就是口头跟亲朋好友说帮忙理财，也没有以高息为诱饵，不符合非法吸收公众存款的成立条件。其实，需要讨论的是，在丈夫说了没有好的理财产品之后，她有作为义务将400万元还回去，但她因为爱面子而不还，而是将本金作为利息还给投资人，这个行为应当如何评价？

学生：这个行为也不构成任何犯罪。

学生：问题是已经给投资人造成了利息损失。

张明楷：不能因为有损失就定罪，事实上也不会有较大的损失，不要定罪了吧。

案例116 诈骗罪（数额的认定）

被告人刘某为某快递公司的快递揽件员。为了提高业绩，刘某假借公司附近一个部队院校的名义，让张某假冒这个部队院校的领导来和刘某所在的快递公司签订物流合同。合同的内容是，院校的所有包裹都由该快递公司负责寄送，由刘某上门收揽邮件，快递费年底统一结算。刘某就用空箱子伪装包裹，以部队院校的名义填写寄送单，收件人的地址都是写他亲戚家里，亲戚收到的也是一个空箱子。之所以这样做，是因为快递公司按快递费的20%给刘某提成，在不到一年的时间里，院校快递的费用已经达到30万元。刘某此时开始担心，因为这样下去自己就无力支付这么多快递费了，于是就停止了寄送空包裹。此时，刘某已经从快递公司领取了6万元的提成。到了年底结算的时候，公司领导就让刘某去院校催要快递费，刘某就在自己的信用卡上透支了14万元交给公司，余下的16万元没办法交给公司。银行发现刘某透支了14万元没有还就报警了，刘某向警察交代了全部事实。

张明楷：首先讨论前面的行为构成什么犯罪？

学生：刘某这样做是为什么呢？

张明楷：案情说了，他就是为了获得20%的提成费。

学生：这明显是一个要亏的犯罪。

张明楷：什么犯罪不亏呢？只要犯罪，那肯定是亏的，赚只是暂时的。

学生：6万元的提成款构成诈骗罪。因为如果快递公司知道是假的，年底不可能从院校收到快递费用，就不可能给他6万元提成。

张明楷：这6万元是定诈骗、合同诈骗还是定职务侵占？

学生：按照老师的观点，不应当定职务侵占罪，因为老师将职务侵占罪限定为将基于职务或者业务占有的单位财物据为己有的行为，而刘某事前并没有基于职务占有这6万元提成，提成完全是通过欺骗方法得到的，所以不成立职务侵占罪。

张明楷：是的。不过，许多人认为职务侵占罪包括利用职务上便利的窃取与骗取，所以认为刘某的行为成立职务侵占罪。但我不赞成这种观点与做法。那么，刘某的行为是构成普通诈骗还是合同诈骗呢？

学生：确实利用了经济合同，可以认定为合同诈骗罪。

张明楷：合同诈骗罪要求利用合同骗取对方当事人的财物，那么，刘某利用了什么合同呢？

学生：一是利用了院校与快递公司的虚假合同，二是利用了快递公司与刘某之间的提成合同。

张明楷：利用前一个合同能成立合同诈骗罪吗？

学生：不能。因为前一个合同是虚假的，也不存在骗取对方当事人财物的问题。利用后一合同才可能成立合同诈骗罪。

张明楷：仅有前一合同，没有空寄快递的行为，是不可能取得提成的，所以，不能认为前一个合同就是合同诈骗罪中的合同。后一个合同，其实是在刘某求职时就形成的约定或者协议，有必要将这种协议也作为合同诈骗罪中的合同吗？

学生：没有必要吧。因为这种合同与市场经济秩序没有什么关系。

张明楷：更为重要的是，即使认为这种合同是合同诈骗罪中的合同，刘某也确实利用了这一合同，但刘某主要是通过空寄快递骗取提成的。真正的欺骗行为是空寄快递，使得快递公司误以为可以向某院校收取费用，所以才给刘某提成。既然如此，就只需要认定为普通诈骗罪。

学生：是的。

张明楷：接下来，就诈骗罪还有什么需要讨论的呢？

学生：应该是诈骗数额了。

学生：不就是诈骗6万元提成吗？

张明楷：争议可大了。有的说是6万元，有的说是16万元，有的说是19.2万元。

学生：19.2万元是怎么算出来的？

张明楷：因为刘某还有16万元没有还给公司，16万元的20%的提成应当是3.2万元，所以，一共19.2万元。

学生：照这么说，应当是19.2万元加6万元吧。

张明楷：也有这一观点吧。16万元的诈骗数额的对象是什么呢？是快递公司的劳务吗？

学生：是快递公司付出的劳务所应得的费用。

张明楷：可是，快递公司并没有免除付出劳务所应得的费用，快递公司还是要求刘某向那个院校催收快递款，怎么能就应得的费用构成诈骗罪呢？

学生：刘某是让快递公司寄送空快递来实现自己提成6万元的目的，实际上所得到的也是6万元，是不是只能认定为诈骗6万元？

张明楷：快递公司原本应当得到30万元的费用，从30万元中拿出6万元的提成给刘某。也就是说，快递公司原本应当获得24万元的利益。

学生：这么说，刘某的诈骗数额是24万元了？

张明楷：也有一种观点认为诈骗数额是24万元。可是，这24万元都是刘某的诈骗所得吗？如果考虑素材的同一性，能得出这一结论吗？

学生：刘某利用快递公司的劳务就是为了骗取提成款，所以，只能将提成款认定为诈骗数额，而不能将快递公司的全部损失认定为诈骗数额。

张明楷：这个判断是最符合诈骗罪的构造的。问题是，如何评价快递公司总共损失了24万元？

学生：刘某已经归还了14万元，所以，只有10万元损失了。

张明楷：还真有一种观点认为诈骗罪的数额是10万元。可是，如果说诈骗数额是24万元，而且已经既遂了，这10万元也不能从既遂数额中扣除。

学生：这么说还是骗取了24万元？

张明楷：我刚才问你们了：能不能说刘某骗取了24万元？

学生：快递公司的损失是24万元，并不意味着刘某骗取了24万元。

张明楷：对！问题是，除6万元外，如何评价快递公司遭受的其他损失？

学生：如果像德国那样，将劳务本身作为财产性利益，那么，刘某就是先骗取了价值30万元的劳务这一财产性利益，然后又骗取了6万元的提成。

张明楷：这么说的话，刘某的诈骗数额是36万元？

学生：不是36万元，而是24万元，因为快递公司应得的30万元中有6万元就是要给刘某的，快递公司的整体财产损失就是24万元。

张明楷：问题是，我国一般不会承认劳务本身就是财产性利益，只是认为劳务的对价才是财产性利益。

学生：其实是一回事。

张明楷：也可以说其实不是一回事。你想一想，我们可以说刘某骗取了快递公司的劳务，但我们很难说刘某骗取了作为劳务的对价。

学生：不是说刘某骗取了作为劳务的对价，而是骗免了对价。

张明楷：问题是，在本案中快递公司并没有免除劳务的对价，快递公司到年底就要刘某向院校收取对价。刘某也知道快递公司不可能免除对价，所以才透支14万元交给公司。所以，我说刘某没有骗取快递公司30万元劳务的对价。

学生：还真是有区别，骗取了劳务不等于骗免了劳务的对价。

张明楷：在一部分案件中，可能是骗取了劳务就骗免了对价，但在本案中，难以认为骗取了劳务就骗免了对价。

学生：但无论如何要肯定，快递公司实际损失了24万。

张明楷：这样说也可以。不过，如果是从年底结算的角度来说，快递公司应当收到30万元的费用，其中要给刘某6万元的提成。在本案中，快递公司年底收到了刘某给的14万元，14万元中只应当给刘某2.8万元的提成。所以，一方面，有16万元的费用没有收上来，另一方面又多给了刘某3.2万元的提成（6万－2.8万＝3.2万），所以，总共损失不是24万元，而是19.2万元。其中的6万元肯定可以认定为刘某的诈骗犯罪数额，剩下的13.2万的损失不适合认定为诈骗罪的数额。也就是说，剩下的13.2万元虽然是快递公司的损失，或者说是快递公司应当收到的费用，但这些费用并不是刘某的诈骗所得数额。如果说劳务本身也是财产性利益，则有可能认为这13.2万元也是诈骗所得数额，因为快递付出了相当于13.2万元价值的劳务，但我国的司法实践现在没有承认劳务本身就是财产性利益。即使将劳务的对价作为诈骗罪的对象，也难以认为刘某对劳务的对价本身实施了欺骗行为，因为快递公司清楚地知道自己应当收到多少费用，刘某并没有骗免这个对价。

学生： 能不能认定为破坏生产经营罪？

张明楷： 估计有学者会同意这种观点，但我不赞成这种观点。司法实践明显扩大了破坏生产经营罪的处罚范围。比如，被告人董某因与被害人汪某存在业务纠纷，为泄愤报复汪某，指使徐某、江某获取了汪某使用的JY航空服务有限公司XPLUS订票系统账户名。董某于2012年2月19日使用汪某的账户通过XPLUS订票系统预订了外国航空公司的机票56张，且至航班起飞前不付款、不取消，使上述机票无法正常销售，致使外国航空公司对被害单位JY公司罚款人民币6.9万元，后JY公司取消了被害人汪某使用XPLUS订票系统的资格。法院认定董某、徐某、江某的行为构成破坏生产经营罪。但这样定罪还存在疑问。

学生： 好像越来越多的学者赞成认定为破坏生产经营罪。

张明楷： 我不赞成。从构成要件符合性来说，当刑法分则条文在列举具体要素之后使用"等""其他"用语时，只有案件事实与列举的要素相当时，才能适用分则条文中"等"或者"其他"的规定，这便是同类解释规则的要求。遵循同类解释规则是贯彻罪刑法定原则的要求，如果将与法条列举的具体要素不相当的事实包含在"等"或者"其他"之内，必然导致构成要件丧失定型性。从解释论上来说，在刑法分则使用"等""其他"概念时，需要明确同类的"类"指什么，亦即，应当在什么意义上理解"等""其他"之前所列举的要素。对此，不能从形式上得出结论，必须根据法条的法益保护目的以及犯罪之间的关系得出合理结论。《刑法》第 276 条显然是指行为方式与行为对象的同类：一方面，行为必须表现为毁坏、残害等毁损行为；另一方面，行为所毁损的对象必须是机器设备、耕畜等生产工具、生产资料。但本案刘某显然没有毁损生产资料。

学生：有的学者认为，经济价值或利益可以成为侵犯财产罪的保护法益，所以，将破坏生产经营罪的法益确定为生产经营的经济利益，并非类推解释，而是平义解释。

张明楷：这种观点实际上将破坏生产经营罪理解为经济犯罪而非财产犯罪，导致破坏生产经营罪的保护法益漫无边际，不一定妥当。

学生：有老师说，《刑法》第 276 条所规定的罪状对构成要件行为的勾勒，重心明显是放在"破坏"概念上，"毁坏机器、残害耕畜"只是对破坏概念的典型行为表现的列举。所以，破坏其他生产经营的当然成立破坏生产经营罪。

张明楷：这一解释可能混淆了对行为方式的兜底规定与对行为内容的兜底规定，因而可能不符合同类解释规则。破坏生产经营罪的行为内容是"破坏"，但"其他方法"的外延不是由其后的"破坏"来决定的，而是由之前的"毁坏机器设备、残害耕畜"的方法规定来决定的。在解释论上，一般概念取决于处在它前面的特定概念。最主要的问题是，这一解释导致破坏生产经营罪的构成要件丧失明确性。这是因为，"破坏""生产""经营"都是外延极为宽泛的概念，如若不加限定，破坏生产经营罪的成立范围便无边无际。例如，根据这一解释，非法经营同类营业，为亲友非法牟利，国有公司、企业、事业单位人员滥用职权，徇私舞弊低价折股、出售国有资产，背信损害上市公司利益，违法发放贷款，违规出具金融票证，对违法票据承兑、付款、保证，损害商业信誉、商品声誉，以及强迫交易等罪，都构成破坏生产经营罪。这恐怕不合适。

学生：老师是将破坏生产经营罪理解为故意毁坏财物罪的特别法条。

张明楷：是的。其实，主要是我国刑法没有规定背信罪，如果规定了背信罪，刘某的行为就构成背信罪与诈骗罪。正是因为没有背信罪，所以，对许多背信行为就没有办法处理，于是不得不想其他办法。想其他办法时，就可能违反罪刑法定原则。

学生：其实，只认定诈骗6万元，也可以处3年以上10年以下有期徒刑，能够做到罪刑相适应。

张明楷：从量刑的角度来说，的确是这样。总的来说，认定刘某诈骗6万元，是没有任何法律障碍的，但要认定刘某对快递公司的其他损失构成诈骗罪或者其他犯罪，还比较困难。

学生：刘某透支14万元要定罪吗？

张明楷：这要看他透支时是否具有不归还的意图，如果有不归还的意图，而且经过银行催收后仍然拒不归还，就可能成立信用卡诈骗罪。因为这方面的案情交代得不清楚,我们就不讨论了。

案例117　诈骗罪(数额与犯罪形态的认定)

通常情况下,单位申领了POS机之后,申领人要将顾客刷卡数额的0.78%给银联,银联把0.78%提成中的10%归自己,20%给发放POS机的银行,70%给发卡的银行。刷卡人之所以能够获得各种奖品(手机乃至机票等)就是因为有这个0.78%的提成。后来,政府出台了一个规定:如果销售三农产品,单笔收费最高3元钱。被告人和相关部门勾结或者通过虚假手段,以销售三农产品的名义从银行申领了很多POS机,并购买了很多银行卡,反反复复用购买的银行卡在POS机上刷卡,刷卡后的资金第二天回到自己的母卡上。行为人从发卡银行领到的奖品价值700万元。如果根据相关规定刷卡按0.78%提成计算,行为人少给银联9000万元。

张明楷:这个案件定诈骗罪有疑问吗?

学生:银行卡一直在POS机上刷,但确实没有交易吗?

张明楷:没有交易。刷一次卡,银联最多只收3元,行为人领奖品划得来。

学生：可是，奖品不是需要抽奖吗？

张明楷：不是抽奖，是积分，刷了卡就有积分。

学生：发卡银行关于积分有什么规定吗？

张明楷：发卡银行的规定不一定很具体，但可以肯定的是，如果用银行卡支付就可以获得积分，积分多了就可以获得各种奖品。

学生：奖品是实物还是钱？

张明楷：这一点不重要吧。你们先考虑一下谁是被害人？

学生：是发卡银行吧，因为奖品是发卡银行给的。

学生：不好说是发卡银行受损失，可能是国家的财政遭受损失。因为如果是普通农民来购买三农产品，也有一个3元钱的封顶规定，3元以外的，实际上是政府给补贴了。

张明楷：发卡银行显然有财产损失，因为发卡银行原本不需要支付奖品的，现在却支付了700万元的奖品。至于政府是否有补贴，我们不是很清楚，可以暂时不考虑。

学生：如果交易真实，银行交付700万元奖品是不是一种损失？

张明楷：如果是真实的三农产品交易，就不能认为发卡银行有损失了。

学生：虽然交易是假的，但刷卡是真的。如果只要刷卡就可以积分，可不可以认为行为人没有实施欺骗行为？

学生：我觉得发卡银行不可能规定只要刷卡就可以积分，而是说用银行卡支付货款时才能积分，但支付时肯定是要有真实交易。

张明楷：我认为发卡银行是有损失的。因为发卡银行原本不需要支付这700万元奖品的，现在却支付了，这当然是财产损失。而且，发卡银行所要求的是持卡人用银行卡支付时才能积分，而这种支付显然是指通常的支付，即因为真实交易而支付。主张无罪的人说，发卡银行没有任何规定，只是说使用银行卡刷卡就可以获得积分。但是我认为，所谓使用银行卡刷卡，当然是指真实交易时刷卡，这是不言而喻的，不需要有什么明文规定吧。

学生：我也认为，如果发卡银行知道真相的话，就不会交付奖品。如果只要刷卡就可以积分，那么，我一天到晚从一个卡上刷到另一个卡上，都能取得积分吗？显然不能。

张明楷：银联是不是被害人呢？

学生：银联没有损失，损失在于发奖品的发卡银行。因为原本就没有交易，所以，银联原本就不应当收取3元的提成。现在的虚假交易每笔却给了银联3元的提成，银联还多得到了收益，所以不是受害人。

张明楷：有一种观点认为，银联也是被害人。因为行为人根本没有销售三农产品，却虚构销售三农产品的事实，导致银联每笔只有3元的提成。如果行为人不虚构销售三农产品的事实，银联按0.78%的标准可以收取更多的提成。这种观点的问题在哪里？

学生：这种观点给人的感觉是，银联不管行为人是不是有真实交易，银行只管你是否刷卡，只要刷卡银联就提成。但我们前面又说，发卡银行并不是只要行为人刷卡就给积分。这二者是不是矛盾的？

张明楷：是一个矛盾。我的意思是，如果我们主张行为人的行为构成犯罪，刚好可以利用这种矛盾。

学生：怎么利用？

张明楷：主张无罪的人说，发卡银行并没有规定刷卡时必须有真实的交易，行为人的确刷卡了，所以就可以获得积分。主张有罪的人则可以说，按照无罪的这种观点，行为人就对银联实施了诈骗行为，因为行为人没有销售三农产品，原本要按0.78%的标准向银联支付提成，而行为人却谎称销售三农产品，导致其单笔最多只交3元钱，这就使银联受到了损失。这样的话，行为人的诈骗数额即骗免提成数额就更大了。换言之，如果说，只要刷卡就可以获得积分，而不管是否有真实交易的话，行为人谎称销售三农产品，就欺骗了银联，少交的提成就是其犯罪所得；如果说，只有因真实交易刷卡才能获得积分，那么，行为人欺骗的就是发卡银行，所获得的奖品就是其犯罪所得。

学生：明白了。但行为人的律师会不会说，由于行为人原本就没有交易，所以根本不能按0.78%的标准给银联提成，而且行为人现在还多给了银联提成。

张明楷：如果是这样的话，律师对刷卡的相关规定显然采取了不同的解释。对银联说需要真实交易才能交提成，对发卡银行说不需要真实交易就可以获得积分,这恐怕不合适吧。

学生:如果相关规定不明确的话,律师就会这样解释。

张明楷:银联与发卡银行就刷卡的规定,显然只能是一个意思,要么是说只要刷卡就按 0.78% 的标准交提成,在这种情况下,行为人没有按这样的标准交提成,而是虚构了销售三农产品的事实,所以,骗免的提成费就是 9000 多万元;要么是说只有因真实交易刷卡才能按 0.78% 的标准交提成,并且可以从发卡银行获得奖品,在这种情况下,行为人所骗取的就是 700 万元的奖品。按后一种解释,反而是对行为人有利的。

学生:所以,认定诈骗罪没有问题。

张明楷:可是还有未解决的问题:如果说行为人对发卡银行构成诈骗罪的话,那么,什么时候是着手?什么时候是既遂?比如,行为人冒领 POS 机的时候是着手,还是刷卡的时候是着手,还是兑换奖品的时候是着手?如果只是骗到了积分,比如说 100 张银行卡里的积分很多,还没有兑换奖品时就案发了,能否认定为既遂?你们要习惯于把案件想得细一点,什么都要想到,不能总是只追求一个结论,说这是诈骗就完了;就算是既遂了,你们也要往前去想想什么时候未遂。比如说,本案的部分行为人是在银行卡里有许多积分之后才参与兑换奖品的,是否成立共犯?

学生:冒领 POS 机还不是着手吧。如果积分是财产性利益的话,刷卡时就是着手了。

张明楷:如果刷卡取得积分不需要经过自然人,取得积分就只是盗窃,而不一定是诈骗了。不过,我们不需要讨论这个问题。取得积分后再兑换奖品的,应当怎么考虑罪数呢?

学生:就像取得了银行债权再去取款一样的,由于发卡银行最终只有一个财产损失,所以,按您的说法应该是包括的一罪。

张明楷:我也是这样想的,但这与银行债权还是不一样的吧。

学生:我平时用信用卡,可以用积分在一个网站上购买东西,积分相当于现金,网站上的商品都是用积分购买。

张明楷:积分相当于有价票证之类了,所以,应当评价为财物。

学生:在本案中,如果行为人取得积分后还没有兑换商品或者奖品呢?

张明楷:这涉及财产性利益和狭义的财物究竟是什么关系的问题。有一些财产性利益对于人们来说,与狭义的财物没有区别,人们取得了财产性利益,就达到了财产方面的终极目的。在这种情况下,取得财产性利益肯定是犯罪既遂。例如,通过欺骗方法免除了自己的债务,这就要成立诈骗既遂。但有一些财产性利益只是取得狭义财物的手段,这时候把取得财产性利益当成既遂时,实际上是对财物的提前保护。例如,当你骗得一个银行债权,显示你的银行卡多了一些钱时,肯定要说你已经取得了财产性利益。但是如果你去银行实现债权的话,比如取出了现金,就会认定为对财物的犯罪。这给人的感觉是,虽然说行为人骗取银行债权时就既遂了,但如果要将财产性利益转换为狭义的财物,还需要下一个行为。但是,又不能说,只有等到取得狭义财物时才是既遂。诉讼诈骗也面临同样的问题，行为人欺骗法官取得了一个生效的胜诉判决，在日本就认定为既遂。但这个既遂是对财产性利益的既遂，等到行为人申请执行判决，被害人把财物交付出来时，这时候又变成了对财物的犯罪。但这个时候不会说行为人构成了需要并罚的两个罪，在日本属于包括的一罪，因为最终只有一个财产损失。也就是说，关于财产性利益的诈骗等犯罪，可以分为两种情形：有的与对应的狭义财物密切联系，有的则不存在对应的狭义财物。比如我前面说的骗免债务的时候，被告人欠他人 100 万元，通过欺骗手段，让他人免除了这 100 万元的债务，这与狭义的财物就没有关系了，而且肯定是一个诈骗既遂，而且也不可能再触犯另外一个对狭义财物的诈骗等罪。但是，有一些对财产性利益的诈骗，对于行为人而言，可能只是一个中间环节，取得财产性利益本身不一定就是行为人的最终目的。有一位教授否认诉讼诈骗，说诉讼诈骗的行为人所骗取的就是一个判决，有什么用呢？但我认为这个说法太形式化了，行为人骗取的怎么只是判决书呢？判决书一定有内容，行为人所骗取的是判决所确认的财产性利益。即使取得这个财产性利益不是行为人的最终目的，也不能否认它是财产性利益。其实，你们仔细想一下，不同的财物在不同的阶段或者不同的场合，通过什么样的方式满足人们的需要，是不能一概而论的。例如，胜诉判决或许也可能用于抵偿债务，而不一定是由行为人申请强制执行。以前我们还见过胜诉一方出售真正的胜诉判决书的案件。再如，金钱也只是一种工具，钱不被利用就没有用。所以，不能因为财产性利益可能需要转换为其他财物，就否认财产性利益是财物。或者说，不能因为财产性利益只是取得另一种财物的手段或者工具，就否认财产性利益是财物。因为财物也好，财产性利益也好，都只是服务于人的一种工具或者手段。只不过在日常生活中，财产性利益存在不同的表现形式：有的财产性利益似乎是一种独立的利益，而有的财产性利益似乎不是一种独立的利益，而是取得下一个财物的手段。我们今天讨论的这个案件，如果说积分是财产性利益，那么到取得积分为止，行为人就已经既遂了。至于对积分怎么算数额，就以积分能够兑换奖品的数额去计算。如果行为人兑换了奖品，最终就按奖品这种有体物去认定行为人的诈骗行为与诈骗数额。

学生：老师，这个案件是不是有认定盗窃的可能？

张明楷：如果机器不能被骗，行为人一直在机器上操作，就可能是盗窃，我们就不讨论这个问题了。

学生：前几天看到一个案件：行为人把别人的电话积分弄到自己手机上，总共 600 万的积分，可换成 6 万多块钱，用于购买电影票和充电话费，后来就按照盗窃罪定的。

张明楷：行为人是怎么把别人的电话积分弄到自己手机上的？

学生：行为人发现一些人的密码跟电话号码的后几位数一样，很容易猜到；而且有的人不改初始密码，于是利用电信的初始密码进行积分兑换。

张明楷：我们刚才讨论的案件，司法机关都只想到诈骗罪。因为 POS 机是冒领的，或者说是骗来的，没有销售三农产品却谎称销售三农产品，也是假的；没有真实交易却刷卡，这也是假的。假的太多了，就让人只想到诈骗。其实，不是说假的就是诈骗，而是要看行为人是否利用虚假信息使被害人产生认识错误。

学生： 老师，您刚才讲的骗取积分后又利用积分骗取奖品的案件，假如行为人骗取的积分可购买 1 万元的商品，但行为人仅购买了 5000 元的商品时就被抓获的，如何计算犯罪数额？

张明楷： 这没关系，还是 1 万元啊！其中财产性利益 5000 元，商品 5000 元。

案例 118　诈骗罪（数额与犯罪形态的认定）

甲、乙、丙三个人共谋骗取钱财，商量的办法是，谎称有工程可以给包工头做，让包工头帮忙引荐地下六合彩庄家，骗取六合彩庄家的信任，使得六合彩庄家破例以赊账的方式让三人购买六合彩，而且不付押金。如果中奖了，三人就要在六合彩庄家处兑奖；如果没有中奖就逃走。2016 年 3 月 1 日，三名被告人在 A 庄家处以赊账方式购买了 2 万元的六合彩码，而且中奖了。A 庄家收到了更大庄家转来的奖金之后，扣除了自己垫付的 2 万元，并收取了一定提成，给三名被告人兑奖 6 万元。3 月 3 日，三名被告人以同样的方式，经包工头引荐又到 A 庄家处购买六合彩，A 庄家给他们赊了 2 万元的六合彩码，但没有中奖，三名被告人就逃走了。随后，A 庄家报案。

张明楷：六合彩是怎么回事啊？

学生：从1—49号，你挑几个号去买，如果中奖了返还给你40倍。

张明楷：在我国台湾地区六合彩是合法的吗？

学生：可以买，但我没有买过。

张明楷：这个案件肯定是诈骗，只是如何计算数额的问题。第二次肯定是诈骗2万元既遂吧，关键是第一次该如何处理？有一种观点认为，前一次是诈骗8万元。

学生：为什么？

张明楷：因为中奖中了8万元，扣除了2万元。

学生：这样的话，前面是6万元，后面2万元。

张明楷：一种观点认为，前一次诈骗6万元，后一次诈骗2万元。

学生：第一次不可能是诈骗罪吧。

张明楷：还有一种观点认为，前后两次都不构成诈骗罪。理由可能是，三个人完全可能中奖，只是相当于借钱买六合彩。六合彩中奖的可能性有那么大吗？

学生：即使中奖的可能性大，也只说明行为人有间接故意。

张明楷：间接故意也能构成诈骗罪，不要对此有疑问。间接故意与非法占有目的完全可以并存，同样，间接故意也有未遂，只是有没有证据证明行为人具有间接故意的问题。

学生：庄家第一次是把自己垫付的 2 万元扣掉了，第一次就两清了。

张明楷：问题是，第一次是诈骗 2 万元既遂后，因为中奖被庄家挽回了损失，还是说只是诈骗未遂？

学生：只能定既遂。

学生：是未遂吧。

张明楷：我感觉第一次也是既遂，但第一次的诈骗数额是 2 万元，而不是 6 万元或者 8 万元。行为人让庄家赊购 2 万元的六合彩时，就采取了欺骗的方法，隐瞒了不中奖就逃走的内心想法，或者看上去是包工头在担保，使得庄家误以为他们没有中奖也会还钱，因而处分了六合彩，并且他们取得了当时价值 2 万元的六合彩码，因此已经成立诈骗既遂。庄家不是没有财产损失，而是偶然中奖使得庄家挽回了财产损失。

学生：问题是行为人骗得的那个六合彩码能不能算是财物？那个码本身一毛钱都不值，工本费也就几毛钱的事情。

张明楷：这个码是要花 2 万元才能买到的东西，怎么不是财物呢？

学生：但是，这个六合彩码是非法的，能不能因此说它不是财物呢？

张明楷：毒品、淫秽物品都是财物，六合彩码怎么不是财物呢？即使不是狭义财物，也是财产性利益吧。这个案件不同于骗免非法债务，而是骗取了六合彩码。也就是说，并非被告人欠了庄家4万元,然后通过欺骗方法让庄家免除了4万元的非法债务。我也认为,骗免非法债务的,也不成立诈骗罪,否则就意味着刑法要保护非法债务的履行,这会违反法秩序统一性的原理。但本案是行为人通过欺骗手段骗取了六合彩码,这个六合彩码是有对价的,就是财物,相当于违禁品之类的,但违禁品也是财物。即使说庄家是不法原因给付,但被害人的不法原因给付不影响对方的行为构成诈骗罪,只是就对方的行为是否成立侵占罪存在争议。所以,不能以六合彩不合法为由,否认本案被告人的行为构成诈骗罪。

学生: 行为人究竟骗的是什么?

张明楷: 行为人骗的是六合彩码,而不是说行为人骗免了债务。比如,第二次行为人骗的也是六合彩码,而不是采取欺骗手段让庄家免除了2万元的债务。

学生: 六合彩码跟现金等价,只是代表了参赌人对庄家的一种债权而已,这个码本身肯定是不值钱的。

张明楷: 码就相当于彩票,如果行为人骗取了需要花2万元才能得到的彩票,彩票本身是诈骗所得。这没有什么疑问。

学生: 它本身不值钱,是一张纸上的一串数字。

张明楷: 你不能用自己的一套话语归纳案件事实,然后得出结论。这是我经常讲的。按你的说法,什么行为都不可能构成犯罪。如果有人杀了人,你说,行为人只是让这个人没有心跳与呼吸而已,这个人还是人,于是也没有犯罪了?一串数字可能是商品,当然也可能是财物。明摆着是需要花2万元才能购买的,怎么可能不是财物呢？按你的说法，股票与国库券等也都不是财物，因为它们也可能只是一串数字。六合彩码与彩票一样，如果是花 2 万元购买的，开奖前就值 2 万元，开奖后则取决于是否中奖。

学生：其实，行为人只是取得了中奖可能性。

张明楷：不能这样说，行为人取得的就是价值 2 万元的六合彩码。我以前在西城区检察院遇到一个案件，行为人趁卖彩票的人不注意时，一下打了 7 万多元的彩票出来。

学生：这个可以定盗窃罪。因为彩票代表的是中奖可能性，而且这种彩票是合法的，中奖可能性可以评价为财物。

张明楷：怎么又扯到中奖可能性上去了？彩票当然是有中奖可能性的，但不是中奖可能性本身是财物，而是彩票本身是财物。六合彩码当然也有中奖可能性，也是财物。

学生：老师，我还是觉得这个案件的第一次不能认定为诈骗既遂，只能认定后一次诈骗 2 万元既遂。

张明楷：我问你：行为人第一次是否获得了价值 2 万元的六合彩码？

学生：是获得了。

张明楷：是怎么获得的？

学生：是通过欺骗方法获得的。

张明楷：诈骗罪的既遂时点是什么时候？

学生：行为人获得被害人交付的财物的时候。

张明楷：既然是这样的话，是不是三名被告人在获得六合彩码的时候就已经既遂了？

学生：可是，庄家后来没有财产损失。

张明楷：我前面说过了，损失的有无是在行为结束或者既遂时判断的，既遂后挽回损失的不影响损失的认定。比如，行为人把被害人的股份偷偷地转移给自己，行为时股份的价值为100万元。可是几年之后，这些股份成为负资产了，行为人是不是还要被害人感谢他啊？

学生：司法实践一般习惯于看最后有没有损失。

张明楷：如果是这样的话，盗窃犯将所盗财物拿回家后，觉得不合适又送回来的，也不成立盗窃既遂了？显然不是这样的。

学生：能不能说第一次诈骗是未确定的故意？

张明楷：显然不能这样说，被告人诈骗的故意是完全确定的。

学生：会不会是附条件的故意？

张明楷：也不可能。如果说是附条件，也只是附条件地返还所骗财物。也就是说，被告人的内心想法是，如果中奖了，我就返还所骗取的2万元，如果没有中奖就不返还了。这影响诈骗罪既遂的认定吗？

学生：好像不能影响。

张明楷：不是好像不能影响，是确实不能影响。所以，被告人两次诈骗的总数额是4万元。

学生：这样的话，被告人第一次和第二次就是一样的了。

张明楷：原本就是一样，只是偶然的中奖才影响了你们的看法。但是，偶然的中奖不是被告人可以左右的。

学生：我有一个问题，第一次的6万元怎么评价？

学生：6万是不法原因给付，庄家给了就给了。

张明楷：在我国，这6万元肯定也要没收了。这6万元是犯罪所得收益，但不能认定为诈骗犯罪的数额。

案例119　诈骗罪（既遂与未遂的判断）

甲欺骗乙，让乙把钱汇到某个账户，但乙汇错了，汇到毫不相干的第三者丙的账户上去了。

张明楷：乙虽然有财产损失，但甲没有取得财产。甲的行为是成立诈骗既遂还是诈骗未遂？

学生：我感觉是诈骗既遂。

学生：我也感觉认定为诈骗既遂没有什么问题。

张明楷：可是，诈骗罪不是有一个环节是"行为人取得财产"吗？

学生：如果重视财产损失，则可以说甲的行为已经犯罪既遂了；如果重视行为人是否得到财产，则甲的行为还是犯罪未遂。

张明楷：问题是，要不要将行为人取得财产作为诈骗罪（既遂）的构成要件要素？当然，行为人的主观目的是使第三人取得财产也可以。现在是无关的第三人取得了财物，完全超出了他的非法占有目的中的第三人的范围。

学生：乙的财产损失与甲的诈骗行为有因果关系，如果说有因果关系却未遂，总觉得不合适。

学生：有因果关系也不意味着就是既遂，因果关系只是行为和结果之间的因果关系，表明有行为有结果。

张明楷：我们通常说有因果关系时，就是要行为人对这个结果负既遂责任了吗？

学生：问题是这个结果不是行为人所追求、放任的结果，就是说客观上有一个行为、有一个结果时，这个结果不是行为人想追求、放任的结果。

学生：当人们说"行为和结果之间有因果关系，行为人就要对结果负责"时，就默认了这个结果就是行为人希望或者放任的结果。这句话其实有好几种理解的可能性，一种只是从客观方面来说的，就是说你的行为导致了结果，所以要对这个结果负责。从纯客观来说，确实是这样子的。另一种是从主观上来说的，要求行为人对结果具有希望或者放任态度。

张明楷：是故意问题还是非法占有目的的问题？非法占有目的不是主观的超过要素吗？非法占有目的只需要存在于行为人的内心即可，不要求现实化，为什么在诈骗既遂里还要考虑行为人是否得到了财产呢？是否得到了财产是故意的内容还是非法占有目的的内容？只要行为人认识到自己的诈骗行为会对他人造成财产损失，并且希望或者放任这种财产损失，就具备了诈骗罪的故意。主观上只要是为了使自己或者第三者获得财物，就具有了非法占有目的，而非法占有目的又是主观的超过要素，不需要现实化。这样来说，这个案件不就既遂了吗？为什么将行为人取得财产作为故意的内容呢？如果将行为人取得财产作为故意的内容，还需要非法占有目的这个主观要素吗？也就是说，如果将行为人或第三者取得财物作为客观构成要件，那么，行为人对这一点就必须有故意，于是，非法占有目的的内容就跑到故意那里去了，就不需要非法占有目的了。

学生：其实，我国现在对于诈骗罪的客观方面限制得比德国严，德国不要求行为人自己取得财产。

张明楷：德国不是也要求行为人取得什么利益吗？

学生：不要求行为人自己一定要取得什么利益。德国一般认为行为人的欺骗行为使被害人作出了财产处分就已经既遂，至于财产处分到哪里去了，行为人有没有取得就不管了，不影响诈骗既遂的成立。

张明楷：如果是这样的话就是谁得到无所谓，非法占有目的就是真正的主观超过要素了。

学生：就是老师您以前在给博士生考试时说的，A 骗 B 说，你那幅名画是仿制品，赶紧扔了，其实他是想等 B 扔了以后去捡回来。B 真的以为自己的名画是仿制品，就扔到垃圾桶里。A 晚上去捡的时候，发现清洁工已经把这幅画捡走了。您就问 A 到底是诈骗既遂还是诈骗未遂。这在德国就是诈骗既遂了，只要是 A 欺骗 B 处分了财物就已经既遂了，至于 A 有没有捡到这幅画，根本不影响既遂的成立。

张明楷：主张结果无价值论的学者应当更能接受这个观点，因为造成人家财产损失就够了，谁得到那是一个主观的目的问题，不影响对被害人损失的判断，尽管你可以在主观目的里限定第三人的范围。这样来讲的话，盗窃和诈骗还是相差很远。也就是说，盗窃要求转移给行为人或者第三者占有，这是客观要件，但诈骗罪只要行为人有非法占有目的、被害人有财产损失就够了。

学生：德国的盗窃罪要求占有转移，占有转移肯定是要得到什么东西，没得到不能既遂。

张明楷：但是这样一来，很多理论或者很多表述就要推翻或者要重新表述了。

学生：也有人认为，诈骗罪里的非法占有目的不是主观的超过要素，只要结果发生了，非法占有目的就已经达到了。

张明楷：如果按照我们所要求的客观构成要件必须是行为人或者第三者取得财产，被害人遭受损失的话，那诈骗罪中的非法占有目的都可以不要了吗？

学生：实际上是这样子。

张明楷：那诈骗罪就是普通的故意犯，不需要主观的超过要素。因为客观上要求行为人自己或者第三者取得财产，被害人有财产损失。而且，取得财产就不包括毁坏财产。既然是客观要素，那就属于故意的认识内容，于是排除意思与利用意思就都放在故意中去了。敲诈勒索罪也一样。

学生：其实这种情况蛮多的，侵占也是如此，我一直不知道侵占罪里非法占有目的有什么作用。

张明楷：侵占的非法占有目的还是跟盗窃罪的非法占有目的不一样。

学生：行为人都已经侵占了，肯定就占有了，怎么可能说我必须另外有非法占有目的？

张明楷：侵占罪的非法占有目的讲的是非法所有目的，侧重点应当是行为人不归还所占有的财物，使自己成为事实上的所有权人。

学生：实际上，如果客观构成要件都实现了的话，那财物肯定是行为人至少以所有权的地位取得对这个物品的支配，不可能再有一个主观上超过客观方面的所谓占有目的。

张明楷：但是如果从法律上来讲，你还没有取得所有权，所以主观上要求不法所有的目的。单从客观上可能没办法判断是不是已经所有了。

学生：德国刑法对侵占罪没有规定非法占有目的，多数学者认为"占有"目的和占有故意其实是一回事，所以就没有主观的超过要素了。这在很大程度上特别强调行为人获得利益这一点，而不是去考虑说被害人损失了利益，这就导致非法占有目的其实并没有什么用。

张明楷：如果说行为人或第三者取得财产是诈骗罪的客观要素，的确不需要考虑非法占有目的了，或者说作为故意内容来考虑就可以了。那么，敲诈勒索罪也是这样吗？敲诈勒索是跟诈骗罪类似，还是跟抢劫罪类似？德国是不是也争论这样的问题？

学生：我没有看到过相关的争论，但敲诈勒索肯定是和抢劫罪更近一点，因为德国有抢劫性敲诈勒索，但没有敲诈性诈骗或者诈骗性敲诈。

张明楷：在中国的话，敲诈勒索也可能具有两面性。也就是说，一类敲诈勒索与抢劫罪类似，一类敲诈勒索与诈骗罪类似。

学生：所以，敲诈勒索和诈骗可以竞合。

张明楷：敲诈勒索和诈骗可以竞合，和抢劫也可以竞合。

学生：在德国这个问题就麻烦了，涉及不同的观念。

张明楷：只是说两个竞合不一样，是不同的竞合，敲诈勒索与抢劫的竞合肯定是法条竞合；敲诈勒索和诈骗的竞合，要么是想象竞合，要么像日本一部分学者所说的那样是包括的一罪，而不是法条竞合。因为抢劫可以有威胁的方法，行为人采用威胁的方法时，你不能说他没有触犯敲诈勒索罪，所以，可能是法条竞合。但敲诈勒索和诈骗不可能成为法条竞合，可是敲诈勒索罪与诈骗罪的构造又很类似。不过，抢劫在事实上也可能与诈骗罪的构成相似，行为人使用暴力手段→被害人被压制反抗→交付财物→行为人取得财物→被害人遭受财产损失。只不过在被害人被压制反抗后，有时是行为人直接取走财物，而不是被害人交付财物。不管怎么说，在财产罪中，笼统讲需要有非法占有目的，让含义相同的非法占有目的适用于所有的取得型财产犯罪，可能还是有问题的。

学生：这个可能和怎么定义非法占有目的也有关系。

张明楷：比如我国的一般教科书都是在财产罪的概述里讲非法占有目的，这个非法占有目的适用于盗窃、诈骗、抢夺等之类的犯罪。日本有不少教科书只在盗窃罪中讲非法占有目的，但其实也认为这个非法占有目的适用于其他取得型财产犯罪。

学生：德国刑法理论在诈骗罪里讲的不是非法占有目的，而是非法获利目的。

张明楷：诈骗罪里是非法获利，跟盗窃罪中的表述不一样。如果主张非法占有目的不要说，那就要把某些行为作为违法阻却事由，而不是因为他缺乏非法占有目的而不成立犯罪。比如说，当行为人的目的不非法时，就可以说，因为行为人的目的是合法的，所以不具备主观要素，因而无罪。如果采取非法占有目的不要说，那么，有些行为，类似于行使权利、自救行为等，就只能在违法阻却事由里面去讲，不过这两个本来就不矛盾。德国侧重于在非法占有目的里讲非法。

学生：分不同情形。非法占有目的里的"非法"是根据民事法律秩序的一个判断，是从行为人造成最终的财产状态角度来说的，即行为人造成最终的财产状态或者说行为人意欲造成的财产状态是否跟民事法律相违背。违法阻却事由里的非法与不非法，很多时候考虑的是行为人的手段是不是合法，不一定限于行为人最终造成的财产状态。一般来说，如果造成的财产状态本身是不违反法秩序的，肯定就不符合构成要件了。

张明楷：会有重合的地方。

学生：但侧重点还是会有区别。

张明楷：讲自救行为、行使权利的时候，也是从民法上去判断，不从民法上判断怎么知道？

学生：老师我有点没太听懂，讨论半天非法占有目的，等于是要维持将行为人取得财产作为诈骗既遂的标准，是这个意思吗？

张明楷：现在讲诈骗、敲诈勒索罪时，行为人取得了或者第三者取得了财产时才是既遂，而这个"第三者"须是行为人主观上所希望的那个第三者才是既遂。现在要讨论的是，如果是无关的第三者取得了财产，行为人诈骗、敲诈勒索罪是既遂还是未遂？

学生：如果说行为人欺骗他人，让他人财产损失掉了，也不期望有第三者取得，这种情况怎么办？

张明楷：那不就是故意毁坏财物的间接正犯吗？

学生：这个跟刚才讨论的那个不知道是哪个第三者有什么

区别？

张明楷：我们讲的第三者可能跟德国不一样，我们讲的使第三者取得财物，一般是指等同于自己取得的情形，因为像这种无关的第三者取得的情形太少了，一般预防必要性很小，不应当认定为取得罪。

学生：对行为人来说，有一个自己也不知道是谁的第三者和没有一个第三者，实际上是无关紧要的。

张明楷：没有一个第三者和一个无所谓的第三者，这两个应当是没什么区别。

学生：对啊，如果是这样，为什么一个是诈骗，一个是故意毁坏财物？

张明楷：上面的归纳可能有问题。我是说，如果行为人是让与自己有密切关系的第三者取得财产，就认为具有非法占有目的，因而成立诈骗；如果行为人根本不关心谁取得财产或者导致与自己没有任何关系的人取得财产，就认定为故意毁坏财物。前面说过了，后一种情形在德国也认为具有非法占有目的，也要认定为诈骗既遂。

学生：老师，您现在是要采取德国的观点吗？

张明楷：我不赞成德国的这个观点。

学生：那么，在甲的欺骗行为导致乙将钱汇到丙的账户上后，就只能认定诈骗未遂了吗？

张明楷：如果按照我的观点，好像只能认定为未遂。如果让被害人失控就是诈骗既遂的话,那跟毁坏财物又有什么区别?当然,这又涉及什么叫毁坏,因为德国对毁坏理解得窄一点,日本对毁坏理解得宽一点,所以,在日本丧失了财物就叫毁坏。但不管如何认定毁坏,如果被害人单纯失控了,没有任何人得到财产时,也都认定为诈骗,那么,在财产罪的分类中,诈骗罪就不是取得罪了,敲诈勒索也不叫取得罪了。

学生:我觉得故意毁坏财物跟诈骗的重要区别是有没有处分。

张明楷:什么处分?被害人扔掉财物是不是处分?也是处分吧。

学生:如果被害人基于行为人的欺骗而扔掉财物,就属于让被害人产生错误认识而处分财产,是不是可以定诈骗罪?

张明楷:这个不可能是诈骗罪,行为人不想得到这个财产,也没有想让第三者得到财产,不能肯定非法占有目的。

学生:如果行为人一开始就没想取得财产,肯定就是故意毁坏财物。

张明楷:我前面说过,单纯让人家扔掉财物,就可能评价为故意毁坏财物的间接正犯。

学生:行为人在火车上盗窃别人的提包,把别人的提包从窗户扔出去,然后从下一站沿着轨道回来捡。如果行为人后来真捡到了,那就是盗窃既遂了,这个没问题。问题是,如果行为人后来没有捡到,或者被别人捡走了,是既遂还是未遂?如果认为是盗窃既遂的话，就已经不是采取取得说了，而是采取了失控说。如果要接受这样的失控说，就会使得既遂的时间大大地提前，其实行为人打开窗户往外扔的那一刻就已经既遂了，这可能不合适。

张明楷：如果采取取得说，也可以认为这个案件是盗窃既遂吧？

学生：完全有可能认定为既遂。

张明楷：因为在行为人扔出提包时，只有行为人知道扔在什么地方，既然如此，就可以认为行为人在扔出去时就取得了提包。这个评价有疑问吗？

学生：但是行为人还是没有取得，如果说取得了的话，只要对方失去控制，行为人打开窗户往外扔的那一刻，就可以认定为既遂了。

张明楷：是打开窗户扔就既遂了呀。

学生：要看扔到哪里了吧。

张明楷：当然，扔提包的案件显然不是指扔在大庭广众之中，而是扔在通常没有人经过的铁轨边。如果扔到大庭广众之中，也就不能说行为人具有非法占有目的了。当行为人具有非法占有目的时，一定是将提包扔在一般人不知道的地方，而只有行为人知道在什么地方。如果只有行为人知道在什么地方，就可以认定行为人已经取得了。

学生：那到底采用什么标准呢？

学生：看谁占有。

张明楷：对，就是看谁占有，因为火车铁轨边一般没有人，既然你是非法占有目的，肯定是选了一个你知道的地方，总不能说火车一出发就扔，然后再坐火车回来捡，这个不太可能，肯定是快到站才扔的。否则你怎么说他有非法占有目的？而且他也确实回来捡了，就证明他知道是在什么地方，比如一公里远的地方，而且那个地方通常是没人的，可以说他建立了一个新的占有。

学生：可最终他还是没有取得任何东西。

张明楷：最终没有取得不影响既遂。行为人将他人财物盗窃回家后，立马被人偷走了，最终也没有取得，仍然是盗窃既遂。而且，"最终"是什么意思呢？要行为人完全利用、消耗了才是既遂吗？显然不可能。

学生：感觉还是有区别。

张明楷：有什么区别？

学生：只能说行为人把包丢出去时，已经建立起对这个包的新的占有，然后又被其他路人给破坏了。

张明楷：对啊！只能这么去解释。将这个案件认定为既遂，不意味着采取了失控说，而是可以用控制说来说明，所谓控制说，就是指行为人建立了新的占有。以前讨论过一个案件：夏天的时候，卡车司机开车运铝锭，天很热，就停在路边买点冷饮喝，被告人趁机从卡车上扔下价值4000元的铝锭沉到路边的河里，准备晚上去捞回家，结果晚上开始下暴雨，铝锭被暴雨冲走了，被告人没有捞到。有的学者认为这是盗窃未遂。我认为这肯定是盗窃既遂，因为在当时情况下只有被告人知道铝锭在哪里，当然可以说建立了新的占有。不能说,只有当被告人运回家才是建立了新的占有。如果被告人运到半路被人抢走了,被告人难道还是盗窃未遂吗?其实,被害人失控但行为人没控制的情形是很罕见的。

学生:今天讨论的被害人汇错账户的案件,被害人肯定有财产损失了,但行为人就没有占有过,如果要求行为人取得或者与行为人有密切关系的第三者取得,行为人就是诈骗未遂了。

张明楷:是的。但如果像德国刑法理论那样,就是诈骗既遂了,因为只要行为人有获利目的就可以,不要求行为人得到利益。但我国所说的诈骗,一般是指"骗取"财物。虽然《刑法》第266条使用的是诈骗一词,但许多法条都使用了"骗取"这一概念。"骗取"这一概念显然要求行为人取得了财物。所以,感觉客观上还是要求行为人取得或者使有密切关系的第三者取得。但就像我们前面讨论的那样,如果将取得作为客观的构成要件要素,那么,就需要有对应的故意内容,于是,非法占有目的中就不需要排除意思了,充其量只需要利用意思了。前田雅英老师就认为,非法占有目的仅指利用意思。这个问题肯定是一个会长期争论的问题。

案例120 诈骗罪(三角诈骗的犯罪形态判断)

夫妻二人在温州打工。根据劳动合同法规定,用人单位自用工之日起一个月后至一年需要与员工签订劳动合同。每当用人单位按照正常程序让他们二人签订合同时,他们就说要仔细看一看合同,不当场签字,事后在劳动合同上伪造签名后再交给单位。之后二人就再也不配合单位的管理,故意不服从分配,让单位把自己辞退。一旦单位辞退他们二人,他们就向劳动争议仲裁委员会要求仲裁,说单位没有与其签订劳动合同,按劳动法应赔偿两倍工资。仲裁人员在仲裁时发现笔迹是假的,就要求用人单位给予两倍工资的赔偿金。经劳动争议仲裁委员会及法院的认定,二人多次成功骗取两倍工资的赔偿金。

张明楷:二人的行为构成诈骗罪吗?

学生:是三角诈骗。

张明楷:欺骗的是劳动争议仲裁委员会的委员,被害的是用人单位,三角关系很清楚。

学生:跟诉讼诈骗中欺骗法官一样。

学生:什么时候着手?

张明楷:向仲裁委员会提请仲裁的时候着手。

学生:伪造签名的时候还没有着手吗?

张明楷:伪造签名的时候只是预备,还没有着手。在我国伪造签名还不是犯罪,在日本伪造签名就构成伪造签名罪了。在德国伪造签名也是犯罪吗?

学生：要看情况，德国刑法不单纯保护签名，签名和文书在一起时才保护。像这个案件前面的行为可以定伪造文书罪。

张明楷：这个案件的行为已经获得了赔偿金，构成诈骗既遂没有问题。我们以前讨论的情形是，如果仲裁或者判决已生效，但还没有执行时，是否成立诈骗既遂。仲裁或者判决已经生效时，行为人就已经骗取了财产性利益，用人单位产生了一个债务，我觉得可以认定为诈骗既遂。

学生：不少人认为，如果仲裁或者判决已生效但没有执行，用人单位报案导致案发的，用人单位就没有财产损失，所以，不主张认定为诈骗既遂。

张明楷：这样的观点存在两个方面的疑问：第一是，这种观点实际上是以狭义财物为根据说用人单位没有财产损失，而没有将财产性利益当作财物，因而也没有将债务的形成作为财产损失。可是，如果用人单位没有财产损失为什么报案呢？显然是因为用人单位产生了一个债务，这就是财产损失。第二是，这种观点将财产性利益损失的挽回视为没有损失。完全可以认为，用人单位报案，只是挽回了财产性利益的损失。所以，认定为诈骗既遂还是合适的。

学生：可能有人认为，如果认定为既遂处罚就太重了，因此主张认定为未遂犯。

张明楷：我在分析案件时也都会想到这一点。但不能因为处罚重，就随意改变既遂与未遂的区分标准，也不能因为处罚重就随意改变此罪与彼罪的关系，更不能因为处罚重就随意认定财产性利益有时是财产犯罪的对象，有时不是财产犯罪的对象。既然承认财产性利益是诈骗罪与其他财产罪的对象，而债权是典型的财产性利益，那么，在行为人取得了财产性利益时，就不能说仅构成诈骗罪的未遂犯。否则的话，就明显自相矛盾了。比如，如果考虑到处罚重，我们在区分犯罪预备与犯罪未遂时，不能完全采取德国、日本的标准，而是可以将着手推迟一点，使得一些离结果发生较远的行为仅按预备犯处罚。但确立了区分标准后，一定不能在个案中无视这一区分标准，将明显构成未遂犯的行为认定为预备犯。再比如，不能因为贷款诈骗罪处罚重，就将明显构成贷款诈骗罪的行为适用骗取贷款罪的规定。处罚重主要是司法实践的问题，需要司法机关改变重刑观念，而不能通过人为扭曲构成要件理论、犯罪形态理论等来解决重刑问题。

学生：按老师的观点，如果仲裁或者判决已生效并且已经执行，行为人取得了赔偿金，则因为行为人的行为最终仅侵害一个法益，所以属于包括的一罪。

张明楷：是的。按日本的通说属于包括的一罪，按德国的通说可能是法条竞合中的吸收关系。

学生：记得老师介绍过日本的一个案件，就是行为人欺骗被害人在一张纸上签名，被害人因为喝多了没有仔细看就签名了，但实际上是在一张借条上签名了，使行为人产生了一个债权、被害人产生了相应的债务。日本有学者主张认定为骗取财物的未遂犯，而不是认定为骗取财产性利益的既遂犯。

张明楷：松原芳博老师持这种观点，山口厚老师主张这种情形认定为诈骗利益罪的既遂要慎重。我觉得这种情形与我们讨论的案件多少有些区别。在日本学者所举的这个案件中,行为人还需要再次欺骗被害人或者法官,才能取得财物。因为被害人都没有意识到自己产生了一个债务,不可能主动向行为人履行债务。行为人要想实现债权,就必须再次实施欺骗行为。也就是说,行为人拿着这张借条找被害人履行债务时,就是诈骗罪的欺骗行为。如果没有这个欺骗行为,行为人形式上获得了一个债权,但实际上不可能获得任何利益。但在我们今天讨论的案件中,夫妻二人向劳动仲裁委员会提出仲裁后,其欺骗行为基本上就全部实施完了,只要形成了对他们有利的仲裁结论,即使二人不再实施欺骗行为,仲裁也会得到执行。所以,我感觉两个案件还是有区别的。而且,山口厚老师在讲诉讼诈骗时也说,如果法官作出了生效判决,行为人就取得了财产性利益,构成诈骗既遂。我觉得两种情形中形成债权的根据有区别。在我们讨论的案件中,债权债务形成的根据是仲裁或者法院的判决;而在日本学者所举的案例中,只是有被害人的一个签名,感觉可以区别对待。

学生: 松原芳博老师也不是否认签名案件构成犯罪,只是主张认定为对财物的诈骗未遂。

张明楷: 我感觉如果要认定为对财物的诈骗,认定为预备更合适一些。因为如果行为人要取得财物,或者说要被害人履行债务,还必须再次实施欺骗行为。既然如此,恐怕就难以认为行为人对财物的诈骗已经形成了未遂。所以,松原芳博老师的观点,也可能算是一种折中的处理办法。

案例121　抢夺罪（行为内容与对象的判断）

甲在高速公路行驶一段时间后，在收费站出口紧跟着前面一辆车，等前面的车交完费栏杆抬起来之后，迅速跟着前面的车辆驶出收费站。但由于堵车，收费站工作人员拦截了甲的车辆并报了警。后来查明，甲采取这种方式一共逃费37次。由于不能查明甲每次从何处进入高速公路，按照最远距离计算，甲共逃费3100元。

张明楷：有人主张甲的行为构成抢夺罪，你们怎么看？

学生：司法实践中好像有定抢夺罪的，但肯定有疑问。

张明楷：抢夺与盗窃一样，都是将他人占有的财物转移为自己或者第三者占有，都是夺取罪或者取得罪。甲将收费站的什么夺走了呢？

学生：把债权夺走了。

张明楷：债权能夺走吗？甲过了收费站之后，收费站就不享有债权了吗？

学生：收费站当然还享有债权，债权并没有转移给行为人。

张明楷：既然如此，甲就没有夺走债权，当然不成立抢夺罪了。

学生：抢夺了服务。

张明楷：高速公路提供的服务都已经结束了，怎么是抢夺？前几天有一个人通过邮件问我，也不知道他是谁，他说，被告人每次开车到收费站时，都是紧紧跟在人家车的后面，等人家交费过去后，就立马冲过去。每次都是10元钱路费，被告人冲了300多次。对方问我能不能定抢夺罪，我心想这个被告人抢夺什么？从哪里夺到哪里呢？

学生：能不能说欺骗了机器？

张明楷：你说是欺骗了栏杆？机器不能被骗，栏杆更不能被骗。

学生：但对这样的行为不定罪也不合适啊。有一个类似判决的法官说：在行为特征上，本案行为符合乘人不备，公然夺取的特征。所谓乘人不备，公然夺取，一般指行为人当着公私财物所有人、管理人或者其他人的面，乘其不防备，将公私财物夺了就跑，据为己有或者给第三人所有；也有的采取可以使被害人立即发现的方式，公开把财物抢走，但不使用暴力或者以暴力相威胁。就本案而言，该行为虽然并非直接夺走高速公路现有的财物，但客观上导致高速公路失去应该收取的车辆通行费，导致高速公路消极利益的增加。此行为与直接夺走高速公路现有的财物，导致高速公路积极利益的减少，在本质上完全一致，均是导致高速公路失去对车辆通行费这一财产性利益的控制。

张明楷：这个说法不无疑问。既然抢夺是指夺取他人占有的财物，本案行为就完全不符合"抢夺""夺取"这一行为特征。

因为行为人没有从收费站夺取任何狭义的财物，也没有夺取收费站享有的债权。不管是从事实上还是从法律上说，即使行为人逃走，收费站也依然对其享有债权。在行为内容并不符合抢夺的行为特征的场合，仅仅以收费站的积极利益减少这一结果与通常抢夺的结果实质相同为由认定为抢夺罪，明显不合适。财产罪中的各种取得罪的结果其实没有区别，都是行为人取得财产、被害人丧失财产。就此罪与彼罪的关系而言，关键在于行为人取得财产与被害人丧失财产的结果由什么行为造成；从罪与非罪的区别来说，刑法分则第五章并没有穷尽所有侵犯财产的行为，并不是导致被害人丧失财产或者利益减少的任何行为都构成财产罪，只有当行为符合刑法规定的构成要件时，才可能成立财产罪。上述观点只是以结果为根据认定甲的行为构成抢夺罪，但在财产罪中，结果不可能决定行为构成何罪。

学生：好像也有学者主张对这种行为认定为盗窃罪。

张明楷：我觉得也不构成盗窃罪，因为甲没有将收费站的任何财物包括债权转移为自己或者第三者占有。

学生：因为收费站的工作人员没有处分意识与处分行为，也不能认定为诈骗罪。

张明楷：如果甲在入口的时候就具有不交费的意思，是不是可以考虑定诈骗罪呢？

学生：骗了什么呢？是骗取了服务吗？

张明楷：甲隐瞒不交费的意思，让入口的工作人员误以为甲届时会交费，于是让甲进入了高速公路。如果甲向工作人员说：

我不交费，可不可以在高速公路上行驶？工作人员肯定不会让他进高速公路。

学生：就像没有付费的意思却在餐厅点菜一样吗？

张明楷：是啊。只不过餐厅提供的是食物，本案被害人提供的是一种服务。

学生：服务是不是财物呢？

张明楷：这个有争议。有人说服务本身是财产性利益，有人说因为服务而产生的债权或者利益才是财产性利益。德国刑法理论的通说认为服务也是财产性利益，日本也有学者持这样的观点，比如，井田良教授就认定服务属于财产性利益。但两者的结论其实是相同的，只是说法不同。

学生：但是，难以证明甲在进高速路时就具有不交费的意思。

张明楷：是的，这是事实问题，我们没办法讨论。不过，从行为人逃费37次来看，可以认为他进高速路时就没有交费的意思。如果能够得出肯定结论，我觉得认定为诈骗罪是可能的。但这个场合的诈骗罪的构造，在理论上有争议。这种情形与日本刑法学者讨论的不正乘车有相似之处。其中一个争议点，是进站口的工作人员是受骗人，还是出站口的工作人员是受骗人？我的观点是，如果说服务是财产性利益，应当认定进站口的工作人员是受骗人；如果说服务不是财产性利益，对应的债权或者对价才是财产性利益，应当认定出站口的工作人员是受骗人。但是，我又不想将服务本身评价为财产性利益，而出站口的工作人员又没有处分行为与处分意识。所以，能不能说行为对象是债权或者对价这种财产性利益，但进站口的工作人员就是受骗人，还需要进一步研究。有没有可能将进站口与出站口的工作人员一体化看待，因为他们都是高速公路的工作人员，从而认为进站口的工作人员处分了债权或者对价这种财产性利益呢？这是可以再研究的。你们可以看一下日本学者的教科书，我们现在就不讨论了。另外，认定甲逃费3100元是不是也不合适？

学生：采取了对甲最不利的计算方法。

张明楷：可能不符合事实存疑时有利于被告人的原则。

学生：但是，也不能每次逃费时都按最短距离计算吧？

学生：如果按照事实存疑时有利于被告人的原则，每次就只能按最短距离计算。

张明楷：这些都是数额惹的祸。在国外，按最短距离计算也构成犯罪。

学生：每次遇到数额问题时，就出麻烦。

张明楷：如果不考虑数额，在不能认定为抢夺罪、盗窃罪与诈骗罪的情形下，还有没有别的罪可以考虑呢？

学生：别的罪更不可能了吧。

张明楷：在甲没有转移债权的占有，但事实上只是单纯使被害人不能实现债权的案件中，如果说债权是财物的话，能不能说甲的行为成立故意毁坏财物罪呢？

学生：估计一般人都不会接受。

张明楷：先不管一般人会不会接受，如果你一直只是提出一般人能够接受的观点，你的观点就没有任何意义了。一般人能够接受的观点，一般人早就提出来了，你提出来还有什么意义？所以，你先要提出可以妥当处理案件的观点，如果人家不接受，你就充分说理，让人家接受。不能因为一般人可能不接受，就放弃自己的观点、不再思考理由。我倒不是说这样的案件一定成立故意毁坏财物罪，只是说，既然我们认为财物包括财产性利益，那么，毁坏财产性利益的行为也是可能成立故意毁坏财物罪的。也就是说，在文理解释上不存在障碍。不过，在德国、日本，故意毁坏财物罪中的财物肯定不包括债权等财产性利益，而且债权总是存在的，不可能存在毁坏的问题，只是债权能否实现的问题。但是，有债权却根本不能实现，与没有债权实质上又是一样的，只是观念上的区别而已。但定罪时不能仅考虑实质上是否一样，既然说债权是财物，就要看债权是否已经不存在或者不能发挥效用。可以肯定的是，债权依然存在，只是如何理解毁坏的问题，即导致债权事实上不能发挥效用的行为，有没有可能叫毁坏？你们可以思考一下。

学生：老师，加油后不付款就跑路的行为，如果不认定为故意毁坏财物罪的话，是不是就不能定罪了？

张明楷：这样的案件也涉及如何认定事实的问题。如果能够证明行为人在加油时或者加油前就具有不付费的意思，但隐瞒这一意思让加油站工作人员为自己加油，肯定构成诈骗罪。

学生：如果是自己直接加油呢？

张明楷：如果加油站是不允许司机自己加油的，可以认定为盗窃。如果加油站是允许自己加油的，比如，加油站肯定会允许事前购买了加油卡的人直接加油的，行为人自己直接加油时，加油站工作人员也误以为行为人会付费，仍然是诈骗吧。如果不能认定行为人在加油时具有不付费的意思，就只能认定行为人在加油后才产生不付费的想法而逃走。这样的案件如何处理，就有麻烦了。

学生：在德国法学院里，加油跑路是经典的考试题。

张明楷：他们怎么定的呢？

学生：有各种类型。把事实稍微改一下，答案就不一样，老师们都很喜欢出这种题。

张明楷：主要区别是加油时的主观内容是什么，难点是加完油之后才产生不付费的想法而逃走的该如何处理。

学生：老师，汽油加到行为人汽车的油箱之后，就算转移占有了吧？

张明楷：肯定是转移占有了。

学生：问题是所有权有没有转移，占有肯定是转移了。

张明楷：如果说所有权没有转移的话，就可以定侵占罪了，那么，侵占的是遗忘物还是委托占有的物？事实上，由于侵占罪的数额起点很高，也根本不可能定侵占罪。在这种情况下，德国刑法理论认为所有权转移了吗？

学生：两种观点都有，有的人认为这个时候所有权已经转移了，加到行为人汽车的油箱里就转移了；有人认为从加油站的角度来说，只有行为人付了款以后才能转移所有权。

张明楷：这跟购买一般的商品不一样，购买一般商品时没有付钱的，所有权肯定没有转移，因为一般商品就摆在台面上，如果购买人没有付款，出售方就可以立即收回。但加油不一样，基本没办法收回。其实，由于数额问题，我们可以暂时不考虑所有权是否转移的问题，我们需要确定的是占有是否转移了。如果汽油已经转移了占有，而在转移占有时行为人又没有犯罪的故意，就只能将债权作为对象来考虑了。

学生：汽油已经到了行为人汽车的油箱里，肯定是转移占有了。

张明楷：要不要考虑加油站有没有大门或者栏杆之类的问题？

学生：加油站一般没有大门，但有的加油站有栏杆。实践中有将加油后冲杆逃走的行为认定为抢夺罪。

张明楷：抢夺什么？

学生：抢夺汽油。

张明楷：行为人已经占有了汽油，还怎么抢夺？行为人也没有抢夺债权。

学生：在刑法上认定转移占有要求被害人完全失控，要求行为人排他性地占有财物。但在这种场合，被害人并没有完全失控，可不可以说加油站和行为人对汽车里的汽油是共同占有的？

张明楷：你是说在加油站有栏杆的情况下，在行为人未付费时，汽车里的汽油由行为人与加油站工作人员共同占有？还是说，只要行为人未付费，就是双方共同占有？

学生：在有栏杆的情况下可否说共同占有？

张明楷：说共同占有还是有难度的，汽油已经到了行为人汽车的油箱，加油站工作人员怎么可能在事实上支配汽油？

学生：况且，如果油箱里本来还有一部分汽油，原有的汽油与新加的汽油混为一体了，倘若认定为共同占有，则加油站管理人员对行为人汽车里原有的汽油也有事实上的支配了，这显然不妥当。

学生：比如在超市里，行为人把商品放进自己兜里，就未必占有了商品。同样，汽油虽然加进了行为人汽车的油箱里，但未必由行为人占有。

张明楷：超市有点不同，也要看行为人放进兜里的是什么样的商品。可以肯定的是，行为人对放在超市推车里的商品并没有占有，但如果是藏在衣内不容易被发现的地方，还是会肯定行为人已经转移占有了。

学生：把汽油加到车里是典型的交付行为，肯定是转移占有了。

张明楷：对啊！我也这样认为。

学生：如果行为人未付费，加油站工作人员不让行为人走，行为人使用暴力、胁迫等手段的,可以成立抢劫罪吧?

张明楷:这样的话定抢劫罪没有问题,行为人抢劫的是财产性利益,也就是使用暴力或者胁迫等手段使被害人免除债务。

学生:如果只是冲杆的话,还没有对人实施暴力与胁迫,所以不能成立抢劫罪。

张明楷:对。

学生:如果行为人加油后产生了不付费的想法就逃走的,就只能成立侵占了。

张明楷:我认为是这样的,由于数额不大,一般也不可能构成犯罪。

学生:有没有可能属于故意毁坏财物呢?

张明楷:在这一点上就和前面的在收费站逃走的情形相同了,我觉得也是有可能的。

案例122 侵占罪(与盗窃罪的区别)

甲女很有钱,但不方便将钱存在自己的名下,就用闺蜜乙名义的银行卡存了500万元,银行卡一直由甲使用。后来,甲到外地工作,刚好此时银行卡要做更新手续即要换卡,于是,甲就将银行卡寄给乙,让乙换卡后将银行卡寄给自己。乙收到银行卡后,发现里面有很多钱,换了新卡后就将银行卡寄给甲,但将一个假密码告诉甲。甲收到银行卡后,发现密码不对,以为银行卡出了问题,又将银行卡寄给乙,让乙办好后再寄给自己。乙收到银行卡后,从卡里取出 200 万元现金,没有将银行卡寄回给甲。甲催乙寄回银行卡,乙一直没有寄,而且后来不再接甲的电话,于是甲报警案发。

张明楷:看来闺蜜也靠不住,友谊的小船随时会翻啊。你们说说看,银行卡里的钱是谁的?

学生:银行卡里的钱是甲的,是甲用乙的名义存入银行卡的。

张明楷:在银行那里,银行卡里的钱就不是甲的。相对于银行来说,债权人就是乙,而不可能是甲。

学生:这么说的话,乙的行为构成侵占罪。

张明楷:我认为是侵占罪。事实上,可以认为乙是为甲代为保管,保管的方式使得乙占有了甲的财产。

学生:乙的占有是事实上的占有还是法律上的占有呢?

张明楷:我认为当乙是这张银行卡的名义人,而且银行卡在乙的手上时,乙就事实上占有了甲的财产,这样认定没有什么障碍。我现在认为法律上占有的概念,在我国没有存在的必要。

学生:定侵占罪的话,感觉处罚太轻了,公安机关是以盗窃罪拘留乙的。

张明楷：定盗窃罪不合适。如果说定盗窃罪的话，只能说盗窃了银行的现金。但在本案中，难以认为银行是被害人。事实上，甲持这张银行卡在柜台上是不可能取出现金的。反过来说，其实是乙此前利用自己名义的银行卡为甲保管了财产。这与错误汇款不同，银行工作人员不可能阻止乙取款，反而可能阻止甲取款。认定为侵占罪，处 5 年以下有期徒刑，也不轻了。其实，我们以前讨论过类似的案件，大家都没有争议地认为是侵占罪。

案例123　职务侵占罪（与挪用资金罪的关系）

甲信用社可以帮丙类账户公司代持证券，从中收取代持费。在账面上，证券金额记在甲信用社名下。作为代持人，甲信用社也需要随时关注代持证券的市价变化，随时和委托人联系，代持人一般不会亏本。甲信用社主任 A、会计 B 与丙类账户公司的负责人 C 串通，先由甲信用社买进 10 亿元证券，但并没有标明甲信用社具体为哪家公司代持，在证券市价上涨后，A、B 又以为 C 所在的丙类账户公司代持证券为由，将该原价 10 亿元证券以 10 亿元卖给了 C 负责的公司，并且收取了该公司代持证券的代持费，C 负责的公司从中赚取了 5000 万元，A、B、C 三人将该 5000 万元私分。

张明楷：不知道你们是否具备这方面的知识，如何认定 A、

B、C 的行为?

学生：从民法或者证券法来看，A、B、C 的行为不构成违法，因为甲信用社如果与 C 负责的丙类账户公司有代持合同，甲信用社在证券价格上涨后就应该按照原价把证券卖给丙类账户公司，甲信用社应该从中赚取代持费。从刑法上来说，如果三人事先通谋，把本属于甲信用社赚的钱以这种方式转移给 C 负责的丙类账户公司，可以将他们的行为认定为职务侵占罪。

张明楷：在这个案件中，甲信用社在买入该 10 亿元证券时，并没有标明是替 C 所负责的丙类账户公司代持，也没有具体标明这些证券是代持证券，证券市场瞬息万变，风险挺大，一旦证券价格下跌，甲信用社还是有赔钱风险的。在证券价格上涨后，A、B 把这些证券转在 C 负责的丙类账户公司下，表面上像是把代持证券转移给委托人，但实际上是将甲信用社本应赚到的钱转给了 C 负责的丙类账户公司。如果 A、B 是国家工作人员，他们的行为就构成贪污罪；否则，他们的行为构成职务侵占罪。

学生：这个案件的关键点是甲信用社在买进这笔证券时，虽然标明是代持，但并没有写是替谁代持。在这一点上，他们对这笔证券的买卖方式恐怕并不符合代持证券的相关规定。是否也可以将 A、B 的行为认定为挪用资金？挪用的金额是 10 亿元。

张明楷：你这种分析方法是从主观到客观来认定事实的。因为 A、B、C 三人主观上有利用甲信用社 10 亿元资金炒股挣钱私分利润的意图，就把甲信用社购买证券的行为认定为挪用资金。如果这样认定的话，单位领导决策实施的单位行为动不动就可能被认定为挪用资金罪。如果从客观到主观认定事实的话，A 是甲信用社的负责人，他以甲信用社的名义拿钱购买证券，无论是否代持，这样的行为都是职务行为，很难认定为个人挪用行为。所以，我还是不倾向于把这样的行为认定为挪用资金罪，而是认定为职务侵占罪。认定职务侵占罪的时候，关键就在于能否把 5000 万元认定为"本单位财物"。如果把这笔证券认定为代持证券，这 5000 万元就很难认定为是"本单位财物"，也就不存在职务侵占罪成立的可能性。这个案件看上去很复杂，但解决这个案件的关键就是如何归纳案件事实，以及如何去分析这样的案件事实。

学生： 从客观出发评价案件事实的话，甲信用社出资 10 亿元购买了证券，证券上涨后获得的利润就应该认定为"本单位财物"，A、B 的行为完全能够被认定为职务侵占罪。

张明楷： 你们再好好想想吧。能不能认定为职务侵占罪的关键是这 10 亿元的证券是否可以认定为代持证券。如果不能认定为代持证券，确实可以将行为人的行为认定为职务侵占罪，但如果能够认定为代持证券呢？还能认定为职务侵占罪吗？显然就不能了。

案例 124　敲诈勒索罪（构成要件符合性的判断）

2010 年 7 月 16 日中午，赵某在开车的途中购买郭某的西瓜时，将手提包遗忘在卖瓜的农用车上，郭某发现后将手提包藏在家中。赵某开车走后想起自己的手提包遗忘在郭某的车上，随即返回寻找，经多方打听找到郭某，但郭某矢口否认。赵某为了稳住郭某就请郭某帮助找，数日后郭某打电话给赵某，谎称手提包被别人捡拾到，要给6000元才肯给包，否则不给。后来经过多次讨价还价，约定赵某拿出5000元郭某就可以把包交给赵某。交还完毕后，赵某就到派出所报警。

张明楷：案情没有交代手提包及其中的财物价值是多少，我们就不考虑数额了。郭某的行为可能涉嫌哪些犯罪？

学生：侵占罪、诈骗罪、敲诈勒索罪。

张明楷：案例分析的作者介绍了四种观点：第一种观点认为构成敲诈勒索罪；第二种观点认为仅构成侵占罪；第三种观点认为仅构成诈骗罪；第四种观点认为前面的行为构成侵占罪，后面的行为构成诈骗罪，应当实行数罪并罚。其实还可能存在其他观点，比如，前面的侵占罪与后面的诈骗罪属于包括的一罪，或者前面的侵占罪与后面的敲诈勒索罪是包括的一罪，如此等等。

学生：郭某跟赵某说提包被别人捡拾了，赵某有被骗吗？

张明楷：从案情交代来看，没有被骗。赵某是为了稳住郭某，所以没有揭穿。而且，赵某到派出所报警，显然是针对郭某的。

学生：如果定诈骗罪那就是未遂，但是收到钱的行为怎么评价呢？

张明楷：这可能就是第一种观点主张郭某的行为构成敲诈勒索罪的理由。换句话说，郭某是以诈骗的形式出现的，但其中其实包含了胁迫的内容，赵某认为是郭某捡的，如果不给郭某钱的话就不能把提包要回来，所以形成了一个敲诈勒索罪的结果。虽然从郭某的行为来看，可能是诈骗与敲诈勒索的竞合，但从结果来说，由于赵某没有被骗，所以，就后面的行为，只能考虑郭某的行为是否成立敲诈勒索罪。

学生：如果赵某没有陷入认识错误，只是担心郭某不将提包还给自己，才不得不将5000元给郭某，郭某的行为就构成敲诈勒索罪。

张明楷：如果手提包没有特别的物品，总共也只值5000元，郭某是否构成敲诈勒索罪呢？

学生：按照老师的观点，这种情形就不成立敲诈勒索罪了。因为即使郭某不将提包归还给赵某，赵某也没有更大的损失，不可能产生恐惧心理。

张明楷：是的。如果提包中有特别的物品，或者有数额巨大的财物等，倘若不归还给赵某就会使赵某形成明显困境或者遭受重大损失，则可以认为赵某会产生恐惧心理，因而郭某的行为可能构成敲诈勒索罪。

学生：如果提包里面的钱很多，郭某只是为了获得一点报酬才索要5000元，是不是可以不认定为敲诈勒索罪。

张明楷：如果是这样的话，不认定敲诈勒索罪当然是可以的，但案情可能不是这样的。当然，我也不是说本案一定构成敲诈勒索罪，因为恰恰是很重要的具体细节不够清楚。因为撰写案例分析的作者认为构成敲诈勒索罪，所以，我们也就按照这个思路来否认其他结论。我想说的是，拾得人向失主索要适当报酬并不违法，而且二人可以讨价还价，但拾得人不得以毁坏财物等相要挟。当然，我觉得在这种场合，虽然可以讨价还价，但拾得人不能漫天要价。比如，总不能要求失主将财产的一半以上都给自己。在国外，失主应当给多少报酬给拾得人是有法律规定的，一般是规定一个区间，比如5%至15%，在这个区间内基本上由失主自由决定给多少。如果拾得人超出法律规定的范围索要就会成立敲诈勒索罪。我国没有遗失物法，所以，不好确定拾得人索要多少报酬是合法、索要多少报酬是非法。更为重要的是，双方的讨价还价本身不属于敲诈勒索行为。只有当拾得人实施了恐吓行为，被害人产生了恐惧心理，才有可能认定为敲诈勒索罪。

学生：其实，这个案件的被害人既没有被骗，也没有产生恐惧心理。

张明楷：是的，我们说行为人的行为构成敲诈勒索罪，是以行为人实施了恐吓行为，被害人产生了恐惧心理为前提的。

学生：以前有一些漫天要价的也没有认定为敲诈勒索罪。

张明楷：有一些漫天要价的没有认定为敲诈勒索罪，一是行为人有理由索要；二是行为人可以要多少，既无法律规定，也没有其他方面可以判断的标准。如果有索要的标准，超出标准索要的，还是有可能认定为敲诈勒索罪的。如果说，失主包里装的是马上要出国的护照等证件，拾得人以销毁相恐吓，索要数额较大财物的，我觉得可以认定为敲诈勒索罪。再比如，失主的包里一共有 10 万元现金，而且是急需使用的现金，拾得人索要一半以上的，也有可能构成敲诈勒索罪。我要反复说明的是，在这种没有确定标准的场合，要考虑其他许多因素，尤其是行为人的行为内容与被害人是否产生恐惧心理。

学生：如果将本案行为人后面的行为认定为敲诈勒索罪，前面的侵占罪与敲诈勒索罪就不能并罚吧？

张明楷：不能实行数罪并罚，因为前后行为只是侵害了一个财产法益，所以属于包括的一罪。这种情形在德国定敲诈勒索罪吗？

学生：要定敲诈勒索罪的。在德国只要造成显著恶害就可以成立敲诈勒索罪，不要求造成恐惧心理，成立敲诈勒索罪的门槛比较低。

张明楷：要求不一样。德国是要求造成显著恶害，不要求被害人产生恐惧心理。这样认定的好处是可以进行一般化的客观判断，而不会因为被害人的胆量大小之类的差异产生认定犯罪的差异。日本和我国要求敲诈勒索罪是被害人产生恐惧心理，日本刑法叫恐吓罪，我们民国时期的刑法称为恐吓取财罪，所以，要求被害人产生恐惧心理。当然，恐惧心理必须达到什么程度，倒是没有刑法规定。如果想认定宽一点，就不需要限定恐惧心理，任何担心都可以说是恐惧心理。如果要限制恐惧心理,则不能说任何担心都是恐惧心理。

案例125 敲诈勒索罪(与强迫交易的关系)

一家广告公司的主管,让他的下属专门收集准备上市的公司的负面新闻,并发布在网络上。负面新闻是真实的,没有造假。但由于那些公司要上市,所以会找主管把那些负面新闻给删掉。主管就按负面新闻的数量向公司索要金钱,或者要求被害公司在自己的广告公司投放500万元的广告。

张明楷:从哪里收集来的负面新闻?

学生:从各种渠道收集来的,收集来之后就挂到网上去。这样就构成敲诈勒索罪吗?

张明楷:看是敲诈勒索还是受贿,抑或是二者的竞合。

学生:还有可能是强迫交易。

张明楷:要求投放广告可能触犯强迫交易罪。广告公司是民营的还是国有企业?

学生:是民营的广告公司。

张明楷:有可能就是非国家工作人员受贿和敲诈勒索的想象

竞合，但要看细节。

学生：检察院以非国家工作人员受贿罪、敲诈勒索罪和强迫交易罪起诉了。

张明楷：那要看具体案情，行为人有可能针对不同的被害单位构成不同的犯罪。你现在讲的案情比较简单，还难以判断究竟是数罪还是想象竞合。

学生：我是在想，他们的行为是不是只违背职业道德，没有违背法律。

张明楷：不能采取这样的思维。违背职业道德的行为也可能是犯罪行为，受贿罪、滥用职权罪都违背了职业道德，但肯定构成犯罪。

学生：不只是主管人员这样做，整个公司都是这么做的，都是通过这种方式挣钱。

张明楷：那就不存在所谓非国家工作人员受贿罪了，定敲诈勒索罪可以了吧。他们这是犯罪集团了，犯罪集团的成员不能成立非国家工作人员受贿罪吧？

学生：收集新闻本来是他们应该做的，而且那些新闻又不是造假的。

学生：收集新闻可以，但不能利用所收集的新闻向别人敲诈勒索财物。

张明楷：敲诈勒索罪完全可以是将合法行为作为恐吓内容来实现的。比如，行为人抓了一个小偷，要送去派出所。小偷说求求你不要送了,行为人就说,那你给我一点钱我就不送。这就是将合法行为作为恐吓内容进行敲诈勒索的。你说的案件其实就属于这种情形。行为人收集负面新闻当然是正当的,挂在网上也可以说是正当的,如同送小偷进派出所一样,但是,你不能利用自己收集的负面新闻向他人索要财物。简单地说,其利用收集的负面新闻使被害人产生了恐惧心理,且没有获取报酬的任何根据,或者说行为人的目的缺乏正当性,所以成立敲诈勒索罪。

学生:不是说行为人收集负面新闻的行为是犯罪,收集负面新闻的行为并不是敲诈勒索的手段行为。利用收集的负面新闻要求被害人给予财物,才是敲诈勒索行为。

张明楷:对!

学生:是那些所谓的被害公司主动找上门的。

张明楷:人家找上门来是让你删除负面新闻,如果人家说希望删除你就立马删除,人家还会给你钱吗?行为人显然是利用了所谓的潜规则,否则,你专门收集人家的负面新闻干什么?反过来说,如果负面新闻内容是真实的,也不应当删除。

学生:公司提供广告,要不要考虑这个事实?

张明楷:这就需要看每一次行为的细节了,有的可能是强迫交易,有的可能是敲诈勒索。如果是敲诈勒索,我认为提供广告也不影响犯罪的成立。

学生:比如说某公司给中央电视台的广告费是500万元,给这个广告公司的也是500万元,可不可以从敲诈勒索罪的数额中扣除？

张明楷：你这个设想有缺陷。人家在中央电视台打了广告，还要在你这个小媒体上再来一个相同的广告，而且广告费与中央电视台相同？

学生：不可能，给500万元的广告费，显然是敲诈勒索的结果。

张明楷：我就是这么认为的。

案例126　敲诈勒索（数额的判断）

甲去乙开的手机店购买手机。甲本来想买一个iPhone6S，价格为4000元。在甲提出要购买iPhone6S手机的时候，乙拿出一个价值2000元的山寨手机给甲看。甲看了一会后，说我就买这个吧。乙说现在有刚到的iPhone7，价格8000元，要不要买？甲嫌8000元太贵了，就说算了吧。此时，双方都说好购买前一个iPhone6S的手机，乙将山寨手机给了甲。甲趁机将新的iPhone7偷走了，随后藏在大楼卫生间的某个地方。后来乙发现新手机不见了，就感觉是甲偷走了。甲被发现后，主动提出来以两倍的价格把新手机买走，让乙不要报警。乙不同意，要求甲给5万元。乙还对甲说，我一报警，你怎么也要在监狱里坐三五年牢。甲讨价还价，但越是还价乙要的价格越高，后来乙要求甲给10万元。甲报警后，警察抓获了乙。

张明楷：甲的行为构成盗窃罪没有问题吧？

学生：甲盗窃了价值8000元的手机，而且已经既遂。

张明楷：需要讨论的是乙的行为是否构成犯罪以及构成什么犯罪。

学生：乙前面用山寨手机诈骗2000元，但数额没有达到3000元的数额较大标准。

张明楷：为什么只是诈骗2000元，而不是诈骗4000元？

学生：因为甲得到了一部价值2000元的手机。

张明楷：可不可以说，价值2000元的山寨手机是诈骗工具呢？不应当从诈骗数额中扣除这2000元，认定乙的诈骗数额为4000元，有什么问题吗？

学生：在套路贷中，行为人出借的金钱都被认为是诈骗犯罪工具，这个山寨手机当然也是诈骗犯罪工具。

张明楷：我倒不认为套路贷中出借的金钱属于犯罪工具，但这个案件中的山寨手机确实是诈骗工具。

学生：如何判断还真是一个问题。

张明楷：是不是犯罪工具，要联系被害人交付财产的目的是否实现来判断。在套路贷中，被害人是要取得借款，行为人也将借款给了被害人，被害人获得了本金，就实现了他的目的，就此而言，不可能将出借人的本金也认定为犯罪工具。但是在本案中，被害人想要购买iPhone6S手机，但行为人却给了被害人一个山寨手机，被害人的目的没有实现，所以被害人有财产损失。这个财产损失不只是2000元的差价，而是4000元。因为被害人交付4000元的目的完全没有实现。

学生：一些人常常习惯于说，被害人的山寨手机还可以使用，还值2000元，也可以出卖给他人，所以，没有损失4000元。

张明楷：我也经常听到和看到这样的说法，但难以赞成这种说法。被害人就是为了购买自己想要的手机，行为人给他一部他不想要的手机，被害人的目的就没有实现。而且，要求被害人出卖手机，这太过分了。凭什么要求被害人出卖手机呢？

学生：记得老师说过，如果被害人要购买10部iPhone6手机，行为人给了6部iPhone6手机，另外给了4部山寨手机，则可以认为6部iPhone6手机实现了行为人的部分目的，不能认定为犯罪工具，而且可以抵扣诈骗数额，但4部山寨手机则是犯罪工具，不能抵扣诈骗数额。

张明楷：是的。诈骗罪本身发生在交易过程中，不能简单地认为，只要是行为人使用过的东西就是犯罪工具，也不能简单地认为，只要行为人将某种财物交付给了被害人，就要从诈骗罪的数额中扣除，一定要联系被害人的交易目的去判断被害人是否实现了目的，进而判断是否存在财产损失。

学生：关于诈骗罪的数额计算，司法实践中还有一种做法是，将行为人诈骗既遂后归还给被害人的数额予以扣除。比如，1991年4月23日最高人民法院研究室《关于申付强诈骗案如何认定诈骗数额问题的电话答复》指出：在具体认定诈骗犯罪数额时，应把案发前已被追回的被骗款额扣除，按最后实际诈骗所得数额计算。但在处罚时，对于这种情况应当作为从重情节予以考虑。

张明楷：我觉得对于集资诈骗而言，可以这样认定数额，但对于其他诈骗而言，不能这样认定数额。

学生：为什么呢？

张明楷：集资诈骗相当于拆东墙补西墙，投资人就是为了确保本金和高额利息，所以，行为人返还部分资金给投资人，就实现了投资人的目的，因而可以从集资诈骗罪中扣除。甚至还有可能认为，集资诈骗的行为人，对部分投资人尤其是前期投资人没有非法占有目的。因为行为人要欺骗更多的人，就必须让前期投资人获得高额回报，对于这些确实获得了高额回报的投资人而言，行为人就不具有非法占有目的，所以要从集资诈骗数额中扣除。但其他诈骗不是这样的。如果行为人已经诈骗既遂了，再返还给被害人的，不可能从诈骗数额中扣除，否则就明显不当了。前几天一位法官问我一个案件，被告人诈骗了被害人10万元，已经既遂。被害人找被告人单位的纪检部门后，被告人就全部退还了。但3个月后，被害人向公安机关报案了。一种观点认为，被告人的诈骗数额为零，所以不构成犯罪。

学生：这怎么可能？明明诈骗10万元既遂，除非说被告人先前并没有诈骗的故意与非法占有目的。

张明楷：我也向法官确认了先前的行为是否构成诈骗罪，证明诈骗行为与故意、目的的证据是否充分，对方说没有问题。我就说应当认定为诈骗罪,诈骗数额是10万元。对方就将最高人民法院研究室上面的电话答复发给我看。

学生:如果这个案件不认定诈骗10万元,那么,盗窃后归还财物的也都不构成犯罪了。

学生:司法人员会说,诈骗的退还数额不计入诈骗数额是有司法解释的,而盗窃与其他犯罪则没有相应的司法解释,所以,仅就诈骗罪适用司法解释的规定。

张明楷:可是,原理是一样的,我觉得没什么好讨论的。接下来讨论乙的行为是否构成敲诈勒索罪吧。

学生:典型的敲诈勒索,没有任何问题。

张明楷:可是,检察院以敲诈勒索罪起诉到法院后,法院不认为乙构成敲诈勒索罪,让甲、乙二人和解。

学生:如果甲先提出花两倍的价格即多出8000元购买那部新手机,乙同意的话,当然不存在敲诈勒索,因为此时乙并没有实施敲诈勒索行为,甲是担心乙会报警主动提出来的。但甲提出后,乙要甲给5万元、10万元购买这部手机,应当是敲诈勒索罪了。

张明楷:这涉及权利行使的判断。首先要明确的是,权利行使只是阻碍财产罪的成立,并不阻却一切犯罪的成立。比如,在日本,使用胁迫的方法要求他人偿还正当债务的,虽然有不少学者主张成立敲诈勒索罪,但有力的观点认为仅成立胁迫罪,胁迫罪不是侵犯财产的犯罪,只是侵犯意思决定自由的犯罪。所以,不能一说权利行使,就直接得出无罪的结论。

学生:因为我国没有暴行罪与胁迫罪,所以,就直接得出了权利行使不构成犯罪的结论。

张明楷:但不排除特殊情形下会构成其他犯罪。其次要判断行为人是否享有权利,或者说行使权利是否具有正当性。

学生:欠债还钱、损害赔偿这些都是有正当性的,乙发现甲盗窃手机后报警也是正当的,但不能因此向甲索要手机以外的财产,因为他根本没有这个权利。所以,乙要求甲花5万元或者10万元买走新手机,根本不是行使权利。

张明楷:对!这个完全不属于行使权利,所以,要认定为敲诈勒索罪。这个行为与那种发现小偷盗窃别人家的财物后,要求小偷给自己5万元,否则就报警的情形是一样的,都是敲诈勒索罪。

学生:不明白法院为什么不认定为敲诈勒索罪。

学生:估计是因为公安机关、检察机关也没有起诉甲的盗窃行为,就想让他们二人和解算了。

张明楷:这就不知道了。关于权利行使还要注意的是,如果在债权数额确定的场合,以胁迫手段超出债权数额实施勒索行为的,就超出部分可能认定为敲诈勒索罪。但在债权数额并不确定的场合,或者说双方可以讨价还价的场合,权利人提出天价赔偿数额的,也不能认定为敲诈勒索罪,因为这是双方可以讨价还价的。

学生：那个购买电脑的黄静案就是这样的，也没有认定为犯罪。

张明楷：现在你们都同意乙的行为构成敲诈勒索罪了。那么，如果甲将5万元交给乙，并获得了新手机，计算乙的敲诈勒索数额时，要不要扣除新手机的价值？也就是说，敲诈勒索的数额是5万元，还是4.2万元？

学生：我觉得这个时候，新手机是典型的犯罪工具，不能扣除。

学生：我认为可以扣除，因为甲在盗窃罪行败露后，就主动提出花双倍价格购买这部手机，表明他还是愿意使用这部手机的，这就实现了他的交易目的，所以就手机这部分价值而言，没有财产损失。

学生：甲一开始并不是要买新手机，而是要买过时的iPhone6S，不能认为甲实现了自己的目的。

学生：新手机的功能多于旧手机，怎么没有实现他的目的呢？

张明楷：都有道理，但我觉得可以扣除，认定为敲诈勒索4.2万元，因为新手机毕竟能满足甲的需求，而且也确实是崭新手机。

学生：这样认定，也有利于量刑更为适当，特别是刚好卡在法定刑升格的数额上时，可以通过扣除降到基本犯的法定刑。

张明楷：这也算是一个附带的理由，但不能成为独立的理由。一般被害人都希望对被告人量刑重一点,基本上是基于报复观念,但也有人让我很感动。这是许多年前的事情了。一个女被害人,是我教过的学生,她在马路上骑自行车时,手提包就放在前面的框里,被告人乘其不备夺走了手提包。被害人就大声喊叫,刚好前面几十米的地方有一个警察,听到叫声后就把被告人抓住了,手提包里的财物数额达到了数额巨大的标准。被害人问我,被告人可能被处什么刑,我说要适用"三年以上十年以下有期徒刑"的法定刑。被害人说,怎么要判那么重,我的手提包也还给我了,我什么损失也没有,不能判轻一点吗?我说最少也要判3年徒刑。被害人还是说太重了,问能不能认定为抢夺未遂。我说要认定为抢夺既遂,因为被告人抢夺手提包后都跑了几十米,不可能认定为抢夺未遂。这是我几十年来亲眼见到的唯一一位很同情被告人的被害人。当然,肯定也还有与她一样的被害人,但确实比较少。被害人要求对被告人从重量刑,也是量刑一直难以轻缓化的一个重要原因。

学生:老师我问一个案件。一个村民的房屋要拆迁,在还没有商量补偿的时候,村长就让人把他的房子拆了,拆了以后也没有就补偿达成一致意见。于是,这个村民就一直以上访的方式告村长贪污、受贿。被村民控告的村长下台后,换了新的村长。新村长作为见证人,让前任村长与村民达成协议,赔偿村民9万元。前任村长给一直上访的村民5万元现金,另写了4万元的欠条。前任村长给了村民5万元以后,就立即报案,声称村民敲诈勒索自己5万元。这个案件能认定为敲诈勒索罪吗?

张明楷:这肯定不能定敲诈勒索罪。本来就应该赔偿村民,村民也是因为没有获得补偿才上访的。

学生：村民是以前任村长贪污、受贿的名义告村长的，这是否合适？

张明楷：如果没有捏造事实，控告村长没有不合适的。如果捏造了具体犯罪事实，可以认定为诬告陷害。可是，公安机关并没有查处诬告陷害的事实，而且前任村长是不是因为村民的控告而下台的？

学生：这个事实不是很清楚。

张明楷：前任村长也只是报警说自己被敲诈勒索，而没有说自己被诬告陷害。这表明村民的告发没有什么不当。

学生：我是想说，村民形式上是通过上访控告前任村长，但实质上是为了获得补偿，这种做法是否合适？

张明楷：这个行为在刑法上肯定不符合构成要件，也不违法。

学生：村民没有实施"如果不赔偿就上访"的恐吓行为，而是真实地上访了。不论怎么评价损失的性质，也欠缺构成要件行为。

学生：村民其实是行使自己的权利。

张明楷：是的，村民的主张完全是合法的。既然拆了村民的房屋，当然要给予一定的补偿。虽然可以要求村民通过法律途径解决，但法律途径不一定能得到解决，所以，上访成为一些人行使权利的方式。既然村民是有权获得补偿的，就不可能构成敲诈勒索罪。

学生：但新任村长是把前任村长与村民叫到一起商量，是由前任村长自己掏钱给村民的，村民的收条中没有标明是"补偿款"。

张明楷：虽然收条中没有写明"补偿款"，但事实上是补偿款。

学生：司法机关认为，这笔款是前任村长为了使村民不再告发自己所支付的款项，所以，村民构成敲诈勒索罪。

张明楷：意思是村民除此之外还会索要房屋拆迁的补偿款吗？这个判断的根据何在？

学生：那倒没有什么根据。

张明楷：既然没有根据，为什么这样归纳案件事实呢？

学生：即使村民以控告前任村长贪污、受贿的方式去行使权利，要求拆迁补偿款也是没有问题的。

张明楷：虽然以前对强拆案件不一定当犯罪处理，但现在一般对强拆行为认定为故意毁坏财物罪。也就是说，在没有就拆迁补偿达成协议的情况下，没有经过被害人的同意就强行拆除被害人房子的，现在一般都认定为故意毁坏财物罪。这样认定完全合法，没有任何不当之处。所以，前任村长的行为其实构成了故意毁坏财物罪。村民基于前任村长的故意毁坏财物的行为控告，也能获得赔偿。所以，本案中的村民无论如何都不成立敲诈勒索罪。

案例127 敲诈勒索罪（犯罪形态的判断）

李某系某学校食堂厨师，其父亲在原籍因车祸致伤，李某便打算回原籍工作并照顾其父亲。李某得知，若单位主动将其开除，其可获得赔偿。同时认为，食堂主管张某上任后总是打压自己，自己也不想在食堂继续工作。李某于某年6月的一天凌晨2时许，酒后来到张某的宿舍，踹门进屋，对张某说："你总挤兑我，要不你把我开除了，补偿我8个月的工资。"张某不同意，李某说你不同意咱俩就一块死，然后逼张某写下了一张字据，内容是：食堂主管张某开除李某；按每月2900元补偿8个月工资，6月25日结清。张某写完字据后，李某又让张某先支付一部分现金，张某说没有，李某遂给张某一耳光，并指着抽屉说，你肯定有钱。张某遂从抽屉里拿出2600元给李某，李某随后到火车站购买回原籍的车票。张某向派出所报警后，民警遂给李某打电话，让其到派出所接受调查，李某自行到派出所交代了自己的犯罪事实。案发后，李某家属找到被害人张某，双方签订了和解书。当事人家属以5000元现金作为受害人的精神赔偿，受害人表示谅解。

张明楷：关于这个案件，有人问了我两个问题：第一，如果认定为抢劫罪，以威胁方式逼写欠条的行为是否应当定罪？如何认定？第二，如果认定为敲诈勒索罪，逼写欠条是应当认定敲诈勒索债权既遂还是未遂？如果未遂，本案现场取财仅2600元，达不到敲诈勒索3000元的定罪标准，对本案应当如何处理？你们说一说吧。

学生：李某的行为还是压制了张某的反抗吧，否则张某不会将2600元交给李某。

学生：张某并没有什么把柄被李某抓住，不是因为其他担心，就是因为李某说要同归于尽，并且给张某一耳光，张某才给钱。

张明楷：李某的口供中有一句话，他说：我打了张某一耳光后，发现张某确实害怕了。

学生：敲诈勒索时被害人也是害怕，不能因为被害人害怕就认定为抢劫罪。

张明楷：认定李某的行为构成抢劫罪也确实会导致处罚过重，本罪的暴力并不严重，只是一耳光，评价为敲诈勒索可能更合适一些。

学生：如果认定为敲诈勒索罪，就要讨论敲诈勒索罪的数额与犯罪形态。

学生：2600元肯定已经既遂了，剩下的就是按每月2900元补偿8个月的工资，能否认定为敲诈勒索既遂。

学生：这个字据的内容能实现吗？

张明楷：李某是这样交代的，张某是食堂主管，如果他写了这个字据，食堂财务会认账的。如果确实如此，李某要实现这个债权还是很容易的。可是，李某拿到2600元后就购买车票，打算回原籍了,还会实现这个债权吗?而且,张某会向财务说明真相。这个债权根本没有实现的可能性。

学生:如果债权没有实现的可能性,是不是就不能将取得这种债权的行为认定为敲诈勒索罪的既遂?

张明楷:债权可以成为财产犯罪的对象,这一点没有疑问。但像这样的案件能不能认定为敲诈勒索既遂,还需要慎重。我觉得,如果行为人取得的是不可能或者基本不可能实现的债权,充其量只能认定为未遂犯,而不要认定为既遂犯,甚至有可能仅成立预备犯。此外,如果行为人取得的是无效债权,或者法律根本不保护的债权,也不能认定为敲诈勒索既遂,甚至不可能认定为敲诈勒索罪。比如,李四赌博输了钱,张三逼李四写一个欠3万元赌债的欠条。张三取得的债权是法律不保护的,我觉得没有必要认定为敲诈勒索罪。如果张三以此为根据强迫李四履行这个债务,则可以认定为敲诈勒索罪。本案中李某取得的债权,基本上是不可能实现的,所以,充其量可以认定为敲诈勒索未遂。我认为这样处理比较好,既不会导致处罚过重,也能使李某吸取教训。

学生:这样的话可否作相对不起诉处理?

张明楷:我觉得可以。如果起诉了,法院也可以判缓刑。

学生:我再问一个敲诈勒索罪既遂与未遂的案件。甲对乙实施敲诈勒索,让乙把30万元现金扔到某个垃圾桶,甲准备去垃圾桶拿钱的时候,被一个乞丐先拿走了。扔到垃圾桶之后,这个钱谁占有?在刑法上,甲是敲诈勒索的既遂还是未遂?乞丐构成犯罪吗？

学生：乞丐至少是侵占。

张明楷：按理说这么多现金，不会是他人故意抛弃的，认为乞丐的行为是侵占遗忘物是完全可能的。

学生：在德国的话，只要是没有原因获得财物的，都会认定为侵占罪。德国的侵占与我国的侵占还是有区别的。以前，行为人在马路上捡到一笔钱的时候，刑法理论就争论这种情形是否构成侵占。因为只有事先占有时才能构成侵占，如果事先没有占有，就不能构成侵占。于是立法者就修改了侵占罪的法条，将占有的前提删除了，也就是说，成立侵占罪不要求事先占有财物。但删除之后，虽然这类案件可以认定为侵占罪了，但其他方面出现一堆问题。所以，现在刑法理论上还是按照原来的规定解释侵占罪的，要求行为人对财物有一定的实际控制可能性。

张明楷：对乞丐的行为认定为侵占罪问题不大，最主要的问题是，甲的行为是敲诈勒索既遂还是未遂。

学生：德国可能认定为敲诈勒索既遂，因为使第三者取得也成立财产罪。

张明楷：但这个第三者与行为人没有任何关系，行为人也不是为了使乞丐占有而实施敲诈勒索行为的。如果说敲诈勒索罪既遂，就意味着整个案件存在两个既遂犯，即乞丐的侵占既遂与甲的敲诈勒索既遂，但被害人只有一个财产损失，认定为两个既遂犯不合适。如果认定敲诈勒索未遂，乞丐的侵占罪既遂，则很顺畅，只要乞丐归还30万元即可。如果说敲诈勒索的行为人既遂，他是不是也要赔偿 30 万元呢？应当不会吧。

学生：也可能说，敲诈勒索既遂，但既遂的款项在乞丐那里。

张明楷：这个说法行不通。如果要这样说的话，就意味着在乞丐拿走这 30 万元之前，也就是被害人将这 30 万元放到垃圾桶时就已经敲诈勒索既遂。这不合适吧。

学生：被害人放到垃圾桶时，只是基于恐惧心理处分了财产，但行为人还没有取得财产。这个时候不能认定为敲诈勒索既遂吧。

张明楷：我也是这个观点。

学生：我再讲一个敲诈勒索的案件。几名被告人从一个餐饮公司租了几个包厢，包厢就是用于客人吃饭的。然后以低价色情服务为诱饵，引诱外地游客到这个包厢来消费。其间，"小姐"在陪侍的过程中通过交谈了解顾客的经济实力，通过多上菜、多点菜等方式来提高消费金额。当顾客发现上当时，他们就采取威胁、限制人身自由、夺走顾客的手机等手段，迫使顾客支付小费、酒水单等，如果顾客手上的现金不足的话，还挟持他们去顾客的住处取款。由于顾客不同，他们使用的手段也不完全相同。

张明楷：你的意思是，有的可能构成抢劫罪，有的可能构成敲诈勒索罪吗？顾客发现上当是什么意思？

学生：上当就是指多点菜、多消费的款项是虚高的。就是让顾客多点菜、多消费，但价格特别高，顾客开始不知道，后来发现价格特别高,就觉得上当了。

学生:这里面也可能有诈骗。

学生:顾客发现上当后,行为人就采取各种手段,让顾客付款。

张明楷:主要是要查清楚手段的内容是什么,手段是否压制了顾客的反抗。如果能得出肯定结论,就认定为抢劫罪,否则就认定为敲诈勒索罪。我只能这么说。

学生:这么说的话,就有可能构成两个罪。

张明楷:完全可能,对一部分顾客构成抢劫,对另一部分顾客构成敲诈勒索。当然,如果在二者之间存在疑问,就根据事实存疑时有利于被告人的原则认定为敲诈勒索罪。

案例128 故意毁坏财物罪(构成要件符合性的判断)

被告人甲应聘到一个医疗器材销售公司工作,公司在北京。甲对公司老板说,自己在东北有很多关系,可以经常去东北出差。经老板同意,甲在两年内就报销了40多万元的差旅费,其中很多是假的。公司虽然报销了40多万元差旅费,但甲一笔生意也没做成,老板问甲为什么未能做成一笔生意,甲说已经联系了一个购买方,马上可以成功。随后,甲跟公司说,东北某医院要两台设备,于是公司让厂家从福建发了两台设备到沈阳,但甲并没有洽谈这笔生意。在正常情况下,两台设备到医院后,需要厂家开封调试才可以使用,开封调试后如果不使用就成为二手货。这两台设备运到沈阳后,就在一个办公室进行调试,调试后就一直放在办公室,导致无法按新设备出卖。后来,甲又将两台设备运到托运站就不管了,甲还让医药公司开出了增值税发票,让公司交了17万元的增值税。公司报案后想把设备从托运站运回,按托运站规定,公司又交了4000元的存放费用。

张明楷:按照我的观点,甲前面虚假报销差旅费的行为,构成诈骗罪,而不是职务侵占罪。这一点我们就不讨论了,现在只讨论甲后面的行为构成什么罪。如果刑法规定了背信罪,甲后面的行为是典型的背信罪,但我国刑法没有规定背信罪,所以,需要讨论甲的行为构成何罪。

学生:公司有三个方面的损失,一是新设备变成了二手货,二是交了17万元的增值税,三是交了4000元的存放费用。新设备变成二手货的损失是多少?

张明楷:不清楚,但应当是可以计算出来的。两台设备运回来还花了2000元,让工程师安装调试又花了6000元,两台设备的返修费又花了1万元。

学生:就增值税17万元可以考虑认定为诈骗罪。

张明楷:定谁诈骗?帮税务局诈骗?

学生:对啊。

张明楷：脑洞开得很大呀。甲欺骗公司，使公司交17万元的增值税，然后使第三者获利？

学生：是的。

张明楷：在德国，使第三者获利时对第三者没有限制，但这个案件即使在德国也不会认定为诈骗罪，而是会认定为背信罪吧。

学生：在德国肯定是认定为背信罪了。

张明楷：在日本，使第三者获利时的第三者必须是与行为人有密切关系的人，可以评价为或者类似于行为人获利，所以，在日本不可能成立诈骗罪。不过，在刑法没有规定背信罪的立法例下，如果采取德国学者的观点，还真有可能构成三角诈骗。不过，估计司法实践难以接受这种观点。

学生：其实，甲的故意与目的并不是为了让税务局多得17万元增值税，只是为了掩盖自己的诈骗罪行。

张明楷：反对的人会说，为了掩盖诈骗罪行只是动机，不影响对公司损失17万元和税务局多得17万元的故意。

学生：这么说，就这17万元认定为三角诈骗，也并非不可能。

张明楷：确实有可能，关键不在于故意与目的，而在于使第三者获利的情形包括哪些第三者，如果像德国那样并不限定，的确可以成立诈骗罪。

学生：这个诈骗行为直接导致公司产生缴纳税款的义务，也可以认定为故意毁坏财物罪。

张明楷：让公司多交17万元的增值税是不是构成故意毁坏财物罪，肯定会有争议。估计德国的主流学说会持否定意见，但日本的主流学说可能持肯定结论。如果没有其他犯罪可以认定，我认为可以认定为故意毁坏财物罪，因为客观上就是使公司财产损失17万元，而且行为人清楚地认识到了这一点，应当没有明显的障碍。

学生：甲对公司的其他损失，也只能认定为故意毁坏财物罪。

张明楷：使新设备变成二手货，这是明显的毁坏财物。因为导致财产的价值减少的行为，也是毁损行为。所以，不能采取物理的毁损说。按照物理的毁损说，两台设备没有什么物理上的变化，似乎不叫毁坏，但这一结论并不合适。甲将两台设备运到托运站不再管了，可否说是对两台设备整体的毁坏？

学生：将设备全部抛弃叫毁坏？

张明楷：难道不是吗？只是公司报案后才找回来，我认为可以将抛弃设备的行为评价为毁坏。

学生：如果是这样的话，假如两台设备价值100万元，就要认定甲故意毁坏价值100万元的财物，是不是不合适？

学生：更为重要的是，公司实际上不会损失100万元，因为后来通过调试、维修等方式使两台设备仍然具有相当价值。

张明楷：你们的观点是，故意毁坏财物罪的数额，一定是不可能再恢复的那部分数额,如果事后恢复了,就不叫毁坏。或者说,事后恢复了,就只按恢复的费用计算毁坏数额。

学生:是的,司法实践中一般也是这样认定的。

张明楷:也就是说,你们不是按行为既遂时造成的损失数额来计算的,而是按维修后形成的最终损失来计算的。

学生:是的。可是,从理论上说,感觉这也是一个问题,为什么不是按行为既遂时来计算毁坏数额呢?

张明楷:按理说,应当以行为既遂时点为标准计算毁坏财物的数额,只是在行为既遂时点应当如何计算的问题。如果在行为既遂时点认为,只要维修一下就可以继续使用,同样也只能将维修费用当作毁坏数额。如果在行为既遂时点,行为人毁坏的只是财物的部分效用,倒是可以按部分效用计算毁损数额。

学生:是的。

张明楷:我归纳一下:甲前面虚假报销的行为构成诈骗罪;让公司交17万元的增值税的行为,如果不考虑使第三者获利的第三者的范围,也可以认定为诈骗罪,但如果将第三者限定为与自己有密切关系的人,则不能认定为诈骗罪;让公司交17万元增值税的行为,在我国也可能成立故意毁坏财物罪;甲后来的其他行为,成立故意毁坏财物罪,按公司所支出的费用以及新设备变成二手货的实际损失,计算甲故意毁坏财物罪的数额。

案例129　破坏生产经营罪（与故意毁坏财物罪的关系）

两位农民因为水塘转包的事情产生矛盾，被害人在自己的水塘里养螃蟹，已经放了合适数量的螃蟹苗（该水塘只能养这么多螃蟹），被告人为了报复，买了两车质量差的螃蟹幼苗，大约1500斤，半夜放在被害人的水塘里，导致螃蟹密度过大，螃蟹不能正常生长，给被害人造成16万元的经济损失。

张明楷：这个案件是成立故意毁坏财物罪还是成立破坏生产经营罪？

学生：我见过一个类似案例是：行为人想报复被害人，知道被害人是开网店的，业务内容是论文查重，行为人就雇了一帮人疯狂给被害人刷好评，引起了淘宝管理人员的注意，以为是被害人自己雇人刷好评，就对被害人的网店进行停业调查，停业调查这段时间正赶上学生毕业论文查重的业务高峰期，给被害人造成比较大的损失。

张明楷：你说的这个案件是真实案件吗？

学生：是的，法院给被告人认定的罪名是破坏生产经营罪。

张明楷：能证明造成多少损失吗？

学生：这个我不清楚。老师说的螃蟹案的损失是怎么认定的？

张明楷：如果行为人不放入幼苗，正常生产的应有收入，就是经济损失。如果只看"破坏生产经营"罪名的这几个字，这两个案件还真能叫破坏生产经营。问题在于是否需要进行同类解释，破坏生产经营罪在财产犯罪中算什么类型？是故意毁坏财物的特别类型还是一种独立的毁弃罪类型？如果认为破坏生产经营罪是故意毁坏财物罪的特别类型的话，能定破坏生产经营罪就一定也能定故意毁坏财物罪，当然数额标准可能除外。

学生：破坏生产经营是不是间接毁坏财物？

张明楷：从法条表述来看，不是间接毁坏财物，而是直接毁坏生产资料。如果是这样的话，上面说的第二个案件也就是刷好评案件，就不构成破坏生产经营罪，这个行为在日本就是妨害业务罪。比如，日本也有外卖，行为人打电话订餐，而且订很多，但在餐馆送餐之前说不要了，导致餐馆损失。这种行为在日本成立妨害业务罪，而不是故意毁坏财物罪。破坏生产经营罪的"其他方法"要跟前面列举的方法同类，前面列举了两个行为：毁坏机器设备、残害耕畜。其共同点是破坏生产资料，所以，"其他方法"也应限于破坏其他生产资料。所以，我一直认为，破坏生产经营罪是故意毁坏财物罪的特别类型，特别之处在于毁坏的对象具有特殊性。

学生：主要是毁坏机器设备、残害耕畜这两个行为太具体了。

张明楷：既然是列举，当然可以具体一点。关键是能否从列举的事项中抽象出共同点？如果要抽象出共同点，就是我刚才说的破坏或者毁坏生产资料。

学生：螃蟹案中的螃蟹也是生产资料。

张明楷：对于养螃蟹的情形来说，作为幼苗的螃蟹可以说是生产资料。但还需要讨论的是，行为人是不是通过放入更多的螃蟹，从而毁损了被害人原来投放的螃蟹。

学生：这个没问题。就是因为行为人投放了太多的螃蟹幼苗，才导致被害人投放的螃蟹幼苗不能生长，因而毁坏了被害人投放的螃蟹幼苗。

学生：这跟投毒一样。

张明楷：行为人实际上毁坏了被害人投放的螃蟹幼苗。

学生：能不能说毁坏了水环境？

张明楷：不是水环境导致螃蟹不能生长，而是螃蟹幼苗过多导致螃蟹不能生长。即使采取物理的毁损说，认定行为人的行为毁坏了被害人投放的螃蟹幼苗也是没有问题的。不过，我不赞成物理的毁损说。我认为，只要行为人的行为作用于某种财物，同时导致这种财物丧失或者减少了价值或者使用价值，就是毁坏。所以，认定这个螃蟹案构成破坏生产经营罪是可以的。那个刷好评的案件呢？

学生：可以算是破坏机器设备吗？导致淘宝封了被害人的店，机器没办法运行，没办法营业。

张明楷：店不是行为人封的，机器没法运行也不是行为人的行为造成的，行为人是间接正犯吗？淘宝是被利用的工具？好像只有说间接正犯才能解释得通。

学生：如果说网店是生产资料，就有可能说行为人利用了淘宝这一工具。

学生：设备是生产资料可以接受，说网络是生产资料可能行不通。

张明楷：比如说被害人开一个商店，行为人把商店砸了的，我觉得有可能认定为破坏生产经营罪，即使没有达到故意毁坏财物罪的数额标准，也可以定破坏生产经营罪，因为商店不能经营了，间接损失肯定会有的。故意毁坏财物罪通常只能计算直接损失。

学生：砸商店的行为能不能评价为故意毁坏财物？

张明楷：所谓砸商店，一定是砸了房屋或者商品等之类的，当然可以评价为故意毁坏财物。

学生：司法机关也可能评价为寻衅滋事罪。

张明楷：针对特定的一个商店实施砸毁行为的，怎么叫扰乱公共秩序？寻衅滋事毕竟是扰乱公共秩序的犯罪。当一个行为的结果是对个人法益的侵害时，不要总想着认定为对公法益的犯罪。比如盗窃虚拟财产的行为，如果仅认定为非法侵入计算机信息系统罪，就不利于保护被害人的虚拟财产，在刑事诉讼法上虚拟财产的所有权人还不是被害人，这不合适。行为人砸了被害人的商店，认定为对公共秩序的犯罪，也不理想。

学生：聚众斗殴把人打成轻伤的话，还是会认定为聚众斗殴罪。

张明楷：那至少是同时侵害了两个法益，说成立聚众斗殴罪与故意伤害罪的想象竞合是完全可能的。如果是典型的侵害个人法益的犯罪，还是不要认定为对公法益的犯罪。回到我们讨论的刷好评案件，能认定行为人是破坏生产经营罪的间接正犯吗？

学生：被害人的生产设备没有遭到物理性的毁坏，只是一段时间不能使用。

张明楷：如果认为被害人的生产设备遭到了功能性的毁损，是不是可能认定刷好评的行为人构成破坏生产经营罪的间接正犯呢？判决书是怎么写的？

学生：判决书说行为人主观上具有破坏生产经营的故意与目的，客观上实施了行为，通过损害被害单位商业信誉的方式，破坏生产经营。

张明楷：如果说毁损了商业信誉，不如直接认定为损害商业信誉罪。但行为人是刷好评，这个行为本身也不是损坏商业信誉，如果要认定为这个罪，也只能考虑是不是间接正犯。

学生：认定为间接正犯比较困难。

张明楷：行为人显然是要利用不知情的淘宝来使被害人遭受损失，但难以认定为破坏生产经营罪的间接正犯，认定为损害商业信誉罪的间接正犯倒是可能性比较大。因为淘宝对被害人的网店进行停业调查，就是一件在客观上损坏被害人的商业信誉的行为。但淘宝实施这种停业调查的行为，并没有故意，而且是行为人刷好评的行为造成的。所以，认定为本罪的间接正犯，也未尝不可。

案例130　破坏生产经营罪（构成要件符合性的判断）

北方的冬天很冷，许多商店虽然在营业，但却关着门，门上挂着一个"营业中"的牌子，顾客可以随时进入。但行为人将"营业中"的牌子翻过来后，牌子上显示"停业中"，于是顾客都不进入商店，导致商店经营遭受损失。

张明楷：以前跟你们提到过类似案件。德国没有规定妨害业务罪，行为人的行为在德国成立伪造证件罪吗？

学生：应该不构成这个犯罪。

张明楷：那这个案件在德国会怎么处理呢？

学生：无罪啊。

张明楷：认定为伪造文书罪不行吗？我觉得"营业中""停业中"是一个表达意思的文书。

学生：德国刑法中的证件、文书，都要求在载体上有一定的固定性，但是牌子是可以随便翻来翻去的，所以在固定性的要求上可能会成问题。

张明楷：顾客在店里喝啤酒时，服务员端上一杯啤酒就在单子上划一笔，行为人擦掉几笔的，德国法院不是也认为构成伪造文书罪吗？这个记载啤酒数量的单子就是文书。

学生：那也是因为啤酒数量固定在那张单子上了吧。假如商店的牌子是钉在那儿的，我觉得没有问题。

张明楷：格式化的文书需要那么固定化吗？我觉得商店门上有两种不同的文书，也是固定的，翻过来是"营业中"，翻过去是"停业中"。行为人将"营业中"翻过去变成"停业中"，就篡改了商家的意思表达，可能认定为伪造文书罪。

学生：在日本会认定为伪造文书罪吗？

张明楷：在日本，代替他人考试的，肯定成立伪造文书罪。但我们今天讨论的这个案件不会认定为伪造文书罪，因为日本有一个妨害业务罪，这个案件就是典型的妨害业务。

学生：我国没有妨害业务罪，但有破坏生产经营罪，可不可以认定为破坏生产经营罪？

张明楷：有的人觉得可以定这个罪，有的人觉得不能定这个罪。

学生：破坏生产经营罪的认定也是越来越乱了。

张明楷：刑法的漏洞原本就比较多，构成要件的类型化不充分，就必然导致某些罪名被滥用。

学生：老师，日本有口袋罪吗？

张明楷：日本没有这个说法，不能简单地说，适用的数量多就是口袋罪。盗窃罪适用数量特别多，但我国没有人说盗窃罪是口袋罪。

学生：边界不清晰的罪名才是口袋罪。

张明楷：你们觉得这个案件构成破坏生产经营罪吗？

学生：如果着眼于这个罪名本身，好像可以构成。因为商店正在从事经营活动，而行为人的行为导致经营活动不能进行了，当然就是破坏了生产经营。

学生：但老师认为，按照同类解释的要求，行为人的行为不构成破坏生产经营罪。因为破坏生产经营罪要求行为人毁坏机器设备、残害耕畜，也就是破坏生产资料，但本案的行为并非如此。

张明楷：是的。对《刑法》第276条的同类解释，当然是对手段行为的同类解释，而不是对"破坏"的同类解释。"破坏"一词的含义特别宽泛，说某个行为与"破坏"相同就认定为破坏生产经营罪，不符合同类解释的要求。

学生：一种观点认为，破坏生产经营罪的构成要件行为就是破坏行为，所以，能认定行为人的行为构成本罪。

张明楷：但是，《刑法》第276条限定了破坏生产经营的手段，那就是毁坏生产资料。就像抢劫罪一样，如果不采取暴力、胁迫或者其他强制手段，当然不成立抢劫罪。也就是说，不能只看结果是否发生，还需要判断结果是不是由刑法所规定的行为造成的。再比如，有的法院认定卡车逃费行为是抢夺罪，就是只看到了结果，也就是收费站的损失，但没有考虑这种行为是不是转移了财物的占有。

学生：有的人说，结果无价值论就是只看结果。

张明楷：这是完全没有理解结果无价值论。结果无价值论是就违法根据形成的观点，只有当行为符合构成要件时，才判断该行为的违法性。怎么可能只看结果呢？就我们讨论的案件来说，不是产生了破坏生产经营的结果，就成立本罪，而是只有以刑法规定的行为手段造成了破坏生产经营的结果，才成立本罪。所以，这个案件不成立破坏生产经营罪。

第十三堂
妨害社会管理秩序罪

案例131　伪证罪（与诬告陷害罪、包庇罪的关系）

2015年8月15日，吸毒人员梁某打电话给犯罪嫌疑人甘某，要求甘某帮他买200块钱的冰毒。当天晚上甘某跟她的男朋友夏某、万某等人在一起玩，甘某就从夏某那里拿了一小包冰毒卖给吸毒人梁某。梁某就把200元交给夏某了。第二天早晨，警察抓获了吸毒人员梁某，问其所吸冰毒是从哪儿买的。梁某都说是从甘某那儿买的，甘某被抓获后，警察问毒品从哪儿来的，甘某前两次就说是从万某那里获得的，因为夏某是她的男朋友，她就没有说出夏某来，于是公安机关在网上通缉万某。8月29日，警察对万某驾驶的车辆、住处进行搜查，发现有5个用于分装毒品的透明袋，车上还有吸毒工具，对万某手机进行检查，还发现他帮助夏某贩卖了30克冰毒，公安机关对万某采取了拘留措施。拘留之后，万某不承认自己出卖毒品给甘某，而且说梁某吸食的毒品是甘某从夏某那里获得的，后来在第三次问甘某时，甘某才交代确实是从夏某那里买了之后卖给梁某的。

张明楷：甘某、夏某以及万某贩卖毒品没有问题，我们只是讨论甘某还构成其他犯罪吗？

学生：诬告陷害罪。

张明楷：万某车里确实有吸毒工具，有毒品分装袋，从中提取了毒品材料，还发现他帮助夏某贩卖了 30 克冰毒。既然是这样的话，也难以认定甘某构成诬告陷害罪吧。

学生：但就贩卖给梁某的毒品来说，甘某的确是诬告了万某。

张明楷：即使这样话的，也不可能认定为情节严重。

学生：但还是属于诬告陷害。

张明楷：刑法理论一般认为，诬告陷害应当是主动告发，但甘某并不是主动告发，而是在被警察抓获之后才说是从万某那里买的，是不是只能在伪证罪、包庇罪等罪中考虑？

学生：在共同犯罪人之间定包庇罪不太好吧。

张明楷：为什么？

学生：如果能定包庇的话，只要是共同犯罪，不交代同伙的就是包庇罪了。

张明楷：不交代不等于作假证明，这是两回事。我认为不能定包庇罪，因为本案是在进入刑事诉讼程序后，甘某向警察作了伪证。所以，是不是应当认定为伪证罪呢？

学生：能否认定为《刑法》第 349 条的包庇毒品犯罪分

子罪？

张明楷：这个罪的法定刑与包庇罪完全相同，按理说，第349条是第310条的特别法条。如果不能认定为包庇罪，就更不可能认定为包庇毒品犯罪分子罪。

学生：这么说的话，就只能考虑伪证罪了。

张明楷：原本是夏某贩卖毒品，但甘某说是万某贩卖了毒品，万某确实也帮助夏某贩卖过毒品，但是，就隐瞒夏某贩卖毒品的事实来说，甘某就是作伪证了。

学生：甘某自己是贩卖毒品的共犯，属于证人吗？

张明楷：相对于夏某贩卖毒品罪来说，她就是证人吧。

学生：可能有争议。

张明楷：我认为，就甘某将毒品贩卖给梁某而言，甘某是嫌疑人、被告人，即使没有查明甘某的毒品是从哪里来的，也能认定甘某构成贩卖毒品罪。就夏某来说，甘某事实上也处于证人的地位，认为她是证人没有什么问题。

学生：在刑事诉讼法上不一定能得到认可。

张明楷：刑法上作为主体的证人，并不必然要与刑事诉讼法上保持一致。比如，《刑法》第247条规定的使用暴力逼取证人证言，就应当包括使用暴力逼取被害人的陈述，否则就太不公平了。

学生：但是，在伪证罪中，证人肯定不包括嫌疑人与被告人。

张明楷：我没有说在伪证罪中证人包括嫌疑人与被告人，我只是说，相对于夏某贩卖毒品罪行的刑事诉讼而言，甘某是证人，因为她明明是从夏某那里得到的毒品，她当然能证明夏某贩卖毒品的事实，所以，她是证人。

学生：您是说甘某有双重身份。

张明楷：对呀！因为她事实上既是贩卖毒品给梁某的嫌疑人，又是夏某贩卖毒品的证人。

学生：有没有可能说，甘某没有期待可能性呢？

张明楷：这是另一个问题。如果是近亲属、配偶，我肯定认为没有期待可能性，即使客观上有伪证行为，主观上有伪证故意，但由于没有期待可能性，不能认定为犯罪。但是，甘某与夏某只是恋人关系，不好说没有期待可能性，但可以肯定，期待可能性有所减少，因此可以从轻处罚。

学生：金德霍伊泽尔教授的教科书上说，在发生火灾时，男子为了救助即将结婚的女友，而没有救母亲的，缺乏期待可能性。

学生：在德国，二人订婚后事实上就像家庭成员一样，与我们不一样。

张明楷：所以，金教授限定为即将结婚的女友，而没有表述为一般女友。总的来说，亲属关系越密切，就越没有期待可能性。如果甘某与夏某恋爱时间较长，准备结婚，说没有期待可能性也可以接受。

案例132 虚假诉讼罪（构成要件符合性的判断）

行为人甲先通过伪造证据的办法骗得了一个仲裁机构作出的对他有利的裁决。仲裁裁决可以申请法院强制执行，甲以仲裁裁决为根据，向法院申请强制执行。

张明楷：根据《民事诉讼法》的规定，法院在决定是否强制执行时，需要对仲裁裁决进行审核，必要时还要向仲裁员了解情况。现在的问题是，甲通过捏造事实骗得仲裁裁决后，以此为根据向法院提出强制执行的，是否属于以捏造的事实提起民事诉讼？

学生：是否构成财产犯罪？

张明楷：是否构成财产犯罪是比较容易判断的，现在的问题是构不构成虚假诉讼罪？

学生：刑法上区分了枉法裁判与枉法仲裁，如果仲裁可以属于民事诉讼，为什么还要单列出来？

张明楷：仲裁不等于民事诉讼。现在不是讲行为人提起仲裁构成虚假诉讼罪，而是讲申请强制执行的行为是否构成虚假诉讼罪。

学生：强制执行是一个特殊程序。

张明楷：既然是民事诉讼中的一个特殊程序，就可以肯定是民事诉讼的一部分。那么，本案还叫不叫以捏造的事实提起民事诉讼？

学生：仲裁裁决本身是真的。

张明楷：仲裁裁决究竟是真的还是假的？

学生：证据是捏造的，裁决就是虚假的。

学生：证据是捏造的，但裁决不是捏造的。

张明楷：不能说仲裁裁决是甲捏造的吗？

学生：裁决是仲裁员作出的，不是甲捏造的。

张明楷：那可不可以说甲是捏造的间接正犯呢？

学生：感觉可以。

学生：仲裁只是作出裁决，捏造是就事实而言的，不能说仲裁裁决是捏造的吧。

张明楷：仲裁裁决除了结论之外，也要认定事实吧。如果甲捏造的事实使仲裁人员只能作出某种裁决，说甲是捏造仲裁裁决的间接正犯，感觉没有问题。

学生：申请强制执行是执行程序，这还叫提起民事诉讼吗？

张明楷：我觉得可以，申请强制执行本身就是民事诉讼中的一个特殊程序，提出申请当然属于提起民事诉讼。

学生："提起"是一个启动行为。

张明楷：启动任何一个环节都可以叫提起民事诉讼。

学生：执行程序也需要启动。

张明楷：对！也需要启动，法院还要审查。

学生：关键是怎么说明裁决是捏造的。甲以捏造的证据骗得仲裁裁决，但仲裁裁决是真的还是假的？

张明楷：仲裁裁决形式上是真的，内容是虚假的。

学生：我感觉，正是法院有强制执行力，才使得仲裁裁决有效力。所以，这里的核心问题是，法律在规定虚假诉讼罪时，为什么不规定虚假仲裁罪？为什么不把以捏造的事实提起仲裁的行为也包括进来？或者说，不包括进来有没有合理根据？如果法律不处罚虚假仲裁有实质的合理根据，我觉得就应该把这种情形排除在外，对甲的行为不能认定为犯罪。

张明楷：不处罚虚假仲裁有什么实质根据呢？

学生：我也想不出来。刑法不仅规定了枉法裁判罪，而且规定了枉法仲裁罪。这样看来，仲裁也是要受到实质保护的，从这个角度来考虑，是不是可以把捏造事实作扩大解释，将甲的行为认定为虚假诉讼罪？

张明楷：仅有实质理由还不行，还必须说明甲的行为符合虚假诉讼罪的构成要件。我的意思是，你们怎么说明甲向法院捏造了事实？

学生：考虑到法院在强制执行时要对仲裁裁决进行审查，所以，甲还是向法院捏造了事实。

张明楷：法院当然要审查了。

学生：如果是实质审查，不是形式审查，肯定要审查证据情况，这时候事实是非常重要的环节。

张明楷：仲裁裁决里所列举的事实就是甲捏造的。

学生：对！所以，甲仍然是将捏造的事实提交到法院，相当于把仲裁里面的证据提交到法院了。等于行为人把自己捏造的事实用仲裁裁决进行了包装。

张明楷：在通常的虚假诉讼中，行为人也把捏造的事实用起诉书包装了。只不过在本案中，甲先申请仲裁，然后再申请法院执行而已。如果在执行申请的文书里捏造了事实，那肯定构成虚假诉讼罪。如果执行申请的文书里没有捏造什么事实，只是单纯地要求法院强制执行，那么，甲所提交的仲裁裁决里就包含了他所捏造的事实。还是可以认定为甲以捏造的事实提起了民事诉讼。

学生：如果法院在执行仲裁裁决时仅进行形式审查，是不是就可以认为行为人没有以捏造的事实提起民事诉讼？

张明楷：即使仅进行形式审查，也不能不考虑基本事实。所以，我觉得就本案而言，讨论法院是仅进行形式审查还是也进行实质审查，可能没有什么重要意义。

学生：有一种观点认为，只有完全捏造民事法律关系的，才能构成虚假诉讼罪。

张明楷：我不赞成这种观点。"两高"现在正在起草的有关虚假诉讼罪的司法解释（"两高"于 2018 年 9 月 26 日颁布了《关于办理虚假诉讼刑事案件适用法律若干问题的解释》，本次讨论是在该司法解释颁布之前进行的）也主张，采取伪造证据、虚假陈述等手段，捏造民事法律关系，虚构民事纠纷，向人民法院提起民事诉讼的，才属于"以捏造的事实提起民事诉讼"，才成立虚假诉讼罪；如果只捏造部分事实的，不成立虚假诉讼罪。我很不赞成。因为从妨害司法的角度来说，完全捏造民事法律关系的，反而容易判断，而捏造部分事实的，司法机关更难以判断。比如侵权行为原本过了时效，但行为人捏造事实，导致侵权行为没有过时效的，为什么不能认定为虚假诉讼罪？

学生：司法解释可能认为，对于捏造部分事实的，可以认定为其他犯罪。

张明楷：怎么可能认定为其他犯罪？帮助毁灭、伪造证据罪的行为主体并不包括当事人，对捏造部分事实的不认定为虚假诉讼罪，就基本上难以认定为其他犯罪。按照现在通行的解释，在民事诉讼中指使他人作伪证、帮助他人毁灭民事诉讼证据都构成犯罪，为什么对捏造部分事实提起民事诉讼的，反而不认定为虚假诉讼罪呢？对案件的讨论也好，对法条的解释也好，一定要反复比较各种相关的情形，只有这样才可能做到协调和公平。只关注一种现象，而不将它与其他现象比较，得出来的结论不可能是公平的。

学生：还有人认为，只有双方有合意的才叫虚假诉讼。

张明楷：双方有合意是一种虚假情况，但虚假诉讼不限于双方有合意。不能将民事诉讼中的虚假诉讼用来限定刑法上的虚假诉讼。

学生：老师，这样的话，以捏造的事实提起反诉的也是虚假诉讼罪了。

张明楷：当然是。只有在单纯应诉过程中捏造事实的才不成立虚假诉讼罪。

学生：因为不叫提起。

张明楷：对！不叫"提起"。

学生：司法解释要求捏造民事法律关系，是基于什么样的考虑？是不是想区别诬告与错告？

张明楷：我不知道他们是怎么考虑的。如果认为捏造部分事实的不成立虚假诉讼罪，还可能误导下级司法机关，即捏造部分事实进行虚假诉讼骗取他人财物的，也不成立财产犯罪。因为《刑法》第307条之一规定的是，犯虚假诉讼罪同时侵犯他人财产的，要按重罪处罚。肯定有不少人会望文生义，认为如果行为不构成虚假诉讼罪，就相应地也不成立财产犯罪。这可就成为笑话了。

学生：老师，什么样的情形才能认定为妨害了司法秩序？

张明楷：我觉得只要法院受理了行为人所提起的虚假诉讼，就可以认定为妨害了司法秩序，没有必要提出更高的要求。否则，增设这个犯罪的意义就不大了。

案例133 掩饰、隐瞒犯罪所得罪
（构成要件符合性的判断）

丙注册了一个域名www.8.cn，注册时在万维网上进行了登记，不久后乙把这个域名盗走了，盗走后也在万维网上进行了登记，但登记时使用了假名，丙报案后公安机关很久破不了案。公安人员可以在万维网上查到这个域名，但是密码由乙控制了，关键问题是不知道乙是谁。甲专门从事域名买卖生意，他觉得这个域名不错，而且乙也有意要出卖，甲就把这个域名买过来了，买价比较便宜（12.5万元），甲买过来时用真名在万维网上进行了登记。

张明楷：域名可以成为财产性利益吧？

学生：2017年10月12日最高人民检察院《关于印发最高人民检察院第九批指导性案例的通知》（检例第37号·张四毛盗窃案）规定，网络域名具备法律意义上的财产属性，盗窃网络域名可以认定为盗窃行为。

张明楷：这个指导性案例就是根据这个案例形成的。我们要讨论的是，甲是否构成掩饰、隐瞒犯罪所得罪？公安机关认为甲明知是赃物而购买，构成掩饰、隐瞒犯罪所得罪。

学生：我觉得甲没有掩饰、隐瞒犯罪所得罪的故意，因为甲用的是真名。如果知道自己犯罪了，怎么可能还用真名呢？或者说，甲怎么可能知道域名是赃物呢？如果他知道他怎么可能还用自己的真名去登记呢？

张明楷：你要是仅从主观方面来说，办案机关就可以推定甲有故意。当时域名价值 40 万元，甲花 12.5 万元就买来了。也就是说，甲以明显低于市场的价格购买了产品，就应当知道可能是赃物。而且，甲如果知道乙是用假名在万维网上登记的，就更能推定他明知是赃物。

学生：是的，办案机关根据事实推定行为人明知是犯罪所得，常常是难以反证的。

学生：即使甲明知是犯罪所得，也不等于他具有掩饰、隐瞒犯罪所得罪的故意。

张明楷：理论上似乎可以这么说，也就是说，仅有认识因素不等于同时具备了意志因素。但是，在本案中，如果甲明知是犯罪所得仍然购买，就难以否认他有掩饰、隐瞒犯罪所得罪的故意。

学生：虽然故意要求有意志因素，但在大部分案件中，只要具备认识因素，通常就能肯定行为人具备意志因素。

张明楷：你们都不考虑客观行为是不是掩饰、隐瞒犯罪所得的行为，就直接否认主观故意。从认定犯罪的顺序来说，如果你直接否认主观故意，就表明你认可了客观构成要件的符合性，因为故意是对符合构成要件且违法的不法事实的故意。为什么不从客观构成要件开始分析这个案件呢？

学生：甲确实购买了乙的盗窃所得财物或者财产性利益，购买行为通常都被认定为掩饰、隐瞒犯罪所得的行为，怎么否认客观构成要件符合性呢？

张明楷：这个域名本身原本由乙以假名登记，公安机关查不到乙是谁。后来甲以真实姓名登记这个域名，公安机关立即就发现了甲是域名的登记者。这不是帮助公安机关查明了案件事实吗？怎么会妨害司法呢？

学生：还真是，的确是甲的行为使案件得以查明。

张明楷：那知道你们讨论案件的问题出在哪里了吗？你们平时只是关心哪些行为属于掩饰、隐瞒犯罪所得的行为，由于大家都说购买行为是掩饰、隐瞒行为，而本案的甲实施了购买犯罪所得的行为，所以，你们就觉得甲的行为符合了掩饰、隐瞒犯罪所得罪的客观构成要件。

学生：是这样的。

张明楷：可是，掩饰、隐瞒犯罪所得行为的实质是什么呢？或者说这种行为侵犯了什么法益呢？

学生：妨害司法，包括妨碍公安司法机关查明刑事案件事实。

张明楷：既然是这样，就要判断甲的行为是不是妨碍公安机关查明域名被盗的案件事实。显然没有妨碍，而是有利于公安机关查明案件事实。既然如此，就不符合掩饰、隐瞒所得罪的客观构成要件。

学生：可是，甲的购买行为本身并不有利于公安机关查明案件事实，而是以真实姓名进行登记的行为有利于公安机关查明案件事实。

张明楷：应当是同一的吧。甲能先将域名装在口袋里，然后再在万维网上登记吗？

学生：应当是直接在万维网上转移登记吧。

张明楷：如果是直接在万维网上转移登记，就表明购买行为本身没有掩饰、隐瞒犯罪所得，没有妨害司法，故不符合本罪的构成要件。

学生：还是要联系保护法益理解和认定构成要件行为。

学生：我觉得至少可以说甲的行为是不能犯。甲的行为属于收购之类的，但没有起到掩饰、隐瞒犯罪所得的作用，所以是不能犯。

张明楷：你这样说也可以，因为不能犯也是指行为不可能侵犯法益。我接着问一下，如果像德国、日本刑法那样，将赃物犯罪规定为财产犯罪，甲的行为是否符合掩饰、隐瞒犯罪所得罪的客观构成要件呢？

学生：不符合，因为甲的行为使丙容易发现域名的登记者，因而容易追回。

学生：不一定，由于甲是善意取得，可能更难以追回了。

张明楷：其实也要考虑具体的保护法益是什么，如果说是被害人对财物的追索权，那么，就要考虑甲的行为是否使丙行使追索权更加困难,因而是否符合客观构成要件。按理说,甲的行为也不会妨害丙的追索。如果采取违法状态维持说,或许会有争议,因为甲的行为仍然维持了丙丧失财产占有的状态。也可能有人认为,甲的行为没有维持违法状态,所以不构成犯罪。

学生:这个罪的罪名归纳是不是有问题?法条表述是,"明知是犯罪所得及其产生的收益而予以窝藏、转移、收购、代为销售或者以其他方法掩饰、隐瞒的",但前面列举的几种行为方式并不必然是掩饰、隐瞒行为。

张明楷:按理说,只有掩饰、隐瞒犯罪所得及其收益,才可能妨害司法。如果没有起到掩饰、隐瞒作用,就不可能妨害司法。对掩饰、隐瞒与前面列举的行为,都要联系保护法益来理解和认定。这个罪名归纳没有问题,只要不形式地理解法条所列举的行为就可以。

学生:既然列举的行为不一定掩饰、隐瞒犯罪所得,后面用掩饰、隐瞒来归纳就不太合适。

张明楷:如果形式地理解法条前面列举的行为,当然存在你所说的问题。但如果实质地理解法条前面列举的行为,则不会出现你所说的问题。

学生:掩饰、隐瞒犯罪所得罪是抽象危险犯吧。既然如此,我们能否认甲的行为存在抽象危险吗?因为抽象危险原本也不需要判断。

张明楷:我觉得可以从两个方面来回答你这个疑问:一方面,《刑法》第312条所规定的构成要件行为,可以归纳为掩饰、隐瞒犯罪所得及其收益的行为，但甲的行为并不是掩饰、隐瞒乙的犯罪所得，而且导致公安机关顺利发现了乙的盗窃行为。所以，从构成要件符合性的角度来说，就要得出否定结论。另一方面，即使是抽象的危险犯，也不是完全不需要判断危险的有无，在确实没有发生危险的情形下，要否认存在抽象的危险。

学生：掩饰、隐瞒这两个行为有没有区别？

学生：百度上说，掩饰是指"设法掩盖真实的情况"；隐瞒是"掩盖真相，不让人知道"。

张明楷：我觉得没有明显的区别。如果从日常用语来说，隐瞒只是掩盖了真相，不表明真相；掩饰不仅掩盖了真相，而且可能进一步装饰。不过，这样的区分没有什么意义。在实践中，要让司法机关对某些案件认定为掩饰犯罪所得罪，将另一些案件认定为隐瞒犯罪所得罪，并不合适。或者说，司法机关愿意使用其中一个用语，还是两个用语都使用，都没有什么关系。

学生：这个罪的罪名叫掩饰、隐瞒犯罪所得、犯罪所得收益罪，是典型的选择性罪名，掩饰、隐瞒就是选择性的。

张明楷：这个罪名当然是选择性罪名，但主要是对象的选择，对有的案件定掩饰、隐瞒犯罪所得罪，对有的案件定掩饰、隐瞒犯罪所得收益罪。就行为本身而言，如果要求必须选择其中之一，要么会给司法机关徒增负担，要么司法机关会随意选一个。所以，强调行为的选择是没有什么意义的。

案例134 非法占用农用地罪（构成要件行为的判断）

行为人以前占用耕地建造建筑物的行为，并不违法或者不构成犯罪（其中有两种情形：一种情形是在1997年以前就占用了耕地，另一种情形是以前占用的是建设用地，但后来政府变更为耕地，因为规划变更导致行为人占用了耕地），现在有关部门要求行为人拆除土地上的建筑物，恢复耕地，但行为人拒不拆除建筑物，或者在有关部门拆除的时候，行为人阻止拆除。

张明楷：你们先凭感觉判断一下，这种行为是否成立非法占用农用地罪？

学生：感觉定不了罪。

张明楷：定不了罪的理由是什么呢？

学生：这种行为与法条的规定不太符合。《刑法》第342条规定的构成要件是，违反土地管理法规，非法占用耕地、林地等农用地，改变被占用土地用途，数量较大，造成耕地、林地等农用地大量毁坏。

张明楷：行为人不是还占用着农用地吗？

学生：法条要求首先非法占用农用地，然后是改变土地用途，这里是不是有一个时间的先后顺序要求呢？

张明楷：改变被占用土地用途和非法占有农用地是什么关系？是必须存在先后关系还是同时关系就可以了？

学生："改变被占用土地用途"的表述给人的感觉是先占用后改变，因而存在先后关系。

张明楷：比如要在农用地上盖房子，怎么可能必须有一个先后关系呢？难道要行为人先声明一下"这块农用地我占用了"，然后在上面盖房子？如果行为人不在农用地上盖房子，而是仍然种着庄稼，能说行为人非法占有农用地吗？也就是说，是不是只有改变了农用地的用途，才能认定行为人非法占用了农用地？

学生：如果是这样的话，那就是同时关系了，不要求先占用后改变。

张明楷：如果认为是同时关系，那么，只要行为人改变了农用地的用途，就成立非法占用农用地罪。也就是说，本罪的构成要件行为是改变农用地的用途，而不是占有农用地。单纯的占用行为，如果没有改变农用地的性质，在我国还不一定构成犯罪。例如，看到邻居家外出打工，其承包的农田荒废，行为人就在邻居家的承包地里种庄稼的，在我国能定罪吗？

学生：如果像日本刑法那样规定了侵夺不动产罪，就可以定侵夺不动产罪，但我国刑法没有这个罪，所以不能定罪。

张明楷：所以，非法占用农用地罪的实行行为还是改变农用地的用途，这才是核心。

学生：就我们所讨论的案件而言，关键是什么时间改变的？

张明楷：行为人以前将农用地改变为建设用地的时候是合法的，只是后来规划变更需要将建设用地再改为农用地，但行为人不将建设用地改变为农用地的，不可能说他以前的行为是犯罪行为，只能判断现在的不作为是不是符合《刑法》第342条规定的构成要件。

学生：这个行为有点像非法侵入住宅罪，合法进入他人住宅后不退出的，究竟是否符合非法侵入住宅罪的构成要件？本案的问题是，合法将农用地改变为建设用地后，现在有关部门要求行为人改为农用地，而行为人拒不改为农用地的，是否可以像非法侵入住宅罪那样认定？

张明楷：其实，按照我的观点，非法侵入住宅罪的解释就有问题，"不退去"怎么可能符合"侵入"的要求呢？不作为也要符合法条的表述，或者说不作为必须与法条表述构成要件行为所使用的动词相符合，才能认定其构成犯罪。我们承认不作为的杀人，是因为不作为致人死亡的行为本身可以评价为杀人行为。但不将建设用地改为农用地的不作为，能评价为改变了农用地的用途吗？或者说，能评价为将农用地改变为建设用地吗？

学生：应该不能。

学生：符合不作为犯的成立条件不就是符合了构成要件吗？为什么还要求不作为符合刑法分则法条规定的行为要求呢？

张明楷：在刑法总论里讨论的不作为犯的成立条件是一般性的成立条件，而不是具体的不作为犯罪的成立条件。就具体犯罪而言，当然要讨论一种不作为是否符合具体构成要件行为的要求。

学生：既然将农用地改为建设用地是犯罪，那么，应当将建设用地恢复为农用地的时候却不恢复，不是完全一样吗？

张明楷：法条中的"改变被占用土地用途"显然是指"改变被占用的农用地的用途"，问题是，没有将建设用地恢复为农用地的行为是否符合"改变被占用的农用地的用途"这一要求？我觉得明显不符合。

学生：关键是行为人非法占用了农用地。

张明楷：你是说法条表述的关键是占用还是说本案的关键是占用？行为人擅自将一片农田围起来，但仍然在里面种庄稼的，显然不可能构成非法占用农用地罪。我们前面说过了，当土地原本就是农用地时，刑法要保护农用地，因此，将农用地改变为建设用地的行为构成犯罪。如果行为人在农用地上盖房子，我们就可以说他非法占用农用地了。

学生：法条后面还要求造成农用地大量毁坏。

张明楷：单纯的占用农用地，不可能造成农用地毁坏，只有改变农用地的用途，才可能造成农用地毁坏。

学生：能不能不从不作为的角度，而是从持续犯的角度，说明行为人的行为构成非法占用农用地罪呢？因为在规划变更后，有关部门要求行为人拆除建筑物时，行为人拒不拆除建筑物的行为，就是持续地非法占用农用地，持续地改变农用地用途的行为。

学生：我觉得本案的改变用途，也不能评价为持续行为。行为人在以前就合法地将农用地变更为建设用地，所以，这块地一直就是建设用地，后来行为人没有改变过，怎么说他持续地在将农用地变更为建设用地呢？

张明楷：如果行为人非法将农用地变更为建设用地，一直占用着农用地，倒是需要讨论是否属于持续犯的问题。现在是反过来的，不能说行为人一直在持续非法占用农用地。

学生：对，行为人一直就没有非法地将农用地变更为建设用地。

学生：行为时并不存在被改变的农用地，农用地在多年前就不存在了。所以，本案不仅欠缺构成要件行为，也欠缺行为对象。

张明楷：其实，如果行为人不拆除建筑物，政府可以安排人员拆除，如果行为人再以暴力、威胁方法妨碍，认定为妨害公务罪就可以了。所以，不需要也不能认定为非法占用农用地罪。

学生：是的，否则就对老百姓的要求太高了。

张明楷：对！就我们讨论的案件来说，以前合法改变农用地用途，后来不拆除建筑物的，不能认定为非法占用农用地罪。那么，我现在改变一下案情，看行为能否成立非法占用农用地罪。行为人在15年前与农民签合同租用农民的耕地，使用期限是30年，行为人后来在耕地上建厂房，这当然是非法的，但政府一直不干涉。厂房已经建了12年，现在政府要求行为人拆除厂房，行为人也拆除了，但公安机关要追究行为人非法占用农用地的刑事责任，是否合适？

学生：算了吧，政府要拆除就拆除了，没有必要追究刑事责任了。

张明楷：这是两回事。一是行为是否超过了追诉时效，二是如果没有超过追诉时效，可否以某种理由不起诉。我们现在需要讨论的是第一个问题。

学生：关键在于非法占用农用地罪是状态犯还是持续犯。

张明楷：对，判断持续犯与状态犯的标准究竟是什么？

学生：能不能从结果来看？12年前就已经变成建设用地了，造成了农用地的毁坏，所以，是状态犯而不是持续犯？

学生：可是行为人一直在非法占用农用地，为什么不是持续犯？

张明楷：看来还是回到了前面的问题，非法占用农用地罪的构成要件行为是占用还是改变用途？

学生：行为人在12年前就改变用途了，农用地成为建设用地就是改变后的状态，如果农用地已经被毁坏，就表明本罪是状态犯。

张明楷：我采用的方法是，判断行为是否在持续，就是看能否认为刑法分则规定的构成要件中的动词还在持续。例如，就非法占用农用地而言，要看行为人是不是一直在改变农用地的用途，如果不是，就只能认定为状态犯。行为人一直在占用农用地，但改变农用地的用途的行为并没有持续，如果12年前就毁坏了农用地，那么，结果在 12 年前就发生了，而不是持续在发生。

学生：但还是不好判断，人家会说行为人一直在改变农用地的用途，因为农用地就一直没有恢复原状。

张明楷：如果我上面说的还不明确，那么，在判断是持续犯还是状态犯时，就这样问：行为人的某个行为结束了吗？例如，在非法拘禁的时间，拘禁行为结束了吗？回答是没有结束，所以是持续犯。在非法占用农用地罪中，我们可以这样问：改变农用地用途的行为结束了吗？回答当然是在 12 年前就结束了，所以是状态犯。

学生：如果这么说的话，这个案件在 12 年前就既遂了，要从 12 年前开始计算追诉时效，这样的话就不能追诉了。

张明楷：可以这样理解。

学生：老师，这个罪还有一个如何理解和认定农用地被毁坏的问题。

张明楷：司法解释有一些规定。

学生：2000 年 6 月 19 日最高人民法院《关于审理破坏土地资源刑事案件具体应用法律若干问题的解释》规定："非法占用耕地'造成耕地大量毁坏'，是指行为人非法占用耕地建窑、建坟、建房、挖沙、采石、采矿、取土、堆放固体废弃物或者进行其他非农业建设，造成基本农田五亩以上或者基本农田以外的耕地十亩以上种植条件严重毁坏或者严重污染。"其中的建窑、建坟等是改变农用地用途的行为，种植条件严重毁坏或者严重污染就是结果。

学生：这个解释是不是说，改变了所占用的土地用途还不等于毁坏？比如，在农用地上建了塑料厂房，拉走厂房后第二天就可以种植庄稼了，是不是不能认定为毁坏了农用地？

张明楷：可以这样理解吧。

学生：改变用途和大量毁坏还是有区别的，改变用途有很多种情况，有的恢复起来很容易，有的恢复起来非常困难。

张明楷：恢复的难度只是一种判断资料，不能完全按恢复的难易程度来判断农用地是否被毁坏吧。只要发生了大量农用地被毁坏的结果，就已经既遂了。如同伤害罪一样，不能因为事后恢复了身体健康就认为没有造成伤害。

学生：毁坏与否还是要按农用地本来的土地用途来判断。假如说我把耕地围起来了，谁都不能在上面种庄稼，我把他变成森林公园，我改变了耕地的用途，但很难说我毁坏了耕地。

学生：这能叫改变用途吗？

张明楷：也是改变了用途吧。

学生：法条表述的是"耕地和林地等农用地"。耕地改林地，也可以构成犯罪？

张明楷：怎么不可能呢？问题只是在于耕地是否被毁坏了。

学生：刑法的目的是保护农用地，耕地和林地都是农用地，为什么还构成犯罪呢?

张明楷：耕地和林地都是农用地，但不意味着可以不经依法批准随意将耕地变为林地或者将林地变为耕地。如果你在耕地上种上竹子，要恢复成耕地并不一定容易。2012年11月2日最高人民法院《关于审理破坏草原资源刑事案件应用法律若干问题的解释》明文规定："违反草原法等土地管理法规，非法占用草原，改变被占用草原用途，数量较大，造成草原大量毁坏的，依照刑法第三百四十二条的规定，以非法占用农用地罪定罪处罚。"根据这一规定，开垦草原种植粮食作物、经济作物、林木的，也构成非法占用农用地罪。

学生：那把耕地变成草原是不是也构成犯罪呢？

张明楷：把耕地变成草原也属于改变了农用地的用途，但可能不构成犯罪，因为没有毁坏耕地。

学生：将建设用地变更为农用地也不可能成立犯罪吗？

张明楷：肯定不成立非法占用农用地罪，至于是否构成滥用职权等罪是另一回事，没有具体事实不好讨论。

学生：《刑法》第342条规定的非法占有农用地罪是行为犯还是结果犯？

张明楷：明显规定了造成大量毁坏这一结果嘛！

学生：那就是结果犯。

学生：乙农民的农用地闲着，没有种庄稼，甲在上面种庄稼，虽然占用了他人的耕地，但也不构成犯罪吧。

张明楷：可以肯定的是不能认定为非法占用农用地罪，但甲收割庄稼的行为，在有的国家被认定为盗窃罪。我的印象中，日本在增设侵夺不动产罪之前，就有这样的判例。

学生：为什么？

张明楷：乙的土地上的农作物属于乙占有和所有啊！

学生：可农作物是甲种植的啊！

张明楷：罗马法以来就确立了一个原则，乙土地上的一切东西都属于乙所有。甲的种植没有经过乙的同意，乙的土地上的农作物依然归乙所有，因此，甲的行为构成盗窃罪。当然，在我国不一定这样认定。

学生：我国有认定甲成立盗窃罪的可能吗？

张明楷：这可能首先取决于民法上怎么判断，即甲没有经过乙的同意在乙的土地上种庄稼时，农作物归谁所有和占有？如果认为归乙所有和占有，甲的行为当然可能成立盗窃罪。我国的民法有明文规定吗？

学生：要学学民法才知道。但凭感觉不会认定甲的行为成立盗窃罪。

张明楷：即使民法规定农作物归乙所有和占有，司法机关也不一定认定甲的行为成立盗窃罪，因为很可能从主观上否认甲有盗窃的故意与违法性认识的可能性。

学生：是的。

张明楷：我前不久参加讨论了一个案件：行为人与农民签合同，租用农民的耕地种蔬菜。租用后，行为人在耕地上搭建温室，在里边种植无土栽培的蔬菜。公安机关认定行为人的行为构成非法占有农用地罪。

学生：这怎么能构成犯罪啊？

张明楷：当然不构成犯罪，占用行为是合法的，也没有改变农用地的用途，更没有毁坏农用地，不具备非法占用农用地罪的任何一种构成要件要素。

学生：那公安机关为什么要追究行为人的刑事责任？

张明楷：其他原因我不清楚，如果单纯从构成要件符合性的判断角度来说，或许公安机关以行为人在耕地上搭建了温室为由，认定行为人改变了耕地用途。但这只是形式上的改变，实质上并没有改变用途，以前是种蔬菜的，现在还是在种蔬菜，怎么改变了用途呢？即使以前种小麦现在种蔬菜，也不能认定为改变了农用地用途。所以，认定为犯罪肯定是不对的。

学生：我看过一个案例，说耕种层被毁坏了就是耕地被毁坏了，比如行为人打了个地基，耕种层被毁坏了，就有了毁坏结果。如果行为人只是在地面堆一些东西，比如堆沙、堆木材，无论占用多久都不构成毁坏。

学生：有些丘陵地区的耕种层是很浅的，很容易毁坏。

张明楷：肯定是要根据农用地的具体情形进行具体判断的。

学生：假如行为人在耕地上建坟，导致大家以后都不敢来这片地里种庄稼了,算不算大量毁坏?

张明楷:你的意思是农用地的毁坏包括物理性毁坏和使他人心理性不能使用这样的毁坏?

学生:我就是随便问问。

张明楷:不可能包括使他人心理性不能使用的毁坏,只需要考虑建坟本身是否导致耕地丧失种植条件就可以了。

学生:行为人把耕地变成了停车场,长期让人在耕地上停车,没有往下挖,也没有铺石头、沙子之类的,就是让他人在耕地上停车,是否构成非法占用农用地罪呢?

张明楷:这种行为属于非法占用了农用地,也可以说改变了农用地用途,但没有导致耕地毁坏吧,所以,我觉得应该不会认定为犯罪。

学生:如果建停车场时建了围墙,是否构成犯罪呢?

张明楷:这是另一个问题,也就是如何计算农用地被毁坏的面积的问题。比如,行为人圈了10亩农用地,周围全部打上了地基,但里面全是空着的,上面也没有顶棚之类的,也没有种庄稼。是10亩地都被毁坏了,还是只有打地基的面积被毁坏了?

学生:只有打地基的面积被毁坏了吧。

张明楷:我也觉得只能按这个计算被毁坏的面积。假如外面打地基围起来了,上面还建了顶棚之类的,怎么计算被毁坏的面积呢?

学生：顶棚本身不可能导致农用地被毁坏吧。

学生：但有顶棚就没有办法种庄稼了。

学生：这取决于科技水平、农业水平。

张明楷：取决于建顶棚是否导致种植条件被破坏。不过，还要看是什么顶棚，一般性的讨论还得不出什么结论。另外，还要考虑农用地原本的用途。农民原本就是种稻谷的，行为人搭建顶棚后说还可以养花，没有毁坏农用地。你们同意这样的说法吗？

学生：不同意。

张明楷：所以，种植条件是否毁坏需要具体判断。

案例135 贩卖毒品罪（加重处罚情节的认定）

被告人在一个城市的客运中心附近买了50克冰毒，当天晚上就把其中的一半卖给了其他人。第二天，警察根据线索知道被告人出现在某酒店，就在酒店的停车场里对被告人进行抓捕。当时被告人在车上，警察已经表明了身份，要求他下车接受检查，警察就守在被告人的车边上，但被告人不下车，而是想冲出停车场，便驾车冲撞停车场的其他车辆，但没有直接撞警察与其他人，结果撞坏了停车场里7辆车，造成财产损失55506元。警察抓获被告人之后，还从他身上查获了1克冰毒。

张明楷：除了贩卖毒品罪、故意毁坏财物罪之外，我们先讨论一下，被告人的行为是否构成袭警罪？

学生：被告人只是乱撞车辆，但没有往警察身上撞，不能评价为对人暴力，不成立袭警罪。

张明楷：也就是说，被告人只是实施了对物暴力行为，这种行为能否评价为对警察的威胁，从而构成妨害公务罪呢？

学生：也不能。

张明楷：为什么不能？说一下理由吧。

学生：有一些对物暴力可以评价为对人的威胁，比如，拿着刀砍东西，暗示或者意味着如果公务员继续履行公务就要砍人的时候，就可以评价为对人的威胁。但是，本案的被告人只是为了逃出停车场而乱撞其他车辆。之所以乱撞其他车辆，就是为了避免撞人，因此不能评价为对人的威胁。

张明楷：对物暴力能否评价为对人的威胁，需要联系具体场景进行判断，一般来说并不困难。这个案件的被害人为了逃走而撞击其他车辆的行为，难以认定为袭警罪与妨害公务罪。那么，我们接着讨论下一问题：由于被告人是在贩卖毒品，《刑法》第347条第2款规定：贩卖毒品有下列情形之一的，处15年有期徒刑、无期徒刑或者死刑，并处没收财物，其中的第4项是，"以暴力抗拒检查、拘留、逮捕，情节严重的"。那么，被告人的行为是否属于贩卖毒品，以暴力抗拒检查、拘留、逮捕呢？

学生：关键是这一项规定的暴力是否需要对人暴力。

张明楷：是啊，我提出的就是这个问题。

学生：从字面上看似乎不要求对人暴力，对物暴力也可以抗拒检查、拘留。

张明楷：从实质上看、从罪刑相适应的角度来看呢？

学生：可能就仅限于对人暴力了。

张明楷：为什么呢？

学生：因为仅仅是对物暴力，就不管贩卖毒品的数量，判处15年有期徒刑、无期徒刑或者死刑，就明显过重了。

张明楷：这是一个重要理由，我也赞成。另外，如果只是对物暴力，只能说被告人是为了逃避检查、拘留、逮捕，而不能评价为抗拒检查、拘留、逮捕。而逃避检查、拘留、逮捕，对于被告人来说是没有期待可能性的。将没有期待可能性的行为提升为法定刑加重的情节，明显不当。所以，只有当行为人针对警察的身体以暴力抗拒检查、拘留、逮捕时，才有可能适用《刑法》第347条第2款第4项。

学生：其实，即使是对人暴力，法定刑如此之重似乎也不合理。

张明楷：所以，对这一项的暴力抗拒还需要进行一定的限制，法条还要求情节严重。

学生：2016年4月6日最高人民法院《关于审理毒品犯罪案件适用法律若干问题的解释》第3条第2款规定："在实施走私、贩卖、运输、制造毒品犯罪的过程中，以暴力抗拒检查、拘留、逮捕，造成执法人员死亡、重伤、多人轻伤或者具有其他严重情节的，应当认定为刑法第三百四十七条第二款第四项规定的'以暴力抗拒检查、拘留、逮捕，情节严重'。"

张明楷：这一司法解释一方面说明以暴力抗拒检查、拘留、逮捕必须是对人暴力，因为单纯的对物暴力不可能造成执法人员死亡、重伤、多人轻伤；另一方面对情节严重作了规定，还是具有合理性的。

学生：这样来说的话，我们讨论的这个案件也不能适用《刑法》第347条第2款第4项的规定。

张明楷：对！

学生：我回过头来问一下老师：妨害公务罪的暴力不一定要求对人暴力吧？

张明楷：国外刑法规定的都是对公务员实施暴力、胁迫的，才构成妨害公务罪。暴力、胁迫都是针对公务员而言。

学生：妨害公务罪的保护法益是什么？

张明楷：公务。我国《刑法》第277条第1款只规定了暴力、威胁方法，而没有规定"暴力、威胁等方法"。

学生：如果行为人针对司法机关查封的财物实施对物暴力行为，也不能认定为妨害公务吗？

张明楷：罪名没有记清楚啊！不是还有另外一个罪吗？

学生：哦，对对对！

学生：《刑法》第 314 条规定了非法处置查封、扣押、冻结的财产罪："隐藏、转移、变卖、故意毁损已被司法机关查封、扣押、冻结的财产，情节严重的，处三年以下有期徒刑、拘役或者罚金。"

张明楷：我们讨论的这个案件的被告人，既不成立袭警罪与妨害公务罪，也不能适用《刑法》第 347 条第 2 款第 4 项，只能认定为故意毁坏财物罪了。

学生：我再问一个问题，如果贩毒人员以暴力抗拒检查、拘留、逮捕而故意杀害警察的，如何适用法条？

张明楷：你是说，是要数罪并罚还是仅适用《刑法》第 347 条第 2 款第 4 项吗？

学生：是的。

张明楷：如果认定为贩卖毒品罪与故意杀人罪，实行数罪并罚，虽然也能做到罪刑相适应，但并没有评价其以暴力抗拒检查、拘留、逮捕，情节严重的行为；如果仅适用《刑法》第 347 条第 2 款第 4 项，则没有明确评价其故意杀人罪。所以，我认为应当认定为想象竞合，也就是《刑法》第 347 条第 2 款第 4 项与故意杀人罪的想象竞合。这样既全面评价了案件事实，发挥了想象竞合的明示机能，也能做到罪刑相适应。对于贩毒人员为了抗拒检查、拘留、逮捕而故意伤害警察的，也应当认定为想象竞合。

学生：明白了。

张明楷：那我接着问一下：如果是暴力抗拒行为过失导致警察死亡的，是否需要认定为想象竞合呢？

学生：感觉不需要。

张明楷：为什么呢？

学生：因为在抢劫致人死亡这样的案件中，一般只是故意抢劫杀人的，才认定为抢劫致人死亡与故意杀人的想象竞合，而抢劫过失致人死亡的，不认定为想象竞合。因为结果加重犯一般都是对加重结果为过失，所以不需要明示。

张明楷：在结果加重犯中这样理解是可以的，可是，《刑法》第347条第2款第4项的规定，只表述了暴力抗拒，而没有致人死亡、重伤的表述啊！

学生：这么说，如果不对过失致人死亡进行评价，也是没有做到全面评价了。

张明楷：对！还是要将第347条第2款第4项与过失致人死亡评价为想象竞合，这样才算全面评价了。

学生：如果贩毒人员不是针对执法人员实施暴力，而是针对第三者实施暴力，可能适用《刑法》第347条第2款第4项吗？

张明楷：抗拒检查、拘留、逮捕，显然是针对执法人员的，所以不能适用这一项。如果行为人在对警察实施暴力抗拒检查的过程中，过失导致第三者重伤或者死亡，则是《刑法》第347条第2款第4项与过失致人重伤罪或者过失致人死亡罪的想象竞合。

案例136 非法持有毒品罪（共同持有的判断）

甲、乙、丙三个人都是吸毒的，约在一起向同一人购买冰毒，甲购买了6克冰毒，乙和丙各自购买了2克冰毒，加在一起就是10克冰毒。10克冰毒都是分袋装的，一共10袋，由甲一起拿着放在身上，开车回来的路上被警察抓获了。

学生：这个案件要不要认定为非法持有毒品罪？

张明楷：数量刚刚达到非法持有毒品罪的标准。甲肯定是非法持有10克冰毒，这是没有问题的。问题是，乙和丙是否构成非法持有毒品罪的共犯？

学生：如果各拿自己的，就不会构成非法持有毒品罪了。

张明楷：这是下一个问题，如果各自拿自己购买的，但在同一辆车上，能不能认定为共同持有？我们先讨论这个真实案件。

学生：我觉得真实案件没有争议，甲肯定成立非法持有毒品罪。乙和丙将自己购买的毒品交给甲持有，促进了甲成立非法持有毒品罪，所以成立非法持有毒品罪的共犯。

张明楷：其他人同意吗？

学生：同意！

张明楷：那好，我们讨论下一个问题，也就是第二种情形，如果三人将自己购买的毒品放在各自身上,但坐在同一辆车上,是否因为总共持有10克毒品,而成立非法持有毒品罪的共犯呢?

学生:感觉不成立了,因为各人持有的数量都没有达到成立犯罪的标准。

学生:这个场合能不能说,每个人对他人持有的毒品都有心理的因果性,所以,加起来就构成非法持有毒品罪的共犯呢?

张明楷:在具有心理因果性就成立犯罪的场合,需要有一个正犯成立犯罪吧。如果没有一个正犯成立犯罪,其他人的心理帮助怎么就构成共犯了呢?

学生:没有一个人的持有数额达到10克,所以,没有正犯。

学生:有没有可能都是共同正犯呢?

张明楷:都是共同正犯似乎不可能。

学生:如果说每个人是通过自己的身体或者口袋等来控制或者支配毒品的,那么,由于每个人支配的毒品数量没有达到定罪标准,所以,就不构成犯罪了。

张明楷:我觉得可以得出这一结论。那我再改编一下,也就是第三种情形:如果三个人将毒品放在一个袋子里,然后将袋子放在车上,这种情形是否成立非法持有毒品罪呢?

学生:这个时候谁支配毒品呢?

张明楷:你们判断,是放在车上的那个人支配毒品,还是开车的人支配毒品,抑或是车主支配毒品,乃至所有的人都支配毒品？

学生：如果车主在车上，不管谁开车，都是车主支配了毒品吧。

张明楷：如果车主不在车上呢？

学生：如果车主不在车上，则是开车的人支配毒品。

张明楷：把毒品放在车上的人是不是共犯？

学生：是共犯，而且可能是共同正犯。

张明楷：这些结论大体上都能成立。假如三个人中甲将毒品放在车上，乙是车主并且开车，丙没有做什么，丙是不是非法持有毒品罪的共犯呢？

学生：应当是，他对另外两人非法持有10克毒品起到了心理上的帮助作用。

张明楷：意思是和第一种情形也就是案件的原型一样。

学生：是的。

张明楷：可能需要判断丙的行为对另外两个人非法持有10克毒品，是否起到了某种心理强化方面的作用，如果得出肯定结论，当然能认定为心理上的帮助。如果10克毒品是由丙递给甲的，则丙实施了物理上的帮助。那我接着设想出第四种情形：如果三个人都上了车，每个人都将自己购买的毒品放在自己的身边，都没有放在自己的口袋或者包里，但又不是集中放在一起，是否构成非法持有毒品罪呢？

学生：感觉这种情形和老师讲的第二种情形是一样的，虽然各人表面上是放在车上，但由于是放在自己身边，还是可以评价为各人自己支配着各自购买的毒品，而不是共同支配，所以，不构成非法持有毒品罪。

张明楷：是的，只有能评价为共同支配时，才能使数量达到定罪标准。所以，关键问题是在什么情形下达到了共同支配的程度。

学生：只要不放在一起，就难以评价为共同支配。

张明楷：大体上也可以这么认为。我想问这样的问题，如果在第二和第四种情形下，可不可以说，甲是非法持有 6 克毒品的正犯，同时也是丙、丁持有毒品的共犯，正犯与共犯加起来的数量正好是 10 克，是不是可以定罪了呢？反过来说，乙是持有 2 克毒品的正犯，但同时也是另外 8 克毒品的共犯，丙也是如此，于是也都可以定罪了呢？

学生：应该不能定罪。因为非法持有 10 克毒品，原本是对正犯的规定，如果将帮助的行为包括在内，明显扩大了处罚范围。

张明楷：有道理。那么，假如盗窃罪的数额起点是 3000 元，如果 A 作为正犯盗窃的数额为 2000 元，作为帮助犯盗窃的数额是 1000 元，能不能说他盗窃数额较大，进而认定为盗窃罪？

学生：似乎也可以。

学生：还是不行吧。

张明楷：分则规定的是构成要件行为，根据共犯从属性的原理，如果被帮助的正犯只盗窃了1000元，帮助行为就不可能成立犯罪，所以，不能相加定罪吧。

学生：但是，如果A作为正犯盗窃的数额是2000元，作为帮助犯盗窃的数额是3000元，是不是可以认定他对5000元的数额负责呢？

张明楷：根据共犯从属性的原理，这个倒是可以的。我们讨论的毒品案件都涉及正犯没有达到定罪数额，所以，不能简单相加。

学生：如果是非法运输毒品，没有数量要求，就都能认定为非法运输毒品罪了。

张明楷：我们讨论的案件肯定不成立非法运输毒品罪，吸毒者为了自己吸毒而携带毒品的，不应当认定为运输毒品罪。

学生：这是老师一直坚持的观点。

张明楷：话说回来，上面讲了四种情形，其中第一种情形也就是原型与第三种情形要认定为非法持有毒品罪，第二种与第四种情形则不认定为非法持有毒品罪。可是，它们之间真的有实质区别吗？

学生：形式上是肯定有区别的，实质的区别不好说，都是从购买的地方拿回家，只是拿的方式不同。

张明楷：为什么拿回家的方式不同，就有的构成犯罪、有的不构成犯罪呢？

学生：这种形式的不同确实导致第一、三种情形满足非法持有毒品罪的成立条件，第二、四种情形不满足，只好这样处理。

张明楷：没有别的更好办法了？非法持有毒品罪是抽象危险犯，不需要判断危险，但能不能完全不判断？

学生：现在有一般的危险说、推定的危险说、已知的危险说、构成要件要素的结果的危险说。

张明楷：哪来的这么多学说？可以肯定非法持有毒品罪是抽象危险犯，所以，在通常情形下，即使查明持有的毒品是用于自己吸食的，也会认定为犯罪。但如果稍微判断一下，是不是可以认为，即使是第一、三种情形，也可以认为没有抽象危险，因而不以犯罪论处？

学生：这倒是有可能的，关键是什么时候需要判断，需要判断时该怎么判断？

张明楷：这个只可意会不可言传。预判一个行为不应当作为犯罪处理，或者说凭借自己的正义感、法感情认为不应当作为犯罪处理，但客观上的确符合构成要件时，就会想到要不要判断是否存在抽象危险。

学生：那怎么判断这三个人的行为没有抽象危险呢？

张明楷：如果数量小，只能由三个人吸食，不会让更多的人吸食，还是可以说没有抽象危险的。如果数量大一点，就可能分给他人吸食，就具有抽象危险。

学生：估计司法机关不会采纳这一观点。

张明楷：是不会采纳的，而且完全可能将上述第二、四种情形也认定为非法持有毒品罪的共犯。

学生：确实有可能。

张明楷：从这个角度来讲，我们排除了第二、四种情形构成非法持有毒品罪，就算不错了。

学生：老师，您一直说为了吸食而从外地带回毒品的，不要认定为运输毒品罪，只有和走私、贩卖密切关联的，才能认定为运输毒品罪，可是怎么判断呢？

张明楷：你举一个不好判断的案例。

学生：比如，我从昆明携带300克毒品到北京来。

张明楷：那你肯定是为了贩卖的，不可能是为了吸食的，哪有吸食这么多的？一般吸食毒品的哪敢放这么多毒品在自己手上，否则会有生命危险的。

学生：那少到什么程度才不能认定为贩卖呢？

张明楷：这要联系行为人是不是吸毒者、通常吸食多少、经济状况如何等进行判断，同时根据事实存疑时有利于被告人的原则去判断。如果不能说服自己，就只认定为非法持有毒品罪，不会那么困难的。

学生：2015年5月18日最高人民法院《全国法院毒品犯罪审判工作座谈会纪要》发布之后，即使是携带的数量也比较小，而且明明可能只是个人吸食的量，但毒品数量达到较大以上的，也认定为运输毒品罪，而不认定为非法持有毒品罪。其中一个重要的理由是，在实践中很多嫌疑人被抓获之后都会这么辩解，说只是自己吸食，但我们又很难从证据上去推翻他的说法，上述规定就有点相当于举证责任倒置。

张明楷：我觉得这不只是举证倒置的问题，而是是否违反事实存疑时有利于被告人的原则的问题。不是因为行为人有辩解，我们的司法机关就相信他的辩解。事实上，司法实践中绝大部分场合都没有相信行为人的辩解，怎么可能在毒品犯罪中就会轻易相信行为人的辩解呢？我觉得问题不在这里，而是在其他方面。事实上，如果行为人是吸毒的，就能证明所携带的毒品是用于吸食的，剩下的问题只是其中多少是用于其吸食的，或者说其中有没有以贩养吸的，或者有部分就是为了贩卖的，还是可以判断清楚的。

学生：一个案件是，公安人员在行为人身上起获了 50 克海洛因。

张明楷：如果是 50 克海洛因的话，我觉得一般来说是要用于贩卖了，而不是全部为了自己吸食。

学生：我们当时还查到了他购买的频率，他跟上家一般是两个月购买一次，这样的话如果每天吸食，就是每天不到一克。

张明楷：我还不清楚这一点，海洛因是不是每天只能吸食零点几克？

学生：查明的结果是，行为人确实是吸毒人员，但他每天吸毒的量达不到两个月就需要 50 克的程度。

张明楷：这不就说明其他的是用于贩卖的吗？当然可以认定

为运输毒品罪。

学生：问题是认定为运输毒品罪时，如何计算数额？现在都是一起计算的，按照您的观点是否可以扣除一部分？

张明楷：把自己吸食的扣除也可以，按照他通常的吸食量扣除。这个数量计算没有必要特别精细，如果涉及法定刑升格时，按照事实存疑时有利于被告人的原则去计算就可以了。不要总是想到要重判、严惩，重刑其实没有什么作用的。美国的实证研究表明，美国严打了几十年，对犯罪的抑止几乎不起作用。不仅如此，而且带来了许多的副作用。许多问题都出在观念上，总是担心对被告人处罚轻了，其实这个担心完全没有必要。处罚轻了有什么不好呢？其实对谁都好。

案例137　容留卖淫罪（构成要件行为的判断）

乙女要卖淫，嫖客要求乙女在宾馆开一个房间。乙女不想暴露自己的身份，就借用其朋友甲的身份证，并且将用途告诉了甲，甲多次将身份证借给乙。乙利用甲的身份证在宾馆开房间后卖淫。

张明楷：甲的行为构成容留卖淫罪吗？容留卖淫与容留吸毒中的容留有区别吗？如果将本案改为乙女要吸毒，甲的行为成立容留他人吸毒罪吗？

学生：既然甲提供了身份证用于开宾馆房间，宾馆房间就由甲支配。甲将自己支配的房间提供给乙使用，还是有可能构成容留卖淫罪的吧。

学生："支配"应当是指事实上的支配吧。甲虽然将身份证提供给了乙，但他事实上并没有支配房间。

张明楷：容留卖淫行为应当是指行为人将处于自己事实上支配下的场所提供给他人，让他人在其中卖淫。问题是，单纯提供一个身份证能不能说就是提供了自己事实上支配的一个房间？

学生：问题是按什么标准判断这里的支配？是从物理上讲的，还是从社会一般观念上讲的？

张明楷：如果从物理上讲，本案中的甲肯定没有容留他人卖淫。如果从社会一般观念上讲，能说甲支配了房间吗？

学生：从社会一般观念来说，也不一定能说用谁的身份证订了房间谁就支配了房间，开房间并拿着房卡的人，才是支配这个房间的人吧。

张明楷：我觉得你这样解释具有合理性。以前我们去什么地方开会，并不一定要用我们自己的身份证登记，我们只是拿着房卡。当然，现在有所不同了，谁住宿就要使用谁的身份证。但也不是绝对的，有时候完全可能是使用 A 的身份证，却是由 B 在房间居住的。

学生：所以，按照社会一般观念来判断谁支配房间的话，本案的甲其实没有支配房间。

学生：甲的辩护人会说，甲根本没有实施提供场所的客观行为，只是出借了一张身份证，出借身份证怎么能评价为容留他人卖淫呢？

张明楷：这样辩护其实没有什么作用。因为对方完全可以说，正是因为甲提供了身份证，所以就提供了宾馆的一个房间。所以，还是要具体讨论容留是什么含义。这一点原本是要联系容留卖淫罪的保护法益来讨论的，但由于这个罪的保护法益是什么，大家都难以表述清楚，所以，对容留这一行为基本上只是形式的判断。

学生：如果稍微作一点扩大解释，还是可以认定甲的行为构成容留卖淫罪的。因为容留他人卖淫，就是指给他人提供卖淫的场所，甲确实给他人提供了卖淫场所。我们可以认为，乙女卖淫的宾馆房间就是甲提供的。

学生：不能说就是甲提供的。如果甲事先开好了房间，然后将房卡交给乙，那可以说甲的行为成立容留卖淫罪。但本案中的甲只是提供了身份证，如果说提供身份证就是提供场所，身份证就等于场所了，这恐怕不可思议。

张明楷：说甲提供了身份证进而认定其构成容留卖淫罪，也不意味着提供身份证就是提供场所，中间还需要有分析与判断。你刚才说的事先开好房间，然后将房卡交给乙，这是典型的容留卖淫了。我顺着问一下，如果是甲用自己的身份证预订的房间，乙到了宾馆柜台正式办理手续领取房卡的，甲成立容留卖淫罪吗？

学生：这也不能说是容留卖淫吧。因为是否预订房间没有什么意义，不是预订了就必须入住，如果乙后来不去办入住手续，甲的预订是没有意义的。我的意思是说，甲用自己的身份证预订房间与甲将身份证提供给乙，其实所起的作用是完全一样的。

张明楷：也不一定完全一样，要看宾馆房间是否紧张。如果房间紧张就不一样，如果房间根本不紧张，就是一样的。

学生：我们要根据房间紧张去判断吗？

张明楷：不合适吧。还是要判断甲的行为本身是不是提供场所供乙卖淫。我觉得如果要着眼于行为人必须提供场所，还是不要认定为容留卖淫比较合适。将提供身份证行为直接认定为提供了场所，明显是一种跳跃式的判断方式。因为从身份证到宾馆房间，中间还需要办理入住等一些行为，中间的行为不是甲实施的，如果认定为容留卖淫罪，感觉将中间的办理入住等手续都算在甲的头上，这不合适。如果甲将身份证交给丙，丙为乙开好房间，然后让乙用于卖淫，则可以说甲与丙是容留卖淫的共犯。但在本案中，一部分行为是卖淫人员乙实施的，乙不能成为容留自己卖淫的主体，也不能将乙的行为归属于甲的行为，所以，不认定为容留卖淫是合适的。

学生：如果要将甲的行为认定为容留卖淫，确实十分勉强。

学生：甲的行为有没有可能成立容留他人卖淫的间接正犯呢？

张明楷：容留他人卖淫的间接正犯？

学生：事实上是宾馆提供了卖淫场所，但宾馆管理者不知道乙在宾馆卖淫，甲欺骗了宾馆管理者，所以是容留卖淫的间接正犯。

张明楷：开房间的时候，宾馆都会过问为什么开房间吗？甲的什么行为欺骗了宾馆管理者呢？甲提供的是真实身份证，没有提供虚假的身份证。

学生：甲让宾馆管理者误以为就是甲居住，但事实上甲并没有居住，所以欺骗了宾馆的管理者。

张明楷：即使这是欺骗，但感觉不是作为间接正犯手段的欺骗。而且，在乙办理入住手续时，宾馆工作人员知道乙是持甲的身份证办理的，事实上也没有欺骗。所以，与其说让谁入住存在欺骗，不如说乙隐瞒了自己将要在宾馆卖淫的事实。但即便如此，也只能说乙欺骗了宾馆管理者，而不能认为甲的行为是在支配、操纵宾馆管理者容留乙卖淫。

学生：如果说甲的行为不构成容留卖淫罪，那么，如果改为乙等人是要在宾馆吸毒的话，能认定甲的行为构成容留他人吸毒罪吗？

学生：容留卖淫罪与容留他人吸毒罪中的两个容留，应当作相同的理解与认定吧。

张明楷：那倒不一定，也可能作相对的理解，因为毒品犯罪的法益侵害性毕竟重于容留卖淫行为的法益侵害性。如果说，对容留卖淫罪中的容留只能进行平义解释，那么，对容留他人吸毒罪中的容留完全可能作扩大解释；如果对容留卖淫罪的容留进行限制解释，则对容留他人吸毒罪中的容留可能作平义解释乃至扩大解释。

学生：我们刚才对容留卖淫罪中的容留，其实没有限制解释，也没有扩大解释，可以说是平义解释吧。

张明楷：我觉得就是平义解释，要求行为人将自己支配的场所提供给卖淫者。我们主要争论的是如何归纳案件事实，而不是争论如何解释容留。也就是说，提供身份证用于卖淫者订房间的，能不能叫将自己支配的场所提供给卖淫者。我们并没有限制解释容留的含义，只是认为甲的行为不符合容留的含义。

学生：记得老师以前讲过多次，说国外的资深法官对于如何解释法条并不会感到为难，为难的常常是如何归纳和评价案件事实。

张明楷：确实是这样的。如何归纳案件事实，一般是就具体案件而言的，比如我们今天讨论的这个案件，就是如何归纳案件事实的问题。再比如，许霆案也是如何归纳案件事实的问题，并不是对盗窃罪的构成要件存在不同观点。如何评价案件事实，既包括对具体案件事实的评价，也包括对一类行为的评价。比如，我多少年前就认为对发放高利贷的行为要认定为非法经营罪，我对最高人民法院认可的那么高的民间借贷利息就感到惊讶，一直想不通为什么民间借贷可以得到那么高的利息。可是，一旦与一些民事法官、民法教授讨论此事，对方大多认为一个愿打一个愿挨，基于意思自治的原理，国家不能干涉。然而，那些所谓愿挨的人并不是真的愿挨，而且在大部分情形下，借款人事后根本不可能归还那么高的利息，于是，出借人就使用暴力、胁迫等方法讨债，甚至出现专门的讨债公司，形成了诸多黑恶势力。总之，这类事实，就是一个如何评价的问题。

学生：如果甲向吸毒人员提供身份证件，老师会认为是容留他人吸毒吗？

张明楷：我还是觉得不能认定为容留他人吸毒罪，因为甲并没有将自己事实上支配的场所提供给他人吸毒。

案例138　组织淫秽表演罪（构成要件符合性的判断）

行为人组织了一个工作棚，将一些女性安排在单独的工作棚里（其中有一部分女性是被强迫的），另外一端联络男客户。行为人让女性进行淫秽表演，但每次只能有一个男客户进入，由女性与男客户进行一对一的淫秽视频。

张明楷：先不讨论强迫的情形，如果女性都是自愿的，行为人的组织行为构成犯罪吗？

学生：能不能成立组织卖淫罪？

学生：按照老师的观点，不能成立组织卖淫罪。因为老师认为，只有性交行为或者类似性交行为，才属于卖淫行为。

张明楷：是的，我是这个观点，而且这个观点现在也没有变化。

学生：微信上每过几天就有关于什么行为是卖淫行为的讨论，但总是那几句话翻来覆去。

张明楷：那是为了赚流量的。如果说这个案件的行为是卖淫，组织淫秽表演也是组织卖淫了，肯定不合适。

学生：我还知道一个案件：行为人组织一批女生，然后招揽男客户，男女一对一分配在单独的房间里，让男的给女的拍照，拍照时男的要求女的做什么动作都可以，但不会发生性关系，女的一般都是裸体的。男的其实是为了看裸体，不是为了拍照片。这与老师讲的案件是不是一样的？

学生：是一样的，只不过一个在线上，一个在现场，行为内容其实没有什么区别。

张明楷：后面这个案件也不是组织卖淫，可以考虑认定为组织淫秽表演罪。

学生：表演给特定的人观看，是否符合"组织"的特征？

张明楷：如果从"组织"行为的角度来说，倒是没有疑问。行为人组织了多名女性，也组织了多名男客户观看，只不过女性每次只是表演给特定的男性看，法律并没有要求每次必须表演给多人看。所以，还是符合"组织"这一构成要件要素的。

学生：老师的意思是，组织淫秽表演既可以是组织一人向多人表演，也可以是组织多人分别向不特定的多人表演。

张明楷：其实不限于这两种情形，组织一人分别向不特定的多人表演，或者组织多人向特定的个人表演，都有可能成立组织淫秽表演罪，反复安排一名女性每次向特定男性表演的，也包括在内。

学生：如果在线上的话，也能评价为淫秽表演吗？

张明楷：在线上当然也是表演，这应当没有疑问。问题是，成立组织淫秽表演罪，是否要求淫秽表演的公开性？如果没有违反性行为非公开性原则，也没有对表演者实施暴力、胁迫等行为，没有违反性行为非暴力原则，是否应当作为犯罪处理？

学生：按照老师关于聚众淫乱罪的观点，组织淫秽表演罪也应当具有公开性。

张明楷：是的，如果没有公开性，只是由特定的人秘密实施的，没有违反性行为非公开性的原则，就没有必要当犯罪处理。问题是，如何理解与判断公开性？

学生：尽管是一对一的情景，但谁付了钱就可以参加这个活动时，是否可以理解成一种相对广义的公开性？

张明楷：你的意思是对于上面说的两个案件都要认定为组织淫秽表演罪？

学生：是的。

张明楷：按照你这个说法，那么组织卖淫的都具备公开性条件，虽然发生性关系时是一对一的，但谁付了钱谁就可以嫖宿。但肯定不能认定这就具备了公开性的条件。上面两个案件不定罪不行吗？我感觉可以不定罪，因为缺乏公开性。不能因为许多特定的男客户可以进入，就直接肯定公开性。我的《刑法学》教材是怎么讲的？

学生：老师说，一人与数人在网络上裸聊的，以及在网络上向特定的数人表演淫秽动作的，不成立组织淫秽表演罪。

学生：从任何人只要付款就可以与女性进行一对一裸聊这一点看的话，感觉还是具有公开性，只是女性没有同时表演给多数人观看，但实际上还是不特定的多数人都可以进来观看。

张明楷：我说的公开性就是指淫秽表演给不特定的多数人观看时，才成立组织淫秽表演罪。我是将组织行为本身与对本罪的实质要求分开考虑的。也就是说，虽然可以认为上述两个案件的行为人有组织行为，但因为缺乏公开性，而不应认定为组织淫秽表演罪。

学生：老师对这个罪进行了严格的限制解释。

张明楷：每个解释者都是基于自己的观念对不同的构成要件进行解释，所以，并不是每个解释者都对所有构成要件进行严格的限制解释，完全可能对部分构成要件进行扩大解释，对部分构成要件进行限制解释，对部分构成要件进行平义解释，这并不奇怪。我前天看到一篇文章，是讲上世纪80年代初严打时一个人被以流氓罪判处死刑的事情，这个犯罪人是一个女性，她和很多男性发生性关系。她说："30年后等着看，看我这行为是不是犯罪。"现在来看，这种行为还真不构成犯罪。卖淫行为本身不是犯罪，与多名异性发生性关系的行为也不会是犯罪。我是一直主张严厉惩罚对未成年人实施的淫秽犯罪,对于成年人之间基于合意或者自愿实施的淫秽犯罪,我是主张严格限制解释的。

学生:老师对聚众淫秽罪也是持这种观点。

张明楷:是的。让未成年人参与聚众淫乱,这是绝对要严厉打击的。但成年人之间基于合意的聚众淫乱行为,如果不具有公开性,我也不主张认定为聚众淫乱罪。

学生:但是,我现在看到有的判决将三四个人在一起秘密实施的性行为,也认定为聚众淫乱罪。其实,这种秘密实施的行为不会侵犯什么法益。

张明楷:可以这样认为。以上我们讨论的是女方愿意的情形。但案情交代,有部分女性是不愿意实施这些行为的,是行为人强迫女性实施这种行为的。这肯定要认定为犯罪吧。

学生:强迫妇女在网络上与男性裸聊乃至实施其他淫秽动作,或者强迫女性在一个房间让男性拍摄其裸照,不能认定为强迫卖淫罪,但可以认定为强制猥亵罪吧。

张明楷:针对这部分女性实施的行为当然成立强制猥亵罪,因为强制猥亵罪不要求强迫者直接对被害人实施猥亵行为,强迫者对被害人实施强制行为,迫使被害人接受第三者对其实施的猥亵行为的,同样构成强制猥亵罪。而且,在任何一个特定场合,只要行为人一方有一个人在场就可以肯定强制猥亵罪的成立。

第十四堂
贪污贿赂罪

案例139　贪污罪（行为主体的判断）

A市某国有总公司有特殊的建筑资质，聘任被告人张某担任总公司在B市分公司的负责人，但B市分公司实际上是由张某全额出资成立的，经济独立，自负盈亏。某年，被告人张某和总公司签协议，协议的内容是，张某作为B市分公司的负责人，只能以A市总公司的名义在B市招揽建筑业务，而且无权签订正式的合同，即只能以A市总公司的名义与对方签订合同；张某也无权收取合同的款项，只能由对方公司将合同的款项支付到A市总公司，A市总公司扣留合同款项的6%作为管理费之后，将剩余的款项再转给B市分公司，由张某实际施工并承担项目所需的全部费用。A市总公司对B市分公司的盈亏不承担责任。两年后，张某私自以B市分公司的名义对外签订建筑合同，收取合同款项600多万元后据为己有，也没有进行施工。

张明楷：这个案件没有什么争议吧。

学生：有人主张定贪污罪，有人主张定合同诈骗罪，还是有争议的。

张明楷：为什么要定贪污罪？

学生：因为张某是国有总公司聘请的 B 市分公司的负责人，属于国家工作人员，所以要定贪污罪。

张明楷：可是，B 市分公司是张某出资成立的，分公司其实只是挂靠在总公司，并不是公司法意义上的国有总公司的分公司，总公司只不过是收取挂靠费而已。

学生：有人说，既然总公司是国有的，B 市分公司也是国有的。

张明楷：这个判断太形式化了。张某全额出资，经济独立，自负盈亏，怎么就成为国有公司了？这个公司就是张某的一人公司。

学生：就是有人这样形式地看问题，大概是因为想定贪污罪。

张明楷：不能因为想定贪污罪就认定张某是国家工作人员。为什么不判断贪污罪的构成要件符合性就想定贪污罪呢？张某也不是国家工作人员，不能因为国有总公司聘任他担任所谓 B 市分公司的负责人，他就成了国家工作人员。事实上，国有总公司的聘任也没有任何根据。张某的一人公司由谁负责，完全由张某说了算，怎么需要一个国有公司来聘任他担任负责人呢？事实上，因为总公司具有特殊建筑资质，按规定其他公司不得挂靠总公司从事业务，于是，总公司为了规避这一点，就任命张某为所谓B市分公司的负责人。显然，不能据此认为张某是国家工作人员。

学生：看来，也不能因为有任命、有聘任就直接认定被任命、被聘任的人是国家工作人员，还是需要具体判断任命、聘任的根据何在。如果没有任何根据就说任命、聘任谁担任负责人，这个任命、聘任就是无效的。

张明楷：必须这样判断。我以前还见过县政府任命纯民营企业负责人的现象，任命的根据何在呢？完全没有根据。如果民营企业没有任何国有成分，县政府任命民营企业负责人，只不过是滥用职权而已。

学生：有的是民营企业的几个人都想当负责人，争执不下，县政府就任命一个人当负责人。

张明楷：即使是这样的话，县政府也只不过充当了一个中间调解角色，不能因为县政府出具了一份所谓的公文，这个民营企业的负责人就成为国家工作人员。任命、聘任只是一种形式，还需要实质判断行为人是不是从事公务。纯民营企业的负责人从事什么公务呢？与公务不沾边，不可能成为国家工作人员。我们上面讨论的案件也是如此。张某在B市的分公司，由张某全额出资成立，经济独立，自负盈亏。张某不可能是依法从事公务的人员，不可能成为贪污罪的主体。

学生：张某与总公司的协议内容是，张某只能以A市总公司的名义在B市招揽建筑业务，而且只能以A市总公司的名义与对方签订合同，对方公司将合同的款项支付到A市总公司，A市总公司扣除管理费后,将剩余的款项再汇给 B 市分公司。在这种情形下,能不能说张某是国家工作人员呢?

张明楷:也不是的。合同是总公司与对方签订的,张某只是招揽建筑业务。其实,张某招揽建筑业务也不是为了给总公司招揽,而是为了给自己的分公司招揽。总公司其实只收 6% 的挂靠费用。所以,张某不可能成为贪污罪的主体。这个案件还有很重要的一点,谁是被害人?

学生:其实被害人是合同的相对方,而不是总公司。

张明楷:对啊。既然如此,不就是一个合同诈骗罪吗?

学生:那么,能不能说其中的 600 多万元中的 6% 是贪污呢?

张明楷:是因为其中的 6% 应当交给国有总公司而张某没有交就认定贪污吗?

学生:是的。

张明楷:我们刚才都讨论过了,张某不是国家工作人员,既然如此,他一个人就不可能构成贪污罪的正犯。

学生:那么,能不能说张某没有将 600 多万元中的 6% 交给总公司成立诈骗罪或者侵占罪呢?

张明楷:这 600 多万元本身就是合同诈骗所得,难道国有总公司有分赃的权利吗?

学生:当然没有分赃的权利。

张明楷:既然如此,当然不可能就此成立对国有总公司的诈骗罪或者侵占罪。

学生：如果张某私自以总公司的名义对外签订建筑合同，收取合同款项600多万元后据为己有，也没有进行施工，也是构成合同诈骗罪，而不是贪污罪。

张明楷：除非张某私刻总公司印章，否则他不可能私自以总公司的名义对外签订建筑合同。即使私刻总公司印章，以总公司的名义对外签订合同，收取合同款后不履行施工义务，也同样成立合同诈骗罪。只不过这里存在总公司是否可能因此承担民事责任的问题，但这不影响张某的行为对合同相对方成立合同诈骗罪。

案例140　贪污罪（行为对象的判断）

A集团下的子公司A投资控股公司原本设在香港，当时，A集团给A投资控股公司的员工提供住处。在A投资控股公司搬到内地某城市之后，A集团规定只给员工发放住房补贴，不提供住房，也不报销住房租金等。被告人甲为A投资控股公司的董事长（国家工作人员），同时兼任某酒店的董事长职务，该酒店为国有控股公司，是A投资控股公司的子公司。甲从A集团领取了120多万元的住房补贴，同时在酒店订了一套行政套房，4年多的住宿费为200余万元，但被告人未向酒店交付住宿费。

张明楷：被告人甲的行为构成贪污罪吗？如果构成的话，贪污的对象是什么？

学生：甲贪污了酒店套房的使用权。

张明楷：酒店套房的使用权属于财产性利益，可以成为贪污罪的对象。主张无罪的人提出的一个理由是，被告人甲是A投资控股公司的董事长，他在那个公司是有办公室的。甲同时又是酒店的董事长，但他在酒店里没有任何办公室，所以他住的套房同时也可以算是他的办公室。既然是办公室就不需要交费用。

学生：这个辩解需要有事实支撑吧！如果甲确实是在酒店房间里面办公才可以成为辩解理由。

学生：还要看酒店是否认可将套房作为他的办公室。

张明楷：被告人是董事长，这种事情或许他可以说了算。案情交代得不清楚，被告人肯定没有在酒店套房办公，否则根本不可能作为刑事案件立案。所以，从办公需要的角度来辩解可能难度较大。还有一种主张不成立犯罪的观点认为，住酒店当然要给钱，一般是先住宿后结账，被告人住了4年多之后再给钱就可以了，可以不追究刑事责任。

学生：这个辩解也难以成立吧。不可能有4年多才结一次账的酒店住宿。即使是事后付费，也是一月一付或者一个季度一付吧。

学生：充其量一年一付。

张明楷：因为被告人是董事长，估计酒店也没有催他付款，所以,被告人就一直没有付款。

学生:正因为如此,可以认定被告人的行为构成贪污罪。如果他打算付款,他早就付款了。如果他将套房作为办公室,也需要与其他副职领导商量才行。

张明楷:事实不是特别清楚,但贪污酒店住房使用权应当是有可能的。当然,如何表述这个行为对象可能有疑问。

案例 141　贪污罪(与其他犯罪的关系)

被告人闫某是国有公司采购中心主任,国有公司确定了甲、乙、丙三家供货公司向国有公司供货。但闫某后来发现,三家供货公司之外的公司也能提供相同的货物,而且价格低得多。于是,闫某与甲公司的负责人商量,由闫某自己出钱从其他公司购买货物,然后卖给甲公司,甲公司再按合同约定的价格卖给国有公司。甲公司负责人发现,这样不会使甲公司亏本,而且也会获利,于是同意闫某的建议。等国有公司把货款付给甲公司之后,甲公司扣除税款,再把货款的差价(6万元)交给闫某。

张明楷:你们认为闫某构成犯罪吗?

学生:闫某其实是自己购货后卖给自己所在的国有公司,只不过中间经过了甲公司一道手。

张明楷：是否经过甲公司这道手就大不一样了。闫某自己低价购买了一批货物，让甲供货公司以他们供货公司的名义按照事先的合同价卖给国有公司。或者说，闫某购买了货物之后，让甲供货公司帮他将货物按合同价卖给国有公司，这个供货公司就给闫某开增值税发票，发票拿到国有公司报销，中间的差价归闫某所有。这个案件首先涉及的是什么问题？

学生：国有公司究竟有没有财产损失？

张明楷：如果从客观到主观认定犯罪，就会发现没有财产损失。因为国有公司的目的是要获得一批同等价值的货物，确实也获得了这些货物，而且是按合同约定的价格付款的。

学生：国有公司是通过什么方式与三家供货公司签订合同的呢？

张明楷：案情没有交代，合同肯定是以前就签订了。你们觉得作为国有公司采购中心主任的闫某，在知道其他公司有价格便宜的相同货物时，是否有义务采取相关措施？比如，变更合同或者采取其他措施？是否可以认为，在负责管理采购物资时，如果质量一样，当然要选最便宜的，为什么不选最便宜的？

学生：估计闫某不但没有这个义务，也没有权力去变更。因为供应商的确定有很严格的一套流程。

张明楷：如果从事前已经确定了三家供货公司且不可变更这个角度来说，国有公司就没有损失；但如果说可以更换供货公司，国有公司就是有财产损失的。案件事实在这方面没有交代，所以不好讨论。我的意思是，如果完全可以变更供货公司或者变更合同约定的价格，闫某也有职责进行变更，但他却故意不变更，而实施本案的行为，有可能构成贪污罪。如果不能变更供货公司与合同约定的价格，就不可能成立贪污罪了。

学生：如果是前一种情况，能说行为人利用了职务上的便利吗？

张明楷：按照现在刑法理论的通说与司法实践的做法，认定闫某利用了职务上的便利似乎问题不大。因为闫某就是负责采购事项的，与甲公司联系供货事项，也是他的职责范围。具体来说，闫某从两个方面利用了自己的职务之便，一是通过不履行变更供货公司与合同约定价格之义务的方式来为自己谋取利益创造前提条件，二是利用职务之便让甲公司负责人配合，使自己获得利益。

学生：但是，闫某是自己花钱购买了货物的。

张明楷：这一点并不重要，重要的是闫某是否利用了职务上的便利让自己获得了不应当获得的利益。

学生：闫某的贪污行为属于利用职务上的便利骗取公共财物吗？

张明楷：可以这么说吧，不可能是窃取与侵吞。当然，我们认定闫某构成贪污罪只是一种假定，至于事实上能否变更供货公司与合同价格，则是另一回事。你们一定要清楚这一点。

学生：知道了。就是说，如果事实上不能变更供货公司与合同约定的价格，就不能认定闫某的行为构成贪污罪。

张明楷：对。有一种观点认为，闫某的行为构成受贿罪，你们觉得有这种可能性吗？

学生：甲公司事实上有求于闫某，闫某的行为事实上使甲公司少盈利6万元，或者说，事实上是由甲公司给了闫某6万元。如果从这个角度来说，认定闫某的行为构成受贿罪也是有道理的。

张明楷：倘若事实就是像你所说的这样，认定闫某成立受贿罪也是可能的。比如说，在供货公司与合同约定的价格不可能变更的情况下，闫某的行为就是通过损害甲公司的利益来获取利益，甲公司损失的利益就是闫某获得的利益，二者是完全对应的，而且甲公司又有求于闫某，所以，认定闫某的行为构成受贿罪也是有根据的。

学生：也就是说，甲公司应得的6万元没有得到，而是让闫某得到了。

张明楷：对！

学生：如果这样的话，有没有可能认为闫某的行为是贪污与受贿的想象竞合？

张明楷：在一般意义上说，贪污与受贿完全可能成立想象竞合。只是取决于事实究竟是不是像我们所设想的这样。

学生：可是，贪污的对象是本单位的财物，而受贿所收受的是他人的财物，怎么可能竞合呢？

张明楷：没有问题，案件事实都有不同的侧面，从不同角度分析，所重视的侧面不同、分析的角度不同，就会得出不同结论,而且不同结论都是妥当的。在这种情况下,就必须承认想象竞合。当然,如果说,本案中的6万元要么是国有公司不应当支付的,要么是甲公司应得的,二者是对立的,则难以成立贪污罪与受贿罪的想象竞合。如果说本案中的6万元,从一个角度来说是国有公司不应当支付的,从另一个角度来说是甲公司应得的,则是贪污罪与受贿罪的想象竞合。

学生:杀人与盗窃都可能竞合,贪污与受贿当然也可能竞合。

张明楷:还有一种观点认为,闫某的行为构成虚开增值税专用发票罪。你们觉得有没有可能?

学生:好像不是真正的虚开,因为事实上存在交易,只是交易主体不同,但国家税收不可能受损失。

学生:虚开增值税专用发票罪也没有要求造成税收损失啊。

张明楷:虽然不要求造成税收损失,但至少要有造成税收损失的危险。本案虽然开了增值税专用发票,但事实上不具有这种危险性,所以,我认为不应当认定为虚开增值税专用发票罪。

案例142 贪污罪与挪用公款罪(构成要件符合性与有责性的判断)

被告人黄某在某地的一个国有的 A 公司担任董事长。A 公司是给当地政府融资的,此外还有一个同样有融资功能的 B 公司,

B公司的融资业务一般都由A公司来主管。另外还有C公司和D公司，它们都是非国有的民企。D公司的总经理是郑某，背后的实际控制人是肖某。D公司需要1000万元经费，郑某就找到黄某，问A公司能不能借给D公司1000万元。黄某说，我们没有那么多钱，但我可以帮你找别人借。黄某找了C公司，说要借1000万元，但没有说是D公司要借钱。C公司只肯借给国有公司，黄某就跟C公司说借给B公司，于是约定C公司借给B公司1000万元，月利率1.1%。C公司同意后，黄某到C公司拿支票，但跟C公司的财务人员说，开支票的时候不要写收款人，让收款人一栏空着。黄某拿着C公司开出的支票直接交给了D公司，黄某和D公司约定，这笔借款的月利率是1.2%。D公司在支票的收款人一栏写上了自己公司的名称。后来C公司发现钱并没有借给B公司，但由于钱已经借出去了，也没有要求退回来。在接下来的8个月里，黄某每个月找D公司收1.2%的利息，然后拿出1.1%给C公司。但是到第九个月的时候，D公司欠钱太多就跑路了，D公司总经理郑某也逃走了。而且，此前黄某私人还借给了D公司300万元。黄某就找到D公司的实际控制人肖某，要D公司还款1300万元。肖某认账，但就是没有钱还。C公司借出的1000万元也到期了，C公司要求黄某还钱。但是D公司还不起，黄某就从A公司的账上划了1000万元给C公司，先替D公司还了1000万元。因为黄某自己借出的300万元也还没有追回来，所以他就要想办法弄到1300万元。此时，刚好当地政府需要一大笔钱，但很多人不愿意借给政府。肖某就联系到了一家银行，但银行有一笔坏账要冲抵，银行就跟黄某协商，银行要求在正常的利率之外，还要再加一笔利息。亦即，本来正常利率是6%，但是现在还要再加5%的利息。这5%的利息用于冲抵银行的坏账。黄某心想,既然银行没有按照正常的利率贷款,自己就干脆多加一点,把1300万元弄出来。于是,黄某跟肖某两个人合谋,黄某以A公司的名义跟肖某的另一个公司即E公司签了一个融资顾问协议,约定支付给E公司1300万元的融资顾问费。黄某跟政府汇报说,银行要13%的利息,实际上是他自己加了2%的利息。这2%的利息就是1300万元的所谓融资顾问费。但是,黄某在给政府汇报时讲得很含糊,只说银行利率加服务费一共是13%,政府就同意了。于是,黄某就代表A公司和银行签了协议,银行将5亿多贷款划到A公司账上。黄某就以融资顾问费的形式,将1300万元汇到E公司账上,E公司将300万元给了黄某,将1000万元给C公司,C公司再把1000万元汇给A公司,这样A公司与C公司的账平了,黄某借出的300万元也拿回来了,随后就案发了。

张明楷:这可能是我们迄今为止讨论的字数最多的一个案例,不过也并不复杂。这个案件谁受损失了?

学生:当地政府。

张明楷:政府至少损失了1300万元,不仅如此,还被银行多要了5%的利息。我们按顺序逐一讨论吧。首先是从C公司借给D公司1000万元,但是以B公司的名义借出的。不过,以B公司的名义借只是口头约定,并没有书面的协议。能说这1000万元是B公司借的,黄某将这1000万元挪用给D公司了吗?

学生：实践中有这么认定的。

张明楷：黄某实际上是给 D 公司借款 1000 万元，虽然他跟 C 公司说是借给 B 公司，但 B 公司并没有向 C 公司出具借据、收据之类的，也没有借款协议。在这种情况下，不能说 1000 万元已经借给了 B 公司，然后黄某挪用 1000 万元给 D 公司使用。所以，我觉得这 1000 万元不能认定为挪用。

学生：事实上，C 公司知道是 D 公司使用后，也默认了。

张明楷：是否默认不是关键。

学生：司法机关认为这 1000 万元是挪用。

张明楷：我觉得有疑问。这 1000 万元都没有进 B 公司的账，从民事法律关系上说，也不是 B 公司的，认定为挪用公款不合适。而且，我觉得，即使以 B 公司名义出具借条，但实际上是借给 D 公司使用的，也不应当认定为挪用公款罪。我以前讲过一个案例：某个出版社的办公室主任自己想办一个印刷厂，就找一个印刷厂借款 10 万元。印刷厂领导也明白，我不能把钱借给你个人，否则是挪用公款，我只能借给出版社。于是，办公室主任就用出版社的公章打了一个借条，用 10 万元注册一个公司，后来将 10 万元还给印刷厂。案发后，检察院要对出版社办公室主任以挪用公款罪起诉，我说这个案件不能定挪用公款罪，但检察院还是起诉了，法院宣告无罪。我的理由是，挪用公款罪表现为将单位控制的公款转移出去，使单位丧失对公款的控制。可是，这 10 万元原本就不是出版社的，原本就没有由出版社控制，怎么能叫挪用公款呢？

学生：按照民法原理，这10万元就是出版社的，而不是办公室主任的。

张明楷：是的，我也问过民法学教授，他们的确这样认为。但是，在刑法上需要进行实质判断。

学生：如果办公室主任还不了款，印刷厂肯定要出版社还，于是出版社就会有损失。

张明楷：是的。不是还有一个国有公司、企业、事业单位人员滥用职权罪吗？如果办公室主任届时没有还，必须由出版社还，办公室主任就成立这个罪。实际上，办公室主任相当于用出版社担保为自己借钱，同时，印刷厂也是为了避免自己构成挪用公款罪。分析案情不能跳跃，要具体判断危险与实害是哪一个行为造成的，要按构成要件要素一个一个地分析和判断。

学生：如果是这样的话，我们讨论的黄某案中，就向C公司借款1000万元的行为来说，也不可能构成挪用公款罪了。

张明楷：是的。因为B公司没有出具借条，也不存在借款协议，即使D公司届时还不了这1000万元，C公司充其量只能找黄某本人，而不可能找B公司，所以，不会造成B公司财产损失，黄某也不可能构成国有公司人员滥用职权罪。

学生：接下来就是第二笔，1000万元借款一年到期后，黄某从A公司账上划了1000万元给C公司，帮D公司还债。但是，不到3个月时间，这1000万元又回到了A公司。

张明楷：没有超过3个月，那就要判断这1000万元的挪用是什么性质,能评价为挪用公款进行营利活动吗?

学生:原本从C公司借这1000万元时,黄某得到了0.1%的利息。

张明楷:也就是说,黄某从C公司借1000万元给D公司的行为,实际上存在自己的营利活动。

学生:是这样的。

张明楷:那么,用A公司的1000万元替D公司归还给C公司,是不是相应地也要评价为营利活动?

学生:1998年4月29日最高人民法院《关于审理挪用公款案件具体应用法律若干问题的解释》第2条规定:"明知使用人用于营利活动或者非法活动的,应当认定为挪用人挪用公款进行营利活动或者非法活动。"C公司与D公司之间的借贷行为本身就是一种营利活动,将A公司的1000万元用于还D公司的债务,也会评价为营利活动。

张明楷:比如,张三借了李四100万元用于炒股,后来亏了,于是,国家工作人员王五挪用公款帮张三还了100万元,王五的行为是挪用公款进行营利活动吗?

学生:司法实践一般是这样认定的。

张明楷:如果是这样的话,倘若张三是借款用于赌博输了,后来王五挪用公款帮张三还赌债的话,也认定王五挪用公款进行非法活动吗?

学生:是的。

张明楷：赌博是非法活动，还赌债还是非法活动？

学生：是的。

张明楷：如果 1000 万元原来是 C 公司或者 D 公司用于营利活动，后来黄某用 A 公司的 1000 万元还给 C 公司，对于后者认定为从事营利活动，我还能接受。因为 1000 万元还给 C 公司后，C 公司肯定是用这笔钱进行营利活动。即使是说这 1000 万元是挪用给 D 公司的，D 公司用于还债，也是公司的营利活动。对此，应当没有什么疑问。但是，对于非法活动难以一概而论，要看还赌债之类的资金是不是应当没收，如果应当没收，就要评价为进行非法活动。因为从事非法活动时使公款流失的风险大，所以，法律没有规定时间与数额。将公款用于非法活动时，公款就变成了犯罪工具或者成为组成犯罪行为之物，都是要没收的。所以，从是否应当没收来判断还赌债的行为是不是挪用公款进行非法活动，这是比较合适的。如果帮忙还赌债并不会被没收，就不能认定为挪用公款进行非法活动吧。

学生：老师说得有道理。

张明楷：接下来要讨论的是黄某是否属于个人决定了。

学生：黄某将 A 公司的 1000 万元汇到 C 公司账上帮 D 公司还债时，跟 A 公司财务主管打过招呼，但是黄某没有说实话。黄某跟财务主管说 C 公司需要 1000 万元，我们借给他们 1000 万元吧。

张明楷：但是黄某是管财务主管的，他比财务主管职务高，而且还隐瞒了真相，对此认定为个人决定将公款挪用给其他单位使用，都没有问题。全国人大常委会《关于〈中华人民共和国刑法〉第三百八十四条第一款的解释》规定："个人决定以单位名义将公款供其他单位使用，谋取个人利益的"，属于挪用公款归个人使用。接下来要判断黄某是否因此而谋取个人利益。

学生：肯定是谋取个人利益了。因为原来借款时也是为了谋取个人利益，也就是获取0.1%的利息。D公司总经理逃了之后，C公司当然要找黄某还款。在这个意义说，黄某实际上是为个人还债。

张明楷：这样来分析的话，黄某对这1000万元构成挪用公款罪。接下来应当分析私自加息2%的行为了。

学生：私自加了2%的利息，用于填补1300万元的亏空，构成贪污罪应当没有疑问吧。

张明楷：我也觉得没有什么疑问。

学生：但是，辩护律师提出了两个反对理由：第一，确实是肖某找到银行牵线搭桥的；第二，政府是同意以13%利息融资的。在政府工作会议上，黄某报告了融资成本是13%，当时政府领导也同意了。黄某在给政府领导提供的报告中，确实提到有一个融资服务费。只是没有说融资服务费具体是多少比例，黄某直接说融资成本13%，里面含银行冲抵坏账的钱以及融资服务费。

张明楷：律师也实在没有办法了，只好这么辩护，但这两点都不成立：第一，肖某原本就是D公司的实际控制人，他本来就要想办法还A公司的1000万元，怎么可能还要中介费啊？况且这个钱还不是肖某取得。第二，政府是受骗才同意的，如果政府知道真相，不可能同意多付2%的利息。

学生：定诈骗罪合适吗？

张明楷：银行的5个多亿是打到哪个账上的？

学生：这5个多亿的融资款是打到A公司账上。

张明楷：1300万是从A公司账上汇到E公司账上的吗？

学生：是的。

张明楷：如果是这样的话，认定为贪污罪是合适的，因为黄某是A公司的董事长，属于主管公共财物的人员。

学生：对这1300万元认定为挪用公款不行吗？

张明楷：这种贪污当然也符合挪用公款罪的构成要件，但这种方式使得账做平了，即使D公司后来有钱了再还给黄某，也不可能还给政府或者A公司了。也就是说，黄某不再归还这1300万元的事实与目的已经非常清楚了，还是要定贪污罪。

学生：贪污的数额只是300万元吧。

张明楷：为什么？

学生：因为其中的1000万元实际上是给D公司用了。

张明楷：不能这样考虑。贪污罪中的非法占有目的，包括使第三者非法占有的目的，当然也包括使D公司占有的目的。况且，如果以后D公司有了钱，也只会还给黄某本人，而不会还给A公司。

案例143 贪污罪（与受贿罪的关系）

某市地矿局的局长甲，经常去地矿局下属单位经营的玉器店（国有性质），每次去都是看一款价值50万元的玉镯。甲第五次去的时候，对玉器店的经理乙说，这玉镯真好看，怎么这么久还没有卖出去？乙认为领导想要这个玉镯，想办法把账做平了之后，把玉镯送到甲家里，甲就收下了。

张明楷：这个案情倒是挺简单的，但甲的行为是构成贪污罪还是受贿罪，却争议挺大。

学生：要定贪污罪是有可能的。

张明楷：定谁贪污？

学生：甲和乙。

张明楷：甲和乙都是贪污？

学生：也可以。

张明楷：能不能说，乙是贪污了玉镯后再行贿，甲是受贿？什么情况下应该定贪污？什么情况下一个人是受贿，另一个人是贪污和行贿？

学生：感觉可以是想象竞合了。

张明楷：什么和什么的想象竞合？乙的行贿行为和贪污行为是想象竞合，甲的受贿行为与贪污行为是想象竞合？

学生：甲是否知道乙是通过平账方式将玉镯拿出来的？

张明楷：按理说是知道的，两个人都心领神会。甲每次去都看这个玉镯，而且说"真好看""怎么还没有卖出去"。这实际上是在暗示乙将玉镯给自己。所以，乙也知道甲想要这款玉镯。

学生：老师，我觉得还是定二人贪污共犯好一点。

张明楷：定二人共同贪污也是可能的，关键是如何归纳案件事实。如果要认定为贪污罪，就要看案件事实能否表明，甲是唆使乙贪污玉镯后将玉镯给自己。如果得出肯定结论，认定二人构成共同贪污是完全可能的。但是，即使如此，也不一定能否认涉嫌行贿与受贿，因为玉器店是地矿局的下属单位，下属单位的领导向上级领导行贿，也是完全可能的。因此，我们也可能说，甲是向下属单位索要贿赂。

学生：好像都有可能。

学生：问题是，如果要认定为甲受贿的话，是否符合受贿罪的要件？也就是说，如果乙对甲没有任何请托事项，甲的行为是否符合利用职务上的便利为他人谋取利益的构成要件？

学生：2016年4月18日"两高"《关于办理贪污贿赂刑事案件适用法律若干问题的解释》第13条第2款规定："国家工作人员索取、收受具有上下级关系的下属或者具有行政管理关系的被管理人员的财物价值3万元以上，可能影响职权行使的，视为承诺为他人谋取利益。"这个案件肯定符合这一款规定。

张明楷：有的学者不赞成这个解释，认为这是类推解释。因为可能影响职权行使不等于国家工作人员已经利用了职务上的便利。

学生：按照老师的观点，这一规定应当没有问题。

张明楷：我觉得受贿罪中为他人谋取利益的规定，旨在说明财物与国家工作人员的职务行为具有关联性，或者说财物是国家工作人员职务行为的对价或者报酬，但这里的职务行为必须包括国家工作人员将来的职务行为以及所允诺的职务行为。乙将玉镯送给甲，当然可能影响甲的职权行使，比如以后提拔乙等，玉镯显然是对甲的将来职务行为的报酬。而且，影响职权行使，意味着玉镯与甲的职务行为之间具有对价关系，这就符合了受贿罪的构成要件。我觉得在国家工作人员收受财物的时候，利用职务上的便利与为他人谋取利益，都只是为了说明财物是国家工作人员职务或者职务行为的不正当报酬。不可能按字面含义理解《刑法》第385条的规定，要从受贿罪的保护法益理解第385条的规定。尤其是"利用职务上的便利"这一规定，不应理解为构成要件中的一个独立的要素。利用职务上的便利干什么呢？收受财物需要利用职务上的便利吗？当然不要。需要国家工作人员利用职务上的便利实施为请托人谋取利益的行为吗？也不需要，只需要国家工作人员许诺就可以了，而且，国家工作人员的家属也可以替代国家工作人员许诺。所以，对于"利用职务上的便利"这一规定，只能从职务的对价或者不正当报酬的角度去理解。简单地说，就是国家工作人员收受与其职务有关的财物，使财物成为职务的不正当报酬。

学生：这么说的话，乙是贪污后行贿，甲是受贿。

学生：能说乙是为了谋取不正当利益吗？

学生：在实践中，这种情形可能认定为行贿罪。

张明楷：为了将来提拔或者得到领导的关照，也是可以评价为谋取不正当利益的。

学生：不成立共同贪污了吗？

张明楷：肯定行贿与受贿关系，也不意味着否认共同贪污，因为它们之间不是对立关系，完全可能想象竞合。甲经常去看玉镯，并且说"真好看""这么久还没有卖出去"这样的话，能否评价为教唆贪污呢？

学生：不能吧？

张明楷：为什么不能？看你怎么评价这个事实，每次都是去看玉镯，乙都心领神会了。乙心里想，既然领导要玉镯，我就想办法给你。想什么办法呢？就只能是把账做平。

学生：片面的教唆吗？

张明楷：这还不是片面的教唆，片面的教唆是指教唆者有教唆行为与故意，而且引起了被教唆者的犯意，但被教唆者没有意识到自己的犯意是由教唆犯引起。但本案中的乙，显然意识到了甲要玉镯。如果说是教唆，就是普通教唆，只不过甲的表达不是典型的教唆语言，但客观上、事实上所起的作用就是教唆，产生了教唆的效果。

学生：即使乙理解了甲想要玉镯的意思，他也可以不给甲啊。

张明楷：这不影响甲的行为成立教唆啊。在教唆的场合，被教唆的人都可以不听教唆犯的。也就是说，如果可以将案件事实评价为，甲要求乙将玉镯给自己，甲不仅有索取贿赂的行为与故意，而且有唆使乙贪污玉镯后将玉镯送给自己的行为与意思。明摆着的事情是，玉镯肯定是有记账的，只有做平了账才可能送给甲。国有商店不可能记账显示玉镯送给领导了。

学生：如果甲说，我根本没有唆使他贪污之后给我，该怎么办？

张明楷：但是，其一，乙将玉镯拿给甲是事实，这是甲教唆的结果。其二，如果说甲没有教唆的故意，他要么不收下玉镯，要么确认是不是乙自己购买玉镯之后再送给自己的。甲没有这样做，而且，按照常理，乙不会将价值50万元的玉镯买下来后送给甲，因为乙并没有重大利益有求于甲。所以，从现有的事实来看，还是可以认定甲唆使乙贪污玉镯送给自己的。当然，如果甲确实以为乙是购买之后送给自己的，则是另一回事，那就不能认定为教唆贪污了。但我认为，这种可能性几乎不存在。

学生：如果在给甲做笔录的时候，是不是还要问，甲经常去看玉镯，说"真好看"之类是什么意思？

张明楷：如果你认为甲同时触犯贪污罪，就要将这方面的细节以及甲的想法弄清楚。如果是只定甲受贿罪，这个细节就不重要，甚至可以忽略不计了。

学生：如果认定乙贪污之后再行贿，甲就不太可能是贪污了。

学生：对。甲只能是受贿了。

张明楷：如果甲是暗示乙贪污之后再将玉镯给自己，是不是暗示乙行贿给自己？

学生：甲可能觉得哪一种都行。

学生：甲暗示乙买了玉镯再送给自己？

张明楷：这种可能性不大，前面已经说过了。如果是这样，肯定就不成立共同贪污了。

学生：其实，甲的意思是，乙想方设法把玉镯弄出来给我，其他的细节他可能根本不考虑。

张明楷：乙除了购买就是贪污，还有什么办法？如果排除了购买，就只剩下贪污了。

学生：就是说，贪污是行贿的前提。

张明楷：那不就是教唆乙贪污吗？

学生：这么说，乙是贪污和行贿的想象竞合，甲是贪污和受贿的想象竞合。然后，对两个人都按贪污罪量刑。

张明楷：也可能是对甲按受贿罪量刑。在法定刑相同的场合，要由量刑情节来决定。如果甲的受贿情节重，贪污情节轻，就按受贿罪量刑。对乙也是一样的道理。

学生：一般人不一定同意我们的分析。

张明楷：从结局上说，有两种可能：一是甲、乙二人构成贪污罪的共犯；二是认定乙构成贪污罪与行贿罪，认定甲构成受贿罪。就后一种可能而言，主要取决于甲、乙的行为是否符合前面提到的司法解释关于行贿、受贿的规定。如果得出肯定结论（我们前面也得出了肯定结论），后一种可能性就是成立的。如果得出否定结论，可以认定为贪污罪的共犯。以上的讨论只是想告诉你们两个方面的问题：一是贪污罪与受贿罪不是对立关系，完全可能想象竞合。也就是说，任何并非对立的犯罪之间，都有可能成立想象竞合。二是如何判断教唆行为，不要以为教唆行为必须是说明白让对方犯什么罪，要联系语境、场景分析某种行为是否属于教唆行为。

学生：假如说乙拿去之后，甲不要，乙回过头来把账做回去，该怎么办？

学生：那就定乙一个人贪污了。

张明楷：既遂了吗？

学生：既遂了，拿出来就既遂了。

张明楷：为什么拿出来就是既遂了？

学生：因为账已经做平了，将玉镯据为己有了，转移了占有，而且具有非法占有目的。

张明楷：假如乙心里想的是，如果甲局长不要，我就再把账做回去呢？另外，是事先平账还是事后平账有那么重要吗？假如甲局长不要，乙会怎么样？

学生：估计会把玉镯放回去。

张明楷：如果说乙事先没有把账做平，他想的是，如果甲要就给甲，再回来平账，如果甲不要，我就拿回来搁在店里了。这种场合，属于附条件的故意吧。

学生：这种附条件的故意在德国是认为有故意的。

张明楷：如果乙将玉镯拿到甲那里去，甲没有收下，乙又拿回店里的，是贪污既遂还是贪污未遂？

学生：定未遂合适一些吧。因为乙毕竟打算在甲不收下的情况下再将玉镯还回店里，而不是说据为己有。

学生：乙仅仅把玉镯拿出去还不好说贪污既遂，从行为外观本身来说，还不好推断。

张明楷：这个设想的案例我想要问的是，如果甲不要，乙拿回来了，把账再做回去，这个怎么办？还定贪污既遂吗？当然，如果他拿回来了，一般就不会形成案件了。但假若他的行为被人发现了因而导致案发了呢？

学生：认定为贪污未遂比较好。

学生：为什么不是贪污中止呢？

张明楷：如果不认定为既遂，只能考虑是成立贪污未遂还是贪污中止。从乙决定将玉镯送给甲的角度来说，由于甲拒收玉镯，这是乙意志以外的原因才没有得逞，因为甲是否收下玉镯，不是乙自己可以决定的，因而是未遂。但如果从乙在甲拒收之后仍然是主动将玉镯还回商店的角度，似乎也可以认定为中止。不过，认定为未遂的理由可能更充分一点。况且，在一般情形下，这种行为都是被认定为既遂的，如果将乙的行为认定为中止，感觉不合适。总之，乙是为了将玉镯送给甲，只有当甲收下玉镯时，才可能认定乙的贪污既遂。

学生：司法实务中看到行为人已经平账了，基本上认定为贪污既遂。

张明楷：这是就通常情形而言，在附条件的贪污的场合，则不一定。另外，我还见过这样的案件。国家工作人员的确只是为了挪用，但由于在归还前上级进行财务检查，但他又不能立即归还公款，于是想暂时将账做平，等应付检查之后，再归还公款并将账改回来。检察机关也是以平账为由要认定为贪污罪，但我认为只能认定为挪用公款罪。因为这个案件行为人只是想挪用的事实非常清楚，除了平账之外，没有其他证据表明行为人不想归还公款。而且，行为人对平账的解释也完全符合情理。

学生：如果这个被告人等检查组离开后，发现检查组没有查出挪用的事情，平账做得很稳妥，后来不归还公款的，就要认定为贪污罪了吧？

张明楷：那当然。

案例144 挪用公款罪（超过3个月未还的时间判断）

国家工作人员甲挪用了1200万元公款，挪用公款都是归个人使用，而不是进行非法活动与营利活动。办案机关立案的时候有900万元超过了3个月未还。但案件移送到法院之后，另外300万元也变成了超过3个月未还。

张明楷：这个挪用公款案是认定挪用公款1200万元还是900万元？

学生：如果按1200万元计算，甲会不会说，如果不羁押我，我肯定将这300万元归还了，不至于超过3个月未还。

张明楷：那如果没有羁押行为人呢？

学生：如果没有羁押行为人，就要按1200万元计算了。

张明楷：如果虽然羁押了行为人，但事实上行为人根本不能归还呢？

学生：那也要认定为1200万元。

张明楷：如果在日本、韩国等国家，检察机关只起诉900万元时，法院也只会就这900万元是否构成挪用公款罪作出判决，不可能判决挪用公款1200万元。但我国的法院可以改罪名，更能改数额。所以，就出现了本案这样的问题。如果计算到立案的时候，是对被告人有利的；反之，如果计算到审判的时候，就是对被告人不利的。

学生：如果是这样的话，就只计算到立案时为止，不必计算到审判时。

张明楷：问题是，如果行为人并没有被羁押，到审判时300万元并没有归还，而且超过了3个月，我国法院会认定为挪用公款900万元吗？

学生：不会，肯定会认定为挪用公款1200万元。

张明楷：但是，如果行为人因为被羁押，导致300万元未能在三个月内归还，要认定挪用公款1200万元，确实对行为人不公平。

学生：是不是就按是否羁押来区别认定呢？如果在羁押的情形下，还考虑行为人如果未被羁押是否能归还，就具有不确定性。因为即使行为人没有钱还也可能向亲朋好友借钱还。

张明楷：问题是，如果在行为人被羁押的情形下，只认定为挪用公款900万元，那么判决之后，检察机关还会不会另行对300万元再起诉呢？如果检察机关再起诉，反而还导致实行数罪并罚，对行为人就更不利了。

学生：这种可能性确实是存在的。

张明楷：以前见到一个集资诈骗的案件。检察院先起诉了2000万元，法院判决之后，行为人执行了一段时间的刑罚，检察机关又起诉了1500万元，要实行数罪并罚。这就对行为人明显不公平。我觉得在这样的情况下，也只能提起审判监督程序，按集资诈骗3500万元处罚，而不实行数罪并罚。

学生：但是我觉得提起审判监督程序有点困难，因为事实和证据都没有错误。如果考虑老师的这种担心，就计算到审判时吧。

张明楷：在法院可以改变检察机关的提起数额的情况下，计算到审判时实际上是有利于行为人的，否则行为人会面临再次被起诉且实行数罪并罚的风险。而且，挪用公款罪的实行行为是将公款挪出来的行为，而不是使用行为。3个月内没有归还，其实只是客观处罚条件。立案的时候只有900万元具备了客观处罚条件，另外300万元不具备客观处罚条件。但审判的时候已经具备了客观处罚条件，而且客观处罚条件不需要行为人有认识。所以，综合起来看，计算到审判时，按挪用公款1200万元计算，也是可能的。

学生：我觉得会有争议。

张明楷：当然会有争议，我们讨论的案件都有争议。也许下一次讨论，我们都会改变观点。这个案件提醒我们一点，就是要全面地考虑各种可能性，包括司法机关处理相关案件的可能性，综合判断怎么认定最合适。其实，如果被告人有钱归还，并不需要他本人亲自归还，他完全可以告知亲属钱在何处和如何归还。当然，如果确实是因为羁押才不能归还，我也觉得可以只认定为挪用公款900万，但需要确保检察机关以后不会再对300万元另行起诉。

案例145 受贿罪（贿赂的判断）

被告人甲是国家工作人员，事前利用职务上的便利为乙谋取了很多利益。后来乙要到外省去做一个项目，就请甲一起去考察。乙认定这个项目能挣大钱，为了感谢甲以前对自己的帮助，就邀请甲投资入股，并且承诺甲会有很高的收益。乙让甲投资500万元，占公司5%的股份，甲便答应了。但甲没有资金，让乙先行垫付500万元，乙就为甲垫资500万元，工商登记显示甲的某个亲属占5%的股份。其间，乙还催问过甲何时归还500万元的垫资款，但甲一直没有还钱。2年后，乙便回购了甲的股权，此时5%的股份价值1200万元。乙扣掉了500万元的垫资款，并且扣除了100万元的利息，然后将600万元给了甲。

张明楷：类似的案件在司法实践中虽然不是很常见，但也不少见。有的行贿人没有扣除利息，只是扣除了本金；有的行贿人则是让国家工作人员找第三者借钱来投资。国家工作人员因为听说确保高收益，所以，也愿意向第三者借钱来投资。就本案而言，以往的讨论一般就集中在600万元是不是贿赂这一点上。有的观点就否认甲的行为构成受贿罪。

学生：甲只是以前为乙谋取了利益，对后来的公司经营没有做任何事情，两年内就得600万元分红利益，一般人都接受不了。

学生：但是，如果从民法上来看，倘若甲借钱投资，转让股份后归还借款，好像也没有任何问题。

张明楷：不能说形式上在民法上属于一种交易关系的，在刑法上就不可能构成受贿罪。比如，B有求于国家工作人员A的职务行为，A要将一个赝品出卖给B，B明知是赝品而高价收购。你不能说这是意思自治，一个愿打一个愿挨，所以，在民法上没有什么问题，但也只是形式上没有问题，从实质上说，民法也不允许这种交易。因为这是权钱交易，民法不可能认可权钱交易。

学生：可是，主张无罪的人会说，甲确实是向乙借款投资，乙确实是为甲垫资，乙中途还催要过垫资款，而且后来还扣除了垫资款与利息，所以，不构成受贿罪。还有一个无罪的理由，如果乙的项目亏损了，甲是否成立受贿罪？如果乙的项目亏损了，甲不仅要归还乙的500万元，而且还可能承担其他损失。

张明楷：律师就是这样辩解的。但我刚才说过了，之所以有观点主张甲的行为不构成受贿罪，就是只将受贿对象局限于甲最后得到了600万元。问题是能不能从其他角度来讨论受贿对象？

学生：如果像国外刑法或者民国时期的刑法规定那样，不使用"财物"的概念而使用"贿赂"的概念，将所有满足人的需要的东西认定为贿赂，本案中的甲肯定构成受贿罪。但我国刑法规定的是索取或者收受财物，将财物扩大解释为财产性利益的话，能扩大到哪里呢？

张明楷：可以用金钱计算的利益都是财产性利益吧。比如，我经常讲的，在国外，如果国家工作人员向请托人借款，即使是给利息，也会认定为受贿罪。因为将资金借给他人，就存在不能被归还的危险，甚至有可能认为存在财产损失。

学生：这么说，甲的行为也不构成受贿罪，因为乙扣除了100万元的利息。

张明楷：由于我国的受贿罪一般要计算数额，所以，这个案件要将借款利息认定为受贿数额有困难。但在其他一些案件中，是完全可以将借款利息认定为受贿数额的。比如，一名国家工作人员有购买一套别墅的指标，需要300万元购房款，但他当时只有100万元，就让有求于他职务行为的请托人拿出200万元购买了这套别墅，甚至还登记在请托人名下。一年后，别墅涨到500万元。国家工作人员就让请托人把别墅卖掉。请托人卖掉别墅后，将自己借出的200万留下来，给了国家工作人员300万元。我认为，在我国可以将200万元1年的利息认定为受贿数额。

学生：那这个利息怎么计算呢？是按银行利息还是按民间借贷利息呢？

学生：民间借贷利息不好确定，还是按银行利息吧。

张明楷：我主张按法律、法规或者司法解释允许或者认可的民间利息来计算，这没有什么不合适的。国家工作人员就是向请托人借了钱，这就是民间借贷，只要这个民间借贷的利息不违反相关规定，就要按这个民间借贷利息计算。

学生：这样的话，国家工作人员就亏了，早知道这样他就向银行贷款了。

张明楷：问题是他不向银行贷款啊，其实就是不想支付利息。既然是民间借贷，就要按民间借贷计算利息，没什么不合理的。

学生：其实这样认定，对国家工作人员还是很有利的，因为只将利息认定为受贿数额，数额不会太高。

张明楷：我们前面讨论的这个案件，不能按利息认定甲的受贿数额了，那能不能认定存在其他财产性利益呢？

学生：感觉甲就像购买到了原始股一样。

张明楷：我是主张原始股可以成为受贿对象的，司法实践中一般也是将原始股认定为受贿对象，争论主要是如何计算原始股的价值的问题。

学生：原始股的价格与上市后的价格一般相差较大。有的国家工作人员收受原始股时并没有支付原始股本身的对价，有的则支付了原始股本身的对价。

张明楷：这两种情形都存在。有的观点认为，如果没有支付原始股本身的对价，就按该对价本身计算受贿数额；如果支付了对价就不构成犯罪。我难以赞成这种观点。

学生：如果按照这种观点，支付了原始股对价的行为就不构成受贿罪。可是，谁都想得到原始股，为什么一般人得不到，而国家工作人员就能轻易得到？他原本就不是应当得到原始股的人。

学生：2007 年 7 月 8 日"两高"《关于办理受贿刑事案件适

用法律若干问题的意见》关于收受干股的问题是这样规定的："干股是指未出资而获得的股份。国家工作人员利用职务上的便利为请托人谋取利益，收受请托人提供的干股的，以受贿论处。进行了股权转让登记，或者相关证据证明股份发生了实际转让的，受贿数额按转让行为时股份价值计算，所分红利按受贿孳息处理。股份未实际转让，以股份分红名义获取利益的，实际获利数额应当认定为受贿数额。"类比这一规定，如果收受原始股时没有支付对价，就是按原始股的价值计算受贿数额。

张明楷：这就是我上面讲的那种观点的依据之一。可是，原始股不同于干股，原始股上市后肯定是要升值许多的，而一般的干股则不一定。比如，如果公司声称给国家工作人员干股，但股份并没有实际转让，其实还不能说国家工作人员收受了贿赂。国家工作人员只有在分红时，才会成立受贿罪。如果公司亏损，根本没有分红，国家工作人员实际上也没有得到股份，当然就不能认定为国家工作人员受贿了。

学生：这样会不会出现一个矛盾呢？国家工作人员收受干股后，进行了股权转让，公司后来盈利的，只按干股本身的价值计算受贿数额；而没有进行股权转让的，反而会按后来的分红数额计算。后一种情形可能导致数额更大，因而处罚更重。

张明楷：是可能存在这种现象。但是，你不能只考虑公司盈利的情形，如果同时考虑到公司亏损的情形，就会发现是倒过来的。在公司亏损没有分红的情况下，进行了股权转让的，成立受贿罪；没有进行股权转让的，不构成受贿罪。这个就是合情合理的。所以，综合两个方面的情形来说，上述司法解释还是可以接受的。

学生：原始股几乎不会存在亏损的情形，所以，不能仅按原始股的价格计算受贿数额。

张明楷：我对国家工作人员收受原始股的案件，主张按原始股上市第一天的价格计算受贿数额。如果先前支付了原始股的对价，可以扣除这个对价，剩余部分就是受贿数额。

学生：行贿人将原始股出卖给国家工作人员，其实是给予国家工作人员一个可期待的利益，而且是相对确定的可期待利益，只不过这个利益在行为时不确定，但一上市就确定了。

张明楷：我们讨论的国家工作人员甲收受600万元的行为，其实也是乙给甲一个相对确定的可期待的利益。也可以说是给国家工作人员一个投资机会，但这个投资机会不是每个人都能享有的，而且这个投资机会是能够得到确定的高额回报的，所以，将它评价为财产性利益没有什么障碍。

学生：按照老师的说法，这个投资机会后来的价值就是600万元，所以，甲的受贿数额也是600万元。

张明楷：我认为，如果要认定甲的行为构成受贿罪，这样解释比较合适。否则，难以解释得通。当然，我也确实认为对甲的行为应当以受贿罪论处。

学生：是不是任何投资机会都能认定为贿赂呢？如果投资亏损了呢？

张明楷：这当然是需要判断的。你们想一想，在本案中，甲享有5%的股份,当时需要出资500万元。乙当时说得很清楚,这个项目肯定能赚大钱,而且乙并不缺少这500万元,这500万元就是乙自己的。商人其实都很会计算的。在乙认识到这个项目能赚大钱,且自己有这5%的出资款的前提下,为什么要将5%的投资机会给甲,而不是自己多占5%的股份?在类似行贿方有钱投资,却故意让国家工作人员出资一部分,事后也确实让国家工作人员获得巨额利益的场合,都可以将这种投资机会或者可期待的利益,认定为财产性利益,进而认定为贿赂犯罪。

学生:如果行贿一方确实没有钱投资,而让国家工作人员投资的,是不是可以不定行贿与受贿呢?

张明楷:我觉得也不能简单地得出这个结论。如果确实有收益,银行是愿意贷款的,商人一般会向银行贷款用于自己投资,因为分红远远高于利息,故不会让其他人投资持股。当然,现在一时半会儿还难以归纳出具体的判断规则,但我觉得只要事后确实分红较多的场合,一般都可以将投资机会认定为受贿罪的对象。

学生:如果这个案件中,乙没有扣除100万元的利息,直接给了国家工作人员700万元,受贿数额就是600万元加上500万元两年的利息?

张明楷:是的。

学生:还有其他可期待的利益可以成为受贿罪的对象吗?

张明楷:当然也有。比如,一位领导的儿媳想做某知名品牌白酒的代理商,做这个品牌的代理商是百分之百挣钱,只是挣多少钱的问题。于是,儿媳让领导跟品牌企业的负责人打招呼。儿媳的弟弟知道此事后,就跟领导说:姐姐做这个代理太累了,干脆我来做,我每年给姐姐 300 万元。领导也同意,领导跟品牌企业的负责人打招呼后,品牌企业的负责人就同意给一个代理商资格。后来,领导儿媳的弟弟每年给他的姐姐 300 万元。在这个案件中,能不能认定该品牌企业的负责人向领导行贿呢?

学生: 这种情形下的代理权一旦获得,就能获得确定的利益,所以,也是财产性利益。

张明楷: 是的。我认为如果符合其他条件,领导的行为构成受贿罪。

案例 146 受贿罪(不法与责任的判断)

被告人甲原本是某市的土地管理局副局长。甲在 2009 年至 2014 年任副局长期间,为 A 房地产开发公司提供了很多帮助,但没有收受过对方的贿赂。2014 年下半年,上级要将甲调到某区管委会当副主任。甲对这个调动不满意,就提出辞职,但上级没有批准。2014 年底,甲去某区管委会任职。此时,A 公司的负责人乙要在另一城市建设一个城市广场,因为缺少资金,就让甲帮忙。甲就和自己的姐姐注册了 B 公司,打算由 B 公司向 A 公司的城市广场项目投资。根据约定,B 公司需要投资 2000 万元,其中第一次投资应当达到 865 万。但 B 公司投资 510 万元后,就没有钱了;乙要求甲继续投资,但是甲确实没有钱投资。A 公司说,按协议如果不能继续投资了,就将510万元作为借款,其间使用了9个月,给80万元的利息,但甲要求给240万元的利息。A公司的董事会开会研究,认为510万元原本只能给80万元的利息,但考虑到甲的身份,担心影响公司以后的发展,就还本510万元,另给了甲240万元的利息。

张明楷: 简单地说,甲以前曾经利用职务之便为A公司谋取利益,转职后,利用投资机会要求A公司多给自己利息,转职后的职务与A公司并没有什么关系。甲的行为是否构成犯罪,可能还是一个如何归纳案件事实的问题。有几种可能性,你们说一说。

学生: 甲以前的职务确实与A公司有关系,而且也帮助了A公司,但以前并没有任何约定,转职时也没有约定。甲投资510万元,与他的新职务也没有任何关系。作为投资人或者借款人,要求高息也并不异常。而且,A公司董事会只是考虑到甲的身份,认为一旦拒绝甲的要求,将来可能会使公司的发展受到影响,最终同意给他240万元利息。A公司董事会并没有说考虑到以前甲为A公司谋取了利益,所以才给他240万元的高息。如果这样归纳案件事实,就不能认定甲构成受贿罪。

张明楷: 这个事实归纳,就是完全没有考虑甲以前利用职务上的便利为A公司谋取利益的情节,也没有考虑甲为什么可以索要这么高的利息,这个利息确实太高了。其实,A公司董事会开会时怎么商量的，并不直接决定甲的行为是否构成受贿罪。

学生：A公司董事会这么说，也许是为了使自己摆脱行贿罪的嫌疑，所以不说是对甲以前职务行为的感谢。

张明楷：但也难以认为A公司董事会的说法违背常理。

学生：如果采取另外一种归纳，就可以认定甲的行为构成受贿罪。也就是说，甲想到自己以前帮了A公司许多忙，也没有收取任何好处，所以想通过这次投资收取一些好处。一方面，如果正常投资，可以获得一些利息，还可能要求高额分红。另一方面，在投资不成变成借款时，就要求高额利息。这就是以前一直有争议的"事后受财"问题。按照老师的观点，事后受财也成立受贿罪。

张明楷：确实是这样的，而且一般人也会这样认为。但这样归纳事实是需要证据支撑的，如果没有证据证明是事后受财，就不能用这个概念归纳案件事实。

学生：从目前的案情表述来看，没有证据表明属于事后受财的情形，所以我觉得甲不是受贿。

张明楷：你是说从实体上讲不构成受贿罪还是从证据上讲不构成受贿罪？

学生：我是从证据上来讲的。

张明楷：我也是这样答复有关司法机关的。一方面，司法机关不能证明这240万元的利息与甲以前的职务行为具有关联性，或者说，不能证明这个240万元是对甲以前职务行为的报酬。A公司董事会不这么说，甲也不这么交代，除此之外也没有证据表明这一点。另一方面，也不能否认，甲就是为了多要利息。就多要利息而言，甲与一般人就是相同的人，不能因为他是国家工作人员，就将索取与职务没有关系的高息认定为受贿罪。

学生：是的。不过，即使是事后受财，也有观点认为不构成受贿罪。最近黎宏老师是从受贿罪的保护法益的角度来论述事后受财的。黎宏老师的基本观点是，事后受财行为，在事先没有约定的场合，因为不可能危及职务行为的公正性，原则上不构成受贿罪；但是，在有证据证明行为人履行职务行为时具有事后受财的心理期待或者心理联想的场合，因为这种期待或者心理联想会对行为人的履职行为产生影响，因此，构成受贿罪。

张明楷：如果认为受贿罪的保护法益是职务行为的公正性，那么，在事前没有约定的情形下，国家工作人员一般会依法办事。不过，我虽然承认职务行为的公正性是加重受贿罪的保护法益，但不认为职务行为的公正性是普通受贿罪的保护法益，而是将职务行为的不可收买性或者不可出卖性作为普通受贿罪的保护法益，因此，难以赞成黎宏老师的结论。

学生：其实，也有一些国家工作人员承诺为他人谋取不正当利益，客观上却公正实施职务行为的。

张明楷：这样的国家工作人员还不少。另外，黎宏老师的上述观点可能缺乏可操作性或者可判断性。因为要认定国家工作人员在履行职务行为时是否具有事后受财的心理期待或者心理联想，这太困难了。如果被告人不说，谁也不知道。即使被告人事后承认，但仅凭这个口供就认定为受贿罪，也不一定合适。

学生：黎老师也提出了三个具体判断资料：一是行为人与提供财物的他人的交往情况，包括行为人与他人交往的契机、交往的时间、交往的方式、双方人情往来的经历、双方相互之间的了解情况等。二是行为人与财物提供者所处领域或者行业的"潜规则"。三是行为人与财物提供者之间的从属关系，行为人一旦收受来自下属或者被管理者的财物，即便当时没有具体的请求事项，但也会在其心中悄然生发出以后给予行贿人方便或者照顾的"还人情式"的心理预期或者承诺。

张明楷：如果这么判断的话，我觉得事后受财原则上都成立受贿罪，而不是原则上不成立受贿罪。

学生：以前否认事后受财构成受贿罪的一个重要理由，是以行为与责任同时存在为根据的。也就是说，国家工作人员事前为他人谋取利益时，并没有受贿的故意，而事后收受财物时，又没有为他人谋取利益，所以，行为与责任没有同时存在。

张明楷：我觉得不存在这个问题。为他人谋取利益只是一种承诺即可，承诺后即使事后并没有为他人谋取利益，也不影响受贿罪的成立。其实，为他人谋取利益的表述，旨在说明财物与职务或者职务行为的对价性，说明财物是职务或职务行为的不正当报酬。所以，民国时期的刑法以及其他国家和地区的刑法，都没有对受贿罪规定这一个要件。反过来说，受贿罪的客观构成要件，主要是索取或者收受作为职务或职务行为对价的不正当报酬。国家工作人员事前为他人谋取利益,事后明知对方给予的财物是对自己以前的职务行为的不正当报酬的,不仅符合了受贿罪的构成要件,而且此时具有受贿罪的故意,并不存在违反行为与责任同时存在原则的问题。

学生:也就是说,不管是以前的职务行为还是以后的职务行为,只要财物是职务行为的不正当报酬,而且国家工作人员认识到这一点,就可以了。

张明楷:是的,而且,所谓以后的职务行为,也只需要是国家工作人员所许诺的将要实施的职务行为,并不是真正要实施的职务行为。

学生:为什么退休后收受财物的需要事前约定呢?2000年7月13日最高人民法院《关于国家工作人员利用职务上的便利为他人谋取利益离退休后收受财物行为如何处理问题的批复》指出:"国家工作人员利用职务上的便利为请托人谋取利益,并与请托人事先约定,在其离退休后收受请托人财物,构成犯罪的,以受贿罪定罪处罚。"如果事前没有约定,就不成立受贿罪了。

张明楷:这一点很好解释,而且能说明约定即是受贿既遂。因为国家工作人员利用职务上的便利为请托人谋利益时约定了收受财物,本身就是受贿行为,在民国时期刑法与德国、日本等国刑法中就构成了受贿罪的既遂犯。我国刑法理论与司法实践认为国家工作人员收到了财物才是受贿既遂,所以就产生了一个问题。因为国家工作人员退休后已经不具备受贿罪的主体身份了,如果说收受财物的行为才是构成要件行为,就意味着国家工作人员在收受财物时不具有国家工作人员身份，这便难以认定为受贿罪。所以，一方面，要说明约定贿赂的行为就是受贿罪的构成要件行为。如果是国家工作人员提出约定的，就认定为索取贿赂，如果是请托人提出约定的，就认定为收受贿赂。另一方面，如果国家工作人员利用职务上的便利为请托人谋取利益，但与请托人没有约定，在其离退休后收受请托人财物的，就不可能构成受贿罪。因为收受财物的构成要件行为是在缺乏身份时实施的，当然就不符合受贿罪的构成要件了。

学生：退休后收受财物构成受贿罪，不涉及行为与责任同时存在的问题。

张明楷：还有一种情形表面上也涉及行为与责任同时存在的问题。例如，丈夫是国家工作人员，晚上不在家出去了，后有请托人来家里送了20万元现金，妻子将钱收了放在家里，并且没有立即告知丈夫此事。一个星期之后才告知丈夫谁请托办什么事，并且送了20万元。国家工作人员知道此事之后，也没让妻子将现金退给请托人，也没有上交。这种情形肯定要认定为受贿罪的。

学生：2016年4月18日"两高"《关于办理贪污贿赂刑事案件适用法律若干问题的解释》第16条第2款明文规定："特定关系人索取、收受他人财物，国家工作人员知道后未退还或者上交的，应当认定国家工作人员具有受贿故意。"

张明楷：问题是，国家工作人员毕竟是一周后才知道这件事的。你们怎么解释行为与责任同时存在？

学生：其实国家工作人员也没有实施什么行为。

张明楷：那不能这么说，如果这么说，岂不是不构成受贿罪了？

学生：2007年7月8日"两高"《关于办理受贿刑事案件适用法律若干问题的意见》第9条第1款规定："国家工作人员收受请托人财物后及时退还或者上交的，不是受贿。"能不能据此认为，在妻子收受贿赂后，丈夫不退还或者上交的，构成不作为的受贿？这样的话，行为与责任就同时存在了。

张明楷：以前也有学生这样理解。可是，从《刑法》第385条的表述来看，难以认为索取、收受他人财物是一种不作为，还是要从作为的角度来考虑。我问你们：如果国家工作人员一直不知道妻子收受了他人财物，妻子构成受贿罪吗？

学生：当然不构成。

张明楷：为什么国家工作人员知道后不退还或者上交就构成受贿罪了呢？显然是国家工作人员确认了这笔权钱交易，也就是确认了自己利用职务上的便利收受他人财物，确认出卖自己的职务行为，所以，仍然要评价为作为，而不应评价为不作为。

学生：这么说的话，作为也不一定要有身体动作。

张明楷：看你怎么理解身体动作。如果说确认行为就是身体动作，国家工作人员就有身体动作。不过，现在一般也不认为区分作为与不作为的关键在于身体的动作，而是比较规范地判断的。

学生：国家工作人员在确认贿赂的时候，当然有了故意，所以，不违反行为与责任同时存在的原则。

张明楷：如果根据刑法规定确实构成犯罪，在行为与责任是否同时存在有疑问时，要么说行为时确实有故意，要么说在行为人有故意时才存在行为。但在我们讨论的妻子接收财物的案件中，你不可能说丈夫在妻子接收财物时就知道，因为这完全不符合事实。所以，只能考虑在丈夫知道时或知道后还有没有构成要件行为。如果从作为的角度解释不通，就从不作为的角度解释，反之亦然。当然，是作为还是不作为，还需要联系法条规定的构成要件行为去判断。

学生：其实，我觉得说丈夫知道妻子接收财物后不退还不上交的不作为构成受贿罪，也未尝不可。

张明楷：丈夫应当退还和上交也有法律根据，或者说，丈夫确实有这个作为义务。但说丈夫将妻子的一般性或者自然意义上的接收财物"确定"为收受与自己的职务具有密切关联性的不正当报酬，也还是可以的吧。因为我觉得能用作为来解释的，最好首先用作为来解释。

案例 147 受贿罪（不能犯与未遂犯的区分）

乙要找公务员甲办事，甲答应并且表示出索贿的意思，此后甲因别的犯罪行为被检察机关控制，检察机关了解到甲、乙之间的事情，让甲打电话给乙声称要给乙帮忙，并继续向乙要钱，双方约好见面的时间、地点,甲让乙把钱送到某宾馆三楼某房间,检察院侦查人员提前在楼下布控,乙带着钱进入三楼房间时,侦查人员进来把乙抓获。

张明楷:这是较早前发生的案件。这个案件所要讨论的是,甲、乙之间是否成立行贿罪与受贿罪,以及如果成立的话,是既遂、未遂还是预备?

学生:甲之前只是表示出索取财物的意思,如果确实实施了索取财物的行为,应当认为已经着手实行受贿行为了。

张明楷:是的,但本案的案情没有交代清楚。不知道"表示出索贿的意思"是不是已经实施了索取财物的行为。而且,在德国、日本等国,如果公务员实施了索取行为就已经既遂了,而不是等到收到财物后才是受贿既遂。

学生:但我国的司法实践都是以国家工作人员收受到财物后才认定为既遂的。现在,司法实践中对部分情形的既遂认定有所提前,比如,行贿人要将财物给国家工作人员时,国家工作人员说你先帮我保管吧。如果行贿人一直替国家工作人员保管的,就认定为行贿与受贿既遂。

张明楷:在德国、日本刑法中,不仅实施了索取行为是受贿既遂,达成了约定的也是受贿既遂。比如,国家工作人员张三为开发商李四谋取了不少利益,后来,张三得知某地要被征用后就建议李四购买那块地,二人约定土地被征用后,补偿款各得

50%。李四得到补偿款后,并没有将其中的50%给张三。这样的案件在国外也会认定张三的行为构成受贿既遂,但在我国一般仅认定为受贿未遂。

学生:我国的司法机关其实一直是将受贿罪当作财产犯罪去看待的。

张明楷:是的。如果按照通说的既遂标准,假定本案的甲事前提出索取财物的要求,甲的行为成立受贿既遂吗?

学生:不能认定为受贿既遂,只能认定为未遂。因为这是在检察机关布控的情况下实施的,属于诱惑侦查。如果检察机关不这样安排,甲其实不可能再要求乙行贿,因为甲有其他犯罪行为被检察机关发现。

张明楷:我也觉得不能认定为受贿既遂,因为在检察机关布控的情形下实施的行为,不可能侵犯受贿罪的保护法益。只能将前面索取财物的行为,认定为受贿未遂。

学生:即使在毒品犯罪中,侦查陷阱也只是为了查清以前的毒品犯罪事实,侦查陷阱这一次的交易不能认定为贩卖毒品罪。

张明楷:其实检察机关完全没有必要这样做。那么,如果按照通说的既遂标准,假定本案的甲事前并没有提出索取财物的要求,甲后来的行为成立受贿罪吗?

学生:对甲不能认定为受贿罪既遂,检察机关发现了甲的受贿意图之后,在布控的情形下让甲继续向乙要钱,受贿不可能达到既遂。

张明楷：你的意思是对后一次行为可以认定甲构成受贿未遂吗？

学生：有可能成立受贿未遂。

张明楷：能不能说连行贿、受贿行为都不能认定呢？也就是说，在这种情形下，根本不存在行贿、受贿行为呢？

学生：感觉这种情形属于不可罚的不能犯，不存在符合构成要件的行贿行为与受贿行为。

学生：比如，被害人被敲诈后报警，警察让被害人准备一笔钱，在警察布控的情形下让被害人交付给行为人，然后警察抓获行为人的，不能认为被害人实施了交付财物的行为。

张明楷：是的，我认为如果甲、乙前面的行为不成立未遂犯，就不能将后面的行为认定为未遂犯，只能将后面的行为认定为不能犯。我改变一下案情：如果乙不知道甲因其他犯罪行为被检察机关控制，而主动要行贿，检察机关知道后让甲同意乙送财物来，乙按甲说的地点到达现场就被检察机关立即抓获的，怎么处理？

学生：这样的话，乙就有行贿的行为与故意了，而且行贿犯意的产生并非由于侦查人员的引诱，是可以定罪的。

张明楷：是行贿既遂还是行贿未遂呢？

学生：肯定不能定既遂。

张明楷：可不可以认为也是不能犯呢？

学生：看从什么角度来观察，从事后客观的角度来看应该是不能犯。

张明楷：我感觉也可以认定为不能犯，充其量前面的行为成立预备犯，但没有必要处罚行贿罪的预备犯。现在，一些公安司法人员脑子里没有想到如何预防犯罪，只是想到如何惩罚犯罪。比如，警察发现某个人将要盗窃被害人的财物时，完全可以提前预防，但一些警察却是等到行为人盗窃既遂后再抓获行为人。警察本来就有预防犯罪的职责，预防犯罪也包括预防犯罪既遂。办案的时候不能只想着惩罚犯罪，也要想到预防犯罪的目的。这个案件中的检察机关的侦查人员就完全不应当这么做。如果基于这种不当的做法，反而认定甲、乙构成行贿罪与受贿罪，就明显不当了。警察与司法工作人员要把犯罪消灭在萌芽状态，而不是故意等待犯罪既遂甚至引诱犯罪既遂，然后实现惩罚的目的。我认为从侦查阶段就应当考虑刑罚目的，这样才不至于动不动就羁押、逮捕行为人。

学生：老师，我有个问题。比如甲要从公安机关捞个人出来，有个诈骗犯乙就跟他说，自己认识公安局局长，只要给一些打点的费用，就可以帮忙把人捞出来。甲就将20万元给了诈骗犯，诈骗犯收到钱之后就逃匿了。诈骗犯构成诈骗罪没有问题。想捞人的甲构成行贿罪的未遂犯吗？

张明楷：甲有行贿的意思，但是他并没有给予国家工作人员以财物，也没有这样的约定，客观上没有任何符合行贿罪构成要件的行为，怎么可能认定为行贿未遂呢？

学生：因为甲给乙20万元，是以为乙要转交给公安局局长的。

张明楷：甲以为乙要将20万元给国家工作人员，不等于这个20万元客观上就是给国家工作人员的。如果中间人确实要给国家工作人员但是还没有给，也只是行贿的预备。如果乙是诈骗犯，甲就连行贿的预备都不成立，更不可能成立行贿罪的未遂犯。认定未遂犯要从客观到主观，先判断行为人是否着手实施了行贿罪的构成要件行为，然后再判断行为人是否具有行贿的故意。你一开始就说行为人有行贿的故意，于是就会认为行为人的行为就是在行贿故意支配下实施的行为。其实，你根本没有判断行为人是否实施了行贿罪的构成要件行为。因为行贿罪的构成要件行为是给予国家工作人员以财物，或者至少要约定、请求给予国家工作人员以财物。行为人给予诈骗犯以财物，怎么可能属于行贿罪的构成要件行为呢？"行为的性质是由故意内容支配的"，这句话害了许多人，你们不要听信这样的话。这句话是主观主义的观点，将行为看成故意的附属物，完全不可取。

学生：明白了。

案例148　受贿罪（与贪污之间的认识错误）

某国有企业要从一个私营企业购进一批设备，设备价格为300万元。国有企业的甲、乙两位副经理共同负责购买设备。甲单独跟私营企业老板谈判的时候，把价格压到200万元。但是，甲对国有企业隐瞒了差价，乙也不知情，购买合同上还是标明

300万元。国有企业将300万元汇到私营企业后,私营企业将其中的100万元给了甲。甲将其中的50万元给了乙,甲隐瞒了真相,说是私营企业给乙的好处费,乙就收下。但对于甲基于什么原因给乙50万元,则无法查明。

张明楷:甲对100万元构成贪污罪是没有疑问的,我们就不需要分析了。我们现在先讨论乙对50万元构成什么罪。

学生:乙不知道真相?

张明楷:乙不知道,是甲单独和私营企业老板谈判的,乙不知情。

学生:乙以为自己是收受了私营企业的贿赂。

张明楷:是的,但实际上这笔100万元不是私营企业的贿赂,而是本国有公司的公款,是甲贪污所得,所以,乙存在认识错误。

学生:甲为什么要给乙50万元?

学生:这件事情由他们两个人共同负责,会不会是封口费?

张明楷:乙不知道真相,但由于甲、乙共同负责采购设备,甲估计乙迟早会知道真相。

学生:不管乙是怎么想的,他不都是相当于收受对方给的回扣吗?

张明楷：不能这样说，这笔钱不是私营企业的，是国有企业的。如果甲将自己贪污的 100 万元的一部分分给乙，就不能说乙是收受对方的回扣。

学生：这是对象错误。甲以为自己收受的是对方私营企业的钱，其实收受的是甲贪污的国有公司的钱。

学生：对这个乙还真不好定罪呢。

张明楷：对乙定贪污不合适，因为甲已经对 100 万元贪污既遂了，乙后来收受 50 万元，不可能成为贪污的共犯。

学生：乙是受贿的不能犯？

张明楷：怎么是不能犯呢？

学生：乙是不是有监督的职责？

张明楷：相互监督？

学生：甲为了让乙将来不要说出去，就向乙行贿。也有可能是，甲、乙以后还要继续共同负责购买设备，可以继续贪污。

张明楷：不管怎么说，乙是存在认识错误，而且不只是对象错误。贿赂款本身不是行为对象，而是组成犯罪行为之物。即使乙是受贿，乙对自己的什么职务行为与财物之间具有对价关系，也有认识错误。乙以为是自己购买设备的决定权与 50 万元之间具有对价关系，但事实上并非如此。如果说，乙对甲有监督权，这 50 万元是自己监督权的对价，面对这种认识错误，具体符合说会怎么处理？

学生：具体符合说也不需要用错误理论来处理吧！

张明楷：为什么不用？不是说要具体符合吗？

学生：因为法律没有说具体到什么样的职务。

张明楷：法律对故意杀人罪也没有规定说要杀具体的人，为什么具体符合说要具体到具体的人呢？

学生：因为行为人想杀的人与实际杀的人不一样。

张明楷：可是乙想到的是收受私营企业的钱，实际上收受的是甲贪污的钱，二者也不一样啊。乙以为收到的钱是购买设备的职务行为的对价，可事实上收到的钱可能只是自己监督权的对价，也不一样吧。

学生：能认定乙收受私营企业的贿赂未遂吗？

张明楷：怎么可能？一方面，人家私营企业根本就没有行贿，就此而言，乙只是受贿罪的不能犯，而不是未遂犯。另一方面，就收受甲的钱而言，也不可能是未遂吧。

学生：既然是这样的话，就不要考虑私营企业了，只考虑乙收受甲的钱是什么性质。

张明楷：是啊！乙是收受了甲给的50万元。一方面要说明甲是不是向乙行贿，另一方面要说明，对乙的认识错误如何处理。如果说甲是向乙行贿，那么，乙只是同一构成要件内的错误；如果说甲不是行贿，甲只是分赃给乙，乙就是在不同构成要件之间产生了抽象的事实错误。

学生：两种可能性都有。

张明楷：那我们就分析这两种可能。第一种可能是，甲向乙行贿。

学生：甲担心乙事后知情，而且事后知情是完全可能的，为了封口，为了防止乙揭发自己的贪污罪行而向乙行贿。所以，甲除了成立贪污罪之外，还成立行贿罪。

张明楷：如果是这样的话，乙就是受贿，但存在具体事实认识错误。根据法定符合说，这种错误不阻却故意，所以，乙仍然是受贿既遂。总的来说，如果说甲是行贿、乙是受贿，这个案件就容易处理。

学生：这个时候虽然可以说甲是为了谋取不正当利益，但能够说乙利用了职务上的便利吗？

张明楷：二人共同负责购买设备的事项时，乙当然对该事项有监督职责。我刚才说了，很可能下次购买设备时，是乙直接与私营企业协商。说乙符合受贿罪中利用职务上的便利的构成要件，应当没有疑问。关键是第二种情形该如何处理：甲并没有向乙行贿的意思，甲心里只是觉得，既然我们两个人一起负责购买设备，就有福同享，我就给你50万，但又担心乙不收下，或者出于其他考虑，就说是私营企业给的。

学生：这个时候乙就是受贿的不能犯。

张明楷：也就是说，乙以受贿的故意，但实际上实施了掩饰、隐瞒犯罪所得的行为。

学生：乙是掩饰、隐瞒谁的犯罪所得？

张明楷：掩饰、隐瞒甲贪污的50万元啊。

学生：乙不知道甲给的50万元是贪污所得，他以为是私营企业给自己的。

张明楷：是啊，所以存在抽象的事实错误。就是说，乙客观上是收受的是赃物，但他误以为是受贿。这二者之间有没有重合的地方？

学生：这个重合有点小乱。

张明楷：一点重合都没有吗？在收受赃物与收受贿赂之间，不可能有重合的地方吗？

学生：都是收受了，都收受了财物，似乎有重合。

张明楷：从另外一个角度来考虑：对收受贿赂的行为能否评价为掩饰、隐瞒犯罪所得？

学生：乙收受贿赂时也只是掩饰、隐瞒自己的犯罪所得，而不是掩饰、隐瞒他人的犯罪所得。

张明楷：看来还是没有重合的地方？毁灭证据方面有重合的地方吗？

学生：单独收受财物还不好说是毁灭证据吧，要不然所有的受贿都是毁灭证据了。

张明楷：能和侵占罪重合吗？

学生：将乙得到的50万元评价为遗忘物？国企也有遗忘

物吗?

张明楷：国企肯定也有遗忘物，问题不在于是不是遗忘，而在于是不是财物，因为遗忘物中的遗忘是表面的构成要件要素，只要是财物就可以了。有没有可能重合呢？受贿罪得到的是财物，乙现在得到的也是财物。将受贿行为评价为侵占行为，不缺乏任何构成要件要素，主观上也有非法取得他人财物的目的。

学生：但是，乙没有认识到自己占有的是国有企业的财物。

张明楷：侵占罪不要求行为人认识到自己占有的是国有企业的财物啊，只要求行为人认识到是他人所有的财物就可以了。问题只是出在故意内容上，能不能认为乙具有侵占罪的故意？

学生：您刚才不是说都有非法取得目的吗？

张明楷：那是目的，问题是故意。构成侵占罪时，虽然不要求行为人认识到是遗忘物，但必须认识到是他人没有放弃所有权的物，如果行为人认识到是他人放弃所有权的物，就表明行为人没有侵占罪的故意。乙以为是私营企业送给自己的，他就认识到是他人放弃了所有权的财物，所以，不能认定乙有侵占的故意。

学生：乙有没有可能是渎职类的犯罪？

张明楷：《刑法》第168条吗？国有公司、企业的工作人员玩忽职守致使国家造成重大损失？

学生：已经损失了100万元了。

张明楷：这与乙是否收受50万元没有关系，因为乙是事成之后得到了50万元。

学生：就乙收受50万元来讲，就没有罪可以定了。

张明楷：如果没有重合的地方，就不能对这50万元定罪了。

学生：根据德国的主观的未遂犯论，可以认定为受贿的未遂犯。

张明楷：是的，但我不赞成这种主观的未遂犯论。在根本没有人行贿的情况下，认定为国家工作人员受贿未遂，这种观点与做法在我国会出现太多的问题。

案例149 受贿罪（与贪污罪的竞合）

某县财政局的副局长甲，分管文教卫方面的拨款事项，卫生局、博物馆等单位需要资金就要去找他。博物馆有个副馆长乙，因为小孩上学的事情有求过甲，甲帮过乙的忙。后来，乙想调到另外一个单位去的时候，也求过甲。博物馆购买民间个人收藏的字画，购买的价格一般要比市场拍卖价格低20%，博物馆不去拍卖市场竞买字画，而是直接和收藏者商量价格，同时也会找人鉴定字画的价格，乙是直接主管这项业务的。有一次甲花60万元买了一幅字画，但在购买之前就问过乙，博物馆可否收购自己购买的字画，乙说可以，于是，甲将花60万元购买的字画卖给博物馆。当时，乙也是按照博物馆通常做法交涉的价格，甲是让自己的秘书去和乙交涉的。乙知道甲是花多少钱买的，博物馆也找了一些人鉴定这幅字画的价格，鉴定专家也认为这幅字画值600万元，于是，甲以600万元的价格将字画卖给了博物馆。

张明楷：这个案件首先有一个事实问题，这幅字画的市场价格究竟应当是多少？

学生：如果确实值600万元，就不存在犯罪了。

张明楷：如果博物馆有规定，只按市场价的80%收购字画，那么，字画的市场价是600万元的话，博物馆就只能花480万元收购。所以，如果甲的字画确实值600万元，也可以认为博物馆多出了120万元。

学生：甲只花了60万元买的，而且买之前还特意问了乙，显然是想利用乙的职务获得利益。

学生：甲花60万元买的字画不一定意味着这幅字画就只值60万元。

张明楷：60万元可能是低于市场价的，但也不至于高到600万元吧。只有重新鉴定才能确定这幅字画究竟值多少。

学生：如果确实值600万元呢？

张明楷：如果确实值600万元的话，就只能考虑刚才说的博物馆是不是有规定只能按80%的市场价收购。如果有这个规定，甲、乙就涉嫌犯罪了；如果没有这个规定，甲、乙就不涉嫌犯罪。我们现在假定，甲购买的字画仅值60万元，博物馆却以600万元购买，应当如何处理？

学生：成立贪污罪。

张明楷：共同贪污吗？不再定行贿、受贿吗？

学生：行贿、受贿与贪污罪有没有可能形成想象竞合的关系？

张明楷：当然可能存在想象竞合关系。认定贪污的关键是，是否承认非法占有目的包括使第三者占有？

学生：实践中像这种行为一般不会认定为贪污，而是认定为滥用职权。

张明楷：我知道，但是我觉得这种做法是明显有缺陷的。例如，国有公司的经理 A 将公款 2000 万元挪用给 B 使用，肯定成立挪用公款罪。但是，倘若 A 将 2000 万元无偿地送给 B 用，不需要 B 归还，却反而只定国有公司人员滥用职权罪，所判处的刑罚远远低于挪用公款罪。可是，明明前者的不法轻，后者的不法重，为什么量刑反而相反呢？我们一直以来反反复复讲非法占有目的包括排除意思与利用意思，而且讲排除意思的机能是什么、利用意思的机能是什么，但司法机关仍然只是从字面上理解和判断非法占有目的，以为行为人自己装入口袋才是非法占有目的，而没有分析和判断一个案件中的行为人是否具有排除意思与利用意思。只要知道非法占有目的包括排除意思与利用意思，然后逐一判断，就会知道 A 有排除意思与利用意思，因此构成贪污罪，而不是仅构成国有公司人员滥用职权罪。

学生：国有公司人员滥用职权罪与贪污罪是想象竞合关系。

张明楷：对！

学生：贪污与贿赂罪可以竞合吗？

张明楷：将本案仅认定为共同贪污，显然还没有完全评价案件的所有事实，只有认定为贪污与贿赂的想象竞合，才是全面评价案件事实。也就是说，乙是贪污的正犯，同时也是行贿的正犯，甲是贪污的共犯、受贿的正犯。最后对甲、乙均只按一个重罪处罚。

案例150 受贿罪（受贿行为与数额的判断）

乙一直有求于国家工作人员甲的职务行为。2003年，乙花118万元买了一套房（简单装修），但一直没有住，也没有办产权证。2005年，甲跟乙说："你能不能借我200万元？我儿子从国外回来，我要给他买一套房子。"乙知道甲实际上是索取贿赂，但他当时也确实没有现金，就对甲说，我没有现金，如果你儿子要房子住，我可以把我买的一套三居室的房子借给你儿子住。甲花了几十万元装修了房子，住了3年之后即2008年，房价已经大涨了，这套房已经值380万元。甲就对乙说，你把这房子卖给我吧！你当时花多少钱买的？乙说花了118万元。甲便说，我给你120万，你把房子卖给我。乙只好同意了。直到2011年，甲才慢慢将120万元的房款还清。

张明楷：这个案件肯定是受贿罪，问题是哪个行为是受贿行为？受贿对象是什么？如何计算数额？

学生：380万元与120万元之间的差价就是受贿对象和受贿数额吧？

张明楷：2005年至2008年的3年间，双方说的是把房子借给甲的儿子住，那个时候没有讨论买卖房子的事情。如果2008年甲不提出买这套房子，他儿子肯定也是一直住下去。甲前面提出借200万元，实际上也是索取贿赂。认定受贿对象是什么，与受贿既遂时间密切联系。就是说，2005年乙将房子给甲的儿子住的时候就是受贿既遂，还是2008年甲提出来以120万元买下这个房子的时候是既遂？如果说2005年受贿就既遂，受贿的对象就是房子本身，受贿数额就是当时房子的价格，假定当时房子还是只值120万元。但房子在2008年的时候已经值380万元，如果说是提出买房时才是受贿，那么，受贿对象就是差价即260万。认定的既遂时间、受贿对象不同，数额就不一样。还有一个最重要的问题，如果认定受贿对象是差价，房子就不能没收；如果说受贿对象是房子（案发时房子的价格为800万元），就要没收房子。

学生：考验被告人是想少坐几年牢，还是想把房子留下来。

张明楷：我问一下你们公诉人，如果在2008年甲提出买房子之前就案发，你们会不会认定为受贿既遂？

学生：我估计检察机关会想方设法说甲已经既遂，虽然那个时候房子没过户给甲，但这个房子给甲的儿子住的时候，行贿人当时都没有办好产权证。房子给甲儿子一住就是3年，乙一直有求于甲，甲找乙借200万元时，其实就是索贿。所以，在2008年甲提出买房之前如果案发，也会认定为受贿罪既遂，受贿的对象就是这个房子,受贿数额120万元。

学生:我觉得将房子本身认定为受贿对象,还是有疑问,或者说证据不充分。因为双方当时都说的是借房子给甲的儿子住。而且,乙确实一直也没有入住,甲的儿子回国也确实需要房子住。在这种情况下,就认定甲对房子构成受贿罪,恐怕不合适。

张明楷:其实,即使不认定对房子本身的受贿,对前三年应当支付的租金,也是构成受贿罪的。不过,这是另外一回事。我们先讨论受贿的对象是房子还是房子的差价。律师想说,收受的数额按2005年的房价算,而且还要把甲给的120万元给扣掉。我说,这个想法不现实。如果说2005年收受的是房子,那么2005年就已经受贿既遂了,既遂后退还的不可能减少数额,如同盗窃既遂之后退还的一样,不可能减少数额。

学生:将差价认定为受贿对象与数额更合适一点。

张明楷:我也觉得,认定为对房子的受贿还是稍微勉强一点。首先,开始时,两人说的都是把房子借给甲的儿子住。其次,也没有办产权证。最后,2008年甲提出买这个房子,而不是提出单纯的过户,乙也没有说不卖,只是按原价卖。所以,还是认定2008年买房时的差价计算受贿数额比较合适。

学生:按2008年的差价计算的话,2005年至2008年的租金需不需要评价?

张明楷:如果可以评价为财产性利益,也是可以计算进来的。我觉得可以计算,甲事实上收受了财产性利益。

学生：其实甲是两个受贿，只是数额需要累计，受贿数额是2008年购买时的差价以及前三年的租金。

张明楷：可以这么说。

学生：老师，如果说差价是受贿对象和受贿数额的话，既遂的时间点是哪一个时间，是约定以120万元购房时，还是后面办理过户时？

张明楷：我觉得是约定以120万元购房时，此时已经形成了差价，差价与职务的交换关系也已经形成了。

学生：我们司法机关可能会认为过户时才是受贿既遂。

张明楷：我觉得索取贿赂时，只要国家工作人员实施了索取贿赂的行为，就可以认定为既遂。如果等过户才说既遂，受贿数额又成为问题了。倘若很晚才办理过户，过户时房价又猛涨了怎么办？

学生：司法机关认定受贿既遂的标准和老师提出的标准不一样。

张明楷：是的。我再说一个受贿案件。行贿人B不常在本地居住，而是到处搞房地产、搞工程，被告人A是国家工作人员。A花260万元买了一套四居室房子，后来跟B说，你自己在这个地方没有一套房子住怎么行呢？要不我把我那套房子卖给你。A当时卖房也的确有原因，因为他妻子得了重病需要钱治疗。B问房子多少钱，A说三四百万，你看着给。B就给了A 400万元，房子过户到B名下。当时鉴定房子值360万，有40万的差价。检察机关要认定这 40 万元的差价是受贿数额。

学生：360 万元是鉴定的价格，不一定准确。

张明楷：过了一年之后，B 将房子以 500 多万元的价格卖出去了，B 自己赚了 150 万元。

学生：认定 A 构成受贿罪不合适吧。A 说的就是三四百万，让 B 看着给，B 给了 400 万元。看不出 A 有索取贿赂的行为与意思。

张明楷：我也觉得不宜认定为受贿罪。一方面，很难说 A 出卖自己的房子时，其价格明显高于当时的价格。另一方面，A 的确是为了给妻子治病才出卖房子的，不是那种明显的利用出卖房子索取或者收受他人财物的情形。

学生：我有一个案件需要讨论一下。被告人是市领导，想到省里当常委，他手下有幕僚，幕僚中有秘书和公司老板之类的人。被告人和他们一起商量，怎么样在选举时能够让市领导进入省委常委。商量的结论是，需要向上级领导送美元，于是，老板就准备了一包美元，后来决定由老板将美元直接送给省里的领导。一种观点认为，被告人与老板等人是共同行贿，但我认为，被告人是先受贿再行贿。

张明楷：老板有求于被告人吗？

学生：那是肯定的。

张明楷：老板有求于被告人，虽然表面上是老板直接将美元送给上级领导的，但实际上是为了被告人的利益才送给上级领导的，而且被告人也知道老板是为了自己的利益才将美元送给上级领导的。这么说的话，被告人是先受贿，然后再行贿。老板则是先向被告人行贿，然后再与被告人共同向上级领导行贿。只不过中间省略了一个转移的过程。

学生：这个在逻辑上可以理解，毕竟是两个行为，但被告人只有一个故意，最后要定一个罪还是定两个罪？

张明楷：为什么说被告人只有一个故意呢？被告人让老板送一包美元给上级领导，意思是让老板准备这包美元，但老板就是为了被告人准备的，被告人也很清楚。在这种情况下，被告人不仅有了受贿的故意，而且就受贿达成了约定。后来的行贿就更不用说了。所以，被告人应当是构成两个罪，至于是实行数罪并罚还是认定为想象竞合，就取决于是一个行为还是数个行为。

学生：感觉属于自然意义上的一个行为。

张明楷：如果是这样的话，就可以认定为行贿罪与受贿罪的想象竞合。但在罪数问题上肯定会有争议，还取决于如何认定受贿罪的既遂时点。如果说被告人与老板约定好了就是受贿既遂，那么，后面再让老板送给上级领导，就是另一个行贿罪，就不一定是自然意义上的一个行为，而是可能实行数罪并罚。但从处罚的合理性角度来说，可能认定为想象竞合更合适一些。

学生：老板是行贿的同种数罪，要累计计算行贿数额吗？

张明楷：老板是自己出了一次钱去向市领导行贿，然后又与市领导等人共同向省领导行贿，从逻辑上说似乎可以累计计算行贿数额，但如果说老板只有一个行为，属于同种的想象竞合，则不一定累计计算行贿数额了。这个老板的行为是同种数罪还是想象竞合？因为老板在自然意义上只实施了一个行为。

学生：从逻辑上是两个行为，一个正犯行为、一个共犯或者共同正犯行为，但自然意义上只有一个行为，也可能认定为想象竞合吧。

张明楷：认定为想象竞合也许是可以的。

案例151　受贿罪（普通受贿与斡旋受贿的区分）

某报社（国有事业单位）来了两位转业军人，以前的转业军人来报社都是事业编制的，但是这两位转业军人不知道什么原因就是企业编制。这两位转业军人找报社社长，希望将企业编制转为事业编制，社长没有办成这件事就调走了，于是两位转业军人又找新任社长。新任社长与民政局局长关系很熟，就去找了民政局局长，民政局局长说可以转，让报社打一个报告送到民政局。报社社长签发了报告后，就送到了民政局，民政局将两位转业军人从企业编制转为了事业编制。两位转业军人给新任社长送了5万元。

张明楷：按规定，两位转业军人是应当由企业编制转为事业编制的，也就是说，报社社长为两位转业军人谋取的是正当利

益。于是,问题就来了:如果认定社长是基于斡旋行为而收受财物,则不构成受贿罪,因为不是谋取不正当利益;但如果认定社长是基于自己的职务为两位转业军人谋取正当利益,则构成普通受贿罪。你们判断一下。

学生:从企业编制转为事业编制,不是报社说了算,需要民政局批准吗?

张明楷:是的。

学生:如果是这样的话,应当认为社长实施了斡旋行为,因为两位转业军人原本应当是事业编制,所以不构成斡旋受贿,不成立犯罪。

学生:那5万元是社长应得的吗?

学生:也不是应得的,可以没收或者退回。

学生:以什么法律依据没收或者退回呢?

学生:可以违纪所得没收或者要求退回。

张明楷:看来如何理解斡旋受贿与普通受贿的关系,还是有争议的。

学生:可不可以说,凡是国家工作人员自己不能办成而是需要由其他国家工作人员才能办成的事项,对于该国家工作人员来说,就都是斡旋?

张明楷:显然不能这么说。国家工作人员自己能办成的事毕竟是有限的,有许多事情还需要下级办理。

学生： 那根据什么区分普通受贿罪与斡旋受贿罪呢？

张明楷： 我觉得是按请托人所请托的事项，是不是国家工作人员职权或者职务范围内应当处理的事项。如果得出肯定结论，即使国家工作人员要再请托或者斡旋其他国家工作人员，并索取或者收受贿赂的，也不是斡旋受贿，而是普通受贿。

学生： 还是不明白。

张明楷： 比如，报社社长的职权或者职责是不是要管人事？

学生： 是的。

张明楷： 所以，人事方面的事情就是社长职权范围内的事情。两位转业军人要由企业编制变成事业编制，属于人事方面的事情，是社长职权范围内的事情。只不过这个事情不能完全由他说了算，需要由报社递交报告，然后由民政局解决。但不能认为，这件事只是民政局管的事情，而不是社长职权范围内的事情。既然是社长职权范围内的事情，社长的行为就是普通受贿，而不是斡旋受贿。

学生： 明白了，这与社长要不要请托其他国家工作人员没有关系。

张明楷： 再比如，县公安局局长受请托后，让办案人员将故意伤害案办成正当防卫，然后收受了请托人的财物。你不能说是公安局局长斡旋了办案人员，所以是斡旋受贿，因为在侦查阶段，一个案件如何办理就是公安局局长职权范围内的事情。

学生： 老师的意思是，斡旋受贿时，请托人的事项其实超出了国家工作人员的职权范围，国家工作人员不能办理请托人的事项，所以，只能利用本人职权或者地位形成的便利条件，再斡旋其他国家工作人员来为请托人谋取不正当利益。

张明楷：这是《刑法》第388条规定的呀。第388条的表述就说明，请托事项不是国家工作人员职权范围内的事项。比如说，市公安局直接办理一个大案，当事人家属找到一个县公安局的副局长，请他帮忙疏通市公安局领导，让市公安局违法办理此案。县公安局副局长答应了这一请托，并收受了当事人给予的财物。这就是斡旋受贿。为什么？因为县公安局的副局长没有办理市公安局直接办理的案件的职权，他就只能斡旋了。

学生：所以，一般来说，上级对下级不是斡旋，而下级对上级通常是斡旋。

张明楷：大体上可以这么说，但不能绝对化，还是要看具体案情。不过，你们不要误解了我上面说的观点。我只是说，如果请托人的事项超出了国家工作人员的职权范围，国家工作人员只能斡旋其他国家工作人员为他人谋取不正当利益时，才是斡旋受贿。但是，如果请托人的事项超出了国家工作人员的职权范围，国家工作人员滥用职权为他人谋取不正当利益的，也构成普通受贿。

学生：很多律师在为受贿罪辩护时都提出，国家工作人员并没有为请托人办事的职权，所以，与职务没有关系，不成立受贿罪。

张明楷：这个说法不对。在普通受贿罪中，国家工作人员既可能为他人谋取正当利益，也可能为他人谋取不正当利益，在为他人谋取不正当利益时，通常都是滥用职权的。如果按照律师的观点，滥用职权为他人谋取正当利益的就不构成受贿罪，那么，滥用职权为他人谋取不正当利益的一般也不构成受贿罪，这显然不合适。

学生：如果国家工作人员一个人滥用职权为他人谋取了利益，肯定成立普通受贿罪。实践中难以区分的情形是，国家工作人员既滥用职权又对其他国家工作人员实施了斡旋行为时，是认定为普通受贿还是斡旋受贿？

张明楷：在这种场合，就斡旋行为本身来说，要看国家工作人员实施斡旋行为是基于职权本身还是基于职权或者地位形成的便利条件。如果是前者，仍然要认定为普通受贿罪；如果是后者，则要认定为斡旋受贿罪。但是，如果国家工作人员滥用职权的行为，原本也属于与其职权有密切关联的行为，还是可能认定为普通受贿罪。

学生：老师能举一个例子吗？

张明楷：比如，我们上面讨论的那个社长，倘若两名转业军人原本只能是企业编制，他们找到社长，要求转为事业编制。社长采用同样的方法，找了民政局局长，将两名转业军人转为事业编制的，我觉得构成普通受贿。因为人事管理就是社长的职权，他滥用这一职权，当然构成普通受贿。

学生：明白了。

学生：受贿罪中的利用职务上的便利应该是指为他人谋取具

体利益时利用职务上的便利。

张明楷：即使按你这个说法，我们讨论的真实案件中的社长也构成普通受贿罪。第一，行为人是社长，什么事都管，尤其是管人事。第二，行为人出了一个公函，这明显是其职权范围内的事情。

学生：在解决编制的问题上，民政局可能比报社发挥的作用更大、更实质。

学生：但是，如果社长反对转编制的话，这个事情也不可能办下去。

张明楷：不能因为民政局起的作用更大、更实质，就否认社长的行为构成普通受贿。成立受贿罪，并不要求国家工作人员独立为他人谋取利益，也不要求已经谋取了利益，只要有为他人谋取利益的许诺就可以，所以，国家工作人员最终有没有决定权，不影响利用职务上的便利的认定。

学生：实践中对斡旋受贿罪获取的不正当利益解释得特别宽泛。

张明楷：也只是部分场合认定得比较宽泛吧。

学生：有一个法官在讲座时举了一个例子：总包工头拖欠分路段承包的承包人的工程款，已经逾期很长时间了，承包人想办法让自己尽快地得到施工款的，属于谋取不正当利益。

张明楷：这样讲的理由是什么？

学生：因为工程分了好几段，承包人只是承包了一段，如果先将工程款给承包人的，其他几段的承包人就不能得到工程款。

张明楷：按照这个说法，要么谁也别想得到工程款，要么等包工头将应当支付的全部款项筹齐了，才能支付工程款。

学生：我其实挺不能接受这个法官的说法的。

张明楷：我也不赞成。不能说承包人要求包工头支付工程款就是谋取不正当利益。否则，如果承包人向法院起诉，法院也不能支持承包人，因为承包人是为了谋取不正当利益。这显然不合适。

学生：人家可能说，不正当不等于非法。

张明楷：法院不仅不能支持非法的请求，也不能支持不正当的请求。所以，我不能同意这个法官的说法。

案例152　受贿罪（斡旋受贿的判断）

有一个经营矿产的国有集团，总经理是A，集团下属有个公司的总经理是B。A和B两人在收购刘某的金矿时，存在渎职或者受贿方面的问题。本来应当以便宜的价格收购金矿，但实际上却花了高价去收购。A和B得知有人举报他们在收购刘某金矿过程中的渎职或者受贿行为后，担心被调查就找到了被告人甲。甲是某教育基金会理事、秘书长，登记的管理机关是民政部，业务的主管部门是某最高司法机关，基金会的宗旨是向社会各界募集资金，帮助西部、老少边穷地区的基层司法机关开展某种教育，同时要实现基金的保值增值。A 和 B 请托甲协调一下司法机关调查 A、B 所涉及的问题。甲说找我办这个事情需要用钱，A 同意，让刘某筹集了 1000 万元交给甲，作为甲协调办理这个事情的经费。后来刘某把 1000 万元汇到了甲指定的一个账户，这个账户是另外一个公司的账户。案发时，这 1000 万元也没有动。甲的确找了一个可以帮忙说话的人，但对方说 A 和 B 的事情很严重，你就别参与了，甲也就没有再去找任何人。甲对 A、B 说自己找了人，但找的谁就不能跟你们说了。

张明楷：这个案情并不是特别清楚，需要讨论的有好几个嫌疑人的行为。

学生：除了讨论甲之外，也要讨论 A、B 的行为，刘某的行为也需要讨论。

张明楷：A、B 收购刘某金矿的行为我们暂时不讨论。首先讨论刘某拿出 1000 万元来的行为。

学生：A、B 为什么让刘某筹集 1000 万元？

张明楷：因为如果要调查 A、B 收购刘某金矿的行为，就必然导致刘某的利益损失，所以，刘某愿意拿出这 1000 万元。

学生：甲是国家工作人员吗？

张明楷：甲是国家工作人员，但甲自己不能指示相关人员停止调查，他只能斡旋其他国家工作人员不要调查。他也实施了斡旋行为，但对方说A、B的事情很严重，所以，甲就没有再从事斡旋行为。

学生：就此而言，A、B与刘某构成行贿罪，甲构成斡旋受贿。

张明楷：是刘某将1000万元行贿给A、B，再由A、B行贿给甲，还是说，A、B与刘某三人共同行贿给甲？

学生：从事实上看，是刘某直接将1000万元汇到甲指定的账户。

张明楷：但这只是自然事实，从请托关系上看，完全可能是刘某向A、B行贿1000万元，然后，由A、B向甲行贿1000万元。

学生：如果刘某向A、B行贿的话，A、B就不是斡旋受贿，而是普通受贿。

张明楷：是的，因为A、B以前就为刘某谋取了不正当利益，如果是刘某为了表示对A、B以前为自己谋取不正当利益的感谢，A、B就1000万元就是普通受贿，然后将这1000万元再用于行贿，请托甲为他们摆平调查的事情。

学生：也有一种可能是，刘某以前为金矿的事情就向A、B行贿过，这一次的调查不仅会使A、B受到法律追究，而且会要求刘某退出部分收购款，使刘某遭受重大损失，甚至也会调查三人之间以前的行贿受贿事实，所以，这一次是A、B与刘某共同请托甲帮忙。如果这样的话，就是三人共同行贿，甲是斡旋受贿。

张明楷：是的。我们也只能讨论到这里，因为案情不具体，我们明确这种认定思路就可以了。

学生：也就是说，本案可能存在两种情形：一是刘某向A、B行贿1000万元，然后A、B再将这1000万元用来向甲行贿；二是A、B与刘某三人共同向甲行贿，只是行贿款由刘某出而已。

张明楷：是的。不过，如果仔细想一下的话，还可能同时存在这两种情形，只不过没有办法认定行贿受贿数额罢了。

学生：怎么可能同时存在这两种情形呢？

张明楷：就是说，刘某拿出1000万元一方面是为了感谢A、B二人，同时也与A、B一起共同请托甲，让甲帮忙摆平调查的事情。

学生：确实有这种可能，但就像老师说的，1000万元中多少是感谢A、B二人的，多少是自己用于请托甲的，就完全说不清数额了。

张明楷：所以，大体上只能根据客观事实选择前面第一种或者第二种路径予以认定。

学生：最重要的是取决于什么事实呢？

张明楷：我觉得最主要的是，以前A、B高价收购刘某的金矿时，刘某是否已经向A、B行贿以及行贿的数额。如果行贿的数额已经巨大了，也就是人们通常说的，已经感谢过了，不需要再感谢了，那么，就可以认为刘某后来出的1000万元，不是用来再向 A、B 行贿的，而是共同向甲行贿的。

学生：不过，如果是共同行贿，为什么只让刘某筹集 1000 万元呢？

张明楷：你是想说刘某之所以出这 1000 万元，实际上包括了对 A、B 的行贿吗？

学生：是的。

张明楷：你这样说也是有一定道理的，但也是可以解释的。比如，刘某最有钱，A、B 二人没有刘某有钱。再比如，只是说让刘某筹集 1000 万元，也没有商量最后是不是只由刘某出这笔钱。总之，这是事实问题，我们没办法具体讨论。

学生：如果是 A、B 让刘某筹集 1000 万元，事成之后三个人均摊，三人共同行贿的数额也是 1000 万元，没有实质区别。

张明楷：对，不能说，共同行贿时出钱越多的罪行就越重。我问一下，倘若刘某是为了向 A、B 行贿才将 1000 万元交给甲的，也就是说，是刘某向 A、B 行贿，然后再由 A、B 向甲行贿，刘某成立几个行贿罪？

学生：那就是两个行贿罪了，前面是向 A、B 二人行贿，后面是和 A、B 一起共同向甲行贿。

张明楷：对！前面行贿是正犯，后面行贿是共同正犯或者共犯。

学生：后面认定为共同正犯可能合适一些。

张明楷：是的，后面起的作用大，应当认定为行贿的共同正犯。

学生：刘的两次行贿要并罚吗？

张明楷：两次行贿其实只有一个行为，只是中间省略了先交给 A、B，再由 A、B 转交给甲的过程。所以，对这种自然意义上的一个行为可以认定为想象竞合吧。在德国会认定为想象竞合，在我国认定为想象竞合也可能有争议。

学生：应该是同种类的想象竞合。

学生：如果是这样的话，A、B 先受贿 1000 万元再将这 1000 万元行贿给甲，是不是也是想象竞合呢？

张明楷：从逻辑上来讲完全是两个行为。

学生：从自然意义上的话就是一个行为。

张明楷：所以，有可能认定为行贿和受贿的想象竞合。虽然行贿和受贿是对向犯罪，但本案中的受贿对象不一样，也就是说，有两个行贿和两个受贿。但在罪数问题上如何处理，会有不同看法。如果 A、B 与刘某达成了约定就是受贿既遂，那么，后面再让刘将 1000 万元送给甲，就是另一个行贿罪。这样的话，就不一定是只有一个行为，而是可能实行数罪并罚。不过，考虑到我国的刑罚较重，能认定为想象竞合的还是可以尽量认定为想象竞合。将 A、B 的行为认定为行贿罪与受贿罪的想象竞合，我也能接受。

学生：为什么对想象竞合认定得这么宽泛？

张明楷：一方面，认定为想象竞合时，评价了所有的犯罪，能让犯罪人和一般人知道什么行为是犯罪；另一方面，可以避免数罪并罚造成的处罚过重。我觉得可以认定宽一点。

学生：以前法条竞合弄得太宽了，比如说销售伪劣产品罪和诈骗罪是法条竞合，老师现在是将以前所说的许多法条竞合纳入想象竞合中了。

张明楷：是的，我现在是想维护特别法条优于普通法条的原则，同时又能实现罪刑相适应原则。

学生：不管对A、B怎么定罪，甲的受贿数额是1000万元。后来，甲没有办成事，也没有退钱，是否涉嫌其他犯罪呢？

张明楷：案情后面交代得很简单，"甲对A、B说自己找了人，但找的谁就不能跟你们说了"。前一句话的确是事实，1000万元就是他斡旋行为的报酬，而且已经既遂了，后一句话不影响案件性质。

学生：如果甲不是国家工作人员，但又不是利用影响力，就不成立犯罪了吧。

张明楷：你这句话是成立的，但在现实生活中是不可能的。A、B与刘某将1000万元交给甲，要么甲能够直接利用职务上的便利为对方谋取利益，要么可以通过斡旋其他国家工作人员为对方谋取不正当利益，要么甲可以利用影响力为对方谋取不正当利益，否则，怎么可能给这么多钱呢？

学生：我们在办案过程中，对如何理解利用影响力受贿罪中的"与国家工作人员关系密切的人"有争议,比如,高中同学、大学同学是不是关系密切的人?远房亲戚是不是关系密切的人?

张明楷:不要按字面含义理解,只要是能向国家工作人员提出为他人谋取不正当利益的请托的人,都是关系密切的人。而且,这一点请托人会判断的,我感觉不是什么难题。

学生:我们都觉得不好判断。

张明楷:能向国家工作人员开口要求国家工作人员为第三者谋取不正当利益的人,与国家工作人员的关系肯定是密切的。否则,怎么可能开口提要求?另外,我以前经常讲到,关系密切不等于关系好,这是两回事。比如,无业人员甲知道了国家工作人员乙的隐私,但甲并不向乙勒索财物,而是要求乙为第三者谋取不正当利益,然后从第三者那里收受财物。我认为,甲的行为就构成利用影响力受贿罪。其实,乙可能恨死甲了,两人关系并不好,只是担心甲会披露自己的隐私,所以,才答应甲的要求。

学生:在本案中,如果甲收到1000万元并不是全部留下了,而是拿出来一些给国家工作人员,还要认定甲受贿1000万吗?

张明楷:这个案件不存在这个问题,案发时1000万元没有动,仍然在甲指定的账户上。如果像你所说的那样,我觉得也要认定甲斡旋受贿1000万元。也就是说,A、B等人是将1000万元作为甲实施斡旋行为的对价而交付给甲的,如果甲再将其中的一部分给其他国家工作人员,应当认定甲自己另外犯了行贿罪。

案例153 受贿罪（斡旋受贿的判断）

甲为了把一个被告人"捞出来"，找到法官乙帮忙，法官乙以工作关系找办案人法官丙打听案件情况，丙说案件要作无罪宣告了，乙跟甲说自己可以帮忙，但是要20万元去打点，甲便给乙20万。

张明楷：乙的行为是诈骗罪还是索取贿赂，抑或是二者的竞合？

学生：应该是想象竞合。

张明楷：如果乙的行为构成受贿罪，可以说是想象竞合。问题是乙的行为是否成立受贿罪？

学生：乙的行为不是普通受贿，只是斡旋受贿吧。因为办案人员是丙法官，乙法官只是以工作关系打听案件情况，所以不能认定为普通受贿。

学生：但是，乙只是向丙打听案情情况，并没有实施斡旋行为，怎么可能成立斡旋受贿呢？

张明楷：问题在于，对斡旋受贿中的"通过其他国家工作人员职务上的行为为请托人谋取不正当利益"即斡旋行为，如何理解与判断？是像普通受贿那样，只要许诺实施斡旋行为即可，还是需要客观上实施斡旋行为？

学生：在司法实践中，被认定为斡旋受贿罪的，一般都是实施了斡旋行为的。如果没有实施斡旋行为，好像不会认定为受贿罪。

张明楷：对斡旋受贿是以受贿罪论处的。既然普通受贿罪的成立只需要国家工作人员许诺为他人谋取利益，那么，斡旋受贿为什么要求国家工作人员必须实施斡旋行为呢？

学生：因为《刑法》第388条明文要求"通过其他国家工作人员职务上的行为，为请托人谋取不正当利益"，这应当是客观行为吧。

张明楷：这与《刑法》第385条的"为他人谋取利益"是一样的，也可以理解为"许诺通过其他国家工作人员职务上的行为，为请托人谋取不正当利益"。这个问题我还特意问过日本的刑法学教授。在日本，斡旋受贿罪中的贿赂是对公务员"进行斡旋或者已经进行斡旋"的报酬，所以，先斡旋然后要求、约定、收受贿赂的（这被称为斡旋先行型），或者先约定、收受贿赂然后再斡旋的（这被称为贿赂先行型），都成立斡旋受贿罪。但是，从日本刑法条文的表述来看，只要公务员就斡旋接受请托并收受贿赂的，就成立斡旋受贿的既遂，因为这种行为至少有侵害职务行为公正性的抽象危险。下面三种情形都构成斡旋受贿罪的既遂犯。一是公务员接受请托并收受贿赂，但没有从事斡旋活动的，当然这种情形要求公务员有从事斡旋的意思。其实接受请托，就表明公务员许诺为他人从事斡旋行为。二是从事了斡旋活动但被拒绝的。三是斡旋行为成功的。这三种情形在日本都属于斡旋受贿既遂。特别需要注意的是，本罪的斡旋行为不同于前述与职务有密切关系的行为。

学生：如果是这样理解斡旋受贿罪的话，本案中的乙不仅接受了请托，事实上也许诺了为甲谋取不正当利益，而且也收受了对方给予的财物，构成了斡旋受贿罪的既遂。

学生：可能还有一个问题。乙只是利用了工作关系，这符合"国家工作人员利用本人职权或者地位形成的便利条件"这一要件吗？

张明楷：日本就斡旋受贿罪的职务关联性也存在争议，也就是说，公务员基于什么样的立场实施斡旋行为时，才成立本罪？第一种观点是无限制说，这种观点认为，凡是公务员对其他公务员从事斡旋行为的，都成立本罪。据说日本的立法机关就是这样理解的，可能立法理由书上就是这么写的，但我没有查证。持这种观点的理由是，法条并没有限定为"利用公务员的地位"等表述。不过，这种观点肯定会导致斡旋受贿的处罚范围太宽了。如果行为人是公务员，但与另外一地的公务员是大学同学，而没有其他任何公务上的关联时，也可能构成斡旋受贿罪，这恐怕不合适。第二种观点是限定说，这种观点认为，只有当公务员积极地利用其地位实施斡旋行为时，才能认定为本罪。理由是，斡旋受贿罪的保护法益不仅包括公务的公正性，而且包括公务员的廉洁性，所以，只有当行为人利用了公务员的地位实施斡旋行为时，才同时侵害了这两种法益。这个观点也没有得到很多人赞成，更没有得到判例的支持。因为法条并没有这样的要求，而且，这一观点导致斡旋受贿罪的处罚范围过窄。第三种观点是通说，也被称为折中说，这种观点认为，只要公务员以公务员的立场实施斡旋行为就成立斡旋受贿罪。这种观点的理由是，本罪的主体被限定为公务员，而不包括私人；即使是公务员，但如果完全离开了公务员的立场，就相当于私人行为。所以，只要以公务员的地位实施斡旋行为即可。

学生：我国《刑法》第388条规定的"国家工作人员利用本人职权或者地位形成的便利条件"，其实与日本的通说表达的是一个意思。

张明楷：我觉得可以这样理解。其实，可以认为，凡是有工作关系并且利用了这种关系的，都可以认定为"利用本人职权或者地位形成的便利条件"。比如，同一单位的同事之间，处长向处长斡旋、科长向处长斡旋、科员向科员斡旋，都属于利用本人职权或地位形成的便利条件。再比如，不同单位之间，因为有工作联系经常在一起开会之类的，也可以斡旋，税务局局长向土地管理局局长斡旋、公安局局长向税务局局长斡旋的，也属于利用本人职权或地位形成的便利条件。再比如，同一系统内下级向上级也可以斡旋，中级法院的法官向高级法院的法官斡旋的，同样属于利用本人职务或地位形成的便利条件。只有纯粹利用私人之间的友情关系、学校的师兄（姐）师弟（妹）关系、亲属关系从事斡旋行为的，才不属于利用职权或者地位形成的便利条件。

学生：这么说的话，本案中的法官乙以工作关系斡旋法官丙，就属于利用职权或地位形成的便利条件。虽然他没有斡旋，但事实上不仅许诺实施斡旋行为，而且事实上询问了相关情况，只是因为丙法官告诉他要宣告无罪，才没有向其提出请托人的要求。

张明楷：所以，乙的行为构成斡旋受贿没有疑问。只不过，乙的行为还可能同时构成诈骗罪。

学生：原本不需要帮什么忙，乙却说可以帮忙但需要20万元打理，就既是索取贿赂的行为，也是诈骗行为。但西田典之老师认为，在这种情形下不能认定为受贿罪。

张明楷：西田典之老师只是说如果行为人并不打算为请托人谋取利益时，才不构成受贿罪，只认定为诈骗罪。因为西田老师认为，受贿罪的保护法益是职务行为的公正性，如果公务员不打算为请托人谋取利益，就不会侵犯职务行为的公正性，所以只需要认定为诈骗罪。但我认为，斡旋受贿罪的保护法益既有国家工作人员的职权或地位形成的便利条件的不可收买性，也有职务行为的公正性，还包括国民对二者的信赖。一方面，由于请托人原本请托的就是不正当利益，所以，就职务行为的公正性来说是容易认定受到了侵犯的。另一方面，即使国家工作人员虚假许诺为请托人实施斡旋行为，也侵犯了国民对上述两个法益的信赖。所以，我认为即使是虚假地许诺实施斡旋行为，也能构成斡旋受贿罪。况且本案中的乙在接受甲的请托时，并不是虚假承诺。

学生：看来，如何理解一个犯罪的保护法益实在太重要了。如果不结合保护法益，就难以理解为什么西田老师会认为虚假许诺时不成立受贿罪而仅成立诈骗罪。

张明楷：当然。如果甲既是行贿人，同时是诈骗罪的被害人，20万元是要退还给甲还是没收呢？

学生：如果甲不构成行贿罪当然就要退还给甲了。被告人本来是要宣告无罪的，甲并没有获得不正当利益，又是被勒索，应当不构成行贿罪吧？

学生：甲主观上还是有行贿的故意，他并不知道被告人要被宣告无罪，主观上是为了谋取不正当利益，是不是也可以认定为行贿罪？

张明楷：我觉得虽然甲主观上是为了谋取不正当利益，但如果所谋取的利益就是正当的，还是不能认定为行贿罪。从事实认定的角度来说，如果客观上谋取的是正当利益，也难以认定行为人主观上是为了谋取不正当利益，不能认定为行贿罪。

学生：假如这个案件前面的案情一样，乙知道被告人要被宣告无罪后，向甲索要20万元的辛苦费，也是斡旋受贿与诈骗罪的想象竞合吗？

学生：那就不构成诈骗罪吧。

张明楷：为什么呢？如果乙跟甲说打听的结果是作无罪宣告，甲还会给他20万元吗？

学生：如果辛苦费是指向法官丙打听的费用就不构成诈骗罪。

张明楷：如果乙跟甲说我打听好了，会作无罪宣告，你给我20万元。甲知道真相后愿意给乙20万元的，乙当然不构成诈骗罪，但不能排除斡旋受贿罪的成立。在德国，索贿和诈骗、敲诈勒索可以想象竞合吗？

学生：没看到过类似的案例，但理论上应该是可以的。

案例 154　受贿罪（斡旋受贿的判断）

乙找到本单位主管采购的国家工作人员甲，问能不能利用甲的职务便利，让供应商丁中标，甲同意了。乙将从甲这里得到的内部消息告诉了中间代理商丙（帮供应商丁销售商品）。丙从乙处得到内部消息后对供应商丁说，自己与采购单位有关系，从丁那里索要了 18 万元，自己留了 6 万元，将 12 万元给乙，乙自己得了 6 万元，再给了甲 6 万元。丙没有接触过甲，丁没有接触甲和乙，丁知道 18 万元是用于疏通关系的。

张明楷：甲受贿 6 万元应当没有问题，当然，也有值得讨论的地方，我们等会儿再说。现在的关键是如何认定乙和丙的行为，此外，丁是构成行贿罪还是向非国家工作人员行贿罪，也需要讨论，但案例在这方面交代得不清楚。我们先讨论乙的行为。

学生：乙是国家工作人员吗？

张明楷：应当是，因为从案件描述来看他是甲的同事。

学生：如果是这样的话，乙是斡旋受贿。

张明楷：乙是在甲与丙之间斡旋吗？

学生：是的，所以，丙给了乙12万元。

张明楷：如果说乙斡旋受贿12万元的话，还要再定他行贿罪吗？因为他给了甲6万元。

学生：有可能。

张明楷：这是一种可能。有没有另一种可能：乙与甲构成受贿罪的共犯？也就是说，甲知道乙给的6万元是供应商或者中间代理商给的，他也知道乙肯定从中收了钱，或者说他知道这个钱肯定不是乙出的，而是供应商或者中间代理商给的。如果是这样的话，乙与甲有没有可能构成受贿罪的共犯？

学生：也有可能，二者其实是心照不宣的。

张明楷：如果不考虑二人心照不宣方面的事实，也就是说不认定乙与甲构成共同受贿，认定乙斡旋受贿12万元，再认定他行贿6万元，是完全可能的。

学生：乙有没有可能主张就6万元是介绍贿赂罪？

张明楷：我认为介绍贿赂罪基本没有适用的余地，或者说适用的空间太小。因为只要客观上发生了行贿与受贿的事实，介绍贿赂的行为同时成立受贿的帮助犯与行贿的帮助犯，按照想象竞合的原理，要按受贿罪的帮助犯处罚，而不可能仅认定为介绍贿赂罪。

学生：难道这个罪就没有了吗？

张明楷：我现在的想法是，如果行为人介绍贿赂，但双方根本不实施行贿与受贿行为的，可以考虑认定为介绍贿赂罪。

学生：因为根据限制从属性说，在这种场合不可能认定介绍贿赂的人成立帮助犯。

张明楷：是的。因为这种场合的介绍贿赂才是一个独立的犯罪，而不应当将受贿罪、行贿罪的帮助犯认定为介绍贿赂罪，更不能将对双方都实施帮助行为的人认定为介绍贿赂罪，否则就太不公平了。我现在想说的是，如果甲清楚地知道，自己同意乙的要求后会有好处，也知道乙会从中得到好处，乙也知道自己是在利用甲的职务便利获得利益，甲与乙就可能构成受贿罪的共犯。

学生：在这种场合，客观上符合受贿罪共犯的条件，主观上虽然没有明显的共谋，但事实上双方肯定是心知肚明的。

张明楷：如果说要认定为共犯的话，那么，乙的受贿数额是12万元是没有问题的，甲的受贿数额是多少呢？

学生：如果是共犯的话，甲的受贿数额也不可能是6万元，应当是12万元。因为他知道乙也要从中得到好处，而且乙之所以能得到好处，是因为甲的职务便利。

张明楷：好。我归纳一下：一种可能是，乙斡旋受贿12万元，行贿6万元，甲受贿6万元；另一种可能是，乙与甲共同受贿12万元，二人均对12万元受贿负责。剩下的只是看案件的具体细节，关键是能否认定二人构成受贿罪的共犯。

学生：明白了。

张明楷：那么，丙是否构成犯罪呢？丙从丁那里索要了18万元，而且丙自己还得了6万元。

学生：按照老师的观点，丙也不可能是介绍贿赂罪。

张明楷：你们不要考虑这个罪了。

学生：定丙受贿罪共犯就太重了。

张明楷：怎么太重了？对丙不能定非国家工作人员受贿罪吗？

学生：丙利用了职务上的便利吗？

学生：中间代理商本身不是纯粹的中介组织，而是个商业机构。

张明楷：对，当然是个商业机构。丙不是为单位收取佣金，而是为了个人利益向丁索要18万元。换言之，除了给单位收取中介费之外，丙个人能向供应商索要财物吗？

学生：当然不能。

张明楷：丙显然利用了自己是中间代理商的工作人员的职务便利。

学生：如果丙是个体户呢？

张明楷：个体户当然就不构成非国家工作人员受贿罪了。因为如果丙是个体户，就不可能分清中介费与中介之外的费用了，而且也不可能符合各种受贿罪的主体要件。

学生：丙是在为代理商这个商业机构工作，所以，他构成非国家工作人员受贿罪。

张明楷：如果构成非国家工作人员受贿罪，数额是6万元还是18万元？

学生：应当是18万元，因为丁就是给了他18万元。

张明楷：如果认定为18万元，是不是还要认定他行贿12万元？

学生：行贿12万元肯定是要定的。

张明楷：如果是这样的话，丙的情形与乙的情形就有相似之处。

学生：是的。

张明楷：那么，丙也可能构成受贿罪的共犯吗？

学生：这要看具体情形了。如果乙与丙有通谋，是乙让丙向丁索要贿赂的，仍然可能构成受贿罪的共犯。

张明楷：对了！但是，这个案例在这些方面都没有交代清楚。

学生：老师，我还是有一点疑问。丙对于能不能中标没有任何决定权，能说他利用了职务上的便利吗？

张明楷：谁说要有决定权时才叫利用了职务上的便利？丙是为供应商丁谋取利益的人员，他利用了自己作为中间代理商的工作人员的职务便利，就可以认定他的行为成立非国家工作人员受贿罪。不需要受贿的人对相关事项具有决定权，只要求财物与行为主体的职务具有关联性，或者说财物是行为主体的职务行为的报酬，包括将来实施的职务行为、已经实施的职务行为、正在实施的职务行为，以及所许诺实施的职务行为。

学生：老师，如果把丙认定为非国家工作人员受贿罪，丁就变成对非国家工作人员行贿罪了。实践中这种情况我们很难处理，丁是怎么想的我们不清楚，但他知道自己给了丙18万元，丙肯定会留一部分，然后会送一部分给国家工作人员。这样的话，我们可不可以认定丁构成行贿罪呢？

张明楷：你是说丁构成两个罪？行贿罪与对非国家工作人员行贿罪？

学生：确实有这种可能。

张明楷：在某些场合，即使行贿人只是将现金给了中间人或者掮客，也可能认定为行贿罪。例如，行贿人希望A找关系为自己谋取不正当利益，而且知道A本人不可能为自己谋得利益，但认为A有各种关系，A乘机索要财物，而且一般都会说"办事需要钱打点"。在这样的场合，如果只有国家工作人员才能为行贿人谋利益，行贿人也知道A会自己留一些款项，然后还会送给国家工作人员一些。由于A不存在利用职务上的便利的问题，所以，行贿人对A不可能成立行贿罪。于是，只要A为了行贿人的利益而给予了国家工作人员以财物，还是可以认定行贿人构成向国家工作人员的行贿罪的。但是，本案与这种情形不同。丙只是说自己与采购单位有关系，如果丁只是以为丙有关系、有能力，而将18万元交付给丙的，就只能认定为对非国家工作人员行贿罪。

学生：什么情况下，丁可能构成行贿罪与对非国家工作人员行贿罪呢？

张明楷：首先一个前提是，丙构成非国家工作人员受贿罪，同时构成行贿罪时，丁才可能同时构成对非国家工作人员行贿罪与行贿罪。其次，丁必须明知18万元中的一部分会由丙转交给国家工作人员，或者说，丁与丙构成行贿罪的共犯时，丁才成立两个犯罪。不过，要认定为两个罪，通常是比较困难的，尤其是证明起来比较困难。

学生：如果丁构成两个罪的话，需要并罚吗？

张明楷：是不是只有一个行为啊？如果只有一个行为就是想象竞合，不需要并罚。如果是两个行为，就需要并罚了。

学生：一次性拿了18万元给丙，只能认定为一个行为吧？

张明楷：你要认定为一个行为，我也不反对。不过，如果说丁构成两个罪的话，也有可能说他有两个行为。虽然他是一次性拿了18万元给丙，但其中6万元是对非国家工作人员行贿既遂，还有12万元行贿行为还没有完成，而是由丙帮助完成的，丙向乙行贿完成后，丁向国家工作人员行贿的事实才构成行贿既遂。所以，如果规范地分析，还是可能说丁实施了两个行为的。但如果在德国，估计会认为是一个行为。

学生：假如说，丙跟丁说，我能帮助你销售产品，一方面，你要给我6万元，另一方面，你还要给12万元，我需要为你向国家工作人员打点,否则,你就不能中标。在这种情况下,丁一下子拿了18万元给丙的,丁的行为也是想象竞合吗?

张明楷:这样的话,就更加说明丁实施了两个行为了。

学生:您在教科书中说,行为人一次性同时走私武器与假币的,应当认定为数罪,而不是想象竞合。因为行为人分别有走私武器的行为与走私假币的行为,所以要数罪并罚。与这里认定丁分别对非国家工作人员行贿和向国家工作人员行贿,似乎是相同的。

张明楷:是的。我再讲一个案件吧。甲负责经济适用房的申请复核工作,他的同事乙就跟那些想购买经济适用房的人说,自己能够帮他们申请到经济适用房,但要他们给自己好处。有10个人总共给了乙100万元的好处费,乙就让甲在复核这10个人的申请材料时提供便利,并且说事成之后会有好处。甲就按乙说的做了,让10个人顺利参加经济适用房的摇号并且获得了经济适用房。乙自己留了50万元,分了50万元给甲。10个人是行贿没有问题,乙是斡旋受贿罪还是普通受贿罪?除此之外,是否构成行贿罪?

学生:这个案件中的乙与上一个案件中的乙有相似之处。

张明楷:是有相似之处,只不过这个案件没有丙,而且,乙明确跟甲说了事成之后有好处。好处哪里来呢?

学生:不可能是乙自己给,肯定是那10个人给,甲显然清楚这一点。

张明楷：甲是否知道乙也会得到好处呢？

学生：甲肯定知道。

学生：不一定吧。

张明楷：怎么不一定？如果说乙只是帮助一两个人申请经济适用房，甲可能想到这一两个人是乙的亲朋好友之类的，但乙帮10个人申请，显然是要从中得到好处，甲不可能不知道吧。

学生：甲肯定知道乙会得到好处，只是不知道乙会得多少。

张明楷：对，甲确实不知道乙会得多少。但甲肯定是受贿，甲的受贿数额是50万元还是100万元？

学生：50万元吧。

张明楷：为什么只定50万元？甲与乙不是共同受贿吗？你是说乙受贿之后再向甲行贿吗？

学生：我觉得乙虽然是斡旋受贿，但他同时与甲构成受贿罪的共犯。

张明楷：既然是这样的话，就只需要认定乙与甲构成共同受贿，都对100万元负责，而不是说乙构成斡旋受贿，甲构成普通受贿。

学生：实践中有人主张，对于共同受贿的，不要让所有人对整体受贿数额负责，每个人只对自己分得的数额负责。

张明楷：这不是否认了共同犯罪吗？不能将共同犯罪当作同时犯处理。

学生：可能是因为都对总额负责的话，处罚过重了吧。

张明楷：如果按同时犯处理的话，不仅违反共同犯罪的原理，而且有很多情形没办法处理。比如，甲、乙二人都是国家工作人员，他们都为请托人谋取了不正当利益，而且经常在一起商量行贿受贿的事情。后来，请托人将100万元交给甲，让甲分给乙50万元。在甲将50万元给乙的时候，乙说你都拿着吧，我现在也不需要用钱。如果按同时犯处理，乙就不构成犯罪了，这显然不合适。在这种场合，甲、乙都要对100万元负责。

学生：给乙定斡旋受贿100万元、行贿50万元不可以吗？

张明楷：刚才不是说过了吗？假如一个普通人A与甲相识，他跟甲商量，如果给10个购买经济适用房的人帮忙，就会有好处，于是甲答应了。事后，10个人给了100万元给A，A将其中50万元给了甲，A肯定是受贿罪的共犯吧。你想一想，普通人都能成立受贿罪的共犯，怎么上例中的乙反而不能成立受贿罪的共犯呢？

学生：对哦。在您刚才假设的这个案件中，甲是受贿50万元还是100万元？

学生：50万元吧。

张明楷：为什么只认定为50万元？

学生：凭感觉。

张明楷：我怎么感觉是100万元呢？甲清楚地知道，A收到的所有好处费，实际上都是自己职务行为的报酬，而不是A的职务行为的报酬，因为 A 没有任何职务。既然是这样的话，认定甲受贿 100 万元就是合理的。而且，如果只认定甲受贿 50 万元的话，A 帮助受贿的数额又是多少呢？A 帮助受贿的数额显然是 100 万元。既然如此，甲受贿的数额就不可能是 50 万元。从这一点可以看出，共犯的认定与行贿受贿数额的认定具有密切关系。

学生：明白了。

张明楷：还有一个类似的案件。A 是一个国有招标代理企业的工作人员，属于国家工作人员。B 和 A 是好朋友，B 同时也是 A 所主管的业务方面的专家，但 B 不是国家工作人员。C 是投标代理人，D 是被代理的投标公司。C 为了让 D 公司在 A 主管的招标中提高中标率从而获取代理费，就与 B 商量，让 B 向 A 斡旋，取得的代理费每人一半。实际上，D 是看重了 C 能够通过 B 再经由 A 处获得中标信息，才给 C 好处费。C 把好处费的一半分给了 B。案发后，C 称其与 B 分享代理费仅因为 B 是该领域专家，能够帮助 D 分析修改标书，从而提高中标率。但 D 之所以给 C 好处费（不是中介费），是因为 C 能够通过 B 再找到 A 获取中标信息。C 和 D 是共同行贿还是行贿与受贿关系？

学生：C 和 D 是共同行贿。

学生：我觉得是利用影响力受贿罪和对有影响力的人行贿罪。

张明楷：谁利用谁的影响力？

学生：B 利用他对 A 的影响力，C 是向有影响力的人行贿。

张明楷：案情没有交代 B 给 A 好处，我们就视为 A 不知情、没受贿，B 就是利用影响力受贿。

学生：C 和 D 是向有影响力的人行贿的共犯。

张明楷：那 C 得到的一半呢？

学生：是截留贿赂，不认定为犯罪。

张明楷：D 是看中了 C 能够通过 B 再经由 A 处获得中标信息，才给 C 好处费。这是不是说 D 实际上也给了 C 好处费呢？

学生：当然。

张明楷：如果 C 是中介公司的工作人员，C 能不能构成非国家工作人员受贿罪？

学生：能吧。

学生：不能吧。

张明楷：为什么不能？

学生：因为 C 并没有利用自己的职务之便，他也只是向 B 斡旋。

张明楷：倘若 C 是中介公司的工作人员，他向 B 斡旋的行为是不是他的职务行为？

学生：不是正当的职务行为。

张明楷：受贿罪中的职务行为要求是正当的吗？

学生：不要求。

张明楷：你们分析受贿案件时一定要注意从什么地方开始分析。以国家工作人员为例，由于普通受贿罪不要求为他人谋取不正当利益，而斡旋受贿罪要求为请托人谋取不正当利益，所以，首先要判断，请托人给国家工作人员财物时，这个财物是不是国家工作人员职务行为的报酬。如果是，就可以认定为普通受贿罪。如果国家工作人员没有这种职权权限，即使是滥用职权也不可能为请托人谋利益，才判断请托人给予的财物是不是国家工作人员斡旋行为的报酬，是否成立斡旋受贿。不能一开始就讨论是不是斡旋受贿。

学生：这么说，我们刚才讨论的 C，也不能简单地说他只是实施了斡旋行为，而是要看他的职务行为包括什么内容。

张明楷：对！如果他的职务行为就是要让 D 公司中标，那么，他为中标所实施的相关行为，都是他的职务行为。

学生：这么说的话，C 是可以成立非国家工作人员受贿罪的。

张明楷：如果 C 不是投标代理人，而是一个无关的第三者，他向 B 斡旋而得到好处的，就不可能成立非国家工作人员受贿罪。

学生：剩下的问题和前面又一样了，比如数额问题，D 除了构成行贿罪之外，是否还构成对有影响力的人行贿罪的共犯。

张明楷：对，把前面讨论的结论运用到这里就可以了，我们就不再讨论了。

学生：老师，我问一个问题，《刑法》第 163 条规定的非国家工作人员受贿罪，要求公司、企业或其他单位工作人员利用职务上的便利。这个利用职务上的便利是仅限于主管、管理、经手本单位事务或者自己职务范围内的事务和便利，还是可以包括利用职权或者地位形成的便利条件，通过本单位的其他工作人员为请托人谋取利益？

张明楷：你是说非国家工作人员斡旋受贿的能不能定非国家工作人员受贿罪吗？按理说非国家工作人员受贿罪不包括斡旋受贿的情形，斡旋受贿是因为有法律规定才认定的。

学生：但是，现在有很多学者解读第163条时都认为，非国家工作人员利用自己的职权或者地位形成的便利条件，通过本单位的其他工作人员为请托人谋取利益的，也成立非国家工作人员受贿罪。

张明楷：因为你说的是通过本单位的其他工作人员为请托人谋取利益，所以要区分三种情形：第一种情形是，虽然是通过本单位的其他工作人员为请托人谋取利益，但行为人还是利用了自己的职务上的便利。如果是这样的话，就可以直接认定为非国家工作人员受贿罪。第二种情形是，虽然通过本单位的其他工作人员为请托人谋取利益，但后者也知道真相并且收受了财物，因而构成非国家工作人员受贿罪的共犯。第三种情形是，与《刑法》第388条规定的斡旋受贿类型相同，即自己的职务与请托人所要谋取的利益没有关系，被斡旋的工作人员不知情、也不构成共犯，行为人所收受的财物完全是斡旋行为获得的对价。这种情形就不能直接认定为非国家工作人员受贿罪了。

学生：但是，感觉对这种行为有定罪的必要。

张明楷：如果是这样的话，就要把第388条规定的斡旋受贿理解成一个注意规定，跟普通受贿一样。但是，这是做不到的。你想想，如果是个注意规定，对它的理解就与基本规定相同。可是，普通受贿不要求谋取不正当利益，而斡旋受贿要求谋取不正当利益。仅此一点，就足以说明，将第388条理解为注意规定是行不通的。第388条是一个法律拟制，或者说是一个特别规定。意思是说，原本这种行为是不符合普通受贿罪的构成要件的，但法律还是规定按普通受贿罪定罪量刑。不过，我还是建议将斡旋受贿理解为一个独立的犯罪，只是援用了普通受贿罪的罪名与法定刑而已。

学生：这么说的话，就是要求非国家工作人员利用主管、管理、经手等职务便利。

张明楷：没有必要用这样的概念来表述，受贿罪不同于贪污罪，利用职务上的便利在两个罪中是不一样的。只要财物是非国家工作人员的职务或者职务行为的不正当报酬就可以了。

学生：不需要行为人的职务行为最终对结果会产生实质性的影响吗？

张明楷：当然不需要。

学生：如果行贿人请托的事项跟自己的职务沾点边呢？

张明楷：什么叫沾点边？

学生：就是有点关系。

张明楷：什么叫有点关系？你能不能讲具体案件？

学生：是指请托人的事项可能要经过某个非国家工作人员，但真正最终作出决定的是其他人员。行为人不仅在自己的职务范围内为请托人帮忙，而且又请有决定权的其他人为请托人帮忙。这种情形可能认定为非国家工作人员受贿罪吗？

张明楷：有可能。比如，立案庭的法官为当事人立了案，然后给主审法官打招呼，当事人给予立案庭法官以财物的，直接认定为普通受贿罪即可，不需要认定为斡旋受贿。非国家工作人员为他人谋利益实施了职务行为，同时也斡旋了其他工作人员的，也应当直接认定为非国家工作人员受贿罪。

案例 155　受贿罪（斡旋受贿的判断）

国家工作人员甲接受 A 的请托并且收受了 A 给予的财物，但甲不能直接利用职务上的便利为 A 谋取不正当利益，便找国家工作人员乙，甲也知道乙不能直接为 A 谋利不正当利益，甲希望乙再去找国家工作人员丙帮忙，丙能够利用职务上的便利直接为 A 谋取不正当利益。但甲不认识丙，也不方便找丙，于是甲就请乙去找丙。

张明楷：这类案件最后有几种可能性：一是乙拒绝了甲的要

求；二是乙答应了甲的要求，但事实上没有找丙帮忙；三是乙找到了丙，但丙拒绝了乙的要求；四是乙找到丙之后，丙同意了，但事实上没有为 A 谋取不正当利益；五是丙为 A 谋取了不正当利益。这几种情形在司法实践中会怎么处理？

学生：第五种情形肯定要认定为斡旋受贿，其他四种情形争议挺大。

张明楷：争议总是永远存在的，要明白焦点到底在哪里。第一个要问的是，在斡旋受贿的场合，A 给予的财物是甲的斡旋行为的报酬，还是乙或者丙的职务行为的报酬？

学生：A 可能根本不考虑这些问题，只是将财物给予甲。

张明楷：A 怎么想是另一回事，但从法律规定来看，A 给予的财物应当是甲"利用本人职权或者地位形成的便利条件"进行斡旋行为的不正当报酬。所以，只要甲实施了斡旋行为，并且收受了 A 的财物，就能够成立斡旋受贿。

学生：老师，我还是有个疑问，如果说《刑法》第 388 条规定的斡旋受贿罪的保护法益是职务行为廉洁性，那么，这个案件是对甲的职务行为廉洁性的侵犯，还是对为 A 谋取不正当利益的国家工作人员即丙的职务行为廉洁性的侵犯？

学生：我觉得对甲的职务行为廉洁性的侵犯就可以。

张明楷：对！如果说只要求对为 A 谋取不正当利益的国家工作人员的职务行为廉洁性的侵犯，那么，就没有必要要求斡旋的行为人甲具有国家工作人员身份。

学生：如果是这样的话，上述第一种和第二种情形，就都成立斡旋受贿的既遂了，因为甲实施了斡旋行为并且也收受了财物。

张明楷：这刚好是我要问的第二个问题，甲要求乙找丙为 A 谋取不正当利益，是斡旋行为吗？

学生：当然是。

张明楷：可是，乙没有直接为 A 谋取不正当利益的职权，甲对此也是清楚的，怎么可能说甲找乙就是斡旋行为呢？

学生：从《刑法》第 388 条的规定来看，甲找乙的行为还不符合"利用本人职权或者地位形成的便利条件，通过其他国家工作人员职务上的行为，为请托人谋取不正当利益"这一规定。

张明楷：其实，甲找乙的行为只是相当于找同伙。乙也是斡旋者，如果乙知情且找丙，乙就是斡旋受贿罪的共同正犯了。也就是说，甲明知自己斡旋不了，需要乙为自己去斡旋，所以，二人是共犯。这样来说的话，甲找乙的行为并不是真正的斡旋行为。

学生：那么，在上述第一种、第二种情形下就不能定罪了吗？

张明楷：这要看如何理解斡旋行为。如果说像普通受贿罪中的"为他人谋取利益"那样，只要许诺就可以了，那么，在斡旋受贿罪中，也只需要许诺为请托人实施斡旋行为就可以了。如果说，只有实际实施了斡旋行为才构成斡旋受贿，那么，既然还没有实施斡旋行为，就不能认定有实行行为，当然也不能认定为斡旋受贿的未遂犯，只能认定为预备犯。

学生：可是，甲已经收受了A的财物，还不能认定为既遂吗？

张明楷：问题也出在这里。斡旋受贿的保护法益不只是职务行为的不可收买性，还包括职务行为的公正性。但对公正性的法益只需要产生抽象的危险，当乙还没有找到丙时，也可以认定具有抽象危险。所以，我还是倾向于认为，这种情形的甲成立斡旋受贿既遂，也就是说，甲客观上没有现实地实施斡旋行为，但他许诺了为A实施斡旋行为。A给予甲的财物，正是甲许诺为其实施斡旋行为的不正当报酬。又由于斡旋受贿对职务行为公正性这一法益只需要有抽象的危险，所以，认定甲的行为成立斡旋受贿的既遂，还是可以的。

学生：司法实践中不一定考虑这么多，只要甲得到了财物就认定为斡旋受贿的既遂。

张明楷：我的意思是，在普通受贿时，只有在国家工作人员已经承诺为请托人谋取利益时，才可能成立既遂；既然如此，在斡旋受贿时，当然要求从事斡旋的国家工作人员承诺实施斡旋行为为请托人谋取不正当利益。也就是说，由于斡旋受贿要同时侵犯职务行为的公正性，而这个公正性是指被斡旋的国家工作人员职务行为的公正性，而且只要求有侵害职务行为的公正性的抽象危险就足够了，所以，只要从事斡旋的国家工作人员承诺斡旋其他国家工作人员为请托人谋取不正当利益，或者说接受了请托人的请托,斡旋的国家工作人员就成立斡旋受贿的既遂。

学生:明白了。也就是说,上述第三种情形由于丙的拒绝,没有对斡旋受贿的保护法益产生危险,只能认定甲的行为成立斡旋受贿的未遂。但第四种情形就不同,由于丙承诺了为 A 谋取不正当利益,因此对职务行为的公正性产生了危险,所以甲成立斡旋受贿的既遂。

张明楷:第四种情形认定为斡旋受贿既遂没有问题。关键是第三种情形能否仅认定为斡旋受贿未遂,这涉及斡旋行为对职务行为公正性是否只需要产生抽象危险即可的问题。在斡旋受贿的场合,联系我们今天讨论的案件可以这样说,甲的行为首先是侵害了自己的职务或者地位形成的便利条件的不可收买性,其次是可能间接影响丙职务行为的公正性,但对丙的职务行为公正性只需要有侵害的抽象危险就够了,不要求已经实际侵害。这么说的话,第三种情形成立斡旋受贿既遂也是可以接受的。

学生:您的意思是,斡旋受贿实际上侵犯的是两个法益。

张明楷:是的,我们以前说受贿罪的保护法益只是职务行为的不可收买性,只是就普通受贿而言的,不能适用于所有的受贿犯罪。

学生:在本案中,A 给予的财物还是对甲的斡旋行为的不正当报酬。

张明楷:是斡旋行为的对价,所以,需要甲利用职权或者地位形成的便利条件,否则就不是斡旋受贿,而只能是利用影响力受贿罪了。我认为,斡旋受贿是介于利用影响力受贿和普通受贿之间的一种情形。利用影响力受贿罪侵犯的是什么法益呢？由于行为人不是国家工作人员，没有利用职务之便，他只是间接地侵害了国家工作人员职务行为的公正性，而没有直接侵害职务行为的不可收买性，所以，利用影响力受贿的法定刑轻于普通受贿。而斡旋受贿首先直接侵害了职权或者地位形成的便利条件的不可收买性，但这个侵害轻于普通受贿罪直接对职务或者职权的不可收买性的侵害，又由于斡旋受贿间接侵害了被斡旋的职务行为的公正性，所以，在法益侵害方面整体上与普通受贿相当。

学生：老师，我还想问一下前面第三种情形，就是乙找到了丙，但丙拒绝了乙的要求。您说这个时候有侵害职务行为的公正性的抽象危险，所以能成立既遂犯。可是，如果没有危险的话，不是连未遂犯也不能成立吗？

张明楷：可能是我没有表述清楚。在乙找到丙，要求丙为A谋取不正当利益时，因为乙利用了自己的职权或者地位形成的便利条件，所以，丙就有可能为A谋取不正当利益。在这个意义上说，甲的行为对丙的职务行为的公正性所产生的危险，就是斡旋受贿既遂犯的危险。

学生：老师的意思是，斡旋受贿罪中的对职务行为公正性的危险是抽象的危险。

张明楷：应当是抽象危险，所以，只要被斡旋的人有可能承诺为他人谋取不正当利益，就能肯定这种危险的产生。

学生：这么说的话，在上述第三种情形，存在抽象的危险。

张明楷：是的。

学生：问题是，当甲只是承诺实施斡旋行为，但还没有向国家工作人员丙实施斡旋行为时，能否认为存在抽象的危险？

张明楷：甲仅承诺向丙实施斡旋行为与甲向丙实施斡旋行为但丙明确拒绝，这两种情形的危险程度有区别吗？

学生：应当说没有区别。

张明楷：既然如此，要求甲向丙实施了斡旋行为的意义何在呢？

学生：就是一个单纯对行为本身的要求。

张明楷：可是，我们不可能认为，只有被斡旋的国家工作人员丙承诺了为请托人谋取不正当利益，甲才成立斡旋受贿既遂。因为这种情形实际上可能产生了具体危险，而不是抽象危险。所以，可以肯定甲承诺实施斡旋行为时，对意味着对国家工作人员职务行为的公正性产生了抽象危险。当然，这个问题肯定有争议，我也许是受日本刑法的影响比较大的缘故而持上述观点。在日本，只要斡旋的公务员打算从事斡旋行为，或者说接受了请托人的要求，进而索取或者收受贿赂的，就成立斡旋受贿罪的既遂犯。

案例156 受贿罪（共犯的认定）

甲是国有飞机制造公司总经理，乙是国有汽车制造公司总经理。甲、乙二人互不相识，但均曾多次利用职务之便分别帮助过配件商丙。丙为了感谢二人，打算出资1000万元成立C品牌汽车的4S店有限责任公司。丙将甲、乙二人约在一起，将成立公司的想法告诉甲、乙二人，承诺送给甲30%股份，送给乙20%股份。在公司成立的过程中，三人一直共同参与、全程打理。为了能够顺利成立公司，甲、乙二人多次出面与C品牌汽车公司总经理洽谈，最终公司得以成立，甲、乙分别得到了30%和20%的股份。

张明楷：这个案件要讨论的是，甲、乙是否成立受贿罪的共犯。

学生：甲对乙能够顺利占有20%的股份起到了作用；同样，乙也对甲能够顺利占有30%的股份起到了作用。所以，甲、乙成立受贿500万元的共犯。

张明楷：但法官认为，如果认定甲、乙二人都对50%的股份负责，就要认定为共同受贿500万元，处10年以上有期徒刑，问能否不认定为受贿罪的共犯。

学生：这样的案件中，明显存在心理的因果性。甲同意收受股份就会对乙收受股份起心理的帮助作用，反之亦然。

张明楷：但这个是没有分先后的，就是约在一起时说的。

学生：如果其中一个人拒绝了，另一个也可能会拒绝，应当还是有因果性的。

张明楷：甲、乙两个人也可能感到冤枉，如果丙分别给他们，各自只分别对30%的股份与20%的股份承担责任。就是因为丙将他们叫在一起，所以导致他们二人成立共犯。

学生：这确实导致共犯的成立具有偶然性。

张明楷：犯罪总是在一定条件下实施的，既然二人被丙叫在一起了，甲的行为就会对乙的心理产生影响，乙的行为也会对甲的心理产生影响，这是很正常的。所以，认定甲、乙二人构成共同受贿还是可能的。

学生：这种心理的因果性是最难认定的，也是最容易成立的。

张明楷：确实是这样的。需要按常情常理判断，也需要考虑甲、乙当时的心理状态。

学生：如果办案机关分别问二人当时为什么收受股份，估计双方都会说：看到对方同意了，我就同意了。

张明楷：完全有这种可能性。其实，主要是案情交代得特别简单，如果阅卷，就可能还会发现一些存在心理的因果性的事实与证据。现在司法实践中还出现了另外一种观点，即认定甲、乙二人构成共同犯罪，但只能按各自得到的财物数额认定受贿数额。

学生：理由是什么呢？

张明楷：一是考虑到如果对总数额负责，就导致处罚太重。二是从保护法益的角度来讲的，意思大概是，丙分别收买甲的职务行为与乙的职务行为，甲与乙分别出卖自己的职务行为，所以，只需要对自己的职务行为的不正当报酬负责。

学生：后一个理由其实只考虑了正犯，而没有考虑共犯。

张明楷：是的，前一个理由确实是成立的，但在现行刑法与司法解释规定之下，也只能如此。问题的根源还是出在立法上。你们可以看看民国时期的刑法与国外刑法，就会发现都不是按受贿数额规定法定刑的。普通受贿并没有数额要求，加重受贿不是指索取、收受的财物多，而是指因为受贿而实施了不公正的职务行为。但是，我国现行刑法将贪污罪与受贿罪视为性质相同或者基本相同的犯罪，对受贿罪完全按贪污罪的法定刑处罚。可是，贪污罪的保护法益主要是财产，而受贿罪的保护法益不是财产。这个立法缺陷还是很明显的。我是觉得对贪污罪的量刑应当重视数额，但对受贿罪的量刑应当重视情节，其中主要是两个情节：一是主动索取还是被动收受，二是是否利用职务上的便利为对方谋取不正当利益。

学生：但现在的司法实践主要还是根据数额确定受贿罪的法定刑。

张明楷：是的，这样的话就导致情节成为对被告人很不利的规定。比如，根据《刑法》第383条的规定，贪污数额巨大或者有其他严重情节的，处3年以上10年以下有期徒刑；贪污数额特别巨大或者有其他特别严重情节的，处10年以上有期徒刑或者无期徒刑。按照2016年4月18日"两高"《关于办理贪污贿赂刑事案件适用法律若干问题的解释》的规定，贪污或者受贿数额在20万元以上不满300万元的,应当认定为"数额巨大";贪污或者受贿数额在300万元以上的,应当认定为"数额特别巨大"。于是,只要受贿数额达到300万元,就不可能适用情节严重的规定。相反,如果没有达到300万元,只受贿150万元以上,但具有某些情节的,反而要适用情节特别严重的规定。

学生:不过,如果处罚太轻了,不利于预防受贿犯罪。

张明楷:这是你拍脑袋甚至连脑袋都没有拍就得出的结论,日本刑法规定的所有受贿罪,最高刑也只处7年惩役,但贿赂犯罪并不多。我一直主张,刑法中的财产罪与贪污贿赂罪的数额较大起点,也就是成立犯罪的起点数额不能提高,但数额巨大与特别巨大一定要提得特别高,不能动不动就处10年以上有期徒刑,这其实是对谁都不利的一种做法。

学生:而且,有的数额是十多年前确定的,一直也不修改。确实让被告人及其家属觉得刑罚过重。

学生:但我们今天讨论的这个案件,按司法解释都要对500万元负责了,如果没有其他减轻处罚的情节,就都要处10年以上有期徒刑。

张明楷:严格地说,甲作为正犯收受的是300万元,同时对乙收受的200万元承担从犯的责任;乙作为正犯收受的是200万元,同时对甲收受的300万元承担从犯的责任。应当认为,《刑法》第385条以及司法解释所规定的数额是针对正犯而言的,所以,我觉得可以对乙只适用3年以上10年以下有期徒刑的法定刑,然后从重处罚。但估计司法机关不会采纳我的这个观点。

学生：司法机关都是将数额加起来计算的，并没有认为分则规定的数额是针对正犯而言。

张明楷：我是突然想到才这么说的，也是为了使量刑轻一点。

案例157 受贿罪（共犯与数额的认定）

国家工作人员以前为请托人谋取过利益，知道晚上请托人要来行贿，自己就出门了。行贿人进门后发现只有国家工作人员的妻子在家，就将10万元给了其妻子。该国家工作人员的妻子把5万元存了私房钱，跟丈夫说收了5万元。这是第一种情形。第二种情形是国家工作人员，曾经为他人谋取利益，但是不知道对方要来行贿，晚上也不在家。行贿人给了国家工作人员的妻子10万元。该国家工作人员的妻子将5万元存了私房钱，然后跟丈夫说今天晚上有人来给了5万元。第三种情形是，国家工作人员以前曾经为他人谋取利益，也不知道他人要来行贿，晚上也不在家。行贿人晚上到国家工作人员家里，给国家工作人员的妻子10万元。该国家工作人员的妻子收下10万元后，根本不告诉丈夫。

张明楷：前两种情形涉及的是国家工作人员对多少数额负责，第三种情形涉及的是国家工作人员的妻子是否构成某种犯罪。先讨论前一个问题吧。

学生：第一、第二两种情形对受贿数额的认定不应当有区别吧。

张明楷：严格地说不是数额认定问题，因为第一、第二种情形客观上都是收受 10 万元，而且都是国家工作人员职务行为的对价。只是说，国家工作人员对数额的认识错误，是否影响他承担责任的范围。

学生：我觉得第一种和第二种情形，都应当要求国家工作人员对 10 万元负责。

张明楷：实践中有争议，有一种观点认为，第一种情形要认定国家工作人员对 10 万元负责，第二种情形只认定对 5 万元负责。首先说，第二种情形认定国家工作人员对 5 万元负责是否合适？

学生：第二种情形就是对 5 万元负责吧。因为国家工作人员事先也不知道有人行贿，事后知道的就是 5 万元，当然只能对 5 万元负责。

张明楷：这确实有一点道理。可是，如果这个判断规则被国家工作人员的家属知道，会不会导致以后处罚的漏洞与随意性？

学生：老师是说，家属就隐瞒大部分，这样反而保护了国家工作人员？

张明楷：是这个意思。

学生：可是，第三种情形不是也一样吗？

学生：第三种情形肯定不能认定国家工作人员构成受贿罪，

但在构成受贿罪的情况下,还是要尽量公平合理吧。

张明楷:对第二种情形认定国家工作人员对10万元负责,有什么问题呢?

学生:因为国家工作人员只认识到了收受5万元贿赂。

张明楷:可是,比如说,甲、乙入户盗窃,甲得手10万元现金,乙没有偷到什么财物,后来分赃时,甲说只得手5万元现金,乙对多少数额负责?

学生:乙当然对10万元负责。

张明楷:这个盗窃案与受贿罪的区别何在?

学生:客观上没有什么区别。主观上的区别是,甲、乙盗窃时是抱着有多少就偷多少的心态实施盗窃行为的,所以,甲盗窃了10万元现金,乙也必须对这10万元负责。

张明楷:能不能说主观上没有区别呢?国家工作人员与妻子受贿时,国家工作人员心里也是这么想的,行贿人送多少我们就收多少。这不是一样吗?

学生:可是,国家工作人员与妻子事前没有商量共同受贿,所以不同。如果事前商量了受贿,妻子收多少,国家工作人员就得对多少负责。所以,第一种情形国家工作人员要对10万元负责。

张明楷:我也认为第一种情形国家工作人员要对10万元负责。在事前知道妻子要接收行贿人的财物时,两个人都不知道对方要送多少财物。所以,国家工作人员对妻子收下的全部财物都是有故意的。不能因为妻子事后说只有5万元，就让国家工作人员仅对5万元负责。所以，我觉得第一种情形还是要认定国家工作人员对10万元负责。否则，就明显不合适。问题是，第二种情形与第一种情形真的有区别吗？

学生：这要看怎么归纳国家工作人员的心理状态。妻子事后告诉国家工作人员收受了5万元时，如果说国家工作人员事实上对妻子收受的全部财物都予以认可，也可以要求他对10万元负责。如果说国家工作人员事实上只知道妻子收受了5万元，就只能要求他对5万元负责。

张明楷：能不能说，在第二种情形下，国家工作人员在妻子告诉自己具体数额后，有义务查清楚妻子究竟收受了多少财物？如果不查清楚，就要对妻子收受的全部数额承担责任？

学生：这样说也是有可能的。国家工作人员在家属收受财物后，确实有义务退回或者上交全部财物。

张明楷：另外，既然第一种情形下国家工作人员要对10万元负责，那么，也可以认为，在第二种情形下，国家工作人员知道妻子收受了行贿人的财物时，如果确认妻子的行为，就是确认了职务行为的不正当报酬，所以，妻子收受了多少，国家工作人员就确认了多少，而不能按妻子说的数额来计算国家工作人员的责任范围。

学生：老师下手比较狠。

张明楷：我对职务犯罪与诈骗类犯罪一直下手比较狠。其实，你们想一想，如果第一种和第二种情形中，只认定国家工作人员受贿5万元，那么，对作为受贿共犯的国家工作人员的妻子认定的数额是多少呢？

学生：如果正犯受贿的数额是5万元，共犯受贿的数额就不可能是10万元。

张明楷：可是，妻子明明收受了10万元，而且明知这10万元是丈夫职务行为的不正当报酬，事后也告诉了丈夫收受财物的事实，能因为妻子少报数额就反而仅认定她受贿5万元吗？

学生：还是要认定妻子收受10万元。

张明楷：既然要认定妻子收受10万元，也必须认定国家工作人员收受贿赂10万元，否则就违反了共犯从属性的原理。不过，这个问题可能比较复杂，我一会儿再说。

学生：从这个角度来说，在上述第一种、第二种情形中还是只能认定国家工作人员收受贿赂10万元。

张明楷：第一种、第二种情形的5万元与10万元都属于适用同一档法定刑的情形。也就是说，在上述第二种情形下，如果妻子所收受的财物数额与妻子所说的数额虽然有差异，但均处于同一档法定刑内，就可以按妻子实际收受的数额来认定。但是，如果妻子收受的是数额巨大的财物，但仅跟国家工作人员说收受的是数额较大的财物，有没有可能对国家工作人员按数额较大来认定呢？

学生：这个方案比较折中，不是那么狠了，可以接受。

学生：如果妻子因为某种原因说反了呢？比如，行贿人给了

5万元但妻子说给了10万元，还是只能认定国家工作人员对5万元负责吧。

学生：肯定只能对5万元负责，也不能认定国家工作人员对另外5万元构成受贿未遂。

张明楷：是的。不过，这个折中观点肯定会受到部分学者的批评。我之所以提出这样的观点，是因为考虑到有的国家工作人员可以接受一定数额的贿赂，但不想接受数额巨大或者特别巨大的贿赂。比如说，有的国家工作人员只收受实物，而不收受现金。如果国家工作人员一直不打算收受数额巨大的财物，但其妻子收受了之后告诉国家工作人员仅收受了数额较大的财物，在这种情形下要认定国家工作人员收受数额巨大的财物，确实有一点不符合责任主义原则。

学生：问题是怎么判断国家工作人员不打算收受数额巨大的财物？

张明楷：我的意思不是说在每一个个案中判断，而是说确实存在这样的情形。既然如此，在实际收受财物的数额与国家工作人员所认识到的数额存在法定刑适用的区别时，还是要考虑国家工作人员所认识到的数额，也就是按国家工作人员认识到的数额认定。

学生：这个折中方案还是可行的，不致遭受强烈反对。

张明楷：是否遭受强烈反对不是需要特别考虑的，关键是这样认定是否妥当，以及这个认定在司法实践中是否可行。

学生：在司法实践中，大多是只看国家工作人员实际收受了多少，其中包括家属收受的财物，一般不会特别考虑国家工作人员认识到的具体数额。如果国家工作人员确实不知道，也不会认定。

张明楷：我上面说的第三种情形就是这样。国家工作人员肯定不成立受贿罪，国家工作人员的妻子有没有可能成立某种犯罪呢？当然，具体案件可能存在不同的情形。

学生：有的可能成立诈骗罪。比如，请托人先提出请托，希望国家工作人员的妻子让国家工作人员给自己帮忙，国家工作人员的妻子假装答应，要求请托人将10万元给自己，但国家工作人员的妻子根本不告诉国家工作人员的，可能成立诈骗罪。

学生：这种情况构成诈骗罪没有疑问。但现实中这种情形并不多见，国家工作人员的妻子一般不会主动开口要求对方给钱。存在疑问的是，国家工作人员的妻子接收了请托人的财物后，请托人提出某种要求，妻子答应转告，但并不转告，也不将收受财物的事情告诉国家工作人员的怎么认定？

学生：有没有可能认定为侵占罪？

学生：我觉得定个侵占罪也未尝不可。

张明楷：这涉及不法原因给付与侵占罪的关系了。按照我的看法，不能认定为侵占罪，但这个妻子收受的财物是可以没收的。

张明楷：有没有可能定受贿罪的帮助犯呢？

学生：没有正犯，不可能认定为受贿罪的帮助犯。因为国家工作人员不仅没有受贿故意，而且没有实施受贿罪的构成要件行为，所以不能成立受贿罪的帮助犯。

张明楷：是的。有没有可能认定为妨害司法方面的犯罪呢？

学生：那前提条件是要有人构成犯罪，国家工作人员的妻子收受的财物才可能成为赃物。

学生：有人构成了行贿罪。

张明楷：对！给予财物的人的行为构成行贿罪，而且行贿既遂。但国家工作人员的妻子将行贿的证据给隐藏起来。按照我的看法，隐藏证据也属于毁灭证据。

学生：可是行贿和受贿是对向犯，没有人构成受贿罪，请托人的行为怎么可能构成行贿罪呢？

张明楷：我觉得还是构成行贿罪的。因为请托人事实上是为谋取不正当利益而给予国家工作人员以财物，虽然是国家工作人员的妻子收受的，但妻子收受的财物同时也成为国家工作人员的财产，所以，可以认为请托人实际上将财物给予了国家工作人员，因此构成行贿罪。

学生：那对向犯该怎么理解？

张明楷：对向犯的意思不是要求双方都构成犯罪，而是说需要有相对方的反向行为。比如，贩卖淫秽物品牟利罪也是对向犯，但购买方的行为并不构成犯罪。可是，如果没有购买方的行为，就不可能有贩卖行为。在我们讨论的第三种情形中，请托人给予妻子的，是国家工作人员职务或者职务行为的不正当报酬，不是送给妻子的礼物。我觉得请托人的行为还是构成行贿罪的。

学生：请托人主观上是这样想的，但客观上没有这个事实。

张明楷：客观上是妻子代替国家工作人员收受了，还是可以认定有客观事实的吧。

学生：感觉还是有疑问。比如，请托人将送给国家工作人员的现金藏在水果箱里面，国家工作人员一直没有看水果箱，而是放在阳台上。案发时，现金还在水果箱里。这种情形应当认定行贿既遂，但国家工作人员不成立受贿罪。

张明楷：对啊。这不是一样吗？而且在我们讨论的第三种情形中，国家工作人员的妻子还知道，更加可以认定请托人的行为构成行贿罪了。

学生：有没有可能只认定为行贿未遂呢？

学生：既然已经将财物给予国家工作人员了，还是要认定为行贿既遂吧。

学生：客观上只是给国家工作人员妻子了，而没有给国家工作人员。

张明楷：所谓给予国家工作人员以财物，不是一个物理意义上的含义，因而需要规范地判断。比如，请托人将财物给予国家工作人员所指定的第三人的，也属于给予国家工作人员以财物。给予国家工作人员以财物，是指行为人用财物收买国家工作人员的职务行为，不能从物理意义上理解这一规定。

学生：如果认定为行贿既遂，国家工作人员的妻子所收受的财物就是行贿罪的证据，妻子隐藏证据，就可以认定为帮助毁灭证据罪。

学生：不太合适吧，国家工作人员的妻子并没有毁灭证据。

学生：隐藏起来也是一种毁灭，因为毁灭是指使司法机关不能发现证据的行为，隐藏也可以评价为毁灭。

学生：国家工作人员的妻子只是对她丈夫隐匿，她对别人没有隐匿。

学生：她怎么没有隐匿呢？她更不可能告诉其他人自己收受的10万元是请托人给的。

张明楷：按我的看法，隐藏、隐匿可以评价为毁坏、毁灭，所以，我认为成立帮助毁灭证据罪。当然这个一直有争议，或许有人认为，隐匿虽然可以评价为毁坏，但不能评价为毁灭。毁灭是不是也可能拆开解释：毁损与灭失。

学生：这倒是有可能，可是国家工作人员的妻子也没有帮助毁灭证据罪的故意。因为她只是为了存私房钱才这么做的，没有意识到毁灭了证据。

张明楷：国家工作人员的妻子当然认识到，自己隐藏所收受的财物，就使案件被发现的可能性更小，还是可以认定有故意的。只不过不一定是直接故意，有可能是间接故意。至于为了存私房钱，只是犯罪动机而已。

学生：这么说，国家工作人员的妻子所帮助的当事人不是自己的丈夫,而是行贿人。

张明楷:如果要认定为帮助毁灭证据罪,就只能这样解释了。

学生:感觉有点怪怪的。

张明楷:我觉得不怪,但其中存在期待可能性的问题,如果认为缺乏期待可能性而不认定为帮助毁灭证据罪,可不可以认定为对丈夫的侵占罪?

学生:不能吧。侵占丈夫的财物,应当是丈夫合法所有的财物吧。

学生:侵占罪的对象不一定限于合法所有的财产吧。

张明楷:我国的司法实践上基本不考虑夫妻之间的财产犯罪,但国外就不一样了。比如,妻子违反丈夫的意志将共同占有的财物变卖后,将现金据为己有的,也会认定为盗窃罪。父母与子女之间也是如此。德国有一个案件,母女二人共同生活,母亲外出旅行了,女儿一人在家里。母亲在旅行中去世了,但女儿不知道。女儿在母亲去世之后、得知母亲去世消息之前的期间,窃取了母亲的宝石。根据《德国民法典》第1922条的规定,母亲去世后其财产所有权就转移给女儿了,但由于女儿不知道母亲去世了,就认定女儿的行为构成盗窃未遂。

学生:中国绝对不会这么认定,这其实也只是盗窃的不能犯,因为德国处罚不能犯,所以形成了这样的判例。认定为盗窃未遂是基于行为无价值的观念还是另有理由?

张明楷：当然是基于行为无价值的观念。可是，盗窃罪是指盗窃他人占有的财物，母亲去世后还继续占有自己的宝石吗？如果承认死者的占有，构成盗窃罪。可是，死者怎么可能占有自己的财物呢？既然按照民法的规定，被继承人死亡后其财物的所有权就归属于继承人，就难以说财产还由死者占有。我觉得承认死者占有，就是为了将类似情形认定为盗窃罪，但我难以赞成。

学生：中国夫妻之间一般都没有认定财产罪，除非实行 AA 制的夫妻之间倒是有可能。所以，我们讨论的情形要认定为妻子对丈夫的侵占罪，可能更难以被司法机关接受。

学生：如果认定妻子构成对丈夫的侵占罪，丈夫没准也很反对。侵占罪是告诉才处理的犯罪，丈夫根本不会告发。

张明楷：所以，还是将妻子的行为认定为帮助毁灭证据罪合适一些。

学生：是的。

张明楷：我再问一下前面提到过的共犯从属性问题。比如，请托人给国家工作人员张三的妻子李四 500 万元，但李四只对张三说请托人给了 50 万元，张三便认可了妻子的行为，没有上交与退还。假如我们采取前面的折中观点，应认定张三受贿 50 万元，对李四怎么认定呢？

学生：对李四也只能认定受贿 50 万元。

张明楷：剩下的 450 万元如何认定呢？

学生：按照我们刚才的讨论，也可以认定为帮助毁灭证据罪。因为以后办案机关查处时，张三肯定只能承认自己收受了50万元，于是妨害了司法。

张明楷：好像也可以。不过，这里其实有一个需要研究的问题，共犯从属性究竟从属到什么程度，简单地说，有没有可能说，虽然正犯张三的收受数额是50万元，但仍然可以认定共犯李四的受贿数额是500万元。感觉这种可能性是有的，而且也不一定违反共犯从属性的原理。我提一个"数额从属性"的概念，也就是在数额犯中，如果故意只是责任要素，那么，只要正犯确认了其妻子收受财物的行为，对其妻子就按实际收受的数额定罪量刑，并不违反共犯从属性的原理。

学生：在老师刚才设想的案件中，丈夫其实确认了妻子的受贿行为，所以，采取限制从属性说，也可以认定妻子的受贿数额是500万元。

张明楷：也就是说，正犯的不法数额其实是500万元，但责任数额只有50万元，而共犯的不法数额与责任数额都是500万元。但共犯只是从属于正犯的不法，而不从属于正犯的责任。这应当没有什么问题吧。

学生：没有问题，符合共犯从属性的原理。

学生：可能有问题，也就是能不能说张三确认了妻子李四收受500万元。因为张三只知道妻子李四收受了50万元，怎么能说他确认了收受500万元呢？

张明楷：确实有这个问题。能不能说，只要张三确认妻子李四的行为，就认为他客观上确认了妻子李四收受的全部贿赂呢？

学生：感觉也是可能的。

张明楷：这个"数额从属性"是一个可以研究的课题，当然研究后得出的结论也可能是这个概念没有什么意义。

图书在版编目(CIP)数据

刑法的私塾.之三/张明楷编著.—北京:北京大学出版社,2022.8
ISBN 978-7-301-33176-7

Ⅰ.①刑… Ⅱ.①张… Ⅲ.①刑法—案例—中国 Ⅳ.①D924.05

中国版本图书馆 CIP 数据核字(2022)第 140797 号

书　　　名	刑法的私塾（之三）（上、下） XINGFA DE SISHU（ZHI SAN）（SHANG、XIA）
著作责任者	张明楷　编著
责 任 编 辑	邓丽华
标 准 书 号	ISBN 978-7-301-33176-7
出 版 发 行	北京大学出版社
地　　　址	北京市海淀区成府路 205 号　100871
网　　　址	http://www.pup.cn
电 子 信 箱	law@pup.pku.edu.cn
新 浪 微 博	@北京大学出版社　@北大出版社法律图书
电　　　话	邮购部 010-62752015　发行部 010-62750672 编辑部 010-62752027
印 刷 者	三河市博文印刷有限公司
经 销 者	新华书店
	880 毫米×1230 毫米　A5　31.75 印张　737 千字 2022 年 8 月第 1 版　2022 年 8 月第 1 次印刷
定　　　价	99.00 元（上、下）

未经许可，不得以任何方式复制或抄袭本书之部分或全部内容。
版权所有，侵权必究
举报电话：010-62752024　电子信箱：fd@pup.pku.edu.cn
图书如有印装质量问题，请与出版部联系，电话：010-62756370